Übergänge in das Studium der Theologie/Religionspädagogik

ÜBERGÄNGE

Studien zur Ev. und Kath. Theologie/Religionspädagogik
Herausgegeben von Reinhard Wunderlich und Bernd Feininger

Redaktion und Layout: Wilfried E. Becker

Band 2

PETER LANG

Frankfurt am Main · Berlin · Bern · Bruxelles · New York · Oxford · Wien

R. Wunderlich/B. Feininger (Hrsg.)

Übergänge in das Studium der Theologie/ Religionspädagogik

2., überarbeitete und ergänzte Auflage

PETER LANG
Internationaler Verlag der Wissenschaften

Bibliografische Information der Deutschen Nationalbibliothek
Die Deutsche Nationalbibliothek verzeichnet diese Publikation in
der Deutschen Nationalbibliografie; detaillierte bibliografische
Daten sind im Internet über <http://www.d-nb.de> abrufbar.

ISSN 1433-1918
ISBN 978-3-631-55032-8
© Peter Lang GmbH
Internationaler Verlag der Wissenschaften
Frankfurt am Main 2002
2., überarbeitete und ergänzte Auflage 2008
Alle Rechte vorbehalten.

Das Werk einschließlich aller seiner Teile ist urheberrechtlich
geschützt. Jede Verwertung außerhalb der engen Grenzen des
Urheberrechtsgesetzes ist ohne Zustimmung des Verlages
unzulässig und strafbar. Das gilt insbesondere für
Vervielfältigungen, Übersetzungen, Mikroverfilmungen und die
Einspeicherung und Verarbeitung in elektronischen Systemen.

www.peterlang.de

Inhalt

Vorwort   7

Einleitung
Reinhard Wunderlich   9

Motive des Glaubens
Biblische Theologie

Das erste Alte Testament der Christen
Bernd Feininger   17

Der historische Jesus und der Christus des Glaubens.
Eine Einführung in das Neue Testament
Peter Fiedler   41

Transformationen des Glaubens
Historische Theologie

Einführung in die Kirchengeschichte
Joachim Maier   69

Positionen des Glaubens
Systematische Theologie

Theologie der Ökumene oder ökumenische Theologie?
Grundfragen der Dogmatik am Ende des 20. Jahrhunderts
Bernhard Maurer   99

Offenbarung und Gaube: Anrede Gottes – Antwort des Menschen.
Fundamentaltheologie – Systematische Theologie
Josef Zöhrer   125

Feministische Theologie –
Theologische Frauenforschung – Gender Studies
Dorothee Schlenke   153

Christlich vom Menschen reden – Theologische Anthropologie
Gabriele Schramm   175

Erneuerung des Ethos
Zehn Thesen zu einer fundamentalethischen Skizze in ökumenischer Sicht
Bernhard Maurer 195

Im Vorhof des Glaubens
Religionspädagogik

Übergänge. Einführung in die Religionspädagogik
Reinhard Wunderlich 219

Erhellung des Glaubens
Bezugswissenschaftliche Horizonte

Einführung in die Religionspsychologie
Adly Rausch 251

Religionssoziologie
Günter Burkart 271

„Die Religionsgeschichte ist eine Schatzkiste"
Bedeutung und Aufgabe der Religionsgeschichte für die Religionspädagogik
Bernd Feininger 291

Religionsgeographie als Beitrag zu einer interkulturellen Religionspädagogik
Olivier Mentz 321

Zur (Theo)Logik des islamischen Terrorismus
Wolfgang Ludwig Schneider 329

Die Macht des Glaubens
Wolfgang Schäuble 347

Kräfte des Glaubens
Lebensförderliche Spiritualität

„Wahrheit die mich angeht, kommt auf zwei Beinen" –
Zur Spiritualität der Religionslehrerinnen und Religionslehrer
Katja Boehme 351

Verzeichnis der Mitarbeiter 371

Vorwort zur 2. Auflage

Dieses Buch ist hervorgegangen aus der lebendigen Lehrpraxis am Institut für Evangelische und Katholische Theologie/Religionspädagogik an der Pädagogischen Hochschule Freiburg.

Im WS 1997/98 – also vor nunmehr zehn Jahren – veranstalteten wir eine ökumenische Ringvorlesung zum Thema „Einführung in die Theologie", an der alle Lehrenden des Instituts und zwei aus benachbarten Disziplinen an der Pädagogischen Hochschule Freiburg teilgenommen haben. Das große Interesse der Studierenden damals zeigte sich unter anderem an den spannenden Diskussionen in einem Werkstattseminar, das von den beiden Herausgebern begleitend angeboten wurde. Manche dankbar aufgenommenen Anregungen aus dieser praktizierten „Streitkultur" flossen in die Verschriftlichung der Vorlesungen ein, die als kleine Aufsatzsammlung mit Anspruch auf eine gewisse innere Kohärenz auch durch ergänzende Aufsätze weiterer Freiburger Autoren erscheinen konnte. Die fruchtbare Arbeit mit der ersten Auflage bestätigte unseren eingeschlagenen Weg in schönster Weise.

Die nun notwendig gewordene zweite Auflage gibt uns die willkommene Gelegenheit, unsere Übergänge in die Theologie/Religionspädagogik in teilweise stark überarbeiteter, veränderter und erweiterter Fassung vorzulegen, um so Aktualität als ernsthafte theologische und religionspädagogische, nicht nur modische Herausforderung zu dokumentieren (was sich auch in den Namen der neu gewonnenen Autoren, nicht zuletzt des gegenwärtigen Innenministers der Bundesrepublik, Dr. Wolfgang Schäuble, spiegelt).

Um die Benutzerfreundlichkeit des Bandes für Studium, Vorbereitung von Prüfungen oder Recherchen für Hausarbeiten zu erhöhen, wurde zu einzelnen Disziplinen der Literaturteil erweitert. Hierfür danken wir unseren Tutoren Frau Katharina Kasperczyk und Herrn Josef Gottschlich.

Die erste Auflage dieses Buches war dem damals ältesten Mitglied am Institut für Theologie, Herrn Prof. Dr. Maurer gewidmet. Als evangelischer Theologe verkörperte er die Kontinuität ökumenischer Ausrichtung mit konfessionellem Profil, dem das Institut sich verpflichtet weiß. 1976 hatte er selbst eine „Einführung in die Theologie" als Ortsbestimmung des Glaubens verfasst.[1] Diese zweite Auflage verbinden wir mit dem Dank für seine aktive Lehre, die er engagiert und

---

[1] Göttingen 1976. Maurer hat seinem Buch ein Motto Martin Bubers vorangestellt: „Ich habe keine Lehre, aber ich führe ein Gespräch."

unermüdlich auch in seinem Ruhestand wahrgenommen hat. Aus der katholischen Abteilung wollen wir stellvertretend für die anderen Kollegen Herrn Prof. Dr. Fiedler dankend grüßen, der in diesem Jahr emeritiert wird. Er hat seit 1979 an verschiedenen Hochschulen als theologischer Lehrer im Fach Neues Testament gewirkt und zahlreiche Generationen Studierender geprägt.

Mit der Widmung an die „Alten" verknüpfen wir aber auch die Hoffnung, dass sich die vielen „Neuen", und damit meinen wir alle Studierende der Evangelischen und Katholischen Theologie und Religionspädagogik, von der Neugier auf dieses schöne wie komplexe Gebiet fesseln lassen, einer Neugier, die immer wieder „Übergänge in das Studium der Theologie/Religions-pädagogik" wagen lassen kann.

Dank sagen möchten wir der Erzdiözese Freiburg und der Evangelischen Landeskirche in Baden, die durch ihre Druckkostenzuschüsse nicht unerheblich zur Realisierung unseres Projektes beigetragen haben.

Zur Herstellung der Druckvorlage hat sich wiederum Herr W.E. Becker, Freier Journalist in Karlsruhe, in vielerlei professioneller Hinsicht verdient gemacht. Ohne ihn hätte das Buch nicht in der vorliegenden Gestalt erscheinen können.

Allen die mitgeholfen haben, herzlichen Dank!

Freiburg, am Beginn des Wintersemesters 2007/08

Bernd Feininger
Reinhard Wunderlich

Einleitung

Reinhard Wunderlich

ÜBERGÄNGE *in das Studium der Theologie/ Religionspädagogik* lautet der Titel unserer kleinen Aufsatzsammlung; solche ÜBERGÄNGE wirklich zu schaffen ist die wohl grundlegendste Intention aller Lehr- und Lernkultur an universitären und hochschulischen Ausbildungsorten für angehende Religionslehrerinnen und Religionslehrer beider christlicher Konfessionen für alle Schularten!

Dabei ist die Eingangssituation in ein solches Studium und Stadium, also das geradezu magische Datum des Studienbeginns (und beginnen zu studieren muß man immer wieder neu ...) keineswegs „jungfräulich" *rein*: Jeder von uns - Studierende wie Lehrende - bringt schon etwas mit von der „Sache" des christlichen Glaubens, ist auf die eine oder andere Weise (und meistens durch beides!) geprägt oder provoziert durch christliche Inhalte und Strukturen, seien sie nun explizit benennbar oder implizit erst noch zu entdecken. Jeder von uns stand und steht auch im Prozeß des gemeinsamen Lernens an und von und mit anderen Menschen, ihren biographischen Eigenheiten, ihren individuellen, also unteilbaren Vorstellungen, Meinungen, Urteilen in religiösen und damit lebensumspannenden Fragen und Antworten.

Vielfalt der durch und durch gemischten Ausgangsbedingungen aber schafft gerade die Möglichkeit, unseres Erachtens sogar die Notwendigkeit zu ÜBERGÄNGEn.

Solche ÜBERGÄNGE zwischen Person und Sache des Christentums (Subjekt - Objekt) und zwischen Person und Person (Subjekt - Subjekt) vollziehen sich aber nicht nur in den Seminarräumen und den Schulstuben für Praktika der verschiedensten Ausbildungs-Institute (Subjekt - Objekt - Subjekt). Sie sollen ermöglicht werden „in der Welt"! Und mit „Welt" sind für zukünftige Religionslehrerinnen und Religionslehrer vor allem folgende Aspekte oder Erschließungshorizonte gemeint:
- *Schüler* der gegenwärtigen Gesellschaft als Bürger für eine zukünftige Gesellschaft,
- *Schule* als staatliche und öffentliche Institution und
- *Unterricht* mit seinen Erziehungs- und Bildungsarrangements.

Und da sind und werden ÜBERGÄNGE immer schwieriger, weil für die Dimension der christlichen Religion bzw. des christlichen Glaubens vielfältige Traditions*brüche*, manchmal gar Traditions*abbrüche*, also radikale Wider-

Sprüche aufscheinen und viele Gräben gegraben werden (manche wollen gar Gräber daraus machen).

Wenn wir die Welt anschauen - und wir sind ein Teil dieser Welt, also vollständig involviert - dann kann da von einer „Jungfräulichkeit" der Situation für christlich dimensionierte ÜBERGÄNGE keine Rede sein.

Wir möchten mit unseren Aufsätzen zu ÜBERGÄNGEn in das (und im) Studium der Theologie/Religionspädagogik *Interesse wecken*:

- bei Studienanfängern (und das sind wir bis ins hohe Alter...) als *Personen*
- für die *Sache* des christlichen Glaubens und
- für die *Vermittlungsaufgaben* der christlichen Religion.

Inter-esse: d.h. Dazwischen-Sein, also „ein Gleichgewichtsinn fürs Hin und Her des Lebendigen zwischen den gegensätzlichen Tendenzen [zwischen den unleugbaren Spannungen und Widersprüchen; R.W.], die sich im Lebendigen mischen, an ihm zerren, hin und her, in jeweiliger Einseitigkeit es gefährden."[1] Solches lebendige Inter-esse hält nicht nur im Studium wach und aufgeweckt.

John Locke hat in seinem berühmten, das Verhältnis von bloßem Meinen und Gewißheit aufklärenden Essay *Concerning Human Understanding* von 1690 die wohl treffendste Deutung von ÜBERGÄNGEn geliefert: „Und werden sie gefragt, was Übergang sei, wie würden sie ihn besser definieren als durch Bewegung? Das heißt Übersetzen und nicht Definieren."[2]

ÜBERGÄNGE schaffen, Übersetzung ermöglichen, starre Definitionen aufbrechen, lebendig werden, -sein, -bleiben, Interesse wecken: Das scheint uns für eine christliche Theologie und Religionspädagogik eine sinnvolle Programmatik, um *dazwischen* zu kommen als gegenwartsbewußte Personen, aber auch als Lehrerinnen und Lehrer in einem zukünftigen Religionsunterricht. Die gewählte Berufsrolle beinhaltet ja allemal das Tätigsein als professionelle Vermittlerin, Zwischen-Händlerin, also als Inter-pretator! Oder anders gewendet: Als Religionslehrerin und Religionslehrer sind wir allemal Hermeneuten - und Hermes war bekanntlich der Götterbote, der zwischen Gott und Welt vermittelte.

Sechs Dimensionen sind es, die man für Begriff und Vorstellung von ÜBERGÄNGEn ins und im Studium der Theologie / Religionspädagogik entfalten kann. Von sechs Dimensionen sollte jeder bestimmte *Übergang* beflügelt werden. Diese sechs Dimensionen sind in den folgenden Aufsätzen nicht eigens themati-

---

[1] Chr. L. Hart Nibbrig, Übergänge. Versuch in sechs Anläufen, Frankfurt 1995, 38.
[2] zitiert ebd., 25.

Einleitung

siert; die Aufsätze markieren und skizzieren vielmehr das jeweilige Feld, den bestimmten Acker oder wie immer man das klassische Boden-Material der Theologie und Religionspädagogik umschreiben will.

Auf jedem dieser verschiedenen theologischen und religionspädagogischen Feldern sollten die sechs *Dimensionen* von ÜBERGÄNGEn Wegweisungen markieren, Fragestellungen provozieren und Horizonte eröffnen bei den je und je eigenen Versuchen, Anläufen, Anfängen mit und in wissenschaftlichem aber auch vermittlungspraktischem „Durchackern".

1 Die christlich-religiöse Dimension

Begriff und Vorstellung von ÜBERGÄNGE leistet eine Perspektive auf das *religiöse* Moment des „Transzendierens" im Sinne eines Überschreitens vorfindlicher und vorgängiger Wirklichkeit. *Christlich* gewendet leistet die Perspektive ÜBERGÄNGE also die Thematisierung der transzendenten Gotteswirklichkeit *in* der Immanenz der Welt und ihrer Menschen. Damit sollten immer zugleich menschliche ÜBERGÄNGE auf Gott hin wie auch vielfältig überlieferte ÜBERGÄNGE Gottes auf die Welt und ihre Menschen zu thematisiert werden.

Formal gesehen könnte dabei der *Kategorie des „Zwischen"* (Zwischen den Zeiten, Zwischen-Menschlichkeit, der Mensch zwischen Welt und Gott), allgemein also das Inter-esse eine größere Bedeutung zukommen als der *Kategorie der „Tiefe"* (P. Tillich) oder der *Kategorie des „Von Oben"* (K. Barth), ohne jedoch diese Kategorien, an denen ja ebenfalls ganze theologische Programme festzumachen sind, zu verleugnen.

2 Die gesellschaftlich-anthropologische Dimension

Begriff und Vorstellung von ÜBERGÄNGE leistet eine Perspektive auf Gemeinsames, Verbindendes und Verbindliches angesichts der faktischen Pluralität und Heterogenität nicht nur von offenen Gesellschaften wie der BRD, sondern auch individueller Lebensmuster („patchwork-Identität"). ÜBERGÄNGE sind immer darauf angewiesen, Brüche, Widersprüche, Differenzen und den Eigen-Sinn unterschiedlicher Ansprüche wahrzunehmen und ernstzunehmen; vorschnelle Harmonisierung und Nivellierungen ließen das Problem von und die Nötigung zu ÜBERGÄNGEn gar nicht aufkommen.

Mit anderen Worten: Wenn in unserer Gesellschaft alles klar, harmonisch und geordnet wäre, müßte man über ÜBERGÄNGE nicht eigens nachdenken; wenn unser Menschsein, das von der Anthropologie her gedeutet wird, quasi triebhaft wie beim Tier funktionierte, gäbe es keine *verschiedenen* Optionen für ÜBERGÄNGE.

3 Die biographische Dimension

Begriff und Vorstellung von ÜBERGÄNGE leistet eine Perspektive auf Heranwachsende (im Grunde sind wir alle solche Heranwachsende, nicht nur im Glauben) als ÜBERGÄNGErin oder ÜBERGÄNGEr vom Kind zum Erwachsenen und nimmt von daher die Adressaten (z.B. entwicklungspsychologisch und religionssoziologisch) in ihrer spezifischen, unhintergehbaren Übergangssituation ernst. Daß dabei die ÜBERGÄNGE vom Kind- und Jugendlicher- zum Erwachsen-Sein heute als zeitlich und inhaltlich fließend erkannt werden, muß den besonderen Herausforderungshorizont dieser Dimension bilden.

4 Die didaktische Dimension

Begriff und Vorstellung von ÜBERGÄNGE leistet eine Perspektive auf Lebensbegleitung und Lebenssuche durch bildenden und erziehenden Religionsunterricht in der öffentlichen Schule bis hin zu entsprechenden Unterrichtsmaterialien und -themen. Diese didaktische Dimension sollte überall dort, wo es jeweils bereits möglich ist, versuchen, ÜBERGÄNGE vom Unterricht in die Lebenswirklichkeit der Schüler anzubahnen (und das ist bereits eine konzeptionelle Aufgabe für das wissenschaftliche Studium!). Man sollte sich aber sehr wohl bewußt sein, dass Unterricht und seine Materialien *niemals* in der Lage sind, die komplexe Lebenswirklichkeit in ihrer pluralen Ausdifferenziertheit als ganze abzubilden.

„Ganzheitliche" Unmittelbarkeit unterrichtlich zu *präsentieren* (etwa im Sinne einer einlinigen „Ein-Übung ins Christentum") ist unmöglich! Das scheint uns die wichtigste Erkenntnis aus der Pädagogik seit der Aufklärung für die fachdidaktische Diskussion zu sein.

Vielmehr ist unterrichtlich die Mannigfaltigkeit der nicht nur religiösen Aspekte entsprechender Themen zu *repräsentieren*. Das erfordert sensibel zu steuernde *Auswahl- und Transformationsprozesse*, die auch entsprechende subjektive *Aneignungsprozesse* seitens der Schülerinnen und Schüler im Blick behalten. Und das erfordert das relativierende Bewußtsein, daß alle religionsdidaktische Vermittlungsarbeit bezogen bleibt auf die *Ausfächerung von Zeit* im Klassenraum und eben *nicht* auf die *Gleichzeitigkeit* liturgischer Vollzüge im Gottesdienstraum.

5 Die methodische Dimension

Begriff und Vorstellung von ÜBERGÄNGE leistet eine präsentationsbewußte Perspektive auf *knappe Bündelungen* (sog. Kurzformeln des Glaubens) für alle möglichen Unterrichtsmaterialien und *Zusammenhänge herstellende Verortung* thematischer Sequenzen.

Einleitung

Solche Bündelungen und Verortungen sind wichtig, um in nötiger Verbindlichkeit und möglicher Offenheit Artikulationen einer „Grammatik des Glaubens" und Leitbilder einer „Struktur christlicher Haltungen" (allerdings ohne vorausgesetztes Ein-Verständnis seitens der Schülerinnen und Schüler an einer öffentlichen Schule) darstellen zu können.

Diese Bündelungen und Verortungen sollten der zukünftigen Lehrkraft wie den einzelnen Schülerinnen und Schülern erlauben, Gelerntes zu festigen *und* in die eigene Frage zu heben. Diese knappen Bündelungen und Verortungen wären somit gleichsam die „Kondensierung" eines „übergängigen" Religionsunterrichts.

Dabei ist für jeden übergängigen Religionsunterricht an Schule wie Hochschule immer wieder nachdrücklich daran zu erinnern, daß Methode vom griechischen Wort met-hodos stammt, was nichts anderes als *Umweg* bedeutet. Mit Schnellstraßen oder gar Einbahnstraßen zum Glauben ist also nicht zu rechnen.

Und: Nur ein übergängiger Religionsunterricht in Schule und Hochschule wird uns vor einem überflüssigen Religionsunterricht retten.

6 Die wissenschaftstheoretische Dimension

Begriff und Vorstellung von ÜBERGÄNGE leistet eine Perspektive auf die Geschichtlichkeit, Vorläufigkeit und Begrenztheit aller „Lehre", ihrer *Aussage*sätze und ihres *„bei-spielenden"* Charakters. Theologische Wissenschaft kommt - wie alle Wissenschaft - um den Hypothese-Status ihrer Erkenntnisse nicht herum, also um den offenen Ausgang aller ihrer wissenschaftlichen Angänge; mit der entscheidenden Pointe allerdings, daß genau dies zum Proprium, zum Eigentlichen christlichen Glaubens und seiner Erkenntisfähigkeit gehört: „Wir sehen jetzt durch einen Spiegel ein dunkles Bild; dann aber von Angesicht zu Angesicht. Jetzt erkenne ich stückweise; dann aber werde ich erkennen, wie ich erkannt bin." (1. Kor. 13, 12)

Begriff und Vorstellung von ÜBERGÄNGE versucht, den im christlich-doxologischen Moment des gottesdienstlichen Vollzugs immer schon vorhandenen eschatologischen Vorbehalt pädagogisch und didaktisch so umzusetzen, dass der Religionsunterricht an der öffentlichen Schule wie auch theologische und religionspädagogische Veranstaltungen an den staatlichen Hochschulen und Universitäten als „Probe" in ihrem dreifachen Sinne transparent werden:

Eine Probe versammelt - erstens - das gegenwärtig zuhandene Wissen, Fühlen und Können, sie bietet - zweitens - Freiraum und freie Zeit für eigenes und gemeinschaftliches Ausprobieren und sie hält - drittens - die Differenz zur „eigentlichen Aufführung" präsent.

Diese sechs Dimensionen von ÜBERGÄNGEn bilden den Interpretationsrahmen, in den *alle* Disziplinen der Evangelischen und Katholischen Theologie und die Religionspädagogik jeweils gestellt und entsprechend interessiert studiert werden können.

Die Gliederung der Aufsätze folgt, wie oben schon erwähnt, zunächst den klassischen Disziplinen der Theologie, nämlich *biblische* Theologie, *historische* Theologie und *systematische* Theologie. Die das Fach mit seinem besonderen Schwerpunkt auszeichnende *Religionspädagogik* bildet die Scharnierstelle zwischen der sog. Fachwissenschaft Theologie und den für alle Religionspädagogik so entscheidenden *humanwissenschaftlichen* Bezugswissenschaften, aus deren breiter Fülle wir die Religionspsychologie und Religionssoziologie ausgewählt haben, weil sie besonders nah an den Fragestellungen einer Programmatik von ÜBERGÄNGEn arbeiten und weil sie im üblichen Alltag der Lehre an einer erziehungswissenschaftlichen Fakultät bzw. einer pädagogischen Hochschule in den Fächern Psychologie und Soziologie kaum präsent sind, während die wichtigen Bezugs-Fächer Allgemeine Pädagogik und Allgemeine Didaktik ausführliche Behandlung finden. Aber auch die immer stärker in den Vordergrund der Forschung rückende *kulturwissenschaftliche* Einbettung theologischer Themen haben wir ansatzweise berücksichtigt.

Das Selbstverständnis dieser ÜBERGÄNGE ist weder eine enzyklopädische Orientierung, die mit Bedacht die architektonische Einheit und organische Ganzheit der Theologie/Religionspädagogik in den Mittelpunkt der Überlegungen stellt[3], noch auch eine Einführung in der Hinsicht, daß auf geradezu lexikalischer Basis die Vielfalt und Komplexität theologischen und religionspädagogischen Wissens und seiner jeweiligen Positionalität zum Ausdruck kommt[4], sondern vielmehr der vorläufige Versuch, in möglichst knappen Skizzen *al fresco* und aus der Situation der Lehre heraus den Boden zu bereiten für ein fruchtbares Studium der Theologie/Religionspädagogik.

Die Mehrzahl der Beiträger lehrt am Institut für Evangelische und Katholische Theologie/Religionspädagogik der Pädagogischen Hochschule Freiburg bzw. an der dortigen Fakultät für Gesellschafts- und Naturwissenschaften.

Die alles weitere grund-legenden Beiträge zur *Biblischen Theologie* - versammelt unter dem Stichwort **„Motive des Glaubens"** - stammen vom katholi-

---

[3] Vgl. hierzu z.B. G. Ebeling, Studium der Theologie. Eine enzyklopädische Orientierung, Tübingen 1975.
[4] Vgl. hierzu in Ansätzen z.B. R. Heiligenthal u.a., Einführung in das Studium der Evangelischen Theologie. Stuttgart 1999.

schen Alttestamentler und Religionswissenschaftler Bernd Feininger („Das erste Alte Testament der Christen") und dem katholischen Neutestamentler Peter Fiedler („Der historische Jesus und der Christus des Glaubens").

Der Bereich *Historische Theologie* steht unter dem Signum **„Transformationen des Glaubens"**. Der katholische Kirchengeschichtler Joachim Maier (PH Heidelberg) gibt eine „Einführung in die Kirchengeschichte" mit weitem Horizont und Liebe zum präzisen Detail.

Die *Systematische Theologie* spiegelt sich bei all ihrem Bemühen um kohärente Stringenz in ganz unterschiedlichen **„Positionen des Glaubens"**. Diese Pluralität kann nicht verwundern, wenn man sich allein die Kanonisierungsergebnisse ihrer Heiligen Schriften durch Juden und Christen vergegenwärtigt und darüber hinaus durchgängig den wissenschaftlichen Rahmen dieser Dogmatik und Ethik umfassenden Disziplin samt ihrer konfessionellen Ausdifferenzierung und ihrer Korrelationsstruktur bewusst hält. Den konfessionelle Positionen überbrückenden Anfang macht hier der evangelische Theologe Bernhard Maurer mit seiner Fragestellung „Theologie der Ökumene oder ökumenische Theologie? Grundfragen der Dogmatik am Ende des 20. Jahrhunderts". Ihm folgen der katholische Systematiker Josef Zöhrer mit fundamentaltheologischen Ausführungen zu „Offenbarung und Glaube", die evangelische Systematikerin Dorothee Schlenke mit einem Beitrag zur „Theologischen Frauenforschung" und die evangelische Religionsphilologin Gabriele Schramm mit fundamentalanthropologischen Aspekten zum Thema „Christlich vom Menschen reden". Abgerundet wird dieser Maß-Stäbe setzende Bereich durch Bernhard Maurers Thesen zu einer „Erneuerung des Ethos".

Die *Religionspädagogik* siedelt sich - ihrer Verantwortung gegenüber der öffentlichen Schule und einer heterogenen Schülerschaft voll bewußt - **„Im Vorhof des Glaubens"** an. Der evangelische Religionspädagoge Reinhard Wunderlich nimmt dabei die Programmatik der Einleitung noch einmal, nun aber spezieller auf: „Übergänge. Eine Einführung in die Religionspädagogik". Ganz im Sinne der Empfehlungen zur Reform des Lehramtsstudiums unter dem Titel „Im Dialog über Glauben und Leben"[5] steht dabei die religionspädagogische Kompetenz als integratives Ziel allen „Ackerns" auf dem Feld theologisch-didaktisch verschränkter Studieninhalte im Angelpunkt der Argumentation.

Unverzichtbar für alle religionspädagogischen ÜBERGÄNGE ist angesichts dieses integrativen Zieles die Wahrnehmung *bezugswissenschaftlicher Horizonte*

---

[5] Im Auftrag des Rates der Evangelischen Kirche in Deutschland herausgegeben vom Kirchenamt der EKD, Gütersloh 1997.

unter dem Motto „**Erhellungen des Glaubens**". Die Psychologin Adly Rausch (PH Ludwigsburg) führt dabei ein in die „Religionspsychologie", der Soziologe Günther Burkart (Universität Lüneburg) in die „Religionssoziologie"; beide Disziplinen sind unersetzliche humanwissenschaftliche Bereicherungen allen religionspädagogischen Nachdenkens und Handelns. Ebenso unersetzbar ist aber auch für jeden modernen Religionsunterricht die religionswissenschaftliche Perspektive: Bernd Feininger macht Lust auf religionsgeschichtliche Themen, der evangelische Französisch-Didaktiker Olivier Mentz widmet sich der „Religionsgeographie"; beide Male zeigt sich auf anschauliche Weise die wechselseitige Durchdringung von Kultur und Religion, wie sie immer stärker auch in der Profilierung der wissenschaftlichen Theologie an Universitäten und Hochschulen Beachtung findet.

Was aber wären alle ÜBERGÄNGE, wenn sie nicht von Menschen bewohnbar wären. Die katholische Religionsphilologin Katja Boehme geht *lebensförderlicher Spiritualität* nach in ihrem Aufsatz „Wahrheit die mich angeht ...", um so, bei aller Anstrengung des Begriffs (G.W.Fr. Hegel), die für ein Studium der Theologie/Religionspädagogik unabdingbar ist, auch der „**Kräfte des Glaubens**" gewahr zu bleiben oder zu werden. Nicht ausgeblendet werden dürfen dabei aber auch die möglichen negativen Kräfte des Glaubens; der Soziologe Wolfgang L. Schneider beschreibt sie auf der globalen politisch-gesellschaftlichen Ebene in seiner exemplarischen Analyse der „(Theo)Logik des islamistischen Terrorismus". Um so wichtiger bleibt die Aufforderung, mit der der gegenwärtige Innenminister der Bundesrepublik Deutschland, Wolfgang Schäuble seine Überlegungen zur „Macht des Glaubens" beschließt, und in die auch alle weit verzweigten wissenschaftlichen Gedanken und Argumentationen dieses Buches zur Bewältigung der Aufgaben künftiger Religionslehrerinnen und Religionslehrer münden mögen: „Es muss uns gelingen, die motivierenden und persönlichkeits- sowie gemeinschaftsbildenden Kräfte der Religion für die Lösung dieser Aufgaben zu mobilisieren."

Das Alte Erste Testament der Christen

Bernd Feininger

Richtig lesen lernen- den eigenen Weg bedenken

Gegenstand einer „Einleitung in das AT" ist der erste und älteste Teil der Bibel in hebräischer Sprache, den Christen und Juden gemeinsam haben. Geschichtlich weiter zurückgehend, ist das die religiöse Literatur des Alten Israel, die Überlieferungen einer Religionsgemeinschaft, deren Anfänge über tausend Jahre v. Chr. begannen. Man spricht heute gerne vom „Ersten" statt vom „Alten" Testament oder verwendet den jüdischen Begriff „Tanach" oder die neutrale Bezeichnung „hebräische Bibel" („Bibel" von „Byblos", der altphönikischen Hafenstadt und Metropole des Papyrus-Handels). Unser Umgang mit der hebräischen Bibel spiegelt das christliche Verhältnis zum Judentum wider. Die Einleitung in das AT bzw. ET berücksichtigt deshalb auch diese neu gewonnene Verhältnis – Bestimmung: „Das Erste Testament kann seine Rolle als Herausforderin, Rivalin und Kommentatorin des Neuen Testamentes natürlich nur spielen, wenn man ihm sein *Eigenwort mit Eigenwert* belässt- und vor allem, wenn man seine Vielgestaltigkeit und seine Andersartigkeit nicht mit der christlichen Brille übersieht"[1]

Einleitung in die Bibel ist immer auch eine wichtige hermeneutische Aufgabe („Verstehenslehre"), nicht nur im jüd.-christl., sondern auch im binnenchristlichen Raum, ausgespannt zwischen den beiden Brennpunkten „Fundamentalismus/Biblizismus" (Wort-für-Wort-Inspiration der heiligen Schriften, verkürzter Offenbarungsbegriff) und „profaner Literaturwissenschaft", die bewusst außer Acht lässt, dass die Bibel dem gläubigen Menschen so viel bedeutet wie Brot für das Leben. Jeder, der sich mit der Bibel „professionell" beschäftigt, muss hier einen integrativen Weg suchen, der Wissenschaftlichkeit und Existenzfrage verbindet. Eine Chance, die trotz Schwierigkeiten und Verunsicherung vom Studienanfänger der Theologie genutzt werden sollte. Für den Mittelweg einer dem Glauben gegenüber verantworteten Bibelwissenschaft plädiert z.B. auf kath. Seite das lesenswerte Dokument des Päpstlichen Bibelinstitutes: „Die Interpretation der Bibel in der Kirche"[2] O. Kaiser (evang.) fasst in seiner älteren Einleitung unsere „Not mit der Bibel" folgendermaßen zusammen:

---

[1] E. Zenger u.a., Einleitung in das AT, Stuttgart⁶2006. Zwei Testamente – eine Bibel. Thematisches Heft d. Zeitschrift „Bibel und Kirche" (BiKi) 55 (1/2000).
[2] Rom 1993; vgl. dazu L. Ruppert in den SBS (= Stuttgarter Bibelstudien) Bd. 161, 1995.

„Die Schwierigkeit des heutigen Lesers der Bibel ist doppelter Art: Entweder meint er genau zu wissen, wie und unter welchen Umständen sich Gott in der Geschichte Israels und in der Geschichte Jesu offenbart hat, weil ihm das von Gott inspirierte Buch darüber widerspruchs- und lückenlos Auskunft gibt. Dann ist er nur zu oft genötigt, seiner Vormeinung zuliebe über das Einzelne hinwegzulesen und, wird er auf Spannungen und Widersprüche aufmerksam gemacht, mit einem unterschiedlich guten Gewissen in Ausflüchten einen Weg zu suchen, der es ihm erlaubt, an ihr festzuhalten. Oder er sieht in diesem Buch nur eine in sich verschlungene Sammlung von Dokumenten einstigen Glaubens, über dessen Kindlichkeit er sich als Bürger eines aufgeklärten Zeitalters erhaben dünkt, ohne danach zu fragen, ja vielleicht auch nur zu ahnen, wie tief unser abendländisches Denken von diesem Buch beeinflusst ist und wie viel stärker als heute das bis in das erste Drittel dieses Jahrhunderts hinein der Fall gewesen ist. Das scheinbar nur Fremde und Ferne verstellt ihm den Blick darauf, dass der hier erhobene Anspruch, von Gott zu zeugen, auch heute noch von einer ungeahnten Kraft und Lebendigkeit sein könnte."[3]

Wiss. Bibelkritik begann im 17. Jh. („Kritik" hier positiv als „Unterscheidung", „Untersuchung" verstanden!), wurde im 19. Jh. verfeinert und erarbeitete sich mit der Zeit ein Instrumentarium verschiedener effizienter Untersuchungsmethoden philologischer und texterschließender Art: Textkritik an der Ursprache, Untersuchung der Einheitlichkeit des Textes und Fragen seiner Zusammensetzung (sog. Literarkritik), Gattungs- und Formkritik, Sitz im Leben, redaktionsgeschichtliche Fragen, Verfasser- und Adressaten-Kreise. Dazu kommen heute Adaptionen moderner literaturwissenschaftlicher Fragestellungen und Methoden.

Der „historisch-kritische Ansatz" zielt auf den historischen Kern: „Wie es damals gewesen ist", und welche Aussage-Absicht die damaligen Autoren mit ihren Worten verbunden haben. Wie wir diese Botschaft als Bibelgläubige heute aufnehmen, steht nicht im Vordergrund. Der „Exeget" (d.h. der den Sinn des Textes aufschließt und zu uns „herausführt") „muss sozusagen im Geiste zurückkehren in jene fernen Jahrhunderte des Orients und mit Hilfe der Geschichte, der Archäologie, der Ethnologie und anderer Wissenschaften genau bestimmen, welche literarischen Arten die Schriftsteller jener alten Zeit anwenden wollten (...). Unsere Vertreter der Bibelwissenschaft sollen ... nichts unversucht lassen, was die Archäologie, die alte Geschichte und die Geschichte der alten Literatur an Neuem zu Tage gefördert hat, und was dazu dient, dass man die Absicht der alten Schriftsteller und ihre Art zu denken, zu erzählen und zu schreiben, richtig

---

[3] O. Kaiser, Einleitung i.d. AT, Gütersloh [4]1978,13. In der Neuauflage [5]1984 S. 16.

erfasst." So formuliert es die erste bedeutende „Bibelenzyklika" der kath. Kirche „Divino Afflante Spiritu" von 1943.[4]

„Vom Text zur Welt hinter dem Text" lautet das Programm: „Texte sind gewissermaßen kleine Ausschnitte aus einem großen kulturellen und gesellschaftlichen Zusammenhang, einer Welt. Und zu ihrem Verständnis gehört die Kenntnis dieser Welt. Die Welt der Bibel ist versunken- zu einem Forschungsfeld der Archäologie geworden. Oft bietet nur der Text die Möglichkeit, den verlorenen kulturellen Zusammenhang zu rekonstruieren. Die Bibel ist eine Sammlung von Texten der Vergangenheit. Sie stammt aus einer fremden Kultur (...). Wer die Bibel verstehen will, muss sich methodisch von seiner Kultur und Erfahrungswelt distanzieren und sich in eine fremde und ferne Welt begeben. Nur dieser Schritt aus der eigenen in die andere Welt der Bibel bietet die Gewähr dafür, dass nicht der Ausleger, sondern die Bibel mit ihrer eigenen Stimme zu Wort kommt: Das ist die Grundeinsicht historisch-kritischer Bibelforschung, wie sie seit ca. 300 Jahren in der westlichen Welt praktiziert wird. Als einer der Gründerväter gilt der niederländische Philosoph, Naturwissenschaftler und Theologe Baruch de Spinoza (1632-1677)."[5]

Heute wird dieses stark intersubjektive, „neutrale" Verfahren durch eine Vielzahl weiterer Auslegungs-Wege ergänzt bzw. begleitet, die bestimmte Interessen-Schwerpunkte der Gegenwarts-Theologie markieren: Meditative und spirituelle Auslegungen, kanonische Auslegung, textlinguistische Untersuchungen, sozialgeschichtliche und narrative Exegese, Bibel-Teilen im Gesprächskreis, Feministische Exegese, tiefenpsychologische Textauslegung,[6] Symboldidaktische Zugänge, Bibel und Befreiungs-Theologie, ganzheitliche Formen nachvollziehender Auslegung wie Spielen, Tanzen, Singen. Für diese stärkere Hineinnahme des „Subjektiven" war wiederum eine hermeneutische Einsicht entscheidend: Dass das, was bei der Begegnung mit einem biblischen Text entsteht, nicht nur von der Bibel, sondern auch von den jeweiligen Leserinnen und Lesern sowie von deren Kontext abhängt (kontextuelle Exegese): Neuere literaturwissenschaftliche und kommunikationstheoretische Ansätze haben „den Akzent stärker auf die Rezeption von Texten und damit auf die Leserinnen und Leser bzw. auf den Akt des Lesens gesetzt. Die Lektüre eines Textes wird nicht als „passives"

---

[4] Vgl. dazu A. Deissler, Das AT und die neuere kath. Exegese, Freiburg 1963.
[5] G. Steins in: E. Zenger (Hg), Lebendige Welt der Bibel, Frbg. 1997, 143.
[6] A.A. Bucher, Bibelpsychologie. Psychologische Zugänge zu biblischen Texten. Stg. 1992. Vgl. neuerdings die Einführung von A. Grün, Tiefenpsychologische Schriftauslegung, Münsterschwarzach 2002 oder Bücher wie W.H. Lechler / A. Meier, Wach auf und lebe! Die therapeutische Kraft biblischer Geschichten, München 2005 (Kösel).

Aufnehmen, sondern als „aktiver" und produktiver Vorgang wahrgenommen. Häufig ist die Rede davon, dass der Leser den Text „konstruiert" oder „inszeniert". Martin Walser formuliert: ‚Lesen ist nicht etwas wie Musikhören, sondern wie musizieren. Das Instrument ist man selbst."[7]

Das betrifft auch das Wachsen der Glaubensgemeinschaft im Umgang mit der heiligen Schrift. Das eingangs erwähnte Dokument der Bibelkommission von 1993 spricht in Anlehnung an die Hermeneutik Paul Ricoeurs von der „Sinnkarriere" eines Textes: „Der Sinn eines Textes kann jedoch nur dann voll erfasst werden, wenn er im Erleben der Leser aktualisiert wird, die ihn sich aneignen (...) mit dem Wachstum des Lebens im Geiste weitet sich bei der Leserschaft das Verständnis der Wirklichkeit, von der der biblische Text spricht."[8] Damit vollziehen bibelgläubige Menschen von heute einen Prozess nach, den die Israeliten biblischer Zeiten selbst angestoßen haben, weil sie Gottes Wort nicht einfach museal bewahrten, sondern ständig neu auslegten und damit fortschrieben: „Die Wahrheit der Schrift liegt nicht in dem Anliegen ihrer ursprünglichen Erstschriftsteller begraben, sondern wächst mit und durch die sie rezipierende Gemeinde"[9] Nimmt man die biblischen Schriften als „Wachstums-Literatur" „wahr", kommt die Methode der „Relecture" als Auslegungs-Paradigma zum Tragen, weil sie zu erhellen vermag, wie biblische Autoren die ihnen vorliegende Botschaft aufgriffen, umgestalteten und akzentuierten (eine differenzierte, weiterentwickelte Form der Redaktionsgeschichte). Paul Ricoeur spricht von der „biblischen Polyphonie" (Nommer Dieu, 1977). „Zur Auslegung der Schrift in ihrer Gesamtheit gehört mithin die Anerkennung der durch die Relektüren begründeten ‚mehrstimmigen Symphonie' der biblischen Zeugnisse."[10]

Die Frage nach der „Verfasserschaft" (für die alte Zeit ohnehin keine entscheidende Frage), tritt damit deutlich zurück hinter dem größeren Rezeptions- und Fortschreibungsprozess. Zudem ist die biblische Literatur viel stärker an Institutionen gebunden und auf kollektive Vorgänge bezogen als die individuelle, dem Originalitäts-Begriff verpflichtete Literatur unserer Moderne.

---

[7] D. Kosch, Kontextuelle Bibellektüren. In: BiKi 52 (2/1997), 55. Vgl. W. Deifelt u.a. (Hg) Exegese in unserer Zeit. Kontextuelle Bibelinterpretationen aus lateinamerikanischer und feministischer Sicht (Reihe). Münster. LIT-Verlag.
[8] a.a.O. S. 126 und 128.
[9] K. Koch in: R.G. Kratz / Th. Krüger, Rezeption und Auslegung im AT; Fribourg u. Göttingen 1997, 120.
[10] K. Scholtissek, Relecture und Réécriture. In: Theologie u. Philosophie 75 (1/2000), 1-29, hier: 5.

In keinem Fall dieser Methoden-Diskussion will man zu einem „naiven", „unkritischen" Textverständnis zurückkehren, das sich *allein* auf die Wort-Oberfläche beschränken würde: Es geht darum, im intensiven, vielfältigen, manchmal auch anstrengenden und widerspruchsreichen Gespräch mit der Bibel und damit eben mit den *geschichtlichen Zeugen und Kündern der Botschaft* Gottes für Welt und Mensch, diese Botschaft neu herauszuhören und mit offenem Herzen aufzunehmen! „Dem Menschen als einem spezifischen „Kultur-Wesen" ist im Grunde nicht die materielle Molekül-Welt das Allernächste und ihn Prägende, sondern er wird in der Welt der Sprache und des Wortes zum eigentlichen Menschen. Analog wird das Gottesvolk zu dem, was es ist, durch Hören, Lesen und Verinnerlichen des zur Schrift gewordenen göttlichen Offenbarungswortes" (A. Deissler).[11] Die „historisch-kritische Methode" ist dabei der notwendige, aber ergänzungsbedürftige *Weg* der Exegese, nicht ihr Ziel. M. Oeming hat die verschiedenen Zugänge der Bibelauslegung als Theorie des „hermeneutischen Viereckes" systematisiert. Er weist nach, wie auf Grund philosophischer Prämissen der jeweilige Schwerpunkt entweder auf den *Autoren* liegt (historisch-kritische Exegese, Sozialgeschichte, historische Psychologie, Neue Archäologie), oder auf dem *Text selber* (Linguistik, New Literary Criticism, kanonische Schriftauslegung, Exegese als Wortereignis, auf den *Rezipienten* (Wirkungsgeschichte, tiefenpsychologische Schriftauslegung, symbolorientierte Exegese), sowie auf der *Sache* (dogmatische, fundamentalistische, existenziale Interpretation).[12]

---

[11] Aus: Die Grundbotschaft des AT, Ausgabe Frbg. 1995, 8; inzwischen NA, hrgg. von E. Zenger, Freiburg 2006.
[12] Biblische Hermeneutik.Eine Einführung. Darmstadt 1998. Religionspädagogisch spezifischer: H.K. Berg, Ein Wort wie Feuer. Wege lebendiger Bibelauslegung. Stuttgart u. München ³1997. Zwei Lehrbücher zur Hermeneutik des AT: Antonius H.J. Gunneweg, Vom Verstehen des AT: Göttingen ²1988; R. Smend (Hrsg.), Das AT im Protestantismus. Neukirchen-Vluyn 1995. Vgl. die Sammlung von Henning Graf Reventlow, Epochen der Bibelauslegung, 4 Bde., München 1990/2001.

Eine wunderbare Geschichte

Oft wird man gefragt: „Ist das alles wahr, was in der Bibel steht? Vor einer Antwort sollte man sich über den Sinn der Worte „wahr" oder „wirklich" klar werden. Wenn es heißt: „Diese Geschichte ist wahr, sie ist wirklich so passiert", dann bedeutet das sicher etwas anderes, als wenn man einen Roman oder ein Gedicht als „wahr" bezeichnet, weil dort die menschliche Realität tief und echt nachempfunden ist. Alles kann erfunden, erdichtet, nichts wirklich so geschehen und historisch sein – und doch ist alles wahr!

Man begreift alles erst hinterher.

„Das ist mein erster Liebesbrief", hatte mein alter Bekannter gesagt, als er mir den Zettel mit der Rechenaufgabe zeigte. Er und seine (zukünftige) Frau waren damals noch auf der Schule. Als seine Mitschülerin einmal krank war, hatte er ihr die Aufgabe ans Krankenbett gebracht. Diese kleine Gefälligkeit hatte den Grund zur dauerhaften Zuneigung gelegt, und seinem ersten „Liebesbrief" waren noch viele andere, eindeutigere gefolgt. Der vergilbte Zettel mit seinen Zahlen und Zeichen bedeutet für sich genommen nichts. Erst die nachfolgende Geschichte der beiden Verliebten gab ihm seinen einzigartigen Wert als Zeugnis einer schicksalhaften Bestimmung.

Nehmen wir also noch einmal die Begriffe „genau" und „wahr".

„Genau" bezieht sich auf das, was Kamera oder Tonband hätten aufnehmen können. Der erste „Liebesbrief" meines alten Bekannten bestand lediglich aus einer Rechenaufgabe. Von Liebe war auf dem Zettel nichts zu lesen. Und trotzdem waren die Zahlen und Zeichen ein „Liebesbrief", weil sie zum ersten Mal eine beginnende Zuneigung bezeugten. Hätte es sich tatsächlich, dem Wortlaut nach genau, um einen Liebesbrief gehandelt, wer weiß, ob er zu einer solch wahren Liebe geführt hätte.

Ist die Bibel wahr? Ja, wenn man Wahrheit so versteht. Es gibt in der Schrift gewiss eine Fülle von Ungenauigkeiten, Übertreibungen, legendären Schilderungen, deren Wirklichkeitsbezug schwer nachzuprüfen ist, aber insgesamt darf man sie als „wahr" bezeichnen, weil sich in ihr die Wahrheit Gottes und des Menschen geoffenbart hat.

Zwischen der Geschichte Israels und unserer heutigen Weltgeschichte besteht kaum ein Unterschied: die gleichen Erfahrungen und Niederlagen, die gleichen Streitigkeiten und Feindschaften, die gleichen Menschen, Schurken und Heilige, Gerechte und Verräter. Und der Ungläubige entdeckt damals wie heute von Gott keine Spur. Aber die Gläubigen, die diese Geschichte aufgezeichnet haben, waren von Gott, dem Einzigen und Lebendigen, so ergriffen, dass sie auch in den gewöhnlichsten Erfahrungen die Hand ihres Gottes am Werk sahen.

In gleicher Weise sollte uns die Bibel dazu führen, unseren Lebensweg mit demselben Blick des Glaubens und der Liebe zu bedenken. Dann werden wir feststellen, dass Gott nach wie vor zu uns spricht, wie er zu den Propheten gesprochen hat, und dass er nach wie vor an uns handelt, wie er an Israel gehandelt hat. Unser ganzes Leben wird uns dann wie eine Kette von Wundern erscheinen.

Ähnliches vollzieht sich beim Lesen. Wir verändern den Text, schaffen ihn gleichsam neu auf Grund dessen, was wir selber sind, das ist ein ganz normaler Vorgang. Wir schreiben den Text mit unserem eigenen Leben fort, indem wir ihm den Sinn und die Bedeutung hinzufügen, die wir in ihm entdecken.

Lesen heißt also, sich eines Textes bemächtigen und ihn etwas für mich sage lassen, was mich zum Leben ermutigt.[13]

---

[13] Gekürzt nach: E. Charpentier, Führer durch das AT. Düsseldorf ²1986, 12ff; das Buch von Charpentier ist vergriffen; als Alternative empfiehlt sich: Thomas Staubli, Begleiter durch das Erste Testament, Düsseldorf 1997 (Patmos).

Von der Methodenlehre zur Einleitung

Kenntnisse der Methodenlehre gegenwärtiger Exegese liefern das Fundament, um die eigentliche „Einleitung" in die verschiedenen Bücher der Bibel besser zu verstehen: Sie basiert auf den Ergebnissen, die mittels der exegetischen Methoden in der konkreten Arbeit an der Bibel erzielt worden sind und stützt sich auf den „Mainstream" zeitgemäßer Forschung.

Unter den großen Weltreligionen hat sich bisher nur das Christentum umfassend auf wissenschaftlich objektive Methoden zur Erschließung seiner Glaubensdokumente eingelassen.

Als guter Weg zur Einführung in die *Methodenlehre* an Beispielen aus *beiden* Testamenten kann dienen: G. Adam, O. Kaiser, W.G. Kümmel, O. Merk: „Einführung in die exegetischen Methoden" (Gütersloh 7- 2000). Im überschaubaren Rahmen liefert dieses Studienbuch alles Wichtige, um sich in der Exegese zurechtzufinden (auch ohne Kenntnis der Ursprachen). Abgerundet wird das Buch durch eine knappe Einführung in die Techniken wissenschaftlichen Arbeitens, verbunden mit Hinweisen für die Nutzung wissenschaftlicher Hilfsmittel bis hin zur Arbeit mit dem Internet. Als *Methodenbuch* speziell für das AT ist preis- und empfehlenswert: Uwe Becker, Exegese des AT (Tübingen 2005, UTB Nr. 2664). Becker führt kurz aber mit guten Beispielen in die Methoden der „Historisch-Kritischen Methode" ein: Text- und Literarkritik; Überlieferungs- und Redaktionsgeschichte; Form- und Traditionsgeschichte; Hermeneutik (jeweils mit gut ausgewählter Literaturübersicht!).

Die meisten heute erhältlichen *Einleitungsbücher* versuchen, synchrone und diachrone Fragestellungen gleichermaßen zu berücksichtigen:

a. synchron: Inhalt und Aufbau der biblischen Bücher

b. diachron: ihr Entstehungs-Weg und Verfasser-Fragen, gefolgt vom

c. zeit- und theologiegeschichtliche Kontext im „damaligen Verständnis"[14]

Im Idealfall zeigt eine Einleitung in knapper Form den Wachstums- und Überlieferungs-Prozess der biblischen Schriften auf, informiert über Forschungsstand und -Probleme und legt dabei besonderen Wert auf die unterschiedlichen Blickwinkel und Aussageabsichten der Redaktions-Vorgänge bis zur Letztform des vorliegenden Textes. Dabei müssen die literaturwissenschaftlichen Erklärungen mit der religiösen und politischen Geschichte des Alten Israel und mit seinen staatlichen und religiösen Institutionen (z.B. Tempel, Priestertum, König, Wirtschaft...) korreliert werden: Keine leichte Aufgabe für ein Handbuch, das damit

---

[14] Vgl. E. Zenger, Einleitung in das AT, Vorwort zur ersten Auflage 1995!

auch an die Grenzen der „Einleitung" stößt und dafür auf Arbeitsgebiete anderer Spezialisten verweist: Neben die Einleitung in das ET/AT treten also differenzierte Sprachstudien, Welt und Umwelt der Bibel (Alter Orient), Archäologie und Geographie, Geschichte, Religions- und Sozialgeschichte, die Auslegung der Bibel in der christlichen Kirche, Kanonfrage und Übersetzungen, eigene Handbücher zur „Theologie des ET", Hermeneutik, Bibel als Kultur-Erbe bzw. Bibel und Kunst (vgl. die Hinweise am Ende des Aufsatzes). Aber den Dreischritt von Glaube – Geschichte – Literatur muss jede Einleitung in je eigener Form zu leisten versuchen; und die Zusammenschau dieser Konstituenten für sich zu realisieren ist eine wichtige Aufgabe für jeden, der die Bibel ernsthaft studiert. Damit bereitet die „Einleitung" den anderen Dreischritt auf Seiten des Bibelstudierenden vor, der zur oben erwähnten „Aneignung" führt: *Text - Kontext – Leser* (bzw. Zeuge/Botschaft – Kontext – Hörer).

Wer sich darauf einlässt, für den wird die Beschäftigung mit dem „alten Ersten Testament" zu einem Abenteuer, das sich lohnt: „Teilhabe am Abenteuer eines Volkes, das sich von der Leidenschaft für Gott ergreifen lässt- oder richtiger, das Gott in seiner leidenschaftlichen Liebe ergriffen hat." [15]

Beispielhaft und viel gelesen ist die Einleitung in das AT von *E. Zenger* u.a. in der Reihe „Studienbücher Theologie" des Kohlhammer-Verlages (jetzt ⁵2004). Das Buch bietet nicht nur den gegenwärtigen Forschungsstand zu allen Büchern des AT, sondern auch die wiss. Diskussion in klaren Argumenten, dazu Übersichten, Tabellen, weiterführende Literatur. Seine besondere Stärke liegt in der Aufbereitung der Fünf Bücher Mose, des Pentateuch und der Pentateuch-Theorien. Die Einleitung von *R. Rendtorff* vereint auf besonders gelungene Weise die drei Komponenten „Geschichte Israels", „Die alttestamentliche Literatur im Leben des Alten Israel" und die eigentliche Literaturgeschichte: „Die Bücher des Alten Testaments" (Neukircher Verlag, Neukirchen-Vluyn ⁶2001).

„Es ist eigentlich nicht die Zeit der Lehrbücher, von der Forschung her geurteilt. Sie scheint sich in einer allgemeinen Umbruchsituation zu befinden [...]. Der Wandel vollzog sich gerade an entscheidenden Punkten [...]. Die Erklärung des Pentateuch aus dem so genannten „Kleinen Credo" (G.v.Rad), das Verständnis der Frühgeschichte Israels aus der Amphiktyonie (M. Noth) die Unterscheidung zwischen apodiktischem und kasuistischem Recht, die Rekonstruktion des Glaubens an den „Gott der Väter" (A. Alt) aber auch weit ältere Einsichten, wie die Verbindung des Deuteronomiums mit der Reform des Königs Joschija oder die Frühdatierung des Jahwisten stehen nun in Frage. Selbst das Recht der Quel-

---

[15] E. Charpentier, Führer durch das AT, Düsseldorf ²1986, 12. Vgl. K. Neumann, Das Fremde verstehen. Grundlagen einer kulturanthropologischen Exegese. Münster 2000.

lenscheidung ist umstritten." So äußerte sich *Werner H. Schmidt* bereits in der ersten Auflage der Einleitung von 1978. Inzwischen wurden die angedeuteten Forschungslinien weiter ausgezogen (vgl. im Folgenden). Schmidt bietet in seiner Einleitung die klassischen Positionen[16] zum AT und seiner Geschichte und referiert über Pentateuch, Prophetie, Dichtung aus Kult und Weisheit mit einem abschließenden Kapitel zur Theologie und Hermeneutik. Als ausführliches Nachschlagewerk, ebenfalls mehr an den bekannten Positionen orientiert, ist *O. Kaisers* dreibändiger „Grundriss der Einleitung in die kanonischen und die deuterokanonischen Schriften des AT" zu empfehlen.[17]

Speziell für Religionspädagoginnen und Religionspädagogen bietet das „Alttestamentliche Arbeitsbuch" von *Friedrich Johannsen* eine gut lesbare und kompetente Hinführung zum AT (jetzt in der revidierten 3. Auflage Stuttgart 2005). Ähnlich pädagogisch aufbereitet und zum Selbststudium geeignet ist der Band aus der Reihe „UTB basics" von Lukas Bormann: „Bibelkunde" (AT und NT, Göttingen 2005, UTB Nr. 2674 mit kleinen fachlichen Schwächen). Umfangreicher, sehr verlässlich und im Einzelnen forschungsgeschichtlich detailliert, informiert *Hans-Christoph Schmitt* in seinem „Arbeitsbuch zum AT" (Göttingen 2005, UTB Nr. 2146). Ähnlich die 550 Seiten starke „Grundinformation Altes Testament" von *J. C. Gertz u.a.* (Paderborn 2006, UTB Bd. 2745).

Eine kompakte Einführung bringen *M. Albani und M. Rösel* in ihrem Band „Theologie kompakt: AT" (ctb Bd. 92, Stuttgart 2002). Sehr empfehlenswert ist auch die Einführung in das AT von *F.J. Stendebach* (Düsseldorf 2001, Patmos). Praktisch und informativ auf gutem Standard sind die beiden Bändchen von *Juan – Peter Miranda*: „Kleine Einführung in das AT" (keine Gesamt-Einleitung, z.B. fehlen die Propheten) und „Kleine Einführung in die Geschichte Israels" (Stuttgart 2001/02, Kath. Bibelwerk). Interessant ist die neuerlich zu beobachtende Entwicklung, die Bibel verstärkt als religiöses Kulturphänomen zu betrachten, und hierfür dem interessierten Leser Basisinformationen aufzubereiten. So in der Reihe „Fischer Kompakt" das TB von *Bernhard Lang* „Die Bibel" (Fischer TB Bd. 16126, Frankfurt/M. 2004). Oder aus der Reihe „KulturKompakt" der Band „Die Bibel" von *Martin Hann* (Paderborn 2005, UTB Bd. 2591) und (allerdings sehr verdichtet und speziell) der „dtv-Atlas Bibel" von *Annemarie Ohler* (München 2004). Reihe „Wissen" aus dem Beck-Verlag München: *Christoph Levin*, Das AT ([2]2003). Damit wird versucht, Grundlageninformation über ein zentrales Themengebiet unserer kulturellen Überlieferung geisteswissenschaftlich aufzu-

---

[16] jetzt Berlin [5]1995; vgl. sein neu revidiertes Werk „Alttestamentlicher Glaube", Neukirchen [9]2004!

[17] Bd. I-III, Gütersloh 1992/94; vgl. das einbändige Werk Kaisers, Einleitung i.d. AT, 5-1984).

bereiten, und so den Anschluss an Kunst und Literatur des Abendlandes zu ermöglichen. Hier informiert auch ganz ausgezeichnet der von *E. Zenger* hrgg. Sammelband „Lebendige Welt der Bibel" (Freiburg 1997 / NA 2001) mit Themen wie: „Das AT in unserer Lebenswelt"; - „in den Bildprogrammen christlicher Kunst"; - in der europäischen Malerei und Plastik"; - in „Oratorien und Opern"; - „in der Kunst und Literatur des 20. Jh.". In einer Zeit, in der das Wissen um die „biblischen Geschichten" immer mehr abbricht bzw. verloren geht, ist auch die „*Bibelkunde*" wieder wichtig geworden, wie sie z.b. angeboten wird von: *Martin Rösel*, Bibelkunde des AT (Neukirchen ⁴2004); *Matthias Augustin / Jürgen Kegler*, Bibelkunde des AT (Gütersloh ²2000); *Horst Dietrich Preuss*, Bibelkunde des AT und NT, Bd. 1: AT (Tübingen ⁷2003; UTB Bd. 887).

Von der Einleitung zur Exegese und Theologie des Ersten Testamentes

Die Erarbeitung einer Einleitung zum AT bietet die nötigen Voraussetzungen, um an darauf aufbauenden Exegese-Veranstaltungen teilzunehmen und Spezialliteratur mit Gewinn zu lesen: Auslegung einzelner Bücher oder thematische Querschnitte der Theologie und Religionsgeschichte des AT, z.B. wichtige Abschnitte aus Genesis, aus der Priester-Theologie des Pentateuch, aus dem „Jesaja-Buch", oder Schwerpunkte wie „Schöpfung", „Prophetie", „Königtum und Königszeit in Israel", Dekalog, Psalmen-Auslegung, Weisheit ...

Die „Theologie des AT" spürt der Rede von Gott in den alt. Schriften nach und ordnet sie systematisch nach Inhalten und Themen. Als Beispiel kann der entsprechende Aufriss von *J. Schreiner* dienen[18]: Jahwe, der Gott Israels – der Heil wirkende Gott – der fordernde Gott – der Schöpfer – Jahwe und der einzelne Mensch – ... und die Gesellschaft – Jahwe, der einzige Gott – Jahwe vor Sünde und Schuld - ... in Fest und Feier – Jahwe und die Zukunft. Oder *A. Deissler* in der „Grundbotschaft des AT"[19]: Die Botschaft vom alleinzigen Gott – vom unwelthaften Gott – vom personalen Gott – Die Botschaft von Jahwe als dem Gott für „Welt und Mensch" (im Pentateuch und bei den Propheten) – Die dunklen Aspekte im Gottesbild Israels. Letztgenanntes Thema der „dunklen Seiten Gottes" ist in jüngster Zeit mehrfach bearbeitet worden (s.u.). Eine Fundgrube exegetischer Querschnitte und Zusammenhänge bringt in allerdings sehr konzentrierter Sprache *Otto Kaiser* mit seiner dreibändigen Theologie des AT: Der Gott des AT: Bd. 1 Theologie des AT, Grundlegung; Bd. 2 Wesen und Wirken; Bd. 3 Jahwes Gerechtigkeit (UTB Bde. 1747; 2024; 2392, Göttingen 1993 / 2003): das komprimierte Alterswerk des bedeutenden evangelischen AT-Forschers (geb. 1924)! Aus kulturwissenschaftlicher

---

[18] Würzburg, NEB-Ergänzungsband 1, 1995.
[19] Freiburg 1995; NA hrgg. von E. Zenger 2006.

Sicht ist das spannend geschriebene Buch von *Bernhard Lang* „Jahwe, der biblische Gott. Ein Porträt" eine neue, „säkulare" Form der AT – Theologie (München 2002).[20] Die auch in der Fachwelt neuerdings wieder stark gewachsene Bedeutung der „Biblischen Theologie" (und nicht nur der exegetischen Einzelstudien), demonstriert eine Reihe wie das „Jahrbuch für Biblische Theologie" (=JBTh), das seit 1986 im Neukirchener Verlag erscheint.

Als Beispiel für Auslegung und Auslegungs-Literatur siehe die Kommentar-Reihen „NEB" und „ATD" (vgl. die Literatur-Hinweise am Ende). Als praktische *Bibellexika* seien vor allem genannt: *Otto Betz* u.a. (Hrsg.): Calwer Bibellexikon, 2 Bde., Stuttgart 2003 und *Klaus Koch / Eckart Otto* (Hrsg.): Reclams Bibellexikon, Stuttgart [7]2004. Als Bibelausgabe empfiehlt sich eine kommentierte Ausgabe wie die *Neue Jerusalemer Bibel* (Einheitsübersetzung) oder die *Stuttgarter Bibel*, kommentiert von E. Zenger (Einheitsübersetzung), die *Luther-Übersetzung mit Kommentar* (Stuttgarter Erklärungsbibel; Württembergische Bibelanstalt Stuttgart) oder die *Bibel, erschlossen und kommentiert von Hubertus Halbfas* (in Teilen aber forschungsgeschichtlich überholt).

Wandlungen und neue Zugänge - aktuelle Forschung am Ersten Testament

Auf vielen Feldern der Bibelwissenschaft haben sich in den vergangenen Jahren neue Erkenntnisse und veränderte Einsichten ergeben. In der Pentateuch-Exegese (Auslegung der Fünf Bücher Mose), wurde die lange gültige „Mehr-Quellen-Theorie" stark modifiziert; die zeitgeschichtliche Einordnung wichtiger religiöser Strömungen des alten Israel wurde vielfach nach unten korrigiert (Exil- und Perser – Zeit); die Anfänge Israels und seine Beziehungen zu Kanaan und den Kanaanitern zeigen die Verwandtschaft beider Volksgruppen auf; entsprechend ist ein differenziertes Bild der Besiedlungs-Vorgänge in der Frühzeit Israels entstanden (nicht kriegerisch, sondern durch sozio-ökonomische Wandlungsprozesse). Auch die Sicht des frühen Königtums (David, Salomo) wurde gründlich revidiert. Literarische und archäologische Beobachtungen ergänzen sich und entwerfen ein genaueres Bild vom (relativ langsamen) Wachsen des israelitischen Königreichs (bzw. der getrennten Königreiche).[21] Der Einfluss Ägyptens

---

[20] Siehe zum Problem I. Baldermann (Hrsg.): Religionsgeschichte Israels oder Theologie des AT? Neukirchen-Vluyn 1995 (=JBTh Bd. 10).

[21] D. Vieweger, Archäologie der biblischen Welt. Göttingen 2003 (=UTB Bd. 2394); V. Fritz, Einführung in die biblische Archäologie. Darmstadt 1985; I. Finkelstein / N. A. Silberman, Keine Posaunen vor Jericho. Die archäologische Wahrheit über die Bibel, München [4]2003; V. Fritz, Die Entstehung Israels im 12. u. 11. Jhdt. v. Chr., Stuttgart 1996 / W. Dietrich, Die frühe Königszeit in Israel, 10. Jhdt. v. Chr., Stuttgart 1997 (beide Bde. aus der Reihe „Biblische Enzyklopädie").

und des Alten Orients in der Geistesgeschichte Israels ist deutlicher geworden.[22] Von den großen theologischen Strömungen lassen sich Horizont und Ausdruckswillen der Priesterschrift[23] und des deuteronomistischen Geschichtswerkes[24] besser beurteilen als früher. Vieles, was vorher als randständig abgetan wurde, rückt heute ins Zentrum des Interesses (Priesterschrift, Chronik[25]).

In der Prophetenforschung ist die Verschriftlichung, die „Buchwerdung" gegenüber der Frage nach den einzelnen Propheten-"Persönlichkeiten" und ihrer Botschaft stark in den Vordergrund getreten.[26] Wichtige theologische Grundmuster wie „Monotheismus"[27] oder „Bund"[28] treten in ihrer langfristigen geschichtlichen Entwicklung und Funktionalität stärker hervor, aber auch Probleme wie das „kriegerische/dunkle Gottesbild" (Landnahme-Erzählungen, Fluchpsalmen, Ijob)[29] sind in den letzten Jahren thematisiert und in ihrer Fruchtbarkeit für das religiöse Denken erkannt worden. Und man realisiert neue Akzente im Beitrag Israels zur Religionsgeschichte hinsichtlich der „Theokratie", der Herrschaft Gottes, und bestimmter Konsequenzen für unser abendländisches Politik-Verständnis: (vergl. J. Assmann in seinem Buch „Herrschaft und Heil", 2000).

---

[22] M. Görg, Die Beziehungen zwischen dem Alten Israel und Ägypten. Darmstadt 1997 (WB); B. Janowski / B. Ego (Hrsgg.): Das biblische Weltbild und seine altorientalischen Kontexte. Tübingen 2001/ als TB 2004; O. Keel / S. Schroer, Schöpfung. Biblische Theologien im Kontext altorientalischer Religionen. Fribourg / Göttingen 2002; R. Albertz, Religionsgeschichte Israels in alt. Zeit, 2 Bde., Göttingen 1992; Werner H. Schmidt, Alttestamentlicher Glaube, Neukirchen ^{9}2004; O. Kaiser, Zwischen Athen und Jerusalem. Studien zur griechischen und biblischen Theologie. Berlin / N.Y. 2003 (=BZAW 320).

[23] Chr. Frevel, Mit Blick auf das Land die Schöpfung erinnern. Das Ende der Priestergrundschrift. Freiburg 2000.

[24] N. Lohfink, Gab es eine deuteronomistische Bewegung? In: Ders., Studien zum Deuteronomium und zur deuteronomistischen Literatur III. Stuttgart 1995, S. 65-142 (=SBAB 20).

[25] G. Steins, Die Chronik als kanonisches Abschlussphänomen. Studien zur Entstehung und Theologie von 1 / 2 Chronik. Weinheim 1995 (=BBB 93).

[26] U. Becker, Die Wiederentdeckung des Prophetenbuches. Tendenzen und Aufgaben der gegenwärtigen Prophetenforschung. In: Berliner Theol. Zeitschrift (=BThZ) 21 (2004), S. 30-60; Reinhard G. Kratz, Die Propheten Israels. Reihe „Wissen", C.H. Beck Bd. 2326, München 2003; J. Blenkinsopp, Geschichte der Prophetie in Israel, Stuttgart 1998.

[27] V. Fritz, Einführung in den biblischen Monotheismus. Darmstadt 1996 (WB).

[28] Siehe den Exkurs zu „Bund" bei H.-Chr. Schmitt, Arbeitsbuch zum AT, Göttingen 2005 (=UTB Bd. 2146), S. 200-204; Literatur dazu S. 207! E. Zenger, Der Neue Bund im Alten. Zur Bundestheologie der beiden Testamente. Freiburg 1993.

[29] W. Dietrich / Chr. Link, Die dunklen Seiten Gottes. Bd.1: Willkür und Gewalt. Bd. 2: Allmacht und Ohnmacht. Neukirchen ^{2}1997 und 2000.

Die Psalmen-Auslegung, beeinflusst durch die „kanonische Lesart", ist über eine umfassende Psalter-Exegese erweitert worden, die die Kompositions-Bögen und Vernetzungen der einzelnen Psalmen in bewusst zusammengestellten Gruppen und Zuordnungen aufzeigt.[30] Die Bedeutung des Mythischen in Sprache und Weltsicht der Bibel erfuhr eine neue Würdigung,[31] die Verbindung AT – NT wird in der christlichen Exegese wieder intensiver gesehen, bei bleibender Betonung auch ihrer jeweiligen Eigenständigkeit.[32] Dabei erkennt man immer mehr, dass die Polyphonie der Bibeltexte Offenheit zulässt und kreative Anregung bedeutet, dass sie „unabschließbar" bleiben, dass positive Vieldeutigkeit zum „Programm" der Bibel gehört: „Eines hat Gott gesagt, zweierlei habe ich gehört...!" (Ps 62,12).

Ein Buch für uns und unsere Schüler

„Unsere großen Wörter" betitelte der Alttestamentler N. Lohfink schon in den 70er Jahren einen Aufsatzband zu Themen und Schlagwörtern unserer Zeit, die er „in den Netzen des AT gefangen hat."[33] Der Sammelband illustriert durchgängig die Aktualität des „alten" ersten Teils der Bibel: Einheit, Pluralismus, Herrschaft, Gewaltenteilung, Heilsgeschichte, Befreiung, Gottesvolk, Gott, Projektionen, Wachstum, Zukunft, Freizeit, Gewalt, Liebe, Charisma. Stichprobe Pluralismus: Lohfink untersucht „Theologie als Antwort auf Plausibilitätskrisen in aufkommenden pluralistischen Situationen, erörtert am Beispiel des deuteronomischen Gesetzes." Oder: „Die Priesterschrift und die Grenzen des Wachstums" (eine sachgemäße Interpretation des Mehrungsgebotes Gen 1, 28). Lohfink zeigt auf, wie von Israel und dem ET her Licht auf religiöse, kulturelle und gesellschaftliche Probleme fallen, die uns bis heute beschäftigen. Etwa das Thema „Gewaltenteilung": Aus den Ämtergesetzen im Buch Deuteronomium geht eine beabsichtigte Gewaltenteilung unter Richtern, Beamten, dem König, den Priestern und Propheten hervor. Vorgängig zu diesen „Gewalten" besteht das alles konstituierende Gesetz der TORA vom Sinai. Aus den Texten selber wird deutlich, dass in dieser Konzeption die früher umfassenderen Funktionen des Königs und der Priester zu Gunsten der Richter und Propheten umverteilt wurden (Dtn 16,18 – 18,22). „Indem gleichzeitig alle Ämter der Tora untergeordnet sind, herrscht Gott in Israel durch seine früher in der Geschichte ergangene Ordnung, denn diese Ordnung ist in der Tora als Schrift präsent. Und indem die Propheten rechtlich gesicherten Einflussraum erhalten,

---

[30] F.-L. Hossfeld / E. Zenger, Die Psalmen. Neue Echter Bibel (=NEB), bislang 2 Bde. (Ps 1-50 und Ps 51-100), Würzburg 1993 u. 2002 sowie Dies.: Ps 51 – 100 in: HThK.AT, Freiburg 2000.
[31] M. Görg, Mythos, Glaube und Geschichte. Düsseldorf 1992.
[32] E. Zenger, Das Erste Testament. Die jüdische Bibel und die Christen. Düsseldorf ²1992
[33] Freiburg 3-1985.

sichert sich Gott die Möglichkeit, auf unvorhergesehene und immer neue Weise in seinem Volk je neu die eigene Herrschaft auszuüben"[34].

Ein solches Beispiel zeigt, dass „wir" und das „ET" eine gemeinsame Sache haben, die nicht erst nachträglich konstruiert werden muss und die sich mit der religiösen und politischen Organisation von Gesellschaft befasst (vgl. oben J. Assmann). Dazu gehört ganz wesentlich auch der Blick auf die Befreiungs-Tat Yahwes als Begründung des Gottes-Verhältnisses. Der Exodus-Gott ist bleibend ein Befreiungs – Gott, das Zehnwort vom Sinai eine befreiende Lebensordnung im Kontrast zum „Sklavenhaus Ägypten" (Ex 22,20; 23,9; Dtn 10,19).

Diese primär geschichtliche Dimension verbindet sich mit dem schöpfungstheologischen Denken. Welt und Mensch sind nicht zum Gericht, sondern zum befreiten, geglückten Leben von Gott berufen, zum Leben im „Schalom" und im „Bund" vor ihm: „Es ist dir gesagt worden, Mensch, was gut ist/ und was Yahwe von dir erwartet: Nichts anderes, als gerecht zu sein/ und Güte und Treue zu lieben/ und sorgsam deinen Weg zu gehen mit deinem Gott" (Micha 6,8).

Bundes-Ordnung ist Lebens-Ordnung: im Sinne von entfalten, entwickeln, gedeihen, „in Fülle". Deshalb ist alles, was Leben mindert, verkürzt oder auf Zukunft hin schwächt, nicht schöpfungsgemäß: es untergräbt die Stabilität der von Gott gesetzten Schöpfung mit ihren Lebensbedingungen. Das gilt für den sozialen und für den Natur- Raum des Menschen. Deshalb plädiert das ET, trotz seines großen monotheistischen Grund-Prinzipes, für geordnete Mannigfaltigkeit des Lebens. Verehrung des Einen Gottes (Dtn 6,4: „Höre Israel, dein Gott ist einer!" – das wichtige „Schema Israel") in Einfalt, aber Lebendigkeit der Schöpfung in Vielfalt. Denn er, Gott, ist freigebig, er liebt diese Vielfalt. Kein Schöpfungs-Element soll sich auf Kosten eines anderen monolithisch durchsetzen, zum Monopolisten werden. Das führt zu Leitlinien im Umgang mit der Natur und entwickelt ein Bewusstsein für das „Nicht vom Menschen Gemachte". Was heißt dann „Macht euch die Erde untertan" (Gen 1,28)? Sachgemäße Auslegung der Texte ergibt, dass Menschen als Mitschöpfer Gottes gleichzeitig Mitgeschöpfe der Erde bleiben (Adam, das Erden-Wesen!), dass ihre Aufgabe im Kultivieren, im „Hegen" und „Pflegen" der Mitwelt besteht und nicht im „Dominieren". Sie zeigt, wie die Lebewesen in den einzelnen Lebensräumen aufeinander bezogen sind und sieht z.B. auch die Tiere als Kulturträger, ohne die menschlicher Fortschritt nicht denkbar wäre, „achtend auf der Tiere Eintracht und Verstand" (R. Maria Rilke).[35] Sprechend steht der Mensch als „Krone der Schöpfung" Gott

---

[34] N. Lohfink a.a.O. 73.
[35] U. Neumann-Gorsolke / U. Gleßner (Hg), Das Tier i. d. Lebenswelt des Alten Israel. Neukirchen 1993; F.-E. Wilms, Das Tier: Mitgeschöpf, Gott oder Dämon. Frankfurt/M.

gegenüber – in seinem Person-Sein! Gleichzeitig bleibt er Mitgeschöpf und zum Dienst Berufener, der mit seinen Beinen und Füßen schützen und tragen soll, aber leider auch unterdrücken und zertreten kann[36].

In der sozialen Bewegung, der sich besonders die Propheten Israels angenommen haben, findet sich dieses Schöpfungsmodell auf die Gesellschaft angewandt, deren Gruppen ebenfalls im fruchtbaren Miteinander gedacht sind. In universaler Ausweitung gilt dies auch für die Völkerwelt überhaupt (Amos). Wo das in Unordnung gerät, wo sich der eine auf Kosten des anderen bereichert, wo andere versklavt und ausgebeutet werden, wo Unrechtsdruck die Befreiungsstrukturen überwuchert und die Freude am Dasein erstickt, erhebt Gott seine Stimme, kämpft er für das Recht (Amos, Jesaja, Micha)[37]. Hier ist auch der Ort der Bewährung des Gottes-Dienstes, der gemessen wird an den Früchten der Gerechtigkeit. Gottesdienst lädt zum Menschendienst ein, ist niemals nur äußerlicher Kult. Gebet und Gottesdienst bzw. Opferpraxis zielen auf die Herzens-Mitte. „Ihr sollt in der Rechtssprechung kein Unrecht tun. Du sollst weder für einen Geringen noch für einen Großen Partei nehmen. Gerecht sollst du deinen Stammesgenossen richten. Du sollst deinen Stammesgenossen nicht verleumden und dich nicht hinstellen und das Leben deines Nächsten fordern. Ich bin Yahwe. Du sollst in deinem Herzen keinen Hass gegen deinen Bruder tragen... Du sollst dich nicht an deinem Volksgenossen rächen und ihnen nichts nachtragen. Du sollst deinen Nächsten lieben wie dich selbst. Ich bin Yahwe!" (Lev 19,15-18). Und im Blick auf den im Land ansässigen „Fremden" (also Nicht-Israeliten), heißt es: „Wenn sich ein Fremder in eurem Land aufhält, sollt ihr ihn nicht unterdrücken. Er soll euch wie ein Einheimischer sein, und du sollst ihn lieben wie dich selbst. Denn ihr seid selbst Fremde gewesen in Ägypten. Ich bin Yahwe, euer Gott" (Lev 19,33f).[38]

Die lateinamerikanische Befreiungstheologie verdankt wesentliche Impulse diesem Achsenkreuz von Befreiungstat Gottes (Exodus, der Beistand und Retter-Gott) und mitmenschlicher Gerechtigkeit[39].

1987; B. Janowski (Hrsg.) Gefährten und Feinde des Menschen. Das Tier in der Lebenswelt des Alten Israel. Neukirchen 1993; F. Schmitz-Kahmen, Geschöpfe Gottes unter der Obhut des Menschen. Die Wertung der Tiere im Alten Testament. Neukirchen. 1997; vgl. das Stichwort in der NA des LThK, Bd. 10, Sp. 30ff!

[36] B. Janowski, Herrschaft über die Tiere. In: Festschrift N. Lohfink, Freiburg. 1993, 183-198.
[37] A. Renker, Propheten- das Gewissen Israels. Anregungen für Unterricht u. Verkündigung. Freiburg 1990. Vgl. D. Baltzer, Alttestamentliche Fachdidaktik. Münster, 2-1998.
[38] Nach N. Lohfink a.a.O. S. 232ff; vgl. J. Schreiner / R. Kampling, Der Nächste – der Fremde – der Feind, Würzburg 2000.
[39] I. Ellacuria / J. Sobrino (Hg), Grundbegriffe d. Theol. d. Befreiung, Luzern 1995/96.

„Frieden und Bewahrung der Schöpfung" im „konziliaren Prozess" und in „franziskanischer Geisteshaltung" finden sich hier angesprochen. Es ist ein „ökologisches Denken", im umfassenden Sinne, das Gott, die Natur, den Menschen und seine politischen Ordnungen miteinander vernetzt. Seine Ursachen liegen in der engagierten Bundes-Huld Yahwes, der als transzendenter Gott dennoch Welt und Mensch nahe sein und zu ihnen „herniedersteigen" will. „Ich habe das Elend meines Volkes in Ägypten gesehen und ihre laute Klage über ihre Antreiber habe ich gehört. Ich kenne ihr Leid. Ich bin herabgestiegen, um sie aus der Hand der Ägypter zu entreißen ..." (Ex 3,7f). Sein Wort ist nicht abstrakt, sondern unserem Herzen nahe (Dtn 30,14) und es ist seine Freude, bei den Menschen zu sein. Es ist ein Denken in Verwandtschaftsbeziehungen und eine stark ganzheitliche Betrachtungsweise, die unserer Suche nach einer leibbezogenen Anthropologie entgegenkommt[40].

Dazu gehört das Miteinander von Mann und Frau. Die feministische Exegese hat hier einer lange verschütteten Botschaft des ET die Stimme geliehen und das weibliche Sprechen von Gott gefördert[41]. „Als Mann und Frau erschuf er sie.." (Gen 1, 27); beide sind in gleicher Unmittelbarkeit auf den geschwisterlichen Gott bezogen! Aussagen der Schöpfungstexte der Genesis, der Weisheitsliteratur und große Frauengestalten des ET (z.B. Debora, Esther, Judith) führen die zu lange verkannte weibliche Seite der angeblich „männlichen" Bibel vor. „Nahezu 2000 Jahre hat es gedauert, bis die christliche Welt die Frauen in der Bibel entdeckt hat (...) die Durchforstung der Bibel stand am Anfang der feministischen Theologie." Tragweite und Defizite Bedeutung männlicher Gottesbilder wurde diskutiert, „die Sprache (Brüder, Söhne) untersucht und Symbole neu entdeckt. Schließlich kam eine ganzheitliche Anthropologie ins Blickfeld. Vor allem wurden die verschwiegenen und „vergessenen" Frauentraditionen ans Licht geholt (...) In der tausendjährigen Geschichte Israels gab es keine Phase, in der Frauen nicht führend, entscheidend, die Geschichte bestimmend, das Leben gestaltend, aufgetreten wären..." (H. Haag)[42] Andererseits: Auch dort, wo man erkennen muss, dass die biblischen Autoren Frauen abgewertet und umgedeutet haben, bedeutet die Erforschung und Auswertung der unterschiedlichen Frauenproblematik in den Texten eine Bereicherung von Theologie und Verkündigung und einen Beitrag zur Stärkung weiblicher Wahrnehmung im Christentum.[43]

---

[40] S. Schroer / Th. Staubli, Die Körpersymbolik d. Bibel. Darmstadt 1998
[41] L. Schottroff / S. Schroer / M.Th. Wacker, Feministische Exegese. Darmstadt 1995.
[42] Zitate in: Große Frauen d. Bibel, Frbg. 1993/97, aus dem Vorwort S. 8f.
[43] A. Ohler, Frauengestalten der Bibel. Würzburg ³1988 und Dies., Väter, wie die Bibel sie sieht, Freiburg 1996.

Der sanfte Weg Gottes mit den Kleinen der Welt

Das Schicksal der „Frauenfrage" in der Bibel ist vielleicht auch beispielhaft für den Weg Gottes mit Israel, der, gemessen an den großen Ereignissen und Kulturen der Weltgeschichte, klein und unscheinbar begann, der in vielerlei Hinsicht die Geschichte einer „Gegenwelt" entwarf und andere Maßstäbe setzte, als die männlich - imperialer Machtentfaltung. Israel ist aus kleinen Anfängen groß geworden: „Ein umherirrender Aramäer war mein Vater" (Dtn 26,5f; vgl. Ps 105,12f); es hat zeitlebens die Erinnerung an ein Leben in Abhängigkeit bewahrt (Ägypten); es freut sich an dem Bewusstsein, dass die Liebe Gottes zu diesem kleinen Volk keine Vorleistungen verlangte (Dtn 7,7). Immer sind es die Kleinen und Jüngeren, die überraschend bevorzugt werden (Jakob, Josef, David) und sich gegen die Erstgeborenen und Mächtigen durchsetzen. „Das Wort von den Gewalthabern, die Yahwe vom Throne stürzt, und den Niedrigen, die er erhöht (1 Sam 2,4f; Ps 113,7f; Lk 1,52) zieht sich als Leitmotiv durch die ganze Bibel."[44] Es ist eine Geschichte der kleinen Anfänge und der „Anti-Helden"die dazu beitrug, das Bild eines Gottes zu prägen, der auf der Seite der Armen und Schwachen stehen will, der als Helfer- und Retter-Gott das Land und seine guten Gaben schenkt, der sich Vertrauen und Liebe wünscht und nicht die stolze Kraft der Militärs, der Schwerter und Kriegswagen. Die Königsgeschichte Israels ist nicht vom Gesichtspunkt der Herrschenden aus geschrieben, sie ist voll von kritischer Distanz zu staatlicher Gewalt. O. Keel kann das AT als „Randgruppen-Literatur" bezeichnen[45] und gerade dadurch erwies sie sich als fruchtbar für die Religionsgeschichte. Der Weg Israels wurde zur Suche nach Wahrheit und rechtem Tun, Ps 119,105: „dein Wort ist meinem Fuß eine Leuchte/ ein Licht für meine Pfade". „Bewahre die Liebe und das Recht/ und hoffe immer auf deinen Gott" (Hosea 12,7). „Chesed" (Güte, Treue, Bundes-Huld); „Mishpat" (Gerechtigkeit üben) ist eine typisch ersttestamentliche Formel für eine Lebenshaltung, die Güte mit Gerechtigkeit verschränkt, die (jenseits aller abstrakten Überlegungen zur „Rechtfertigung"), Schöpfungsgewissheit und Zukunft eröffnet: Im Rechttun auf dem Weg mit Gott.

Macht Gebete aus meinen Geschichten (Eli Wiesel) - bibeldidaktische Konsequenzen

Ansporn und Motivation dazu liegen im „Erzählen", im Erinnern und Zeugnis geben von den Wundern Gottes am Menschen. „Frag deinen Vater, er wird es dir erzählen, / frag die Alten, sie werden es dir sagen!" (Dtn 32,7) Israel ist eine

---

[44] O. Keel in: Orte und Landschaften d. Bibel, Zürich u.a. 1984, 203f. Vgl. H.-P. Müller / F. Siegert (Hg), Antike Randgesellschaften und Randgruppen im östlichen Mittelmeerraum. Münster 2000.

[45] a.a.O. S.201-205.

Erzählgemeinschaft; erinnern und erzählen sind das strukturale Binnenprinzip biblischer Religion. „Sprache gewinnen heißt, Erfahrung erschließen" (H. Halbfas)[46]. Die Bibel enthält ein Ineinander von Erfahrung, Überlieferung und Auslegung, das in der gemeinsamen Anstrengung von Lehrenden und Lernenden erschlossen wird. Die Themenauswahl der Lehrpläne nimmt Rücksicht auf das, was als Essentials des ET gilt, was kulturgeschichtlich und religiös – existentiell grundlegend und exemplarisch sein will. Sie kann nicht mehr von der Bibel als Teil religiöser Sozialisation ausgehen und ihre Inhalte als bekannt voraussetzen, sondern versucht, die Bibel als Bilder-Buch für mein Leben neu zu erschließen, „im Kontext der Erfahrungen, Bedürfnisse und Fragen von Kindern und Jugendlichen die Verstehenswege in bibeldidaktische Aktivitäten weiterzuführen".[47] „Es bringt wenig Nutzen für den Zugang zu biblischen Texten, wenn die Frage nach möglicher Erfahrung erst dann ins Spiel kommt, wenn die Auslegung abgeschlossen ist, etwa im Sinne der Überlegung, was ein Text, uns heute zu sagen hat'. Es kommt vielmehr darauf an, die Interpretation von vornherein unter dem Gesichtspunkt des Erfahrungsbezugs anzulegen."[48] Berg fasst diesen erfahrungsbezogenen Ansatz in fünf Leitfragen zusammen:

1. Wie kann der Lebenszug der biblischen Überlieferung aufgezeigt und erschlossen werden?
2. Wie kann den Lernenden an der Bibel etwas für sie Wichtiges aufgehen?
3. Wie kann die biblische Überlieferung die Lernenden ganzheitlich ansprechen und ihre imaginativen Kräfte stärken?
4. Wie kann der biblische Unterricht zum Austausch und zur Zusammenarbeit anregen?
5. Wie kann der biblische Unterricht eigene Aktivitäten und selbstständiges Handeln der Lernenden fördern?[49]

Wie das aussehen könnte, zeigen die Unterrichtsentwürfe von Berg in seinem Band „AT unterrichten",[50] oder die „Einführung in die biblische Didaktik" von I. Baldermann.[51] Schon ein Blick in das Inhaltsverzeichnis bei Baldermann ver-

---

[46] Fundamentalkatechetik, D'dorf 1968, 76.
[47] H.K. Berg, AT unterrichten. Stuttgart und München, 1999, 10.
[48] ebd.
[49] Methoden bibl. Texterschließung. Zitiert in: G. Adam / R. Lachmann, Methodisches Kompendium für den RU. Göttingen 2-1999, 163-186, hier 164. Dieselben (Hg): Methodisches Kompendium für den RU Bd. 2, (Aufbaukurs), Göttingen 2002, S. 157-205 und R. Lachmann / G. Adam / Chr. Reents (Hg): Elementare Bibeltexte. Exegetisch – systematisch – didaktisch. Göttingen 2001.
[50] Stuttgart und München 1999.
[51] Darmstadt 1996.

deutlicht: „Kinder entdecken sich selbst in Worten der Bibel": Emotionale Erziehung: Worte gegen die Angst – Das Lob: die einfache Sprache der Freude – Wundergeschichten, Hoffnungsgeschichten für Kinder – Die Didaktik der Tora – Paulus als Dramaturg – Die Psalmen, Brücken der Erinnerung.

Das Buch des Lebens, ausgelegt in den (polaren) Feldern des Lebens: Freude und Trauer, Zuversicht und Angst, Hoffnung und Entmutigung, Erinnern und Vergessen, Liebe und Enttäuschung, Zuspruch und Vergebung, vor allem aber: ausgelegt hin auf Vertrauen in die Nähe Gottes in seinem Wort, das bereit ist, mit uns zu gehen auf unserem Weg! Dafür den Boden zu bereiten ist Aufgabe der Arbeit am Ersten Testament.

Einfache Anleitung zur Textanalyse, die vom strukturalen Ansatz ausgeht[52]

Erster Kontakt:	Lesen Sie den Text und notieren Sie Ihre spontanen Reaktionen: bekannt, neuartig, langweilig, unverständlich, anziehend, abstoßend, herausfordernd...
Textanalyse:	Schreiben Sie sich heraus: - die *Akteure* (Personen und alle Dinge, die eine Rolle spielen und die Handlung beeinflussen), - die *Orte* und *Ortsveränderungen*, - die *Zeitangaben* und *Zeitformen* der Verben, - die Aktionen, die sich innerhalb des Textes vollziehen. Anhand dieser Notizen, die sicher noch ergänzungsbedürftig sein werden, versuchen Sie die einzelnen Elemente zu ordnen: - Wie verhalten sich die Akteure zueinander? Wer gehört zu wem? Wer ist gegen wen? - Was wollen die Akteure bzw. der Hauptakteur? Wer hilft ihm, wer hindert ihn? - In welcher Beziehung stehen die Orte und Zeiten zu den einzelnen Akteuren? - Geschieht innerhalb des Textes eine Veränderung (Transformation)? Wer und was verändert sich und wie? Durch wen? Achten Sie auf die einzelnen Etappen. Vielleicht gelingt es Ihnen, ein übersichtliches Diagramm, eine Strukturskizze des Textes anzufertigen.
Kontext:	Stellen Sie fest, welchen Platz der Text im Zusammenhang seines Kapitels, seines Buches einnimmt. Führt er völlig neue Personen ein oder schreibt er nur eine schon begonnene Geschichte fort?

---

[52] Nach E. Charpentier a.a.O. 18.

Das Alte Erste Testament der Christen 37

Zeitgeschichtliche Umstände:	Die folgenden Fragen lassen sich kaum ohne Hilfe eines Kommentars beantworten: - In welcher Zeit ist der Text entstanden, in welcher ist er niedergeschrieben worden? - Kann man dem Text etwas über die Situation des Autors oder die Situation des Volkes (der Gemeinde) entnehmen? - Hatten zu dieser Zeit bestimmte Ausdrücke oder Begriffe eine besondere Bedeutung? - Zu welcher literarischen Gattung gehört der Text? - Gibt es ähnliche Texte in der Bibel oder außerhalb der Bibel? Wird das Thema öfters behandelt und wo? Sind Beziehungen zur ägyptischen oder mesopotamischen Literatur vorhanden? Wie sind Ähnlichkeiten und Unterschiede zu beurteilen?
Nochmalige Lektüre:	Nach den exegetischen Bemühungen lesen Sie den Text noch einmal langsam durch. Was sagt er Ihnen jetzt?

Wer seinen Werkzeugkasten öffnet, will sicher nicht alle Werkzeuge zugleich benutzen. Er wählt sich aus, was er für eine bestimmte Arbeit braucht. Auch unsere Anleitung zur Textanalyse ist als Angebot gedacht, das von Fall zu Fall zur Verfügung steht.

Literatur

Arbeitsmittel, Kommentare

Über Bibel – Ausgaben und Hilfsmittel wie Wort-Konkordanzen, Bibel-Lexika, Bibel-Atlanten und unterschiedliche Sachbücher zur Welt der Bibel informieren aktuell die Kataloge der „deutschen Bibelgesellschaft" (evang.), 70567 Stuttgart, Balinger-Str. 31 und des „Kath. Bibelwerkes", Silberburgstr. 121 in 70176 Stuttgart

Wichtige Zeitschriften für biblisch interessierte Religionspädagogen: **„Bibel heute"**; **„Bibel und Kirche"** (kath.)

Zu empfehlen ist die preiswerte Mitgliedschaft im Bibelwerk der jeweiligen Kirche

Herders theologischer Kommentar zum AT (HthKAT) in internationaler Kooperation von Theologinnen und Theologen christlicher und jüdischer Herkunft. Einzelbände ab

Herbst 1999. Einleitungsfragen, Literatur, gegliederte Kommentierung mit neuer Übersetzung, Analyse, Auslegung, Rezeptionsgeschichte

Altes Testament Deutsch (ATD, evang.): Einzelbände zu allen Büchern des AT. Literatur, Einleitung, abschnittsweise Auslegung der jeweils der Text in der Übersetzung des Autors vorangestellt ist. Anspruchsvoller Kommentar, aber auch ohne Hebräischkenntnisse noch gut lesbar

Die Neue Echter Bibel AT (NEB/AT, kath.): Praktischer Kommentar, der auf dem oberen Teil der Seite die „Einheitsübersetzung" abdruckt und darunter einen Vers- für Vers-Kommentar mit den wichtigsten Erläuterungen. Gute Einführungen und Literaturverzeichnis

Neuer Stuttgarter Kommentar AT (NSKAT, kath.): Auf 35 Bände angelegte, gut verständliche kleine Kommentar-Reihe

„Ergänzungs-Reihen": „ATD" und „NEB" bieten als Ergänzung zur Kommentar-Reihe wichtige Nachschlage- und Studienbücher zu den oben erwähnten Arbeitsgebieten im Umfeld der Einleitungswissenschaft (Geschichte, Religionsgeschichte Theologie, Hermeneutik …)

Zur NEB ist auch eine *thematische* Ergänzungsreihe geplant (Hrsg.: Chr. Dohmen, Th. Söding): Jeder Band berücksichtigt ET und NT zu Fragen wie: der Nächste; der Eine **Gott; Menschsein; Schöpfung; Tod und Auferstehung** u.a.

Züricher Bibelkommentare. Zürich. 1957 ff.

Einführungen, Arbeitsbücher, Kommentare

Becker, U.: Exegese des Alten Testamentes. Ein Methoden- und Arbeitsbuch. Tübingen 2005 (UTB 2664)

Deissler, A.: Die Grundbotschaft des Alten Testaments. Freiburg 2006

Die Neue Echter Bibel. Kommentar zum Alten Testament mit der Einheitsübersetzung. Würzburg. 1980 ff.

Feininger, B. / Weißmann, D. (Hg): Wozu brauchen wir das Alte Testament? Frankfurt 2004 (Übergänge, Bd. 5)

Gertz, J. C. : Grundinformation Altes Testament. Paderborn 2006 (UTB 2745)

Hann, M.: Die Bibel. Reihe: Kultur kompakt. Paderborn 2005 (UTB 2591)

Herders theologischer Kommentar zum Alten Testament (HthKAT). Freiburg, Einzelbände. ab Herbst 1999

Johannsen, F.: Alttestamentarisches Arbeitsbuch für Religionspädagogen. Stuttgart ³2005

Lang, B.: Die Bibel. Reihe: Fischer-Kompakt. Frankfurt/M. 2004 (Fischer-TB 16126)

Miranda, J.-P.: Kleine Einführung in das Alte Testament. Stuttgart 2001

Schmitt, H.-Chr.: Arbeitsbuch zum Alten Testament. Göttingen 2005 (UTB 2146)

Stendebach, F. J.: Einführung in das Alte Testament. Düsseldorf 2006

Stuttgarter Kleiner Kommentar AT. Stuttgart: Katholisches Bibelwerk. 1970 ff.

Züricher Bibelkommentare. Zürich. 1957 ff.

Zenger, E. u.a.: Einleitung in das Alte Testament. Stuttgart ⁶2006.

Lexika, Nachschlagewerke

The Anchor Bible Dictionary. hgg. von **David N. Freedman**, N.Y. 1992 (=ABD), 6 Bde

Archäologisches Bibellexikon, hrgg. von **Avraham Negev**. Neuhausen-Stuttgart 1991 (Hänssler)

Betz, O. u.a. (Hg): Calwer Bibellexikon. 2 Bde. Stuttgart 2003

Die Bibel. Geschichte und Gegenwart. Stuttgart: Katholisches Bibelwerk und Belser 2002

Berlejung, A. / Frevel, Chr. (Hg): Handbuch der theologischen Grundbegriffe zum Alten und Neuen Testament (HGANT). 2 Bde. Darmstadt 2006

Burkhardt, H. u.a. (Hg): Das Große Bibellexikon, Gießen 2004 (Brunnen)

Dictionary of Deities and Demons in the Bible (=DDD), hrsg. von **Karel van der Toorn** u.a. Leiden-N.Y.-Köln 1995

Gertz, J.C. (Hg): Grundinformation Altes Testament. Göttingen 2006 (UTB 2745)

Görg, M. / Lang, B. (Hg): Neues Bibellexikon. 3 Bde. Zürich 1991 ff.

Haug, H.: Namen und Orte der Bibel. Stuttgart 2002 (Deutsche Bibelgesellschaft)

Jerusalemer Bibellexikon. 3500 biblische Begriffe, hrsg. von **Kurt Henning**. Neuhausen-Stuttgart ³1990 (Hänssler)

Koch, K. / Otto, E. (Hg): Reclams Bibellexikon. Stuttgart ⁷2004

Mertens, Heinrich A.: Handbuch der Bibelkunde. Literarische, historische, archäologische, religionsgeschichtliche, kulturkundliche, geographische Aspekte des AT und NT. Düsseldorf 1997 (Patmos)

Geschichte des Alten Israel und wichtige Einzelthemen:

Bekannte und unbekannte Frauen der Bibel (Reihe im Kath. Bibelwerk Stuttgart)

    Bechmann, U.: Die Sklavin des Naaman. Kriegsgefangene, Prophetin, Friedensfrau (2004)

    Bechmann, U.: Die Töchter Zelofhads. Fordernde, Erbinnen, Vertraute (2003)

    Bechmann, U.: Abigail. Prophetin, Weise, Politikerin (2004)

    Wacker, M.-Th.: Ester. Jüdin, Königin, Retterin (2006)

Clauss, M.: Das alte Israel. Geschichte, Gesellschaft, Kultur. München 1999

Dietrich, W. / Stegemann, W. (Hg): Biblische Enzyklopädie. Studienreihe in 12 Bdn. Von der Vorgeschichte Israels bis zu den Anfängen der Kirche. Stuttgart u.a. 1996 ff.

Dietrich, W. und Balz, H. (Hg): Beiträge zur Wissenschaft von Altem und Neuem Testament.

    Bd. 164: **Jost, R.**: Gender, Sexualität und Macht in der Anthropologie des Richterbuches. Stuttgart 2006

    Bd. 168: **Zehnder, M.**: Umgang mit Fremden in Israel und Assyrien. Ein Beitrag zur Anthropologie des „Fremden" im Licht antiker Quellen. Stuttgart 2005

Donner, H.: Geschichte des Volkes Israels und seiner Nachbarn in Grundzügen. Altes Testament Deutsch (ATD), Erg. 4, Göttingen ³2001

Fischer, I.: Gotteslehrerinnen. Weise Frauen und Frau Weisheit im Alten Testament. Stuttgart 2006

Fischer, I.: Gottesstreiterinnen. Biblische Erzählungen über die Anfänge Israels. Stuttgart ³2006

Jost, R.: Frauenmacht und Männerliebe. Egalitäre Utopien aus der Frühzeit Israels. Stuttgart 2006

Kessler, R.: Leben zur Zeit der Bibel. Eine Sozialgeschichte Israels. Darmstadt 2006

Kinet, D.: Geschichte Israels. Neue Echter Bibel (NEB), Erg.-Bd. 2, Würzburg 2001

Klaiber, W.: Schöpfung. Urgeschichte und Gegenwart. Göttingen 2005

Lessing, E. (Hg): Die Bibel. Das Alte Testament. München 1997

Miggelbrink, R.: Der zornige Gott. Die Bedeutung einer anstößigen biblischen Tradition. Darmstadt 2002

Miranda, J.-P.: Kleine Einführung in die Geschichte Israels. Stuttgart 2002

Mittmann, S. / Schmitt, G. (Hg): Tübinger Bibelatlas. Stuttgart 2001

Simonis, W.: Über Gott und die Welt. Gottes- und Schöpfungslehre. Darmstadt 2004

Steins, G. / Ballhorn, E. (Hg): Der Bibelkanon in der Bibelauslegung. Beispielexegesen und Methodenreflexionen. Stuttgart 2007 (erscheint im 1. Quartal)

Strotmann, A.: „Mein Vater bist du!" (Sir 51,10). Zur Bedeutung der Vaterschaft Gottes in kanonischen und nichtkanonischen frühjüdischen Schriften. Frankfurt/M. 1991

Tubb, J.N.: Völker im Lande Kanaans. Stuttgart 2005

Veenhof, K.R.: Geschichte des Alten Orients bis zur Zeit Alexanders des Großen. Göttingen 2001 (ATD, Erg. 11)

Vieweger, D.: Archäologie der biblischen Welt. Göttingen 2003

Vittmann, G.: Ägypten und die Fremden. Im ersten vorchristlichen Jahrtausend. Mainz 2003 (Kulturgeschichte der antiken Welt Bd. 97)

Zwickel, W.: Calwer Bibelatlas. Stuttgart 2000

Zwickel, W.: Einführung in die biblische Landes- und Altertumskunde. Darmstadt 2002

Religionspädagogische Hinweise zum Thema s. Literatur zur Religionspädagogik

Europa-Lehramt, Zielsprache Französisch

Römer, Th. / Macchi, J.-D. / Nihan, Chr. (Hg): Introduction á l'Ancien Testament. Genf 2004

Europa-Lehramt, Zielsprache Englisch

The Bible Guide (all-in-one introduction). By **Andrew Knowles**, Lion Hudson Plc. 2006; Nelson's Student Bible Dictionary. By **Ronald F. Youngblood** a.o., Nelson's Publ. 2001; Tyndale Bible Dictionary (1500 pages!). By **Walter A. Elwell / Philip W. Comford** (Hg), Tyndale House Publ. 2001

Der historische Jesus und der Christus des Glaubens
Eine Einführung in das Neue Testament
Peter Fiedler

Zu den Schlagworten, die in der Öffentlichkeit im Blick auf den Glauben gebraucht werden, gehören solche wie „Jesus ja, Kirche nein!" oder auch „Jesus ja, Gott nein!" Bei diesem zweiten steht die Verlegenheit im Hintergrund, mit Gott nichts anfangen, sich Jesus jedoch durchaus vorstellen zu können. Allerdings sind solche Jesus-Vorstellungen sehr unterschiedlich, üblicherweise auf die persönlich bedeutsamen Werte zugeschnitten. Als gemeinsamer Nenner in dieser bunten Vielfalt lässt sich wohl – ganz formal – die Jesusgestalt als exemplarische Verwirklichung angestrebten Menschseins ausmachen. Auf der anderen Seite steht die im Religionsunterricht häufig begegnende Beobachtung, dass Schüler/innen „Jesus" und „(der) Gott" wechselweise austauschbar benutzen. Wie auch immer – stets ist von Jesus die Rede, nicht von Christus.

1 Der Glaube an Jesus Christus

Wir heißen jedoch nicht „Jesuaner", sondern von der offensichtlich zuerst in Antiochia gebrauchten Bezeichnung 'Christianer' ausgehend (Apg 11,26), *Christinnen und Christen*. Für uns als „Christus-Leute" geht es dabei um die Beziehung zu Jesus als dem Christus = dem Messias = dem „Gesalbten" Gottes, also um die Beziehung zu derjenigen Person, die für uns die Verbindung zu Gott darstellt. Die Beziehung von Gott zu uns und umgekehrt ist eine Sache des *Glaubens*. Somit ist auch unsere Beziehung zu Jesus Christus eine Sache des Glaubens. Sie hat zwar ihren Ansatzpunkt am geschichtlichen Ereignis der Person und des Wirkens des Jesus von Nazaret. Aber das historische Urteil über dieses Ereignis kann sehr unterschiedlich ausfallen. Das lässt sich gerade am Kreuzestod leicht erkennen. Er konnte als einer unter vielen Toden gesehen werden, die zahllose Juden seit dem Tod des Herodes (4 v. Chr.) immer wieder an römischen Kreuzen erleiden mussten; in dieser Perspektive war es das völlig ungerechtfertigte oder gar sinnlose Scheitern an der grausamen Realität der römischen Fremdherrschaft. Aus der Sicht der Besatzungsmacht war Jesu Schandtod dagegen das verdiente Ende für einen potentiellen Aufrührer gegen den Kaiser, wie Tacitus in seinem Geschichtswerk „Annalen" (15,44) lapidar feststellt.

Wenn demgegenüber der Kreuzestod für Jesu Anhängerschaft nicht das Ende ihrer an seine Person und sein Wirken geknüpften Gottesbeziehung bildete, dann war das nur im Glauben möglich. Dieser Glaube gründet nach einhelliger Überzeugung der Urkirche auf dem, was wir als Oster-Erfahrung bezeichnen (können). Damit ist etwas gemeint, was sich historischer Nachprüfbarkeit entzieht. Denn wenn wir von der Errettung des hingerichteten Jesus aus dem Tod hinein in das Leben Gottes sprechen, dann reden wir von einem Geschehen, das jenseits unserer erfahrbaren Welt liegt. Wir stoßen dabei unvermeidlich an die Grenzen unseres Vorstellungs- und Sprachvermögens. Was wir historisch fassen können, ist allein die Überzeugung bestimmter Menschen (vgl. die Aufzählung in 1 Kor 15,5-8), dass ihre Gottesbeziehung nach dem Karfreitag (und trotzdem) weiterhin oder neu (so beim Herrenbruder Jakobus und erst recht bei Paulus) an die Person Jesu gebunden ist. Auf Grund dieser Überzeugung erheben sie in der jüdischen und später auch in der heidnischen Öffentlichkeit den Anspruch, dass Person und Botschaft Jesu – und das heißt eben: des von den Toten auferweckten Jesus – grundlegende Bedeutung auch für die Gottesbeziehung anderer Menschen besitzen. Der Anspruch wird in Form von persönlichem Glaubenszeugnis zum Ausdruck gebracht, z.B. Röm 4,24 „Wir glauben an den (Gott), der Jesus, unseren Herrn, von den Toten auferweckt hat". Wer sich davon ergreifen lässt (vgl. Röm 10,13-15), macht sich das Glaubenszeugnis zu Eigen, indem er/sie es als Bekenntnis etwa bei der Taufe ausspricht: „Wenn du mit deinem Mund bekennst: 'Jesus ist der Herr' und in deinem Herzen glaubst: 'Gott hat ihn von den Toten auferweckt', so wirst du gerettet werden" (Röm 10,9).

Formuliert wurden solche Glaubensbekenntnisse auf der Grundlage des biblisch-jüdischen Gottesglaubens (deshalb wird darin regelmäßig von der „Auferweckung" Jesu durch Gott und nicht, wie wir es gewohnt sind, von „Auferstehung" gesprochen). Denn wie die Anhängerschaft Jesu nur aus Landsleuten bestand, so war auch die Urkirche zunächst ausnahmslos jüdisch. Was sie vom übrigen Judentum unterschied, war allein die Überzeugung, dass Gott die messianischen Hoffnungen ihres Volkes durch Jesus von Nazaret, den er aus den Toten auferweckt hatte, zu erfüllen begonnen hatte. Der Glaube an die allgemeine Totenauferweckung, wie er sich spätestens seit der Verfolgung durch den syrischen König Antiochos IV. Epiphanes im Judentum durchgesetzt hatte, bildet ebenso die Voraussetzung der urkirchlichen Bekenntnisse wie messianisch ausgelegte und auslegbare Texte der Bibel. Hieraus wurden, wie es zeitgenössische Auslegungen anderer messianisch ausgerichteter Gruppen belegen, auch die Würdenamen (= „Hoheitstitel") entnommen, um die Heilsmittlerfunktion des auferweckten Jesus zu bekennen, so außer „Christus" etwa „der Sohn Davids" und „der Sohn Gottes" (vgl. 2 Sam 7,12-16; Ps 2,7) oder „der Herr" (Ps 110,1) oder „der Menschensohn" (Dan 7,13f). Die inhaltliche Füllung dieser Vorgaben erfolgte selbstverständlich von den Erfahrungen aus, die Jesu Anhängerschaft mit dem Irdischen bis zum Karfreitag *und* mit dem im Osterglauben als lebendig

Erfahrenen gemacht hatte. Mit diesem Verfahren der Auslegung der einen jüdischen Bibel im Licht des eigenen, also ihres christusbezogenen Glaubensverständnisses unterschied sich die Urkirche nicht von anderen Gruppierungen, die grundsätzlich ebenso handelten (vgl. z.b. nur die Schriftauslegung der Qumran-Gemeinschaft, die zwei Messiasse erwartete).

Als später jüdische Christusboten auch Menschen aus der heidnischen Welt, denen sie in ihren Diaspora-Synagogen begegneten, ihren Christusglauben mitteilten, wurden Verständnis und Formulierung begreiflicherweise von den Voraussetzungen dieser neuen Adressaten mit beeinflusst. Sie kommen aus einer Welt mit Göttern und Göttinnen, mit Halbgöttern (wie Herakles) und als göttlich verehrten Menschen (wie im römischen Kaiserkult). Wenn sie den Christusglauben annehmen, müssen sie sich von dieser Götterwelt getrennt und dem biblischen Gott zugewandt haben. Allerdings ist anzunehmen, dass ihre bisherigen Vorstellungen von Göttersöhnen und göttlichen Herren auf ihr Christusverständnis eingewirkt haben. Paulus weiß offensichtlich darum, wenn er schreibt:

„Und selbst wenn es im Himmel oder auf der Erde so genannte Götter gibt – und solche Götter und Herren gibt es viele –, so haben doch wir nur einen Gott, den Vater. Von ihm stammt alles, und wir leben auf ihn hin. Und einer ist der Herr: Jesus Christus. Durch ihn ist alles, und wir sind durch ihn" (1 Kor 8,5f).

Hier zeigt sich besonders deutlich eine Erfahrung, die uns gerade heute ganz vertraut ist: Glauben vollzieht sich in einem Raum, der von einem „Pluralismus" geprägt ist.

Das bedeutet grundsätzlich: Der Glaube muss den jeweiligen Lebensraum ernst nehmen, um bei den Menschen „anzukommen" (vgl. 1 Kor 9,19-23). Offensichtlich ist dies den urkirchlichen Glaubensboten in hohem Maß gelungen, wie die rasche Ausbreitung von Christusgemeinden zu erkennen gibt.

2 Vom Wort zur Schrift

2.1 Die Briefe
2.1.1 Paulus

Wir haben aus den ersten Jahrzehnten nach Jesu Tod nur vereinzelte Nachrichten und müssen vieles aus eher indirekten Hinweisen erschließen. Die (sieben heute allgemein als echt anerkannten) Paulusbriefe sind die einzigen schriftlichen Quellen aus der ersten Generation der Kirche, als die noch lebten und wirkten, die den irdischen Jesus gekannt hatten (zu ihnen gehörte der Diaspora-Jude Paulus aber bekanntlich nicht). Diese Briefe sind in den Jahren zwischen 50/51 (1 Thess) und 56 (Röm) geschrieben worden, außerdem noch 1 und 2 Kor, Gal, Phil und Phlm. Nur Röm ist an eine Gemeinde gerichtet, die Paulus nicht gegründet hat, ihm unbekannt ist; dieser Brief sollte die geplante Spanien-Mission des Paulus vorbereiten. Die übrigen Briefe gehen auf aktuelle Fragen und Probleme paulinischer Gemeinden ein. Dieser jeweilige „Sitz im Leben" begründet den Eindruck, den diese Briefe auf uns machen: Es sind offenbar Gelegenheitsschriften. Darin geht es um Klärungen im Glaubensverständnis, um die Lebensgestaltung der Einzelnen und innerhalb der Gemeinde.

Zu Biographie und Werk des Paulus

Am ergiebigsten ist Gal 1f; vgl. noch Phil 3,4-11. Sonst macht Paulus nur vereinzelte Andeutungen. Die Angaben der Apg über Paulus lassen weitere Rückschlüsse zu. Es gibt aber auch Differenzen zu den Paulusbriefen; sie verlangen eine Prüfung im Einzelfall.

Hinrichtung Jesu	(wahrscheinlich) 7.4.30
Berufung des Paulus („Damaskuserlebnis")	zwischen 31/35
Apostelkonvent in Jerusalem	48/49
(Entscheidung zu Gunsten der Heiden, die den Christusglauben annehmen; sie müssen sich nicht beschneiden lassen)	
danach:	
„Antiochenischer Zwischenfall"	
(Streit um die Tisch- = Eucharistie-Gemeinschaft von Juden- und Heidenchristen; Paulus übergeht den Kompromiss der „Jakobus-Klauseln" (Apg 15))	
danach:	
1. Missionsreise nach Europa mit längerem Aufenthalt in Korinth (Apg 18)	
(von Korinth aus der älteste erhaltene Brief: 1 Thess);	50/51
während der nächsten Missionsreise längerer Aufenthalt in Ephesus (Abfassung weiterer Briefe)	
beim letzten Besuch in Korinth: Röm (Plan zur Mission in Spanien)	56
bei Rückkehr nach Jerusalem Verhaftung	
danach Gefängnis in Caesarea	ca. 57
Überführung nach Rom und Prozess, der zur Hinrichtung führte	60/61

Die Briefe enthalten somit nicht die ursprüngliche Missionsbotschaft des Paulus. Diese erfolgte mündlich. Das zeigt auch der ursprüngliche Sinn von „Evangelium". Es ist „gute Nachricht", „frohe Botschaft" von Jesus Christus, den Gott zur

Errettung der Menschheit geschickt hat. Für dieses Evangelium ist Paulus unterwegs, predigt und gründet Gemeinden. Da seine Gemeinden in Kleinasien, Mazedonien und Griechenland zerstreut sind, muss Paulus auf die Sorgen und Nöte seiner Gemeinden, die er nicht ständig besuchen kann, brieflich eingehen.

Hier machen sich besonders die Auseinandersetzungen bemerkbar, die damals um die Bedingungen geführt wurden, unter denen Heiden in die jüdischen Christusgemeinden aufgenommen werden konnten: Soll von ihnen der Übertritt zum Judentum verlangt werden, kenntlich gemacht durch die Beschneidung? Oder können sie „Gottesfürchtige" bleiben? Sodann: Müssen diese Heidenchristen die biblischen Speise- und Reinheitsgebote, den Schabbat und den jüdischen Festkalender trotzdem einhalten? Oder überhaupt nicht – wie Paulus will? Diese Streitfragen liegen uns heute fern. Doch damals ging es um entscheidende Weichenstellungen. Die Ergebnisse sind von Paulus maßgeblich bestimmt worden und bleiben so auch für uns grundlegend wichtig.

Als Mitte des paulinischen Evangeliums entwickelt sich bei der Missionsarbeit im heidnischen Raum die Vorstellung von der „Rechtfertigung" (= Gerechtmachung) des Menschen durch Gott. Grundlage ist die biblische Vorstellung von Gottes Gerechtigkeit, die sich vor allem im Heilshandeln an Israel und in seiner Vergebungsbereitschaft erweist. Von daher ist die Gerechtigkeit Gottes gleichbedeutend mit Barmherzigkeit. Sie ist reines Geschenk (vgl. entsprechende Qumran-Texte).

Paulus sieht diese Gerechtigkeit Gottes konzentriert in Kreuz und Auferweckung seines Sohnes Jesus Christus. Sie ist als Heilsgeschehen die Versöhnung, die Gott uns durch den stellvertretend sühnenden Tod seines Sohnes schenkt: Röm 5,1-11; 2 Kor 5,18-6,2 („allein aus Gnade"). Dadurch werden wir „gerecht(fertigt)". Wir brauchen uns dieses Geschenk nur anzueignen.

Auch dafür ist der biblische Zusammenhang ausschlaggebend. Die Gerechtigkeit des Menschen besteht im biblischen Sinn in der Treue gegenüber dem in der Tora geoffenbarten Willen Gottes, die sich in Mitmenschlichkeit erweist (vgl. Lk 6,36 par Mt 5,48 in Aufnahme von Lev 19,2; außerdem Ez 18).

Aber für Paulus ergibt sich aus den Auseinandersetzungen um die Heidenmission ein Gegensatz zum jüdischen Weg der Tora-Treue: Der Mensch vermag Gottes Versöhnungsangebot – und braucht es – „(allein) im Glauben" (und nicht durch „Werke des Gesetzes") anzunehmen: Gal 2/3; Röm 3,21-31.

Die Zeitgebundenheit des Paulus zeigt sich außerdem etwa darin, dass er damit rechnete, dass Christus noch zu seinen Lebzeiten zur endgültigen Erlösung der Seinen kommen würde (etwa 1 Kor 15). Aus diesem Zeitverständnis heraus sind beispielsweise seine Stellungnahmen zum Heiraten oder zur Sklaverei (1 Kor 7) zu verstehen: Wenn das Ende dieser Welt bevorsteht, ist weder die Ehe noch das Freigelassen-Werden etwas Wichtiges.

Neben solchen zeitgebundenen Auffassungen enthalten die Paulusbriefe eine Fülle von Äußerungen, die für christliches Glauben und Leben auch heute grundlegend sind, so etwa über das Verständnis von Taufe und Herrenmahl (=Eucharistie), über den Geist Gottes/Christi als Wirkprinzip der einzelnen Glaubenden und der Kirche, die als der Leib Christi von den Charismen, d.h. von den Gnadengaben, lebt, die die Einzelnen als ihre persönlichen Fähigkeiten in die Gemeinde einbringen, über die Freiheit von der Macht der Sünde, über die Verantwortung füreinander oder über die Hoffnung, die in der Liebe begründet ist, die Gott uns im Kreuz seines Sohnes geoffenbart hat.

2.1.2 Die deuteropaulinischen Briefe

Von den anderen Briefen, die sich auf Paulus als Verfasser berufen, gehören 2 Thess, Kol und der von diesem literarisch abhängige Eph noch dem 1. Jahrhundert an. Dagegen sind die so genannten „Pastoral-Briefe" (weil an „pastores" = Hirten" = Gemeindeleiter gerichtet): 1 und 2 Tim sowie Tit erst im 2. Jahrhundert entstanden. Die Zuweisung an andere Verfasser als Paulus einschließlich der (Spät-)Datierung ergibt sich aus sprachlichen und theologischen Gründen.

Schwierigkeiten kann die Tatsache bereiten, dass die unbekannten Verfasser den Eindruck erwecken wollen, als der historische Paulus zu schreiben. Diese Verfasserschaft unter falschem Namen (=Pseudepigraphie) legte sich einerseits deshalb nahe, weil Paulus zu Fragen späterer Zeiten überhaupt nichts gesagt hatte (auch gar nichts hatte sagen können) oder weil seine Antworten auf bestimmte Fragen überholt waren – so musste der Tatsache Rechnung getragen werden, dass sich die Naherwartung des Kommens Christi nicht erfüllt hatte. Andererseits war Paulus nach seinem Tod in dem Gebiet, in dem er gewirkt hatte, die anerkannte Autorität. Wenn somit die Probleme einer neuen Zeit verbindlich geregelt oder Äußerungen der echten Paulus-Briefe unter den Voraussetzungen gewandelter kirchengeschichtlicher Situationen korrigiert werden sollten, kam niemand anders in Betracht als Paulus selbst. Das bloße Wiederholen von Aussagen des Apostels hätte je länger desto mehr dazu geführt, dass seine Briefe ihre Bedeutung verloren hätten. Eine andere Gefahr bestand darin, dass die Briefe in späteren Zeiten innerkirchliche Spannungen und Spaltungen hervorriefen, weil sich gegensätzliche Auffassungen darauf berufen konnten (vgl. 2 Petr 3,15f). Angesichts dieser Lage geben die deuteropaulinischen Briefe eine Art Kommentar, eine Lesehilfe, um die bleibende Bedeutung der paulinischen Botschaft zu gewährleisten. Ihre Verfasser schreiben aus grundsätzlich dem gleichen Anliegen heraus wie Paulus: Sie nehmen den „Sitz im Leben" ihrer Gemeinden ernst, indem sie sich von der Frage leiten lassen: Was würde Paulus unserer Gemeinde heute sagen?

Eine Sonderstellung nimmt der Hebräer-Brief ein; er erweckt nur am Ende die Fiktion, von Paulus zu stammen. Der literarischen Gestalt nach ist er aber kein Brief im üblichen Sinn, sondern eine „Epistel", ein „Lehr-Brief". Sein Thema ist das Hohepriestertum Christi. Verfasst wurde er gegen Ende des 1. Jahrhunderts.

2.1.3 Die Katholischen Briefe

Dazu gehören die anonym geschriebenen drei Johannes-Briefe (um 100) sowie die pseudepigraphischen Briefe des Jak, 1 und 2 Petr sowie des Judas (von dem die jüngste Schrift des NT, 2 Petr, die weit ins 2. Jahrhundert hinein reicht, literarisch abhängig ist). Ihren Namen tragen diese Briefe, weil sie an einen mehrere Gemeinden oder einen Kirchenbezirk „umfassenden" (in diesem Sinn: „katholischen") Empfängerkreis gerichtet sind. Grundsätzlich haben wir es mit derselben Erscheinung zu tun wie bei den deuteropaulinischen Briefen: Anerkannte Autoritäten der Anfangszeit der Kirche geben auf Fragen und Probleme veränderter Zeiten Antworten, die die Aktualität des Glaubens in Kontinuität zu den Anfängen sicherstellen wollen.

2.2 Vom Evangelium zu den Evangelien

„Nachdem Johannes (der Täufer) ins Gefängnis geworfen worden war, ging Jesus wieder nach Galiläa. Er verkündete das Evangelium Gottes und sprach: Die Zeit ist erfüllt, das Reich Gottes ist nahe. Kehrt um und glaubt an das Evangelium."

So fasst Mk 1,14f die Verkündigung des irdischen Jesus zusammen. Während der Ausdruck „Evangelium Gottes" bei Paulus die Botschaft vom gekreuzigten und auferweckten Jesus Christus meint, bezeichnet der Ausdruck hier die „Basileia"-Botschaft Jesu in der jüdischen Öffentlichkeit vor dem Karfreitag. Das griechische Wort „basileia" kann ebenso wie das zugrunde liegende aramäische Wort (in der Muttersprache Jesu) und das entsprechende Wort der hebräischen Bibel „malkut(a)" sowohl (König-)Reich als auch die Königsherrschaft, das Königtum bezeichnen. Im biblischen Gebrauch überwiegt das dynamische Verständnis von Gottes Königtum (z.B. in einer Reihe von Psalmen), von seiner (Königs-)Herrschaft. Das Verständnis vom „Reich" Gottes legt sich bei Vorstellungen wie „hineingelangen in das Reich Gottes" oder es „in Besitz nehmen" nahe (vgl. auch die zweite Vaterunser-Bitte; hier passt allerdings auch die Übersetzung: „deine Herrschaft" komme!).

2.2.1 Jesu Basileia – Botschaft im Horizont des zeitgenössischen Judentums

Die Gottesherrschaft ist das Zentralthema der Verkündigung Jesu. Wie Texte der damaligen jüdischen Literatur (z.B. die so genannten „Psalmen Salomos" aus dem 1. Jahrhundert v. Chr.) und Gebete (etwa die Grundform des „Kaddisch", womit die ersten beiden Vaterunser-Bitten übereinstimmen) belegen, war die Hoffnung auf das baldige Kommen des Gottesreichs unter Jesu Landsleuten sehr lebendig. Das hing wesentlich auch an den bedrückenden Verhältnissen der römischen Fremdherrschaft, die entweder direkt durch Verwaltungsbeamte wie Pontius Pilatus oder indirekt durch Angehörige der Herodesfamilie ausgeübt wurde. Jesus gehörte mit seiner Familie wie später der allergrößte Teil seiner Anhängerschaft der breiten jüdischen Bevölkerung an, die unter den damaligen Verhältnissen schwer zu leiden hatte und deshalb eine von Gott herbeigeführte Wende zum Besseren sehnlichst erwartete (vgl. als Ausdruck solcher Hoffnungen das Magnifikat, Lk 1,46-55, und das Benediktus, Lk 1,68-79). Die Verkündigung Jesu in Israel ist von der Überzeugung getragen, dass diese Gottesherrschaft unmittelbar bevorsteht. Deshalb kann er die Armen, die Hungernden und Weinenden selig preisen, weil Gott ihre Not demnächst beseitigen wird (Lk 6,20f). Jesus erhebt darüber hinaus sogar den Anspruch, dass in seinen Krankenheilungen die Gottesherrschaft punktuell bereits vorweg verwirklicht wird (Lk 11,20). Ebenso wollen Gleichnisse wie die in Mk 4, die auf das bäuerliche Leben zurückgreifen, die Zuversicht der Hörerschaft Jesu bestärken, dass Gott die Hoffnungen erfüllen wird, die sich an Jesu Wirken knüpfen. Dementsprechend bittet das Gebet Jesu, das Vaterunser, darum, dass Gott seine Basileia als Befreiung von leiblicher und geistiger Not bald durchsetzen möge.

Zwar ist die Verwirklichung ganz und gar Sache Gottes, sein Geschenk. Aber diese Gabe will in der Gegenwart bereits so angeeignet werden, dass sie das Leben prägt (vgl. z.B. die Gleichnisse vom Schatz im Acker und von der Perle, Mt 13,44-46). Deshalb legt Jesus in der prophetischen und weisheitlichen Tradition seines Volkes den in der Tora geoffenbarten Gotteswillen für seine Anhängerschaft beispielhaft aus. Deshalb betont er in verschiedenen Gleichnissen, dass die in persönlicher Gewissheit erfahrene Zuwendung Gottes sich im Verhalten der Menschen untereinander auswirken muss, besonders auch gegenüber schuldig Gewordenen (z.B. Lk 15,11-32; Mt 20,1-15), zu denen sich Jesus vor allem gesandt weiß, um ihnen die Versöhnung mit Gott und ihren Mitmenschen zu ermöglichen (Mk 2,17; vgl. Mt 11,19).

Von da aus kann die Anhängerschaft, die Jesus mit seiner Wirksamkeit unter seinen Landsleuten gewann, als eine jüdische Erneuerungsbewegung aufgefasst werden, die sich in endzeitlicher Erwartung auf das Kommen des Reiches Gottes vorbereitete. Die nächste Parallele stellt Johannes der Täufer mit seiner Anhängerschaft dar; von ihm kamen ja auch Jesus selbst und seine engsten Jünger her. Andere zeitgenössische Erneuerungsbewegungen waren die pharisäischen Gemeinschaften oder die Qumran-Gruppe mit den dazugehörigen Essener-Gemeinden, die in Israel verstreut lebten.

Jesus hat auf viele seiner Landsleute einen prophetischen Eindruck gemacht (Mk 8,28). Von der endzeitlichen Ausrichtung her war der Schritt für seine Anhängerschaft nicht sehr groß, an Jesus messianische Erwartungen zu knüpfen. Allerdings hat er selbst einen Titel wie Messias oder Menschensohn für sich offensichtlich nicht verwendet. Denn das hätte zu Auseinandersetzungen über die inhaltliche Füllung dieser Begriffe geführt, da das biblisch-jüdische Messias-Verständnis vielfältig ist (z.B. zwei Messiasse in der Erwartung von Qumran!). Jesus hätte dadurch also nur vom Kern seiner Botschaft, dem Reich Gottes, abgelenkt. Diese Botschaft und die Tatsache, dass Jesus eine Anhängerschaft um sich geschart hatte, genügten allerdings für die römische Besatzungsmacht, ihn unter dem Verdacht, einen Aufstand gegen den Kaiser zu planen („König der Juden" als Schuldangabe), so brutal zu beseitigen wie eine Reihe anderer prophetisch-messianischer Gestalten vor und nach ihm.

2.2.2 Vom verkündigenden Jesus zum verkündigten Jesus Christus

Mit dieser im Anschluss an A. Vögtle verwendeten Überschrift wird der Einschnitt markiert, der durch die Hinrichtung Jesu einerseits und andererseits durch die Ostererfahrung bei seiner Anhängerschaft ausgelöst wurde. Ihr Osterglaube beinhaltet die Überzeugung, dass die in Jesus gesetzten messianischen Erwartungen von Gott trotz des Kreuzestodes endgültig bestätigt worden sind. Die Übertragung von Hoheitstiteln wie Messias, Menschensohn u.a. (s.o.) unterliegt jetzt keinem Missverständnis mehr. Damit ist aber nun die Person Jesu Christi selbst zum Inhalt des Glaubens seiner Anhängerschaft und somit auch ihrer Verkündigung geworden. Dies wirkt sich selbstverständlich auch auf die Weiter-Verkündigung der Basileia-Botschaft des irdischen Jesus aus. Es kann sich nicht einfach um eine Wiederholung dieser Botschaft durch Augen- und Ohrenzeugen des irdischen Jesus handeln. Diese Leute, die gleichsam den Grundstock der ältesten Gemeinden in Israel bilden, betrachten diese Botschaft nun im Licht des Osterglaubens. Das heißt: Die nachösterliche Predigt der Gottesherrschaft erhält dadurch einen neuen Akzent, dass die Person Jesu Christi zu einer wesentlichen Komponente dieser Predigt wird. Damit ist die Vorgehensweise der Evangelisten grundgelegt, die wir bei der Beschäftigung mit den Evangelien stets beachten müssen: Sie schieben die Ebene des irdischen, das Gottesreich verkündigenden

Jesus und die Ebene des Osterglaubens ineinander, auf der die Person des von Gott erhöhten Jesus Christus (vgl. Phil 2,6-11) im Mittelpunkt steht.

2.2.3 Jesusüberlieferungen vor den Evangelien

Unsere vier Evangelien sind erst im letzten Drittel des 1. Jahrhunderts geschrieben worden. Somit besteht eine Kluft von rund vier Jahrzehnten zwischen dem Auftreten Jesu und der ältesten Evangeliumsschrift. Was ist in dieser Zeit mit den Jesusüberlieferungen geschehen? Eine Antwort lässt sich nur indirekt aus dem Befund der Evangelien erschließen. Wir können uns dabei auf die ersten drei (Mk, Mt und Lk) beschränken, da Joh eigene Wege geht. Es fällt zum Beispiel auf, dass inhaltlich wichtiges Material nicht bei allen drei vorkommt, oft sogar nur bei einem der drei. So findet sich die Parabel (= Gleichniserzählung) von den Arbeitern im Weinberg nur bei Mt (20,1-15), die von der Liebe des Vaters zu seinen beiden Söhnen nur bei Lk (15,11-32); allein bei diesem begegnet neben anderen die Beispielerzählung vom barmherzigen Samariter (Lk 10,30-35). Dieses Material hätte natürlich ebenso gut in die jeweils anderen Evangelien gepasst. Offensichtlich waren diese Jesustraditionen jedoch nicht mehr allen Evangelisten zugänglich; wir müssen also damit rechnen, dass manches verloren gegangen ist. Die Niederschrift der Evangelien diente somit auch der Sicherung von Überlieferungen.

Auf der anderen Seite fällt auf, dass die Evangelienstoffe mitunter blockartig zusammengestellt sind. So gibt es Blöcke von Gleichnissen, von Wundergeschichten, von Gesprächen/Debatten Jesu mit Jüngern/Gegnern u.a.m. Da nicht anzunehmen ist, dass Jesus derart schablonenhaft gewirkt hat, müssen solche Zusammenstellungen in der nachösterlichen Zeit entstanden sein. Hier erhebt sich die Frage, zu welchem Zweck dies geschah.

Die Methode, die sich – als Bestandteil der historisch-kritischen Erforschung der Bibel – mit dieser Frage beschäftigt, ist die Formkritik bzw. Formgeschichte. Für das Neue Testament haben Karl Ludwig Schmidt, Martin Dibelius und Rudolf Bultmann zwischen 1919 und 1921 die grundlegenden Untersuchungen veröffentlicht. Die „kritisch" – das heißt: in methodisch nachprüfbarer Weise – festgestellten literarischen Formen innerhalb der (drei ersten) Evangelien werden in den Zusammenhang der Geschichte der Urkirche, ihrer religiösgesellschaftlichen Entwicklung hineingestellt – damit ergibt sich neben der Beachtung von Parallelen in der (religiösen) „Volksliteratur" die Aufgabe, religions- (Judentum, Heidentum) und sozialgeschichtliche Aspekte zu berücksichtigen (z.B. einheimische Jesus-Gruppen in Galiläa und Judäa mit dem Zentrum Jerusalem; jüdische Diaspora-Gemeinden mit ihrem heidnischen Umfeld, in denen der in Jerusalem begonnene Schritt der Christusbotschaft in die [Stadt-] Kultur des Hellenismus endgültig vollzogen wurde).

Für die Zuordnung literarischer Formen in den Evangelien gibt es verschiedene Möglichkeiten. Eine davon unterscheidet Wort- und Erzählüberlieferungen. Zu den Wortüberlieferungen sind außer den bereits genannten Gleichnissen (als Sammelbezeichnung!) und Gesprächen/Debatten Jesu („Schul- und Streitgespräche") etwa noch solche „Herrenworte" zu rechnen, die Jesus weisheitliche oder prophetische Lehren äußern oder mit „Ich-bin-Worten" seine Sendung durch Gott zusammenfassen lassen. Mk 13 mit den Parallelen in Mt und Lk bildet eine „apokalyptische" Rede, das heißt: eine „Offenbarungs"-Rede über die Endzeit. Zur Erzählüberlieferung können außer den bereits genannten Wundererzählungen etwa die (umfangsmäßig nicht eindeutig festlegbare) Passions- und Ostererzählung oder (andere) „Christusgeschichten" gerechnet werden, in denen die Person Jesu im Mittelpunkt steht (wie etwa die auf den Taufempfang folgende Offenbarung, die Versuchung oder die Verklärung).

Der Bekenntnischarakter, der bei solchen Erzählungen unverkennbar ist, trifft für die Wort- und Erzählüberlieferungen insgesamt zu. Ihre Bildung und Weitergabe in der Urkirche hatte also nicht das Ziel einer historischen Information. Vielmehr ging es darum, die Jesusüberlieferungen in ihrer aktuellen Bedeutung für das Leben der einzelnen Gemeinden sichtbar zu machen. Zu den grundlegenden Lebensvollzügen der urkirchlichen Gemeinden gehörten der Gottesdienst, die Predigt, die Unterweisung („Katechese"), die Mission und die Auseinandersetzung mit akuten Problemen im Innern oder von Außen. Für solche Aufgaben musste aus Überlieferungen ausgewählt werden. Ebenso wurde es immer wieder notwendig, dass Jesusüberlieferungen – auch Wortüberlieferungen – um- und neuformuliert wurden. So hatte der irdische Jesus etwa über die Heidenmission nichts gesagt; denn er hatte sich allein an seine Landsleute in Israel gewandt. Sobald es aber im Mittelmeerraum heidenchristliche Gemeinden gab, mussten diese sich mit der Frage ihres Verhältnisses zum Judentum befassen. Für diese Frage war etwa die Nicht-/Einhaltung der biblischen Speise- und Reinheitsvorschriften grundlegend wichtig. Wenn sich eine heidenchristliche Gemeinde nicht (mehr) daran hielt, musste sie ihre Praxis mit der Autorität Jesu begründen, wie es Mk 7,1-23 zeigt. Berechtigt sahen sich urchristliche Gemeinden zu einer solchen Aktualisierung, weil Jesus Christus für ihren Glauben der lebendig Gegenwärtige war. Sein Geist wies ihnen den Weg in neuen Gemeindesituationen, für die es vom irdischen Jesus keine Weisungen gab und geben konnte. Der johanneische Jesus wird diese Überzeugung direkt aussprechen: „Wenn ... der Geist der Wahrheit kommt, wird er euch in die ganze Wahrheit führen" (Joh 16,13).

2.2.4 Die Evangelien (einschließlich Apg) – Verkündigungsschriften in erzählerischer Form

Das Anliegen der Aktualisierung von Jesusüberlieferungen für bestimmte Gemeindesituationen im Lichte des Christusglaubens bestimmt auch die Arbeit der Evangelisten im letzten Drittel des 1. Jahrhunderts. Die Zuweisung ihrer Werke an zwei Augen- und Ohrenzeugen des irdischen Jesus (Matthäus und Johannes) sowie an zwei Schüler solcher Augen- und Ohrenzeugen (Markus als Begleiter und Dolmetscher des Petrus, Lukas als Begleiter des Paulus) erfolgt erst im 2. Jahrhundert. Sie geschieht aus genau den gleichen Gründen, wie sie für die Pseudepigraphie in der Briefliteratur vorliegen. Die vier Evangelien selbst haben anonyme Verfasser. Das müssen wir beachten, wenn wir der Einfachheit halber die herkömmlichen Bezeichnungen (Mk, Mt, Lk, Joh) verwenden.

Die Datierung hängt zunächst daran, dass in den drei ersten Evangelien die Ereignisse des jüdisch-römischen Krieges, der zur Zerstörung Jerusalems im Jahre 70 führte, deutlich angesprochen werden. Ihre Niederschrift kann also nicht früher angesetzt werden. In Joh gibt es Hinweise dafür, dass jedenfalls eines (Lk), wahrscheinlich sogar alle drei älteren Evangelien bekannt waren, als es seine vorliegende Gestalt gewann. Deshalb ist es das jüngste der vier Evangelien. Hinzu kommt, dass in Lk 1,1-4 der Verfasser sein Evangelium in eine Traditionskette hineinstellt, die den Abstand zur Jesuszeit anzeigt. Er unterscheidet „die Überlieferungen derer, die von Anfang an Augenzeugen [des irdischen Jesus] und Diener des Wortes [der urchristlichen Christusbotschaft] waren", von den „vielen" seiner Vorgänger, die es „unternommen haben, eine Darstellung über all das abzufassen, was sich unter uns ereignet und erfüllt hat." Lk gibt sich damit als Angehöriger der dritten urchristlichen Generation zu erkennen.

Die synoptische Frage

Bevor wir uns den Verkündigungsabsichten der einzelnen Evangelisten zuwenden, haben wir uns noch mit der Frage der literarischen Bezüge der drei älteren Evangelien untereinander zu befassen. Die „Literarkritik" (als methodisch durchgeführte Untersuchung des literarischen Befunds) hat enge Beziehungen des Mk, Mt und Lk untereinander festgestellt: in der jeweiligen Gesamtanlage (vom Wirken in Galiläa nach Jerusalem zu Leiden und Auferstehung), in der Anordnung der einzelnen Abschnitte (= Perikopen), in diesen selbst wieder Übereinstimmungen bis hin zur Wortwahl der einzelnen Sätze. Diese weit reichenden Übereinstimmungen erlauben einen „synoptischen" Vergleich: Die drei Evangelien werden in einer „Synopse" (= „Zusammenschau") spaltenweise nebeneinander abgedruckt. Dadurch wird ihre starke Parallelität offenkundig (deshalb können Mk, Mt und Lk auch zusammenfassend als „die synoptischen Evangelien", ihre Verfasser als „die Synoptiker" bezeichnet werden).

In Zahlen ausgedrückt: Von Mk (mit 661 Versen am kürzesten) gibt es mit Mt (insgesamt 1060 Verse) in rund 600 Versen, mit Lk (1149) in 350 Versen solche Übereinstimmungen. Außerdem gibt es sie in rund 240 Versen des Mt und des Lk. Die ungefähre Angabe hängt daran, dass es bei manchen Versen unklar ist, ob sie dazuzurechnen sind. Dies weist auf das andere Ergebnis der literarkritischen Untersuchung der Evangelien hin: Neben den großen Übereinstimmungen bestehen beträchtliche Unterschiede, eben auch in solchen Versen, die zwei oder gar allen drei Evangelien gemeinsam sind. Aus diesem doppelten Befund ergibt sich die „synoptische Frage": Wie sind die großen Übereinstimmungen und zugleich die beträchtlichen Unterschiede zwischen den synoptischen Evangelien zu erklären?

Die Zweiquellentheorie

Nachdem bereits im 18. und 19. Jh. verschiedene Lösungen der synoptischen Frage vorgeschlagen wurden, hat sich heute die „Zweiquellentheorie" weitgehend durchgesetzt. Sie geht von einer direkten literarischen Abhängigkeit der drei Evangelien aus und lässt sich in ihrer Grundform schematisch so darstellen:

Dies bedeutet: Die Verfasser des Mt- und des Lk-Evangeliums haben unabhängig voneinander bei der Abfassung ihrer Werke je ein Exemplar des Mk-Evangeliums vor sich liegen gehabt und zu einem großen Teil (Mt: 90%; Lk: über 50%) übernommen. Mt und Lk müssen aber neben dieser ersten Quelle eine weitere gemeinsam haben, aus der die rund 240 Verse stammen, die nur in ihren Evangelien, jedoch nicht bei Mk vorkommen. Da diese Quelle hauptsächlich „Herrenworte" (= Worte/Reden Jesu) enthalten haben dürfte, wird sie als Redenquelle (= Logienquelle) bezeichnet. Die Abkürzung Q (vom Wort „Quelle") hat sich international eingebürgert, weil die Zweiquellentheorie von deutschen Forschern entwickelt wurde. Als Theorie hat sie deswegen zu gelten, weil Q im Unterschied zum vorliegenden Mk-Evangelium als eigene Schrift nicht erhalten, sondern eben nur aus Mt und Lk zu erschließen ist.

Das im Schema außerdem genannte „Sondergut" des Mt und des Lk bezeichnet die Verse und Abschnitte, die jeweils nur bei einem der beiden begegnen. Das sind z.B. die Kindheitsevangelien der beiden (Mt 1/2; Lk 1/2), ihre Ostererzählungen, so weit es sich um Erscheinungsgeschichten des Auferstandenen handelt, oder auch Jesusworte bzw. -reden wie etwa die erwähnten Gleichniserzählungen von den Arbeitern im Weinberg (nur in Mt 20, 1-15) oder vom Vater und seinen zwei Söhnen (nur in Lk 15,11-32). Diese Beispiele zeigen, dass die Zweiquellentheorie über die Herkunft solcher Sondergut-Stoffe wie über die des Mk-Stoffes und der Jesusüberlieferungen in Q nichts sagen kann. Für diese Fragen ist die Form- und Überlieferungsgeschichte zuständig.

Die zitierten Hinweise aus dem Vorwort des Lk-Evangeliums können wir nun so weit identifizieren, dass zu den Vorgängerarbeiten des Lk eine Ausgabe des Mk und eine der Redenquelle sowie womöglich noch andere schriftliche Sammlungen (neben mündlichem Überlieferungsgut) gehörten.

Die Redaktionsarbeit der Evangelisten

Die Unterschiede zwischen den synoptischen Evangelien lassen sich zunächst literarkritisch aus Bearbeitungen ihrer Quellen erklären. Das nimmt die Arbeit ihrer Verfasser jedoch zu wenig ernst. Daher hat sich nach frühen Anfängen (W. Wrede schrieb sein Buch über das „Messiasgeheimnis" bei Mk bereits 1901) die „Redaktionskritik" als weitere Methode innerhalb der historisch-kritischen Erforschung der Bibel entwickelt. Sie geht davon aus, dass der einzelne Evangelist durch Auswahl aus dem Überlieferungsgut, Bearbeitung und auch Neuformulierung sein Werk so gestaltet hat, wie es seinem eigenen Glaubensverständnis entsprach und wie es ihm im Blick auf die Anliegen und Bedürfnisse der Gemeinde(n), für die er schrieb, wichtig war. Die Evangelisten werden somit als eigenständige Zeugen des Christusglaubens ernst genommen. In ihren Darstellungen des Lebens und Leidens, des Todes und der Auferweckung wie auch der Worte und Handlungen Jesu zielen sie auf die jeweilige Lage in ihren Gemeinden und aktualisieren so die Christusbotschaft. Ein historisierendes Verständnis, wie es sich bei vordergründiger Betrachtung nahe legt, würde die Evangelien also gerade missverstehen. Vielmehr handelt es sich bei ihnen um *Verkündigung in erzählerischer Form*, um „kerygmatische" Erzählungen (von „Kerygma" = [Glaubens-]Verkündigung). Daher hat jedes Evangelium sein eigenes Christusbild, wie es eben dem Glaubensverständnis des einzelnen Evangelisten und seiner Gemeinde entsprach. Ebenso spiegelt sich im Bild, das der Evangelist von Jesu Jüngern zeichnet, die jeweilige Gemeinde mit ihren aktuellen Lebensvollzügen und mit ihren oft sehr bedrückenden Lebensumständen, die zu Glaubensschwierigkeiten führten.

Dass es um einen solchen Dienst am Glauben der Adressaten geht, macht das Vorwort des Lk dadurch deutlich, dass es seine Darstellung ausdrücklich auf ihre Gegenwart bezieht: Er schreibt darüber, „was sich unter *uns* ereignet und erfüllt hat" – nicht etwa: damals zur Jesus-Zeit! Und er nennt als Ziel seiner Darstellung, „Sicherheit" hinsichtlich der im Glauben angenommenen christlichen Botschaft zu vermitteln (Lk 1,1.4; vgl. Joh 20,31). Solche Sicherheit kann nicht auf der Richtigkeit historischer Fakten beruhen – das würde den Glauben entwerten. Vielmehr kann sie nur im Glauben selbst erfahren werden, den die Evangelisten in seiner Verankerung in Person und Werk Jesu Christi darstellen.

Die folgende Kurzcharakteristik der Verkündigungsanliegen der vier Evangelien geht vor allem auf das Christusbild (Was lässt der Evangelist Jesus sagen und tun?) und auf das Bild der Gemeinde/Kirche ein, das der einzelne Evangelist entwirft (Was reden und tun die Jünger/innen? Wie nimmt Jesus dazu Stellung? Welche Weisungen gibt er ihnen?).

Die Botschaft des Markus-Evangeliums

Sein Verfasser hat zum ersten Mal Jesus-Überlieferungen in den Rahmen einer scheinbar fortlaufenden Geschichtsdarstellung (Biografie) gestellt. Galiläa und Jerusalem sind dabei die geografischen Schwerpunkte; als Zeitraum ist ein Jahr vorausgesetzt. Dieser Rahmen ist durch einfache Verknüpfung der aufgenommenen Traditionen hergestellt (meist nur „und" oder „und dann / und sogleich"). Die Botschaft des Mk findet sich jedoch weniger im Rahmen, den er den aufgenommenen Jesus-Überlieferungen gibt, als in ihrer 'redaktionellen' Bearbeitung.

Das Christusbild des Mk

Mk bevorzugt bestimmte Würdebezeichnungen wie „Sohn Gottes, Messias, Menschensohn". Nach der Überschrift wird Jesus als „Sohn Gottes" bei der Offenbarungsszene im Anschluss an die Taufe durch die Himmelsstimme für die Leser bestätigt (1,11). Eine weitere Bestätigung durch Gott bringt die Verklärungsgeschichte (9,7). Der Titel kommt dann im Selbstbekenntnis Jesu vor dem Hohen Rat (14,61f) und im Bekenntnis des heidnischen Hauptmanns vor (15,39). Der Christus- (= Messias-)Titel wird im Petrusbekenntnis (8,29) und dann wieder in 14,61f gebraucht. „Menschensohn" als weiterer messianischer Titel begegnet einerseits zur Kennzeichnung der Vollmacht Jesu (2,10; 2,28; 13,26), andererseits im Zusammenhang mit dem Leiden (8,31; 9,31: 10,33 und 45) – diese Linie läuft wieder auf 14,61f hinaus.

Die Bündelung dieser Titel in 14,61f ist für das Christus-Bild des Mk charakteristisch: Es ist stark auf das Kreuz ausgerichtet. Damit hat der Evangelist offensichtlich ein Gegengewicht schaffen wollen gegenüber einer (einseitigen)

Ausrichtung des Christusbildes auf das Wunderwirken, das im Mk-Ev breit dargestellt wird. Hierzu gibt es immer wieder „Schweigegebote" für Dämonen (1,34) und Geheilte (1,44). Noch auffälliger sind solche „Schweigegebote" für die Jünger (8,30; 9,9). Sie sind als Ausdruck des für Mk wesentlichen „Messias- und Gottessohn-Geheimnisses" zu verstehen.

Das Bild der Jünger (= der Gemeinde des Mk)

Den Jüngern werden nicht nur „Schweigegebote" auferlegt. Vielmehr wird ihnen auch vorgeworfen, dass sie trotz Jesu Machttaten „noch keinen Glauben" haben (4,40) und in Unverständnis und Herzensverhärtung gefangen sind (6,52; 8,17f.21; vgl. 4,13 und 7,18). Nach dem Messiasbekenntnis des Petrus passt das Leiden-Müssen nicht in die Vorstellung der Jünger von Jesus (8,31-33; 9,10.30-32; 10,32ff). Dieses „Jünger-Un- und Missverständnis" hat Mk offensichtlich auf die Gemeinde hin gestaltet, für die er schreibt. Sie soll sich in den Jüngern wieder erkennen.

Die aktuelle Lage der Gemeinde ist von Bedrängnis und Verfolgung geprägt (4,17; 10,35-39; 13,9-13). Das gefährdet den Glauben der Gemeinde. Deshalb will Mk verdeutlichen, dass die Orientierung am Wundertäter Jesus zu kurz greift, dass sie letztlich Jesus nicht oder falsch versteht (vgl. auch 9,33-35). Der entscheidende Maßstab für den Christusglauben ist vielmehr die Kreuzesnachfolge (8,34ff).

So wird Jesus dann als derjenige dargestellt, der sich gerade angesichts der drohenden Verurteilung zu seiner Gottessohn-/Messias-/Menschensohn-Würde bekennt (14,61f). Diese Vorbildhaftigkeit Jesu wird aufgenommen durch die Gestalt des heidnischen Hauptmanns unter dem Kreuz (15,39): Durch ihn soll die heidenchristliche Gemeinde des Mk auf ihrem Weg der Kreuzesnachfolge bestärkt werden. Denn sein Bekenntnis zur Gottessohnwürde Jesu Christi, das Mk ihn ablegen lässt, ist im Sinn des Evangelisten vollgültig – es ist das Bekenntnis zum gekreuzigten Sohn Gottes.

Die Botschaft des Matthäusevangeliums

Mt schafft durch die Zusammenarbeitung des Mk mit der Wortüberlieferung von Q und seinem Sondergut eine Verkündigungsschrift, die besonders auf Bedürfnisse der Katechese und der Verteidigung des Christusglaubens ausgerichtet ist.

Der „Sitz im Leben" des Mt ist dadurch bestimmt, dass seine Gemeinde von jüdischen Christusgläubigen geprägt ist, dass ihr aber auch Heidenchristen angehören. Deshalb wird eine für die Heidenmission offene (2,1-12; 28,16-20) „judenchristliche" Position vertreten (z.B. 5,17-19). Die Gemeinde des Mt steht in großer Nähe zu einer pharisäisch geprägten Synagogengemeinde. Darum werden die Gemeindemitglieder des Mt an die Lehrautorität der pharisäischen Schriftgelehrten verwiesen (23,2 und 3a). Zugleich wird stark gegen sie polemisiert (von 23,3b an; vgl. 5,20 u.ä.). Den Grund bildet der Streit um das Bekenntnis zu Jesus als Christus (= Messias).

Die Heftigkeit dieses Streits um den Christusglauben zeigt sich bei Mt auch darin, dass er die Zuweisung der Schuld am Tod Jesu in der Passionsgeschichte gegenüber seiner Mk-Vorlage massiv verstärkt. In 27,25 lässt Mt mit biblischer Formulierung das „ganze Volk" die Verantwortung übernehmen. Er blickt dabei von seinem Standpunkt in den achtziger Jahren auf die im Jahr 70 erfolgte Zerstörung Jerusalems zurück, in der er „die Kinder" der Zeitgenossen Jesu die Folgen tragen sieht. Das bedeutet jedoch keine Ablehnung des jüdischen Volkes durch Gott. Vielmehr sind diese Angriffe des Mt als innerjüdische Auseinandersetzungen zu sehen, wie sie auch sonst in der zeitgenössischen Literatur zwischen anderen Gruppen geführt werden.

Das Christusbild des Mt

Jesus wird als der Messias und Gottessohn bezeugt: In Kapitel 1 dient der Stammbaum dazu, Jesus als Zielpunkt der Abrahams- und der Davidsverheißungen zu sehen. Zugleich wird mit der Empfängnis in der Jungfrau Maria „aus heiligem Geist" ein Bekenntnis zur Gottessohnwürde Jesu abgelegt. Dadurch ist er der Immanuel (1,23), der von Ostern an bei seiner Kirche ist (28,20). Das Motiv der Erfüllung biblischer Verheißungen durchzieht in Gestalt der „Reflexions- (= Erfüllungs-)Zitate" das ganze Mt-Ev. Hinzu kommt die erzählerische Veranschaulichung dieses Motivs (Kapitel 2 und 5-7 von Mose her; die zehn Wundertaten in 8,1-9,34 sind durch 4,23 = 9,35 mit der „Lehre auf dem Berg" [= „Bergpredigt"] zu einer Einheit verbunden).

Fünf über das ganze Werk verteilte Redekompositionen zeigen Jesus als den endzeitlichen Lehrer: außer 5-7 („Lehre auf dem Berg") noch in Kapitel 10 („Aussendungsrede"); 13 („Gleichnisrede"); 18 („Gemeinderede"); 23-25 („Gerichtsrede"). Ihre Verbindlichkeit erhalten Jesu Weisungen durch die Vollmacht, die Gott ihm durch Ostern verliehen hat (28,19); sie umfasst die ganze Welt (13,41) und wird im Gericht offenkundig werden (25,31-46).

Das Bild der Jünger (= der Gemeinde des Mt)

Gegenüber und in Konkurrenz zur pharisäisch geführten Synagoge ist die „ekklesia" (= Gemeinde/Kirche) Jesu Christi auf dem Fundament des Petrus aufgebaut, von dem das Osterbekenntnis ausgeht (16,16-19). Innerhalb der Welt ist die Jüngergemeinde zur Nachfolge gerufen (8,18-27). Christus reißt sie immer wieder aus ihrer Furcht, ihrem Kleinglauben, ihrem Zweifel heraus (die Vorhaltungen sind also gegenüber Mk etwas gemildert: 8,26; 14,26 und 31; 28,17). Die Nachfolge soll sich im geschwisterlichen Miteinander der Gemeinde verwirklichen – das Stichwort „Bruder" durchzieht die „Bergpredigt" (5,21f.23f; 7,1-5). Ein solches Verhalten strahlt nach außen und wirkt missionarisch (5,13-16). Wer sich seiner Berufung aber nicht würdig erweist (7,26f; 22,11-14), hat das Gericht zu erwarten. Dort ist die Nächstenliebe der einzige Maßstab (25,31-46).

Zum Ideal der geschwisterlichen Gemeinde gehört Verzicht auf Verhaltensweisen (Machtanmaßung; „klerikales Gebaren"), die in der Welt üblich sind (20,25-28; 23,8-12; 24,45-51). Mt kennt Lehrer und Propheten, jedoch keine kirchlichen Amtsträger. Die grundsätzliche Gleichrangigkeit aller vor Gott (18,1-4: sich vor Gott klein machen, wie es die Kinder gegenüber ihren Eltern tun) wird durch die Existenz von „Kleinen" und anderer, die für sie Verantwortung tragen (V.5-10), nicht außer Kraft gesetzt. Mt schärft vielmehr die Pflicht zur Sorge füreinander ein (V.12-14). Sie zeigt sich vor allem in unbegrenzter Vergebungsbereitschaft (V.15-35). Die Gemeinde, in der die dem Petrus übertragene Vollmacht (16,19) weiterlebt (18,18), darf sich dabei der Gemeinschaft mit Christus gewiss sein (18,20).

Die Botschaft des lukanischen Doppelwerks (Lk/Apg)

Zentrales Anliegen des Lk ist es, seiner heidenchristlichen Leserschaft den Zusammenhang mit der Jesuszeit – und in Apg mit der jüdischen Urkirche – und so den Zusammenhang ihres Glaubens mit dem Ursprung zu versichern (Lk 1,1-4; Apg 1,8 als Programm für die Darstellung der Apg; dementsprechend bildet Apg 10,38-43 eine Kurzzusammenfassung des Lk-Ev). Positive und negative Aussagen über das (pharisäische) Judentum im Blick auf Jesus und die urchristliche Mission dienen der Klärung des Selbstverständnisses der Gemeinde, für die der Autor seine beiden Werke schreibt. Dasselbe gilt vom ausgiebigen Rückgriff (vor allem auch indirekt, durch die biblische Sprache) auf die Heilige Schrift.

Das Christusbild von Lk/Apg

Lk stellt Jesus vom ersten Augenblick seines Daseins an (1,35) bis zur Beendigung des irdischen Lebens (23,46) als Träger des Geistes Gottes in einzigartiger Weise dar. Dies offenbart sich im Heilswirken Jesu („Heiland" = Retter und heilen/retten; Heil/Rettung als grundlegende Begriffe). In 4,21 wird das in V. 18 gebrachte Schriftzitat, das als Verheißung auf Jesus bezogen ist, im „Heute" der Verkündigung erfüllt gesehen. Dieses Heute des Heils, das in der Begegnung mit Jesus geschenkt wird, betont Lk an zentralen Stellen: 2,11; 5,26; 19,9; 23,43 – außer 2,11 also stets mit Bezug auf die Vergebung Gottes, die Jesus vermittelt (vgl. noch 7,48). Ebenso lässt Jesus durch sein Wunderwirken Gott und seine Zuwendung zu uns erfahren (7,16b zitiert 1,68). In besonderer Weise zeigt sich der lukanische Jesus Armen, Frauen und Sündern/Sünderinnen zugetan.

Für Lk ist Jesus auch Vorbild im Beten, zugleich Lehrer des Gebets (11,1ff). Ebenso ist er Vorbild im Verzeihen (23,34), zugleich der, der in Vollmacht Gottes Vergebung zuspricht, und Empfänger der Bitte um Verzeihung (Apg 7,60).

Das Bild der Kirche in Lk/Apg

Den Zusammenhang mit der Jesuszeit verbürgt das Zeugnis der „Zwölf Apostel" (eine Konstruktion des Lk; vgl. dagegen 1 Kor 15,5ff: der Kreis der Apostel ist größer als der Kreis der Zwölf). Die Kirche führt Christi Wirken fort, nachdem sie an Pfingsten den vom Auferstandenen verheißenen Heiligen Geist erhalten hat. Dieser ist als das „Lebensprinzip" der Kirche der eigentlich Handelnde, der alle ihre Mitglieder lenkt, auch bei der Mission. In diese Mission wird dann auch Paulus als „Zeuge" berufen (als „Werkzeug" Christi: Apg 9,15; vgl. 11,25f; 13,1-3).

Mit dem Ideal der geschwisterlichen Kirche des Anfangs (in den ersten Kapiteln der Apg, z.B. 2,42-47) appelliert Lk an seine Gemeinde, ihrer Berufung im Innern wieder zu entsprechen und so auf Außenstehende einladend zu wirken.

Die Botschaft des Johannesevangeliums

Joh hat einen längeren Entstehungsprozess hinter sich. Das zeigt allein schon Kapitel 21, das durch die Schlussbemerkung 20,30f eindeutig als Nachtrag zu sehen ist. Dennoch besitzt Joh im Ganzen eine unverkennbare Eigenart im Vergleich zu den Synoptikern. Besonderheiten treten hervor in Sprache, Stil und Aufriss, darüber hinaus im Inhaltlichen (s.u.).

Zu Stoffen der synoptischen Evangelien bzw. zu diesen Evangelien besteht eine Reihe von Beziehungen. Sie erklären sich entweder aus gemeinsamen Quellen oder aus beabsichtigter Bezugnahme. Wenn der Redaktion des Joh (die) synoptischen Evangelien bekannt waren (s.o. 2.2.3), dann ist anzunehmen, dass diese als ergänzungs- oder ersetzungsbedürftig angesehen wurden.

Als „Sitz(e) im Leben" sind außer- und innerkirchliche Auseinandersetzungen und Abgrenzungen aus Joh zu erschließen.

Das Christusbild des Johannesevangeliums

Anders als bei den Synoptikern steht nicht das Reich Gottes im Zentrum des Joh, sondern die Person Jesu Christ (vgl. die Worte über die Einheit des Sohnes mit dem Vater und die Sendung durch den Vater, z.B. 5,19-30; 10,30; 14,10f). Als das Mensch gewordene „Wort = Logos" kommt „der Sohn" in diese Welt, die von „Finsternis", von Gottfeindlichkeit gekennzeichnet ist. Das „Wort" will „die Seinen" rufen, indem es die Offenbarung „des Vaters" schenkt (vgl. den „Prolog" oder die Reden, die häufig um „Ich-bin-Worte" kreisen, z.B. „Ich bin das Brot des Lebens" 6,35; „das Licht der Welt" 7,12; „der gute Hirt" 10,11; „die Auferstehung und das Leben" 11,25; „der Weg, die Wahrheit und das Leben" 14,6). Die Hoheit des Offenbarers drückt sich vor allem in der bekenntnishaften Verwendung des Gottes-Titels aus (1,1 und 18; 20,28), dann im Verständnis der (sieben) Wundertaten als „Zeichen" (vgl. 2,11).

Die Betonung der Hoheit Christi schlägt dann auch auf die Sicht und die Darstellung der Passion durch: Das Kreuz ist nicht mehr Zeichen der Erniedrigung und Schande. Vielmehr wird der Menschensohn am Kreuz „erhöht"; die Passion ist „die Stunde" seiner „Verherrlichung" (12,23-36). Eine Ölbergszene wie bei den Synoptikern gibt es daher bei Joh nicht (V.27 spielt nur darauf an). Vielmehr hat Christus das Passionsgeschehen von Anfang bis zum Ende in der Hand: „Es ist vollbracht", als er zum Vater zurückkehrt (19,30).

Das Bild der Gemeinde im Johannesevangelium

Das Wirken des Offenbarers ruft die Menschen in die Entscheidung; das führt zur Scheidung zwischen den „Seinen" und denen „draußen", der „Welt". Dieser joh Dualismus benutzt die Gegensatzpaare von Licht/Finsternis, Wahrheit/Lüge, Leben/Tod, Glauben/Unglauben. Einen vergleichbaren „Entscheidungsdualismus" enthalten die Schriften der Qumran-Gemeinschaft; sie demonstriert damit ihr Selbstverständnis in Abgrenzung von den anderen Juden. Die Funktion des joh Dualismus ist ähnlich: Aufgrund der fortgeschrittenen Entfremdung zwischen joh Gemeinde und Judentum werden nicht nur „die Pharisäer", sondern auch „die Juden" insgesamt als Vertreter der den Christusglauben ablehnenden und deshalb gottfeindlichen Welt angegriffen (15,18-16,3 u.ä.). Selbstverständlich ist es verfehlt, diese Polemik als Kennzeichnung des Judentums aufzufassen. Sie soll vielmehr das angefochtene Bekenntnis zu Jesus Christus verteidigen. Wer aber an Christus glaubt, hat jetzt schon das ewige Leben, kommt nicht ins Gericht (3,13-21); denn er ist „von oben", „aus dem Geist geboren" (3,1-8). Wer „in Jesus bleibt", bringt reiche Frucht: die Liebe der Gemeindemitglieder untereinander, an der es offenbar mangelte (15,1-17; 13,34f).

2.3 Die Offenbarung – ein Mahn- und Trostbuch

2.3.1 Die Apokalyptik

Offb vertritt eine eigene literarische Gattung im NT. Sie gehört zur „apokalyptischen" Literatur inner- und außerhalb der Bibel (vgl. im AT das Buch Daniel, im NT Mk 13 und die Parallelen sowie andere kleinere Texte; dazu zahlreiche frühjüdische Schriften, die nicht in den jüdischen und christlichen Kanon aufgenommen wurden). Der Name Apokalypse (oder für die ganze Literaturgattung: Apokalyptik) weist darauf hin, dass „Offenbarungen" mitgeteilt werden, nämlich über Geheimnisse der Schöpfung, die Welt Gottes und seine verborgenen Pläne für Welt und Geschichte, besonders für das Ziel der Geschichte. Damit sollen Antworten auf Krisen des Glaubens gegeben werden, die in Umbruchszeiten, vor allem in dunklen Zeiten der Geschichte Israels entstehen und Fragen nach Gottes Güte und Gerechtigkeit sowie nach dem Sinn eines der Tora treuen Lebens aufwerfen. Mit Ausblicken auf das Gericht und die neue Welt Gottes wollen die Apokalyptiker in prophetischer Tradition zur Treue im Glauben ermuntern.

Ihre Mitteilungen verschlüsseln sie meist in eine gewollt mehrdeutige Bild- und Symbolsprache. Beliebt sind Visionen, Auditionen, Himmelsreisen und Träume. (Deute-)Engel oder andere Gestalten treten oft auf, um Erläuterungen zu geben. Auf Grund solcher Eigenarten stehen apokalyptische Schriften und Texte ganz unterschiedlichen Auslegungen offen – das gilt bekanntlich auch für Offb.

2.3.2 Offb und ihr Sitz im Leben

Der Verfasser, ein Johannes (von den Verfassern des Joh-Ev und der Joh-Briefe zu unterscheiden) versteht sich als Prophet (Offb 1,1-3; 22,6ff). Er sieht für die kleinasiatischen Christengemeinden seiner Zeit (kurz vor 100), von denen er sieben Repräsentanten eigens anspricht, eine Bedrohung durch den römischen Kaiserkult heraufziehen. Dabei kann es (wieder einmal) so weit kommen, dass Christen ihre Glaubenstreue mit dem Leben bezahlen müssen (vgl. 2,13). Deshalb ruft er die Gemeinden in stilisierten Briefen (Kapitel 2 und 3) dazu auf, standhaft zu bleiben, sich aus vermeintlicher Sicherheit aufrütteln zu lassen und den Glaubenseifer des Anfangs wieder zu erwecken. Die anschließenden Offenbarungen, die traditionelles Bildmaterial im Blick auf den Sieg Christi verarbeiten, wollen zur Befolgung dieser Ermunterungen und Ermahnungen dadurch motivieren, dass sie auf die endgültige Überwindung der gottfeindlichen Mächte vorausschauen. Im Glauben an den auferweckten Jesus Christus will die Zuversicht begründet sein, dass Gott das letzte Wort in der Geschichte spricht. Aus dieser Zuversicht heraus können die Nöte und Bedrängnisse der Gegenwart, in der die Kräfte des Bösen zu triumphieren scheinen, durchgestanden werden.

Dieser „Sitz im Leben" des Verfassers und seiner Gemeinden schließt es aus, in Offb so etwas wie den Ablauf der Welt- oder der Kirchengeschichte oder auch das Szenarium des Weltendes angezeigt zu sehen. Allein die Deutung auf eine damalige zeitgeschichtliche und Glaubenssituation ist im Recht. Darauf weist Johannes selbst nachdrücklich hin, indem er jedem seiner Briefe die Mahnung anfügt: „Wer Ohren hat, der höre, was der Geist den Gemeinden sagt!" (2,7.11. 17.29; 3,6.13 und 22). Das heißt: Wie in den übrigen Schriften des NT geht es um die Aktualisierung des Christusglaubens in einer bestimmten (Not-)Lage, in der sich frühchristliche Gemeinden befinden. Zu dieser Aktualisierung weiß sich Johannes durch den Geist Gottes bzw. Christi beauftragt und berechtigt.

Abgesehen davon, dass die Bilderwelt der Offb heute zum Teil nur schwer zu entschlüsseln ist, wird eine „Übersetzung" der Botschaft der Offb für Glauben und Leben in unserer Zeit einerseits die veränderte kirchen- und zeitgeschichtliche Lage berücksichtigen. Andererseits sind auch uns Erfahrungen nicht fremd, dass die Welt von widergöttlichen Mächten beherrscht zu sein scheint und der Glaube deshalb den Boden unter den Füßen verliert. Doch der Glaube kann auch von innen heraus angefochten sein (vgl. Offb 2,4; 3,1-3 und 15-18). Dafür kann Offb den Blick schärfen, zur Verlebendigung des Glaubens anregen und die Zuversicht stärken, dass nicht nur die Kirche Jesu Christi, sondern die Menschheit insgesamt mit ihrer Welt letztlich in Gott geborgen ist.

3 Der neutestamentliche Kanon

„Kanon" (griechisch) heißt „Richtschnur, Maßstab". Hier geht es um die allgemeinkirchlich anerkannte Sammlung von Schriften, die den Christusglauben „ursprünglich" bezeugen.

3.1 Überblick zur Entstehung

Erste Zeugnisse über Sammlungen von Schriften gibt es im 2. Jahrhundert, z.B. 2 Petr 3,15f: Paulus-Briefe. Allerdings geht es dabei um die Autorität des Apostels, nicht um seine Schriften als solche. Als erste erlangen in der ersten Hälfte des 2. Jahrhunderts unsere vier Evangelien „kanonische" Geltung: Sie werden (wie die Schriften des Ersten Testaments) im Gottesdienst verwendet.

Die entscheidende Periode ist die 2. Hälfte des 2. Jahrhunderts. Die Kirche muss eine Auswahl treffen, vor allem angesichts der starken Produktion von vergleichbaren Schriften (Evangelien, Apostelgeschichten usw.); diese werden als „apokryph" ausgeschieden, wirken aber stark auf die christliche Frömmigkeit ein (auch in der Kunst). In Rom behauptet dagegen Markion einen Gegensatz zwischen dem Gott der Bibel und dem Gott Jesu und versucht deshalb, an die

Stelle des Ersten Testaments und der vier Evangelien ein in seinem Sinn „gereinigtes" Lk-Evangelium sowie 10 ebenso „verbesserte" Paulus-Briefe zu setzen.

Um 200 sind 20 Schriften als kanonisch anerkannt: die vier Evv, 13 Paulus-Briefe, Apg, 1 Petr, 1 Joh. Offb ist nur im Westen anerkannt, Hebr nur im Osten.

Der neutestamentliche Kanon ist gegen Ende des 4. Jahrhunderts abgeschlossen: Seine 27 Schriften sind im Osten (Athanasius von Alexandrien) und im Westen (Papst Damasus) übereinstimmend genannt.

Den endgültigen Abschluss für die katholische Kirche stellt das „Decretum de canonicis scripturis" des Konzils von Trient 1546 dar, das sich mit reformatorischen Infragestellungen des Kanons befasst.

3.2 Probleme des neutestamentlichen. Kanons

Eine gewisse Zufälligkeit bei der Auswahl der Schriften ist unbestreitbar. Sie hängt unter anderem an ihrem Bestand, als begonnen wurde, sie zu sammeln bzw. ihnen kanonische Geltung zuzuerkennen (da konnte schon manches verloren oder verändert worden sein).

Maßstäbe für die Zugehörigkeit zum Kanon waren die Apostolizität (= die angenommene Herkunft von einem Apostel oder Apostelschüler), die Katholizität (= allgemeine Geltung) und die Inspiration (= „Geisterfülltheit") einer Schrift.

3.3 Die neutestamentliche Kanonbildung als dogmatische Entscheidung

Die Kirche braucht(e) auf Grund ihrer Trennung vom Judentum eine Sammlung von Schriften, die sie als „Ur-Kunde" ihres Christusglaubens neben den Kanon des Ersten Testaments stellen konnte. Die Entscheidung bei der Auswahl wurde nicht auf Grund von historischen Überlegungen getroffen. Den Ausschlag gab vielmehr die Überzeugung, dass der christliche Glaube in diesen 27 Schriften seine gültige Grundlage und Norm besitzt.

Bei dieser Entscheidung, die vom Glaubensverständnis der Alten Kirche aus getroffen wurde, kam es unvermeidlich zu einer Einebnung des Charakters der 27 Schriften als Gelegenheitsschriften. Stattdessen wurden sie als apostolisches Urzeugnis verstanden. Das lässt sich mit dem so genannten Apostolischen Glaubensbekenntnis vergleichen, das vom Anfang des 3. Jahrhunderts an nachweisbar ist: Der Legende nach sollen seine 12 Sätze von je einem der „Zwölf Apostel" beigesteuert worden sein.

4 Auslegung als Glaubenshilfe

Das pastorale Anliegen der Verfasser der neutestamentlichen Schriften – das mit dem der Korrelationsdidaktik durchaus vergleichbar ist – zeigt sich gerade darin, dass diese Schriften nach Form und Inhalt zeitbedingt sind. Andernfalls wäre ihr Glaubenszeugnis vom Wirken Gottes durch Jesus Christus für ihre Leserschaft nicht aktuell, sondern missverständlich oder bedeutungslos gewesen. So haben die deuteropaulinischen Briefe das Bedürfnis nachpaulinischer Gemeinden erkennen lassen, die Botschaft des Paulus durch gezielte Auslegung gewandelten Glaubensverständnissen anzupassen. Entsprechend hat sich die Tendenz der Evangelisten gezeigt, ihre Jesusüberlieferungen auf die Anliegen und Erfordernisse der jeweiligen Gemeinden hin auszuwählen und zu formulieren. In ihrer vierfachen Gestalt tritt die notwendige Subjektivität des Glaubens offen zu Tage.

Mit der Kanonisierung hat die Kirche anerkannt, dass es eine berechtigte Vielfalt des Glaubensverständnisses gibt, die aus der subjektiven Aneignung des kirchlichen Glaubens folgt. Ebenso hat sie anerkannt, dass ein Auslegungsprozess erforderlich ist, um die überlieferte Botschaft für die sich wandelnden Lebensverhältnisse zu aktualisieren. In diesem Sinn erwächst die Glaubenstradition der Kirche aus ihrer Auslegungstradition des Neuen Testaments bzw. der Bibel insgesamt. Heutige Methoden der Schriftauslegung suchen diese Tradition von ihrer Wurzel her zu verlebendigen.

Wenn wir uns das Glaubensverständnis der Verfasser der neutestamentlichen Schriften methodisch erschließen, können wir uns auch für die „Übersetzung" ihrer Botschaft in unser Leben an ihnen orientieren. Was sagt ihr Christuszeugnis und durch dieses hindurch Jesus Christus uns/unserer Gemeinde/unserer Kirche in unserer gegenwärtigen Lage? Dieser „Sitz in unserem Leben" verlangt und legitimiert eine Aktualisierung der neutestamentlichen Christusverkündigung, die unseren eigenen existentiellen Anliegen und Fragen wie auch denen der uns anvertrauten Schülerinnen und Schüler tragfähige Antworten anzubieten und (womöglich) zu vermitteln vermag. Eine solche Übersetzung ist deshalb eine unverzichtbare Hilfe zum Glauben.

Literatur

Einführungen und Arbeitsbücher

Becker, U. / Johannsen, F. / Noormann, H.: Neutestamentliches Arbeitsbuch für Religionspädagogen. Stuttgart ³2005

Berger, K.: Formen und Gattungen im Neuen Testament. Tübingen 2005 (UTB 2532)

Bormann, L.: Neues Testament. Stuttgart 2003. (Calwer TB 93)

Broer, I.: Einleitung in das Neue Testament. 2 Bde. Bd. I: Die synoptischen Evangelien, die Apostelgeschichte und die johanneische Literatur. Bd. II: Die Briefliteratur, die Offenbarung des Johannes und die Bildung des Kanons (Die Neue Echter Bibel, Ergänzungsbände 2/I und II zum Neuen Testament). Echter Würzburg 1998 u. 2001

Conzelmann, H. / Lindemann, A.: Arbeitsbuch zum Neuen Testament. Tübingen [13]2000 (UTB 52)

Ebner, M. / Heininger, B.: Exegese des Neuen Testaments. Ein Arbeitsbuch für Lehre und Praxis. Paderborn 2005 (UTB 2677)

Erlemann, K.: Gleichnisauslegung. Ein Lehr- und Arbeitsbuch. Tübingen 1999 (UTB 2093)

Fink, G.: Die griechische Sprache. Eine Einführung und eine kurze Grammatik des Griechischen. Düsseldorf 2005

Kath. Bibelwerk Stuttgart (Hg): Praktisches Bibelhandbuch. Wortkonkordanz. Stuttgart [15]1994

Niebuhr, K.-W. (Hg): Grundinformation Neues Testament. Eine bibelkundlich- theologische Einführung. Göttingen [2]2003

Pokorný, P. / Heckel, U.: Grundzüge des Neuen Testaments. Theologie und Entstehung. Paderborn 2006 (UTB 2798)

Porsch, F.: Kleine Theologie des Neuen Testaments. Stuttgart 2005

Reiser, M.: Sprache und literarische Formen des Neuen Testaments. Paderborn 2001 (UTB 2197)

Schierse, F. J. (Hg): Konkordanz zur Einheitsübersetzung. Düsseldorf [5]1994

Schierse, F. J.: Einführung in das Neue Testament. Düsseldorf 2006

Schnelle, U.: Einleitung in das Neue Testament. Paderborn [5]2005 (UTB 1830)

Schnelle, U.: Einführung in die neutestamentliche Exegese. Paderborn [6]2005 (UTB 1253)

Strecker, Chr.: Handbuch Neues Testament. Stuttgart 2005

Struppe, U. / Kirchschläger, W.: Einführung in das Alte und Neue Testament. Stuttgart 1998

Kommentare

Blank, J. u.a. (Hg): Evangelisch-Katholischer Kommentar zum Neuen Testament. Zürich 1976 ff.

Eckert, J. u.a. (Hg): Regensburger Neues Testament. Regensburg 1969 ff.

Friedrich, G. u.a. (Hg): Das Neue Testament Deutsch. Göttingen 2001

Gnilka, J. u.a. (Hg): Die neue Echter Bibel. Würzburg 1980 ff.

Gräßer, E. u.a. (Hg): Ökumenischer Taschenbuchkommentar zum Neuen Testament. Würzburg 1977 ff.

Müller, P.-G. (Hg): Stuttgarter Kleiner Kommentar. Stuttgart 1970 ff.

Schmid, H. H. (Hg): Züricher Bibelkommentare. Zürich 1978 ff.

Schnackenburg, R. u.a. (Hg): Herders theologischer Kommentar zum Neuen Testament. Freiburg 1967 ff.

Wengst, K. / Stegemann E.W.: Theologischer Kommentar zum Neuen Testament. Stuttgart 2000 ff.

Darin: **Fiedler, P.**: Das Matthäusevangelium. Stuttgart 2006

Neutestamentliche Zeitgeschichte und religiöse Umwelt

Erlemann, K. u.a. (Hg): Neues Testament und antike Kultur. 4 Bde. Neukirchen-Vluyn 2004 / 2005

Frankemölle, H. (Hg): Lebendige Welt Jesu und des Neuen Testaments. Freiburg/Basel/Wien 2000

Janz, D. u.a. (Hg): Sozialgeschichte des Christentums. 2 Bde.

Bd. 1: Die ersten Christen. Gütersloh 2007

Bd. 2: Die Christen in der Spätantike. Gütersloh 2007

Klauck, H.-J.: Apokryphe Evangelien. Stuttgart 2002

Klauck, H.-J.: Apokryphe Apostelakten. Stuttgart 2005

Mason, S.: Flavius Josephus und das Neue Testament. Tübingen 2000 (UTB 2130)

Roloff, J. (Hg): Grundrisse zum Neuen Testament (NTD-Ergänzungsreihe)

Bd. 1: **Lohse, E.**: Umwelt der Neuen Testamentes. Göttingen [10]2000

Bd. 2: **Schweizer, E.**: Theologische Einleitung in das Neue Testament. Göttingen 1989

Bd. 3: **Kümmel, W.**: Die Theologie des Neuen Testaments nach seinen Hauptzeugen. Jesus – Paulus – Johannes. Göttingen [5]1987

Bd. 4: **Schrage, W.**: Ethik des Neuen Testaments. [5]1989

Bd. 5: Geschichte des Urchristentums (erscheint 2008)

Bd. 6: **Stuhlmacher, P.**: Vom Verstehen des Neuen Testaments. Eine Hermeneutik. Göttingen [2]1986

Bd. 8: **Kippenberg, H. / Wewers, G.** (Hg): Textbuch zur neutestamentlichen Zeitgeschichte. Göttingen 1979

Bd. 9: **Stambaugh, J. / Balch, D.**: Das soziale Umfeld des Neuen Testaments. Göttingen 1992

Bd. 10: **Roloff, J.**: Die Kirche im Neuen Testament. Göttingen 1998

Bd. 11: **Karren, M.**: Jesus Christus im Neuen Testament. Göttingen 1998

Stegemann E.W. / Stegemann, W.: Urchristliche Sozialgeschichte. Die Anfänge im Judentum und die Christusgemeinden in der mediterranen Welt. Stuttgart/Berlin/Köln 1995

Zeller, D.: Christus unter den Göttern. Zum antiken Umfeld des Christusglaubens. Stuttgart ²1997

Persönlichkeiten

Berger, K.: Jesus. München 2004

Biser, E.: Der unbekannte Paulus. Düsseldorf 2003

Biser, E.: Paulus. Zeugnis–Begegnung–Wirkung. Darmstadt 2003

Heiligenthal, R. / Dobbeler, A. von: Menschen um Jesus. Lebensbilder aus neutestamentlicher Zeit. Darmstadt 2001

Leroy, H.: Jesus. Überlieferung und Deutung. Darmstadt ³1999

Öhler, M. (Hg): Alttestamentliche Gestalten im Neuen Testament. Darmstadt 1999

Sanders, E.P.: Paulus. Eine Einführung. Stuttgart: Reclam 2006

Saunders, R.: Frauen im Neuen Testament. Darmstadt 1999

Wick, P.: Paulus. Paderborn 2006 (UTB basics 2858)

Wischmeyer, O. (Hg): Paulus. Leben–Umwelt–Briefe. Tübingen 2006 (UTB 2767)

Einzelthemen

Carl, A.: Jesus für Anfänger. Erfahrungen und Bedeutungen von damals für heute. Zu den Jesus-Bildern der Evangelien, Deutscher Katecheten-Verein. München 2004

Fiedler, P.: Die Lehre auf dem Berg [Bergpredigt], in: Ders., Das Matthäusevangelium (ThKNT 1), W. Kohlhammer. Stuttgart 2006, 105-197

Fiedler, P.: „... gekreuzigt durch Pontius Pilatus". Erwägungen zum Problem der Verantwortung für Jesu Tod. In: Märker, K. / Otto, C. (Hg): Festschrift für W. Fricke zum 70.Geburtstag. Freiburg 2000, S. 31-48

Fiedler, P.: Gemeindeleben der frühen Christen, in: Wunderlich, R. / Feininger, B. (Hg): Variationen des Christseins – Wege durch die Kirchengeschichte (Übergänge 7), Peter Lang. Frankfurt 2006, 83-112

Finze-Michaelsen, H.: Vater Unser – Unser Vater. Entdeckungen im Gebet Jesu. Göttingen 2004

Köhnlein, M.: Die Bergpredigt. Stuttgart 2005

Kühlwein, K.; Chaosmeister Jesus. Die Bergpredigt. Stuttgart 1999

Philonenko, M.: Das Vaterunser. Vom Gebet Jesu zum Gebet der Jünger. Tübingen 2002 (UTB 2312)

Ragaz, L.: Die Gleichnisse Jesu. Gütersloh ⁴1990

Räisänen, H.: Neutestamentliche Theologie? Eine religionswissenschaftliche Alternative. Stuttgart 2000 (SBS 186)

Reinmuth, E.: Anthropologie im Neuen Testament. Tübingen 2006 (UTB 2768)

Ruschmann, S.: Marta und Maria. Gegensätze, Vorbilder, Jüngerinnen. Stuttgart 2005

Schenke, L.: Die Urgemeinde. Geschichtliche und theologische Entwicklung. Stuttgart 1990

Schottroff, L. / Schroer, S. / Wacker, M.-Th.: Feministische Exegese. Forschungserträge zur Bibel aus der Perspektive von Frauen. Darmstadt 1995

Schottroff, L.: Kompendium feministische Bibelauslegung. Gütersloh ²2003

Stuhlmacher, P.: Die Geburt des Immanuel. Die Weihnachtsgeschichten aus dem Lukas- und Matthäusevangelium. Göttingen 2005

Theißen, G. / Merz, A.: Der historische Jesus. Göttingen ³2001

Theißen, G.: Erleben und Verhalten der ersten Christen. Eine Psychologie des Urchristentums. Gütersloh 2007

Theißen, G.: Die Religion der ersten Christen. Eine Theorie des Urchristentums. ³2000

Zimmermann, R. (Hg): Kompendium der Gleichnisse Jesu. Gütersloh 2007

Wirkungsgeschichte

Fischer, J. A. / Körtner, U. (Hg): Schriften des Urchristentums. Griechisch und Deutsch. 3 Bde. (u.a. Didache, Klemens, Barnabas). Darmstadt ¹⁰2004

Gnilka, J.: Wie das Christentum entstand. 3 Bde. Freiburg 2004 (Sonderausgabe: TB)

Reihe „FrauenBibelArbeit" des Katholischen Bibelwerks Stuttgart. Bislang 15 Bde. (1998 ff.) z.B.:

Hecht, A. (Hg): „Böse" Frauen (Eva, Judit, ...). Stuttgart 2005 (Bd. 15)

Heiligenthal, R.: Der verfälschte Jesus. Eine Kritik moderner Jesusbilder. Darmstadt ²1999

Schottroff, L.: Lydias ungeduldige Schwestern. Feministische Sozialgeschichte des frühen Christentums. Darmstadt / Gütersloh 2001

Neuorientierung der Kirchen zum Judentum

Fiedler, P. / Dautzenberg, G. (Hg): Studien zu einer neutestamentlichen Hermeneutik nach Auschwitz (SBAB 27). Stuttgart 1999

Fiedler, P.: Studien zur biblischen Grundlegung des christlich-jüdischen Verhältnisses (SBAB 35). Stuttgart 2005

Kampling, R. (Hg): „Nun steht aber diese Sache im Evangelium ..." Zur Frage nach den Anfängen des christlichen Antijudaismus. Paderborn u.a. 1999

→ **Religionspädagogische Hinweise zum Thema s. Literatur zur Religionspädagogik**

Einführung in die Kirchengeschichte

Joachim Maier

Again for Tomorrow.

Unter diesem Titel veranstaltete ein Kurs von Studierenden des Masterstudiengangs „Curating Contemporary Art" des Royal College of Art in London im Frühjahr 2006 eine Ausstellung als gemeinschaftliche Abschlussarbeit ihres Studiums. Dem begleitenden Katalog zur Ausstellung der Werke von Künstlerinnen und Künstlern aus Lateinamerika und Europa, hier vor allem aus Südosteuropa, stellten die Absolventen ein von Laurie Anderson verfasstes fiktives Gespräch zwischen Hänsel und Gretel voran. Hänsel und Gretel werden in Berlin am Leben gedacht; Hänsel wirkt in einem Fassbinder-Film mit und Gretel bedient in einer Cocktailbar. In einer Nacht sitzen sie beieinander und reflektieren ihr Leben.

> *She said: What is history?*
> *And he said: History is an angel*
> *Being blown backwards into the future*
> *He said: History is a pile of debris*
> *And the angel wants to go back and fix things*
> *To repair the things that have been broken*
> *But there is a storm blowing from Paradise*
> *And the storm keeps blowing the angel*
> *Backwards into the future*
> *And this storm, this storm*
> *Is called*
> *Progress*

Der Dialog zwischen Hänsel und Gretel verbindet die Rückschau in die Vergangenheit nicht allein mit der Aufgabe, den Fortschritt der Zukunft zu gestalten, sondern er vermutet darüber hinaus die lebendige Verbindung zu einem ganzheitlichen Ursprung, dem Paradies. Der Engel der Geschichte wird aus der Vergangenheit, in die er zunächst zurückkehrt, um das in den Trümmerfeldern Zerbrochene wieder in Stand zu setzen, von einem Sturm aus dem Paradies zurück in die Zukunft getrieben. Die Ausstellung zeigt unter anderem eine Video-Installation eines jungen Künstlers aus dem ehemaligen Jugoslawien: *Scene for New Heritage*. Eine Gruppe junger Geschichtsforscher betritt ein nach 1970 errichtetes Memorial für die Opfer des Zweiten Weltkrieges und entwirft nun fiktiv eine Umgestaltung dieses historischen Erbes im Jahr 2045.[1]

---

[1] Again for Tomorrow. Curated by graduating students on the MA Curating Contemporary Art, Royal College of Art (London), 2006.

Again for Tomorrow: Noch einmal – für morgen. Also keine Wiederholung, stattdessen fortschreitende Verwandlung. So kam die Botschaft der Ausstellung bei mir an. Dass angehende Kuratoren und Kuratorinnen für Gegenwartskunst Rückblicke in die Vergangenheit als Aufgabe zur Gestaltung der Zukunft begreifen, kann die Geisteswissenschaft bestärken in ihrem Umgang mit der Geschichte, die freilich nicht nur ein Trümmerfeld ist.

Geschichtlichkeit und Theologie

Die erwähnte Ausstellung bestätigt: Geschichte der Individuen und Völker kann als „erweitertes Gedächtnis" verstanden werden. Wie wichtig ein gutes Gedächtnis für den Einzelnen ist, spüren wir immer dann, wenn es uns an der Erinnerung eines Namens oder Ortes, der genaueren Umstände einer Begebenheit, eines weitergehenden Zusammenhangs oder des Gelernten mangelt. Treten solche Erinnerungslücken gehäuft auf, droht der Mensch orientierungslos zu werden, er findet sich in seiner Umgebung nur noch schwer zurecht, geht Irrwege und läuft Gefahr, ins Unheil zu geraten. Medizin und Psychoanalyse haben uns gelehrt, dass keine Krankheit, keine psychische Krise ohne eine Geschichte erklärbar und dass deren Kenntnis oft Voraussetzung zur Heilung ist. Auch die Gesundheit eines Menschen hat ihre eigene Geschichte.[2] Vergleichbare Erfahrungen haben immer wieder auch Kollektive, Gesellschaften oder ganze Völker gemacht. So scheint *eine* Ursache der 1968er Bewegung auch eine Art gesellschaftlicher Geschichtsvergessenheit gewesen zu sein, die mit einer bisweilen utopischen Zukunftshoffnung einherging.

Was für die Geschichte des Einzelnen und der Völker gilt, trifft auch für den Glauben Israels, den daraus erwachsenden christlichen Glauben und die Kirche zu: sie sind durch und geschichtliche Größen. „Deshalb ist die geschichtliche Argumentation grundlegend für jede Theologie."[3] Wenn die Propheten Israels immer wieder die Einhaltung der Weisungen des Dekalogs, der „Magna Charta" des von Gott mit dem Volk geschlossenen Bundes, anmahnten, dann wollten sie ihre Adressaten, die Einzelnen und die Mächtigen des Volkes, von der Zuverlässigkeit des Tradierten und seiner Gewähr für die gedeihliche Entwicklung von Gegenwart und Zukunft überzeugen. Das Christusereignis vollzog sich unter bestimmten zeitlichen und geschichtlichen Bedingungen und das Zeugnis des Neuen Testamentes von dieser Offenbarung Gottes in Jesus Christus ist selbst bereits Ergebnis eines ge-

---

[2] Vgl. Wohlmuth, J. / Koch, H. G.: Leitfaden Theologie. Eine Einführung in Arbeitstechniken, Methoden und Probleme der Theologie. Düsseldorf ²1978, S. 119.
[3] Kasper, W.: Glaube im Wandel der Geschichte. Mainz 1973, S. 15; vgl. Ganzer, K.: Art. Kirchengeschichte, in: Lexikon der Kirchengeschichte [=Lex KG]. Freiburg 2001, Sp. 799.

schichtlichen Überlieferungsprozesses. Besonders die Apostelgeschichte verdeutlicht, dass zwischen dem biblischen Ursprung und dem „Heute" bereits eine Zwischenzeit („Zeit der Kirche") liegt, die nicht einfach übersprungen werden kann, wenn Christen entscheiden, wie sie sich in der Welt einrichten. Die Kirche ist also schon in ihrem Werden und dann in ihrer konkreten Verwirklichung jeweils geschichtlich geprägt. Dies betrifft nicht allein die Strukturen und Institutionen der Kirche, sondern auch die inhaltliche Entfaltung des christlichen Glaubens und seine Praxis im Leben der Gläubigen. Kirchengeschichte ist daher eng verbunden mit der Frömmigkeits- und Missionsgeschichte, desgleichen mit der Theologie- und Dogmengeschichte. Obwohl die Kirchengeschichte erst spät, etwa seit dem 17. Jahrhundert, als Disziplin innerhalb der Theologie anerkannt ist, kann sie das Verständnis systematischer Fragen der Theologie wesentlich fördern. Sie stärkt das Vertrauen in die Zuverlässigkeit geschichtlich gewachsener Formen des christlichen Glaubens und ermutigt zugleich zum jeweils erforderlichen „aggiornamento", also zur Entwicklung und „Verheutigung" der Glaubenslehre und -praxis.

Begriff, Gegenstand und Methoden der Kirchengeschichte

Wer Kirchengeschichte betreibt, benötigt ein angemessenes Verständnis von *Geschichte* und von *Kirche*. Gewiss gibt es keinen von der Dogmatik in übergeschichtlicher Weise der Kirchengeschichte vorgegebenen Begriff von Kirche. Denn *Geschichte der Kirche* ist von Anfang an und bis heute eine *Geschichte von Kirchen*. Ihr jeweiliges Selbstverständnis hat sich geschichtlich gewandelt und ist deshalb auch Gegenstand kirchengeschichtlicher Reflexion. Ähnlich verhält es sich mit dem Begriff Geschichte.

Geschichte wird heute nicht mehr als einliniger, monokausaler Prozess verstanden, den die Mächtigen und Herrschenden allein bestimmt haben.[4] Geschichtswissenschaft, die das Geschehene, die Gesamtheit des Vergangenen erforscht, fragt stärker nach Rolle und Sehnsüchten der Menschen hinter den Großereignissen, nach ihrer Gebundenheit und Prägung durch politische, gesellschaftliche, wirtschaftliche oder kulturelle Bedingungen.

Das Verständnis von *Kirche* war in der *katholischen* Theologie bis weit ins 20. Jahrhundert vorrangig vom Begriff des „fortlebenden" oder „mystischen Leibes Christi" geprägt und auf die Repräsentanz Christi im bischöflichen und priesterlichen Weiheamt bezogen. Diesem heilsgeschichtlich-sakramentalen Kirchenbegriff entsprach das Verständnis der Kirchengeschichte als „Zusammensein von Göttli-

---

[4] Vgl. dazu ausführlicher: Maier, J.: Vom Wert der Kirchengeschichte, in: Feininger, B. / Wunderlich, R.: Variationen des Christseins Wege durch die Kirchengeschichte, Frankfurt 2006, S. 33-53, hier S.33-42.

chem und Menschlichem ... als Folge der Inkarnation" (J. Lortz)[5]. Gegenstand der Kirchengeschichte war das „Wachstum der von Christus gestifteten Kirche in Zeit und Raum"[6] (H. Jedin, E. Iserloh). Die von Luther und anderen Reformatoren in die Geistesgeschichte eingebrachte Element des mutigen Einzelnen wirkte in der katholischen Ekklesiologie erst im 19. Jahrhundert bei John Henry Newman (1801-1890) nach. Das Zweite Vatikanische Konzil hat schließlich den Leib-Christi-Gedanken differenziert und durch das Bild vom „Volk Gottes" und „Zeichen des Heils" erweitert. Gerade die wieder entdeckte alte biblische Metapher vom „Volk Gottes" vermag dem Verständnis der Kirchengeschichte aufzuhelfen. Sie ist umfassender als die römisch-katholische Kirche und schließt zunächst alle an Christus Glaubenden und weiter alle durch die Gnade Gottes zum Heil berufenen Menschen ein, an erster Stellen die Juden.[7] Damit wird der Begriff zugleich ökumenisch und interreligiös relevant. In der *evangelischen* Theologie[8] kam dem früheren katholischen Verständnis am nächsten die von K.D. Schmidt formulierte Definition, wonach Gegenstand der Kirchengeschichte „der in der Welt fortwirkende Christus, sein Leib, der vom Heiligen Geist in alle Wahrheit geleitet wird und dessen Geschichte ganz Gottes-, aber auch ganz Menschenwerk" sei. Demgegenüber haben sich aber stärker die von Gerhard Ebeling geprägte Formel von „Kirchengeschichte als Auslegung der Heiligen Schrift" und die von Heinrich Bornkamm vorgenommene Erweiterung von der „Geschichte des Evangeliums und seiner Wirkungen in der Welt" als wirksam erwiesen.[9] Gewiss bergen solche Definitionen auch „die Gefahr einer gewissen Verkürzung der Kirchengeschichte im Sinne einer bloßen Auslegungsgeschichte der Bibel."[10] Aber sie bieten der Kirchengeschichte doch einen klaren Maßstab, an dem die Entwicklung der Kirche sich messen lassen muss. Und gerade das vom Zweiten Vatikanischen Konzil (1962-1965) betonte Bild „vom Volk Gottes, das pilgernd unterwegs ist, sich stetes bußfertig erneuern muss, das nicht über, sondern unter dem Wort Gottes steht",

---

[5] Lortz, J.: Geschichte der Kirche in ideengeschichtlicher Betrachtung, Band I. Münster 1962 (21. Auflage), S. V.

[6] Jedin, H.: Einleitung in die Kirchengeschichte, in: Handbuch der Kirchengeschichte, Band I. Freiburg 1962, S. 1-56, hier S. 2.

[7] Vgl. Jendorff, B.: Fundierung des Kirchengeschichtsunterrichts, in: Informationen für Religionslehrerinnen und Religionslehrer, Bistum Limburg, Heft 3/1994, S. 3-10.

[8] Vgl. dazu Schneider, Th. M.: Kirchengeschichte, in: Heiligenthal, R. / Lemke, F. / Schieder, R. / Schneider, Th. M.: Einführung in das Studium der Evangelischen Theologie, S. 178-212, hier S. 178. Jedin, H., Einleitung, a.a.O., S. 4.

[9] Ebeling, G.: Kirchengeschichte als Geschichte der Auslegung der Heiligen Schrift. Tübingen 1947; Bornkamm, H.: Grundriss zum Studium der Kirchengeschichte, Gütersloh 1949.

[10] Schneider, Th. M.: Kirchengeschichte, a.a.O., S. 178.

unterstreicht gegenüber einem einseitig organologisch, und institutionell, abstrakt und ideell festgelegten Kirchenverständnis die geschichtliche Sicht der Kirche: Sie „bleibt so stets normiert durch den sie begründenden Anfang, der in der Schrift bezeugt ist und durch ihr eschatologisches Ziel, in das sie vorausweist."[11]

Gegenstand

Als Gegenstand der Kirchengeschichte im weiteren Sinn können alle Lebensäußerungen der Kirche verstanden werden, die von Institutionen und Einzelgestalten geprägt sind. Diese lassen sich den klassischen Grundfunktionen zuordnen, in denen Kirche sich verwirklicht: Koinonia als Gemeindebildung, Liturgia als Ausdruck der religiösen Lebensform in der Feier der Sakramente, Martyria als Zeugnisgeben vom Glauben in den verschiedenen Weisen der Verkündigung, und Diakonia als Dienstbereitschaft für die anderen, vor allem die „Armen und Kleinen", zu denen sich Jesus in besonderer Weise gesandt wusste. Dabei stehen diese Grundfunktionen nicht additiv nebeneinander, sondern durchdringen sich gegenseitig.[12] Ausprägung dieser Grundfunktionen im Wandel der Geschichte und ihr Rückbezug auf die aus der Schrift ableitbaren Normen bieten ausreichend Kriterien, um Entwicklungen der Kirchengeschichte zu bewerten, ohne sich dabei ein abschließendes Urteil anzumaßen.

Methoden

Für das Studium der Kirchengeschichte ist die Auseinandersetzung mit Quellen unverzichtbar[13]. *Quellen* sind alle Texte, Gegenstände und Tatsachen, aus denen Kenntnisse der Vergangenheit gewonnen werden können. Von den Quellen sind grundsätzlich alle Darstellungen zu unterscheiden, die auf der Grundlage der Quellen geschichtliche Vorgänge beschreiben.

Unter den Quellen unterscheidet die Kirchengeschichte noch einmal *Überreste* von *Traditionen*. *Überreste* sind alle Gegenstände, die von den Begebenheiten übrig geblieben sind: das gesamte Schriftgut aus geschäftlichen Vorgängen, Urkunden verschiedener Behörden und Institutionen (z.B. von Konzilien) und von Einzelpersonen (z.B. Briefe), für die Neuzeit vermehrt Akten als Niederschlag schriftlicher Geschäftsführung, Gebrauchsgegenstände (z.B. Münzen, Kultgegenstände, liturgische Gewänder und Geräte, Hoheitszeichen) und Bilder (auch Karikaturen). Unter *Traditionen* wird das verstanden, was von den übrig

---

[11] Kasper, W.: Glaube im Wandel der Geschichte, a.a.O., S. 26.
[12] Vgl. Mette, N.: Art. Diakonia, in: LThK.³ Bd. 3 (1995), Sp. 184.
[13] Zur folgenden Unterscheidung von Überresten und Traditionen vgl. Scheidgen, H. J.: Mittlere und neuere Kirchengeschichte, in: Wohlmuth, J. (Hg.): Katholische Theologie. Eine Einführung in das Studium. Würzburg 1990, S. 216-228, hier S. 222f.

gebliebenen Begebenheiten durch menschliche Verarbeitung oder Interpretation hindurchgegangen ist, z.B. Chroniken, Legenden, Erzählungen oder Memoiren. Quellen, die zu den Überresten gezählt werden, besitzen einen höheren Grad an Objektivität als die zur Rubrik der Traditionen zählenden. Ausgewählte, kurze und übersetzte Texte aus allen Epochen finden sich in dem von evangelischen Kirchenhistorikern herausgegebenen mehrbändigen Arbeitsbuch *Kirchen- und Theologiegeschichte in Quellen*.[14] Ausgewählte Quellen finden sich auch in wenigen Gesamtdarstellungen, z.B. in der ökumenischen *Geschichte der Kirchen* oder in der *Chronik des Christentums*. Zur inhaltlichen Erschließung und Auslegung der Quellen wendet die Kirchengeschichte vor allem die historisch-kritische Methode an, wie sie sich seit der Aufklärung und insbesondere im 19. Jahrhundert entfaltet hat. Ähnlich wie in der biblischen Exegese kann gefragt werden nach dem ursprünglichen Text (Textkritik), seiner Herkunft aus einer oder mehreren Überlieferungsquellen (Literarkritik), seinen kultur-, theologie- oder sozialgeschichtlich vorgeprägten Sprachformen und Ausdrucksweisen mit ihrem „Sitz im Leben" (Form- und Gattungskritik) sowie nach einer möglichen Vor- und Überlieferungsgeschichte (Redaktions- und Überlieferungskritik).[15] Für die konkrete Arbeit mit Textquellen können folgende Fragen hilfreich sein:

1. Wer ist der oder wer sind die Verfasser eines Textes?
2. Wann und aus welchem Anlass wurde der Text geschrieben? Sind frühere Vorlagen erkennbar, auf die er sich bezieht?
3. An wen richtet sich der Text (Adressaten, Publikum)? Ist die Verwendung des Textes an eine bestimmte Situation und Gegebenheit gekoppelt („Sitz im Leben")? Es besteht z.B. ein Unterschied zwischen den von Martin Luther für eine öffentliche Diskussion in der Kirche ausgegebenen Thesen gegen den Ablass und einer Eingabe eines Einzelnen, etwa eines Briefes von Katharina von Siena an den Papst.
4. Wozu wurde der Text geschrieben (Absicht, Interesse, Tendenz)? Enthält der Text „Schlüsselwörter", die seine Absicht erkennbar machen? Nennt er mögliche Wirkungen?
5. Wie lässt sich die Sprache des Textes kennzeichnen (z.B. sachlich, polemisch, gefühlsbetont, aggressiv, bilderreich, theoretisch und abstrakt)?
6. Sind Aussagen des Textes später inhaltlich ergänzt worden (z.B. auf einem Konzil formulierte Glaubensformeln)?

---

[14] Die genauen bibliographischen Angaben zur erwähnten Literatur finden sich am Ende des Beitrages.
[15] Die knappe Kennzeichnung der methodischen Einzelschritte nach: Wohlmuth / Koch: Leitfaden Theologie, a.a.O., S. 92-99.

Einführung in die Kirchengeschichte

Trichterhalskrug
Siegburg, Mitte 16. Jh.

Bei Kult- oder Gebrauchsgegenständen etwa ist zu fragen nach den Situationen des Gebrauchs, nach der Herkunft ihrer Bildzeichen und nach einem Zusammenhang mit einer Person und einer ihrer Handlungen, mit der Glaubenslehre oder einer umstrittenen Frage in ihr. So hatten sich im Zeitalter der Reformation die Gegensätze auch im einfachen Volk zunehmend verschärft. Die gegenseitige Polemik blieb nicht mehr auf theologische Disputationen, Flugblätter und Streitschriften begrenzt. Sie griff auch auf Gebrauchsgegenstände des täglichen Bedarfs über. Auf einem Trichterhalskrug aus der Mitte des 16. Jahrhunderts sind zwei kleine Medaillons zu Seiten des Henkels angebracht. Sie zeigen den Doppelkopf des Papstes mit der Tiara und des Teufels mit Hörnern und Satyrohren. Der Doppelkopf soll die Identität von Papst und Teufel anzeigen, die sich namentlich durch die von Martin Luther angefachte Polemik zu einem Topos verdichtete.[16] Jede Benutzung dieses Kruges, etwa in einem Gasthaus oder in größerer Gesellschaft in einem Privathaushalt, forderte geradezu zum Bekenntnis und zur Abgrenzung heraus. Vergleichbare Polemik gab es auch von katholischer Seite vor allem gegen Martin Luther. So ordnet der Titelholzschnitt zu einer Schrift von Johannes Cochlaeus (1479-1552), dem Wortführer der altkirchlichen Opposition, dem Reformator sieben verschiedene Gesichter zu, die ihn unter anderem mit dem Räuber Barrabas oder den „ungläubigen" Türken gleichsetzen.[17]

---

[16] Vgl. Bildtext zum Krug in: Martin Luther und die Reformation in Deutschland, Katalog zur Ausstellung in Nürnberg. Frankfurt 1983, Abb. 637, S. 457.
[17] Titelholzschnitt von Hans Brosamer zu: Johannes Cochlaeus, „Sieben Köpffe Martini Luthers". Leipzig 1529. Abb. in: Martin Luther und die Reformation in Deutschland, a.a.O., Abb. 287, S. 228; Geschichte der Kirchen, S. 188.

Möglichkeiten zur Einteilung der Kirchengeschichte

Periodisierung

Die Periodisierung der Kirchengeschichte ist bis zu einem gewissen Grad eine relative und subjektive Angelegenheit. Die klassische Dreiteilung in Altertum, Mittelalter und Neuzeit hatte sich in der Profangeschichte seit dem 17. Jahrhundert eingebürgert und wurde im 19. Jahrhundert von der Kirchengeschichte übernommen. Die Dreiteilung wird mitunter als zu pauschal empfunden, aber trotzdem als praktischer Orientierungsrahmen beibehalten.

Die nach 1970 erschienene dreibändige *Ökumenische Kirchengeschichte* folgt auf den ersten Blick zwar der klassischen Dreiteilung; aber sie hebt bereits im Titel des zweiten Bandes (Mittelalter und Reformation) das Zeitalter der Reformation besonders hervor. Die differenzierte Kapiteleinteilung der Ökumenischen Kirchengeschichte lässt ebenfalls eine Anlehnung an die zunächst von Hubert Jedin in seinem 1962 begonnenen *Handbuch der Kirchengeschichte* vorgeschlagenen Schema mit vier Hauptzeitaltern erkennen. Jedins Einteilung[18] ist in dem von Carl Andresen und Georg Denzler in ökumenischer Kooperation verfassten *Wörterbuch der Kirchengeschichte* etwas variiert worden. Obwohl die Grenzziehungen in den verschiedenen Gesamtdarstellungen nach wie vor voneinander abweichen, empfiehlt sich die Einteilung von Andresen und Denzler:

1. Entstehung, Ausbreitung und Verteidigung der Kirche im hellenistisch-römischen Kulturraum (bis ca. 700);
2. Hineinwachsen der Kirche in den germanisch-romanischen und byzantinisch-slawischen Kulturraum (ca. 700 bis 1300);
3. Auflösung der Einheit der abendländischen Christenheit und Durchführung vielfältiger Reformen (1300-1648);
4. Säkularisierung des europäischen Geistes und Neuorientierung der Kirche in Industriellen Zeitalter (seit 1648).

Einer Ordnung nach vier Hauptzeitaltern folgen auch weitere Darstellungen. Die von katholischen Kirchenhistorikern in der Reihe *Leitfaden Theologie* verfassten Studienbücher[19] nehmen die zeitlichen Abgrenzungen noch einmal anders vor: Alte Kirche: Vom Urchristentum bis zum Konzil von Chalzedon (451); Mittelalter: Von der Christianisierung der Germanen bis zu den Reformkonzilien des späten Mittelalters; Neuzeit I: Vom Vorabend der Reformation bis zur Auf-

---

[18] Jedin, H.: Einleitung, a.a.O., S. 8-10.
[19] Vgl. im Literaturverzeichnis die Titel von Norbert Brox, Isnard Wilhelm Frank, Heribert Smolinsky und Klaus Schatz.

klärung im 18. Jh. (incl. Mission in Lateinamerika und Afrika); Neuzeit II: Von der Französischen Revolution bis zum Zweiten Vatikanischen Konzil. Auch das Arbeitsbuch *Kirchen- und Theologiegeschichte in Quellen* unterscheidet vier Hauptzeitalter. Die Übersicht zur Kirchengeschichte von Thomas Martin Schneider in der *Einführung in das Studium der evangelischen Theologie*[20] zieht die Grenzen einerseits ähnlich wie in den vier Darstellungen im Leitfaden Theologie, andererseits folgt sie der im *Wörterbuch zur Kirchengeschichte* vorgeschlagenen Einteilung: Geschichte der Alten Kirche: Von der Urgemeinde bis zu den frühchristlichen Konzilien und Augustinus; Mittelalterliche Kirchengeschichte: Von der Germanenmission bis zur Scholastik; Reformationsgeschichte: Vom Humanismus bis zum Westfälischen Frieden („Konfessionelles Zeitalter"); Kirchengeschichte der Neuzeit: Vom Pietismus (ab dem 17. Jh.) bis zu den Entwicklungen nach 1945. Ein Gesamtdurchgang durch die Kirchengeschichte erfolgt in den Lehramtsstudiengängen und im Religionsunterricht nicht. Es werden eher repräsentative Themen oder Schwerpunkte aus verschiedenen Epochen ausgewählt.[21]

Längsschnitte der Kirchengeschichte

Neben einer den Perioden folgenden Darstellung der Kirchengeschichte kann diese gut auch in verschiedenen Längsschnitten betrachtet werden. Als sehr instruktiv erweisen sich dabei die entsprechenden Karten etwa im *Atlas zur Kirchengeschichte*. Es gibt eine durchlaufende Geschichte der Mission (z.B. Wanderapostel als Missionare Urchristentum, Missionsreisen des Paulus, Germanen- und Slawenmission, Jesuitenmission in Lateinamerika und Asien, Evangelische Mission im 18. Jahrhundert in Südindien) oder eine Geschichte der Konzilien, deren Verständnis gerade die geschichtliche Entwicklung und Bedingtheit der Glaubenslehre erschließen hilft. Die Geschichte des Mönchtums und der Orden zeigt sehr anschaulich, wie Frauen und Männer in der Nachfolge Jesu immer wieder versuchten, das „Vermächtnis des Ursprungs" zu wahren und in die jeweilige Zeit und geographische Gegebenheit zu übertragen.[22] Die Geschichte der Caritas und Diakonie verdeutlicht von der Praxis der frühen christlichen Ge-

---

[20] Schneider, Th. M., Kirchengeschichte, in: Einführung in das Studium der Evangelischen Theologie, S. 178-212.
[21] Solche Epochen sind z.B. bezeichnet bei: Ganzer, K.: Art. Kirchengeschichte, a.a.O., Sp. 801; vgl. a. Lachmann, R. / Gutschera, H. / Thierfelder, J.: Kirchengeschichtliche Grundthemen. Historisch – systematisch – didaktisch. Göttingen 2003, S. 26f.
[22] Vgl. Frank, K. S.: Grundzüge der Geschichte des christlichen Mönchtums. Darmstadt 1979; 5. Aufl. 1993. Schwaiger, G. (Hg.): Mönchtum, Orden, Klöster. Von den Anfängen bis zur Gegenwart. Ein Lexikon. München ²1994. Einen Überblick gibt Zöhrer, J.: Aspekte des Mönchtums, in: Feininger, B. / Wunderlich, R., Variationen des Christseins. Wege durch die Kirchengeschichte. Frankfurt 2006, S. 111-137.

meinden (Apg) über die Armenfürsorge in den Zeiten der Christenverfolgung, die mittelalterlichen Hospize oder die im 19. Jahrhundert entstandenen Arbeitervereine und den Vorschlägen zur Lösung der „sozialen Frage" ebenfalls einen Grundzug der Geschichte der Kirche.

Kirchengeschichte in Lebensbildern

Auch am Beispiel prägender Einzelgestalten lässt sich Kirchengeschichte studieren. In ihrem Leben und dem persönlichen Glaubenszeugnis spiegeln sich oft auch größere theologische Zusammenhänge, innerkirchliche Konflikte und das Ringen um die Mitgestaltung von „Welt und Gesellschaft". Exemplarisch seien nachfolgend zwei Frauen und zwei Männer kurz vorgestellt.

Mit *Aurelius Augustinus* (354-430) tritt uns ein Mann gegenüber, der als bedeutendster Kirchenvater des christlichen Abendlandes gilt. Diese Einschätzung ist in den großen christlichen Konfessionen unumstritten. Sowohl im Katholizismus als auch im Protestantismus blieb Augustins Denken bis in die Neuzeit eine Herausforderung, sein Leben von großer Faszination. Auf seinen Schultern stehen die Scholastiker und Mystiker des Hoch- und Spätmittelalters: Anselm von Canterbury (1033-1109), Thomas von Aquin (1225-1274), Bernhard von Clairvaux (1090-1153), Meister Eckart (um 1260-1328), Johannes Tauler (um 1300-1361) oder Heinrich Seuse (1293/1303-1366). Martin Luther (1483-1546) fragte in einer Zeit, als die Menschen hofften, sich durch möglichst viele gute Werke der Frömmigkeit die Erlösung selbst verdienen zu können („Werkgerechtigkeit"), intensiv nach der wahren Möglichkeit der Rechtfertigung des Sünders vor Gott. Nur aus der Heiligen Schrift fand er eine zuverlässige Antwort, dass die Rechtfertigung des Sünders „allein aus Gnade" geschehen könne. Auch hier besteht ein Zusammenhang zu dem schon von Augustinus betonten Geheimnis von Gottes Gnadenwahl. Augustins Lehre von der göttlichen Vorherbestimmung („Prädestination"), die jegliches Mitwirken des sündigen Menschen bei seiner Erwählung ausschloss, floss schließlich in das Denken Johann Calvins (1509-1564) ein. Und der reformeifrige katholische Bischof von Ypern in Belgien, Cornelius Jansenius (1585-1638), löste mit seinem dreibändigen Werk „Augustinus" im 17. Jahrhundert einen erbitterten Gnadenstreit in der katholischen Kirche aus, in dem es erneut um die den Menschen auch heute betreffende Grundfrage aller Theologie nach der Wirksamkeit der Gnade und dem Stellenwert des menschlichen Tuns ging.

Paul Gerhardt (1607-1676) legt mit seinen zahlreichen Liedern beredtes Zeugnis einer lebendigen und gelebten Frömmigkeit gerade nach dem Dreißigjährigen Krieg ab. Von seinen 137 Liedern mit 327 Strophen sind bis heute viele in den *Evangelischen Kirchengesangbüchern* enthalten und auch das katholische

Gotteslob enthält mehrere gern gesungene Lieder Paul Gerhardts.[23] Zugleich war Gerhardt ein streitbarer Kämpfer des evangelisch-lutherischen Bekenntnisses gegen die vom Großen Kurfürsten Friedrich Wilhelm (1640-1688) betriebene Konfessionspolitik einer Annäherung von Lutheranern und Reformierten und verlor deshalb 1666 sein Kirchenamt in Berlin. Auch *Friedrich Spee von Langenfeld* (1591-1635) verfasste heute noch vertraute Kirchenlieder[24] und den die Romantik inspirierenden Gedichtzyklus Trutz-Nachtigall, dazu wahrscheinlich das erste Andachtsbuch speziell für Frauen (Güldenes Tugendbuch). Mit seiner *Cautio criminalis* (etwa: „Vorsicht beim Strafprozess", 1631) wurde er aber auch zum scharfsinnigen und leidenschaftlichen Kritiker am Unrecht der Hexenprozesse. Darin verarbeitete er seine seelsorgerlichen Erfahrungen mit „Hexen" und klagte insbesondere den tödlichen Zusammenhang von Folter und Geständnis an.

Katharina von Siena (1347-1380) schloss sich früh den Bußschwestern des hl. Dominikus an. Sie lebte sehr zurückgezogen und pflegte in ihrer Heimatstadt die Pestkranken. Später fand sie den Zugang zur Mystik und viele Frauen und Männer schlossen sich ihr an. Ihr Ruf, in Glaubensdingen sichere Urteile zu fällen, drang über ihre engere Heimat hinaus. Im Bewusstsein ihrer Vollmacht als Werkzeug Christi wandte sie sich bald an die Mächtigen der Welt. 1376 reiste sie nach Avignon, um an einer Lösung im Streit zwischen dem Papst und den italienischen Parteien mitzuwirken. Sie appellierte an Papst Gregor IX., seine Residenz nach Rom zurückzuverlegen und einen neuen Kreuzzug zur Befreiung Jerusalems auszurufen. Aber zuerst müsse er im „Garten der Heiligen Kirche ... die stinkenden Blumen ausrotten, die voll Schmutz und Gier und von Stolz aufgebläht sind. Das sind die schlechten Hirten und Hüter, die diesen Garten verpesten und ihn verfallen lassen."[25] Katharina galt wegen ihrer Freimütigkeit vielen als das „Gewissen ihrer Zeit". 1970 wurde sie in der katholischen Kirche als zweite Frau (nach Theresa von Avila) zur Kirchenlehrerin erhoben.

---

[23] Ich steh an deiner Krippe hier (Evangelisches Gesangbuch Ausgabe Baden [EGB] 37; GL 141); O Haupt voll Blut und Wunden (EGB 85 / GL 179); Nun danket all (EGB 322 / GL 267); Lobe den Herren (EGB 447 / GL 671); Nun freut euch hier und überall (GL 226); Befiehl du deine Wege (EGB 361); Geh aus mein Herz und suche Freud (EGB 503).

[24] Vgl. z.B. die bekannten Advents- und Weihnachtslieder wie z.B. O Heiland reiß die Himmel auf (EGB 87 / GL 105); Zu Bethlehem geboren (EGB 32 / GL 140); zur Passion vgl.: O Traurigkeit, o Herzeleid (EGB 80 /GL 188); zur Osterzeit z.B. Die ganze Welt in deiner Urständ fröhlich ist (EGB 110 / GL 219).

[25] Hier zit. n. *Chronik des Christentums*, S. 181.

Maria Schmitz (1875-1962) war die Tochter einer angesehenen Aachener Bürgerfamilie. Das Bürgertum sah in der Frau nur die „gehütete Blume". Eine unverheiratete Frau sollte in Abhängigkeit der Großfamilie verbleiben. Maria Schmitz aber brach aus dem Gefängnis dieser Lebensanschauung aus und strebte den Beruf der Lehrerin an höheren Mädchenschulen an. 1894 legte sie ihr Lehrerinnenexamen ab und trat ihre erste Stelle in Trier an. Dort schloss sie sich dem 1885 gegründeten „Verein katholischer deutscher Lehrerinnen" (VkdL) an, dessen Vorsitz sie schließlich 1916 übernahm. Nach der Machtübernahme durch die Nationalsozialisten 1933 verhinderte sie, dass der VkdL die allgemein verordnete „Gleichschaltung" vornahm. Während der männliche „Katholische Lehrerverband des Deutschen Reiches" sich schon im Sommer 1933 dem NS-Lehrerbund anschloss, konnte der VkdL unter Leitung von Maria Schmitz als einer der wenigen katholischen Verbände seine Selbständigkeit wenigstens bis 1937 erhalten. Zwar musste der Verein auf Aktivitäten verzichten, die irgendwie schul- oder bildungs*politischen* Charakter hatten. Aber die interne Fortbildung für die Mitglieder konnte noch einmal intensiviert werden.[26]

Auch die *Geschichte der Päpste* ermöglicht ein Verständnis der Kirchengeschichte in Lebensbildern.[27]

Sehr gut geeignet zur Einführung in Lebensbilder kirchen- und theologiegeschichtlich bedeutsamer Persönlichkeiten ist das 14-bändige Werk *Gestalten der Kirchengeschichte*. Einen ersten Zugang eröffnet auch das inzwischen auf 25 Bände angewachsene *Biographisch-Bibliographisches Kirchenlexikon*, das auch im Internet unter www.bbkl.de abrufbar ist. Für die Neuzeit kann ergänzend auf die achtbändige *Zeitgeschichte in Lebensbildern* verwiesen werden. Hubertus Halbfas hat in seinem Schulbuchwerk *Religionsbuch für das 5.-10. Schuljahr* neben der Darstellung verschiedener Epochen in der Rubrik „Menschen der Kirche" ebenfalls für jedes Schuljahr ein bis zwei Lebensgeschichten vorgesehen, z.B. Perpetua und Simone Weil, Martin von Tours und Thomas More.

---

[26] Vgl. Emmerich, M.: Maria Schmitz (1875-1962), in: Zeitgeschichte in Lebensbildern, Band 3. Mainz 1979, S. 204-222.
[27] Vgl. z.B.: Franzen, A. / Bäumer, R.: Papstgeschichte. ⁴1988; Gelmi, J.: Die Päpste in Lebensbildern. Graz 1983; Augsburg ²2003.

Einführung in die Kirchengeschichte 81

Geschichte der Kirche: Geschichte der Kirchen

„Gemeinschaft von Kirchen" in der Antike

Nicht erst die so genannten Spaltungen (Schismen, Plural von Schisma, griech.) machen die Geschichte der Kirche zu einer Geschichte der Kirchen. Die Christenheit war vielmehr auch in den ersten Jahrhunderten eine Gemeinschaft von Kirchen, in der sich erst allmählich Rom als Zentrum herausbildete.

Ein Blick auf die Karte der Ausbreitung des Christentums in den ersten Jahrhunderten vermag diese Tatsache zu erklären.[28] Wir erkennen keine flächendeckende Ausbreitung, sondern eine wachsende Zahl von Gemeinden, zunächst vor allem an den Küsten des Mittelmeerraumes, später dann entlang der Flüsse und Verkehrswege auch im Landesinnern. In der „Väterzeit" („Patristik"), die vom 2. bis ins 7. Jahrhundert reicht, gibt der paulinische Gedanke von der „Gemeinschaft durch Teilhabe" an dem *einen* Leib Christ in der Abendmahlsgemeinschaft (1 Kor 10,16f[29]) das Idealbild der Kirche offenbar am treffendsten wieder.[30] Wesentliche Kennzeichen der Gemeinschaft (Koinonia, griech.) in jeder einzelnen Kirche sind das gemeinsame Glaubensbekenntnis, die Feier der Sakramente, vor allem der Taufe und der Eucharistie, und das Bischofsamt. Durch sie werden zugleich *alle* Kirchen miteinander verbunden und bilden nun die „universale" Kirche als „Gemeinschaft der Ortskirchen". Die Patristik prägte hierfür den Begriff der „communio ecclesiarum" (Gemeinschaft der Kirchen). Die Gemeinschaft der *einen* Kirche konstituierte sich in der Vielfalt der *vielen* Kirchen, die Wahrheit des *einen* Glaubens zeigte sich in der *Vielfalt* von Glaubensformeln.

In den Quellen der alten Kirchengeschichte heißen die einzelnen Teilkirchen oft einfach „Kirche von Mailand", „Kirche von Lyon", „Kirche von Köln", „Kirche von Rom" oder „Kirche von Karthago". Bis zum Ende des 4. Jahrhunderts gewannen z.B. in Ägypten die Kirche von Alexandrien oder in Syrien die Kirche von Antiochien durch ihre Bischöfe und Theologen, durch Synoden und Missions-

---

[28] Karte aus: Breuning, Kl. / Mensing, R.: Folienmappen Religion für Schule und Gemeinde 3: Befreiende Erinnerung. Düsseldorf 1986, Folie 5. Vgl. auch Karte 2 (Die christlichen Gemeinden des 1. und 2. Jahrhunderts), Karte 4/5 (Die christlichen Gemeinden bis 325) im *Atlas zur Kirchengeschichte*.

[29] (16) Ist der Kelch des Segens, über den wir den Segen sprechen, nicht Teilhabe am Blut Christi? Ist das Brot, das wir brechen, nicht Teilhabe am Leib Christi? (17) Ein Brot ist es. Darum sind wir viele ein Leib; denn wir alle haben teil an dem einen Brot.

[30] Vgl. zu diesem Gedankengang: Kehl., M.: Die Kirche. Eine katholische Ekklesiologie. Würzburg ³1994, S. 322ff.

Initiativen eine besondere Bedeutung. Auch die afrikanische Kirche erlangte den Rang einer der größten Teilkirchen mit entsprechendem Selbstbewusstsein.[31]

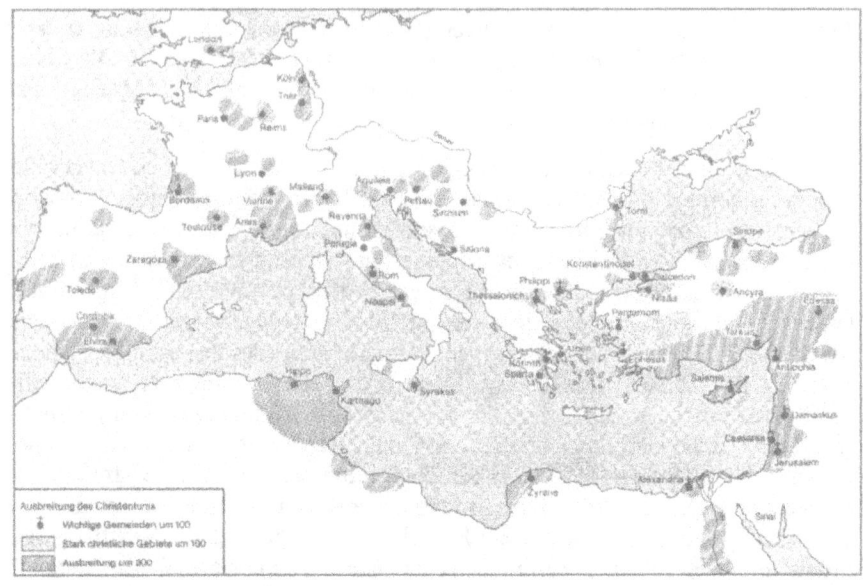

Christliche Gemeinden um 100 und 300

Nach diesen Zentren werden auch die bedeutenden Bischöfe und Theologen benannt, etwa Ambrosius von Mailand, Irenäus von Lyon, Cyprian von Karthago, Origenes von Alexandrien oder Ignatius von Antiochien. Erst im Laufe der Zeit gewinnt Rom auf Grund seiner moralischen Autorität als Hüterin der Gräber der Apostel Petrus und Paulus und ihrer Lehre eine überragende religiös-geistliche Bedeutsamkeit. Auf dem Konzil von Chalcedon (451) schließlich bezeichnen die Gesandten von Papst Leo I. diesen als „Bischof aller Kirchen". Gleichwohl wurde die Notwendigkeit, mit Rom überein zu stimmen, im Osten des Reiches nicht anerkannt. Auch die Kirchen von Nordafrika, Spanien oder Mailand behielten in Liturgie, Recht und Glaubensfragen noch eine weitgehende Autonomie. Die römische Kirche konnte ihren Anspruch als „Haupt der Kirche" erst im Abendland durchsetzen, als durch die Ausbreitung des Islam bisherige Einheitszentren wegfielen (z.B. Karthago, Alexandrien, Antiochien, Toledo) und sich die fränkisch-germanische Kirche an Rom als Garanten der apostolischen

---

[31] Vgl. dazu: Brox, N.: Kirchengeschichte des Altertums. Düsseldorf [5]1995 (Leitfaden Theologie 8), S. 28-30.

Tradition und der Einheit band. Freilich hatten zu diesem Zeitpunkt schon einzelne Kirchen ihren Sonderweg begonnen.

Konzilien als Wegmarken in der Geschichte der Kirchen

Die einzelnen Teilkirchen beriefen schon in den ersten Jahrhunderten eine Vielzahl von „Konzilien" oder Synoden ein, um die Einheit im Glauben zu gewährleisten oder Fragen der Kirchenordnung (z.B. Streit um den Termin des Osterfestes: „Osterfeststreit") gemeinsam zu lösen.

Besondere Bedeutung erlangten jene Synoden oder Konzilien, die nicht nur einen Teil der Kirche repräsentierten und nicht bloß eine lokale Thematik hatten, sondern die Kirche auf der „gesamten Welt" vertraten und universalkirchliche Angelegenheiten verbindlich regelten. Nach einer Zählung, die sich seit dem 16. Jahrhundert durchsetzen konnte, gab es in der bisherigen Kirchengeschichte 21 Ökumenische Konzilien.[32] Diese Versammlungen von Bischöfen, Kardinälen und Generaloberen von Orden repräsentierten zwar die Gesamtkirche; sie erwiesen sich aber immer wieder als Wegmarken in der Geschichte der Kirchen, weil sie Sonderentwicklungen entweder mühsam wieder integrierten oder aber weil sie diese selbst auslösten oder verfestigten. Dann entstanden und entwickelten sich „neue" Kirchen (vgl. „Stammbaum der Kirchen"). An drei, zum Teil weniger bekannten Beispielen, sei dies erläutert.

Das Konzil von *Chalcedon* (451) wurde für viele Christen des Orients zum Anlass, sich von der byzantinischen Reichskirche zu trennen: Die vom Konzil definierte Lehre, in Jesus Christus seien *zwei* Naturen (die göttliche und die menschliche) unvermischt und ungetrennt vorhanden, fand im Orient zahlreiche Gegner. Sie sprachen von „der *einen* fleischgewordenen Natur des Gott-Logos". So entstanden die Koptisch-orthodoxe, die Äthiopisch-orthodoxe, die Armenisch-apostolische, die Syrisch-orthodoxe (antiochenische) Kirche (nach ihrem Organisator Jakob Baradai auch „Jakobitische" Kirche genannt), und die Malankarische syrisch-orthodoxe Kirche von Indien. Weil in diesen Kirchen übereinstimmend die *eine vereinte gottmenschliche Natur* in Jesus Christus betont wird, wurden sie auch als *monophysitische* Kirchen (von griechisch *monos*, einzig, allein und *physis*, Natur) bezeichnet. Diese Bezeichnung gilt heute als theologische Fehlbewertung, weil sie unterstellt, in diesen Kirchen würde entweder die göttliche oder die menschliche Natur in Jesus Christus überbetont. Zutreffend ist vielmehr der Sammelname *Orientalisch-orthodoxe Kirchen*.

---

[32] Vgl. Brox, N., a.a.O., S. 169. Zur Konziliengeschichte vgl.: Jedin, H.: Kleine Konziliengeschichte. Freiburg 71966. Alberigo, G. (Hg.): Geschichte der Konzilien. Vom Nicaenum bis zum Vaticanum II. Düsseldorf 1993.

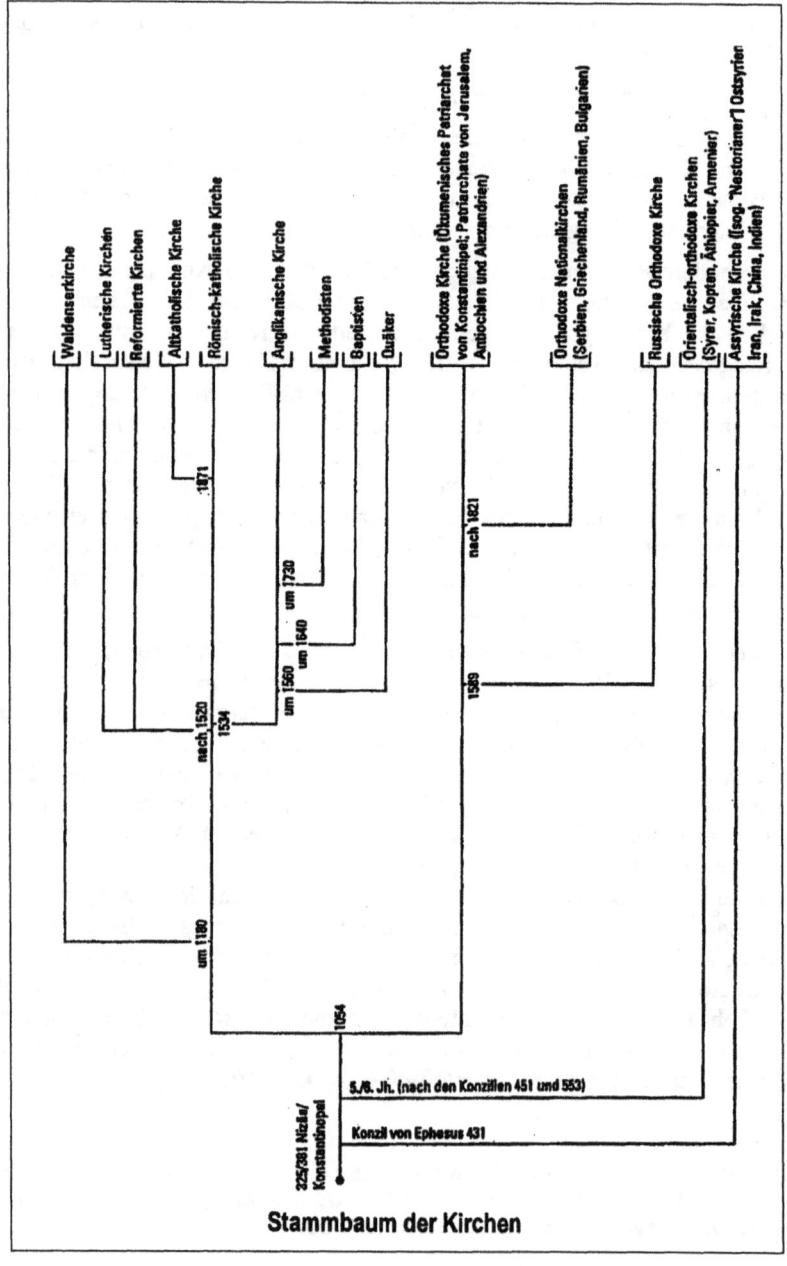

Stammbaum der Kirchen

Einführung in die Kirchengeschichte

Das Wappen der Waldenser

Auf dem dritten *Laterankonzil* 1179 erschienen Gefährten des ehemaligen Lyoner Textilkaufmanns Petrus Waldes. Dieser hatte, veranlasst durch die Lektüre der Heiligen Schrift, seinen Reichtum aufgegeben und in seiner Heimatstadt und ihrer Umgebung zu predigen begonnen. Dazu ließ er Teile der Bibel ins Provenzalische zu übersetzen. Seine wachsende Zahl von Anhängern kam aus der eigenen Gesellschaftsschicht, ebenso wie aus der Unterschicht und dem verarmten Adel. Sie hießen bald die „Armen von Lyon". Sie waren Teil der Armutsbewegung des 12. und 13. Jahrhunderts, die maßgeblich durch die Bettelorden (Franziskaner, Dominikaner, Augustiner-Eremiten und Karmeliter) getragen war. Wie diese wandten sich auch die „Armen von Lyon" in ihrer apostolischen Wanderpredigt gegen den wachsenden Reichtum der Kirche und mahnten die Rückkehr zu der im Evangelium verkündeten Armut an. Der Erzbischof von Lyon hatte ihre Bewegung zunächst zugelassen, ihnen aber die Predigt verboten. Daher zogen Abgesandte vor das Laterankonzil, das sie einem Glaubensverhör unterzog. Obwohl auch Petrus Waldes ein ihm vorgelegtes Glaubensbekenntnis bestätigte, wurde seinen Anhängern die Glaubenspredigt untersagt. Nur die Sittenpredigt sollte ihnen unter Aufsicht des örtlichen Klerus erlaubt sein. Aber schon wenige Jahre später beendete der Erzbischof von Lyon diese Aktivitäten und wies die Wanderprediger aus der Diözese aus. Das vierte Laterankonzil (1215) exkommunizierte die Waldenser schließlich, weil sie ohne amtliche Erlaubnis und Vollmacht predigten.

Die Waldenser wurden zu einer Art Untergrundkirche, die sich in Frankreich, Italien, Spanien und Deutschland verbreitete. Die freie Laienpredigt blieb im Mittelpunkt ihrer Aktivitäten. Sie vertraten einen strengen Biblizismus und lehnten darum Eid, Krieg, Blutgerichtsbarkeit und Seelenmessen ab. Das machte sie auch für die weltliche Obrigkeit zu einer Gefahr. Ihre Kritik an der Kirche wurde immer schärfer. 1231 begannen schwere Verfolgungen der Waldenser in Norditalien und Deutschland. Die Waldenser konnten sich trotz der Verfolgungen halten, vor allem in schwer zugänglichen Alpentälern. Im 16. Jahrhundert bildeten sie sich unter dem Einfluss der Genfer Reformation zu einer reformierten Kirche um. Nach der Aufhebung des Toleranzedikts von Nantes im Jahr 1685 mussten viele Waldenser aus den Alpentälern südlich von Genf fliehen. Sie fanden Zuflucht auch in deutschen Ländern, z.B. in Württemberg, Baden und Hessen. Im 19. Jahrhundert wurden die Waldensergemeinden in Deutschland in die jeweiligen evangelischen Landeskirchen eingegliedert. Noch heute erinnern Ortsnamen wie Perouse, Pinache, Großvillars und Serres in der Umgebung von Pforzheim oder Karlshafen, Gewissenruh und Gottstreu bei Kassel an frühere Waldenseransiedlungen, in denen die Tradition auch in der Gegenwart noch gepflegt wird. Die Waldenser sind heute eine sehr lebendige Minderheitskirche (etwa 30 000 Mitglieder) mit Gemeinden vor allem in Italien, aber auch in Uruguay und Argentinien.

Das Selbstverständnis der Waldenser drückt sich gut in ihrem ältesten Wappen aus.[33] Dieses verweist auf die ständigen Verfolgungen und das standhafte Festhalten an Gottes Wort. Der Leuchter im Wappen ist häufig stehend auf einer Bibel abgebildet.. Die sieben Sterne im Halbkreis um den Leuchter stehen für die Vollzahl der Gemeinden Jesu (nach Offb 2 und 3). Der Leuchter symbolisiert zudem das Licht, das in die Finsternis scheint. Als Schriftband um den Leuchter erscheint der lateinische Wahlspruch: LUX LUCET IN TENEBRIS (=Das Licht leuchtet in der Finsternis; Joh 1,15).

Auch das *Erste Vatikanische Konzil* (1869/70) gab den entscheidenden Anstoß zur Entstehung einer neuen Kirche. Papst Pius IX. (1846-1878) hatte schon in den Jahren zuvor auf die äußere Bedrängnis der Kirche (z.B. Verlust des Kirchenstaates im Zuge der italienischen Einigungsbewegung) mit scharfer Abgrenzung gegenüber der modernen Geisteswelt reagiert. 1864 verurteilte er 80 „Irrtümer unserer Zeit", etwa den die Gottheit Christi leugnenden Rationalismus, den die Familien unterwerfenden Sozialismus, die Trennung von Kirche und Staat, aber auch das Menschenrecht der Religionsfreiheit. Im Geiste dieser Abwehrhaltung wurde auch das Erste Vatikanische Konzil vorbereitet. Es wollte den „Übeln der modernen Welt" entsprechende Heilmittel entgegensetzen. Für diesen Kampf schien ein starkes Papsttum vielen romtreuen Katholiken und Theologen unverzichtbar. Sie propagierten verstärkt die Idee einer Definition der päpstlichen Unfehlbarkeit. Dazu übertrugen sie den monarchischen Souveränitätsbegriff auf den Papst. Auf dem 1869 begonnenen Konzil wurde in 140 harten und leidenschaftlichen Reden darüber gestritten, ob eine solche Definition wirklich angebracht und sinnvoll sei. Eine Minderheit (etwa 20% der Bischöfe: 140 von 700), zu deren Wortführer der Mainzer Bischof Wilhelm Emmanuel von

---

[33] Abb. hier aus: Gutschera / Maier / Thierfelder: Geschichte der Kirchen, S. 128.

Ketteler und der Rottenburger Bischof Karl Joseph Hefele gehörten, brachte gravierende Bedenken gegen eine Definition vor. Jedoch setzte sich die Mehrheit der Bischöfe durch und das Konzil verabschiedete am 18. Juli 1870 das

> **Dogma von der Unfehlbarkeit des päpstlichen Lehramtes**
>
> Wenn der römische Bischof in höchster Lehrgewalt (ex cathedra) spricht, das heißt, wenn er seines Amts als Hirt und Lehrer aller Christen waltend in höchster, apostolischer Amtsgewalt endgültig entscheidet, eine Lehre über Glauben oder Sitten sei von der ganzen Kirche festzuhalten, so besitzt er auf Grund des göttlichen Beistandes, der ihm im heiligen Petrus verheißen ist, jene Unfehlbarkeit, mit der der göttliche Erlöser seine Kirche bei endgültigen Glaubens- und Sittenlehren ausgerüstet haben wollte. Diese endgültigen Entscheidungen des römischen Bischofs sind daher aus sich und nicht auf Grund der Zustimmung der Kirche unabänderlich.[34]

Die erst im letzten Moment eingefügte Formulierung *und nicht auf Grund der Zustimmung der Kirche* wollte ausschließen, dass päpstliche definitive Lehrentscheidungen zu ihrer Unwiderruflichkeit erst noch einer nachträglichen Bestätigung durch die Kirche bedürfen. Es wird aber nicht gesagt, dass der Papst *vor* seiner Entscheidung unabhängig von der Kirche vorgehen könne, erst recht nicht, dass der Papst „aus sich" unfehlbar sei.[35] Die Unfehlbarkeit wird vielmehr der Gesamtkirche zugesprochen. Das vom Papst ausgeübte Lehramt dient dieser Unfehlbarkeit der Kirche im Glauben.

Trotz dieser die Reichweite der päpstlichen Autorität begrenzenden Interpretationen taten sich die Gegner der Definition schwer mit deren Annahme. Als letzter unterwarf sich erst im April 1871 auch der Rottenburger Bischof Hefele und veröffentlichte die Beschlüsse in seiner Diözese. Aber vor allem in der Schweiz, in Holland und Deutschland schmolz die Opposition nicht vollständig dahin. Ihr prominentester Wortführer war der Münchener Kirchenhistoriker Ignaz von Döllinger (1799-1890), der schon vor und während dem Konzil Unfehlbarkeit und Jurisdiktionsprimat des Papstes in Frage gestellt hatte. Auch unter Theologieprofessoren in Bonn, Braunsberg, Breslau oder München war der Widerstand gegen das neue Dogma ungebrochen. Sie lehnten die von ihren Bischöfen geforderte Unterwerfung unter die vatikanischen Beschlüsse ab. Als sie exkommuniziert wurden oder ihnen der Sakramentenempfang und kirchliche Beisetzung verweigert wurden, bildeten sich zur Sicherstellung der Seelsorge eigene Gemeinden. Die grundlegenden Entscheidungen zur Kirchwerdung fielen auf Kongressen in München (1871), Köln (1872) und Konstanz (1873). In

---

[34] Neuner, J. / Roos, H. (Hg.): Der Glaube der Kirche in den Urkunden der Lehrverkündigung. Regensburg [8]1971, S. 329 (Nr. 479).
[35] Vgl. dazu: Schatz, K.: Kirchengeschichte der Neuzeit II. Düsseldorf [2]1995 (Leitfaden Theologie 20), S. 93.

Deutschland wurde 1873 der Breslauer Professor Joseph H. Reinkens (1821-1896) zum Bischof gewählt und vom Bischof von Utrecht nach römischem Ritus geweiht. Mit Ausnahme des 1854 verkündeten Dogmas von der „ohne Makel der Erbsünde empfangenen Jungfrau Maria", des Unfehlbarkeitsdogmas und des mit ihm verknüpften Jurisdiktionsprimats des Papstes hielten die Gemeinden an den Glaubensbekenntnissen und dogmatischen Entscheidungen der alten Kirche fest. Daher bürgerte sich rasch die Bezeichnung *Alt*katholiken ein.

Weil das Unfehlbarkeitsdogma den Ausschlag zur Entstehung der altkatholischen Kirche gab, griffen altkatholische Theologen und Publizisten vor allem Amt und äußere Zeichen der Macht des Papstes an.

In einer Karikatur „Zum Besten des armen bedrängten Pabstes" stellte der „Alt-katholische Bote" 1885 dem mit Insignien weltlicher Macht ausgestatten Papst Einfachheit und Niedrigkeit Jesu gegenüber.

Karikatur aus dem Altkatholischen Boten (1885)

Mit der Ablehnung der neuen Dogmen verbanden sich Reformanliegen der katholischen Aufklärung wie die Liturgie in der Muttersprache, Synoden mit Beteiligung der Laien, Abschaffung der Zölibatsverpflichtung des Klerus. Die altkatholischen Kirchen in den verschiedenen Ländern (Niederlande, Deutschland, Schweiz, Österreich, Polen, Tschechische Republik, einzelne Gemeinden in Skandinavien, Frankreich und Italien) sind seit 1889 in der Utrechter Union zusammengeschlossen. Dem „Katholischen Bistum der Altkatholiken in Deutschland" gehören etwa 25 000 Gläubige an. Sitz des Bischofs ist Bonn.

Schlussgedanke

Die in diesem Beitrag skizzierten Zugänge zur Kirchengeschichte verdeutlichen, dass die Geschichte der Kirchen mehr ist als die Geschichte der katholischen, der evangelischen oder der orthodoxen Kirche und ihrer Institutionen. Auch einzelne Persönlichkeiten und Gemeinschaften prägten die Entfaltung des *einen* christlichen Glaubens in einem *vielfältigen* Zeugnis. Dieses bleibt durch den gemeinsamen Ursprung miteinander verbunden, wie es der „Stammbaum der Kirchen" anzeigt: Es gibt für keine Kirche den geraden Weg vom Anfang bis in die Gegenwart; nicht allein *eine* Kirche kann die unveränderte Treue gegenüber dem Ursprung für sich beanspruchen und den anderen Kirchen die Trennung von ihr vorhalten. Licht und Schatten, Glanz und Elend sind in der Geschichte der Kirchen nicht einseitig verteilt. Geschichtlichkeit des Glaubens und sein Zeugnis in der Welt bedingen den Wandel in der Erscheinung von Kirchen und führen daher auch zu unterschiedlichen Gestalten und Strukturen. Sie alle wollen, auch in ihrer Gebrochenheit, lebendige Glieder an dem einen Leib Christi sein und die eine Kirche Jesu Christi verwirklichen. Dies verlangt von ihnen jeweils, die eigene Treue gegenüber dem Ursprung zu überprüfen und die noch bestehenden Trennungen zu überwinden, um die *Einheit in Vielfalt* glaubwürdig darstellen und der Welt zum Segen werden zu können.

Anhang

I. Die acht ökumenischen Konzilien des Altertums: Reichssynoden, vom Kaiser einberufen

(1) 325   (1. Konzil von) **Nizäa**: Wesensgleichheit des Sohnes mit dem Vater (Glaubensbekenntnis)

(2) 381   (1. Konzil von) **Konstantinopel**: Bekräftigung der Gottheit des Heiligen Geistes; Vorrang Konstantinopels vor den übrigen Patriarchen der Ostkirche, aber nach Rom

(3) 431   **Ephesus**: Einheit der menschlichen und göttlichen Natur in Jesus → Maria = „Gottesgebärerin" (Theotokos) und »Mutter Gottes«

(4) 451   **Chalkedon**: Zwei Naturen in Christus, in einer Person (hypostasis) vereint: „unvermischt und ungetrennt") (Hypostatische Union)

(5) 553   (2. Konzil von) **Konstantinopel**: Versuch der Versöhnung mit den Monophysiten, Formel von der »einen Natur des fleischgewordenen Logos«

(6) 680/81   (3. Konzil von) **Konstantinopel**: Lehre von den zwei natürlichen (göttlich und menschlich) Willen und Wirksamkeiten in Christus; Verurteilung des Papstes Honorius I. (wegen Nachlässigkeit bei Unterdrückung der Irrlehre des Monotheletismus)

(7) 787   (2. Konzil von) **Nizäa**: Erlaubnis der Bilderverehrung; Anbetung gebührt allein Gott

(8) 869/70   (4. Konzil von) **Konstantinopel**: Beendigung der Kirchenspaltung zwischen Rom und Konstantinopel, verursacht durch den Patriarchen Photius

II. Die päpstlichen Generalkonzilien des Hochmittelalters, ohne Teilnahme der Ostkirche

(9) 1123   (1.) **Laterankonzil** (Rom): Bestätigung des Wormser Konkordates, Verbot der Simonie, Einhaltung Gottesfrieden, Kreuzzugsablass; Heiligsprechung des Bischofs Konrad von Konstanz

(10) 1139   (2.) **Laterankonzil**: Verbot der Simonie, des Zinsnehmens; Ungültigkeit von Klerikerehen; Beseitigung des von Papst Anaklet verursachten Schismas; Recht des Domkapitels zur Wahl des Bischofs

(11) 1179   (3.) **Laterankonzil**: Besiegelung des Friedens zwischen Barbarossa und Alexander III.; 2/3-Mehrheit bei Papstwahl erforderlich; Verbot der Pfründenhäufung; Verurteilung der Katharer, Abweisung der Waldenser

(12) 1215   (4.) **Laterankonzil**: Hervorhebung der Transsubstantiation von Brot und Wein; jährliche Osterkommunion; Judengesetzgebung; Kreuzzugswerbung; erneute Verurteilung der Katharer, Verurteilung der Waldenser

Einführung in die Kirchengeschichte 91

(13) 1245 (1. Konzil von) **Lyon**: Friedrich II. abgesetzt (wg. Eidbruch, Häresie und Friedensstörung)
(14) 1274 (2. Konzil von) **Lyon**: Konklaveordnung für Papstwahl; Kreuzzugssteuer (kommt wegen des Falls von Akkon 1291 nicht mehr zustande); (kurzlebige) Union mit den Griechen (»filioque«)
(15) 1311/12 **Vienne**: Prozess und Aufhebung des Templerordens; Armutsstreit der Franziskaner; Einmischung der weltlichen Gewalt in kirchliche Angelegenheiten; Problem der Exemtionen
(18) 1512-1517 (5.) **Laterankonzil**: Dekrete über das kuriale Steuerwesen, Religionsunterricht und Predigt; schwerwiegende Missstände - Pfründenhäufung, Residenzpflicht - werden nicht bekämpft.

III. Die Reformkonzilien des Spätmittelalters und der Konziliarismus

(16) 1409 **Pisa**: Absetzung von zwei Päpsten, Wahl eines dritten
1414-1418 **Konstanz**: Konzil als Vertretung der Gesamtkirche, über dem Papst; einzelne Reformdekrete; Verurteilung und Verbrennung von Jan Hus; Absetzung der drei Päpste, Wahl Martins V.
(17) 1431-1442 **Basel-Ferrara-Florenz:**
1431 Basel: Konzil stellt sich über den Papst; 1437 Verlegung nach Ferrara; 1439 Verlegung nach Florenz: Union zwischen der lateinischen und der griechischen Kirche (bricht schon 1453 zusammen).

IV. Das Konzil von Trient (1545-1563) - ein Papstkonzil

(19) 1545-1563 **Trient**: Verhandlung über Fragen von Dogma (z.B. Rechtfertigung, Schrift und Tradition, Sakramente) und Kirchenreform; keine Repräsentation der (westlichen) Gesamtkirche mehr.

V. Die Vatikanischen Konzilien

820) 1869/70 (1.) **Vatikanisches Konzil**: Offenbarung und Erkennbarkeit Gottes; Jurisdiktionsprimat und Unfehlbarkeit des päpstlichen Lehramtes
(21) **1962-1965: Zweites Vatikanisches Konzil**

Literatur

Quellensammlung

Kirchen- und Theologiegeschichte in Quellen, hg. von Heiko Augustinus **Oberman**, **Adolf Martin Ritter** und Hans-Walter **Krumwiede**, 4 Bde in 5 Teilbänden (Alte Kirche, Mittelalter, Reformation, Neuzeit I und Neuzeit II), Neukirchen-Vluyn 1977ff. (mehrere Auflagen)

Einführungen, Arbeitsbücher, Kommentare:

Aland, K.: Kirchengeschichte in Zeittafeln und Überblicken. Gütersloh 1991

Andresen, C. / Denzler, G.: Wörterbuch der Kirchengeschichte. Wiesbaden 2004

Bibliothek der Kirchenväter (bis heute in 2 Ausgaben): digitalisiert und online unter http://www.unifr.ch/bkv/ dritte Ausgabe erscheint derz. Wiesbaden 2005 f.

Brox, N. u.a.: Die Geschichte des Christentums. 14 Bde. Freiburg 1991-2004

Fröhlich, R.: Kleine Geschichte der Kirche in Daten. Freiburg 2004

Graf, F.W. (Hg): Klassiker der Theologie. 2 Bände. München 2005

Gutschera, H. u.a.: Kirchengeschichtliche Grundthemen: historisch – systematisch-didaktisch. Göttingen 2003

Halbfas, H.: Das Christentum. Düsseldorf 2004

Heim, M.: Kleines Lexikon der Kirchengeschichte. München 1998

Heinz, W.H.: Der Aufstieg des Christentums. Stuttgart 2005

Jacobs, M. (Hg): Zugänge zur Kirchengeschichte. 10 Bde. Von der antiken Kirche bis zur Geschichte der Ökumene. Göttingen 1987 ff

Jedin, H. (Hg): Atlas zur Kirchengeschichte. Freiburg 2004

Kaufmann, Th. u.a. (Hg): Ökumenische Kirchengeschichte in drei Bänden. Darmstadt 2006

Kirschbaum, E. (Hg Bde. 1-4) **/ Braunfels, W.** (Hg Bde. 5-8): Lexikon der christlichen Ikonographie. 8 Bde. Freiburg 1990 ff

Kotzula, S.: Kirchengeschichte in Daten und Fakten. Leipzig ^{3}2002

Lachmann, R. / Gutschera, H. / Thierfelder, J.: Kirchengeschichtliche Grundthemen. Historisch – systematisch – didaktisch. Göttingen 2003 (TLL 3 = Theologie für Lehrerinnen und Lehrer Band 3)

Mayeur, J.-M. u.a. (Hg): Die Geschichte des Christentums. Religion–Politik–Kultur. 14 Bde. Freiburg 1991 ff

Noormann, H.: Kirchengeschichte. Stuttgart 2006 („Theologie kompakt" 95)

Steimer, B. (Red.): Lexikon der Kirchengeschichte (auf der Grundlage des Lexikons für Theologie und Kirche ^{3}1993-2001; Reaktion Bruno Steimer). 2 Bände. Freiburg 2001

Stemberger, G. (Hg): Zweitausend Jahre Christentum. Illustrierte Kirchengeschichte in Farbe. Erlangen 1994

Einführung in die Kirchengeschichte 93

Vinzent, M. (Hg): Metzler Lexikon christlicher Denker. Stuttgart 2000

Wunderlich, R. / Feininger, B. (Hg): Variationen des Christseins. Wege durch die Kirchengeschichte. (Aufsatzsammlung zu einzelnen Phänomenen) Frankfurt/M. 2006 (Übergänge, Bd. 7)

Gesamtdarstellungen

Chronik des Christentums. Gütersloh/München 1997 (Sonderausgabe 2005)

Franzen, A.: Kleine Kirchengeschichte. Freiburg 1965; aktualisierte Neuausgabe 2006

Gutschera, H. / Maier, J. / Thierfelder, J.: Geschichte der Kirchen. Ein ökumenisches Sachbuch mit Bildern. Freiburg 2003, Sonderausgabe 2006

Jedin, H. (Hg): Handbuch der Kirchengeschichte, 7 Bände in 10 Teilbänden. Freiburg 1962ff. (weitere Auflagen z.B. 1985)

Kottje, R. / Moeller, B. (Hg): Ökumenische Kirchengeschichte, 3 Bände (Alte Kirche und Ostkirche, Mittelalter und Reformation, Neuzeit). zuerst Mainz/ München 1970-1974 (weitere Auflagen z.B. ^{5}1993). Dieses Werk zeichnet sich durch eine konsequente ökumenische Perspektive aus, die dennoch zu verschiedenen Epochen unterschiedliche Deutungen erkennbar macht

Leitfaden Theologie

Brox, N.: Kirchengeschichte des Altertums Düsseldorf 1983, ^{5}1995, ^{6}2002

Frank, I. W.: Kirchengeschichte des Mittelalters. Düsseldorf 1984, ^{3}1994

Smolinsky, H.: Kirchengeschichte der Neuzeit I. Düsseldorf 1993

Schatz, Kl.: Kirchengeschichte der Neuzeit II. Düsseldorf 1989, ^{2}1995

Moeller, B.: Geschichte des Christentums in Grundzügen. Stuttgart ^{8}2004 (evangelisch)

→ (Bände 8, 14, 20, 21)

Biographien / Kirchengeschichte in Lebensbildern

Alberigo, G.: Johannes XXIII. Leben und Wirken des Konzilspapstes. Mainz 2000

Althoff, G.: Heinrich IV. Darmstadt 1996

Aretz, J. / Morsey, R. / Rauscher, A. (Hg): Zeitgeschichte in Lebensbildern. Aus dem deutschen Katholizismus des 19. und 20. Jahrhunderts. 8 Bände. Mainz 1973-1997

Axt-Piscalar, Chr. / Ringleben, J. (Hg): Denker des Christentums. Tübingen 2004

Betz, O.: Hildegard von Bingen. Gestalt und Werk. München 1996

Berger, D.: Thomas von Aquin begegnen. Augsburg 2002

Blumenthal, U.-R.: Gregor VII. Darmstadt 2001

Dassmann; E.: Ambrosius von Mailand. Leben und Werk. Stuttgart 2004

Dinzelbacher, P.: Bernhard von Clairvaux. Darmstadt 1998

Feld, H.: Franziskus von Assisi. München 2001

Feld, H.: Franziskus von Assisi und seine Bewegung. Darmstadt 1996
Feldmann, Chr.: Thérèse von Lisieux. Die schwarze Nacht des Glaubens. Freiburg 1997
Friedenthal, R.: Luther. Sein Leben und seine Zeit. München ^{12}2004
Franzen, A. / Bäumer, R.: Papstgeschichte. ^{4}1988
Gelmi, J.: Die Päpste in Lebensbildern, Graz 1983; Augsburg ^{2}2003
Gerl, H.-B.: Unerbittliches Licht. Edith Stein. Mainz ^{3}1999
Greschat, M. (Hg): Gestalten der Kirchengeschichte. 14 Bände, Stuttgart 1984ff. Bände 11 und 12 behandeln die Päpste
Günther, L.-M.: Herodes der Große. Darmstadt 2005
Halbfas, H. (Hg): Religionsbuch für das 5./6., 7./8. und 9./10. Schuljahr. Düsseldorf 1989-1991. Dazu umfangreiche Lehrerhandbücher: Religionsunterricht an Sekundarschulen, z.B. Band 5, Düsseldorf 1992
Horn, Chr.: Augustinus. München 1995
Köpf, U. (Hg): Theologen des Mittelalters. Darmstadt 2002
Leppin, H.: Theodosius der Große. Darmstadt 2003
Mathieu-Rosay, J.: Die Päpste im 20.Jahrhundert. Darmstadt 2005
Maron, G.: Ignatius von Loyola: Mystik-Theologie-Kirche. Göttingen 2001
Mieth, D.: Meister Eckhart: Einheit mit Gott. Düsseldorf 2002
Nette, H.: Jeanne d'Arc. Hamburg ^{10}2002
Nigg, W. / Loose, H.N.: Benedict von Nursia. Freiburg 1979
Ohler, N.: Elisabeth von Thüringen. Göttingen ^{2}1992
Presler, G.: Martin Luther King. Hamburg ^{13}2004
Schwaiger, G. / Heim, M.: Kleines Lexikon der Päpste. München 2005
Verweyen, H.: Joseph Ratzinger – Benedikt XIV. Die Entwicklung seines Denkens. Darmstadt 2007
Weigel, G.: Zeuge der Hoffnung. Johannes Paul II. Paderborn ^{2}2003
Wucher, A.: Die Päpste. Ihre Geschichte von den Anfängen bis zur Gegenwart. Freiburg 2000
Zimmerling, P. (Hg): Evangelische Seelsorgerinnen. Biographische Skizzen, Texte und Programme. Göttingen 2005

Epochen

Angenendt, A.: Geschichte der Religiosität im Mittelalter. Darmstadt ^{3}2005
Auty, R. u.a. (Hg): Lexikon des Mittelalters. 9 Bde. München 2003
Frank, K. S.: Grundzüge der Geschichte der alten Kirche. Darmstadt ^{3}1993

Friedrich, M.: Kirche im gesellschaftlichen Umbruch. Das 19. Jahrhundert. Göttingen 2006 (UTB 2789)

Girardet, K.M.: Die konstantinische Wende. Darmstadt 2006

Gleba, G.: Klöster und Orden im Mittelalter. Darmstadt ²2006

Gleba, G.: Klosterleben im Mittelalter. Darmstadt 2004

Lambert, M.: Häresie im Mittelalter. Von den Katharern bis zu den Hussiten. Darmstadt 2001

Langer, O.: Christliche Mystik im Mittelalter. Darmstadt 2004

Logan, F.D.: Geschichte der Kirche im Mittelalter. Darmstadt 2005

Padberg, L. von: Christianisierung im Mittelalter. Darmstadt 2006

Paulus, N.: Geschichte des Ablasses im Mittelalter. 3 Bde. Darmstadt ²2000

Schimmelpfennig, B.: Das Papsttum. Von der Antike bis zur Renaissance. Darmstadt ⁵2005

Scholder, K./ Besier, G.: Die Kirchen und das Dritte Reich. 2 Bde. Berlin 2000

Wallmann, J.: Der Pietismus. Göttingen ²2005 (UTB 2598)

Wissenschaftliche Buchgesellschaft (Hg): Theologien der Gegenwart. Eine Einführung. Darmstadt 2006

Zschoch, H.: Die Christenheit im Hoch- und Spätmittelalter. Göttingen 2005 (UTB 2520)

Einzelprobleme

Alberigo, G.: Geschichte der Konzilien. Vom Niceanum bis zum Vatikanum II. Düsseldorf 1993

Alberigo, G. u.a. (Hg): Geschichte des Zweiten Vatikanischen Konzils (1959-1965). 5 Bde. Mainz 1997-2005

Bunge, G. (OSB) / **Kaffanke, J.** (OSB) (Hg): Weisungen der Väter. Reihe zu den Quellen des Mönchstums

Bd. 1: **Bunge, G.**: Auf den Spuren Heiliger Väter. Erneuerungen des abendländischen Mönchstums aus Geist und Buchstabe der Regula Benedicti. Beuron 2006

Bd. 2: **Kaffanke, J. (Hg.)**: Sich täglich den Tod vor Augen halten. Sterbeberichte früher Mönche und Nonnen. Beuron 2006

Decker, R.: Die Päpste und die Hexen. Darmstadt 2003

Decker, R.: Hexen. Magie, Mythen und die Wahrheit. Darmstadt 2004

Delgado, M.. / Fuchs, G. (Hg):Die Kirchenkritik der Mystiker - Prophetie aus Gotteserfahrung. Band II: Frühe Neuzeit. Stuttgart 2005 (Studien zur christlichen Religions- und Kulturgeschichte Bd. 3)

Dinzelbacher, P. (Hg): Kulturgeschichte der christlichen Orden in Einzeldarstellungen. Stuttgart 1997

Eberl, I.: Die Zisterzienser. Darmstadt 2002

Fleer, B.: Taizé, eine Herausforderung. Der Anspruch christlicher Orden in Theorie und Praxis. Essen 1988

Fornet-Betancourt, R.: Befreiungstheologie. Kritischer Rückblick und Perspektiven für die Zukunft. 3 Bde. Mainz 1997

Frank, K. S.: Geschichte des christlichen Mönchtums. Darmstadt ^{5}1993

Gatz, E. (Hg): Die Bistümer der deutschsprachigen Länder. Von der Säkularisation bis zur Gegenwart. Freiburg 2005

Gause, U.: Kirchengeschichte und Genderforschung. Eine Einführung in protestantische Perspektive. Paderborn 2006 (UTB 2806)

Grane, L.: Die Confessio Augustana. Einführung in die Hauptgedanken der lutherischen Reformation. Göttingen ^{6}2006 (UTB 1400)

Greschat, M.: Protestantismus in Europa. Darmstadt 2005

Hammann, G.: Die Geschichte der christlichen Diakonie. Göttingen 2003

Hauf, M.: Der Jakobsweg. Das Mysterium der 1000-jährigen Pilgerroute nach Santiago de Copostella. München ^{7}2002

Hermle, S. (Hg): Reformationsgeschichte Württembergs in Porträts. Holzgerlingen 1999

Hermle, S. (Hg): Kirchengeschichte Württembergs in Porträts: Pietismus und Erweckungsbewegung. Holzgerlingen 2001

Hermle, S. / Oelke, H. (Hg. im Auftrag der Evang. Arbeitsgemeinschaft für Kirchliche Zeitgeschichte) : Arbeiten zur Kirchengeschichtlichen Zeitgeschichte.
   Darin Reihe A: Quellen, Band 12: **Braun, H. / Grünzinger, G.** (Hg): Personenlexikon zum deutschen Protestantismus 1919-1949. Göttingen 2006

Holtz, L.: Geschichte des christlichen Ordenslebens. Düsseldorf 2001

Hroch, M. u.a.: Die Inquisition im Zeitalter der Gegenreformation. Stuttgart 1995

Imbach, J.: Geheimnisse der kirchlichen Küchengeschichte. Pikante Episoden und köstliche Rezepte. Düsseldorf ^{2}2003

Jedin, H.: Kleine Konziliengeschichte. Freiburg ^{7}1966

Lambert, M.: Geschichte der Katharer. Darmstadt 2001

Lanzi, F. und G.: Das Buch der Heiligen. Kunst, Symbole und Geschichte. Darmstadt 2003

Müller, D.: „Ketzerinnen"- Frauen gehen ihren eigenen Weg. Vom Leben und Sterben der Katharerinnen im 13. und 14. Jahrhundert. Würzburg 2004

Moll, H. (hg. im Auftrag d. dt. Bischofskonferenz): Zeugen für Christus. Das deutsche Martyrologium des 20. Jahrhunderts. 2 Bde. Paderborn ^{4}2006 (erweitert+aktualisiert)

Rahner, K., / Vorgrimler, H.: Kleines Konzilskompendium. Freiburg 1997

Reber, O.: Elisabeth von Thüringen. Landgräfin und Heilige. Eine Biografie. Regensburg 2006

von der Bey, H. / Freyer, J.B. (Hg): Die Franziskanische Bewegung. (2 Bde.)

Bd. 1: Geschichte und Spiritualität. Mainz 1996 (Topos TB 255)
Bd. 2: Weltweites Engagement heute. Mainz 1996 (Topos TB 256)
von Hauff, A. M. (Hg): Frauen in der Diakonie. Stuttgart 2005
von Hauff, A. M. (Hg): Frauen gestalten Diakonie. 2 Bde.
Bd. 1: Von der biblischen Zeit bis zum Pietismus. Stuttgart 2007
Bd. 2: Vom 18. bis zum 20. Jahrhundert. Stuttgart 2006

Literatur zu den Kreuzzügen

Barber, M.: Die Templer. München 2005

Bruns, P. und Gresser, G (Hg): Vom Schisma zu den Kreuzzügen: 1054-1204. Paderborn 2005

Bühler, A. (Hg): Der Kreuzzug Friedrich Barbarossas 1187-1190. Darmstadt 2002

Cassanelli, R. (Hg): Die Zeit der Kreuzzüge. Darmstadt 2000

Geldsetzer, S.: Frauen auf Kreuzzügen 1096-1291. Darmstadt 2003

Jaspert, N.: Die Kreuzzüge. Darmstadt ²2004

Novoa Portela, F. u.a. (Hg): Ritterorden im Mittelalter. Darmstadt 2006

Kirchenkunst / Baukunst

Alber, Th. u.a.: Wo du Gott begegnest. Eine Entdeckungsreise durch Kirchenraum und heilige Messe. CD-Rom, Mainz 2005

Binding, G.: Als die Kathedralen in den Himmel wuchsen. Bauen im Mittelalter. Darmstadt 2006

Binding, G. / Dettmar, U.: Was ist Gotik? Darmstadt 2000

Cassanelli, R. (Hg): Die Baukunst im Mittelalter. Düsseldorf ²2005

Dehio, G. / Bezold, G. von: Die kirchliche Baukunst des Abendlandes. 2 Bände. Nachdruck. Hildesheim 1969

Hartmann-Virnich, A.: Was ist Romanik? Darmstadt 2004

Hoppe, S.: Was ist Barock? Darmstadt 2003

Huizing, K.: Handfestes Christentum. Eine kleine Kunstgeschichte christlicher Gesten. Gütersloh 2007

Kirchner, H.: Reformationsgeschichte von 1532-1555/1556. Berlin 1987

Kunze, K.: Himmel in Stein. Das Freiburger Münster. Freiburg ¹²2002

Münzel, G.: Der Skulpturenzyklus in der Vorhalle des Freiburger Münsters. ²1978

Norman, E.: Das Haus Gottes. Die Geschichte der christlichen Kirchen. (Kirchenbau) München 2005

Nußbaum, N.: Deutsche Kirchenbaukunst der Gotik. Darmstadt ²1994

Olbrich, H. (Hg): Lexikon der Kunst. 7 Bde. Leipzig ²2004

Poeschel, S.: Handbuch der Ikonographie. Sakrale und profane Themen der bildenden Kunst. Darmstadt 2005

Geschichte des Judentums

Battenberg, F.: Das Europäische Zeitalter der Juden. 2 Bände. Darmstadt ²2000

Brechenmacher, Th.: Der Vatikan und die Juden. München 2005

Kotovski, E.-V. / Schoeps, J.H. / Wallenborn, H. (Hg): Handbuch zur Geschichte der Juden in Europa. 2 Bde. Darmstadt 2001

Krautkrämer, E.: Krieg ohne Ende? Israel und die Palästinenser. Geschichte eines Konflikts. Darmstadt 2003

Meyer, M. (Hg. im Auftrag des Leo Baeck Instituts) unter Mitw. von Brenner, M.: Deutsch-Jüdische Geschichte in der Neuzeit in vier Bänden. München 1996-1997

Bd. 1: **Breuer, M. / Graetz, M.**: Tradition und Aufklärung 1600-1780

Bd. 2: **Brenner, M. / Jersch-Wenzel, S. / Meyer, M.**: Emanzipation und Akkulturation 1780-1871

Bd. 3: **Lowenstein, S. u.a.**: Umstrittene Integration 1871-1918

Bd. 4: **Barkai, A. / Mendes-Flohr, P. / Lowenstein, M.**: Aufbruch und Zerstörung 1918-1945

Röhm, E. / Thierfelder, J.: Juden-Christen-Deutsche. Die evangelische Kirche und die „Judenfrage". 4 TB-Bände. Stuttgart 1990-2007 (auch als Gesamtausgabe im Schuber erhältlich)

Ausgegrenzt (Bd.1: 1933-1935)

Entrechtet (Bd.2/1 und Bd. 2/2 1935-1938)

Ausgestoßen (Bd. 3/1 und 3/2: 1938-1941)

Vernichtet (Bd. 4/1 und 4/2: 1941-1945)

Solomon, N.: Judentum. Eine kurze Einführung. Ditzingen 1999

Theologie der Ökumene oder ökumenische Theologie?
Grundfragen der Dogmatik am Ende des 20. Jahrhunderts
Bernhard Maurer

Vorbemerkung

In den vergangenen Jahren ist das Thema Ökumene nicht nur in der Öffentlichkeit, sondern auch in den Kirchen selbst in den Hintergrund getreten. Das mag daran liegen, dass sich die Konfessionen - zumindest in Deutschland - nicht mehr polemisch bekämpfen. Im Vergleich mit der Situation vor fünfzig Jahren in den Kirchen und auch in der Öffentlichkeit und der Politik haben sich hier die Beziehungen positiv entwickelt, und nach der Ermöglichung der ökumenischen Trauung ist für viele in der Kirche weniger engagierte Christen die Ökumene ein pragmatisches Problem, das sie persönlich nicht mehr stärker berührt. Die strittigen theologischen Fragen finden nicht ihr Interesse; sie sind ihnen entweder unverständlich oder sogar unbekannt. Andere dagegen sind mit dem Verlauf der Entwicklung zu einer größeren Gemeinsamkeit der Kirchen nicht mehr zufrieden und haben resigniert. Dazu kommt, dass die Loyalität gegenüber den Institutionen der verfassten Kirchen abnimmt und deren Autorität an Bedeutung verliert. Dieser Prozess spiegelt sich auch in den Kirchenaustritten und im Rückgang der Kindertaufen. Vor allem in den urbanen Lebensräumen brechen die volkskirchlichen Traditionen ab.

Die Kirchen sind in diesem kulturellen Wandel stark mit dem Problem der eigenen konfessionellen Identität und mit der Sicherung der eigenen traditionellen Strukturen befasst. Die Wurzeln der Krise der Kirche sind letztlich in den sprachlichen Grundlagen des kirchlichen Dogmas und in den Ordnungsstrukturen der Kirchen zu suchen. Der Kern der Krise ist eine Krise der Sprache und somit auch der Wahrheitsfrage. Zum zentralen Problem der Ökumene ist das Kirchenverständnis geworden; es könnte sich lösen, wenn ein umfassendes Übereinkommen gefunden würde, oder aber „wenn die Frage der Kirche für gänzlich hinfällig und überholt erklärt würde."[1] Da und dort wird deshalb von einer Krise der Ökumene gesprochen, die ihrem Wesen nach eine Krise des kirchlichen Bewusstseins ist. In der Aufbruchszeit der zwanziger Jahre schrieb der spätere Berliner Bischof Otto Dibelius ein Buch mit dem Titel „Das Jahrhundert

---

[1] Congar, Y.: Machen die neuen Probleme der säkularen Welt den Ökumenismus überflüssig?, in: Concilium 7/1970, 4, 233.

der Kirche".² Jetzt stellt sich die Frage, ob das Ende des Jahrhunderts zumindest in Europa auch das Ende der Kirche sei. Der kirchliche Erosionsprozess könnte dazu führen, dass die religiöse Dimension kein Thema öffentlicher Verantwortung für gesellschaftliche Prozesse mehr ist, sondern dass sie privatisiert wird und nur noch eine Angelegenheit für kleine, esoterische Zirkel ist. Es ist deshalb notwendig, sich im weltweiten Horizont über die Gründe, Ziele und Probleme der ökumenischen Bewegung und des Ökumenismus theologisch weiter zu verständigen. Dieser theologischen Aufgabe sollen auch die folgenden Darlegungen dienen.³

1 Ortsbestimmung

1.1 Die „Welt als Dorf": Vom Marktplatz zum Weltmarkt

Es ist wohl keine Übertreibung, wenn man behauptet, dass das zu Ende gegangene zwanzigste Jahrhundert die Menschheit vor bisher nicht bekannte Aufgaben stellte. Einige wenige Stichworte müssen hier genügen, um die politische, kulturelle, wirtschaftliche und soziale Situation anzudeuten. Die aktuellen Probleme scheinen der Abbau der Arbeitslosigkeit durch neue Formen der Arbeitsgestaltung und die Beseitigung der Hungersnot in zahlreichen Regionen der Erde zu sein. Bei genauerem Hinsehen zeigt sich aber eine Fülle weiterer Probleme: Die mit dem Ende des Kolonialismus und des Nationalismus des 19. Jahrhunderts zusammenhängenden Umbrüche in allen Kontinenten, die Mobilität der Menschen und das Migrations-, Flüchtlings- und Asylantenproblem, die Industrialisierung mit ihren Folgen für die Lebensgewohnheiten und das Lebensgefühl der Menschen, die technische und die elektronische „Revolution" und die damit verbundenen strukturellen Veränderungen in der Arbeitswelt, die Aufgabe des Weltfriedens und der Kampf um die Weltmärkte, die Entwicklung in den Naturwissenschaften und in der Medizin, die Bevölkerungszunahme, die Frage nach der Erhaltung der Ressourcen, die ökologischen Probleme der Reinhaltung der Erde, des Wassers und der Luft und des Tier- und Pflanzenschutzes, die Klimaerwärmung, die Abfallbeseitigung, der Massentourismus, die Individualisierung des Lebensgefühls vieler Menschen seit der Aufklärungszeit, die kulturelle Entwurzelung und die religiöse Sinnkrise, der durch den Einfluss der Massenmedien verstärkte Pluralismus, die soziale Gerechtigkeit, das so genannte Nord-Südgefälle ... Diese Reihe von Problemanzeigen ließe sich unschwer fortsetzen.

---

[2] Dibelius, O.: Das Jahrhundert der Kirche. Geschichte, Betrachtung, Umschau und Ziele. Berlin. (1926) 5. Aufl. 1928.

[3] Vgl. Gaßmann, G., Noergaard-Hoejen, P. (Hg): Einheit der Kirche. Neue Entwicklungen und Perspektiven. Frankfurt/Main 1988. P. Neuner, Ökumenische Theologie. Darmstadt 1997.

Die Weltsituation, die Dynamik der wirtschaftlichen Entwicklungen und die zunehmende Konzentration der wirtschaftlichen Macht in den Händen weniger Großkonzerne stellt die Politik der führenden Industrienationen in Europa und Nordamerika vor Schwierigkeiten, die mit den bisherigen politischen und nationalökonomischen Modellen nicht mehr zu lösen sind. „Die wirtschaftliche Entwicklung entzieht sich nationalstaatlicher Kontrolle, während ihre sozialen Folgen - Arbeitslosigkeit, Migration, Armut - sich in den Auffangnetzen des nationalen Sozialstaates sammeln."[4] Das Schlagwort „die Welt ist ein Dorf" kennzeichnet die globalen Zusammenhänge, in denen wir leben. Alle diese Probleme übergreifen mehr oder weniger die bisherigen nationalen Grenzen und den Denk- und Erfahrungshorizont vieler Menschen, ein Befund, der auch auf den Provinzialismus und die dringend erforderliche Reform unseres Bildungssystems hinweist. Angesichts des „Globalisierungsschocks" fällt manchen Menschen die Einsicht schwer, dass die Globalität „eine nicht hintergehbare Bedingung menschlichen Handelns am Ausgang dieses Jahrhunderts" ist.[5]

Aber diese globale Entwicklung beinhaltet auch die Chance einer Weltkultur, die durch die vielfachen Vernetzungen und die elektronischen Kommunikationsmittel ermöglicht wird, und in der Menschlichkeit und Solidarität herrschen. Neben dem Leben zugewandter Zuversicht, Mut und Kreativität sind besonders in der nördlichen Erdhälfte auch die alten Tugenden der Bescheidenheit und der Mäßigung der Ansprüche notwendig, die als „Sekundärtugenden" bezeichnet und in der Öffentlichkeit derzeit unterbewertet werden. Diese Herausforderung löst jedoch auch Verunsicherungen und Ängste aus. Eine pessimistische Grundstimmung droht hier zu Lande zum allgemeinen Lebensgefühl zu werden. In ihrer Folge kommt es zu Rückgriffen auf alte, überkommene Erfahrungen und Verhaltensweisen, und die Menschen schließen sich in ethnischer und religiöser Solidarität zusammen. Nach dem Scheitern des dogmatischen Messianismus des internationalen Kommunismus werden konservativ-nationalistische Ideologien aufgewärmt. In Religion, Politik, Moral und Erziehung sind fundamentalistische Einstellungen zu finden, die sich zu bedrohlichen sozialen Konflikten entwickeln können oder für diese Konflikte zumindest einen ideologischen Überbau anbieten.

Diese wenigen Andeutungen genügen, um deutlich zu machen, dass die globale Revolution eine gewaltige Herausforderung für das Christentum mit seiner Botschaft von der versöhnenden Liebe Gottes darstellt. Die Kirchen sind in die

---

[4] Beck, U.: Was ist Globalisierung? Irrtümer des Globalismus - Antworten auf Globalisierung. 3. Aufl.. Frankfurt/Main 1997, 34. Hierzu auch: Friedman, Th. L.: Globalisierung verstehen. Zwischen Weltmarkt und Marktplatz. Berlin 1999.
[5] U. Beck, a.a.O., 35

Weltgeschichte involviert, und sie können angesichts ihrer Schuld und ihres eigenen Versagens in den vergangenen Jahrzehnten dieser großen Aufgabe nur nachkommen, wenn sie sich erneuern, ihre konfessionelle Selbstgenügsamkeit überwinden und sich gemeinsam den Aufgaben des Zeugnisses und des Dienstes in der Welt widmen. Dabei muss die Gemeinsamkeit nicht die Auflösung der konfessionellen Identitäten bedeuten, vielmehr bringt sie den vielfältigen Reichtum der in der Einheit verbundenen Kirchen zum Tragen. Nur so sind ihre Botschaft und sie selbst in der heutigen Welt glaubwürdig. Die Kirchen stehen vor der wahrhaft ökumenischen Aufgabe, den Menschen die Botschaft von der Versöhnung zu verkünden und für die sozialen und mentalen Voraussetzungen einer Kultur der Liebe Sorge zu tragen.[6]

Die Einheit der Kirchen ist um so mehr eine unübersehbare Voraussetzung für die Lösung dieser Aufgabe, als die Kirchen der so genannten Dritten Welt kaum Verständnis für die in der Geschichte des Abendlandes wurzelnde theologische Begrifflichkeit und die im Gefolge des europäischen Imperialismus exportierten konfessionellen Spaltungen haben. Andererseits rechnet man in Afrika mit etwa 6000 christlichen Gemeinschaften, die keine institutionellen Verbindungen zu einander haben. Nur das Bewusstsein einer weltweiten Ökumene kann ein Gegengewicht zu den negativen Auswirkungen der Globalisierung bilden und zur gesellschaftlichen Integration verschiedener Kulturen beitragen.

1.2 Der Begriff Ökumene

Das Wort Ökumene wird oft, aber in unterschiedlichem Sinn gebraucht. Bekannt ist es als Bezeichnung bikonfessioneller kirchlicher Handlungen wie beispielsweise der ökumenischen Trauung. Doch schon der Begriff ökumenischer Gottesdienst kann die Beteiligung mehrerer Konfessionen am Gottesdienst beinhalten. Ein ökumenisches Gemeindefest kann ein Fest von Christinnen und Christen verschiedener Konfessionen eines Ortes oder Stadtteils sein. Berücksichtigt man die Geschichte des Begriffs, dann kommt man auf folgende Bedeutungen des Wortes:[7]

(1) In der klassischen und hellenistischen Periode der Antike bedeutet ökumenisch „zur ganzen Erde gehörig". Ökumene ist der bewohnte Erdkreis. „Die

---

[6] Maurer, B.: Kultur der Liebe. Eine Vision des Konziliaren Prozesses für Gerechtigkeit, Frieden und Bewahrung der Schöpfung und der Basler Versammlung für Frieden und Gerechtigkeit. In: Maurer, B. (Hg): Freiburger Kirchenbuch. Freiburg i.Br. 1995, 46-63.
[7] Visser't Hooft, W.A.: Der Sinn des Wortes „ökumenisch". Stuttgart 1954; Ders., Geschichte und Sinn des Wortes „ökumenisch", in: Ökumenischer Aufbruch. Hauptschriften Bd.II. Stuttgart 1967, 11-28.

Erde ist des Herrn und was darinnen ist, der Erdkreis und die darauf wohnen", heißt es im 24. Psalm in der Übersetzung der Einheitsbibel.

(2) Im engeren Sinn steht das Wort für die in der Antike bekannte, zum Römischen Reich gehörende Welt. So wird das Wort in der Septuaginta und im griechischen Neuen Testament gebraucht.

(3) In der Zeit der frühen Kirchenväter wird der Begriff auf die ganze Kirche bezogen. Ökumene bezeichnet die von Christen bewohnte Welt, und ökumenisch heißt nun „für die ganze Kirche gültig".

(4) Die Christianisierung des Römischen Reiches hatte die rechtliche Verbindlichkeit ökumenischer Ämter und Institutionen zur Folge. Die altkirchlichen Kirchenversammlungen werden als ökumenische Konzile bezeichnet, und noch heute nennt sich der Patriarch von Konstantinopel „ökumenischer Patriarch". Die römisch-katholische Kirche spricht auch im Blick auf die offiziellen Versammlungen der Bischöfe der lateinischen Kirche von ökumenischen Konzilen. Das Wort Ökumene ist also vom geographischen und politischen Verständnis abgelöst und zu einem im engeren Sinn kirchlichenrechtlichen Begriff umgeprägt worden.

In den Reformationskirchen wurde das Wort wieder im altkirchlichen Sinn gebraucht.

(5) In den lutherischen Bekenntnisschriften ist von den drei altkirchlichen Glaubensbekenntnissen als den drei katholischen und ökumenischen Symbolen die Rede. Aber auch das Konzil von Trient bezeichnete sich als „ökumenische und allgemeine Synode".

(6) Im Pietismus und in der Evangelischen Allianzbewegung des 19. Jahrhunderts wurde der Begriff im Sinn eines Nationen und Konfessionen überwindenden Bewusstseins der Verbundenheit verstanden, die im gemeinsamen Glauben an Jesus Christus begründet ist. Henry Dunant, der Förderer des 1855 in Paris gegründeten Christlichen Vereins junger Männer und Begründer des Internationalen Komitees des Roten Kreuzes sprach wie andere christliche Zeitgenossen von einer ökumenischen Gesinnung. In dieser christlichen, teils erwecklich-pietistischen, teils theologisch liberalen Gesinnung liegen auch die Wurzeln der Ökumenischen Bewegung.

Nach dem Ersten Weltkrieg schlug der schwedische Erzbischof Nathan Söderblom im Jahre 1919 die Gründung eines ökumenischen Rates der Kirchen vor. Söderblom wollte, dass alle christlichen Kirchen ihre Gnadengaben zu der einen Kirche zusammentragen sollten, um der Welt ein gemeinsames Zeugnis der christlichen Liebe geben zu können. Aber erst nach dem Zweiten Weltkrieg konnte im Jahre 1948 in Amsterdam der Ökumenische Rat der Kirchen gegründet werden. Nach anfänglicher Zurückhaltung griff die römisch-katholische Kirche den Begriff in den fünfziger Jahren auf, und das II. Vatikanische Konzil sprach offiziell vom „Ökumenismus".

Wenn wir heute das Wort „ökumenisch" gebrauchen, dann haben wir weniger den im Blick auf die Konzile der römisch-katholischen Kirche gebrauchten kirchenrechtlichen Begriff im Sinn, sondern wir meinen entweder bilaterale oder multilaterale Beziehungen oder Veranstaltungen zweier oder mehrerer Konfessionskirchen oder die ökumenische Bewegung auf die Einheit der Kirchen hin. Die Ökumenizität der Kirche bedeutet nicht nur ihre geographische Ausdehnung, sondern sie beinhaltet auch eine Qualität. Gleichsam das Herz der ökumenischen Kirche ist ihre Katholizität. Der ökumenischen Kirche gehört jede lokale Kirche an, weil und insofern sie die Fülle der Heilstat Gottes in Jesus Christus verkündigt, glaubt und im Gottesdienst feiert. „Man kann nicht die Ökumenizität der Kirche annehmen und verstehen, bevor man ihre Katholizität erlebt hat", schreibt Nikos A. Nissiotis.[8]

Neuerdings ist aber auch der ursprüngliche Sinn „bewohnter Erdkreis" wieder aufgegriffen worden, und man spricht von Weltökumene. Da die Kirchen beanspruchen, der ganzen Welt das Heil des Gottes zu verkündigen, der die Welt und alle Menschen geschaffen hat, beinhaltet diese Sicht der Ökumene auch die Bereitschaft zum Dialog mit den Weltreligionen und zur kritischen Auseinandersetzung mit dem zeitgenössischen Säkularismus. Die Weltökumene ist also nicht nur die eine Weltkirche, sondern die Weltgesellschaft. Dieses weite Verständnis des Begriffs wird sich schwer durchsetzen, weil es zu ungenau ist; aber diese programmatische Interpretation weist doch darauf hin, dass es zur Verwirklichung der Ökumene im Welthorizont einer neuen und beispiellosen Bemühung des Denkens bedarf. Ökumene kann daher nicht nur eine Disziplin der Theologie sein im Sinne einer Theologie der Ökumene und der damit zsammenhängenden Fragen. Vielmehr muss die Theologie in allen Disziplinen ökumenisch sein. Ökumenische Theologie betreiben heißt, die Botschaft der einen christlichen Kirche von der Menschwerdung Gottes in Jesus Christus in Geschichte und Gegenwart im Blick auf die Bedingungen des Zusammenlebens der Menschheit und des Überlebens in der gefährdeten Welt bedenken.

---

[8] Nissiotis, N.A.: Die Theologie der Ostkirche im ökumenischen Dialog. Kirche und Welt in orthodoxer Sicht. Stuttgart 1968, 87. Staats, R.: Das Glaubensbekenntnis von Nizäa-Konstantinopel. Darmstadt 2-1999 (WB).

2 Ökumenische Zielvorstellungen: Modelle der Kircheneinheit

Die Unsicherheit im Blick auf die konkrete Verwirklichung des Zieles der ökumenischen Bewegung, deren moderne Geschichte spätestens seit dem Ende des 1. Weltkrieges hier nicht aufgezeigt werden kann, wirkt sich lähmend aus. Mehr und mehr stellt sich die Frage, wie denn nun die zukünftige Einheit der Kirche aussehen soll. Die alte Vorstellung, dass eine Wiedervereinigung der getrennten Kirchen nur durch deren Rückkehr in den Schoß der römischen Kirche möglich sei, hatte in der ökumenischen Bewegung keine große Bedeutung. Als realistisch werden drei Modelle der kirchlichen Einigung angesehen:[9]

(1) Die organische Kirchenunion besteht darin, dass sich zwei oder mehrere Konfessionskirchen zu einer Union mit einem gemeinsamen Bekenntnis und einer gemeinsamen Kirchenordnung verbinden. Abgesehen von einigen Unionen von Ostkirchen mit Rom und den Unionen des 19. Jahrhunderts in Deutschland (wie etwa die preußische Union oder die Union der evangelischen Landeskirche in Baden) sind die bekanntesten neueren Beispiele die 1947 entstandene Kirche der südindischen Union und die 1957 in den USA gegründete United Church of Christ.[10]

(2) Das Modell der Einheit in versöhnter Verschiedenheit wurde von den Kirchen des Lutherischen Weltbundes vorgestellt. Die in ihrem Bekenntnisstand und in der historischen Entwicklung begründete Identität der Kirchen soll erhalten bleiben. Die Kirchen sollen ein gemeinsames Verständnis des Evangeliums und die Feststellung getroffen haben, dass die früheren Lehrverurteilungen den gegenwärtigen Stand der Lehre der Partnerkirche nicht mehr betreffen. Die Konsequenz könnte gegenseitige Anerkennung der Ämter, Kanzel- und Abendmahlsgemeinschaft und Gemeinsamkeit in Zeugnis und Dienst an der Welt sein. Die Einheit der Kirche muss nicht erst geschaffen werden, sondern sie ist durch Gottes Heilshandeln in Jesus Christus vorgegeben und im heiligen Geist Wirklichkeit. Es gilt nur, diese Einheit in der Verschiedenheit der empirischen Kirchen zu leben!

---

[9] Best, Th. F. (Hg): Gemeinsam auf dem Weg zur sichtbaren Einheit. Die fünfte Internationale Konsultation vereinigter und sich vereinigender Kirchen Potsdam 1997. Berlin 1987; Hasselmann, N. (Hg): Kirche im Zeichen der Einheit. Texte und Überlegungen zur Frage der Formen kirchlicher Einheit. Göttingen 1979; Meyer H. (Heinrich): Ökumenische Zielvorstellungen. Göttingen 1996.

[10] Meyer, H. (Harding): Bekenntnisbindung und Bekenntnisbildung in jungen Kirchen. Gütersloh 1953; Herzog, F., Groscurth, R. (Hg): Kirchengemeinschaft im Schmelztiegel - Anfang einer neuen Ökumene? Anfragen und Dokumente aus der United Church of Christ (USA). Neukirchen 1982.

Als Beispiel für diese Form der Kirchengemeinschaft ist die 1973 beschlossene Leuenberger Konkordie der reformatorischen Kirchen zu nennen, in der sich lutherische, reformierte und unierte evangelische Kirchen in Europa verbunden haben. Ausgehend von dem gemeinsamen Aufbruch in der Reformationszeit und den Herausforderungen in der Gegenwart wird die Kirche als Gemeinschaft im übereinstimmenden Verständnis des Evangeliums, also in der Lehre von der den Sünder rechtfertigenden Gnade Gottes in Jesus Christus, sowie im Gebrauch der Sakramente der Taufe und des Abendmahls gekennzeichnet. Bezüglich der Kontroverspunkte der Reformationszeit wird festgestellt, dass diese den gegenwärtigen Stand der Lehre nicht mehr treffen.[11]

Nach katholischer Auffassung genügt der Konsens im Verständnis des Evangeliums und im Gebrauch der Sakramente für eine Kirchengemeinschaft allerdings nicht. Verkündigung und Feier der Sakramente schließen ein bestimmtes Verständnis des kirchlichen Amtes ein, und diese implizite Frage nach dem Verständnis des Amtes ist im ökumenischen Dialog noch ungeklärt. Nach katholischer Auffassung gehört das Amt zur hierarchischen Struktur der kirchlichen Ordnung und hat selbst sakramentalen Charakter. Die Taufe begründet die sakramentale Gemeinschaft mit dem Tod und der Auferstehung Christi und ist hingeordnet auf die Fülle der Gemeinschaft mit Christus in der Feier der Eucharistie. Das eucharistische Mysterium ist Kundgabe des Todes und der Auferstehung Christi und somit Verkündigung des Evangeliums. In der Eucharistie ist das Heilshandeln Gottes im Christusgeschehen in sakramentaler Gestalt gegenwärtig. Der auferstandene und erhöhte Christus ist das Bindeglied zwischen der Heilstat Gottes im Selbstopfer Christi am Kreuz und der Eucharistie, und er gibt den Getauften durch das priesterliche Handeln der Kirche Anteil an seinem Leib und Blut und fügt sie so auch unter einander zusammen.

„Gemeinschaft entsteht durch Teilhabe an Christus."[12] Dieser Satz fasst das Wesen der neueren katholischen Communio-Ekklesiologie zusammen. Die Kirche, die selbst in Jesu Gemeinschaft stiftendem Wirken begründet ist, ist das Grundsakrament des Glaubens an Christus.[13] Im Unterschied von der Kirche als Grundsakrament bezeichnet Karl Rahner Christus als das Ursakrament und ver-

---

[11] Konkordie reformatorischer Kirchen in Europa (Leuenberger Konkordie). Dreisprachige Ausgabe mit einer Einleitung von Friedrich-Otto Scharbau. Im Auftrag des Exekutivausschusses für die Leuenberger Lehrgespräche hg. von W. Hüffmeier. Frankfurt/Main 1993.
[12] Thönissen, W.: Die Leuenberger Konkordie als ökumenisches Einheitsmodell? Umrisse eines katholischen Konzepts von Kirchengemeinschaft, in: Catholica 49/1995, 1, 19.
[13] Rahner, K.: Über die Sakramente der Kirche. Meditationen. Freiburg i. Br. Basel, Wien 1985, 20

meidet dadurch eine mystische Identifikation des auferstandenen Christus mit der empirischen Kirche. Das Sakrament ist nach Karl Rahner „Verleiblichung der Gnade".[14] In der Kirche ist das sakramentale Urwort des in die Welt eingestifteten Gnadenwillens Gottes in Jesus Christus gegenwärtig. Darum hat die Kirche eine sakramentale Struktur, und Kirchengemeinschaft gibt es nur im eucharistisch-sakramentalen Zusammenhang. Das eucharistische Mysterium der Kirche ist mit der sich durch die Geschichte ziehenden Kette der ordinierten Amtsträger der Kirche und deren persönlicher Bezeugung des Glaubens verbunden. Die Gemeinschaft dieser im Mysterium des sakramentalen Ordo der Kirche bevollmächtigten Amtsträger und deren Einigkeit im Zeugnis ist den reformatorischen Kirchen nach katholischer Auffassung leider verloren gegangen und noch nicht wieder hergestellt.

(3) Das Modell der Konziliaren Gemeinschaft wird vom ÖRK favorisiert und beinhaltet die regelmäßige konziliare Praxis der Ortskirchen, die verhindern soll, dass die legitime Vielfalt der Kirchen zu neuen Spaltungen führt. Die kulturelle Identität der Ortskirchen soll gewahrt bleiben, aber sie sollen im Glauben, in den Sakramenten und im Dienst an der Welt einig sein und eine gemeinsame Autorität und Repräsentanz nach außen haben. Bilaterale und multilaterale Gespräche der Kirchen sollen der Erreichung dieses Zieles dienen. Konkret könnte Konziliare Kirchengemeinschaft bedeuten, dass sich die Kirchen gegenseitig anerkennen, den Glauben gemeinsam formulieren, keine gegen die anderen Kirchen gerichteten Lehren vertreten und die Gemeinsamkeit mittels konziliarer Institutionen wie Synoden oder Kirchenräte zum Ausdruck bringen und sichern. Das Verständnis der Kirche als Gemeinschaft (Koinonia oder Communio) der Kirche(n) würde beispielsweise nicht ausschließen, dass der Papst als Bischof von Rom und Patriarch des Westens eine besondere Aufgabe im Dienst der Einheit der Kirche hätte, aber das Dogma von seiner Infallibilität und seine Jurisdiktionsgewalt beschränkten sich auf die römisch-katholische Kirche („Mit dem Papst, aber nicht unter dem Papst": Reinhard Frieling).

---

[14] „Die Kirche ist ja in Christus gleichsam das Sakrament, das heißt Zeichen und Werkzeug für die innigste Vereinigung mit Gott wie für die Einheit der ganzen Menschheit": LG I,1. - Zur Sakramentalität der Kirche: Döring, H.: Grundriß der Ekklesiologie. Zentrale Aspekte des katholischen Selbstverständnisses und ihre ökumenische Relevanz. Darmstadt 1986, 100 ff.

3 Themen der ökumenischen Theologie

3.1 Ökumenisches Denken: Paradigmenwechsel in der Theologie

In der Zeit der Reformation und der Gegenreformation waren die theologischen Auseinandersetzungen zwischen den Konfessionen häufig durch Vorurteile und rabiate Polemik geprägt. Nach dem dreißigjährigen Krieg und in der Zeit der Aufklärung veränderte sich das Klima. Die Konfessionen wurden als historisch-positive Ausprägungen der einen Religion verstanden: Philanthropie und Toleranz waren angesagt, und das konfessionelle Bewusstsein trat in den Hintergrund. Der Rationalismus hatte für die Lehre der Kirchen allenfalls ein historisches Interesse. Erst seit dem 18. Jahrhundert werden übrigens die Begriffe „katholisch" und „evangelisch" als Konfessionsbezeichnungen verwendet. Unter dem Einfluss der Romantik wurden in der Folgezeit die Konfessionen als gewachsene, organische Gebilde mit individueller Prägung in einem übergreifenden Ganzen, der Kirche, gedeutet. Die Wurzeln, aus der eine Konfession lebte, und der sie beseligende Geist sollten erfasst und mit anderen individuellen Konfessionsgebilden verglichen werden.

Dem relativierenden Indifferentismus einer komparativen Methode trat in der ersten Hälfte des 19. Jahrhunderts der römisch-katholische Theologe Johann Adam Möhler entgegen. Für ihn war der Glaube der römisch-katholischen Kirche der christliche schlechthin, und nur derjenige andere Glaube galt ihm noch als christlich, der mit dem katholischen übereinstimmte. In seiner Symbolik[15] arbeitete er mit der Hegel'schen Dialektik: Der Protestantismus war für ihn Gegensatz und Widerspruch zur katholischen Kirche im Sinne der Antithese, und die Auflösung dieses Widerspruchs in der Synthese einer höheren Einheit der Widersprüche in der katholischen Kirche sollte angestrebt werden. Die Folge war ein Aufblühen der Kontroverstheologie und des konfessionellen Denkens. Dazu kam in der Mitte des 19. Jahrhunderts im Zusammenhang mit den Auseinandersetzungen mit den revolutionären politischen Bewegungen eine kirchliche Restauration. Auch die römisch-katholische Kirche erholte sich vom Verlust der politischen Macht und des Kirchenstaates am Anfang des Jahrhunderts; entscheidend waren die restaurative neuthomistische Theologie und das Erste Vati-

---

[15] Im Unterschied zum Zeichen, das einen rational eindeutig bestimmbaren Sachverhalt „bezeichnet", steht das Symbol für die Vordergründigkeit der Wahrnehmung transzendierende und die Wirklichkeit in Sprache, Mythos und Kunst deutende Sinngehalte. In der Theologie ist die Symbolik die Disziplin, die sich mit den Glaubensbekenntnissen, Lehraussagen und Bekenntnisschriften der Kirche(n) befaßt; das bekannteste „Symbol" ist das apostolische Taufbekenntnis.

kanische Konzil. Die historisch-deskriptive Symbolik wich einer dogmatisch-normativen Konfessionskunde.

Die neuere Konfessionskunde versucht, eine Konfession aus ihrer Geschichte und den für sie verbindlichen Lehraussagen, sowie aus der Liturgie und der praktizierten Frömmigkeit zu verstehen. Gerhard Ebeling fordert, die Konfessionskunde müsse ihr Thema im Blick auf den Ursprung des konfessionellen Problems angehen, und das ist der Zusammenhang von Kirche und Geschichte. „Weil das Verhältnis der Kirche zu ihrem Ursprung schlechterdings über die Existenz der Kirche in der Gegenwart entscheidet, erweist sich das Problem Kirche und Geschichte als so fundamental, dass es das Leitproblem abgibt für die Darstellung der Konfessionskirchen und des konfessionellen Problems überhaupt."[16] Ebeling versteht die Kirchengeschichte als Geschichte der Auslegung des Evangeliums. Es geht also primär nicht um die Unterscheidung von anderen Konfessionen und das durch die Abgrenzung von anderen gewonnene Selbstverständnis, sondern um die Hintergründe der Konfessionalität in der Kirchengeschichte. Daraus ergibt sich dann die Frage, ob diese Situation noch heute zutrifft, und ob die theologischen Differenzen und die nichttheologischen Faktoren von damals heute noch kirchentrennend sein müssen. Wenn Konfessionskunde so betrieben wird, dann ist sie ein Teil der ökumenischen Theologie.

Die ökumenische Hermeneutik sucht nicht nach Unterscheidungen und Abgrenzungen, sondern nach Verständnis und gemeinsamen Aussagen. Das schließt eine vorurteilsfreie Kenntnisnahme der Unterschiede nicht aus. Aber ökumenisches Denken ist ein Denken vom anderen her, das nach Verstehen und nach Annäherungen und Konvergenzen sucht. Diese Hermeneutik ist komplementär, das heißt, sie versteht Wahrheit nicht einlinig und statisch, sondern sie weiß, dass die Erkenntnis der Wahrheit verschiedene, vielleicht sogar widersprüchliche Aspekte beinhalten kann, die sich in einer weiteren Dimension auflösen und zu größeren Erkenntnissen führen können.

Die Öffnung des ökumenischen Denkens beinhaltet auch die Ablösung des zumindest für die bürgerliche Tradition der reformatorischen Kirchen wesentlichen „Christomonismus" und der Zentrierung der Theologie auf die Kirche. Kirche und Welt wurden getrennt gesehen, Jesus Christus wurde als Gott überhöht und zum Vermittler des Heils instrumentalisiert. Hans Küng, Konrad Raiser und andere sprechen deshalb von einem notwendigen „Paradigmenwechsel" in der Theologie. (Thomas Kuhn nennt eine epochale und revolutionäre Verände-

---

[16] Ebeling, G.: Über Aufgabe und Methode der Konfessionskunde, in: Ders., Wort Gottes und Tradition. Studien zu einer Hermeneutik der Konfessionen. Göttingen 12964, 33.

rung des geistigen Orientierungsrahmens einen Paradigmenwechsel.[17]) Natürlich sind damit nicht alte Paradigmen des Denkens und Erkennens völlig überholt, aber sie werden in die neue Sicht integriert. Angesichts der vielfältigen Bedrohungen der einen Welt und ihrer Zukunftschancen „ist der Übergang von einem partikulären zu einem universalen Denken, von der 'Kontroverstheologie' zu einer , ökumenischen Theologie' ein unabweisbares Desiderat", schreibt Küng.[18] Nach Jürgen Moltmann kennzeichnen drei Perspektiven diesen Übergang:[19]

(1) Vom konfessionellen zum ökumenischen Zeitalter;

(2) vom europazentrischen zum menschheitlichen Zeitalter und

(3) vom Zeitalter der mechanistischen Weltbeherrschung zum Zeitalter der ökologischen Weltgemeinschaft.

Das in der Ökumene unter dem Einfluss der Ostkirchen neu belebte trinitarische Denken verbindet den Glauben an Gott den Schöpfer mit dem Glauben an Christus, den Erlöser und an den Geist, den Vollender der Welt. Das räumliche, auf das Erkennen und Bewahren von „Ordnungen" ausgerichtete Denken im früheren Paradigma wird durch das geschichtliche Denken ersetzt. Das Bekenntnis zu Jesus Christus schließt die Einheit des Volkes und die Berufung zu Zeugnis und Dienst an allen Menschen ein. Der Auftrag der Verkündigung des Heils an alle Menschen weist von einem am individuellen Heil orientierten Christomonismus auf einen „christozentrischen Universalismus" und ein heilsgeschichtliches Denken hin.[20] Auch die Mission ist nicht primär ein Handeln der Kirche, sondern Handeln Gottes durch die Kirche an der Welt und hat ihren Ursprung im trinitarischen Gott.[21] Eine von der alttestamentlichen Prophetie her verstandene Heilsgeschichte gilt der ganzen Welt; denn im heilsgeschichtlichen Denken wird die ganze Welt im Lichte des kosmischen Christus und des kommenden Gottes-

---

[17] Kuhn, Th. S.: Die Struktur wissenschaftlicher Revolutionen. 2. erw. Aufl. Frankfurt/Main 1978.
[18] Küng, H.: Ein neues Grundmodell von Theologie? Divergenzen und Konvergenzen, in: Küng, H., Tracy, D. (Hg): Das neue Paradigma von Theologie. Zürich, Gütersloh 1986, 214.; Raiser, K.: Ökumene im Übergang. Paradigmenwechsel in der ökumenischen Bewegung. München 1989.
[19] Moltmann, J. in: Küng, H., Tracy, D. (Hg): Theologie im Übergang - wohin? Auf dem Weg zu einem neuen Paradigma. Bd. I, Zürich, Köln, Gütersloh 1984, 27 ff.
[20] Visser't Hooft, W. A.: Wiederentdeckung des christozentrischen Universalismus, in: Ders., Ökumenischer Aufbruch. Hauptschriften Bd. 2. Stuttgart, Berlin 1967, 67 ff.
[21] Margull, J.: Theologie der missionarischen Verkündigung. Evangelisation als ökumenisches Problem. Stuttgart 1959.

Theologie der Ökumene oder ökumenische Theologie? 111

reiches gesehen.²² Diese Sicht eröffnet auch eine neue Basis für den Prozess des ökumenischen Lernens und für den Dialog mit den anderen Weltreligionen und mit der säkularen Welt.²³

An drei ausgewählten Problemfeldern soll das geschichtliche Paradigma erläutert werden.

3.2 Die Rechtfertigungslehre

Die Lehre von der Rechtfertigung des Sünders allein aus Gnade (Rö 3,19-28) gehört zu den zentralen Streitfragen in der abendländischen Kirchengeschichte seit der Reformationszeit. Im Unterschied dazu kennt die orthodoxe Kirche des Ostens keine Rechtfertigungslehre; dort spricht man von der „Theosis", der „Vergottung" des Menschen in der göttlichen Liturgie der Kirche. Luther zählte diese Frage zu den Glaubensartikeln, mit denen die Kirche steht oder fällt. Auf die Einzelheiten dieses Streites kann hier nicht eingegangen werden.²⁴ Martin Luther war durch die Erfurter nominalistische Theologie geprägt. Nach seiner Auffassung ist der Mensch durch und durch Sünder und kann aus eigener Kraft das Heil weder erkennen noch aus eigener Kraft bewirken. Auch der Verdienstgedanke ist ausgeschlossen. Der Mensch wird allein durch den Glauben („sola fide") vor Gott gerecht, und dieser Glaube ist ausschließlich ein Geschenk der Gnade („sola gratia"), der sich der Mensch anvertraut, und die in der Bibel bezeugt ist („sola scriptura"). Die katholische Seite dagegen betrachtete diese Auffassung als im Kern häretisch. Nach älterer katholischer Auffassung werden dem Menschen die Sünden nicht angerechnet, angerechnet wird die Gerechtigkeit Christi, die den Menschen innerlich verändert, weshalb er auch zu guten Werken und zum Glauben an die Gnade befähigt wird.²⁵

In der neueren katholischen Theologie kam es zu einem Wandel im Verständnis Luthers und der Rechtfertigungslehre. Nur zwei Namen seien genannt:

---

[22] Müller-Fahrenholz, G.: Heilsgeschichte zwischen Ideologie und Prophetie. Profile und Kritik heilsgeschichtlicher Theorien in der ökumenischen Bewegung zwischen 1948 und 1968. Freiburg i. Br., Basel, Wien 1974.
[23] Gensichen, H.-W.: Weltreligionen und Weltfriede. Göttingen 1985; Goßmann, K. (Hg): Ökumenisches Lernen in der Gemeinde. Gütersloh 1988; K. Goßmann, H. Schultze, Ökumenisches Lernen im Religionsunterricht europäischer Schulen. Münster 1988.
[24] Literatur bei Wagner, H.: Articulus stantis et cadentis: Die Rechtfertigung des Sünders, in: Handbuch der Ökumenik Bd. III,2. Paderborn 1987, 16-27.
[25] Zur Rechtfertigungslehre: Pesch, O. H., Peters, A.: Einführung in die Lehre von Gnade und Rechtfertigung. 2. Aufl. Darmstadt 1981.

Hans Küng und Otto H. Pesch.[26] Hans Küng kam in seiner Dissertation zum Ergebnis, dass in der Rechtfertigungslehre „eine grundsätzliche Übereinstimmung bestehe zwischen der Lehre Karl Barths und der Lehre der katholischen Kirche"; im Vorwort bestätigte Karl Barth, dass seine Ansicht von der Rechtfertigung als dem gnädigen Souveränitätsakt Gottes richtig wiedergegeben sei. Pesch erklärte, Luther und Thomas unterschieden sich zwar in Wortlaut und Denkkategorien, aber wenn man das Ganze theologische Werk und den geschichtlichen Ort berücksichtige, stimmten ihre Ansichten der Sache nach überein. In den letzten Jahren wurden die theologischen Gespräche über diese Frage intensiviert. Auch hier bringt das komplementäre Denken Fortschritte im Gespräch zwischen den Konfessionen. Für den Glauben ist gewiss, dass Gottes Gnade dem Menschen vorausgeht („gratia praeveniens"), und dass das menschliche Leben Gottes Geschenk ist. Dennoch gilt aber auch, dass der Mensch als Gottes Geschöpf und Partner auf Gott hören und ihm gehorsam sein und zum Gelingen betragen muss. Darum schreibt Paulus an die Philipper: „Schaffet, dass ihr selig werdet, mit Furcht und Zittern; denn Gott ist es, der in euch wirkt beides, das Wollen und das Vollbringen zu seinem Wohlgefallen" (Phil. 2, 12 f.).

In längeren bilateralen Verhandlungen ist eine internationale Kommission von Vertretern des Päpstlichen Einheitsrates und des Lutherischen Weltbundes zu einer Gemeinsamen Erklärung gekommen, die nach Überwindung verschiedener Kritiken und Interpretionsschwierigkeiten am Reformationstag 1999 in Augsburg unterzeichnet wurde.[27] Es wird betont, dass die Lutheraner die Erneuerung des Lebens des Christen nicht verneinen, wenn sie von Gottes Gnade sprechen und zum Ausdruck bringen wollen, dass die Rechtfertigung in Christus begründet ist und von menschlicher Mitwirkung frei bleibt; sie ist auch nicht von der lebenserneuernden Wirkung der Gnade im Menschen abhängig. Die Katholiken verneinen nicht die Unabhängigkeit der Gnadengabe der Rechtfertigung von menschlicher Mitarbeit, wenn sie sagen, dass die vergebende Gnade Gottes im-

---

[26] Küng, H.: Rechtfertigung. Die Lehre Karl Barths und eine katholische Besinnung. (1957) 4. erw. Aufl. mit einem Nachwort „Zur Diskussion um die Rechtfertigung. Einsiedeln 1964 (zit. n. der Taschernbuchausgabe München, Zürich 1986, 274); Pesch, O. H.: Theologie der Rechtfertigung bei Martin Luther und Thomas von Aquin. Versuch eines systematisch-theologischen Dialogs. Mainz 1967; Ders., Gerechtfertigt aus Glauben. Luthers Frage an die Kirche. Freiburg i.Br., Basel, Wien 1982.

[27] Eine scharfe Kritik äußerte Eberhard Jüngel: Um Gottes willen - Klarheit! Kritische Bemerkungen zur Verharmlosung der kriteriologischen Funktion des Rechtfertigungsartikels - aus Anlass einer ökumenischen „Gemeinsamen Erklärung zur Rechtfertigungslehre", in: ZThK 94/1997, 394-406; vgl. auch das Beiheft 10 der ZThK mit dem Titel „Zur Rechtfertigungslehre". Tübingen 1998.

mer mit dem Geschenk eines neuen Lebens verbunden ist.[28] Zwar gibt es in der römisch-katholischen Kirche eine Hierarchie der Wahrheiten, aber es wird ausdrücklich erklärt, dass die Rechtfertigungslehre das grundlegende Prinzip der Glaubenslehre sei. Der Präsident des Päpstlichen Einheitsrates in Rom, Kardinal Edward Cassidy, ließ verlauten, dass die Erklärung „kein Dokument des Kompromisses, sondern ein Dokument der Wahrheit im Geist der Versöhnung" sei.

Zeitgemäß gesprochen heißt Rechtfertigung Akzeptanz: Wer sich von Gott angenommen weiß, braucht sich um seine Rechtfertigung vor Gott nicht zu kümmern und kann sich liebend und sachgemäß seinen Aufgaben in der alltäglichen Welt zuwenden. Die Botschaft von der Rechtfertigung des Sünders ist aber nicht ablösbar von der Kirche, in die der Christ hineingetauft ist, und in der er der Gnade Gottes vergewissert wird. Rechtfertigung und Kirche gehören daher ihrem Wesen nach zusammen. Das protestantische „Solus Christus" („allein Christus") kann jesuanisch missverstanden werden, wenn der Zusammenhang von Christus und Kirche und somit der Dritte Artikel des Credo vernachlässigt werden. Dieser Zusammenhang wird in Zukunft im ökumenischen Dialog noch weiterer theologischer Klärung und Bewusstwerdung bedürfen.[29] Dann wird sich auch herausstellen, ob die Schwierigkeiten mit der Gemeinsamen Erklärung in sprachlichen Unterschieden oder in fundamentalen Differenzen begründet sind.

3.3 Die Kirche und die Kirchen

Die entscheidende Frage im ökumenischen Dialog ist die nach dem Kirchenverständnis. Das Wort Kirche (engl.: Church, schwed.: Kyrka, aleman.: Chille) kommt von dem griechischen Adjektiv „kyriaké" und heißt „dem Herrn gehörig"; gemeint ist das dem Kyrios gehörige Gebäude. Im Neuen Testament wird die Versammlung der Christen „ekklesia" genannt, was auch im säkularen Bereich die Bezeichnung für die aus der privaten Sphäre in die Öffentlichkeit herausgerufene Versammlung ist. Eine nähere Bestimmung der Kirche erfolgt in den apostolischen Bekenntnissen, wo von der einen, heiligen, apostolischen und

---

[28] GE 23 u. 24; Gemeinsame Erklärung zur Rechtfertigungslehre. Text und Kommentar, hg. vom Institut für ökumenische Forschung des Lutherischen Weltbundes in Straßburg. Straßburg 1987. - Zum interkonfessionellen Dialog über die Rechtfertigung: Maurer, E.: Rechtfertigung. Konfessionstrennend oder konfessionsverbindend? Göttingen 1998.
[29] Eine wichtige Studie hierzu ist die von der Gemeinsamen römisch-katholischen und evangelisch-lutherischen Kommission veröffentlichte Erklärung: Kirche und Rechtfertigung. Das Verständnis der Kirche im Licht der Rechtfertigungslehre. Paderborn, Frankfurt/Main 1994; vgl. auch: Pemsel-Maier, S.: Rechtfertigung durch Kirche. Das Verhältnis von Kirche und Rechtfertigung in Entwürfen der neueren evangelischen und katholischen Theologie. Würzburg 1991

katholischen Kirche die Rede ist. Heilig heißt Gott zugehörig. Mit der Apostolizität wird der Zusammenhang mit der Überlieferung des apostolischen Zeugnisses festgehalten. Katholizität bezieht sich auf das, „was überall, immer und von allen geglaubt worden ist" (Vincenz von Lerinum, 5. Jahrhundert), nämlich die Menschwerdung Gottes in Jesus Christus.[30]

Für den Augsburger Reichstag von 1530, der die Spaltung der lateinischen Kirche - also der Kirche des Abendlandes - verhindern sollte, formulierte Melanchthon die Augsburger Konfession. Zu den Artikeln, über die nach seiner Meinung Einigkeit herrschte, gehört auch der Artikel über die Kirche: „Es wird auch gelehrt, dass alle Zeit müsse eine heilige christliche Kirche sein und bleiben, welche ist die Versammlung aller Gläubigen, bei welchen das Evangelium rein gepredigt und die heiligen Sakrament laut des Evangelii gereicht werden." Zur wahren Einigkeit der christlichen Kirche sei nicht notwendig, so wird weiter erklärt, „dass allenthalben gleichförmige Ceremonien, von den Menschen eingesetzt, gehalten werden, wie Paulus spricht zu den Ephesern am 4.: 'Ein Leib, ein Geist, wie ihr berufen seid zu einerlei Hoffnung euers Berufs, ein Herr, ein Glaub, ein Tauf.'" (CA VII)

Die Reformation hielt an der mittelalterlichen Lehre von der einen unsichtbaren Kirche fest, die sich durch das Wirken des Heiligen Geistes da und dort in den empirischen lokalen Kirchen manifestiert. Versammlung der Gläubigen, Verkündigung des Evangeliums und Darreichung der Sakramente sollten die Erkennungszeichen der Kirche sein. Es war also eine geglaubte Einheit in der Vielfalt der Erfahrung von Kirche möglich. Die Katholizität wurde nicht in Frage gestellt; denn sie bezeichnet die Universalität im Glauben an das Evangelium und in den Sakramenten der Taufe und der Eucharistie. Im lateinischen Text des Artikels VII der CA steht, die Kirche sei die Versammlung der Heiligen (congregatio sanctorum), in der das Evangelium rein gelehrt und die Sakramente recht (recte) verwaltet werden. Die aus dem Apostolicum stammende Formel Communio sanctorum war ursprünglich neutrisch verstanden worden als Gemeinschaft durch die Teilhabe an den heiligen Sakramenten und an den Verdiensten der Heiligen. In der Alten Kirche wurde das Abendmahl als communio mit dem gegenwärtigen Christus bezeichnet. Unter Luthers Einfluss wurde die Communio als gegenseitige Teilhabe und Hingabe in der Gemeinde der Getauften verstanden. In der Folge entwickelte sich aus dieser personalistischen Deutung im Westen im Anschluss an Schleiermachers Kirchenbegriff ein rein soziologisches Verständnis der Kirche.[31]

---

[30] Hierzu: Maurer, B.: Die Katholizität der Kirche, in: Deutsches Pfarrerblatt 92/1992, 7, 279-284.

[31] Elert, W.: Abendmahl und Kirchengemeinschaft in der alten Kirche hauptsächlich des Ostens. Berlin 1954, 16

Das Glaubensbekenntnis des Konzils von Trient bezeichnet die heilige katholische und apostolische römische Kirche als Mutter und Lehrerin aller Kirchen.[32] Im Zuge der Gegenreformation lehrte der einflussreiche Kontroverstheologe und Jesuit Robert Bellarmin (1542-1621) den Vorrang der Tradition gegenüber dem reformatorischen Schriftprinzip und stellte drei Merkmale für die volle Zugehörigkeit zur Kirche auf: „Das Bekenntnis des wahren Glaubens, die Teilnahme an den Sakramenten und die Unterwerfung unter den rechtmäßigen Hirten, den römischen Papst".[33] Dieser römische Zentralismus wurde in den folgenden Jahrhunderten weiter ausgebaut und fand im I. Vatikanischen Konzil (1869-1870) seinen Höhepunkt. Die römische Kirche wurde als von Christus eingesetzte, allein selig machende sakramentale Heilsanstalt und als eine vollkommene Gesellschaft mit einer vertikalen Hierarchie und dem Papst als monarchischer Spitze verstanden; es wurde gelehrt, dass der Papst unfehlbar sei wenn er „ex cathedra" spricht.

Das II. Vatikanische Konzil (1962-1965) hat den neutestamentlichen Gedanken der Communio aufgegriffen und damit neue Dimensionen einer ökumenischen Ekklesiologie erschlossen. Die Kirche als Communio ist die Gemeinschaft des Volkes Gottes, die ihre Wurzeln in der innertrinitarischen Gemeinschaft Gottes hat; sie besteht nicht allein aus der Institution und den hierarchischen Ämtern, sondern sie ist das Volk, das in Gottes Zuwendung und in seinem Heil gründet. In der Menschwerdung Gottes in Jesus Christus ermöglicht er die Communio des einzelnen Menschen mit ihm und der Menschen untereinander. Die Kirche, zu der alle in Christus berufen werden, ist durch seinen Geist das umfassende Heilssakrament, durch das der erhöhte Christus in der Welt wirkt. Sie wird einst in der himmlischen Wirklichkeit vollendet werden.[34] Das Sakrament der Aufnahme in diese Gemeinschaft ist die Taufe. In der Eucharistie wird diese Communio gefeiert. Die Kirche wird nicht als eine uniforme und zentralistische Universalkirche verstanden, sondern als die Gemeinschaft der Ortskirchen, in denen das eucharistische Mysterium gefeiert wird: „In ihnen und aus ihnen besteht die eine und einzige katholische Kirche."[35] Die Kirche als Gemeinschaft im römisch-katholischen Verständnis ist freilich noch nicht auch die Gemeinschaft der Kirchen im reformatorischen Sinn!

---

[32] Denz. 1999
[33] Zit. n. Niesel, W.: Das Evangelium und die Kirchen. Ein Lehrbuch der Symbolik. Neunkirchen 1953, 41.
[34] LG 48
[35] LG 23; vgl. Hemmerle, K.: Communio als Denk und Lebensweise, in: Biemer, G., Casper B. u. Müller F. (Hg): Gemeinsam Kirche sein. Theorie und Praxis der Communio. FS für Erzbischof Oskar Saier. Freiburg i.Br., Basel, Wien 1992, 77-89; Greshake, G.: Communio - Schlüsselbegriff der Dogmatik, ebenda , 90-121.

Auch der ÖRK gebraucht das Wort Koinonia, die griechische Bezeichnung für Communio. Bereits in der Basisformel von 1948 (Amsterdam) und deren erweiterten Fassung von 1961 (Neu Delhi) versteht sich der ÖRK als „Gemeinschaft von Kirchen". Dort wird die sichtbare Einheit der Kirche, „die zugleich Gottes Wille und seine Gabe an seine Kirche ist", als „völlig verpflichtete Gemeinschaft" bezeichnet. Das Wort Gemeinschaft beschreibt das wahre Wesen der Kirche, heißt es im Bericht der Sektion Einheit in Neu Delhi. „'Gemeinschaft' setzt eindeutig voraus, dass die Kirche nicht lediglich eine Institution oder Organisation ist. Sie ist die Gemeinschaft derer, die durch den Heiligen Geist zusammengerufen sind und in der Taufe Christus als Herrn und Heiland bekennen. Auf diese Weise sind sie ihm und einander 'völlig verpflichtet'."[36] Die Vollversammlung des ÖRK in Canberra bündelte 1991 die Zielvorstellungen des ÖRK in der Erklärung „Die Einheit der Kirche als Koinonia: Gabe und Aufgabe": „Die Einheit der Kirche, zu der wir berufen sind, ist eine Koinonia, die gegeben ist und zum Ausdruck kommt im gemeinsamen Bekenntnis des apostolischen Glaubens, in einem gemeinsamen sakramentalen Leben, in das wir durch die eine Taufe eintreten, und das in der einen eucharistischen Feier miteinander gefeiert wird, in einem gemeinsamen Leben, in dem Glieder und Ämter gegenseitig anerkannt und versöhnt sind, und in einer gemeinsamen Sendung, in der allen Menschen das Evangelium von Gottes Gnade bezeugt und der ganzen Schöpfung gedient wird. Das Ziel der Suche nach voller Gemeinschaft ist erreicht, wenn alle Kirchen in den anderen die eine, heilige, katholische und apostolische Kirche in ihrer Fülle erkennen können. Diese volle Gemeinschaft wird auf der lokalen wie auf der universalen Ebene in konziliaren Formen des Lebens und des Handelns zum Ausdruck kommen."[37] Dieser Weg kann nur in der geistlichen Umkehr und in der Erkenntnis gegangen werden, dass die empirische Kirche immer wieder der Erneuerung bedarf („ecclesia semper reformanda").

Das sind Perspektiven einer Kirchengemeinschaft, die hoffen lassen! Die Frage ist nur, was geschehen muss, dass die Ämter der Kirchen gegenseitig anerkannt werden. Das ist besonders eine Anfrage an die evangelischen Kirchen, so weit sie in der Reformationszeit die apostolische Sukzession der Bischöfe verloren und jetzt eine „horizontale Hierarchie" mit synodal verankerten Leitungsämtern haben. Diese beiden Elemente der Kirchenleitung müssen aber keinen Gegensatz darstellen. Es gibt auch synodal verfasste Kirchen mit einem historischen Bischofsamt. Zahlreiche bilaterale und multilaterale Dialoge über theologische

---

[36] Neu Delhi Dokumente. Berichte und Reden auf der Weltkirchenkonferenz in Neu Delhi 1961, hg. v. F. Lüpsen. Witten 1962, 68.
[37] Müller-Römheld, W. (Hg): Im Zeichen des Heiligen Geistes. Bericht aus Canberra 1991. Offizieller Bericht der siebten Vollversammlung des ÖRK. Frankfurt/Main 1991, 174.

Fragen wurden geführt. Aber der Weg zum vorbehaltlosen Miteinander in der Verschiedenheit der Kirchen und zur vollen Kirchengemeinschaft wird noch viele Gespräche und viel Geduld erfordern. Auf evangelischer Seite wird man lernen müssen, über Gerhard Ebelings Bemerkung nachzudenken: „Der heilige Geist besteht nicht bloß je und je. Er selbst wird übertragen und weitergegeben, indem die Christusüberlieferung weitergereicht wird. Die Gegenwart des Heiligen Geistes haftet auch nicht nur an am Einzelnen, sosehr sie stets auf den Einzelnen zielt."[38] Immerhin gibt es aber inzwischen in vielen Ländern ökumenische Christenräte auf nationaler, regionaler und lokaler Ebene, die durch gemeinsame Beratungen, Initiativen und Gottesdienste auch eine reale Basis für das Erleben der Gemeinschaft schaffen.[39] In der Bundesrepublik Deutschland sind das die Arbeitsgemeinschaften christlicher Kirchen und Gemeinden (ACK). Im weiteren Sinn ist die Ökumene - nicht nur in den konfessionsverschiedenen Ehen - eine ekklesiale Realität geworden. Sollte das Amt des Papstes als Dienst an der Einheit der Koinonia verstanden werden können, dann könnte auch für reformatorische Kirchen eine Kirchengemeinschaft mit dem Papst, freilich nicht unter dem Papst, denkbar sein.

3.4 Der Konziliare Prozess für Gerechtigkeit, Frieden und Bewahrung der Schöpfung

Während der Weltkirchenkonferenz von Vancouver 1983 forderten Delegierte der damaligen DDR die Einberufung eines Friedenskonzils.[40] Schon in Uppsala war von einem „wirklich universalen Konzil" die Rede.[41] Dort wurden die ökumenische Bewegung und die regionalen Räte sowie der ÖRK „als eine Übergangslösung bis zu einer schließlich zu verwirklichenden wahrhaft universalen, ökumenischen, konziliaren Form des Lebens und Zeugnisses" bezeichnet. Der Gedanke eines allgemeinen christlichen Konzils geht zurück auf zwei Theologen, die während der nationalsozialistischen Herrschaft gegen den Strom schwammen und dies gegen Ende des Krieges mit ihrem Tod bezahlen mussten: Pfarrer Dietrich Bonhoeffer und Pater Max Josef Metzger. Bonhoeffer hatte schon 1934 in einer Rede während einer Konferenz des damaligen Weltbundes für Freundschaftsarbeit der Kirchen, deren Jugendsekretär er war, auf Fanö ein Friedenskonzil gefordert, weil

---

[38] Ebeling, G.: Dogmatik des christlichen Glaubens III. Der Glaube an Gott den Vollender der Welt. Tübingen 1979, 124.
[39] Hierzu: Kürschner-Pelkmann, F.: Von Babel nach Jerusalem. Der Beitrag der Christenräte zur Einheit. Weltmission heute Nr. 11. Hamburg 1991.
[40] Falcke, H.: Vom Gebot Christi, daß die Kirche uns die Waffen aus der Hand nimmt und den Krieg verbietet. Zum konziliaren Weg des Friedens. Ein Beitrag aus der DDR. Stuttgart 1986.
[41] Goodall, N. (Hg): Bericht aus Uppsala 1968. Offizieller Bericht über die vierte Vollversammlung des ökumenischen Rates der Kirchen Uppsala 1968. Genf 1968, 14.

Christen nicht auf einander schießen sollten. Auch Metzger regte in einem Brief, den er im Jahre 1939 aus dem Gefängnis an Papst Pius XII. richtete, ein Friedenskonzil an. Bekanntlich blieben die beiden Appelle ohne Erfolg.

Ein Konzil ist eine Versammlung zur Beratung bestimmter Fragen. Die Diskussion über das geforderte Friedenskonzil zeigte zum einen, dass die Friedensfrage nicht ablösbar war von der sozialen und wirtschaftlichen Gerechtigkeit, insbesondere im Verhältnis der Industrieländer des Nordens der Erde zu den Entwicklungsländern im Süden, und von der Aufarbeitung der Frage nach der Verteilung der Ressourcen und der ökologischen Probleme der ganzen Welt; denn ohne Gerechtigkeit und ohne Zukunftschancen gibt es keinen Frieden. Zum anderen ist der Begriff Konzil im orthodoxen und im katholischen Kirchenrecht eine Versammlung von Bischöfen. Aber man wollte doch an dem Prinzip des Konzilsgedankens, nämlich des Gesprächs mit einander, festhalten, zumal bereits die Weltkirchenkonferenz von Nairobi 1975 ein von einer Konsultation der Kommission für Glauben und Kirchenverfassung in Salamanca 1973 vorgeschlagenes Kirchenmodell der Konziliaren Gemeinschaft gutgeheißen hat. Die Vollversammlung in Vancouver beauftragte 1983 den ÖRK, mit der Einbindung der Mitgliedskirchen in einen Konziliaren Prozess gegenseitiger Verpflichtung für Gerechtigkeit, Frieden und Bewahrung der ganzen Schöpfung einen zukünftigen Arbeitsschwerpunkt zu setzen. Zwei Jahre später hat sich während des Düsseldorfer Evangelischen Kirchentages der Physiker und Philosoph Carl Friedrich von Weizsäcker zum eindrucksvollen Fürsprecher für ein ökumenisches Friedenskonzil gemacht.[42]

In den verfassten europäischen Kirchen kam dieser Prozess auf verschiedenen Ebenen in Gang und fand einen ersten Höhepunkt 1989 in der Basler Konvokation für Gerechtigkeit in Frieden. Diese Konferenz war seit über 500 Jahren die erste europäische Versammlung von offiziellen Delegierten aller Kirchen aus allen europäischen Ländern (außer Albanien). Ein Jahr später fand in Seoul eine Weltkonferenz für Gerechtigkeit, Frieden und Bewahrung der Schöpfung statt, an der allerdings von römisch-katholischer Seite nur Beobachter und keine offiziellen Delegierten teilnahmen. In Basel wurde eindringlich auf die Verantwortung der Christenheit für die Welt hingewiesen. Voraussetzung dieser Weltverantwortung ist aber die Hinwendung zum lebendigen Gott, zu der Jesus Christus ermutigt. Durch die Taufe sind alle Christen einig, und in der Feier der Eucharistie kommt der Glaube an den Dreieinigen Gott zum Ausdruck. die Gemeinschaft am Altar hat dann aber auch Konsequenzen für das Verhalten in der Welt und für

---

[42] von Weizsäcker, C. F.: Die Zeit drängt. Eine Weltversammlung der Christen für Gerechtigkeit, Frieden und Bewahrung der Schöpfung. München, Wien 1986.

die christliche Ethik.⁴³ Umso schmerzlicher ist, dass diese eucharistische Gemeinschaft noch nicht vorbehaltlos möglich ist.

Der Konziliare Prozess der Kirchen lässt zwei Konflikte der Ökumene bewusst werden: Das zentrale ekklesiologische Problem der Gemeinschaft der Kirchen im Glauben an den einen Christus sowie die Verbindlichkeit einer christlichen Ethik für die Beziehungen der Kirchen und der Christen zur Welt. In diesem Prozess eröffnet sich aber auch ein zur Hoffnung ermutigender Lösungshorizont für das Ineinander von Einheit und Vielfalt: Im Schlussdokument der Basler Konvokation heißt es, Christen sollen Zeugen einer „Kultur der Liebe" sein.⁴⁴ Im globalen Denken und im lokalen Handeln sollen die Christen sich selbst, die anderen Menschen und den Reichtum der ganzen Schöpfung im Licht der Liebe wahrnehmen, verstehen und sich entsprechend verhalten. Was das im Blick auf die Gerechtigkeit, den Frieden und die Bewahrung der Schöpfung heißt, gilt es, in ökumenischen Gruppen an der Basis und auf allen höheren Ebenen der Kirchen im „Dreischritt des Lernens" zu erkennen, zu diskutieren und einzuüben! Angesichts der Probleme der Konsenstheologie, die kaum entscheidende Durchbrüche erzielt hat, aber auch der Schwierigkeiten bei der Rezeption der Konvergenztheologie kommt mit dem Konziliaren Prozess eine neue ökumenische Theorie zum Tragen: Es geht um Konvivenz, um das Leben in einer Gemeinschaft, in der individuelle Unterschiede nicht trennend, sondern bereichernd sind, und die mit sich selbst identisch ist, indem sie für andere und für die Welt da ist.⁴⁵

3.5 Einheit der Kirche und Einheit der Welt

Soll der Gedanke einer erneuerten und geeinten Kirche als Zeichen für die Erneuerung und Einigung der ganzen Menschheit nicht nur ein hehres Ideal sein, dann müsste in den Kirchen viel geschehen! Dazu gehört die intensive theologische Bildungsarbeit bei Pfarrern und Gemeindegliedern, die Stärkung und Beteiligung der so genannten Laien an kirchlichen Entscheidungen auf allen Ebenen, die Kultivierung der Begegnung von Männern und Frauen und die Gleichberechtigung der Frauen (die nicht nur bei Gemeindefesten in der Küche Kaffee kochen können!), die Pflege der Beziehungen zwischen den Generationen und insbesondere das Engagement für die Jugend und umgekehrt deren Mitarbeit in Gottes-

---

[43] Käßmann, M.: Die eucharistische Vision. Armut und Reichtum als Anfrage an die Einheit der Kirche in der Diskussion des Ökumenischen Rates. München, Mainz 1992.
[44] Frieden in Gerechtigkeit. Die offiziellen Dokumente der Europäischen Ökumenischen Versammlung 1989 in Basel, hg. im Auftrag der Konferenz Europäischer Kirchen und des Rates der europäischen Bischofskonferenzen. Basel, Zürich 1989, 70 (Nr. 69).
[45] Vgl. Bundschuh-Schramm Ch.: Einheit und Vielheit der Kirchen. Ökumene im konziliaren Prozeß. Stuttgart, Berlin, Köln 1993.

dienst und Gemeindeleben und so fort! Das in der Kirche gelebte Ethos der Menschlichkeit könnte eine ermutigende und vielleicht auch verbindliche Bedeutung für die ganze Gesellschaft haben. Die Vision der Gemeinschaft der Kirchen in einer universal gewordenen Weltgeschichte ist eine kreative Kraft, von der ungeahnte Bewegungen der Humanisierung der Gesellschaft und die Ermutigung zum lebenslangen ökumenischen Lernen ausgehen können. Es wird allerdings vieles davon abhängen, ob es gelingt, „die Blindheit des modernen Denkens zu durchbrechen und uns jene Verantwortung erkennen zu lassen, aus der sich durch die Offenbarung Gottes Vernunft in der geschichtlichen Welt konstituiert."[46]

Bei vielen Gelegenheiten diskutieren Christen über die Menschenrechte und setzen sich für deren Beachtung ein. Die Aufgeschlossenheit der Kirchen für die Menschenrechte ist das Ergebnis eines schmerzlichen Lernprozesses. Im 19. Jahrhundert wurden die Menschenrechtsforderungen von konservativen Kreisen in den Kirchen vielfach als Ausdruck des liberalen Zeitgeistes und der mit der Aufklärung verbundenen Verlagerung der Religion in die Diesseitigkeit des subjektiven menschlichen Bewusstseins kritisiert und abgelehnt. Das Wort Menschenrechte war ein Reizwort, zumal es auch die Kritik an kirchlicher Praxis im Umgang mit Menschen einschloss. Im Grund liegen aber die Wurzeln der Menschenrechte in der jüdisch-christlichen Tradition und im christlich verstandenen Naturrecht. Der Menschenrechtsgedanke wurde von den frühen Puritanern Nordamerikas religiös-christologisch verstanden. Das religiöse Bewusstsein der in Gottes Schöpfungswillen und in seiner Menschwerdung in Jesus Christus begründeten Freiheit des Menschen war eine entscheidende Triebkraft des politischen Handelns. Die Menschenrechte sind auch ein wichtiger Beitrag zu einem neuen Weltethos, wenn nicht sogar deren Grundlage. Es besteht ein Zusammenhang zwischen der Einigung der Kirchen und der Ermutigung zur Einheit der Weltgesellschaft, und die Kirchen haben für die Entwicklung des notwendigen Weltethos eine wesentliche Bedeutung.[47]

---

[46] Picht. G.: Mut zur Utopie. München 1969, 142.
[47] Menschenrechte. Dokumente und Deklarationen, Hg. Bundeszentrale für politische Bildung. 2. Aufl. Bonn 1996; Huber, W., Tödt, H. E.: Menschenrechte - Perspektiven einer menschlichen Welt. Stuttgart, Berlin 1977; Maier, H.: Wie universal sind die Menschenrechte? Freiburg i.Br., Basel, Wien 1997; Maurer, B.: Menschenrechte und Kirchen, in: Interkulturell. Forum für Interkulturelle Kommunikation, Erziehung und Beratung 1999, 1/2, 55-94; Schwartländer, J. (Hg): Modernes Freiheitsethos und christlicher Glaube. Beiträge zur Bestimmung der Menschenrechte. München, Mainz 1981.

4 Ökumene am Ort

In einer Zeit globaler Umwälzungen bekommt das Leben im kleinen, örtlichen Milieu eine identitätsstiftende Bedeutung. Das gilt auch für die Kirche. In der Ökumene am Ort muss sich nicht nur der Realitätsbezug der ökumenischen Bewegung bewähren, sondern die Bewegung lebt und nährt sich aus den Kräften und Erfahrungen der Basis. „Keine Firma der ganzen Welt hat so viele Filialen wie die Kirche", meinte ein Management-Berater der Industrie und fragte, was in und mit diesen Filialen geschehe! Hier können nur einige Stichworte genannt werden: Kontakte der Gemeinden und Pfarrer, gemeinsame Gottesdienste, Feste und Veranstaltungen, Kirchenmusik, Theater, Sport, Wanderungen und Ausflüge, Besuchsdienste, ökumenische Sozialstationen, Bahnhofsmission und Krankenhausdienste, Initiativen von Basisgruppen und ökumenischen Kreisen zur Lösung von Bürgerproblemen, Gleichstellung der Frauen, Abbau der rassistischen Vorurteile und Diskriminierungen, Einübung von Konfliktlösungsstrategien auf der Grundlage der Versöhnung, lokale Versammlungen im Rahmen des Konziliaren Prozesses für Gerechtigkeit, Frieden und Bewahrung der Schöpfung, ökumenische Schalomdienste und andere Aktivitäten tragen zum Wachstum des ökumenischen Klimas bei. Die Kirche ist unterwegs, und sie ist ein Ort des Lernens.[48]

Eine wichtige Aufgabe stellt in diesem Zusammenhang die theologische Bildung dar. Religiöse Bildungsarbeit ist ein Beitrag zur Pädagogik in allen Lebensaltern. In Deutschland sind gemeinsame Seminare und Vortragsveranstaltungen vielerorts schon eine Selbstverständlichkeit. Die kirchlichen Akademien arbeiten zusammen. Der Religionsunterricht an den öffentlichen Schulen ist nach Art. 7 des Grundgesetzes ordentliches Lehrfach und wird nach den Richtlinien der Religionsgemeinschaften erteilt. Wenn die christlichen Kirchen in den Grundfragen einig sind, dann könnte dieser Unterricht gemeinsam verantwortet und auch ökumenisch erteilt werden[49]. Dann könnte er auch für die den Kirchen nicht angehörenden Schülerinnen und Schüler hilfreich und interessant gestaltet werden. Mit dem Traditionsabbruch in unserer Gesellschaft ist auch ein problematischer Verlust an religiöser Bildung und verbindlicher Wertorientierung verbunden. Religiöse Bildungsarbeit ist kulturelle Diakonie der Kirche. Die konfessionelle Bildung gehört jedoch in das Elternhaus und in die Pfarrei. Sie ist religiöse Sozialisation und wichtiger Bestandteil des Gemeindeaufbaus. Auch dabei können ökumenische Kontakte hilfreich sein, aber auch die „Konkurrenz"

---

[48] Kirche als Lerngemeinschaft. Dokumente aus der Arbeit des Bundes der evangelischen Kirchen in der DDR, hg. vom Sekretariat des Bundes der Evang. Kirchen in der DDR. Berlin 1981.

[49] Schlüter, R.: Konfessioneller Religionsunterricht heute? Darmstadt 2000 (WB).

der kirchlichen Aktivitäten mit ihren unterschiedlichen Traditionen und Milieus können für das Wachstum des geistlichen Lebens förderlich sein.

In allen diesen kirchlichen Lebensformen und Aktivitäten kann eine ökumenische Spiritualität entstehen und wachsen, die keine neue Konfession quer zu den bestehenden bilden muss, sondern die den vielfältigen Ausdruck der Gemeinschaft des Glaubens an den einen Christus in den verschiedenen Kirchen pflegt und diese Haltung im täglichen Leben einübt und praktiziert. Dabei geht es nicht nur um Aktivitäten, sondern auch um das innere Erleben der Botschaft des Evangeliums und um die Übung der Stille und der Meditation. Kampf und Kontemplation sind die zwei Seiten der ökumenischen Spiritualität.[50] Im Erleben der eucharistischen Gemeinschaft im Gottesdienst hat diese ökumenische Spiritualität ihre Mitte. In der „eucharistischen Vision"[51] durchdringen sich Himmel und Erde, Gottesdienst und Menschendienst, Spiritualität und Engagement, Frömmigkeit und Weltverantwortung. Wo Ökumene so erlebt und gelebt wird, da gehen von Christen und Gemeinden auch wesentliche Impulse für die politische Gemeinde aus.[52]

Literatur

Biser, E. / Hahn, F. / Langer, M. (Hg): Der Glaube der Christen. Zwei Bde., München/Stuttgart 1999

Evangelischer Bund (Hg): Bensheimer Hefte (intern untergliedert in Ökumenische Studienhefte Göttingen 1995-2007 und Kirchen der Gegenwart ab 2007) Göttingen. Darin u.a.:

Heft 107 **Plathow, M.** (Hg): Lutherische Kirchen
Heft 106 **Frieling, R.**: Im Glauben eins – in Kirchen getrennt?
Heft 105 **Bogs, H. / Fleischmann-Bisten, W.** (Hg): Erziehung zum Dialog
Heft 104 **Schuck, M.** (Hg) / **Schöpsdau, W.**: Angenommenes Leben
Heft 103 **Gemeinhardt, A.** (Hg): Die Pfingstbewegung als ökumenische Herausforderung
Heft 102 **Schöpsdau, W.**: Wie der Glaube zum Tun kommt

---

[50] Thurian, M.: Aktion und Kontemplation. Das geistliche Leben des modernen Menschen. Gütersloh 1983, Schutz, R.: Kampf und Kontemplation. Auf der Suche nach Gemeinschaft mit allen. Freiburg i.Br., Basel, Wien 1974, Sölle, D.: Mystik und Widerstand. „Du stilles Geschrei". Hamburg 1997.
[51] Der Ausdruck geht auf den russischen Theologen Vitaly Borovoy zurück und fand in Vancouver 1983 begeisterte Zustimmung: Neuner, P.: Ökumenische Theologie. Die Suche nach der Einheit der christlichen Kirchen. Darmstadt 1997, 56.
[52] Das Freiburger Kirchenbuch, hg. in Verbindung mit der Arbeitsgemeinschaft christlicher Kirchen und Gemeinden in Freiburg im Breisgau von B. Maurer (Freiburg i. Br. 1995) ist ein beispielhaftes Dokument der Ökumene am Ort.

Theologie der Ökumene oder ökumenische Theologie? 123

Heft 101 **Konfessionskundliches Institut (Hg):** Was eint? Was trennt?
Heft 100 **Trauner, K. R. / Zimmermann, B.** (Hg): 100 Jahre Evangelischer Bund in Österreich
Heft 98 **Gerlach, T.**: Evangelischer Glaube
Heft 97 **Fleischmann-Bisten, W.** (Hg): Papstamt – pro und contra
Heft 95 **Haustein, J. / Frank, G. / Lange, A. de (Hg):** Asyl, Toleranz und Religionsfreiheit
Heft 94 **Barth, H.-M.**: Begegnung wagen – Gemeinschaft suchen
Heft 91 **Fleischmann-Bisten, W.** (Hg): 2000 nach Christus
Heft 90 **Raiser, K.**: Ernstfall des Glaubens
Heft 88 **Frieling, R. / Scheilke, Ch.** (Hg): Religionsunterricht und Konfessionen
Heft 85 **Thöle, R.**: Orthodoxe Kirchen in Deutschland
Heft 84 **Marquard, R.** (Hg): Reformationstag – Evangelisch und Ökumenisch
Heft 82 **Haustein, J.** (Hg): Philipp Melanchthon
Heft 81 **Marquard, R.** (Hg): Buß- und Bettag – Umkehr und Erneuerung
Heft 80 **Honecker, M.**: Profile – Krisen – Perspektiven
Heft 77 **Genthe, H. J.**: Martin Luther
Heft 76 **Grote, H.**: Was verlautbart Rom wie?
Heft 73 **Brenner, B.** (Hg): Europa und der Protestantismus
Heft 71 **Lüdemann, G.**: Texte und Träume
Heft 70 **Geldbach, E.**: Freikirchen
Heft 68 **Thöle, R.** (Hg): Zugänge zur Orthodoxie
Heft 66 **Geldbach, E.**: Ökumene in Gegensätzen
Heft 65 **Fleischmann-Bisten, W. / Grote, H.**: Protestanten auf dem Wege
Heft 63 **Frieling, R.**: Befreiungstheologien
Heft 61 **Schöpsdau, W.**: Konfessionsverschiedene Ehe
Heft 58 **Maron, G.**: Das katholische Lutherbild der Gegenwart
Heft 46 **Frieling, R.**: Katholisch und Evangelisch

Huber, W.: Was eint? Was trennt? 2., überarb. Aufl.. Göttingen 2002

Körtner, U. H.: Wohin steuert die Ökumene? Vom Kosens- zum Differenzmodell. Göttingen 2005

Meyer-Blanck, M. / Fürst, W. (Hg): Typisch katholisch - Typisch evangelisch. Ein Leitfaden für die Ökumene im Alltag. Freiburg ^{1}2007

Neuner, P., Kleinschwärzer-Meister, B.: Kleines Handbuch der Ökumene. Düsseldorf 2002

Huber, W.: Was eint? Was trennt? 2., überarb. Aufl.. Göttingen 2002

Schütte, H.: Christsein im ökumenischen Verständnis. Paderborn; Frankfurt am Main 1999.

Sekretariat der Deutschen Bischofskonferenz (Hg): Einheit der Kirche und Gemeinschaft im Herrenmahl. Zur neueren ökumenischen Diskussion um Eucharistie- und Kirchengemeinschaft. Eröffnungsreferat von Bischof Karl Lehmann bei der Herbst-Vollversammlung der Deutschen Bischofskonferenz in Fulda. Bonn 2000

Offenbarung und Glaube

Anrede Gottes - Antwort des Menschen –
Fundamentaltheologie – Systematische Theologie

Josef Zöhrer

1 Begriffliche Klärung

Die Bezeichnung „Fundamentaltheologie" für das Fach, das hier vorgestellt werden soll, mag zunächst zwiespältige Gefühle wecken, weil sie zu sehr an den Begriff „Fundamentalismus" erinnert. Mit diesem verbindet man heute vor allem Tendenzen in Gesellschaft und Kirche, die darauf abzielen, den weltanschaulichen und politischen Pluralismus wieder in Richtung einer einheitlichen, als allein wahr angesehenen religiös-politischen Ideologie zu überwinden. Ursprünglich bezeichnet das Wort „Fundamentalismus" jedoch eine Strömung innerhalb des amerikanischen Protestantismus, die in Reaktion auf neuere Strömungen in der Theologie die – so meint man - nicht mehr hinterfragbaren „Fundamente" des Christlichen (vor allem die wörtlich verstandene Bibel) in den Vordergrund rückte.

Um die Besinnung auf die Fundamente des christlichen Glaubens und der Theologie geht es nun auch der Fundamentaltheologie, und insoweit haben die Begriffe „Fundamentaltheologie" und „Fundamentalismus" doch eine gewisse Verwandtschaft. Die Frage ist nur, was jeweils unter den Fundamenten des Christlichen verstanden wird und wie sie sich uns erschließen.

Vordergründig könnte die Antwort auf die Frage nach den Fundamenten der Theologie etwa so lauten: Die Grundlage, das Fundament des Sprechens von Gott ist zum einen die Offenbarung Gottes: Gott hat sich dem Volk Israel geoffenbart, und er hat vor allem zuletzt durch seinen Sohn Jesus Christus gesprochen. Zum anderen besteht das Fundament der Theologie in der Zustimmung zu diesem Sprechen Gottes, im Anerkennen dieses Sprechens im Glauben. Diese Auskunft ist sicherlich nicht verkehrt, aber sie ist zunächst nur eine Behauptung. Vermutlich stellt sich ihr gegenüber eine ganze Reihe von Fragen, die der Klärung bedürfen. Etwa die Frage: Was heißt eigentlich: Gott hat sich geoffenbart, er hat gesprochen? Wie kann man sich ein solches Sprechen Gottes vorstellen? Lässt es sich nachprüfen, dass wirklich Gott gesprochen hat, oder sind es letztlich doch nur Menschen, die behaupten, Gott habe gesprochen, er habe sich ihnen geoffenbart? Damit hängen weitere Fragen zusammen: Was bedeutet es, an diese Offenbarung zu *glauben*? Heißt es, dass ich gleichsam blind annehmen muss, was mir als Offenbarung

Gottes vorgesetzt wird, oder lässt sie sich auch einsichtig machen? Weshalb soll ich gerade dieser bestimmten Offenbarung folgen und nicht einer anderen, die auch mit diesem Anspruch auftritt? Welcher Unterschied besteht überhaupt zwischen „Glauben" und dem Übernehmen irgendeiner Ideologie? Gibt es Kriterien dafür, dass ich wirklich glaube und nicht einfach etwas behaupte, mir etwas einrede? Gibt es für den Glauben vernünftige Gründe, die auch für andere nachvollziehbar sind, oder bietet er möglicherweise eine andere Gewissheit? Welcher Art wäre eine solche Gewissheit? Alle diese Fragen erhalten eine noch größere Dringlichkeit, wenn dabei mitschwingt, dass Annahme oder Nichtannahme der göttlichen Offenbarung das Heil des Menschen betreffen.

Vielleicht ist deutlich geworden, dass es sich zum einen bei diesen Fragen wirklich um fundamentale Fragen handelt und dass zum anderen mit diesen Fragen die vorher angesprochenen Fundamente des Sprechens von Gott noch einmal hinterfragt worden sind. Genau dies aber ist der Fragehorizont der Fundamentaltheologie, und darin, dass sie sich diesen Fragen stellt, unterscheidet sie sich grundlegend vom Fundamentalismus, der das kritische Nachdenken über die „Fundamente" ja gerade verbietet. Die Fundamentaltheologie will die Grundlagen des Glaubens (Offenbarung, Glaube, Jesus Christus, Kirche) nicht einfach nur benennen, sondern sie fragt nach den Bedingungen der Möglichkeit dieser Fundamente des Sprechens von Gott.

Die Fundamentaltheologie kommt damit einem Bedürfnis des Menschen entgegen, der seinen Intellekt, sein Denken nicht einfach einem blinden Glauben opfern, sondern vernünftige Gründe für seinen Glauben kennen will. Und hier liegt einer der Impulse für das fundamentaltheologische Fragen. Ein zweiter Impuls ergibt sich aus dem Umstand, dass wir Menschen nicht als isolierte Individuen existieren, sondern das Bedürfnis haben, uns auch anderen mitzuteilen. Auch der Glaube drängt auf Mitteilung, er will sich anderen, vor allem auch denen, die nicht glauben, verständlich machen. Er möchte sich vor Menschen, die die Möglichkeit des Glaubens bzw. der Offenbarung bestreiten, argumentativ rechtfertigen. Dieser zweite Impuls für das fundamentaltheologische Fragen kommt besonders in der alten Fachbezeichnung „Apologetik" (Rechtfertigung, Verteidigung) zum Ausdruck. In der evangelischen Theologie hat sich dieser Name für das Fach bis in unsere Zeit erhalten.

Zusammenfassend kann man sagen: Die Fundamentaltheologie geht davon aus, dass der christliche Glaube nicht irrational, sondern vernünftig, „logosgemäß" ist und dass deshalb der Mensch in der Lage ist, den Glauben als vernünftig zu erkennen und Gründe für ihn beizubringen. Auch wenn die Fundamentaltheologie erst seit dem vorigen Jahrhundert als eigenes Fach an den Universitäten und Hochschulen existiert, ist ihr Anliegen seit den Anfängen des

Christentums präsent. Geradezu programmatisch heißt es bereits im Ersten Petrusbrief: „Seid stets bereit, jedem Rede und Antwort (apologia) zu stehen, der euch nach den Gründen (logos) der Hoffnung fragt, die euch erfüllt" (1 Petr 3,15). Und in der gesamten heiligen Schrift und speziell im Neuen Testament geht es nie darum, bloß zu verkündigen, sondern stets auch darum, zu argumentieren, zu begründen, Rechenschaft zu geben.

2 Offenbarung, Glaube, Vernunft

Was versteht man unter Offenbarung und wie kann sie vom Menschen als solche wahrgenommen, verifiziert werden? Diese Frage führt uns in die Mitte der fundamentaltheologischen Problematik und gewährt zugleich einen exemplarischen Einblick in das vielfältige Fragen und Ringen um eine Antwort.

Das zentrale Problem in diesem Zusammenhang lautet ja: Wenn sich denkerisch vollkommen einsichtig machen ließe, dass Gott sich geoffenbart hat, würde Offenbarung nicht mehr geglaubt, sondern gewusst. Eigentlich müsste dann jeder Mensch darauf verpflichtet werden können, die Offenbarung anzuerkennen. Wenn aber Glaube nicht vom Wissen eingeholt werden kann, stellt sich wiederum die Frage: Wie kann Offenbarung dem Menschen zur Gewissheit werden, und zwar zur Gewissheit, die sich nicht nur für mich, sondern auch für andere einstellt. Ein Blick auf die mittelalterliche Theologie, in der diesbezüglich die Weichenstellungen vollzogen wurden, die für den weiteren Gang der Theologiegeschichte bis in unser Jahrhundert hinein bestimmend waren, kann die Sache verdeutlichen.

2.1 Das Ringen um das Verhältnis von Offenbarung - Glaube - Vernunft in der mittelalterlichen Theologie

In der mittelalterlichen Theologie wurde Offenbarung vordringlich im Sinne einer neuen „Erkenntnis", die dem Menschen zuteil wird, verstanden, wobei „erkennen" einen ganzheitlichen und nicht bloß intellektuellen Vorgang bezeichnete. In der Frage, wie der Mensch die Offenbarung Gottes wahrnehmen und verifizieren kann, haben sich aber, grob gesprochen, zwei Richtungen herausgebildet, die, wie wir sehen werden, auch in den heutigen Antwortversuchen immer noch gegenwärtig sind.

Zum einen gab es die Richtung, die von der Philosophie und Theologie des Kirchenvaters Augustinus (354-430 n. Chr.) inspiriert war und betonte, dass der Mensch, um Gott erkennen zu können, auf die Offenbarung Gottes angewiesen ist. „Glauben" bedeutet für diese Richtung einen eher affektiven und willensmäßigen Akt. Der Mensch muss sich zunächst mit seinem ganzen Gemüt in den Glauben hineinbegeben. Erst dem, der glaubt, erschließt sich die innere Evidenz des Glaubens und damit auch eine neue Erkenntnis, entsprechend Augustins Satz „Credo ut intellegam" (Ich glaube, um zu verstehen). Einer der Hauptvertreter dieser Richtung, Anselm von Canterbury (1033-1109 n. Chr.), war deshalb der Auffassung, dass die Vernunft erst durch den Glauben zu ihrem eigenen Wesen finden und so ihrerseits den Glaubenden in die Lage versetzen würde, im Nachhinein alle Inhalte der Offenbarung auch mit reinen Vernunftgründen nachzuvollziehen. Der Glaube fordert die Vernunft gleichsam heraus, und diese ist im Stande, notwendige Gründe für den Glauben beizubringen. Weitergetragen und entfaltet wurde dieser Ansatz vor allem von Theologen aus dem Franziskanerorden (Bonaventura, Johannes Duns Scotus). Im Vordergrund stehen also Wille und Affektivität sowie die Rolle der heiligen Schrift und der kirchlichen Autorität. Der Vernunft kommt die Bedeutung zu, die innere Evidenz des Glaubens zum Leuchten zu bringen. In der weiteren Entwicklung konnte das intellektuelle Moment des Glaubensaktes noch stärker zurücktreten. Entsprechend der philosophischen Richtung des Nominalismus etwa ist das Denken des Menschen nicht mehr in der Lage, irgendwelche Gründe für den Glauben beizubringen. Unsere Begriffe erreichen nicht die Realität in ihrem Wesen, sondern sie sind bloß noch willkürlich gewählte Bezeichnungen (nomina) für die Einzeldinge. Schon gar nicht erreichen sie die Wirklichkeit Gottes. Glauben kann ich somit nur auf Grund eines Willensaktes, der sich dem vollkommen unkalkulierbaren Wesen Gottes und seiner Offenbarung unterordnet. Offenbarung hat überhaupt nichts Einsehbares mehr an sich, sondern kann allein im Glauben an- und wahrgenommen werden.

Neben dieser „franziskanischen" Richtung, die vorrangig das willensmäßige Element des Glaubensaktes betonte, gab es eine andere, die vor allem von Theologen aus dem Dominikanerorden getragen war. Thomas von Aquin (1225-1274 n. Chr.) hat durch die Übernahme der aristotelischen Philosophie einen stärker intellektuellen Akzent hineingebracht. Auch für ihn ist klar, dass die von Gott geoffenbarten Inhalte nur dem Glauben zugänglich sind. Er hält jedoch die Vernunft auf Grund der Gnade, mit der sie durch den Schöpfer ausgestattet worden ist, in der Lage, zur Erkenntnis Gottes hinzuführen, noch bevor sie Kenntnis von der Offenbarung Gottes erhalten hat. Ferner ist die Vernunft fähig, zumindest äußere Gründe für die Glaubwürdigkeit der Offenbarung Gottes beizubringen und zu erkennen: Gemeint sind die biblischen Wunder und die in Erfüllung gegangenen Weissagungen. Diese Auffassung des Thomas ist für die katholische Theologie der folgenden Jahrhunderte maßgebend geworden und hat auch Formulierungen des 1. Vatikanischen Konzils von 1870 mitgeprägt. Man sprach und spricht diesbezüglich von einer „natürlichen Theologie": Der Mensch ist auf Grund seiner von Gott geschenkten Vernunft fähig, Gott aus den Dingen der

Schöpfung zu erkennen. Die übernatürliche Offenbarung ist dann sozusagen eine Zugabe: Gott hat den Menschen noch zu einem übernatürlichen Ziel, zur Gemeinschaft mit ihm berufen. Um dieses zu erreichen, bedarf er der Offenbarung.

Die Kirchen der Reformation hatten von vornherein eine größere Affinität zur augustinischen Richtung. Luther - er gehörte ja zunächst dem Augustinerorden an - hat die mittelalterliche Philosophie in ihrer nominalistischen Ausprägung kennen gelernt. Ihre Auffassung vom unkalkulierbaren Gott hat sicherlich auch zu Luthers anfänglicher Glaubensangst beigetragen, woraufhin er den philosophischen Zugang zu Gott schließlich ganz verworfen hat. Nach ihm ist der Mensch auf Grund seiner gefallenen Natur nicht in der Lage, von sich aus Gott zu erkennen. Wenn er es trotzdem versucht, schafft er sich seine eigenen Gottesbilder, die Gott mehr verdecken als offenbaren. Gott ist ein „Deus absconditus", ein verborgener Gott. Heilsamen Zugang zu ihm gewinnt der Mensch nur durch die Gnade Jesu Christi, durch die er als Gottloser gerechtfertigt ist und die ihn durch das Wort der Schrift erreicht. Auf Seiten des Menschen entspricht dem „Allein" der Gnade Gottes der Glaube, der vor allem als Vertrauen (fiducia) verstanden wird.

Die beiden Sichtweisen, in denen im Mittelalter das Verhältnis Offenbarung-Glaube-Vernunft dargestellt worden ist, haben sich in der Folge weiter voneinander entfernt und prägten plötzlich die konfessionellen Gegensätze. Von nun an gilt die katholische Richtung eher als diejenige, die dem Vermögen der menschlichen Vernunft in Bezug auf die Erkenntnis Gottes mehr zutraut, die protestantische als diejenige, welche allein auf das in der Bibel bezeugte geoffenbarte Wort Gottes setzt. De facto waren aber beide Tendenzen (bei aller Unterschiedlichkeit im Detail) jeweils in beiden Konfessionen gegenwärtig, und gelegentlich - vor allem in der Zeit der Aufklärung - schien sich die Gewichtung in die gegenteilige Richtung zu verlagern. So glaubte etwa die von der Aufklärung geprägte „liberale" protestantische Theologie am Ende des 19. Jahrhunderts, den Glauben an die Offenbarung rein rational, auf der Grundlage der historisch-kritischen Methode begründen zu können.

2.3 Das traditionelle katholische Offenbarungsverständnis und die Neubesinnungen in der Theologie des 20. Jahrhunderts

2.3.1 Akzentverschiebungen im Verständnis von Offenbarung

Gegen Ende des 19. Jahrhunderts hat sich in der katholischen Theologie ein Offenbarungsverständnis herausgebildet, das auf den Formulierungen des 1. Vatikanischen Konzils (1870) aufbaute und von einer theologischen Richtung getragen war, die im Rückgriff auf Thomas von Aquin die Theologie zu einem klar umrissenen und durchkonstruierten System zusammenfasste.

Ein Beispiel aus einem Katholischen Katechismus aus dem Jahr 1948, der noch in dieser Tradition verfasst worden ist, kann das verdeutlichen.

> **Vom Glauben**
>
> **Vom Glauben im Allgemeinen**
>
> *4. Was müssen wir glauben?*
>
> Wir müssen alles glauben, was Gott geoffenbart hat. „Vielfach und auf vielerlei Weise hat Gott einst zu den Vätern durch die Propheten geredet; zuletzt hat er in diesen Tagen zu uns geredet durch den Sohn" (Hebr. 1, 1 2). Statt „alles, was Gott geoffenbart hat", sagt man kurz: die göttlichen Offenbarungen.
>
> *5. Wie müssen wir die göttlichen Offenbarungen glauben?*
>
> Die göttlichen Offenbarungen müssen wir fest glauben, ohne im mindesten zu zweifeln.
>
> *6. Warum müssen wir die göttlichen Offenbarungen fest glauben?*
>
> Wir müssen die göttlichen Offenbarungen fest glauben, weil Gott nicht irren und nicht lügen kann. „Es ist unmöglich, dass Gott lüge" (Hebr. 6,18). Darum müssen wir auf das bloße Wort Gottes hin auch solche Lehren glauben, die wir nicht begreifen können. So hat es der heilige Petrus bei der Verheißung des allerheiligsten Altarsakramentes getan (Joh. 6, 69 70).
>
> *7. Wer lehrt uns, was Gott geoffenbart hat?*
>
> Was Gott geoffenbart hat, lehrt uns die katholische Kirche. Die katholische Kirche lehrt uns durch ihre Vorsteher, den Papst, die Bischöfe und deren Gehilfen, die Priester. Diesen gelten die Worte Christi: „Gehet hin und lehret aller Völker! (Matth. 28,19).
>
> *8. Woher hat die katholische Kirche die göttlichen Offenbarungen?*
>
> Die katholische Kirche hat die göttlichen Offenbarungen aus der Heiligen Schrift und aus der mündlichen Überlieferung. Die Heilige Schrift wird auch Bibel genannt, die mündliche Überlieferung heißt auch Erblehre.

Diese „neuscholastische Theologie" erweckt den Eindruck, als verstehe sie Offenbarung im Sinne einer bloßen „Information", die zu kennen und im Glauben gehorsam anzunehmen aber für das Heil des Menschen von entscheidender Bedeutung sei, ihn selbst jedoch innerlich gar nicht richtig betreffe. Die Autorität der Offenbarung wird durch das Argument begründet, dass Gott nicht lügen und täuschen könne, sowie durch die in der Bibel berichteten Wunder und erfüllten Weissagungen.

Dieses Offenbarungsverständnis war seit dem Ende des 19. Jahrhunderts zunehmend in eine Krise geraten: Zum einen fragte man sich, warum es für die Mitteilung einer Information über die ewigen Ratschlüsse Gottes eines so umständlichen und geheimnisvollen Vorganges bedürfe. Zum anderen erschien die Begründung der Autorität der Offenbarung durch das Argument, dass Gott nicht täuschen könne, nicht mehr ganz überzeugend, zumal man in Bezug auf die heilige Schrift immer weniger von einer direkten Urheberschaft Gottes auszugehen bereit war. Nicht Gott ist es, der direkt spricht, sondern es sind zunächst Menschen, die behaupten, dass Gott gesprochen hat, und diese können sehr wohl irren und auch täuschen. Auch im Blick auf die Beweiskraft von Wundern und Weissagungen ist man vorsichtiger geworden.

So hat man um ein Verständnis von Offenbarung gerungen, das sich stärker an biblischen Vorgaben orientierte und Offenbarung nicht mehr primär nach dem Modell der Vermittlung von Informationen verstand. Man sagt jetzt: Gott offenbart nicht primär etwas, sondern sich selbst, seine Liebe, mit dem Ziel, den Menschen in seine Gemeinschaft zu rufen. Wunder sind nicht so sehr als äußere Beweise zu verstehen, sondern als Zeichen des verändernden Wirkens dieser Liebe. Dieses stärker das kommunikative Element hervorhebende Offenbarungsverständnis hat in Formulierungen des Zweiten Vatikanischen Konzils Eingang gefunden.

2.3.2 Das Ringen um die richtige Zuordnung von Anthropologie und Theologie

Dieser neue Akzent im Offenbarungsverständnis des Konzils ist von Theologen vorbereitet und später vertieft worden, wobei in der Frage, wie genauerhin zu verstehen sei, dass Gott sich offenbart und wie der Mensch diese Offenbarung als Offenbarung wahrnehmen kann, recht unterschiedliche Ansätze entwickelt worden sind. Hier soll auf einige dieser Ansätze eingegangen werden, die zum einen noch einmal die im Mittelalter entwickelten Akzentsetzungen widerspiegeln, zum anderen aber auch deutlich über diese hinausführen.

Der transzendentaltheologische Ansatz von Karl Rahner

Karl Rahner (1905-1985) richtet seinen Blick zunächst auf den Menschen, den die Offenbarung Gottes trifft. Er fragt danach, wie Gott überhaupt in den Erfahrungsraum des Menschen eintritt, und in diesem Zusammenhang wird für ihn die Unterscheidung von natürlicher und übernatürlicher Offenbarung bzw. Theologie hinfällig. Er sieht in der Offenbarung nicht so sehr ein außergewöhnliches Ereignis, sondern etwas, das dem Menschen im Innersten seines natürlichen Wesens immer schon als etwas Übernatürliches, Gnadenhaftes widerfährt. Wie ist das zu verstehen? Rahner spricht in diesem Zusammenhang von einem übernatürlichen

Existenzial des Menschen. Der Mensch erfährt sich in jedem Akt seines Erkennens und Handelns immer schon auf ein letztes, unfassbares Geheimnis ausgerichtet und verwiesen. Er versteht sich ja nur dadurch als freies Wesen, dass er sich selbst und die Welt als *endlich* durchschaut, und dies ist nur möglich im *Vorgriff auf ein Unendliches*. Dieses Ausgerichtetsein des Menschen auf ein letztes Geheimnis, das der Mensch, wo er bewusst als freies Subjekt existiert und handelt, immer schon vollzieht, ist nun für Rahner zugleich bereits Wirken der Gnade Gottes. Gottes Geist und Gnade sind überall am Werk, wo Menschen – möglicherweise unbewusst – aus der Tiefe ihres Menschseins existieren, und nicht erst dort, wo Menschen sich bewusst zu Gott bekennen. Das heißt damit aber auch: Überall, wo Menschen ein solches Ausgerichtetsein auf das letzte Geheimnis leben und erfahren, ereignet sich Selbstmitteilung, Offenbarung Gottes, auch wenn die Menschen gar nicht im expliziten Sinne religiös leben.[1]

Damit hat Rahner ein Konzept entwickelt, nach dem Offenbarung nicht als ein Vorgang gesehen wird, der sich nur in Ausnahmefällen ereignet, sondern jedem Menschen auf Grund seines übernatürlichen Existentials zuteil werden kann. Die Geschichte der Weltreligionen ist deshalb für ihn zugleich die Geschichte mehr oder weniger geglückter Selbstauslegung dieser übernatürlichen Offenbarung als Selbstmitteilung Gottes.[2]

Auf dieser Linie liegt nun auch Rahners Sicht der Offenbarung Gottes in Jesus Christus. „Die Menschwerdung Gottes ist [...] der einmalig höchste Fall des Wesensvollzugs der menschlichen Wirklichkeit"[3]. Was sich also in Jesus Christus ereignet hat, ist zwar einmalig, aber qualitativ nicht etwas vollkommen anderes als das, woraufhin jeder Mensch angelegt ist. Der Gottmensch ist kein Kuriosum, sondern die höchste Form des Zu-sich-selbst-Kommens des Menschen im Zuge der Selbstmitteilung Gottes. Christologie ist Vollendung der Anthropologie. Daher bedeutet auch die Menschwerdung Gottes in Christus nicht etwas dem Menschen vollkommen Fremdes, sondern etwas, auf das er immer schon ausgerichtet ist und das er als Vollendung erwartet. Daher kann Rahner umgekehrt auch sagen: Jeder Mensch, der sein Leben ganz annimmt, hat damit einschlussweise auch den Menschensohn angenommen. Ob er es weiß oder nicht: er ist ein (anonymer) Christ.

Rahner gelingt es auf diese Weise, den Begriff „Offenbarung" dadurch für das Verstehen zu vermitteln, dass er Offenbarung als Aspekt des Wesensvollzugs des Menschen definiert. Jeder Mensch ist im Grunde Empfänger von Offenba-

---

[1] vgl. Rahner 1976, 137.
[2] vgl. Rahner 1976, 150f; 159.
[3] Rahner 1962, 142.

rung. Kritisiert wurde an seinem Ansatz vor allem, dass er das unableitbar Neue, das durch Jesus in die Welt gekommen ist, nicht voll zur Geltung bringen würde. Ist Jesus Christus in der Tat nur ein Ausdrücklichwerden dessen, was der Mensch immer schon vollzieht und erhofft? Und lebt ein Christ tatsächlich nur in ausdrücklicher Weise dasselbe, was andere Menschen guten Willens implizit leben?

Die Theologische Ästhetik Hans Urs von Balthasars

Im Gegensatz zu dem an Thomas von Aquin orientierten Ansatz Rahners greift der ehemalige Baseler Theologe Hans Urs von Balthasar (1905-1988) stärker die augustinische Linie auf (Augustin, Pascal, Theresa von Lissieux). Stark geprägt wurde seine Theologie auch durch seine Freundschaft mit dem großen evangelisch-reformierten Theologen Karl Barth (1886-1968). Von Balthasar sieht in der Geschichte der Offenbarung in erster Linie die unvorhersehbare, unvergleichbare Tat Gottes, und deshalb greift für ihn der anthropologische Ansatz für das Verständnis der Offenbarung zu kurz. Wenn vom Menschen, von seinem Vorverständnis von Offenbarung ausgegangen wird, gibt letztlich der Mensch das Maß für das Sprechen Gottes ab. Deshalb unterstreicht von Balthasar: „Was Gott in Christo den Menschen sagen will", kann nicht „am Menschen [...] eine Normierung erhalten; es ist unbedingt theo-logisch, besser theo-pragmatisch: Tat Gottes auf den Menschen zu."[4]

Wie aber lässt sich dieses göttliche Offenbarungshandeln für den Menschen so einsichtig machen, dass er ihm zustimmen kann? Wenn von Balthasar es ablehnt, den Menschen zum Maß des göttlichen Handelns zu machen, ist er doch der Überzeugung, dass für den Menschen die Offenbarung als Offenbarung einleuchtend ist, und zwar deshalb, weil dem Menschen dabei etwas aufleuchtet, wofür er empfänglich ist. Er führt dafür ein Beispiel aus der frühen Mutter-Kind-Beziehung an: „Wenn die Mutter viele Tage und Wochen das Kind angelächelt hat, erhält sie einmal das Lächeln des Kindes zur Antwort. Sie hat im Herzen des Kindes die Liebe geweckt, und indem das Kind zur Liebe erwacht, erwacht es zur Erkenntnis: die leeren Sinneseindrücke sammeln sich sinnvoll um den Kern des du. Erkenntnis (mit ihrem ganzen Apparat von Anschauung und Begriff) beginnt zu spielen, weil das Spiel der Liebe, von der Mutter her, vom Transzendenten her, vorgängig begonnen hat. So legt sich Gott als Liebe vor dem Menschen aus: von Gott her leuchtet die Liebe auf und stiftet dem Menschenherzen das Liebeslicht ein, das gerade diese - die absolute - Liebe zu sehen vermag. [...] Aus diesem Antlitz lächelt der Urgrund des Seins uns väterlich-mütterlich an. Sofern wir seine Geschöpfe sind, liegt der Keim der Liebe, als Gottesbild (imago), schlummernd in uns. Aber wie

---

[4] Balthasar 1975, S. 5.

kein Kind ohne Geliebtwerden zur Liebe erwacht, so kein Menschenherz zum Verstehen Gottes ohne die freie Zuwendung seiner Gnade - im Bild seines Sohnes."[5] Die Tat Gottes an den Menschen ist also für den Menschen einsichtig und glaubhaft, weil sie Gottes eigene Liebe ist. Sie ist so glaubhaft, wie eben Liebe glaubhaft sein kann. Sie trägt die Bedingungen ihrer Erkennbarkeit in sich. Erkenntnisprinzip der Offenbarung Gottes ist deshalb für von Balthasar die Herrlichkeit von Gottes eigener Liebe, die in der ganzen Geschichte der jüdisch-christlichen Offenbarung aufleuchtet - vom alttestamentlichen Bund bis zu der in die Nacht des Todes hinabsteigende Liebe Gottes in Jesus Christus.

Um die Offenbarung als Offenbarung empfangen zu können, ist es demnach erforderlich, das ganze eigene Wahrnehmungsvermögen (Ästhetik - vom griechischen „aisthesis" = Wahrnehmung) für das Aufleuchten der Herrlichkeit dieser Liebe zu schärfen. In Bezug auf die Weitervermittlung der Offenbarung würde es darauf ankommen, dass der Einzelne selbst Funktion dieser Liebe Gottes zu den Menschen wird. Demnach gibt es also für von Balthasar kein neutrales, intellektuelles Bezeugen der Offenbarung Gottes, sondern nur das Zeugnisgeben von Gottes Liebe in Wort und Tat.

Die politische Theologie von Johann Baptist Metz

Auch der Rahner-Schüler Johann B. Metz (*1928) hat bei aller Loyalität gegenüber seinem Lehrer dessen Ansatz an entscheidender Stelle korrigiert und weitergeführt. Er kritisiert an Rahners Ansatz, dass er von einem Verständnis des Menschen ausgehe, der bereits als freies Subjekt existieren und als solcher immer schon bezogen auf das letzte Geheimnis leben würde. Dieses Verständnis kennzeichnet aber nach Metz nicht den Menschen schlechthin, sondern einen bestimmten geschichtlichen Typ. Für ihn bedeutet es einen Unterschied, ob man einen Mitteleuropäer im Blick hat, der in Freiheit lebt und es sich leisten kann, über die Sinnfrage zu spekulieren, oder etwa einen Menschen in der Dritten Welt, der durch die wirtschaftlichen und politischen Gegebenheiten fundamental daran gehindert ist, als Subjekt zu leben und zu handeln. Der Mensch existiert nicht als abstraktes Wesen, sondern immer in einer bestimmten geschichtlichen Situation, und diese ist nicht belanglos für den Zugang zur Gottesfrage. So begegnet auch in der Bibel Gott dem Volk Israel in einer ganz bestimmten Situation als der, welcher „das Schreien seines Volkes gehört" hat. Im Angesicht Gottes wird sich das Volk seiner Subjekthaftigkeit bewusst, lernt seine bisherige Geschichte als Unterdrückungsgeschichte durchschauen und erfährt Gott als den, der es in die Freiheit führt.

---

[5] Balthasar 1975, 49f.

Für Metz gehört deshalb die gesellschaftliche und ökonomische Situation wesentlich zur Grundbedingung der Erfahrung der Offenbarung Gottes. Gott offenbart sich in der konkreten Situation dadurch, dass er Menschen aus ihrer Marginalisierung befreit und zu Subjekten der Geschichte werden lässt. Deshalb muss nach Metz Theologie immer kontextuell, bei der konkreten Situation der Unfreiheit ansetzen. Theologie muss deshalb auch immer praktisch-politisch sein.

Die von Metz (und auf evangelischer Seite vor allem von Jürgen Moltmann und Dorothee Sölle) angestoßene politische Theologie wurde in der Folge in verschiedene Kontexte hinein übersetzt und erhielt von dorther ihr jeweils eigenes Profil: Als Theologie der Befreiung im Kontext von wirtschaftlicher und politischer Unterdrückung in Lateinamerika, als schwarze Theologie im Zusammenhang mit den Rassendiskriminierungen in den USA, als feministische Theologie vor dem Hintergrund der Erfahrungswelt von Frauen etc.

Der geschichtstheologische Ansatz Wolfhart Pannenbergs

Der evangelische Theologe Wolfhart Pannenberg (*1928) nimmt gleichsam eine Mittelstellung zwischen den beschriebenen Positionen ein. Ähnlich wie Karl Rahner versteht auch er Offenbarung primär als „Selbstoffenbarung" Gottes. Aber anders als Rahner setzt Pannenberg nicht in dem Sinne anthropologisch an, dass er das Ausgerichtetsein des Menschen auf das letzte Geheimnis bereits als übernatürlichen Offenbarungsvorgang deuten würde. Zwar gehört ein „unthematisches Wissen" von Gott zur Ursituation des Menschen. Dieses ist aber noch nicht Kenntnis von Gott, sondern ein Bewusstsein, das erst im Nachhinein, im Lichte anderweitig gewonnenen Wissens von Gott die Form der Frage nach Gott annehmen kann.[6] Die Offenbarung Gottes ergeht nach Pannenberg vielmehr in der Geschichte, und zwar dadurch, dass Gott sich erkennbar als der Herr der Geschichte erweist. Weil aber dieses Herrsein Gottes erst am Ende der Geschichte endgültig offenbar sein kann, zeigt es sich innerhalb der Geschichte immer nur im Vorgriff auf das Ende und damit *indirekt*.

Bevorzugter Ort dieses Offenbarwerdens Gottes sind die Gotteserfahrungen der Religionen, innerhalb deren sich die Besonderheit des Offenbarungsverständnisses Israels abheben lässt, sofern in ihm die Geschichte selbst als Selbsterweis Gottes entdeckt worden ist. Im Alten Testament vollzieht sich das Offenbarwerden Gottes zunächst in partikularen geschichtlichen Schritten nach dem Schema Verheißung-Erfüllung: Die Offenbarung bewahrheitet sich dadurch, dass die im Namen Gottes angekündigten Ereignisse eintreten und der Glaube sich nach und nach bewährt. Die Katastrophen in der Geschichte Israels, die den

---

[6] Vgl. Pannenberg Bd. I. 1988, 130.

erfolgten Selbsterweis Jahwes wieder rückgängig zu machen schienen, weiten den Blick immer mehr in die Zukunft, in welcher der endgültige Erweis der Gottheit Jahwes erwartet wurde – im Erscheinen der messianischen Heilszeit. Erst die Apokalyptik öffnet die Perspektive auf die gesamte Weltgeschichte, die jetzt insgesamt als Geschichte des Offenbarwerdens der Herrlichkeit Gottes und damit als Sinneinheit ansichtig wird, und zwar von ihrem erwarteten Ende her: Dieses wird als Offenbarwerden des Herrseins Gottes in der Auferweckung der Toten und im Endgericht antizipiert.

Dieses apokalyptische Offenbarungsverständnis bildet nun nach Pannenberg den Bezugsrahmen auch für das urchristliche Reden von Offenbarung und entspricht seiner Meinung nach zugleich dem Erwartungshoriziont des modernen Menschen. Während in der Apokalyptik das erwartete Ende eine Hoffnungsgestalt und damit der Offenbarungsgehalt der Geschichte als Ganzer noch in Schwebe bleibt, wird er vom Christusereignis her in seiner Endgültigkeit ansichtig. In Christus und vor allem in seiner Auferweckung von den Toten hat sich das Ende der Geschichte bereits vorwegereignet. Das Ende und das Ziel der Geschichte sind offenbar, und damit ist auch die Geschichte der Ort für den Erweis der Gottheit Gottes.

Der Glaube entsteht nach Pannenberg somit im historisch Feststellbaren selbst: Die geschichtlichen Ereignisse tragen Offenbarungscharakter, und dieser kann durch die historische Forschung aufgewiesen werden. Insofern kommt bei Pannenberg der Auferstehung Jesu als einem historischen Ereignis herausragende Bedeutung zu, wobei Pannenberg den Begriff „historisch" weiter als üblich fasst.

Dennoch behält dieser Selbsterweis Gottes, wie alle historische Erkenntnis, eine letzte Offenheit und Strittigkeit. Er behält hypothetischen Charakter: „Wie nun aber alle Offenbarung Gottes in seinem geschichtlichen Handeln auf die noch ausstehende Zukunft der Vollendung der Geschichte vorgreift, so bleibt umgekehrt ihr Anspruch, die Gottheit des einen Gottes zu offenbaren [...] in der noch nicht vollendeten Geschichte offen auf künftige Bewährung, offen darum auch für die Frage nach seiner Wahrheit. Diese Frage findet ihre jeweilige Antwort im Leben der Glaubenden durch die erhellende Kraft der Offenbarung Gottes für die Erfahrung ihres Lebens. Dementsprechend findet die Frage nach der Wahrheit der Offenbarung Gottes im theologischen Denken ihre jeweilige, vorläufige Antwort in der Vergewisserung, dass die Wirklichkeit des Menschen und der Welt als bestimmt durch den Gott der Offenbarung zu verstehen ist."[7]

---

[7] Pannenberg Bd.I. 1988, 281.

Kirche als Erfahrungsraum der Offenbarung

Einen anderen Aspekt, dessen fundamentaltheologische Tragweite jedoch noch wenig beachtet worden ist, hebt der Neutestamentler Gerhard Lohfink (*1934) hervor: Die Bedeutung der Kirche als Raum der Erfahrung der Offenbarung. Zum Offenbarunghandeln Gottes gehört auf Seiten des Menschen die Kontinuität eines durch die Geschichte gehenden Subjekts, des Volkes Gottes. Offenbarung ist nach dem Zeugnis der Bibel gebunden an das Volk Gottes, das die Erfahrung mit Gott dadurch macht, dass es von ihm aus den übrigen Völkern erwählt und durch die Geschichte hindurch nach seinem Willen geformt wird und so seinerseits gleichsam als „Modellvolk" und damit als „Zeichen der Anwesenheit Gottes" unter den Völkern dient. Die Geschichte des Volkes Gottes erweist sich so geradezu als „Experimentierfeld" des Offenbarungsgeschehens.

Für die Wahrnehmbarkeit der Offenbarung als Offenbarung ist es deshalb von entscheidender Wichtigkeit, an diesem Erfahrungsraum des Volkes Gottes teilhaben zu können. Damit dies aber möglich ist, muss dieser Erfahrungsraum einer gelebten kirchlichen Gemeinschaft, in dem die Offenbarkeit Gottes in den verschiedenen Lebensbereichen anschaubar und erfahrbar ist, als Realität bestehen. Anders gesagt: Die Frage nach dem Zustand der Kirche - ob sie als bürokratischer Apparat, als Diestleistungsbetrieb, als religiöse Überhöhung des bürgerlichen Lebens oder als „neue Gesellschaft", als „Stadt auf dem Berg" vor Augen tritt - ist von eminent fundamentaltheologischer Bedeutung. Denn es geht um die Frage, ob die Offenbarung Gottes in unserer Zeit überhaupt eine Chance hat, wahrgenommen zu werden oder ob sie ein abstraktes „Gottesgerücht" (P. M. Zulehner) bleibt.

3 Zusammenfassung

Bei allen nicht einfach zu harmonisierenden Spannungen zwischen den vorgestellten Entwürfen lässt sich als durchgehendes gemeinsames Anliegen des fundamentaltheologischen Fragens konstatieren: Einen Zugang zum Glauben über die - spekulative, ästhetische, historische, politische und praktische - Vernunft des Menschen zu gewinnen. Unterschiedlich waren die Antworten vor allem im Blick auf die Frage, ob eine dem Glauben vorgängige Vernunft zu diesem hinführt oder ob der Glaube bzw. das Hören auf die Offenbarung die Vernunft erst zur Höhe ihrer Fähigkeit bringt.

Die Vielschichtigkeit der Antworten macht aber zugleich deutlich, dass die Fundamentaltheologie nicht einfach ein - verzichtbares - Spezialgebiet der Theologie darstellt, sondern dass sie als Grundlagenreflexion in allen Gebieten der Theologie gegenwärtig zu sein hat. Insbesondere zeigt sich aber die gegenseitige

Verflochtenheit von fundamentaltheologischer und religionspädagogischer Fragestellung, denn es geht letztlich um die Frage, in welcher Weise die überlieferte Offenbarung zur gegenwärtigen Erfahrung werden, d.h. in welcher Weise die Korrelation (Paul Tillich) zwischen dem überlieferten Zeugnis der Offenbarung und der gegenwärtigen Erfahrung stattfinden kann.

4 Die Gliederung des Gebietes der Fundamentaltheologie

Die verschiedenen fundamentaltheologischen Entwürfe folgen unterschiedlichen Schemata. Inhaltlich lässt sich aber eine durchgehend ähnliche Struktur erkennen, die auch in den obigen Ausführungen sich schon angedeutet hat:

1 Begründung des Glaubens	Der Glaube als menschlicher Grundakt; Verhältnis von Glauben und Wissen etc.
2 Begründung der Offenbarung	Möglichkeit der Offenbarung Gottes und das Problem ihrer Vernehmbarkeit für den Menschen; Das jüdisch-christliche Offenbarungsverständnis angesichts der religiösen Traditionen der Menschheit
3 Die Bedeutung der Kirche	Im Vordergrund steht dabei immer auch die Auseinandersetzung mit anderen (verwandten oder gegnerischen) Positionen

Die Systematik des christlichen Glaubens: Dogmatik

Während die Fundamentaltheologie vor allem auf die Grundlagenreflexion, auf das Rechenschaft geben über den Glauben vor dem Forum der Vernunft zielt, hat die Dogmatik stärker das bekenntnismäßige und inhaltliche Element des Glaubens im Blick. Glaube kann ja nie ganz zwingend argumentativ eingeholt werden, sondern er wird an irgendeinem Punkt zum Bekenntnis. Ebenso tritt die jüdisch-christliche Überlieferung mit dem Anspruch auf, ein Heil anzusagen, das der Mensch weder „erfinden" noch sich selbst geben, sondern das er nur glaubend in Empfang nehmen kann. In der Heiligen Schrift des Alten und des Neuen Testaments hat die Erfahrung dieses Heils in Bekenntnisformulierungen ihren Niederschlag gefunden, die dann im frühen Christentum zum trinitarischen Taufbekenntnis erweitert worden sind. Das bekannteste dieser Taufbekenntnisse ist das so genannte „Apostolische Glaubensbekenntnis". Im Laufe der Kirchengeschichte war es immer wieder notwendig geworden, dieses Glaubensbekenntnis zu präzisieren, zum einen, weil neue Fragen aufgetaucht waren, zum anderen, weil grundlegende Inhalte des Bekenntnisses bestritten worden sind. Die so entstandenen Glaubenssätze (Dogmen) stellen keine Neuheit gegenüber dem Glauben, wie er in der heiligen Schrift seinen Niederschlag gefunden hat, dar, sondern sollen als „Lesehilfen" für die heilige Schrift verstanden werden. Zugleich gibt die Tatsache, dass die Dogmen im Bekenntnis gründen, bereits einen Hinweis auf den Charakter der Dogmen: Sie sind missverstanden, wenn sie als Auflistung von Glaubenssätzen aufgefasst werden. Als inhaltliche Entfaltung des Bekenntnisses bleibt ihnen der Bekenntnischarakter (ich glaube an dich) wesentlich und muss deshalb immer auf den personalen Akt des Sich-Bekennens bezogen bleiben.

Das Fach Dogmatik konzentriert sich deshalb – im Gegensatz zur Fundamentaltheologie – auf die inhaltliche Entfaltung des christlichen Glaubens. Das heißt aber nicht, dass die Dogmatik vollkommen auf die fundamentaltheologische Fragestellung verzichten und sich auf eine rein innertheologische Argumentation zurückziehen kann. Das „Rechenschaftgeben" vom Glauben muss ihr wesentlich bleiben, will sie nicht ihre Dialogfähigkeit einbüßen. Gerade aus diesem Grund lehnen verschiedenen evangelische Theologen (so etwa Wolfhart Pannenberg) eine Aufgabenteilung zwischen Fundamentaltheologie und Dogmatik ab und plädieren für eine „systematische Theologie", die jeden Glaubensinhalt stets auch so darzubieten versucht, dass er auch für einen Nichtglaubenden verständlich und begründet erscheint.

Der Aufbau des Faches Dogmatik

Ein in jeder Hinsicht schlüssiges Einteilungsprinzip der Dogmatik gibt es nicht. Der Grund dafür liegt in der organischen Struktur des christlichen Glaubens. Weil dieser eben nicht in erster Linie Glaube an bestimmte abstrakte Inhalte ist, sondern Glaube an den lebendigen Gott, der sich als Vater, Sohn und Geist geoffenbart hat und weiterhin wirkt, bildet dieser Glaube ein organisches Ganzes, das nicht einfach in einzelne Abschnitte zerstückelt werden kann. Trotzdem hat sich ein Einteilungsprinzip der Dogmatik in einzelne Traktate durchgesetzt, das im Wesentlichen dem dreigliedrigen (apostolischen) Glaubensbekenntnis folgt: Glaube an Gott, den Schöpfer, an Jesus Christus und an das gegenwärtige Wirken des Geistes. Daraus ergeben sich folgende Thematiken, die in einzelnen Gesamtdarstellungen eine ganz unterschiedliche Architektonik des Aufbaus mit variantenreichen Gewichtungen zeigen. (Auf konfessionelle und positionelle Abstriche aber auch Erweiterungen soll und kann hier nicht eingegangen werden.)

	Gliederung des Faches Dogmatik	
1	Einführung in die Dogmatik	Begriff und Wesen von Dogma und Dogmatik; Quellen und Methoden
2	Gotteslehre	Die Frage des Menschen nach Gott; Der biblische Gottesglaube und seine systematische Reflexion
3	Schöpfungslehre und theologische Anthropologie	Welt und Mensch als Gottes Schöpfung; Auseinandersetzung mit gegenwärtigen Strömungen in Philosophie und Naturwissenschaft
4	Christologie mit Soteriologie (soteria = Erlösung)	Jesus von Nazaret als Sohn Gottes; Die Erlösung durch Jesus Christus
5	Pneumatologie (pneuma = Geist)	Das Wirken Jesu Christi in der Geschichte
6	Gnadenlehre	Das Heil als Gnade in der Welt
7	Ekklesiologie (ekklesia = Kirche) und Mariologie	Die Kirche als Frucht und Zeichen der Erlösung in der Welt (Maria als Konkretion des erlösten Menschen)
8	Sakramentenlehre	Die Heilzeichen der Kirche als Mittel des Heiles
9	Eschatologie (eschaton = das Äußerste, das Letzte)	Die Vollendung der Welt und des Menschen (die Zukunft der Schöpfung und das Ewige Leben bei Gott

Literatur

Dogmatik und Fundamentaltheologie

Einführungen

Beinert, W.: Einleitung in die Dogmatik: theologische Erkenntnislehre. Paderborn 1995
Busch, E.: Die große Leidenschaft. Einführung in die Theologie Karl Barths. Gütersloh ²2001
Faber, E.M.: Einführung in die katholische Sakramentenlehre. Darmstadt 2002
Schneider-Flume, G.: Grundkurs Dogmatik. Göttingen 2004 (UTB 2564)
Gloy, K.: Wahrheitstheorien. Eine Einführung. Tübingen 2004 (UTB 2531)
Hoping, H.: Einführung in die Christologie. Darmstadt 2004
Hübner, H.: Evangelische Fundamentaltheologie. Theologie der Bibel. Göttingen 2005
Miggelbrink, R.: Einführung in die Lehre von der Kirche. (ökumenisch) Darmstadt 2003
Pesch, O. H. / Peters, A.: Einführung in die Lehre von Gnade und Rechtfertigung. Darmstadt 2004
Ratzinger, Joseph Kardinal: Einführung in das Christentum. Vorlesungen über das Apostolische Glaubensbekenntnis. München 2000
Sauter, G.: Einführung in die Eschatologie. Darmstadt 1995
Schmidt-Leukel, P.: Grundkurs Fundamentaltheologie. Eine Einführung in die Grundfragen des christlichen Glaubens. München 1999
Stosch, K. von: Einführung in die Systematische Theologie. Paderborn 2006 (UTB 2819) (kath.)
Wagner, H.: Einführung in die Fundamentaltheologie. Darmstadt ²1996
Wenz, G.: Einführung in die evangelische Sakramentenlehre. Darmstadt 1988

Katechismen, Hand- und Wörterbücher

Beinert, W.: Handbuch der katholischen Dogmatik. Freiburg ⁵1997
Beinert, W.: Handbuch der Marienkunde. 2 Bde. Regensburg 1996 / 1997
Beinert, W.: Lexikon der katholischen Dogmatik. Freiburg ⁵1997
Biser, E. / Hahn, F. / Langer, M. (Hg): Der Glaube der Christen. Bd. 1: Ein ökumenisches Handbuch / Bd. 2: Ein ökumenisches Wörterbuch. München/Stuttgart 1999
Eicher, R.: Neues Handbuch theologischer Grundbegriffe. (4 Bde.) München 2005 (Neuausgabe)
Evangelischer Erwachsenenkatechismus, hg. Von der Katechismuskommission der VELKD. Gütersloh 2000 (6. völlig neu bearbeitete Auflage
Hauck, F. / Schwinge, G.: Theologisches Fach- und Fremdwörterbuch. Göttingen ¹⁰2005

KEK = **Katholischer Erwachsenen Katechismus** (hrsg. von der dt. Bischofskonferenz) 2 Bände: Bd. 1: Das Glaubensbekenntnis der Kirche. ⁴1989 / Bd. 2: Leben aus dem Glauben. Freiburg 1995

Kern, W. / Pottmeyer, H.J. / Seckler, M. (Hg): Handbuch der Fundamentaltheologie. 4 Bde. Tübingen ²2000

KKK = **Katechismus der Katholischen Kirche** (ugs. Weltkatechismus, hrsg. vom Vatikan) Leipzig u.a. 1993

Katechismus der Katholischen Kirche. Kompendium. München / Vatikanstadt 2005

Lachmann, R. / Adam, G.: Theologische Schlüsselbegriffe. Biblisch – systematisch – Didaktisch. Göttingen ²2004

Pemsel-Maier, S.: Grundbegriffe der Dogmatik. München 2003

Ruh, U.: Der Weltkatechismus. Anspruch und Grenzen. Freiburg ²1994

Schneider, Th.: Handbuch der Dogmatik. 2 Bde. Düsseldorf 2006

Vorgrimler, H.: Neues Theologisches Wörterbuch. Freiburg ⁴2005

Grundlagenwerke

Beinert, W. (Hg): Glaubenszugänge. Lehrbuch der Katholischen Dogmatik. 3 Bände. Paderborn 1994 f.

Joest, W.: Dogmatik. 2 Bde. Göttingen ⁴1995 /1996

Leonhardt, R.: Grundinformation Dogmatik. Göttingen ²2004 (UTB 2214)

Müller, G.-L.: Katholische Dogmatik. Für Studium und Praxis der Theologie. Freiburg ⁶2005

Orth, G.: Systematische Theologie. (Reihe: Theologie kompakt) Stuttgart 2002 (Calwer TB 91)

Pannenberg, W.: Systematische Theologie. 3 Bde. Göttingen 1988-1993

Rahner, K.: Schriften zur Theologie. Bd. IV. Einsiedeln 1992

Rahner, K.: Grundkurs des Glaubens. Freiburg ¹⁰2005

Sauter, G.: Zugänge zur Dogmatik. Göttingen 1998 (UTB 2064)

Scholl, N.: Die großen Themen des christlichen Glaubens. Darmstadt 2002

Fundamentaltheologie

Balthasar, H.U. von: Glaubhaft ist nur Liebe. Einsiedeln ⁵1985

Dahl, E. (Hg): Brauchen wir Gott? Moderne Texte zur Religionskritik. Stuttgart 2005

Fries, H.: Fundamentaltheologie. Leipzig 1987

Hermanni, F. / Koslowski, P. (Hg): Der freie und der unfreie Wille. Philosophie und theologische Perspektiven. München 2004

Hofmann, P.: Die Bibel ist die erste Theologie. Ein fundamentaltheologischer Ansatz. Paderborn 2006

Offenbarung und Glaube 143

Klausnitzer, W.: Glaube und Wissen. Lehrbuch der Fundamentaltheologie für Studierende und Religionslehrer. Regensburg 1999

Klausnitzer, W.: Gott und Wirklichkeit. Regensburg 2000

Lübbe, H.: Modernisierungsgewinner: Religion, Geschichtssinn, Direkte Demokratie und Moral. München 2004

Metz, J.B.: Glaube in Geschichte und Gesellschaft. Studien zu einer praktischen Fundamentaltheologie. Mainz ^{5}1992

Negel, J.: Ambivalentes Opfer. Studien zur Symbolik, Dialektik und Aporetik eines theologischen Fundamentalbegriffs. Paderborn 2005

Petzel, P. / Reck, N. (Hg): Erinnern. Erkundungen zu einer theologischen Basiskategorie. Darmstadt 2003

Reck, N.: Abenteuer Gott. Den christlichen Glauben neu denken. Darmstadt 2003

Sudbrack, J.: Mystik. Sinnsuche und die Erfahrung des Absoluten. Darmstadt 2002

Verweyen, H.J.: Gottes letztes Wort. Grundriss der Fundamentaltheologie. Regensburg ^{4}2002

Voderholzer,R.: Fundamentaltheologie, ökumenische Theologie. Paderborn 2001

Waldenfels, H.: Kontextuelle Fundamentaltheologie. Paderborn ^{4}2005

Werbick, J.: Den Glauben verantworten. Eine Fundamentaltheologie. Freiburg ^{3}2005

Westerkamp, D.: Via negativa. Sprache und Methode der negativen Theologie. Paderborn 2005

Bedeutende Theologen

Allen, J.: Kardinal Ratzinger. Biografie. Düsseldorf ^{2}2005

Geerlings, W. (Hg): Theologen der christlichen Antike. Eine Einführung. Darmstadt 2002

Jung, M. H. / Walter, P. (Hg): Theologen des 16. Jahrhunderts: Humanismus- Reformation- Katholische Erneuerung. Darmstadt 2002

Johannes Paul II: Johannes Paul II. Die Worte seines Lebens. Pattloch 2004

Kerr, F.: Twentieth-Century Catholic Theologians. From Neoscholasticism to Nuptial Mysticism. Blackwell Publishing (London / Edinburgh) 2006

Köpf, U.: Theologen des Mittelalters. Eine Einführung. Darmstadt 2002

Maron, G.: Ignatius von Loyola. Mystik – Theologie – Kirche. Göttingen 2001

Meier-Hamidi,F. / Schumacher, F. (Hg): Der Theologe Joseph Ratzinger. Freiburg 2007 (Quaestiones disputatae Bd. 222)

Neuner, P. / Wenz, G. (Hg): Theologen des 20. Jahrhunderts. Darmstadt 2002

Nichols, A.: The Thought of Pope Benedict XVI. An introduction to the Theology of Joseph Ratzinger. Continuum Publishing 2005

Raffelt, A. / Verweyen, H.: Karl Rahner. München 1997

Svidercoschi, G.F.: Karol. Die Geschichte eines Mannes, der Papst wurde. Freiburg 2005

Verweyen, H.: Joseph Ratzinger - Benedikt XVI. Die Entwicklung seines Denkens. Darmstadt 2007

Walter, P. / Jung, M. (Hg): Theologen des 17. und 18. Jahrhunderts. Darmstadt 2003

Ziegenaus, A. (Hg): Totus Tuus. Maria in Leben und Lehre Johannes Pauls II. (Mariologische Studien XVIII). Regensburg 2004

Einzelfragen

Baum, W.: Gott nach Auschwitz – Reflexionen zum Theodizeeproblem im Anschluss an Hans Jonas. Paderborn 2004

Beinert, W.: Maria. Spiegel der Erwartungen Gottes und der Menschen. Regensburg 2001

Biser, E.: Glaubensbekenntnis und Vaterunser. Düsseldorf ²1994

Drobner, H.R.: Lehrbuch der Patrologie. Frankfurt/M. ²2004

Finsterbusch, K. / Müller, H.A.: Das kann ich dir nie verzeihen!? Theologisches und Psychologisches zu Schuld und Vergebung. Göttingen ²1999

Frankl, V.E.: Trotz Leid, Schuld und Tod. Münsterschwarzach 1998

Fries, H.: Abschied von Gott? Freiburg 1991

Ganoczy, A.: Der dreieinige Schöpfer. Trinitätstheologie und Synergie. Darmstadt 2001

Greshake, G.: Stärker als der Tod. Mainz ¹³1999

Grün, A.: Womit habe ich das verdient?: Die unverständliche Gerechtigkeit Gottes. Münsterschwarzach ²2005

Häring, H.: Das Böse in der Welt. Darmstadt 1999

Häring, H.: Glaube ja – Kirche nein? Die Zukunft christlicher Konfessionen. Darmstadt 2002

Heil, J. / Kampling, R. (Hg): Maria – Tochter Sion? Mariologie, Marienfrömmigkeit und Judenfeindschaft. Paderborn 2001

Heim, M. H. / Ratzinger, Joseph Kardinal: Kirchliche Existenz und existentielle Theologie unter dem Anspruch von Lumen gentium: ekklesiologische Grundlinien. Frankfurt / Main ²2005 (Bamberger Theologische Studien Bd. 22)

Hoff, J.: Spiritualität und Sprachverlust. Theologie nach Foucault und Derrida. Paderborn 2000

Kogon, E. / Metz, J.B. (Hg). Gott nach Auschwitz. Freiburg ⁴1979

Lohfink, G.: Wie hat Jesus Gemeinde gewollt? Freiburg ¹⁰1993

Lübbe, H.: Religion nach der Aufklärung. München ³2004

Kasper, W.: Die Communio-Ekklesiologie als Grundlage für eine erneuerte Pastoral. Rottenburg 1990

Kasper, W.: Der Gott Jesu Christi. Mainz ³1995

Kasper, W.: Jesus der Christus. Mainz ¹²1998

Körtner, U. H.: Wohin steuert die Ökumene? Vom Kosens- zum Differenzmodell. Göttingen 2005

Nocke, F.J.: Eschatologie. Düsseldorf ⁵1995

Pannenberg, W.: Glaube und Wirklichkeit. München 1975

Schilling, K. (Hg): Reihe Glauben erfahren mit Hand, Kopf und Herz.
Darin Band 7: Pemsel-Maier, Sabine: Der Traum vom ewigen Leben. Die christliche Hoffnung auf die Überwindung des Todes Stuttgart 2000

Schreiber, S. / Siemons, S. (Hg): Das Jenseits. Perspektiven christlicher Theologie. Darmstadt 2003

Sekretariat der Deutschen Bischofskonferenz (Hg.): Einheit der Kirche und Gemeinschaft im Herrenmahl. Zur neueren ökumenischen Diskussion um Eucharistie- und Kirchengemeinschaft. Eröffnungsreferat von Bischof Karl Lehmann bei der Herbst-Vollversammlung der Deutschen Bischofskonferenz in Fulda. Bonn 2000

Staats, R.: Das Glaubensbekenntnis von Nizää-Konstantinopel. Darmstadt ²1999

Strasser, P.: Gibt es ein Leben nach dem Tod? Gehirne, Computer und das wahre Selbst. München 2004

Swinburne, R.: Die Existenz Gottes. Stuttgart 1987

Vorgrimler, H.: Theologische Gotteslehre. Düsseldorf ³2002

Vorgrimler, H.: Sakramententheologie. Düsseldorf ³2002

Theologie und Naturwissenschaft

Barbour, I. G.: Wissenschaft und Glaube. Historische und zeitgenössische Aspekte. Göttingen ²2006

Di Gregorio, M. A.: From here to Eternity: Ernst Haeckel and Scientific Faith. Göttingen 2005

Dürr, H.-P.: Auch die Wissenschaft spricht nur in Gleichnissen. Die neue Beziehung zwischen Religion und Naturwissenschaft. Freiburg ³2004 (Spektrum Bd. 5486)

Fischer, K. P.: Kosmos und Weltende. Theologische Überlegungen vor dem Horizont moderner Kosmologie. Mainz 2001

Müller, H. A.: Kosmologische Fragen nach Evolution und Eschatologie der Welt. Göttingen 2004

Peters, T. u.a. (Hg): Brücken bauen – Naturwissenschaft und Religion. Göttingen 2006

Reinke, O. (Hg): Ewigkeit? Klärungsversuche aus Natur- und Geisteswissenschaften. Göttingen 2004

Stadelmann, H.-R.: Im Herzen der Materie. Glaube im Zeitalter der Naturwissenschaften. Darmstadt 2004

Steinke, J. M.: John Polkinghorne: Konsonanz von Naturwissenschaft und Theologie. Göttingen 2006

Texte zur Weiterarbeit

Der Hörer des Wortes
Karl Rahner[8]

Was fordert das Christentum vom Menschen, wenn es in ihm Wirklichkeit werden soll? Wenn wir diese Frage zu beantworten suchen, dann ist nicht gemeint, daß das Christentum, d.h. die Gnade Gottes, diese Voraussetzungen im Menschen immer nur abwarten müsse, nur zusehen müsse, ob sie vorhanden seien oder nicht. Gewiß nicht. Die Gnade Gottes schafft sich selbst diese Voraussetzungen, sie bewirkt selbst, daß sie angenommen wird, sie ist die Gabe, die Gott ist, und die Gabe der Annahme der sich gebenden Gabe. Aber eben diese Gnade Gottes wirkt nicht nur und nicht erst, wenn das amtlich verkündigte Wort des Evangeliums an den Menschen herantritt. Sie läuft diesem Wort voraus, sie bereitet die Herzen für dieses Wort durch alles, was im Leben des Menschen an Erfahrung des Daseins vorkommen mag. [...]

Die erste Voraussetzung, damit ein Mensch das Wort des Evangeliums hören könne, ohne es mißzuverstehen, ist darin gelegen, daß er aufgetane Ohren für *das* Wort hat, durch das das schweigende Geheimnis anwest. Im Wort des Evangeliums soll ja mehr ausgesagt werden als das, was wir auch wortlos ergreifen, wessen wir uns ohne Wort bemächtigen können. In diesem Wort soll ja anwesen, was ungreifbar ist, das Namenlose, das schweigend unverfügt Verfügende, das Unfaßbare, der Abgrund, in dem wir gründen, die übe dichte Finsternis, von der alle Helligkeit des Alltags umfaßt bleibt, in einem Wort: Das bleibende Geheimnis, das wir Gott nennen, der Anfang, der noch da ist, wenn wir zu Ende sind. Nun hat eigentlich *jedes* Wort, das wahrhaft eines ist, und eigentlich das *Wort* allein die Macht, das Unnennbare zu nennen. Gewiß: Das Wort sagt aus, es benennt und unterscheidet, es grenzt ein, es definiert, es rückt nahe, es legt fest und ordnet ein. *Aber:* Indem es dies tut, geschieht für den, der dafür Ohren hat, der sehen kann (alle Sinne des Geistes fließen hier in einem), noch etwas ganz anderes: die schweigende Mystik der Anwesenheit des Namenlosen. Denn das Genannte wird durch das Wort vorgerufen. [...] Es ist wahr: Wer die Botschaft des Christentums hören können will, der muß Ohren haben für das Wort, in dem unüberhörbar das schweigende Geheimnis als Grund des Daseins anwest.

Die zweite Voraussetzung für das rechte Hören der Botschaft des Christentums ist die Fähigkeit, Worte zu hören, die die *Mitte* des Menschen, das *Herz* treffen. Wenn Gott als das Geheimnis sich im Wort der christlichen Offenbarung sagen will, dann sucht dieses Wort den *ganzen* Menschen, weil eben dieser Gott das Heil des *ganzen* Menschen sein will, dann sucht es also den Menschen in seiner ursprünglichen Einheit, aus der die Vielfalt seines Daseins aufsteigt, und in der sie zusammengefaßt bleibt; es sucht das *Herz* des Menschen. Und darum sind solche Worte der evangelischen Botschaft notwendig Worte des Herzens; nicht sentimentale Worte, denn solche sind nicht Worte von Herz zu Herz; [...] Um Christ sein zu können, muß man also die Fähigkeit haben, Urworte des Herzens zu hören und zu verstehen, solche, die nicht nur die technische Rationalität des Menschen

---

[8] aus: Rahner, K.: Schriften zur Theologie. Bd. IV. Einsiedeln 1962, S. 442–446.

und seine unbeteiligte Pseudo-Objektivität erreichen, die nicht nur Signale der biologischen Daseinsbehauptung und der Steuerung der Herdeninstinkte sind, sondern die gewissermaßen sakral, ja sakramental sind, also das, was sie bezeichnen, mitbringen und schöpferisch in die ursprüngliche Mitte des Menschen einsenken. [...]

Die dritte Voraussetzung für das rechte Hören der Botschaft des Evangeliums, die, aus vielen anderen herausgehoben, hier genannt werden soll, ist die Fähigkeit des Hörens des einenden Wortes. Worte unterscheiden. Aber die letzten Worte, die das alles durchwaltende Geheimnis rufen und das Herz treffen, sind einende Worte. Denn sie rufen den einen Ursprung und sammeln alles in der einenden Mitte des Herzens. Sie versöhnen darum, sie befreien das einzelne aus seiner isolierten Einsamkeit, sie lassen in jedem das Ganze da sein. [...]

Die vierte Voraussetzung aber, die letzte, die genannt werden soll, für das Hören der Botschaft des Evangeliums, ist die Fähigkeit, mitten im einzelnen Wort von dem leibhaft Bestimmten selbst, zwar unvermischt, aber doch ungetrennt von ihm, des unsagbaren Geheimnisses innezuwerden, die Fähigkeit, die inkarnatorische und inkarnierte Unbegreiflichkeit zu vernehmen, das fleischgewordene Wort zu hören. In der Tat: wenn wir Christen und nicht nur Metaphysiker des dunklen Urgrunds sein wollen, dann müssen wir bekennen, daß das ewige Wort, in das hinein der für uns dunkle, aber personhaft ursprunglose Urgrund in der Gottheit, auf den wir mit dem Wort «Vater» hindeuten, sich restlos in seine eigene Ewigkeit hinein aussagt, und in dem er bei sich ist, Fleisch geworden ist und unter uns gewohnt hat.

Wahrnehmung der Offenbarung als Wahrnehmung von Gottes Herrlichkeit und Liebe
Hans Urs von Balthasar[9]

Was ist das Christliche am Christentum? Nie in der Kirchengeschichte hat der Verweis auf eine Mehrzahl zu glaubender Mysterien als letzte Antwort befriedigt, immer wurde ein Einheitspunkt angezielt, von dem her die Glaubensforderung sich rechtfertigt: ein Logos, wenn auch besonderer, so doch überzeugender, ja überwältigender Art, der aus den «zufälligen Geschichtswahrheiten» ausbrechend ihnen Necessität verleiht. [...] Die Väterzeit, das Mittelalter, die Renaissance [...] haben den Bezugspunkt kosmisch-weltgeschichtlich angesetzt; die Neuzeit seit der Aufklärung hat hinübergewechselt zu einem anthropologischen Zentrum. Ist der erste Versuch zeitgeschichtlich begrenzt, so ist der zweite systematisch verfehlt: was Gott in Christo dem Menschen sagen will, kann weder an der Welt im ganzen noch am Menschen im besonderen eine Normierung erhalten; es ist unbedingt theo-logisch, besser theo-pragmatisch: Tat Gottes auf den Menschen zu, Tat, die sich selber vor dem Menschen und für ihn (und so erst an ihm und in ihm) auslegt. Von dieser Tat soll nun ausgesagt werden, daß sie glaubhaft sei nur als Liebe: gemeint ist Gottes eigene Liebe, deren Erscheinung die der Herrlichkeit Gottes ist. [...]

Alttestamentlich ist diese Herrlichkeit (kabod) das Anwesen der erlauchten Majestät Jahwes in seinem Bund (und durch diesen vermittelt in aller Welt), neutestamentlich legt

---

[9] aus: von Balthasar, H. U.: Glaubhaft ist nur die Liebe. 4.Aufl. Einsiedeln 1975, S. 5 f u. S. 49f.

sich diese hehre Glorie aus als die «ins Ende» von Tod und Nacht absteigende Liebe Gottes in Christo. Dies Äußerste, [...] von Welt und Mensch aus unerahnbar, kann nur als das «Ganz-Andere» empfangend wahr-genommen werden.

Die Wahrnehmbarkeit der Liebe

Wenn Gott seine Liebe, die er für die Welt hegt, offenbar machen will, muß sie auch für die Welt erkennbar sein können. Trotz und in ihrem Ganz-anders-Sein. Liebe wird in ihrer inneren Wirklichkeit nur von Liebe erkannt. Damit die selbstlose Liebe eines Liebenden von einem egoistischen Geliebten verstanden werden kann (nicht nur als ein Ausnützbares neben anderem, besser als anderes, sondern als das, was sie ist), muß eine Ahnung, ein Anfang von Liebe beim letztern vorhanden sein. So braucht auch der Betrachter eines hohen Kunstwerks eine Begabung - angeboren oder durch Übung erworben -, um die Schönheitswerte daran wahrzunehmen, die es von geringer Kunst oder von Kitsch unterscheiden. Diese Zubereitung des Subjektes, wodurch es auf die Ranghöhe des Offenbarungsobjektes gestellt und abgestimmt wird, ist im Einzelmenschen jene Verfassung, die durch die Dreieinheit Glaube-Hoffnung-Liebe bezeichnet werden kann, bei einer ersten echten Begegnung wenigstens inchoativ vorhanden sein muß und insofern auch sein kann, als Gottes Liebe, die ja Gnade ist, die Bedingungen ihrer Erkennbarkeit notwendig in sich trägt und deshalb mit sich bringt und mitteilt.

Wenn die Mutter viele Tage und Wochen das Kind angelächelt hat, erhält sie einmal das Lächeln des Kindes zur Antwort. Sie hat im Herzen des Kindes die Liebe geweckt, und indem das Kind zur Liebe erwacht, erwacht es zur Erkenntnis: die leeren Sinneseindrücke sammeln sich sinnvoll um den Kern des Du. Erkenntnis (mit ihrem ganzen Apparat von Anschauung und Begriff) beginnt zu spielen, weil das Spiel der Liebe, von der Mutter her, vom Transzendenten her, vorgängig begonnen hat. So legt sich Gott als Liebe vor dem Menschen aus: von Gott her leuchtet die Liebe auf und stiftet dem Menschenherzen das Liebeslicht ein, das gerade diese - die absolute - Liebe zu sehen vermag: «Denn Gott, der da sprach, aus Finsternis solle Licht aufleuchten, er selber ist aufgeleuchtet in unseren Herzen, damit die Erkenntnis sich entzünde von der (Liebes-)Herr-lichkeit Gottes auf dem Antlitz Christi» (z Kot 4, 6). Aus diesem Antlitz lächelt der Urgrund des Seins uns väterlich-mütterlich an. Sofern wir seine Geschöpfe sind, liegt der Keim der Liebe, als Gottesbild (imago), schlummernd in uns. Aber wie kein Kind ohne Geliebtwerden zur Liebe erwacht, so kein Menschenherz zum Verstehen Gottes ohne die freie Zuwendung seiner Gnade - im Bild seines Sohnes.

Ein Märchen – gegen den Strich zu lesen
Johann Baptist Metz[10]

Um diese kritische Intention zu verdeutlichen, möchte ich an ein Märchen erinnern, das hierzulande zu den bekanntesten und beliebtesten zählt: das Märchen vom Hasen und vom Igel, näherhin die Geschichte von jenem krummbeinigen, aber pfiffigen »Swinegel«, der am Sonntagmorgen auf dem Felde spazieren geht und dem Hasen, der ihn wieder einmal

---

[10] aus:. Metz, J. B: Glaube in Geschichte und Gesellschaft. 5.Aufl. Mainz 1992, S. 478-69; 143f.

Offenbarung und Glaube 149

wegen seiner »schiefen Beine« gefoppt hatte, kurzerhand einen Wettlauf in den Ackerfurchen vorschlägt, und der dann vor dem Lauf erst noch einmal nach Hause geht (zum Frühstücken, wie er sagt, da es sich auf nüchternen Magen nicht gut laufe ...), um seine Igelfrau zu holen - »die bekanntlich genauso aussieht wie ihr Mann« - und sie am oberen, entfernteren Ende der Ackerfurche zu postieren, während er selbst sich am unteren Ende neben dem Hasen zum Lauf aufstellt. Wie man weiß, fällt der Hase auf diesen Igeltrick herein: er läuft und läuft in seiner Furche, der Igel ist, hier und dort, »immer schon da«, und schließlich rennt und stürzt sich der Hase auf dem Ackerfeld zu Tode.

Die »Kleinen«, Zukurzgekommenen und »Langsamen« im Leben, zu deren Ermutigung das Märchen geschrieben ist, mögen mir gestatten, diese schöne Geschichte gegen ihre eigene, nur allzu berechtigte Intention zu lesen und einen Augenblick lang - für den Hasen Partei zu ergreifen, der läuft und läuft und sich schließlich im Wettlauf zu Tode stürzt, während der Igel durch einen Trick siegt, der ihm das Laufen überhaupt erspart. Die Option für den Hasen, das wäre hier die Option für das Eintreten in das Feld der Geschichte, das man nur im Lauf, im Wettstreit, im Flug (und wie immer die Bilder gerade der paulinischen Traditionen für das geschichtlich-eschatologische Leben der Christen lauten) durchmessen kann. Und diese Option für den Hasen bedeutet gleichzeitig den Versuch, die idealistische Sicherung gefährdeter Identität des Christentums, die absieht von der identitätsrettenden Kraft der Praxis (des Laufens), kritisch zu entlarven - sozusagen als theologischen Igel-Trick, der Identität und Sieg ohne die Erfahrung des Laufens (d.h. auch ohne die Erfahrung der Bedrohung und des möglichen Untergangs) verbürgt. [...]

Die *erste Spielart* des Igel-Tricks steht für die universalgeschichtlichen idealistischen Ansätze. Wie bei den beiden Igeln hat man die Straße der Geschichte fest im Blick. Da man sie von beiden Enden her überschaut, braucht man sie erst gar nicht mehr zu betreten. Der Hase läuft - und der Igel sitzt in trickreicher Verdoppelung an den Schaltstellen der Gesamtgeschichte. Die Geschichte wird zur durchschauten Bewegung des objektiven Geistes oder wessen immer. Und Theologie wird zu einer Art weltgeschichtlicher Auskunftei, freilich mit nachlassender Frequenz, mit abnehmendem Publikumsverkehr.

Der endgültig zugesagte Heilssinn der Geschichte wird hier nicht eigentlich »im Laufen« erschlossen; er wird nicht als praktische Sinnerfahrung inmitten des geschichtlichen Lebens angerufen, erinnert und (für alle) weitererzählt; er ist zur Reflexionsbestimmung erstarrt, die nicht zu irritieren ist durch kollektive geschichtliche Ängste und drohende Sinnkatastrophen – und die deshalb auch keiner mit Erwartung ausgestatteten Hoffnung bedarf.

Die *zweite Spielart* des Igel-Tricks steht für den transzendental-idealistischen Ansatz, für die Konzeption eines »transzendentalen Christentums«. Der Hase läuft, die beiden Igel sind »immer schon da«: »Ick bün all hier«, rufen abwechselnd Igel-Mann und Igel-Frau im niederdeutschen Märchen. Durch ihre transzendentale Omnipräsenz hetzen sie den Hasen zu Tode. Indessen, wird hier die bedrohte und gefährdete geschichtliche Identität des Christentums nicht um einen hohen, zu hohen Preis transzendental festgemacht und gesichert, nämlich um den Preis der Verwechslung von Identität und - Tautologie? Die beiden Igel - »bekanntlich sieht die Igel-Frau genauso aus wie ihr Mann« - stehen für die Tautologie, der laufende Hase für die *Möglichkeit* geschichtlicher Identität. Das »Laufen«, bei dem man auch liegenbleiben kann, gehört mitsamt seiner Gefährdung zur Identitätssicherung, es ist durch nichts transzendental zu kompensieren.

Der Erweis der Wahrheit durch die Praxis
Gerhard Lohfink[11]

Wir sind im vorangegangenen Kapitel auf den zentralen Einwand des Judentums gegenüber dem christlichen Anspruch gestoßen: Wie kann denn der Messias gekommen sein, wenn sich nichts in der Welt geändert hat? Sieht man genauer zu, so ist das freilich nicht nur die Grundfrage des Juden. Jeder Nichtchrist fragt ähnlich. Wie könnt ihr von Erlösung reden wenn sich seit dem Kommen eures Erlösers nichts in der Welt geändert hat? Die Wahrheit des christlichen Glaubens kann deshalb letztlich nur aufleuchten, wenn sie durch die Praxis der Christen einleuchtet. Die Alte Kirche, die auch hier von biblischer Nüchternheit erfüllt ist, hat diesen Zusammenhang klar erkannt. Sie hat gewußt, daß sie mit ihrer ganzen Existenz Zeichen sein mußte für die Wahrheit des Evangeliums. Der erstaunliche Zuwachs, den sie in einem relativ kurzen Zeitraum erlebte, läßt sich nur so erklären, daß das Zeichen leuchtete. [...]

Offenbar gibt es für die Alte Kirche eine viel festere Verbindung zwischen der Zeichenhaftigkeit der Kirche und der Christologie als bei uns heute. Das wahre Wesen Christi kann nur dann aufleuchten, wenn die Kirche die messianische Alternative und die eschatologische Neuschöpfung, die seit Christus Platz greift, sichtbar macht.

Angesichts einer solchen Ekklesiologie stellt sich freilich noch einmal die Frage [...]: Setzt sie die Christen nicht unter einen schrecklichen Erfolgszwang und einen gnadenlosen Leistungsdruck? Verwandelt sie die Kirche nicht in die abstoßendste Art von Leistungsgesellschaft, die es überhaupt gibt, nämlich in eine religiöse? Und wie kann eine solche Ekklesiologie mit den Lauen und Schwachen, mit den Verschuldeten und Gescheiterten, wie kann sie mit den Randexistenzen in der Gemeinde fertig werden?

Diese Einwände, die absolut ernst zu nehmen sind, zeigen:

Kirche als Kontrastgesellschaft kann nicht dadurch erreicht werden, daß einfach ein größeres Maß an sittlicher Energie investiert wird, als es andere moralische Aufrüstungsbewegungen der Menschheitsgeschichte aufgebracht haben. [...] Die Nachfolge Jesu fängt keineswegs damit an, daß man gebeten wird, gefälligst noch heroischer zu leben, als andere es tun oder getan haben. Sie fängt vielmehr damit an, daß man überreich beschenkt wird. Jesus verweist mit seiner ganzen Existenz auf das Wunder, das sich jetzt in der Geschichte ereignet: das Reich Gottes bricht an. Dieses Wunder war nicht mit menschlicher Kraft herbeizuführen; es war unverfügbar und gänzlich unverdient. Nachfolge heißt, das Wunder des Reiches Gottes ahnen und fasziniert von dem Geschenk einer neuen Möglichkeit menschlicher Gemeinschaft radikal den Weg Jesu zu gehen.

Dieser Weg ist zwar keine breite und bequeme Straße, auf der die Masse dahinzieht. Er ist schmal und ausgesetzt. Er hat bei Jesus in den gewaltsamen Tod geführt und ist auch für viele, die Jesus nachgefolgt sind, tödlich geworden. Aber es ist der Weg ins

---

[11] aus: Lohfink, G.: Wie hat Jesus Gemeinde gewollt? 8.Aufl. Freiburg 1989. S. 203-208.

Leben. An seinem Anfang steht das Wunder des Reiches Gottes, und dieses Wunder trägt alles, was dann geschieht.

Die Alte Kirche hat gewußt, daß ihre messianische Existenz, daß ihre Existenz als Kontrastgesellschaft nur aus dem Wunder, das Gott in der Geschichte wirkt, möglich ist [...]. Sie hat gewußt, daß dort, wo Kirche ganz zur Kirche wird, alles Gnade ist. Sie hat schließlich gewußt, daß die Kirche aus der Seite des Gekreuzigten lebt, daß also ihr Leben aus dem Tode kommt, und daß sie ihr Leben nur gewinnen kann, wenn sie ständig bereit ist, es zu verlieren. [...]

Kirche als Kontrastgesellschaft wäre gründlich mißverstanden, wenn sie nicht als Schöpfung der Gnade Gottes und als Frucht des Kreuzes Christi angesehen würde. Deshalb stammt ihr Kontrast zur heidnischen Gesellschaft nicht aus „Machbarkeit und Moralismus", sondern aus dem Wunder des anbrechenden Reiches Gottes. Deshalb haben auch die Schuldiggewordenen und die Gescheiterten Platz in der Kirche, denn die Gnade kommt in der menschlichen Ohnmacht zur Vollendung. Und deshalb leuchtet das Wunder der neuen Schöpfung dort in der Kirche am schönsten auf, wo es als Liebe und Versöhnung aus Situationen erwächst, die - menschlich gesehen - verfahren und hoffnungslos schienen.

Gott ist allein in Jesus Christus offenbar
Wolfhart Pannenberg[12]

Nur von der alttestamentlichen Erwartung her kann in biblisch begründeter Weise von Jesus Christus als der Offenbarung Gottes gesprochen werden. Wenn nicht in Jesus von Nazareth das Ende alles Geschehens Ereignis wäre, dann wäre er nicht die Offenbarung Gottes im vollen Sinne des Wortes, denn dann würde der immer Neues wirkende Gott Israels auch über Jesus hinaus in immer neuer Weise durch seine Taten sich selbst erweisen. [...]

Nun ist zuzugestehen, daß für uns alle die Zukunft noch offen und zugleich verhüllt ist. Für alle Menschen steht das Ende, das nicht nur das Ende ihres eigenen Lebens, sondern auch das Ende alles Weltgeschehens ist, noch aus. Man kann dunkle und doch ahnungsvolle Bilder eines solchen Endes entwerfen, wie es die Apokalyptiker taten, oder man kann daran zweifeln, ob der Welt überhaupt ein derartiges Ende bevorstehen mag. Allerdings ist dieser Zweifel eigentlich nur möglich, solange man übersieht, daß das von der Jüdischen Apokalyptik erwartete Ende an einem Menschen, freilich bisher nur an diesem einzigen, bereits eingetreten ist: an Jesus von Nazareth, und zwar durch das Ereignis, das seinen Jüngern als Jesu Auferweckung von den Toten kund geworden ist. Die Auferstehung der Toten ist ja das von den Juden seit dem babylonischen Exil erwartete Ende alles Geschehens. Wenn Jesus zu jenem, verglichen mit dem unseren ganz andersartigen Leben auferstanden, also nicht etwa nur in dieses todverfallene Leben vorübergehend zurückgekehrt ist, dann ist an ihm das Ende schon geschehen, das für alle anderen Menschen bis zum heutigen Tage noch aussteht. Dann hat sich aber erwiesen, daß die apokalyptische Erwartung keine leere Phantastik war; denn an diesem einen Menschen

---

[12] aus: Pannenberg, W.: Wie wird uns Gott offenbar? In: Ders.: Glaube und Wirklichkeit. Kleine Beiträge zum christlichen Denken. München 1975, S. 71-91, hier S. 80-82.

hat sie sich bereits erfüllt – und darum ist es auch für uns andere nicht sinnlos, auf das Ende alles Geschehens in der Auferweckung der Toten zu warten. Das hat Paulus 1 Kor 15 betont. Auf Jesu Auferweckung blickend, werden wir unserer eigenen letzten Zukunft inne. Mit seinem Lehren, Verhalten und Leiden verbunden, können wir hoffen, auch des an ihm schon erschienenen Lebens einst teilhaftig zu werden. Da das für uns noch ausstehende Ende alles Geschehens an Jesus damals schon Ereignis geworden ist, geschieht seitdem nichts darüber hinausgehend Neues und ist Jesus in der Tat als der endgültige Selbsterweis des Gottes Israels anzusehen, obwohl einstweilen nur an ihm und noch nicht an uns anderen das vollendende Ende erschienen ist.

Durch die Auferweckung Jesu ist der Gott Israels als der über alles Geschehen mächtige Gott offenbar; denn wer das Ende aller Dinge in der Hand hält, der ist auch ihrer selbst mächtig. Vom Ende der Auferstehung her ist er als der Gott auch des Anfangs offenbar, als der, der „die Toten lebendig macht und das, was nicht ist, ins Dasein ruft" (Röm 4,17). Was es mit der Schöpfung aus nichts auf sich hat, das sieht man an der Auferweckung der Toten, die ja in einem radikalen Sinne nichts mehr sind. Im Geschehen der Auferweckung Jesu ist aber nicht nur die Macht Gottes, sondern auch seine Liebe zu uns offenbar. Durch Jesu Auferweckung ist ja den ihm Verbundenen der Zugang zu ihrer menschlichen Bestimmung, zum künftigen Leben, erschlossen und die davon trennende Sünde überwunden. Von daher wird sichtbar, daß der Kreuzestod Jesu, wie die Urchristenheit früh erkannt hat, uns zugut erlitten wurde; unser eigener Tod ist nun nicht mehr hoffnungslos. In alledem ist die Liebe Gottes offenbar. Aber freilich bedeutet solche Offenbarung der letzten Absicht und so des innersten Wesens Gottes nicht, daß er uns überschaubar würde. Niemand vermag die Fülle dessen, was das Christusgeschehen über Gott zu sagen hat, zu Ende zu denken. Haben wir doch kaum ein Vorstellung davon, was das Leben der Auferstehung eigentlich ist. Und ebensowenig vermögen wir auszudenken, wie alles Weltgeschehen, auch in der seit Jesus abgelaufenen Geschichte und gar in der Zukunft, auf das an Jesus schon erschienene Ende bezogen ist. Gerade die Erhabenheit und Verborgenheit des Gottes Israels kommt in ihrer vollen Tiefe erst durch die Offenbarung im Geschick Jesu in den Blick.

Die Unbegreiflichkeit Gottes gerade in seiner Offenbarung bedeutet, daß auch für den Christen die Zukunft noch offen und voller Möglichkeiten ist. Trotzdem haben die mit Jesus Verbundenen die Gewißheit, daß der durch die Auferweckung Jesu in seiner Gottheit offenbare Gott Israels über alles Geschehen Gewalt hat, daß nichts von seiner in Jesu Verhalten und Geschick offenbaren Liebe trennen kann und daß sein letztes Wort, wie immer dessen Erfüllung an uns auch aussehen mag, nicht Tod, sondern Leben heißt.

Feministische Theologie – Theologische Frauenforschung – Gender Studies

Dorothee Schlenke

1 Grundlagen

1.1 Begriff und geschichtliche Herausbildung der feministischen Theologie

Feministische Theologie versteht sich in nahezu all ihren Varianten als *kontextuell*, als bestimmte theologische Reaktion auf eine bestimmte gesellschaftlich-politische und kirchliche Situation, welche in ihrer Grundstruktur als *patriarchal*, d.h. geprägt durch die gesellschaftliche Vorherrschaft von Männern (Patriarchalismus) begriffen wird. Als sog. *Genitiv-Theologie* (Theologie der Frauen), d.h. als eine zunächst vorrangig von Frauen (gen. subjectivus) über Frauen (gen. objectivus) und für Frauen betriebene theologische Theoriebildung setzt feministische Theologie an der spezifisch weiblichen Erfahrung gesellschaftlicher wie persönlich-privater Unterdrückung an in der Absicht, die damit verbundenen defizitären Lebenszusammenhänge von Frauen in Richtung auf Gleichberechtigung und gesellschaftlich-politische Befreiung aktiv zu gestalten. Diese konstitutive Verbindung zur emanzipatorischen Praxis ergibt sich aus den drei grundlegenden Entstehungskontexten der feministischen Theologie in der zweiten Hälfte des 20. Jahrhunderts.[1]

(1) In der *ökumenischen Bewegung* spielte die Frauenfrage seit der Gründung des Ökumenischen Rates der Kirchen (ÖRK) 1948 in Amsterdam eine wichtige Rolle, denn neben den Differenzen in der kirchlichen Lehre und Praxis wurden auch soziale Faktoren wie rassistische Diskriminierung und die gesellschaftlich-politische Unterdrückung der Frau als entscheidende Hindernisse auf dem Weg zur angestrebten Einheit der Kirchen angesehen. So gab die 5. Vollversammlung des ÖRK 1975 in Nairobi eine weltweite Studie über die Rolle der Frau in Kirche und Gesellschaft in Auftrag, deren Ergebnisse 1981 im Sheffield-Report unter dem Titel „Die Gemeinschaft von Frauen und Männern in der Kirche" zusammengefasst wurden. Hier finden sich bereits Grundelemente einer feministischen Theologie wie eine neue, durch Gegenseitigkeit und Partnerschaftlichkeit geprägte Sicht des Verhältnisses von Mann und Frau, Überlegungen zu einer Neufassung kirchlicher Sprache und Symbolik unter Berücksichtigung spezifisch weiblicher Spiritualität sowie das klare Votum für die gleichberechtigte Partizi-

---

[1] Zur Entwicklungsgeschichte der feministischen Theologie vgl. Scherzberg, L.: Grundkurs, S.11-20; Siegele-Wenschkewitz, L.: Genus-Kategorie, S. 69-88.

pation von Frauen in allen Bereichen kirchlichen Lebens. In der Konsequenz dieser Überzeugungen wurde 1988 die Ökumenische Dekade „Solidarität der Kirchen mit den Frauen" (1988-1998) ausgerufen.

(2) Aus der Aufbruchsstimmung des Zweiten Vatikanischen Konzils (1962-65) entstand im amerikanischen Katholizismus eine kritische Laien- und Laiinnenbewegung, welche sich vehement für die Frauenordination und den gleichberechtigten Zugang von Frauen zu allen Ämtern der römisch-katholischen Kirche einsetzte. Damit verband sich zugleich die Forderung nach einer grundlegenden Reform des überkommenen, männlich zentrierten Theologie- und Kirchenverständnisses. Während sich im europäischen Katholizismus nur vereinzelt analoge Reforminitiativen bildeten, entstand nur wenige Jahre später in der deutschen evangelischen Kirche eine entsprechende, Universitätsfakultäten, Kirchensynoden und Gemeinden gleichermaßen in Anspruch nehmende Diskussion um die sog. Theologinnenfrage. Mit der erfolgten Zulassung von Frauen zum Pfarramt und mit ihrer Ordination in den 70er Jahren wurden zentrale Grundlagen des bisherigen Kirchenverständnisses und Kirchenrechts revidiert; der feministischen Theologie entstand im Zuge dieser umfassenden Diskussion ein breites, innerkirchliches Wirkungsfeld.

(3) Politische und gesamtgesellschaftliche Dynamik entfaltete die Frauenemanzipation jedoch erst im Zusammenhang der sog. Neuen Frauenbewegung („neu" im Unterschied zur „Alten" Frauenbewegung im 19. und Anfang des 20. Jahrhunderts), welche Ende der 60er Jahre aus den Impulsen der amerikanischen Bürgerrechtsbewegung entstand und sich Mitte der 70er Jahre in fast allen westeuropäischen Ländern im Gefolge des kulturell-politischen Aufbruchs der Studentenbewegung formierte. Ihr bürgerrechtliches Engagement führte die amerikanischen Frauen zu der Einsicht, dass die emanzipatorischen Forderungen jener Minderheit, für die sie eintraten und damit auch deren gesellschaftlich diskrimierter Status de facto auch auf sie selber zutrafen und sich in der alltäglichen Erfahrung von Sexismus und Gewalt gegen Frauen identifizieren ließen. Die grundlegenden Forderungen der 68er-Bewegung nach dem Abbau innerer und äußerer Autorität, nach radikal-demokratischen Gesellschaftsveränderungen und durchgängiger Herrschaftsfreiheit im wissenschaftlichen Dialog wie in der gesellschaftlichen Praxis begannen Frauen nun auch für sich selbst und für das Verhältnis der Geschlechter einzuklagen. Kennzeichnend für diese Neue Frauenbewegung war ihre zunächst ausschließlich frauenbezogene und institutionell autonome Organisation in Frauen(selbsthilfe)gruppen, Frauenzentren, -werkstätten, -buchläden etc., wo persönliche Unterdrückungserfahrungen aufgearbeitet, in ihren gesellschaftlich-politischen Ursachen analysiert sowie entsprechende Strategien emanzipatorischer Praxis entworfen wurden. Dieser Ansatz bei der

persönlichen Erfahrung und subjektiven Betroffenheit von Frauen prägte die feministische Theoriebildung in ihren Anfängen entscheidend; Autonomie, Subjektivität und Parteilichkeit avancierten zu feministischen Idealen, getragen durch eine neue Form spezifisch weiblicher Solidarität: die Schwesterlichkeit. Gemäß ihrem zeitgeschichtlichen Kontext trat die Neue Frauenbewegung säkular und z.T. dezidiert antikirchlich und religionskritisch auf; die ihr verpflichteten Strömungen feministischer Theologie verfolgen daher ebenfalls eine entsprechend radikale, mitunter entschieden antichristliche Tendenz. Erst das Aufkommen der Politischen Theologie und der aus der Dritten Welt stammenden Befreiungstheologie ermöglichte eine positive und zugleich hermeneutisch-kritische Verbindung von Christentum und Feminismus.

Im Blick auf diese sehr unterschiedlichen Entstehungszusammenhänge wird die innere Vielfältigkeit, bisweilen sogar Widersprüchlichkeit feministischer Theologie in Bezug auf ihre Inhalte, Methoden, Forderungen und Realisationszusammenhänge erklärlich. Je mehr sich feministische Theologie von einer bloßen „Barfuß-Theologie" auf Kirchentagen, in theologischen Werkstätten, Gemeinden und Frauengruppen hin zu einer etablierten Disziplin wissenschaftlicher Theologie entwickelte, desto dringender wurde die systematische Reflexion ihrer wissenschaftstheoretischen Grundfragen.

1.2 Wissenschaftstheoretische Grundfragen der feministischen Theologie

Im Kontext der allgemeinen feministisch-wissenschaftlichen Theoriebildung hat sich auch die feministische Theologie als entschiedene *Wissenschaftskritik* formiert, als Kritik der überkommenen, ihrer Ansicht nach explizit wie implizit männerzentrierten (androzentrischen), theologischen Wissenschaft und einer entsprechend sexistischen, Frauen systematisch benachteiligenden praktischen Wissenschaftsorganisation. Diese Kritik artikulierte sich folgerichtig zunächst als

(1) fundamentale *Methodenkritik*, in deren Vollzug sich feministische Theologie selbst mehrfach wandelte, sowohl unter Aufnahme entsprechender Veränderungen der gesellschaftlichen und kirchlichen Verhältnisse als auch in Reaktion auf ihre eigenen Forschungsergebnisse. Das entscheidende Kriterium dieses Prozesses stellte die zunehmend differenzierte Wahrnehmung und begriffliche Fassung des Phänomens „*Weiblichkeit*" dar bzw. die Entfaltung der Kategorie „*Geschlecht*". Je nachdem wie „Weiblichkeit" bzw. „Geschlecht" konkret gedacht werden, spricht man von *Gleichheitsfeminismus, Differenzfeminismus* oder *feministischer Dekonstruktion*, wobei diese Varianten nicht nur als zeitliche Abfolge zu denken sind, sondern sich in gegenwärtigen Positionen feministischer Theologinnen gleichwohl durchdringen können.

Geht es dem vor allem anfänglich bestimmenden *Gleichheitsfeminismus* primär um die rechtliche Gleichberechtigung und volle politische Partizipation der Frau, eben um „Gleichheit" mit dem Mann, so erscheint Weiblichkeit in dieser Perspektive als bloßes ideologisches Konstrukt zur Begründung und Stabilisierung männlicher Vorherrschaft. Gleichheitsfeministinnen kommen vor allem aus dem marxistisch orientierten, eher religionskritischen Milieu der Neuen Frauenbewegung.

Mit der zunehmenden Teilhabe von Frauen am gesellschaftlich-öffentlichen Leben wuchs jedoch zugleich ein Bewusstsein ihrer „Andersartigkeit", ein spezifisch weibliches Identitätsbewusstsein, das im Streben nach bloßer „Gleichheit" gerade nicht aufging und in den erfahrungs- und auch körperorientierten Kommunikationsformen der Neuen Frauenbewegung intensiv gepflegt wurde. Dieses weibliche Identitätsbewusstsein bildete die Grundlage des Anfang der 80er Jahre vorherrschenden *Differenzfeminismus*: Ganzheit, Emotionalität, Sinnlichkeit, Beziehungsfähigkeit, Fürsorge und ähnliche Charakterzüge galten als wesentliche Dimensionen dieser neuen Weiblichkeit und zugleich als zentrale Erfahrungsgrundlage für neue Gottes-, Selbst- und Weltbilder. Frau-Sein in diesem Sinne, generiert aus der schwesterlichen Reflexion gemeinsamer Betroffenheit durch patriarchale Unterdrückung und einig in der Ausrichtung auf eine emanzipatorische Praxis, wurde als unverrückbare Voraussetzung differenzfeministischer Forschung in ihren Anfängen postuliert. Subjektivität und Parteilichkeit avancierten zu feministischen Kampfbegriffen gegenüber dem positivistischen Ideal einer vermeintlich voraussetzungslosen, objektiv-wertneutralen, de facto jedoch androzentrisch bestimmten Wissenschaft. Gegen diese exklusive und ihrerseits als unwissenschaftlich betrachtete Grundlegung feministischer Theologie formierte sich in der Folge die **theologische Frauenforschung**, welche Weiblichkeit bzw. geschlechtliche Identität nicht als Voraussetzung einer wissenschaftlichen Beschäftigung mit der Frauenfrage begriff, sondern – so die These – theologische Frauenforschung könne ebenso gut auch von Männern be-trieben werden.[2]

Entspannung kam in diese verhärteten Fronten erst mit der weiteren Differenzierung des Geschlechtsbegriffes.[3] Unter Aufnahme von Ergebnissen aus den amerikanischen **Gender Studies** wurde „Geschlecht" nun unterschieden in sex (biologisches Geschlecht) und gender (Gesamtheit der historisch gewachsenen,

---

[2] Zu dieser Gegenüberstellung von feministischer Theologie und theologischer Frauenforschung vgl. ausführlicher Siegele-Wenschkewitz, L.: Genus-Kategorie, S.86ff.
[3] Zur inneren Differenzierung der Kategorie „Geschlecht" in der feministischen Theoriebildung vgl. Pasero, U. / Braun, F. (Hg): Konstruktion von Geschlecht, Pfaffenweiler 1995; Bußmann, H. / Hof, R. (Hg): GENUS. Zur Geschlechterdifferenz in den Kulturwissenschaften. Stuttgart 1995.

kulturell-sozialen Zuschreibungen von Geschlechtsmerkmalen, -definitionen und geschlechtlich bestimmten Rollenzuweisungen). Damit war der einfache Dualismus männlich – weiblich aufgebrochen, und es erweiterte sich der Themenbereich feministischer Forschung: Nicht mehr nur „die Frau" bzw. weibliche Lebenszusammenhänge bildeten jetzt den primären Untersuchungsgegenstand, sondern das Interesse galt der Gesamtheit historisch-kultureller Geschlechtszuschreibungen; Gesamtgeschichte und Gesamtgesellschaft rückten in den Blick. Gender wurde als grundlegende Strukturkategorie wissenschaftlicher Erkenntnis postuliert; Genderforschung kann folglich und muss sogar im Interesse umfassender Bewusstwerdung von Männern wie Frauen gleichermaßen betrieben werden. Mit dieser folgenreichen Umorientierung der feministischen Forschung zur Genderforschung traten zugleich neue entscheidende Fragen auf den Plan: Wenn weibliche Subjektivität und Parteilichkeit keine notwendigen Voraussetzungen von Genderforschung sind, wo bleibt dann die konstitutive Verbindung feministischer Theoriebildung zur emanzipatorischen Praxis? Und damit zusammenhängend: Wie verhält sich das biologische zum sozialen Geschlecht? Hat gender Anhalt am sex? Gibt es ein natürliches Substrat weiblicher Identität und damit doch eine letzte Differenz männlich – weiblich?

Positionen, die nicht nur die soziale Geschlechtsidentität (gender), sondern auch das biologische Geschlecht (sex) als gesellschaftlich determiniert begreifen, den Geschlechtsbegriff also konsequent de-konstruieren, versammeln sich seit Ende der 80er Jahre im *dekonstruktiven Feminismus*. Unter Rekurs auf entsprechende ethnologische Studien, welche die Durchgängigkeit zweigeschlechtlicher Differenzierung in Frage stellen, wird Geschlecht nicht mehr begriffen als etwas, was wir „haben" oder „sind", sondern als fortlaufendes Handeln, durch das wir unsere gesellschaftlich geprägte, zweigeschlechtliche Wahrnehmung und Interaktion permanent reproduzieren: Durch *doing gender* identifizieren und re-identifizieren wir uns allererst als Mann und Frau. In der feministischen Theologie sind dekonstruktive Ansätze aufgrund dieser soziologisch-interaktionellen Begründung des Geschlechtsbegriffes vor allem in neueren Arbeiten aus dem praktisch-theologischen Bereich aufgenommen worden (vgl. 2.5.)

(2) Die methodische Forderung, „Geschlecht" als grundlegende Strukturkategorie wissenschaftlicher Wahrnehmung von Wirklichkeit zu etablieren, zieht auch eine dezidierte feministische *Sprachkritik* nach sich. Ausgehend von einer Analyse unserer Alltagssprache hat die feministische Linguistik zahlreiche Belege für einen sexistischen, Frauen abwertenden und die Dominanz des Männlichen stärkenden Sprachgebrauch ausgemacht[4]: So werden bsp. in Aufzählungen

---
[4] Zum folgenden vgl. insbesondere Scherzberg, L.: Grundkurs, S. 54ff.

männliche Personen meist an erster Stelle genannt (Adam und Eva, Romeo und Julia, Mann und Frau); weibliche Formen werden von männlichen durch die Anfügung der Endung –in abgeleitet (Ratsherr – Ratsherrin), aber nicht umgekehrt (Krankenpfleger statt Krankenbruder), und schließlich sind umfassende Oberbegriffe oder Mehrzahlbildungen in der Regel grammatisch männlichen Geschlechts (Lehrer, Studenten, der Mann auf der Straße).

Gegenüber dem gerne gebrauchten Argument, dass die männliche Sprachform doch geschlechtsneutral sei, Frauen selbstverständlich immer mitgemeint sind, macht feministische Sprachkritik geltend, dass die Nicht-Thematisierung des Weiblichen die sprachliche wie reale Dominanz des Männlichen nur verstärke. Feministische Vorschläge eines alternativen Sprachgebrauchs unterscheiden sich, je nachdem wie different oder vermittlungsfähig „weiblich" und „männlich" gedacht werden: So fordern radikale Feministinnen aus Gründen eines sprachlichen Machtausgleiches den umgekehrten Inklusivismus (Unter Bürgerinnen, Teilnehmerinnen, Lehrerinnen etc. sind Männer immer mitgemeint!). Vermittlungsorientierte Varianten favorisieren neutralisierende Formen (Studierende statt Studenten, geschwisterlich statt brüderlich oder schwesterlich) oder das sog. Splitting, die konsequente, wenn auch umständliche Nennung beider, der männlichen wie der weiblichen Sprachform (Lehrerinnen und Lehrer, Teilnehmerinnen und Teilnehmer).

Feministische Theologie versucht nun, diese Ergebnisse der feministischen Linguistik für eine frauengerechte Reform der traditionellen religiösen wie theologisch-wissenschaftlichen Sprache zu nutzen. Wichtige Themen sind hier die Frage nach der adäquaten Symbolisierung weiblichen Identitätsbewusstseins in liturgischer Sprache und Formen oder auch die Kritik männlich geprägter Rede von Gott. Feministisch-theologische Sprachkritik berührt damit zentrale Fragen religiöser Praxis und ihrer wissenschaftlich-theologischen Reflexion.

Da Sprache und – wie gezeigt – auch Geschlecht historisch gewachsene Größen darstellen, realisiert sich feministische Theoriebildung immer auch

(3) als *historische Kritik*. Feministische Beschäftigung mit der Geschichte ist insofern Kritik, als sie davon ausgeht, dass sowohl die historischen Quellen als auch die sie verarbeitende Geschichtsschreibung androzentrisch bzw. patriarchal geprägt sind. Die verdrängte oder verschwiegene Geschichte von Frauen soll deshalb wieder bzw. neu entdeckt und rekonstruiert, die verborgene „her-story" unter der überkommenen „hi-story" (Elisabeth Schüssler-Fiorenza) freigelegt werden. Neben dieser Korrektur androzentrischer Geschichtsschreibung verfolgt feministisch-historische Kritik jedoch auch ein positives Gegenwartsinteresse, nämlich „der gegenwärtig erfahrenen Ohnmacht und Sprachlosigkeit von Frauen die Erin-

nerung an vergessene Möglichkeiten weiblichen Lebens entgegenzuhalten"[5]. Geschichtliche Identifikation soll weibliches Selbstbewusstsein stärken und so zu entsprechendem, emanzipatorischem Handeln befreien. Der Gefahr einer erneuten ideologischen Verengung geschichtlicher Betrachtung, diesmal auf die Perspektive „Frau", wehrt feministisch-historische Kritik als Genderforschung, indem sie das erhobene weibliche Potential in den Entwurf einer Historiographie beider Geschlechter und ihrer Beziehungen zueinander einbringt und so die historische Wirklichkeit aus der Genderperspektive umfassend rekonstruiert.

Feministische Theologie als historische Kritik beschäftigt sich sowohl mit der biblischen Tradition (Exegese) als auch mit deren Rezeptions- und Wirkungsgeschichte in der Kirchen- und Theologiegeschichte (Historische Frauenforschung). Im Sinne der beschriebenen doppelten Intention versucht sie, sowohl Frauen diskriminierende Züge der christlichen Tradition und ihrer Wirkungsgeschiche aufzudecken als auch ihre emanzipatorischen Impulse und Realisationsformen im Interesse gegenwärtiger Religiosität und ihrer wissenschaftlichtheologischen Reflexion freizulegen.

Als entschiedene Methoden-, Sprach- und historische Kritik im Kontext allgemeiner feministischer Theoriebildung intendiert feministische Theologie eine grundlegende Revision des theologischen Traditionsbestandes und seiner wissenschaftlichen Reflexionskultur. Ihrer Intention wie ihrer formalen und inhaltlichen Durchführung nach ist sie

(4) *theologische Kritik*. Je nachdem, ob feministische Theologie an die jüdischchristliche Tradition noch konstruktiv anzuknüpfen vermag oder nicht; je nachdem, ob sie eine gelungene Vermittlung von „weiblich" und „männlich" im Kontext eben dieser Tradition verfolgt oder sie entschieden ablehnt zu Gunsten einer unspezifisch-allgemeinen, weiblich-religiösen Selbstauslegung, handelt es sich

a) um hermeneutisch-kritischen, christlichen Feminismus oder

b) um *radikal-feministische Theologie oder Religion*[6]. Insofern sich in der deutschsprachigen, akademischen feministischen Theologie der hermeneneutischkritische Feminismus durchgesetzt hat, konzentriert sich die nachfolgende Darstellung auch auf diese Richtung. Dabei ist erstens im Blick auf die heterogenen Entstehungskontexte sowie die innere Spannbreite feministischer Theologie noch einmal hervorzuheben, dass es *die* feministische Theologie nicht gibt, sondern

---

[5] Scherzberg, L., a.a.O., S. 87.
[6] Zu dieser Einteilung vgl. Gerber, U.: Die feministische Eroberung der Theologie. München 1987, S. 185ff.

lediglich gemeinsame Grundlinien feministisch-theologischer Forschung neben einer Vielfalt von Ansätzen, Ergebnissen und Perspektiven. Diese innere Pluralität dokumentiert sich auch in der ökumenischen, auf internationale ebenso wie interdisziplinäre Zusammenarbeit gehenden Ausrichtung feministischer Theologie. Zweitens ist zu beachten, dass feministische Theologie den gender turn erst relativ spät und auch nur teilweise vollzogen hat, was vornehmlich darin begründet liegt, dass Theologie stets bestimmten Praxiszusammenhängen und damit auch den dort entstehenden emanzipatorischen Forderungen verpflichtet ist, während genau dieser Bezug zur emanzipatorischen Praxis bei gendertheoretischen Ansätzen nicht unmittelbar bzw. nicht notwendig gegeben ist. Deshalb wird in dieser Darstellung auch an der Bezeichnung „feministische Theologie" als umfassendem Oberbegriff für in sich durchaus differente Ansätze feministisch-theologischer Theoriebildung festgehalten. Schließlich ist drittens darauf hinzuweisen, dass es gegenwärtig noch keinen geschlossenen, durch den gesamten theologischen Traditionsbestand geführten Entwurf feministischer Theologie gibt, sondern feministische Theologie ist real nur als Kritik der einzelnen theologischen Disziplinen. In diesem Sinne wird im Folgenden eine Auswahl ihrer bisherigen Ergebnisse, Diskussionslinien und künftigen Forschungsperspektiven vorgestellt.

2 Feministische Theologie als theologische Kritik

2.1 Feministische Bibelauslegung

Die biblische Überlieferung bildet die historische wie sachliche Grundlage des christlichen Glaubens. Es ist daher kein Zufall, dass feministische Theologie in ihren Anfängen vor allem als feministische Bibelauslegung (Exegese) konkret wurde. Biblische Texte sind als historisch gewachsene Dokumente jedoch nicht unmittelbar zu verstehen, da zwischen ihnen und ihrer gegenwärtigen Leserin/ Interpretin ein geschichtlicher, zeitlich wie inhaltlich zu begreifender Abstand besteht, der entsprechend unterschiedliche Verstehenshorizonte nach sich zieht. Biblische Texte können daher nur im Rahmen einer *Hermeneutik*, eines wissenschaftlich-methodisch geleiteten Verstehens sachgerecht und nachvollziehbar ausgelegt werden. Eine solche biblische Hermeneutik hat dabei dreierlei zu leisten: Erstens muss sich die Auslegerin ihres eigenen Verstehenshorizontes bewusst werden und dieses ihr Vorverständnis kritisch reflektieren. Zweitens ist der historische Aussagesinn und fremde Verstehenshorizont des biblischen Textes in seinem eigenen Kontext zu rekonstruieren. Drittens ist beides so miteinander in Beziehung zu setzen, dass die Interpretation des biblischen Textes inklusive seiner aktualisierenden Deutung im Lichte eines bestimmten Gegenwartsinteresses nachvollziehbar erscheint. *Feministische Hermeneutik* ist nun entscheidend durch die Entdeckung bestimmt, dass die ursprüngliche Abfassung und

Redaktion biblischer Texte, ihre Rezeptions- und Wirkungsgeschichte bis hin zur gegenwärtigen Aneignung androzentrisch geprägt sind; sie ist deshalb in mehrfacher Hinsicht eine *kritische Hermeneutik*.

Elisabeth Schüssler-Fiorenza hat in den 80er Jahren den ersten Entwurf einer feministisch-kritischen, *befreiungstheologisch orientierten Hermeneutik* vorgelegt.[7] Sie schlägt ein mehrstufiges Modell der Textinterpretation vor:

(1) Im Sinne einer „Hermeneutik des Verdachts" wird zunächst jeder biblische Text „verdächtigt", androzentrisch bzw. patriarchal bestimmt zu sein und zwar sowohl in seiner Abfassung, als auch in seiner Rezeptions- und Wirkungsgeschichte bis hin zur gegenwärtigen Aneignung. Dieses androzentrische Potential des Textes, wird ideologiekritisch, d.h. unter Beachtung des bewussten wie unbewussten Interesses seiner Interpretin, rekonstruiert.

(2) Die „Hermeneutik kritischer Bewertung" beurteilt den Text in seinen Folgen für patriarchale Legitimation oder emanzipatorische Ermöglichung.

(3) Die „Hermeneutik der Erinnerung" geht hinter die androzentrische bzw. patriarchale Überlagerung des biblischen Textes zurück und versucht, die darin verborgene, verschwiegene Frauengeschichte freizulegen.

(4) Die „Hermeneutik der Verkündigung" nimmt eine an emanzipatorischen Kriterien orientierte, für die gottesdienstliche Verkündigung geeignete Auswahl biblischer Texte vor und übersetzt sie in eine frauengerechte Sprache und Verkündigungsform.

(5) In der abschließenden „Hermeneutik der kreativen Aktualisierung" wird die so aufbereitete biblische Frauenerfahrung als erinnerte emanzipatorische Praxis durch Neu-erzählen und Neu-schöpfen kreativ und emanzipatorisches Handeln motivierend angeeignet.

Während diese beiden letzten aktualisierenden, hermeneutischen Schritte in der feministisch-theologischen Diskussion durchaus umstritten sind, bleibt es Elisabeth Schüssler-Fiorenzas unbestrittenes Verdienst, eine erste, kritische Rekonstruktion der Frauengeschichte in den Anfängen des Christentums vorgelegt zu haben. Methodisch bediente sie sich dabei durchaus des etablierten Instrumentariums *historisch-kritischer Exegese*, jedoch *feministisch revidiert* und ergänzt durch die Sozialgeschichte. Diese methodische Grundlegung feministischer Bibelauslegung ist im deutschsprachigen Raum breit und zustimmend

---

[7] Vgl. Schüssler-Fiorenza, E.: Brot statt Steine. Die Herausforderung einer feministischen Interpretation der Bibel. Fribourg 1988 und Dies., Zu ihrem Gedächtnis. Eine feministisch-theologische Rekonstruktion der christlichen Ursprünge. München/Mainz 1988.

aufgenommen worden; insbesondere der *sozialgeschichtliche Ansatz* erwies sich in mehrfacher Hinsicht als feministisch produktiv: Nicht nur das methodische Repertoire wurde damit durch soziologische und anthropologische Analysekategorien erweitert, sondern auch die Quellenbasis auf außerbiblische Dokumente und Texte ausgedehnt, so daß die biblische Lebenswelt inklusive der darin verborgenen Lebenspraxis von Frauen umfassend rekonstruiert werden konnte. Die sozialgeschichtliche Perspektive als Geschichtsbetrachtung „von unten" schloss dabei zugleich ein macht- und herrschaftskritisches Moment in sich, welches feministisch patriarchatskritisch, d.h. gegen die gesellschaftliche Vorherrschaft von Männern gewendet wurde. Unter der Fülle weiterer alternativer Auslegungsmethoden, die feministisch aufgenommen wurden, sind insbesondere noch religionsgeschichtliche und tiefenpsychologische Ansätze hervorzuheben.[8]

In Bezug auf das **Alte Testament** hat feministische Exegese dem langen Entstehungs- und Überlieferungszeitraum der Texte und der damit eröffneten Vielfalt redaktioneller Bearbeitungen, kontextbezogener Aktualisierungen und theologischer Umdeutungen ursprünglicher Textintentionen differenziert Rechnung zu tragen. Prinzipieller Konsens, auch über die feministische Forschung hinaus, besteht darüber, dass, unbeschadet einer Reihe durchaus emanzipatorisch zu interpretierender Überlieferungen, die Mehrheit der alttestamentlichen Texte sich nicht von ihren *patriarchalen Entstehungsbedingungen* lösen lässt und infolgedessen ein zwar nicht ausschließlich, aber doch weit gehend patriarchal, d.h. männlich geformtes Gottesbild vertritt. Die feministische Kritik dieser patriarchalen Strukturen ist daher grundsätzlich berechtigt; es wäre jedoch historisch unsachgemäß, sie unvermittelt gegen das „korporative Denken"[9] der alttestamentlichen Tradition zu wenden. Denn zum einen hat erst die neuzeitlich-aufklärerische Grundlegung der unveräußerlichen Würde des Individuums Emanzipation und damit auch Patriarchatskritik in einem modernen Sinne ermöglicht; zum andern ist der alttestamentliche Patriarchalismus selbst geschichtlich differenziert zu verstehen[10]: So herrschte im vorexilischen Israel ein eher pragmatisch zu verstehender Patriarchalismus vor, der auf einer solidarischen Aufgabenteilung der Geschlechter innerhalb der Großfamilie oder Sippe als organischer Wirtschaftseinheit beruhte. Innerhalb dieser Funktionsteilung konnten Frauen gegebenenfalls durchaus in männliche Positionen einrücken, indem sie zu

---

[8] Die eindrucksvolle Vielfalt feministischer Exegese auf dem Boden gemeinsamer Grundlinien und -überzeugungen dokumentiert das Kompendium „Feministische Bibelauslegung", vgl. Literaturhinweise.
[9] Gerstenberger, E.S.: Jahwe – ein patriarchaler Gott? Traditionelles Gottesbild und feministische Theologie. Stuttgart 1988, S. 158.
[10] Zum folgenden vgl. Gerstenberger, E., a.a.O., S. 158ff.

Adressatinnen religiöser Beauftragung (Prophetin Hulda, 2 Kön 22,11-20) oder Verheißung (Hagar, Gen 16,1-16) wurden, politische Aufgaben übernahmen (Deborah, Ri 4+5; Bathseba, 1 Kön 1,11-2,25) oder in eigener Weise ihre Existenz wie auch das Überleben ihres Volkes sicherten (Ruth).

Die allmählich sich ausformende Vorstellung des alttestamentlichen Gottes Jahwe trägt zwar deutliche Züge der patriarchalen Leitfigur (König, Vater, Herr); daneben finden sich jedoch auch weibliche Dimensionen (Jes 66,13: „... trösten, wie einen seine Mutter tröstet"). Möglicherweise hat es sogar, parallel zur Jahweverehrung, eine vorexilisch geduldete Verehrung der Vegetationsgöttin Aschera, verbunden mit spezifisch weiblichen Kultpraktiken, gegeben.[11] Im Zuge der theologischen Bewältigung der Eroberung Israels und Exilierung eines Teils der Bevölkerung im 6. Jahrhundert v.Chr. wurden diese Formen weiblicher Religiosität jedoch zurückgedrängt, denn mit der nun einsetzenden Konzentration auf Jahwe als den einzigen Gott erfolgte auch eine radikale Abgrenzung von den umgebenden Fremdkulturen und -kulten. Die Beurteilung dieser Entwicklung auf der Grundlage einer umfassenden *Matriarchatshypothese* (H. Göttner-Abendroth / G. Weiler), derzufolge der alttestamentliche Patriarchalismus eine vor- und frühgeschichtliche Blütezeit matriarchaler, also frauendominanter Kultur wie Religiosität gewaltsam beseitigt habe und erst in der frauenfreundlichen Jesustradition wieder Spuren dieser paradiesischen Frühzeit zu Tage träten, ist weder historisch beweisbar noch methodisch rekonstruierbar und leistet darüber hinaus in fataler Weise christlichem Antijudaismus Vorschub.[12]

Kritische Funktion übt feministische Exegese gegenüber der theologischen Überhöhung frauenfeindlicher bzw. der Umdeutung frauenfreundlicher Traditionen sowie der daraus resultierenden patriarchalen Wirkungsgeschichte alttestamentlicher Texte aus. Wichtige Beispiele in diesem Zusammenhang stellen das traditionelle Verständnis der jahwistischen Schöpfungserzählung (Gen 2-3) im Sinne einer schöpfungstheologischen Begründung der Geschlechterhierarchie dar, die verengende Auslegung von Spr 31 auf das Stereotyp der allein um Mann, Kinder und Haus besorgten Hausfrau und Ehefrau sowie die Interpretation der Beziehung zwischen Jahwe und Israel nach Maßgabe einer patriarchal bestimmten Ehe (Hos 1-3). Feministische Exegese versucht hier, die ursprüngli-

---

[11] Zu dieser Diskussion vgl. Wacker, M.-T. / Zenger, E. (Hg): Der eine Gott und die Göttin. Gottesvorstellungen des biblischen Israel im Horizont feministischer Theologie. Freiburg 1991.

[12] Vgl. dazu Scherzberg, L.: Grundkurs, S. 97-102 sowie zur gesamten Diskussion um feministische Theologie und Antijudaismus Siegele-Wenschkewitz, L. (Hg): Verdrängte Vergangenheit, die uns bedrängt. Feministische Theologie in der Verantwortung für die Geschichte. München 1988.

che Intention dieser Texte historisch-kritisch und v.a. sozialgeschichtlich zu erheben; eine umfassende Rekonstruktion der Sozialgeschichte der Israelitinnen, welche die sachgemäße Verortung einzelner Überlieferungen allererst ermöglichen würde, bleibt gegenwärtig allerdings noch Desiderat.

Positive Funktion übt feministische Exegese durch den im Kontext religionsgeschichtlicher Zusammenhänge geführten Nachweis weiblich geprägter Traditionen und Metaphern in der alttestamentlichen Rede von Gott. Die Diskussion konzentriert sich hier auf die weiblichen Gestalten der *Weisheit* (hebr. Chokmah, griech. Sophia) und des *Geistes Gottes* (hebr. Ruach, auch in der Bedeutung: Wind, Hauch, Atem, Lebenskraft). Beide, Ruach wie Sophia, treten als weibliche Verkörperungen göttlicher Schöpfungskraft sowie als Vermittler zwischen Gott und Mensch im Rahmen einer umfassenden, Gerechtigkeit einschließenden Lebensordnung auf. Liegen die emanzipatorischen Bezüge hier auf der Hand, so können sie gleichwohl nicht unmittelbar theologische Geltung beanspruchen, sondern nur vermittelt über ihre spezifisch christliche Aneignung, wie sie zunächst grundlegend im Rekurs auf das Neue Testament gegeben ist.

Auch die feministische Beschäftigung mit dem **Neuen Testament** verfolgte vor allem anfänglich die Aufgabe, weibliche Lebenszusammenhänge und die Rolle von *Frauen im frühen Christentum* wieder oder neu zu entdecken, um so urchristliche emanzipatorische Impulse wie auch Identifikationsangebote für Christinnen heute, für ihre Lebensführung und Spiritualität offen zu legen. Diese Intention führte in der Tat zu vielfältigen neuen Einblicken: Nicht nur nahm Jesus gleichberechtigt Frauen in seine Jünger- und Nachfolgegemeinschaft auf, wie die Evangelientradition eher beiläufig berichtet (Mk 15,40f par); er begegnete ihnen vielmehr auch so, dass Frauen ihre gesellschaftliche Unterordnung und Marginalisierung, ihr Schweigen und ihre Zurückhaltung zu durchbrechen vermochten und in freie Beziehung zu Jesus traten.[13] Es war eine unbekannte Frau, die Jesus in Bethanien salbte (Mk 14,3-9 par); das Christusbekenntnis der Martha (Joh 11,1-45) tritt gleichberechtigt neben dasjenige des Apostels Petrus (Mt 16,16), und schließlich steht eine Gruppe galiläischer Frauen als die ersten Zeuginnen der Auferstehung (Mk 16,1-8 par) am Beginn der Geschichte der christlichen Kirche.

Wie die neuere feministische Forschung kritisch betont[14], ist dieses partnerschaftliche Verhalten Jesu jedoch nicht als systematische Parteinahme für feministische Interessen zu werten. Jesus habe vielmehr, wie auch andere jüdische,

---

[13] Vgl. bsp. die Begegnung Jesu mit der blutflüssigen Frau (Mk 5,25-34 par), mit der gekrümmten Frau (Lk 13,10-17), mit der Syrophönizerin (Mk 7,24-30 par).

[14] Vgl. dazu exemplarisch Melzer-Keller, H.: Jesus und die Frauen. Eine Verhältnisbestimmung nach den synoptischen Überlieferungen. Freiburg 1997.

charismatisch-prophetische Gruppierungen seiner Zeit, sich für religiös und sozial Benachteiligte und in eben diesem Sinne auch für Frauen eingesetzt, ohne jedoch das patriarchale Gesellschaftssystem seiner Zeit grundsätzlich in Frage zu stellen oder gar ein spezifisch emanzipatorisches Problembewusstsein entwickelt zu haben. Dies mag dazu beigetragen haben, dass in den redaktionellen Bearbeitungen der Evangelientradition wie auch in der späteren Briefliteratur des Neuen Testamentes die ursprünglich *egalitäre Tendenz der Jesusbewegung* und die konkrete Beteiligung von Frauen in der zumindest anfänglich nicht-patriarchalen Organisation der frühchristlichen Gemeinden zunehmend zurückgedrängt und überdeckt wurden. So stehen im Lukasevangelium neben den Frauen plötzlich auch Männer unter dem Kreuz (Lk 23,49); die erste Erscheinung des auferstandenen Jesus vor den Frauen wird ersetzt durch die Christusbegegnung der Jünger auf dem Weg nach Emmaus (Lk 24,13-35). Feministische Exegese legt diese Verdrängungsprozesse frei und rehabilitiert zugleich die mitgestaltende und z. T. auch leitende Funktion von Frauen in der urchristlichen Bewegung, so am Beispiel der Missionarin Priska (Apg 18,1ff; Röm 16,3-5), der Diakonin und mutmaßlichen Gemeindeleiterin Phöbe aus Kenchreä bei Korinth (Röm 16,1f), der Apostelin Junia (Röm 17,6), die noch in vielen modernen Bibelübersetzungen unter dem männlichen Namen Junias firmiert, u.a..

Diesen Prozess *zunehmender Marginalisierung der Rolle und Bedeutung der Frau in der urchristlichen Bewegung* versteht feministische Exegese sozialgeschichtlich[15] als fortschreitende Anpassungsbewegung des frühen Christentums an das hierarchisch strukturierte, kulturelle Umfeld im römischen Reich. In den sog. Haustafeln der späten Briefliteratur (Kol 3,18-22; Eph 5,21-6,9; 1 Petr 2,11-3,12), welche die stete Unterordnung der Frau unter ihren Ehemann fordern und dies in theologisch höchst problematischer Weise mit dem hierarchischen Verhältnis Christi zur Kirche begründen, werde die patriarchale Familien- und Staatsordnung der heidnischen Umwelt christianisiert und als Modell der Gemeindeorganisation propagiert, womit sich die frühe Kirche zugleich jeglichen Verdachtes eines politischen Aufrührertums zu entledigen dachte.[16]

In diesen Zusammenhang kritischer Rekonstruktion gehört auch die feministische Re-lektüre der Briefe und Theologie des *Paulus*.[17] Gegenüber dem traditionel-

---

[15] Vgl. dazu Schottroff, L.: Lydias ungeduldige Schwestern. Eine Sozialgeschichte des frühen Christentums, Gütersloh 1994 und Dies., Befreiungserfahrungen. Studien zur Sozialgeschichte des Neuen Testaments. München 1989.
[16] Vgl. Schüssler-Fiorenza, E.: Zu ihrem Gedächtnis ... Eine feministisch-theologische Rekonstruktion der christlichen Ursprünge. München 1988, S. 305-342.
[17] Vgl. dazu den jüngsten Sammelband Janssen, C. / Schottroff, L. / Wehn, B. (Hg): Paulus. Umstrittene Traditionen – lebendige Theologie. Gütersloh 2001.

len Stereotyp des Paulus als männlichem Protagonisten christlicher Negativabgrenzung zum Judentum als „Gesetzesreligion", der emanzipatorische Ansprüche durch gemeindliches Rede- (1 Kor 14,34f) und Lehrverbot (1 Tim 2,12) für Frauen sowie durch das berüchtigte Schleier-Argument (1 Kor 11,5f) in die Schranken gewiesen habe, versteht feministische Exegese in strikter Abgrenzung von Auslegungsgeschichte und Textanalyse Paulus konsequent im Zusammenhang des gesellschaftlichen Kontextes seiner Zeit sowie der praktischen Gemeinderealität. Ein neuer, im permanenten Gespräch mit seinen Gemeinden um die Möglichkeit eines toragemäßen Lebens als Christ und damit um seine eigene, judenchristliche Identität ringender Paulus tritt so zu Tage, ein lebensnah argumentierender Theologe, der selbst weder frei von Widersprüchen ist, noch von repressiven Zügen und Anpassungen an sein kulturelles Umfeld. Paulus mit Paulus kritisch zu lesen – so lautet die feministische Devise, wenn im Lichte der urchristliche Egalität beschwörenden Taufformel von Gal 3,28 („Da ist nicht Jude noch Grieche, da ist nicht Sklave noch Freier, da ist nicht Mann und Weib, denn ihr alle seid einer in Christus Jesus.") die Frauen diskriminierenden Partien paulinischer Theologie historisch verortet, literarkritisch analysiert und damit zugleich auch theologisch relativiert werden.

Aufs Ganze gesehen, hat feministische Bibelauslegung eine eindrucksvolle Vielfalt bis dato weitgehend verborgener Frauengeschichte innerhalb der jüdisch-christlichen Tradition freigelegt. Sie hat dabei zugleich methodische und inhaltliche Selbstverständlichkeiten herkömmlicher Exegese wirkungsvoll in Frage gestellt und die Theologie so insgesamt wieder zu ihrer ureigenen Aufgabe genötigt, nämlich die biblische Tradition auch wirklich theologisch, d.h. inhaltlich vor den Fragen der Gegenwart zu verantworten. Sachgemäß kann diese Aufgabe nur wahrgenommen werden, indem zwischen dem existentiellen Anspruch des christlichen Glaubens und seiner je möglichen Verwirklichung, seiner historisch je möglichen *Praxis* unterschieden wird.[18] Versteht man Gal 3,28 als authentische Wiedergabe des Anspruches Jesu, so stellt nicht die apostolische bzw. urchristliche Lebenspraxis das Kriterium emanzipatorischer Forderungen dar, sondern umgekehrt: Vor diesem Anspruch hat sich jegliche christliche Lebenspraxis inklusive ihrer begleitenden Deutungen im Blick auf die Emanzipation aller Emanzipationsbedürftigen zu verantworten und damit auch zu relativieren. Diese unaufhebbare Differenz und Bezogenheit von Anspruch und Praxis bildet auch das innere Kriterium kirchengeschichtlicher Arbeit in emanzipatorischer Absicht.

---

[18] Darauf hat S. Heine mit Verweis auf Gal 3,28 eindringlich hingewiesen, vgl. dies., Frauen der frühen Christenheit. Zur historischen Kritik einer feministischen Theologie. Göttingen 1986³, S.167.

2.2 Historische Frauen- und Geschlechterforschung

Ebenso wie die feministische Exegese übt auch die kirchengeschichtliche Frauenforschung sowohl eine *kritische*, geschichtliche Frauendiskriminierung aufdeckende als auch eine *positive Funktion* aus, indem sie Quellen zur Frauengeschichte neu- oder wieder entdeckt und für eine Historiographie der Geschlechterbeziehungen in theologischer Perspektive fruchtbar zu machen sucht. Insbesondere an Ergebnisse der bereits länger bestehenden *sozial- und geschichtswissenschaftlichen Frauenforschung* schließt sich die Theologie hier an.[19] Insofern ein umfassender Entwurf feministischer Kirchengeschichte noch aussteht, werden im Folgenden einige Beispiele und Forschungsschwerpunkte feministischer historischer Forschung vorgestellt.

Bezogen auf den Zeitraum der *Alten Kirche* lässt sich die Fortsetzung des frühchristlichen Marginalisierungsprozesses von Frauen in der antiken Kirchengeschichtsschreibung beobachten, auch wenn sich dies in der Praxis zunächst eher langsam auswirkte und Frauen einerseits im asketischen Lebensideal eine gleichberechtigende Alternative fanden und andererseits über das Diakonat seit dem 3. Jahrhundert ihre, wenn auch untergeordnete Teilhabe am kirchlichen Amt realisierten. Im *Mittelalter* eröffneten vor allem klösterliche Lebensgemeinschaften alternative Lebensformen für Frauen jenseits von Ehe und Mutterschaft sowie grundlegende Bildungschancen und die Möglichkeit der eigenständigen Entwicklung und Tradierung spezifisch weiblicher Spiritualität. Herausragende Frauengestalten wie Hildegard von Bingen (1098-1179), Caterina von Siena (1347-1380), Teresa von Avila (1515-1582) u.a. werden in ihrer exemplarischen Bedeutung für weibliche Religiosität und Theologie rekonstruiert. Wichtige Forschungsschwerpunkte *neuzeitlicher Frauengeschichte* stellen bsp. die Hexenverfolgungen dar, welche gerade in ihrer theologischen Dimension im Zusammenhang des allgemeinen Prozesses gesellschaftlicher Modernisierung begriffen werden müssen, weiterhin die (konfessionelle) Frauenbewegung des 19. und 20. Jahrhunderts, in deren wirkungsgeschichtlichem Zusammenhang nicht zuletzt auch der zeitgenössische Feminismus zu verstehen ist. Nicht nur an diesem Punkt sind damit die Grenzen historischer Frauenforschung im Blick auf zugrundeliegende systematisch-theologische Fragestellungen bereits überschritten.

---

[19] Zu verweisen ist in diesem Zusammenhang auf Standardwerke wie die von A. Kuhn hrsg. epochenorientierten Sammelbände mit geschichtsdidaktischen Studien und Materialien „Frauen in der Geschichte". Düsseldorf 1979ff sowie Frevert, U.: Frauen-Geschichte. Zwischen Bürgerlicher Verbesserung und Neuer Weiblichkeit. Frankfurt 1986; Hausen, K. / Wunder, H. (Hg): Frauengeschichte – Geschlechtergeschichte. Frankfurt 1992.

2.3 Systematische Theologie

Besteht die Grundaufgabe systematischer Theologie darin, die historische Tradition des Christentums im gegenwärtigen Horizont *christlicher Lebensdeutung (Dogmatik)* und *Lebenspraxis (Ethik)* zu verantworten und zu bewähren, so muss feministische Theologie, auch in ihrer anfänglichen Konzentration auf die Exegese, im Kern als eine systematisch-theologische Disziplin begriffen werden, geht es ihr doch um die Vermittlung zwischen christlichem Glauben und gegenwärtiger emanzipatorischer Praxis. Genau an diesem Punkte liegen die Chancen und auch die Faszination feministisch-theologischer Theoriebildung ebenso wie ihre grundsätzlichen Probleme und systematischen Defizite.

Im Blick auf die **Dogmatik** gehören Gotteslehre, Christologie und Soteriologie zu den bevorzugten Themen der neueren systematisch-theologischen Frauenforschung. Hermeneutische Engführungen feministischer Dogmatik ergeben sich aus der vorrangigen Orientierung an weiblicher Selbsterfahrung und Identitätsfindung; hier kommt es nicht selten zu Verzeichnungen, mitunter zu Re-Mythologisierungen der christlichen Tradition.[20] In der systematischen Reflexion weiblicher Bilder und Metaphern der biblischen Rede von *Gott* kann es bsp. nur um die Frage der religiösen Symbolisierungsfähigkeit weiblicher Lebenszusammenhänge gehen, nicht jedoch um die Frage einer weiblichen Dimension Gottes selbst. Dies würde dem grundsätzlich transgeschlechtlichen Charakter des biblischen Gottesverständnisses ebenso widersprechen wie der mit dem Bilderverbot gewahrten Unverfügbarkeit der Transzendenz Gottes. Feministische Rehabilitierungen weiblich geprägter Rede von Gott im Zusammenhang der Diskussion um eine feministische *Pneumatologie*[21] und *Weisheitstheologie*[22] reproduzieren darüber hinaus häufig genau diejenigen stereotypen Weiblichkeitsklischees (Mütterlichkeit, Weiblichkeit, Sinnlichkeit etc.), die ideologisch zu entlarven ihre eigentliche Aufgabe wäre. Zweitens unterliegt solche „Selbstaktualisierung von Frauen im Gottesbild"[23], ebenso wie ihr androzentrisches Pendant, dem religionskritischen Projektionsverdacht, defizitäre Selbsterfahrung im Gottesbild theologisch zu überhöhen. Dies gilt tendenziell auch für das feministische „Re-imaging", d.h. Wiederveranschaulichen des trinitarischen Gottesverständnisses aus den feministischen Idealen der Beziehungsfähigkeit, friedfertigen Wechselseitigkeit, ganz-

---

[20] Zu dieser grundlegenden Kritik vgl. Schneider-Flume, G.: Das Kreuz mit dem Selbst und Scherzberg, L.: Grundkurs, S. 150-185.

[21] Vgl. Moltmann-Wendel, E.: Die Weiblichkeit des Heiligen Geistes. Studien zur Feministischen Theologie. Gütersloh 1995.

[22] Vgl. Wodtke, V. (Hg): Auf den Spuren der Weisheit. Sophia – Wegweiserin für ein weibliches Gottesbild. Freiburg 1991.

[23] Scherzberg, L.: Grundkurs, S. 154.

heitlichen Gegenseitigkeit[24]. Demgegenüber käme es darauf an, den ursprünglichen Sinn der biblischen, metaphorischen Rede von Gott wieder geltend zu machen, in dem „Wissen, dass das Bezeichnete darin zwar erfasst, aber nicht vollständig aufgehoben ist"[25]. In diesem Sinne kommen sowohl weiblich wie männlich geprägte Bilder aber auch transpersonale Metaphern in der Rede von Gott zu ihrem eigenen Recht.

Die feministische Revision der *Christologie* hat sich vor allem in ihren Anfängen als kritische Auseinandersetzung mit der Männlichkeit Jesu gestaltet, d.h. mit der Vorstellung letztgültiger Offenbarung Gottes in einem Mann als Erlöser, dem eine sündige Frau, Eva als Prototyp der Erlösten, gegenübersteht. Neuere Ansätze (R.R. Ruether, C. Heyward, E. Moltmann-Wendel)[26] gehen deshalb auf die exemplarische Lebenspraxis des „undogmatischen" Jesus der synoptischen Evangelien zurück und entwickeln aus der Beziehungsfähigkeit des Menschen Jesus gegenüber Gott und anderen Menschen, insbesondere Frauen, die einzigartige Bedeutung Jesu als Offenbarung Gottes. Dieser Rekurs auf den vermeintlich historischen Jesus birgt jedoch grundsätzliche Probleme in sich: Wie die Leben-Jesu-Forschung bereits vor über 100 Jahren zeigte, ist der historische Jesus vom geglaubten Christus auf Grund der Glaubensperspektive der gesamten Evangelienüberlieferung gerade nicht ablösbar. Zweitens erfolgt die feministische Stilisierung der Frauenfreundlichkeit Jesu tendenziell vor dem Hintergrund einer patriarchalen Negativzeichnung des zeitgenössischen Judentums und zieht damit einen mehr oder weniger offenen Antijudaismus nach sich. Hier zeigen sich erneut die Aporien des Ansatzes an der weiblichen Selbsterfahrung als theologischem Konstruktionsprinzip. Eine Besinnung auf die ursprüngliche Intention der dogmatischen Zweinaturenlehre vom göttlichen und menschlichen Wesen Jesu als unvermischt und ungetrennt miteinander bestehend, bietet auch feministischer Dogmatik entscheidende Argumentationshilfen: „Denn wenn zwischen menschlichem und göttlichem Wesen Jesu Christi unterschieden wird, dann gehört die männliche Geschlechtszugehörigkeit in den Bereich des menschlichen Wesens und hat keinerlei Bedeutung für die göttliche Natur Jesu und damit für die Vorstellung von Gott."[27]

---

[24] Vgl. Pissarek-Hudelist H.: Art. Trinität, in: Gössmann, E. u.a. (Hg): Wörterbuch der feministischen Theologie. Gütersloh 1991, S. 421-428.
[25] Strahm-Bernet, S.: Art. Gott/Göttin V. Systematische Theologie, in: Gössmann, E. u.a. (Hg): Wörterbuch der feministischen Theologie. Gütersloh 1991, S. 169-173, hier: S. 172.
[26] Vgl. dazu Scherzberg, L.: Grundkurs, S. 159-174 sowie Strahm, D. / Strobel, R. (Hg): Vom Verlangen nach Heilwerden. Christologie in Feministisch-theologischer Sicht. Fribourg/Luzern 1991.
[27] Scherzberg, L.: Grundkurs, S. 171.

Der problematisierte feministische Grundsatz, dass „die befreiende Praxis Prüfstein für die Wahrheit christologischer Aussagen ist"[28], führt auch hinsichtlich der traditionellen *Soteriologie* (Lehre vom Heil) zu fundamentaler Kritik an dem „*spezifisch frauenunterdrückende*[n] Charakter von Kreuzestheologien ...: Das *Gottesbild* projiziert den despotischen patriarchalen Vater in den Himmel; *Erlösung* geschieht durch Opfer und verstärkt damit die gesellschaftliche Forderung an Frauen, sich für die Familie zu opfern ... das *Menschenbild* des total sündigen Menschen verhindert bei Frauen das befreiende Streben nach Autonomie und Selbstbewusstsein"[29]. Hier zeigen sich zugleich auch die ethischen Implikationen feministischer Dogmatik.

Feministischer **Ethik** geht es um die Wahrnehmung und praktische Überwindung bestehender Asymmetrien und Hierarchien im Verhältnis der Geschlechter sowie der entsprechenden Dualismen im Verhältnis der kulturell als „männlich" und „weiblich" geltenden Eigenschaften, Handlungs- und Zuständigkeitsbereiche bzw. – ethisch gesprochen – der damit verbundenen Güter, Tugenden und Werte. Feministische Ethik unternimmt so einerseits eine grundlegende Revision aller ethischen Grundlagenbegriffe, Themenbestände und klassischer Texte aus der Perspektive der Geschlechterdifferenz. Andererseits hat die angewandte feministische Ethik zugleich auch bestimmte thematische Schwerpunkte wie bsp. Fragen der praktischen Realisierung politisch-gesellschaftlicher Gleichberechtigung der Frauen, die Debatte um sex und gender, Probleme der Gen- und Biotechnologie u.a. sowie die klassische Frage einer spezifisch weiblichen Moral der Beziehung und Fürsorglichkeit[30].

2.4 Praktische Theologie

Eine umfassende Methodologie feministischer Praktischer Theologie für die zentralen Handlungsvollzüge kirchlich-gemeindlicher Praxis und ihrer wissenschaftlichen Reflexion steht noch aus. Wenngleich die Rezeption der Kategorie „Geschlecht" in der Praktischen Theologie später als in anderen theologischen Disziplinen erfolgte[31], so zeigen sich doch bereits deutliche Ansätze einer ge-

---

[28] Strahm, D.: Art. Jesus Christus, in: Gössmann, E. u.a. (Hg): Wörterbuch der feministischen Theologie. Gütersloh 1991, S. 200-207, hier: S. 207.

[29] Schottroff, L.: Art. Kreuz I-II, in: Gössmann, E. u.a. (Hg): Wörterbuch der feministischen Theologie. Gütersloh 1991, S. 226-231, hier: 227.

[30] Die These einer spezifisch weiblichen Moral ist insbesondere von C. Gilligan, Die andere Stimme. Lebenskonflikte und Moral der Frau. München 1984; zur kontroversen Diskussion dieser Frage vgl. bes. Nunner-Winkler, G. (Hg): Weibliche Moral. Die Kontroverse um eine geschlechtsspezifische Ethik. München 1995.

[31] Zu den Gründen für diesen Befund vgl. Pohl-Patalong, U.: „Geschlecht" wahrnehmen, S. 314ff.

schlechtsspezifischen bzw. gender-theoretischen Praxisreflexion, so in der Frage nach einer besonderen „pastoralen Identität von Frauen"[32] und der gendersensitiven Grundlegung und Wahrnehmung der *Seelsorge*[33]. Bezogen auf *Gottesdienst* und *Predigttheorie* hat die feministische Theologie zu einer verstärkten Sensibilisierung für die Berücksichtigung weiblicher Spiritualität und für eine frauengerechte, nicht-sexistische Sprache in *Liturgie* und Verkündigung geführt.

Feministisch orientierte *Religionspädagogik* steht zum einen in der Wirkungsgeschichte eines reichhaltigen historischen Beitrages von Frauen in der religiösen und theologischen Bildungs- und Erziehungsarbeit, der bisher erst in Ansätzen wieder- bzw. neu entdeckt wurde. Zum anderen ist feministische Religionspädagogik durch ihre bezugswissenschaftliche Fundierung in den Humanwissenschaften und in der Systematischen Theologie verstärkt an die Genderthematik verwiesen; thematisch geht es dabei um die Fragen geschlechtsspezifischer religiöser Sozialisation und Entwicklung sowie um ihre adäquate pädagogische Begleitung und Vermittlung.

Als theologische Kritik versteht sich feministische Theologie, wie der hier in aller Kürze vollzogene Gang durch die theologischen Disziplinen zeigt, „nicht als Ergänzung traditioneller Theologie, sondern als Neukonzeption von Theologie überhaupt"[34]. Indem sie dabei von der realen Erfahrung und Situation von Frauen ausgeht, nimmt sie zugleich die in der reformatorischen Theologie grundgelegte wechselseitige Konstitutivität von Gottes-, Selbst- und Welterfahrung ernst. Defizitär und theologisch problematisch wird der feministische Ansatz dann, wenn diese wechselseitige Konstitutivität einseitig zu Gunsten bestimmter Formen und Inhalte weiblicher Selbsterfahrung verlassen wird, d.h. wenn Gottes- und Welterfahrung zu Interpretamenten der Selbsterfahrung herabgesetzt werden und somit der dynamische Charakter von Erfahrung überhaupt unterlaufen ist, wie sich dies insbesondere an der feministischen Gotteslehre und Christologie zeigen lässt.[35] Dieser systematischen Engführung entgeht feministi-

---

[32] Vgl. Rau, U.: Zwischen Vaterwelt und Feminismus. Eine Studie zur pastoralen Identität von Frauen. Gütersloh 1992 sowie auch Enzner-Probst, B.: Pfarrerin. Als Frau in einem Männerberuf. Stuttgart u.a. 1995.
[33] Vgl. Karle, I.: Seelsorge in der Moderne. Eine Kritik der psychoanalytisch orientierten Seelsorgelehre. Neukirchen-Vluyn 1996 sowie Pohl-Patalong, U.: Seelsorge zwischen Individuum und Gesellschaft. Elemente zu einer Neukonzeption der Seelsorgetheorie. Stuttgart u.a. 1996.
[34] Halkes, C.M. / Meyer-Wilms, H.: Art. Feministische Theologie/Feminismus/Frauenbewegung I, in: Gössmann, E. u.a. (Hg): Wörterbuch der feministischen Theologie. Gütersloh 1991, S.102-105, hier: 102.
[35] Darauf hat insbesondere Schneider-Flume, G.: Das Kreuz mit dem Selbst, hingewiesen.

sche Theologie nur dann, wenn sie die spezifisch weibliche Sicht zur Perspektive des „Geschlechts" erweitert, also den gender turn vollzieht, insofern nämlich mit der Kategorie „Geschlecht" tatsächlich ein allgemeines Strukturmerkmal aller Erfahrung benannt ist. Dieser gender turn ist in weiten Teilen der feministischen Theologie, im Gegensatz etwa zur feministischen Theoriebildung in den Sozial- und Kulturwissenschaften, nicht konsequent vollzogen. In ihrer gegenwärtigen Verfassung tritt feministische Theologie daher nicht selten als ein eher problematisches Paradigma auf. In ihrem systematischen Grundansatz bzw. –anliegen ernst genommen, bleibt sie jedoch eine stete und wirkungsvolle Mahnung an gegenwärtige Theologie, ihre hermeneutische Grundaufgabe ernst zu nehmen, von Gott bzw. von der Erfahrung Gottes nur im Zusammenhang von Welt- und Selbsterfahrung zu reden und reden zu können.

Literatur

Allgemeine und einführende Literatur

Dingel, I. (Hg): Feministische Theologie und *Gender*-Forschung. Bilanz – Perspektiven – Akzente. Leipzig 2003

Gössmann, E. u.a. (Hg): Wörterbuch der feministischen Theologie. Gütersloh (1991) 2. vollst. überarb. Aufl. 2002

Karle, I.: „Da ist nicht mehr Mann noch Frau..." Theologie jenseits der Geschlechterdifferenz, Gütersloh 2006.

Leicht, I. / Rakel, C. / Rieger-Goertz, S. (Hg): Arbeitsbuch Feministische Theologie. Inhalte, Methoden und Materialien für Hochschule, Erwachsenenbildung und Gemeinde. Gütersloh 2003

Moltmann-Wendel, E.: Das Land, wo Milch und Honig fließt. Perspektiven einer feministischen Theologie. Gütersloh 1985

Scherzberg, L.: Grundkurs Feministische Theologie. Mainz 1995

Siegele-Wenschkewitz, L.: Die Rezeption und Diskussion der Genus-Kategorie in der theologischen Wissenschaft, in: **Bußmann, H. / Hof, R.:** Genus. Zur Geschlechterdifferenz in den Kulturwissenschaften. Stuttgart 1995, S. 60-112

Spezielle Literatur

Feministische Bibelauslegung

Moltmann-Wendel, E.: Ein eigener Mensch werden. Frauen um Jesus. Gütersloh (1980) 1991

Oeming, M. (Hg): Theologie des AT aus der Perspektive von Frauen (Beiträge zum Verstehen der Bibel: Bd. 1). Münster 2003

Schottroff, L. / Schroer, S. / Wacker, M.-T. (Hg): Feministische Exegese. Forschungserträge zur Bibel aus der Perspektive von Frauen. Darmstadt 1995

Schottroff, L. / Wacker, M.-T. (Hg): Kompendium Feministische Bibelauslegung. Gütersloh (1998) 2. korr. Aufl. 1999

Historische Frauenforschung

Baumann, U.: Protestantismus und Frauenemanzipation in Deutschland 1850-1920. Frankfurt/New York 1992

Gause, U.: Kirchengeschichte und Genderforschung: eine Einführung in protestantischer Perspektive, Tübingen 2006

Gössmann, E.: Archiv für philosophie- und theologiegeschichtliche Frauenforschung. München 1984ff

Jensen, A.: Gottes selbstbewusste Töchter. Frauenemanzipation im frühen Christentum. Freiburg 1992

Systematische Theologie

Heine, S.: Frauenbilder – Menschenrechte. Theologische Beiträge zur feministischen Anthropologie. Hannover 2000

Janowski, J.C.: Theologischer Feminismus. Eine historisch-systematische Rekonstruktion seiner Grundprobleme, in: Moltmann-Wendel, E. (Hg): Weib-lichkeit in der Theologie: Verdrängung und Wiederkehr. Gütersloh 1988, S. 149-185

Kuhlmann, H. (Hg): Und drinnen waltet die züchtige Hausfrau. Zur Ethik der Geschlechterdifferenz. Gütersloh 1995

Moltmann-Wendel, E. / Kirchhoff, R. (Hg): Christologie im Lebensbezug. Göttingen 2005

Scherzberg, L.: Sünde und Gnade in der feministischen Theologie. Mainz 1992²

Schneider-Flume, G.: Das Kreuz mit dem Selbst. Christologie und Erfahrung in feministisch-theologischen Entwürfen, in: Zeitschrift für Theologie und Kirche 95 (1998), S. 499-516

Strahm, D. / Strobel, R. (Hg), Vom Verlangen nach Heilwerden. Christologie in feministisch-theologischer Sicht, Fribourg/Luzern 1991

Praktische Theologie

Becker, S. / Nord, I. (Hg): Religiöse Sozialisation von Mädchen und Frauen. Stuttgart 1995

Jacobs, M.: Religionspädagogik aus feministischer Sicht. Aspekte des schulischen Religionsunterrichts aus feministischer Perspektive oder Feministische Theologie und Religionsunterricht, in: Religionspädagogische Beiträge 34 (1994), S. 97-106

Jost, R. / Schweiger, U. (Hg): Feministische Impulse für den Gottesdienst. Stuttgart u.a. 1996

Pithan, A. (Hg): Religionspädagoginnen des 20. Jahrhunderts. Göttingen 1997

Pohl-Patalong, U.: „Geschlecht" wahrnehmen. Auf dem Weg zu einer Methodologie feministischer Praktischer Theologie, in: **Hauschildt, E. / Laube, M. / Roth, U.** (Hg): Praktische Theologie als Topographie des Christentums. Eine phänomenologische Wissenschaft und ihre hermeneutische Dimension. Rheinbach 2000, S. 304-322

Eine ständig aktualisierte Datenbank zur Feministischen Theologie und Gender Studies der Ruhr-Universität Bochum ist unter folgender Internet-Adresse zugänglich: http://www.ruhr-uni-bochum.de/femtheol/.

Christlich vom Menschen reden - Theologische Anthropologie

Gabriele Schramm

Wird die Frage nach dem Menschen gestellt, so eröffnet sich ein weites Feld: Vielfältig und intensiv bemüht sich wissenschaftliches Forschen in der Gegenwart um den Menschen; die meisten akademischen Disziplinen sind mit ihm befasst: Die *Geisteswissenschaften* – im Englischen bezeichnenderweise „humanities" genannt – beschäftigen sich mit dem, was Menschen hervorgebracht haben, mit Sprachen, Texten, Kunstwerken und mit den Ideen und Entwürfen der Menschen in Philosophie und Religion. Im öffentlichen Bewusstsein nehmen in der Gegenwart die sog. *Humanwissenschaften* (Psychologie, Soziologie, Medizin, ...), die meist mit empirischen Methoden arbeiten, einen wichtigen Platz ein. Die verschiedenen Disziplinen betrachten den Menschen jeweils aus ganz unterschiedlichen Perspektiven; jede macht einen Ausschnitt der menschlichen Lebenswelt zu ihrem Gegenstandsfeld und erarbeitet Theorien zur Beschreibung und Erklärung dieses Wirklichkeitsbereichs, so dass sich ein breites Spektrum sich ergänzender, oft auch sich widersprechender Sichtweisen bietet. Die Breite anthropologischen Forschens lässt erkennen, dass die Frage des Menschen nach sich selbst in der Gegenwart besonders nachhaltig aufbricht, was mit der zunehmenden Fragwürdigkeit herkömmlicher Antworten zusammenhängt. So taucht auch der Begriff „Anthropologie" erst zu Beginn der Neuzeit auf (Odo Marquard), als die fraglose Einbindung des Menschen in einen geordneten Kosmos verloren gegangen war und der Mensch sich neu bestimmen musste.

Aufgabe der *theologischen Anthropologie* ist es, auf dem Hintergrund der christlichen Tradition, insbesondere der Bibel, menschliche Existenz zu *deuten*. Indem sie Aussagen über *Wesen* und *Bestimmung* des Menschen macht, hat sie – im Gegensatz zu den Humanwissenschaften – den *ganzen* Menschen im Blick; sie fragt nach seinem Woher und Wohin, nach dem, was ihm Identität verleiht und was sein Leben sinnvoll macht. Ob und in welcher Weise theologische Anthropologie bereit ist, ihre Deutung der menschlichen Existenz zu den Ergebnissen anderer Wissenschaften in Beziehung zu setzen, hängt vom jeweiligen theologischen Standpunkt ab.[1]

In den folgenden Ausführungen sollen zunächst – in Kapitel I – die *anthropologischen Voraussetzungen*, d.h. Aspekte der Humanwissenschaften und der sog.

---

[1] Siehe Kap. III.

„Philosophischen Anthropologie" zur Sprache kommen. Die Kapitel II - IV beschäftigen sich dann mit spezifisch *theologischen Aussagen* über den Menschen: das zweite Kapitel wendet sich den anthropologischen Aussagen der *christlichen Tradition* - speziell der *biblischen Überlieferung* - zu. Im III. Kapitel sollen dann *wichtige Entwürfe der Systematischen Theologie des 20. Jahrhunderts* zum Thema vorgestellt werden und das IV. Kapitel versucht abschließend die gewonnenen Aspekte auf die anthropologischen Kategorien *Person – Würde – Verantwortung* hin zu fokussieren.

1 Anthropologische Ausgangspunkte

Der Einfluss der griechischen Philosophie, v.a. des Platonismus auf das christlich-abendländische Denken war der Grund dafür, dass der Mensch jahrhundertelang als Hierarchie von Leib–Seele–Geist verstanden wurde: Als bedeutsam erachtete man allein seine unsterbliche Geistseele, der Leib dagegen wurde wenig geschätzt. Im Verlauf der Neuzeit wurde diese Deutung des Menschen zunehmend fragwürdig, wozu die Entdeckung Darwins, dass sich der Mensch im Prozess der Evolution aus der Tierwelt entwickelt hat, und im 20. Jahrhundert die zunehmende Bedeutung der Humanwissenschaften beigetragen haben: Insbesondere zu nennen sind die Psychoanalyse, die die Bedeutung der Affekte gegenüber dem Intellekt hervorhob, und die Humanethologie, die die tiefe Verwurzelung menschlichen Verhaltens in der Naturgeschichte betonte. Auf Grund der damit einhergehenden *Rehabilitierung der Leiblichkeit* des Menschen konnte der alte Dualismus von Leib und Seele bzw. Geist überwunden und die Eigenart des Menschen stärker von seiner Leiblichkeit her bestimmt werden, so dass ein Vergleich zwischen Mensch und Tier möglich wurde. Auf dieser Grundlage wurde im 20. Jahrhundert die sog. „Philosophische Anthropologie" entwickelt,[2] auf die sich vor allem die folgenden Ausführungen beziehen.

In seiner *Leiblichkeit* ist der Mensch mit der Tierwelt verbunden: Er teilt mir ihr „lebendig" zu sein, zu wachsen und zu vergehen, verwundbar und befristet zu sein. Dennoch ist – wie der Biologe A. Portmann gezeigt hat – schon die Körperlichkeit des Menschen spezifisch menschliche Körperlichkeit: Im Verhältnis zu vergleichbaren Säugetieren kommt er viel zu früh, hilflos und unfertig zur Welt; bis in die Pubertät hinein behält seine Erscheinung kindliche Züge und das Wachstum ist außerordentlich verlangsamt. Diese verlängerte Jugendzeit des Menschen steht in engstem Zusammenhang mit der besonderen Art seiner gesamten Lebenssteuerung: Während das Tier durch Instinkte bestimmt ist, die

---

[2] Scheler, M.: Die Stellung des Menschen im Kosmos, 1928. Plessner, H.: Die Stufen des Organischen und der Mensch, 1928. Gehlen, A.: Der Mensch, 1940.

auch ohne den Kontakt mit der äußeren Wirklichkeit im Mutterleib reifen können, ist der Mensch in seinem Verhalten nicht so stark genetisch festgelegt, sondern von Erfahrung und Lernen abhängig, kann offener und flexibler reagieren und so einen kulturellen Lebensraum aufbauen. Der Mensch ist daher im Gegensatz zum Tier auch nicht auf eine artspezifische Umwelt angewiesen, sondern konnte sich als einziges Lebewesen über die ganze Erde ausbreiten: Als Spezialisten für Nicht-Spezialisiertheit waren die Menschen in der Besiedlung verschiedenartigster Lebensräume erfolgreich, konnten sich immer wieder auf neue Situationen einstellen und ungewohnte Herausforderungen meistern.

Die Kehrseite dieser *Weltoffenheit*, durch die das *Weltverhältnis* des Menschen gekennzeichnet ist, besteht in der großen *Ungesichertheit* des Menschen: Weil ihm nicht eine bestimmte Art der Daseinsbewältigung vorgegeben ist, trägt er selbst die Verantwortung für seine Existenz, ist er zu eigenständiger Überlebenssicherung durch Schaffung einer künstlichen Umwelt, der Kultur, gezwungen. Daraus resultiert auch seine grundlegende *Bedürftigkeit*: Von seiner viel zu frühen Geburt an erfährt sich der Mensch als bedroht und deshalb elementar angewiesen auf *mitmenschliche Gemeinschaft*. Ohne die Zuwendung von Bezugspersonen kann er die ersten Lebensjahre gar nicht überstehen und auch später erweist sich die soziale Bezugsgruppe als unerlässlich beim Hineinwachsen in den kulturellen Lebensraum, denn die wichtigsten Merkmale menschlichen Verhaltens, der aufrechte Gang, die Sprache und das einsichtige Handeln bilden sich nur innerhalb der sozialen Gruppe aus. Aber nicht nur für die äußere Existenz ist die mitmenschliche Gemeinschaft unerlässlich, auch die normale psychische Entwicklung kann ohne den intensiven Kontakt zu einer engen Bezugsperson nicht erfolgen. Der amerikanische Psychoanalytiker Erik H. Erikson hat gezeigt, dass von der Intensität dieser Beziehung und der darin erfahrenen Zuwendung die Entstehung des sog. Grundvertrauens abhängt. Auch im Erwachsenenalter bleibt der Mensch elementar auf vertrauensvolle Beziehungen angewiesen; er existiert nicht „an sich", sondern immer nur im „Zwischen" (Martin Buber), im Gegenüber-Sein zu anderen Menschen.

Das spezifisch menschliche Phänomen der *Religiosität* zeigt, dass der Horizont des Menschen, sein Streben, aber auch seine Bedürftigkeit, über diese Welt hinaus geht: Wie Funde aus prähistorischer Zeit und die Erforschung von Naturvölkern in der Gegenwart zeigen, hat Religion von Anfang an in allen Kulturen eine bedeutende Rolle gespielt; so zeigen z.B. die von früh an nachweisbaren Bestattungsformen und Trauerriten, dass Religion so elementar mit dem Menschsein verbunden ist wie der Gebrauch von Feuer oder Werkzeugen. Diese *universale Verbreitung religiöser Phänomene* – auch in unserer säkularen Gesellschaft sind sie wahrnehmbar, wie der Soziologe Peter L. Berger[3] gezeigt hat – weist darauf hin, dass das Bewusstsein der Bezogenheit auf eine das vergängliche Leben übersteigende transzendente Wirklichkeit fundamental zur menschlichen Existenz gehört.

Nicht nur durch das spezifische *Weltverhältnis* und den *Transzendenzbezug* – christlich gesprochen sein *Gottesverhältnis* bzw. das Verhältnis Gottes zu ihm – ist der Mensch von der ihn umgebenden Natur unterschieden, auch das damit in Zusammenhang stehende *Selbstverhältnis* des Menschen ist von ganz eigener Art. Die traditionelle Anthropologie verwendet an dieser Stelle Begriffe wie *Vernunft* und *Gewissen*, die sowohl die Möglichkeiten wie die eigentümliche Gebrochenheit der menschlichen Existenz zum Ausdruck bringen. Die „Philosophische Anthropologie" (H. Plessner) spricht hier von der *exzentrischen Position* des Menschen: Alles kann von ihm hinterfragt und mit nüchternem, sachlich distanziertem Blick wahrgenommen werden.[4] Diese Fähigkeit ist auch für das menschliche Selbstverhältnis bestimmend: Auch sich selbst kann der Mensch zum Gegenstand der Beobachtung und des Nachdenkens machen; er kann so sich selbst und seiner Welt gegenübertreten, allerdings ohne sich selbst und seine Welt verlassen zu können.[5] Er lebt in der Doppelrolle des Seins und des distanzierten „Von-sich-Wissens" und steht damit in der *Spannung von Exzentrizität und Zentralität*, der exzentrischen Sicht und seiner Existenz im Leibe. Daher ist der Mensch nicht wie das Tier quasi fraglos mit sich identisch, vielmehr kommt die Gebrochenheit der menschlichen Existenz darin zum Ausdruck, dass es unter allen Lebewesen den Menschen „auszeichnet", dass er sich selbst zur Frage werden kann.

2 Biblische Überlieferungen

Weder Altes noch Neues Testament bieten einen geschlossenen systematisch-anthropologischen Entwurf. Vielmehr wird Menschsein unter einer Fülle von Perspektiven in den Blick genommen. Die Vielzahl anthropologischer Begriffe wie Seele, Geist, Leib, Fleisch etc., die in der Bibel zu finden sind, bezeichnen allerdings keineswegs isolierte „Teile" des Menschen, vielmehr beziehen sie sich

---

[3] Berger, P.L.: Auf den Spuren der Engel. Die moderne Gesellschaft und die Wiederentdeckung der Transzendenz, 1991³.

[4] Dazu gehört auch die Fähigkeit, vom unmittelbar Gegebenen zu abstrahieren, und so nicht nur Einsicht in das Wirkliche, sondern auch Ausblick auf das Mögliche zu gewinnen: Im Unterschied zu den Tieren verfügt der Mensch auch über Vergangenheit und Zukunft.

[5] „In der Natur verwurzelt wurde er doch ‚das metaphysische Wesen' (W. Hirsch), das zur Natur um sich und zur Natur in sich auf Abstand zu gehen ... vermag." Evangelischer Erwachsenenkatechismus, hg. von der Katechismuskommission der VELKD, Gütersloh 2000 (6. völlig neu bearbeitete Auflage) S. 145.

immer auf den *ganzen* Menschen, der nur jeweils unter verschiedenen Aspekten gesehen wird: So bezeichnet der Begriff „Fleisch" im Alten Testament den Menschen in seiner Hinfälligkeit und Sterblichkeit;[6] es ist damit aber keineswegs die Vorstellung verbunden, dass nur der Leib stirbt und die Seele weiterlebt oder dass die Seele in engerer Beziehung zu Gott zu sehen ist als der Leib. Keinesfalls geht das dichotomische Menschenbild der abendländischen Tradition auf biblische Wurzeln zurück, vielmehr kann sich die neugewonnene ganzheitliche Sichtweise des Menschen, die die Unterordnung der Leiblichkeit bzw. der affektiven Seite überwunden hat[7], auf biblische Traditionen berufen.

Auch in der Bibel stellt der Mensch die Frage nach sich selbst: „*Was ist der Mensch?*" so fragt der Beter in Psalm 8, Psalm 144 und – allerdings charakteristisch abgewandelt – in Hiob 7,17: An allen drei Stellen fällt der dialogische Charakter der Frage auf: sie wird *vor* Gott gestellt bzw. *an* Gott gerichtet. Der Mensch erweist sich hier als *fundamental durch sein Gottesverhältnis bestimmt:* Dies kann – wie in den Psalmen – Anlass zum Staunen, zu Lob und Dank geben; es kann aber auch – so im Fall Hiob – negativ als Prüfung und Demütigung erfahren werden. Aber selbst in dieser vollkommen ins Negative verkehrten Beziehung findet noch ein Dialog statt, auch die Anklage wird an Gott gerichtet.

Im Folgenden sollen die grundlegenden Aussagen der Bibel über den Menschen – *Geschöpfsein, Gottebenbildlichkeit, Sündersein* – die alle sein *Gottesverhältnis* thematisieren, damit aber auch sein *Welt- und Selbstverhältnis* zur Sprache bringen, näher betrachtet werden:

Der Mensch, das Geschöpf Gottes

In den Schöpfungsaussagen der Bibel sind zwei Traditionen zusammengeflossen: Während die jüngeren Weltschöpfungsaussagen die Hoheit Jahwes betonen, wollen die älteren *Menschenschöpfungsaussagen* die enge Beziehung zwischen Schöpfer und Geschöpf zum Ausdruck bringen.[8] Das *Gottesverhältnis des Menschen* wird dabei als eine Beziehung dargestellt, auf die man sich auch dann noch berufen kann, wenn alle andersartigen Beziehungen zerbrochen sind: So bleibt z.B. in Ps 22 und Hi 10 dem Klagenden auch noch im tiefsten Elend der Appell an den Schöpfer, sein Geschöpf nicht fallen zulassen. Der Verweis auf Gottes Dabeisein bei der Zeugung und Geburt eines Menschen kann zum Vertrauensmotiv innerhalb der Klage (Ps 71,5f) werden und vor allem auch zu Lob und Dank Anlass geben (Ps 139).

---

[6] Wolff, H.W.: Anthropologie des Alten Testaments, München 1977³ S. 49ff.
[7] Vgl. Kap. I.
[8] Westermann, C.: Schöpfung. Reihe: Themen der Theologie Bd. 12, hg. von Hans-Jürgen Schultz, Stuttgart 1976². S. 101.

Im sogenannten *ersten Schöpfungsbericht* (Gen 1,1-2,4a) wurde die Aussage über die Erschaffung des Menschen in den Text, der die Weltschöpfung insgesamt im Blick hat, integriert:[9] Damit wird zum Ausdruck gebracht, dass das Geschaffensein den Menschen mit der übrigen Kreatur zusammenschließt; wie sie verdankt er sein Dasein nicht sich selbst. Aber schon die Art und Weise, wie hier von der Erschaffung des Menschen im Vergleich zu den anderen Schöpfungswerken geredet wird, weist auf eine Besonderheit hin:[10] Gott fasst zur Erschaffung des Menschen einen förmlichen Beschluss: *„Lasset uns Menschen machen ...!"* Alle anderen Geschöpfe werden in Gen 1 durch das Wort erschaffen, allein der Erschaffung des Menschen geht diese ausdrückliche *feierliche Selbstentschließung Gottes* voraus, eine besondere Überlegung,[11] was nun, nachdem die Schöpfung eigentlich abgeschlossen ist – die Landtiere sind ja schon das Werk des 6. Schöpfungstages – noch getan werden könnte. Der Verfasser des Textes – vermutlich die jüdische Priesterschaft im Exil in Babylon - bringt damit zum Ausdruck, dass der *Mensch nicht in der Natur aufgeht*, vielmehr ist der Kosmos, die geschaffene Welt, schon vollständig ohne ihn. Mit der Sechszahl der Schöpfungswerke ist nach altorientalischem Verständnis das Ganze, die Vollkommenheit, schon erreicht; die Siebenzahl als heilige Zahl steht für das *Darüber - hinaus - Gehende*. Als 7. Schöpfungswerk[12] ist der *Mensch das über diese Welt hinausweisende Wesen*. Dieser Bezug zur Transzendenz wird in Genesis 1 nur noch vom Sabbat, dem 7. Tag, der von Gott geheiligt wird, ausgesagt. Mensch und Sabbat, das 7. Werk und der 7. Tag, werden damit in eine eigentümliche Beziehung zueinander gestellt; der Mensch scheint – sozusagen als „Geschöpf des Freitagnachmittags" - in besonderer Weise zur Feier des Sabbats, d.h. zur Wahrnehmung seines Transzendenzbezugs geschaffen zu sein.[13]

Die Gottebenbildlichkeit des Menschen

Lange Zeit glaubte man in Gen 1,27 eine Aussage über den Menschen an sich zu finden und fragte daher nach einer besonderen Qualität, die ihm mit der Gottebenbildlichkeit zuerteilt worden sei; man suchte nach spezifisch menschlichen Eigenschaften, in denen die Gottebenbildlichkeit vermutet wurde, und glaubte sie in der Vernunft, im freien Willen, im aufrechten Gang ... festmachen zu können, wobei der jeweils gerade bestimmende weltanschauliche Horizont den

---

[9] Ebd. S. 68
[10] Ebd. S. 71
[11] Grammatikalisch handelt es sich um einen Pluralis deliberationis (so H. Gese in einer nicht veröffentlichten Vorlesung).
[12] Diese Zählung impliziert, dass am dritten Tag nur von *einem* Schöpfungswerk – der begrünten Erde – gesprochen werden kann.
[13] Gese, H.: a.a.O.

Maßstab lieferte.¹⁴ Die neuere Auslegung ist von dieser Auffassung abgerückt: Sie geht davon aus, dass hier nicht eine Aussage über das Sein des Menschen, sondern über die Art und Weise seiner Erschaffung vorliegt. Gott stellt den Menschen in eine *besondere Beziehung* zu sich, erschafft ihn zu seinem *Gegenüber*, mit dem er Gemeinschaft haben will. Damit wird etwas über die *Bestimmung des Menschen* ausgesagt: „Der Mensch – jeder Mensch – ist dazu geschaffen, damit etwas zwischen Gott und ihm geschehe und sein Leben darin einen Sinn bekomme."¹⁵ Dieses *besondere Gottesverhältnis* hat Konsequenzen für das *Selbst- und das Weltverhältnis* des Menschen: In Gen 9,6 wird die Aussage von Gen 1,27 im Blick auf die Unverfügbarkeit menschlichen Lebens aufgegriffen und zwar in der Weise, dass die besondere Zugehörigkeit des Menschen zu Gott die *Würde des Menschen* bzw. die *Unantastbarkeit seines Lebens* begründet. Gen 1,27 bringt auch die elementare Bezogenheit des Menschen auf *mitmenschliche Gemeinschaft* zur Sprache: *„... und schuf sie als Mann und Frau"*. Bemerkenswert ist, dass die Priesterschrift, die sonst immer von androzentrischen bzw. patrilinearen Vorstellungen ausgeht, die Gottebenbildlichkeit und damit auch die Beauftragung (V. 28) von Mann und Frau aussagt.¹⁶ Der sog. *Herrschaftsauftrag* (V. 28) ist in den letzten Jahrzehnten im Zusammenhang mit der ökologischen Krise stark in Misskredit geraten: Man sah in der Umweltzerstörung eine „gnadenlose Folge des Christentums" (Carl Améry) und machte Gen 1,28 dafür verantwortlich. Zu beachten ist, dass es sich keinesfalls einfach um einen Befehl, sondern vielmehr um ein *Segenswort* handelt, d.h. dass hier nicht primär menschliche Möglichkeiten im Blick sind, sondern vielmehr *Widerfahrnisse*, die dem unmittelbaren menschlichen Zugriff entzogen sind: Der Segen gilt zunächst der *menschlichen Gemeinschaft*, speziell der Fruchtbarkeit von Mann und Frau, in der Folge aber auch dem *Kulturschaffen* des Menschen und damit einhergehend auch dem Beherrschen der Natur; dass mit dem Herrschaftsauftrag auch der Gedanke der *Verantwortung* verbunden ist, zeigt die Sprache, die der altorientalischen Königsideologie entstammt: Wie der König als Statthalter Gottes verantwortlich für das Wohlergehen der Menschen in seinem Reich war, so trägt hier der Mensch Verantwortung vor Gott für die übrige Schöpfung.

Im Neuen Testament findet die Aussage von der Gottebenbildlichkeit eine Veränderung, die in eine gewisse Spannung zur priesterschriftlichen Aussage Gen 1,27 tritt: Während dort die Gottebenbildlichkeit allgemein das spezifisch Menschliche in allen Menschen kennzeichnet, wird nun von *Christus* als dem „Ebenbild des unsichtbaren Gottes" gesprochen, der „der Erstgeborene vieler

---

¹⁴ Westermann, a.a.O. S. 80f.
¹⁵ Ebd. S. 88.
¹⁶ Seebaß, H.: Genesis I. Urgeschichte (1,1-11,26), Neukirchen 1996. S. 83.

Brüder" ist (Röm. 8,29; 2.Kor. 4,4; Kol. 1,15; Hebr. 1,3). Das Neue Testament bringt damit zum Ausdruck, dass Jesus von Nazareth die Absicht Gottes mit dem Menschen, seine Bestimmung zur Gemeinschaft mit ihm, verwirklicht und damit als der „wahre Mensch" allem Menschsein das Maß gegeben hat.

Das Sündersein des Menschen

Im Alten Testament kommt im Blick auf das Sündersein des Menschen der Geschichte von der Vertreibung Adams und Evas aus dem Paradies (Gen 3) besondere Bedeutung zu. Sie wird in der christlichen Tradition als die Geschichte vom „Sündenfall" bezeichnet, womit eine bestimmte Deutung verbunden ist, die zu einem tief greifenden Missverständnis Anlass gegeben hat: Man hat daraus die Lehre vom sog. „Urstand" abgeleitet, dem Stand paradiesischer Unschuld und Sündlosigkeit, der als unserer gegenwärtigen Geschichte vorausliegend gedacht wurde. Die Absicht der Erzählung ist aber keineswegs die, ein zeitliches Nacheinander darzustellen. „Dass der Mensch durch das hier Erzählte in einen status corruptionis abgesunken, dass er von da der ‚gefallene Mensch' sei, davon weiß das Alte Testament nichts."[17]

Der Text bringt vielmehr die wesentlichen Aspekte des Menschseins, sowohl die *positiven Lebensmöglichkeiten* wie auch die *leidvollen Beschränkungen*, zur Sprache. Im Hintergrund steht die Frage, warum der von Gott gut geschaffene Mensch ein von Mühe, Leid und Tod begrenztes Leben führt; in Gen 3 werden die Erfahrungen der Begrenztheit auf menschliche Schuld, konkret auf die Übertretung eines expliziten Gottesgebots, zurückgeführt. Folge der Übertretung ist die Erfahrung der *Gebrochenheit menschlicher Existenz*, die der Text beschreibt: *Gottesverhältnis, Selbstverhältnis* und *Weltverhältnis* sind betroffen. Der Mensch verfehlt seine ursprüngliche Bestimmung, Gegenüber Gottes zu sein (Adam versteckt sich vor Gott: Gen 3,8), sein Verhältnis zu sich selbst ist gestört (Angst und Scham: Gen 3,10) ebenso wie die Beziehungen zu seinen Mitmenschen (gegenseitige Beschuldigungen: Gen 3,12f; Brudermord: Gen 4) und zur Natur (Sintflutgeschichte: „Furcht und Schrecken vor euch soll sich auf alle Tiere der Erde legen...": Gen 9,2).

Die intensive *Wirkungsgeschichte* dieses Textes beginnt erst im Spätjudentum. Im Alten Testament selbst findet der Text keine Erwähnung, er wird weder zitiert noch vorausgesetzt. Im 4. Esrabuch, einer spätjüdisch-apokalyptischen Schrift (ca. 90 n.Chr.) wird die Geschichte zum *„Sündenfall"* und damit zu einem quasihistorischen Ereignis. Daraus wird dann bei Paulus (Röm 5) die sog. *Adam-Christus-Typologie*: Er stellt Adam, durch den die Sünde in die Welt und

---

[17] Westermann, C., a.a.O., S. 127

damit zu allen Menschen gekommen ist, Christus als den, der das Heil bringt und dadurch die Tat Adams aufhebt, gegenüber. Die letzte Station dieser Entwicklung ist die von Augustin ausgebildete *Erbsündenlehre*, die für die christlich-abendländische Tradition bestimmend wurde. Auch mit dem oft missverstandenen Begriff *Erbsünde* soll ausgedrückt werden, dass zum menschlichen Leben das *Schuldig-Werden* gehört, das *Entfremdet-Sein* im Hinblick auf die grundlegenden Bezüge, in denen sich Menschsein vollzieht.

Im Neuen Testament ist vor allem bei *Paulus* von der Sünde des Menschen die Rede. Wie schon erwähnt, geht er von der *Universalität der Sünde* aus, d.h. alle Menschen sind von ihr betroffen. Fast immer redet er von *der* Sünde im Singular, im Sinne einer Macht, der der Mensch nicht entrinnen kann; fast nie kommen dagegen die einzelnen sündigen Taten zur Sprache. Wie schon der Verfasser der Urgeschichte sieht auch Paulus die drei fundamentalen Beziehungsbereiche – Gottesverhältnis, Selbstverhältnis und Verhältnis zum Mitmenschen – von der Sünde betroffen: Der Mensch erkennt Gott nicht als Gott an, sondern will aus sich selber leben (Röm 1,18ff), er ist in sich zutiefst zerrissen (Röm 7) und im Verhältnis zu anderen egozentrisch um sich selbst besorgt, voll Selbstsucht statt Liebe (Röm 12).[18]

3 Systematisch-theologische Entwürfe
Karl Barth (1886 - 1968)

Im Gegensatz zu den beiden anderen systematischen Entwürfen, die hier vorgestellt werden sollen, setzt Barth nicht bei der vorfindlichen Lebenswirklichkeit des Menschen ein, sondern geht vom sich offenbarenden Gott aus. Aufgrund seiner Betonung des radikalen Unterschieds zwischen dem geoffenbarten Wort Gottes und der Situation des Menschen lässt er keinen „Anknüpfungspunkt" zwischen menschlicher Existenz und ihrer Erhellung durch Gottes Selbstoffenbarung gelten. Gegenüber dem Trend der Neuzeit, den Menschen zum Ausgangspunkt und Zentrum – auch der Theologie – zu machen, betont Barth die „Menschlichkeit Gottes", die sich in Jesus Christus gezeigt hat: Allein der Mensch Jesus als das geoffenbarte Wort Gottes kann für Barth Erkenntnisquelle theologischer Anthropologie sein. Nur von diesem einen „wirklichen Menschen", dem Juden Jesus her, lässt sich entfalten, was über „das Wesen jedes Menschen"[19] zu sagen ist.[20] Einzig legitimer

---

[18] Interessant ist, dass in der *Verkündigung Jesu* der Begriff „Sünde" keine große Rolle spielt: Bei den Synoptikern jedenfalls taucht das Substantiv „Sünde" fast nur in Aussagen über Sündenvergebung auf!

[19] Barth, K.: Kirchliche Dogmatik Bd. III/2. Zürich 1959. S. 54.

[20] „Die ontologische Bestimmung des Menschen ist darin begründet, dass in der Mitte aller übrigen Menschen Einer der Mensch Jesus ist." (a.a.O. S. 158).

Weg *theologisch* vom Menschen zu reden, ist demzufolge die *Deduktion der Anthropologie aus der Christologie*. So lautet der Grundsatz Barths: „Gänzlich und ausschließlich ist die Anthropologie auf die Christologie zu gründen"[21]. Barth wendet sich dagegen, das *Fragen* des Menschen als fundamentales anthropologisches Kennzeichen in seine Überlegungen einzubeziehen, denn das würde für ihn bedeuten, Gott aus den Defiziten des alltäglichen menschlichen Lebens herleiten zu wollen; vielmehr will er den Menschen als *Antwort* verstehen, als Antwort von Gott her, die in Jesus Christus lebendige Gestalt geworden ist. Das hat zur Konsequenz, dass bei Barth die Humanwissenschaften nicht mit herangezogen werden: Sie können nur „Phänomene des Menschlichen" aufzeigen, leisten aber keinen Beitrag für eine theologische Anthropologie, denn für die Erkenntnis des „wirklichen Menschen" Jesus Christus sind ihre Antworten unerheblich. Ausgehend von dieser „Menschlichkeit bzw. Menschenfreundlichkeit Gottes", die in Jesus Christus Gestalt gewonnen hat, kann Barth allerdings - auch ohne die Humanwissenschaften zum Bezugspunkt zu machen - sehr positiv vom Menschen, der Menschenwürde und den Menschenrechten sprechen.

Eberhard Jüngel (geb. 1934),

der „profilierteste Sachwalter der Theologie Barths in der Gegenwart"[22] setzt den anthropologischen Entwurf des reformierten Theologen Barth mit der lutherischen Rechtfertigungslehre in Beziehung. Wie Barth lehnt er es ab, von den Humanwissenschaften auszugehen, da diese in ihrer „disparaten Pluralität" nur das neuzeitliche Selbstverständnis, nämlich die in der sog. Weltoffenheit begründete Nicht-Definierbarkeit des Menschen bekunden: „Die modernen Wissenschaften sind sich darin einig, dass sich nicht definitiv sagen lässt, was das eigentlich ist: der Mensch. Der Mensch gilt als das undefinierbare Wesen."[23] Jüngel setzt dem die These Luthers entgegen, dass der Mensch – nicht etwa nur der Christ! – definiert werde durch die ihm widerfahrene Rechtfertigung.[24] Daraus leitet er ab, dass das Wesen des Menschen theologisch durch etwas bestimmt wird, was an ihm geschieht: [25] „Was der Mensch in Wahrheit ist, entscheidet nicht der Mensch. Der Mensch definiert sich nicht selbst. Er ist vielmehr wie Luther behauptet hatte, durch Gottes rechtfertigendes Handeln und durch den

---

[21] Ebd. S. 54.
[22] Fischer, H.: Systematische Theologie. Konzeptionen und Probleme im 20. Jahrhundert. Stuttgart 1992. S. 241.
[23] Jüngel, E.: Der menschliche Mensch, in: Ders.: Wertlose Wahrheit. Zur Identität und Relevanz christlichen Glaubens. Theologische Erwägungen III, S. 199. München 1990, S. 194-213.
[24] Vgl. Luther, M.: Disputatio de homine, 1536, These 32.
[25] Jüngel, E.: Die Bedeutung der Rechtfertigungslehre für das Verständnis des Menschen, in: Luther. Zeitschrift der Luthergesellschaft, 62. Jg., H. 3/1991, S. 110-126. S. 114,

diesem Handeln entsprechenden Glauben definiert."[26] Das entscheidende Charakteristikum des Menschen liegt demnach darin, dass er sich von Gott und damit unwiderruflich als Mensch anerkannt weiß.[27] Auch wenn Jüngel wie Barth „oben" einsetzt, bei Gott und seiner Offenbarung, und das „Unten", die Erfahrung des Menschen in dieser Welt, nicht zum Thema wird, so geht es ihm doch auch – in zweiter Linie – um eine angemessene Vermittlung von Glaubenserfahrung und Welterfahrung: So fordert er, jeden Satz der theologischen Anthropologie so umzuformen, dass er auch ohne Gott zu nennen, „verständlich, sinnvoll und Gewinn bringend" ist, d.h. die besondere theologische Rede vom durch die Menschwerdung Gottes gerechtfertigten Menschen „im Horizont menschlicher Daseinsanalyse zu verifizieren".[28]

Paul Tillich (1886 - 1965)

Gegenstand der Theologie ist für Tillich „das, was uns unbedingt angeht",[29] „was über unser Sein oder Nichtsein entscheidet."[30] Abstrakte Sätze über Gott werden von ihm nicht als theologische anerkannt, vielmehr erfordert seiner Auffassung nach jede Aussage, die eine theologische zu sein beansprucht, einen Existenzbezug. Daher ist in Tillichs theologischem System durchgängig vom Menschen die Rede. Die Themen des christlichen Glaubens werden so zur Sprache gebracht, dass allgemein-menschliche und spezifisch-christliche Einsichten einander gegenübergestellt werden: Situation und Botschaft, menschliche Frage und göttliche Antwort, Philosophie und Theologie gehören für ihn konstitutiv zusammen. Er versucht, die Fragen, die sich aus der Situation ergeben, mit den Antworten der Botschaft in *Korrelation* zu bringen. Voraussetzung dieser spezifisch theologischen Methode ist, dass sich die beiden Elemente, menschliche Situation und göttliche Botschaft, auch aufeinander beziehen lassen, eine theologische Grundentscheidung, die Tillich voraussetzt.[31] Da Gott der „Grund des Seins", „die alles bestimmende Wirklichkeit" ist, bekundet er sich nicht nur in der christlichen Botschaft, dem geoffenbarten Wort, sondern auch in der „Tiefe des Seins". Die Sehnsucht des Menschen, auf seine Fragen Antwort zu finden, signalisiert, dass ihm ein verborgener Bezug zu den Antworten eingestiftet ist. Das menschliche Vermögen zu fragen ist sowohl ein Symptom für die essentielle Einheit wie auch

---

[26] Ders.: Der menschliche Mensch, S. 198,
[27] a.a.O.
[28] Jüngel, E.: Der Gott entsprechende Mensch. Bemerkungen zur Gottebenbildlichkeit des Menschen als Grundfigur theologischer Anthropologie, in: Ders.: Entsprechungen: Gott-Wahrheit-Mensch. Theologische Erörterungen. München 1986, S. 290-318. S. 291f.
[29] Tillich, P.: Systematische Theologie. Bd. I + II. Frankfurt 1956³ und 1958³ Bd. 1, S. 19f.
[30] Ebd. S. 21.
[31] Ebd. S. 15.

für die existentielle Getrenntheit des Menschen vom „Grund des Seins": Weil der Mensch mit dem Grund des Seins *verbunden* bleibt, *kann* er nach der Unendlichkeit fragen, weil er faktisch vom Grund des Seins *getrennt* ist, *muss* er danach fragen. „Essenz" und „Existenz" sind tragende Begriffe in Tillichs theologischem System: Ersterer bezeichnet den dem Schöpfungswillen Gottes entsprechenden Menschen in seiner Verbundenheit mit Gott, letzterer umschreibt den diesem Willen widersprechenden Menschen, der sich selbst bestimmen will und aus der Verbundenheit mit dem „Grund des Seins" heraustritt. Die Möglichkeit der Abwendung von Gott sieht Tillich in der menschlichen Freiheit begründet: „Nur das Wesen, das Ebenbild Gottes ist, hat die Macht, sich von Gott zu trennen. Die Größe und die Schwäche des Menschen haben ein und dieselbe Wurzel"[32]. Das Faktum der Entfremdung, die Abkehr von dem, wozu der Mensch essentiell gehört, ist das Schicksal aller Menschen. In der Sünde wird dieses universale Schicksal zur persönlichen Schuld des einzelnen: Ohne die Sünde als Faktum würde der Schicksals- bzw. Verhängnischarakter der Sünde geleugnet, ohne die Sünde als Akt würde das Verantwortungsbewusstsein für die Sünde verdunkelt. Weil sich der Mensch seiner entfremdeten Existenz bewusst ist, kann die Frage nach Heil und Erlösung, die sich für Tillich in der Religion zeigt, aufbrechen. Mit Jesus Christus ist das „Neue Sein", nach dem der Mensch in der Religion fragt, in die Wirklichkeit des Menschen eingetreten: Christus ist das Urbild wahren wesenhaften Menschseins. Was der Mensch seiner schöpfungsmäßigen Bestimmung und also seinem Wesen nach ist, das ist an Jesus Christus ablesbar: „Das Paradox der christlichen Botschaft besteht darin, dass *in einem personhaften Leben das Bild wesenhaften Menschseins unter den Bedingungen der Existenz* erschienen ist."[33] Im christlichen Glauben wird der Mensch aus der Entfremdung, in der er sich vorfindet, herausgenommen und in dieses „Neue Sein" versetzt, das ihm eine neue Existenzweise ermöglicht; er kann sich als bejaht erfahren und „Mut zum Sein" gewinnen.

Wolfhart Pannenberg (geb. 1928)

Anders als Karl Barth will sich Pannenberg nicht ausschließlich auf göttliche Offenbarung als vorgegebene Autorität berufen und sich mit dogmatischen Behauptungen begnügen, ohne nach ihrer Bewahrheitung in der Wirklichkeit der Welt zu fragen. Er folgt in seinem anthropologischen Entwurf vielmehr einem ähnlichen Ansatz wie Paul Tillich: Wie dieser richtet er zuerst seinen Blick auf den Menschen und seine Wirklichkeit und nicht wie Karl Barth auf Bibel und Dogmatik. Während Tillich aber versucht, die Entsprechung von existentieller

---

[32] Tillich, P.: Systematische Theologie. Bd. 2, S.39.
[33] Ebd. S. 104.

Erfahrung und religiöser Deutung aufzuzeigen, geht es Pannenberg darum, *Ergebnisse der Humanwissenschaften theologisch in Anspruch zu nehmen,* um so die Wahrheit bzw. Allgemeingültigkeit religiöser bzw. theologischer Behauptungen aufzuweisen.[34] Indem er aktuelle humanwissenschaftliche Erkenntnisse und Erfahrungen in seine Überlegungen einbezieht, versucht er den uns heute oft antiquiert und lebensfern anmutenden theologischen Aussagen über den Menschen einen Gegenwarts- und Wirklichkeitsbezug zu geben.

Dass sich an den anthropologischen Befunden eine theologisch relevante Dimension aufzeigen lässt, ist die Generalhypothese seiner Überlegungen.[35] Dabei ist es ihm nicht darum zu tun, einen „Anknüpfungspunkt" für die Theologie zu finden; ihm geht es vielmehr um „kritische Aneignung",[36] d.h. er will die Beiträge nichttheologischer Anthropologien nicht unbesehen übernehmen, aber auch nicht einfach beziehungslos eine theologische Sicht des Menschen danebenstellen. Er versteht daher seinen Entwurf auch nicht als „Theologische Anthropologie", sondern als „Anthropologie in theologischer Perspektive" bzw. als „Anthropologie der Gegenwart im Lichte der Theologie". Im Anschluss an Gehlen und Plessner beschreibt Pannenberg den Menschen anhand der anthropologischen Fundamentalkategorien – *Weltoffenheit/Exzentrizität* und *Zentralität* – und bringt diese in einen Zusammenhang mit den Hauptthemen der christlichen Anthropologie, *Gottebenbildlichkeit* und *Sünde*:

Exzentrizität und Gottebenbildlichkeit

Die spezifisch menschliche Fähigkeit zur Selbsttranszendenz, der Impuls, alles Vorfindliche zu überschreiten, zielt nach Pannenberg über diese Welt hinaus auf etwas Absolutes, Unbedingtes, auf einen letzten umfassenden Sinnhorizont; er sieht darin einen Hinweis auf die Gottoffenheit bzw. Gottbezogenheit des Menschen vorliegen,[37] wie sie auch in der theologischen Aussage von der Gottebenbildlichkeit zum Ausdruck gebracht wird.[38] In der exzentrischen Lebensform, der Fähigkeit, von sich selbst absehen zu können und so ganz beim andern seiner selbst zu sein,[39] sieht Pannenberg eine Entsprechung zur christlichen Sicht, derzufolge die Bestimmung des Menschen über diese Welt hinausgeht. Der anthropologische Befund, dass der Mensch aufgrund seiner exzentrischen Bestimmung seine

---

[34] Pannenberg, W.: Anthropologie in theologischer Perspektive. Göttingen 1983. S. 15f.
[35] Ebd. S. 19.
[36] a.a.O.
[37] Pannenberg, W.: Was ist der Mensch? Die Anthropologie der Gegenwart im Lichte der Theologie. Göttingen 1976⁵. S.5ff.
[38] Ders., Anthropologie in theologischer Perspektive, S. 69ff.
[39] Ebd. S. 58f.

Identität außerhalb seiner selbst finden muß,[40] ist nach Pannenberg von derselben Struktur wie das *„extra nos"* des Glaubens: Er sieht hier eine Entsprechung zwischen der anthropologisch aufweisbaren exzentrischen Existenz des Menschen und dem, wie *Luther* das Sein des Glaubenden als „extra se in Christo" beschreibt.[41] Das identitätsstiftende Gegenüber jenseits aller Dinge dieser Welt, auf das der Mensch strukturell angelegt ist und das zu suchen – auch wenn er es nicht zu nennen weiß – seine Bestimmung ist, kann vom Menschen nur im *Vertrauen* erfasst werden, denn im Vertrauen verlässt er sich selbst auf einen anderen und kann gerade so zu sich selbst finden. Wieder kann Pannenberg sich auf *Luther* berufen; in der Auslegung des 1. Gebots im Großen Katechismus heißt es: *„ Worauf du nun dein Herz hängest und dich verlässest, das ist dein Gott."* Luther beschreibt damit die Wesensstruktur des Glaubens als Vertrauen, als Sich Verlassen auf einen Halt, einen Bezugspunkt außerhalb des Menschen, der ihm nicht verfügbar ist und der ihm dennoch die Zuversicht gibt, aus der er zu leben vermag.[42]

Zentralität und Sünde

Dem exzentrischen Sich-selbst-Überschreiten, in dem Pannenberg die eigentliche Bestimmung des Menschen sieht, steht seine *Selbstbezogenheit* entgegen. Pannenberg entwickelt hier den Ansatz Plessners weiter, der die Spannung von Exzentrizität und Zentralität in der menschlichen Existenz ansatzweise dargelegt hat.[43] In der Ichbezogenheit verfehlt der Mensch seine exzentrische Bestimmung und ist danach bestrebt, sich selbst zum Zentrum zu machen;[44] geradeso aber, indem er voll Angst und Sorge um sich selbst kreist, nach *Sicherung* strebt, statt aus Vertrauen zu leben, verfehlt er seine Bestimmung, sich auf das andere seiner selbst zu verlassen.[45] Dieser egozentrischen Selbstbehauptung entspricht nach

---

[40] Ebd. S. 395.
[41] Ebd. S. 68.
[42] Ebd. S. 220f.; Ders., Was ist der Mensch? S. 22 f.; vgl. auch Küng, H.: Existiert Gott? München. 1978. S. 490-528.
[43] Pannenberg, W.: Anthropologie in theologischer Perspektive, S. 77ff, 92.
[44] Wie tief menschliches Dasein von dieser Egozentrik bestimmt ist, zeigt sich für Pannenberg in der Art und Weise der menschlichen Wahrnehmung von Raum und Zeit: Die Richtungen im Raum (oben, unten etc.) und in der Zeit (vergangen, gegenwärtig, zukünftig) werden relativ zum Beobachter wahrgenommen, der sich damit selbst zum Zentrum macht. (Ders., Was ist der Mensch? S. 41).
[45] Ebd. S. 100; „Die Verkehrung des Verhältnisses von Ich-Zentrum und exzentrischer Bestimmung des Menschen bedeutet Selbstverfehlung des Menschen, weil er durch sein Streben, sich selbst zu gewinnen, seine exzentrische Bestimmung versäumt. Die Selbstkonstitution des Ich äußert sich vor allem in dem Bestreben, so weit irgend möglich über alles zu verfügen ... Dem steht gegenüber die Notwendigkeit zu vertrauen,

Pannenberg die biblisch-theologische Rede vom Menschen als Sünder. Auch hier kann er sich wieder auf *Luther* beziehen, der den Sünder als in sich selbst verkrümmten, d.h. auf sich selbst bezogenen Menschen – *homo incurvatus in ipse* – beschreibt: In der Sünde verschließt sich der Mensch gegen das, worauf er im tiefsten bezogen ist.[46]

Indem Pannenberg die theologische Rede von Gottebenbildlichkeit und Sünde in anthropologisch aufweisbaren Sachverhalten fundiert, macht er diese nicht nur dem Glaubenden, sondern auch der allgemeinen Selbsterfahrung verstehbar und plausibel. Dieses Vorgehen, theologische Aussagen so zur Sprache zu bringen, dass sie für jeden relevant und existenzerhellend sein können, kann gerade auch in religionspädagogischer Hinsicht interessant und gewinnbringend sein.[47]

4 Person - Würde - Verantwortung

Der charakteristische Transzendenzbezug des Menschen, der gleich auf der ersten Seite der Bibel in der Rede von der Gottebenbildlichkeit zu finden ist, bringt als wesentlich zum Menschen gehörend sein Bezogensein auf Gott zur Sprache: Gott setzt sich bei der Erschaffung des Menschen gerade zu diesem einen Geschöpf in ein besonderes Verhältnis, das allen anderen Beziehungen, in die der Mensch als ein Wesen der Begegnung hineingestellt ist, vorausliegt. In diesem besonderen Verhältnis Gottes zum Menschen sieht der christliche Glaube das *Personsein* des Menschen begründet: Als *Person* verdankt der Mensch sich nach christlichem Verständnis nicht sich selbst, sondern allein Gott; weder verleihen ihm bestimmte ausweisbare Fähigkeiten noch besondere Leistungen die Qualität, Person zu sein, vielmehr ist allein entscheidend, dass Gott sich gerade zu *diesem* Geschöpf in ein besonderes Verhältnis gesetzt hat. Sein Personsein kann dem Menschen damit nicht von einer innerweltlichen Instanz zu- oder auch aberkannt werden, vielmehr wird sie ihm „von außen" (so Jüngel) bzw. „von vorn", d.h. von seiner noch ausstehenden Vollendung her (so Pannenberg) zugesprochen. Sie ist damit jedem menschlichen Zugriff entzogen. Schon in der Bibel ist der Gedanke der Gottebenbildlichkeit mit dem der Unantastbarkeit menschlichen Lebens verbunden (Gen 9,6) und auch in unserer säkularen Redeweise von der „Person" schwingt eine Scheu mit, in der sich Respekt vor dem Mitmenschen als einem Wesen, dem unbedingte Achtung gebührt, bekundet.

---

sich selbst festzumachen in einer Wirklichkeit außerhalb seiner selbst." Ders., Anthropologie in theologischer Perspektive. S. 103).

[46] Ders., Anthropologie in theologischer Perspektive. S. 82ff.

[47] Kritiker dieses Ansatzes – z.B. E. Jüngel - erheben hier allerdings den Verdacht der Projektion.

Wie schon das Personsein so gründet nach christlichem Verständnis auch die damit verbundene **Würde** des Menschen nicht in ihm selbst, sondern wird ihm von Gott verliehen: Sie gilt jedem Menschen, ohne Rücksicht auf den Wert, den er in der Gesellschaft haben mag: Was Wert hat, ist „be-wert-bar", aufwertbar, abwertbar bis hin zur Wertlosigkeit; Sachen haben – je nach Umstand und Bedarf, Angebot und Nachfrage – mehr oder weniger Wert; der Wert einer Sache ist antastbar, *die Würde der Person aber ist unantastbar*, d.h. jedem menschlichen Zugriff entzogen. Sie wird dort verletzt, wo ein Mensch lediglich danach beurteilt und behandelt wird, was an ihm vorzufinden ist an sichtbaren Leistungen und für die Gemeinschaft nützlichen Anlagen.

In unserer Gesellschaft wird derzeit eine Grundsatz-Debatte über die Zuerkennung des Personbegriffs und damit der Menschenwürde geführt: Auf der einen Seite stehen die Vertreter der *Ethik der Menschenwürde*, darunter viele Theologen, die in der Menschenwürde etwas jedem Menschen generell Zustehendes bzw. von Gott Zugesprochenes sehen, das daher menschlicher Verfügungsgewalt entzogen ist.[48] Sie sehen im verfassungsrechtlich garantierten Schutz der Menschenwürde einen unverlierbaren und unverletzlichen existentiellen Rechtstitel, der die Begründung für die *Menschenrechte* darstellt.

Demgegenüber unterscheiden die Anhänger der *utilitaristischen Ethik,* allen voran Peter Singer[49], zwischen „Personen", die über Eigenschaften wie Rationa-

---

[48] „Im Falle der Ethik der Menschenwürde hat jeder von einem Vater gezeugte und von einer Mutter geborene Mensch ein uneingeschränktes Lebensrecht. Mehr noch: Der Schutzschirm des Menschlichen gilt hier für den gesamten Zusammenhang menschlicher Existenz von der Zeugung bis zum Tod. Hier werden keine Definitionen über Anfang und Ende des menschlichen Lebens getroffen. Dem Gesamtzusammenhang des menschlichen Lebens eignet eine Würde, die ihm ohne Zutun menschlicher Definitionsversuche zukommt.
Auf dieser Grundlage kann und darf mit menschlichem Leben nicht experimentiert werden. Auf dieser Grundlage ist es verwerflich, medizinischen Fortschritt um den Preis weitgreifender Embryonenversuche zu gewährleisten. Auf dieser Grundlage ist es auch indiskutabel, die Klontechnik zu dem Zweck einzusetzen, eine nächste Generation ... unter den gezielt herbeigeführten Zwang einer bestimmten genetischen Identität zu stellen.
Die Ethik der Menschenwürde wird also aufgrund ihrer umfassenden Garantie zugunsten des Menschen und der daraus resultierenden Sorgfaltspflicht gegenüber jeder Abschneidung menschlicher Existenzrechte klare Vorbehalte aussprechen, so gegenüber jeder eugenischen Tendenz in der Gendiagnostik, gegenüber jeder Automatik des Schwangerschaftsabbruchs und gewiß auch gegenüber jedem Ansatz der Embryonenforschung und den daraus abgeleiteten gentechnischen Möglichkeiten zur Beeinflussung der Keimbahn."
(Altner, G.: Der Mensch im Zeitalter der Reproduzierbarkeit, in: Der Glaube der Christen. Bd. 1: Ein ökumenisches Handbuch, hg. von E. Biser. München/Stuttgart 1999, S.64 – 81. S.70f).

[49] Singer, P.: Praktische Ethik. Stuttgart 1984.

lität, Selbstbewusstsein, Selbstkontrolle und Zukunftsfähigkeit verfügen und sog. „menschlichen Wesen", die lediglich biologisch von der Beschaffenheit der Chromosomen her zur Gattung „Mensch" gehören, aber zu rationalen Denkleistungen u.ä. nicht fähig sind. Die Vertreter dieser Richtung sehen in der verfassungsrechtlichen Garantierung der Menschenwürde ein überholtes metaphysisches Relikt; stattdessen wird die Schutzwürdigkeit menschlichen Lebens vom Vorhandensein der genannten Eigenschaften abhängig gemacht.[50]

In der dem Menschen immer schon vorangehenden Lebens- und Würdezusage durch Gott, den Geber allen Lebens, liegt in der Sicht des christlichen Glaubens die theologische Begründung für die Universalität von Menschenwürde und Menschenrechten; daher wird er in dieser Auseinandersetzung für den Schutz allen menschlichen Lebens eintreten - gerade auch wo Beginn und Ende des Lebens betroffen sind.

Die angeschnittene Diskussion weist auf die *Verantwortung* des Menschen in dieser Welt hin, die sich aus seinem Personsein ergibt. Auch die Bibel stellt Würde und *Verantwortlichkeit* des Menschen in eine enge Beziehung: Gottebenbildlichkeit und Herrschaftsauftrag stehen in einem engen Zusammenhang, beide Aspekte werden in unmittelbar aufeinander folgenden Versen genannt (Gen 1, 27 und 28), ein Hinweis darauf, dass der Mensch aufgrund seines Personseins in die Verantwortung für die Welt, für seine Mitmenschen und für sich selbst gestellt wird. Denn aufgrund seines Personseins vermag der Mensch verantwortlich zu handeln, d.h. für seine Taten kann er zur Rechenschaft gezogen werden: Er ist daher auch verantwortlich dafür, was er als Person aus sich macht, welche Persönlichkeit er ist.[51] Allerdings wird die Person nicht durch die Bildung der Persönlichkeit konstituiert: Person ist der Mensch von Gott her, d.h. als Person ist er

---

[50] „Ganz andere Möglichkeiten ergeben sich ...aus dem Kalkül der utilitaristischen Ethik. Die Ethik der Selbstbestimmung menschlicher Interessen wird, wenn es entsprechende Überlegungen gebieten, Überlebenschancen begrenzen und menschliches Leben zur Tötung frei geben. So liegt es im Kalkül der Ethik Peter Singers, die Möglichkeit der Kindstötung und der Tötung von Schwerstbehinderten prinzipiell nicht auszuschließen. Und dadurch rückt der ganze Bereich von Krankheit, Behinderung und Sterben in die Zone des Verhandelbaren und Abschneidbaren. Die utilitaristische Ethik wird aber auch dort, wo es die vom Menschen definierten Interessen gebieten, die biotechnische Perfektionierung des Menschen befürworten und entsprechende Versuche, nicht zuletzt im embryonalen Bereich, als unbedenklich deklarieren. Dazu würde dann auch gehören, die Klontechnik zumindest für den medizinischen Fortschritt, etwa bei der Herstellung von Geweben und Organen mit Hilfe geklonter Stammzellen, freizugeben." (ebd. S.71)

[51] Vgl. Dalferth, I. / Jüngel, E.: Person und Gottebenbildlichkeit, in: Christlicher Glaube in moderner Gesellschaft. Teilband 24, hg. von F. Böckle u.a. Freiburg 1981, S. 58-99. S. 68f.

immer mehr, als er aus sich zu machen vermag und auch mehr, als andere und er selbst von ihm wissen bzw. in Erfahrung zu bringen vermögen. Selbst wenn die Persönlichkeit eines Menschen durch Krankheit oder Bosheit physisch oder psychisch völlig zerrüttet ist, so bleibt dieser Mensch doch Person und damit ein allem menschlichen Zugriff entzogenes Geheimnis. Vielleicht wollte Max Frisch dies mit seinem berühmt gewordenen Tagebucheintrag zum Ausdruck bringen:[52] „Du sollst dir kein Bildnis machen, heißt es von Gott. Es dürfte auch in diesem Sinne gelten: Gott als das Lebendige in jedem Menschen, das, was nicht erfassbar ist. Es ist eine Versündigung, die wir, so wie sie an uns begangen wird, fast ohne Unterlass wieder begehen – ausgenommen wenn wir lieben."

Literatur

Empfohlene Literatur zur Einführung und zum vertiefenden Weiterstudium

Biewald, R. / Schwarke, Chr.: Weltbilder, Menschenbilder. Naturwissenschaften und Theologie im Dialog. Leipzig 2003

Biser, E.: Gotteskindschaft und Menschenwürde. Limburg 2005

Bollnow, O. F.: Anthropologische Pädagogik. Bern u.a. ³1983

Fraas, H.J.: Bildung und Menschenbild in theologischer Perspektive, Göttingen 2000 *(Wichtiges, gut verständliches Grundlagenwerk; versucht pädagogische und theologische Aussagen über den Menschen zu verbinden.)*

Frey, Ch.: Arbeitsbuch Anthropologie. Christliche Lehre vom Menschen und humanwissenschaftliche Forschung. Stuttgart 1979 *(Einführung in die Auseinandersetzung mit den Humanwissenschaften)*

Geck, A.: Ist der Mensch noch zu retten? Göttingen 2003

Genkel, I. / Müller-Kent, J.: Leben werten? Theologische und philosophische Positionen zur Medizinethik. Studienbuch Religionsunterricht Bd.6. Göttingen 1998 *(Arbeitsbuch zur Einführung in die gegenwärtige Bioethik - Diskussion)*

Herms, E.: Menschenbild und Menschenwürde, Gütersloh 2001 *(Die Aufsätze dieses umfangreichen Bandes nehmen den Menschen unter ganz verschiedenen Gesichtspunkten in den Blick: Am Ausführlichsten kommen die verschiedenen Disziplinen der Theologie zu Wort, aber auch Medizin, Pädagogik, sowie wirtschaftliche und juristische Aspekte werden beleuchtet.)*

Huber, K.-H.: Bildung für eine gelingende Zukunft? Ein Beitrag zur Rekonstruktion der Pädagogik von Hans Wittig. Frankfurt/M. 2004

Jankowski, B.: Der Mensch im alten Israel. In: Zeitschrift für Theologie und Kirche 102 (2/2005). S. 143-175

---

[52] Frisch, M.: Tagebuch 1946-1949. Frankfurt 1962. S. 37f.

Kamlah, W.: Philosophische Anthropologie. Zürich 1972

Kern, P. / Wittig, H.-G.: Notwendige Bildung. Studien zur pädagogischen Anthropologie. Frankfurt/M. 1985

Kruhöffer, G.: Der Mensch – das Bild Gottes, Göttingen 1999. *(Knapp und verständlich wird eine große Vielfalt von Themen angerissen; als Einführung bzw. für eine erste Orientierung bestens geeignet)*

Pannenberg, W.: Was ist der Mensch? Die Anthropologie der Gegenwart im Lichte der Theologie. Göttingen ^{5}1976 *(Knappes Bändchen, das eine Sammlung von Rundfunkvorträgen aus den sechziger Jahren enthält. Die ersten bieten eine knappe, sehr leicht lesbare Einführung in die Position Pannenbergs.)*

Schroer, S. / Staubli, Th.: Die Körpersymbolik der Bibel. Darmstadt ^{2}2005

Schwendemann, W. / Stahlmann, M.: Anthropologie. Stuttgart 2006

Thurnherr, U. (Hg.): Menschenbilder und Menschenbildung. Interdisziplinäre Vortragsreihe zu Grundfragen der modernen Anthropologie. Frankfurt/M. 2005

v. Weizsäcker, C. F.: Der Garten des Menschlichen. München 1977

Wittig, H.: Freiheit der Person. Stuttgart 1969

Für eine erste Orientierung eignen sich auch die einschlägigen Kapitel bzw. Artikel in Kompendien wie z.B.

E. Biser u.a. (Hg): Der Glaube der Christen. Bd.1: Ein ökumenisches Handbuch. Bd.2: Ein ökumenisches Wörterbuch. München/Stuttgart 1999

Evangelischer Erwachsenenkatechismus, hg. von der Katechismuskommission der VELKD. Gütersloh 2000 (6. völlig neu bearbeitete Auflage)

Lachmann, R. / Adam, G. / Ritter, W: Theologische Schlüsselbegriffe. Reihe: Theologie für Lehrerinnen und Lehrer Bd. 1. Göttingen 1999

Eine Fülle von Informationen zum Thema Mensch in den verschiedenen Bereichen der Humanwissenschaften findet sich in folgenden Textsammlungen:

Altner, G. (Hg): Kreatur Mensch. Moderne Wissenschaft auf der Suche nach dem Humanum. München 1973

Gadamer, H.-G. / Vogler, P. (Hg): Neue Anthropologie Bd. 1-7. Stuttgart 1972-75

Neidhart, W. / Ott, H.: Krone der Schöpfung? Humanwissenschaft und Theologie. Stuttgart 1977

Erneuerung des Ethos

Zehn Thesen zu einer fundamentalethischen Skizze in ökumenischer Sicht

Bernhard Maurer

1   Begriff und Notwendigkeit des Ethos[1]

Die mit dem gesellschaftlichen Wandel, dem Traditionsabbruch und der Orientierungskrise am Ende des 20. Jahrhunderts verbundenen Verunsicherungen in Europa, aber auch die zunehmende politische, wirtschaftliche, soziale und ökologische Krise der Welt fordern zu einer erneuerten Bemühung um Verständigung über die Grundlagen einer plausiblen und verbindlichen Ethik heraus.

1.1   Das griechische Wort Ethos bedeutet Gewohnheit und bezeichnet das Ganze der Einstellungen und Verhaltensweisen sowie der das Zusammenleben der Menschen regelnden Ordnungen, die sich aus dem gemeinsamen Leben und Wohnen in der Dorf- oder Stadtgemeinschaft notwendig ergeben. Gewohnheit entsteht durch Habitualisierung des alltäglichen Umgangs mit sich selbst, mit anderen Menschen und mit den Dingen. Die im Sozialisationsprozess erworbenen, bewusst oder unbewusst eingehaltenen überlieferten Verhaltensweisen nennt man Sitte oder mit einem aus dem Lateinischen stammenden Wort Moral. Die Moral entspricht also den (herrschenden) allgemeinen Verhaltensregeln einer Gesellschaft. Diese normativen Verhaltensregeln sind mit sozialer Anerkennung verbunden und werden durch gesellschaftliche Sanktionen gefestigt. Wo die Moral der Selbstrechtfertigung des Menschen oder der Herrschaft von Menschen über Menschen dient, bedarf sie kritischer Rückfragen.

1.2   Die kritische Reflexion der Verhaltensregeln nennt man Ethik. Der griechische Philosoph Aristoteles hat die Ethik als philosophische Disziplin mit seiner Frage nach dem Guten schlechthin begründet, das wahr und schön ist, und dessen Tun dem menschlichen Leben Erfüllung gewährt; er hat diese in der Glückseligkeit, die durch vernunftgemäßes Handeln im Sinn von Tüchtigkeit und Tugendhaftigkeit erreicht wird, gefunden.

---

[1] Deutsche Bischofskonferenz (Hg): Katholischer Erwachsenenkatechismus. Leben aus dem Glaube. Zweiter Band. Freiburg u.a.: Herder u.a. 1995. Heitz, A., Korff, W., Rendtorff, T., Ringeling, H. (Hg): Handbuch der christlichen Ethik. Bände I bis III. Freiburg i.Br., Basel, Wien 1993². Höffle, O. (Hg): Lesebuch zur Ethik. Philosophische Texte von der Antike bis zur Gegenwart. München: Beck 1998. Pieper, A.: Einführung in die Ethik. Tübingen 1991². Honecker, M.: Einführung in die Theologische Ethik. Berlin, New York 1990. Rotter, H. / Virt, G.: Neues Lexikon der christlichen Moral. Innsbruck Tyrola 1990.

1.3 Aufklärung, Industrialisierung, Mobilität, Massenmedien und moderne Informationstechniken haben zu einer Krise der überlieferten Einstellungen geführt. Man spricht auch von einem Wertewandel. Die mit diesem Wertewandel verbundenen Verunsicherungen lassen sich an traditionellen ethischen Leitideen verdeutlichen:

1.3.1 Die Naturrechtsidee geht von der Vorstellung aus, dass die Welt von einem göttlichen Vernunftsprinzip durchwaltet sei, an dem auch der Mensch Anteil hat. „Natur" ist in diesem Zusammenhang gleichbedeutend mit „Wesen". Die naturrechtlich begründete Ethik will das allen Menschen und Dingen innewohnende Wesen zu verwirklichen helfen. Das bedeutet, dass menschliches Handeln darauf bedacht sein soll, das Wesen jedes einzelnen Menschen zu achten (Individualität), die Gleichheit aller Menschen in der Einheit des Menschengeschlechts zu verwirklichen (Solidarität) und die Stärkung des Schwächeren durch den Stärkeren zu regeln (Subsidiarität). Die Überzeugung einer alles durchwirkenden göttlichen Vernunft ist in der heutigen Gesellschaft jedoch kein Gemeingut mehr.

1.3.2 Das Verständnis des Gesetzes im Sinne der jüdisch-christlichen Überlieferung geht vom Glauben an den in Gottes Offenbarung erkennbaren göttlichen Willen aus. Auch über diesen Glauben an den Offenbarungscharakter des Wortes Gottes, wie es in der Bibel bezeugt und überliefert ist, und in dem das Christentum seine Ethik begründet, gibt es in unserer Gesellschaft keine verbindliche Übereinkunft mehr. Sowohl der Dekalog[2] (das Zehnwort vom Sinai) als auch die „Bergpredigt" Jesu[3] setzen den bibelgläubigen Menschen voraus, der Gnade und Befreiung durch Gott erfahren hat und in seiner religiösen Gemeinschaft lebt.

1.3.3 Das Gewissen ist nach Auffassung neuzeitlicher Ethiker der Ort der sittlichen Entscheidung des Menschen. So meint etwa Kant in seiner „Kritik der praktischen Vernunft", dass die Autonomie des Willens das alleinige Prinzip aller moralischen Gesetze und der ihnen gemäßen Pflichten sei. Die in der respektablen Autonomie des Gewissens des Einzelnen begründete Gesinnungs- und Pflichtethik dient jedoch mehr der Selbstrechtfertigung des Individuums als dem Gemeinwohl und ist, wie die geschichtlichen Katastrophen der Neuzeit deutlich gemacht haben, als Begründung einer allgemeinen Ethik auch nicht mehr geeignet. Das Grundrecht auf Gewissensfreiheit droht wegen der anthropologischen und philosophischen Unklarheiten und wegen der Anfälligkeiten des Gewissens-

---

[2] Maurer, B.: Einführung i.d. Theologie, Göttingen 1976, 235-255. Pöhlmann, H.G., Stern, M.: Die Zehn Gebote im jüdisch-christlichen Dialog. Eine kleine Ethik. 2000.
[3] Ders.: Die Bergpredigt als Grundlage ethischer Entscheidung. In: J. Thierfelder (Hg); Religionspädagogische Grenzgänge. Stuttgart 1988.

begriffs für weltanschauliche Zeitströmungen zur Leerformel zu werden. Das „natürliche" Gewissen des einzelnen ist nicht in der Lage, in den schwierigen und strukturell bedingten Sachfragen der modernen Gesellschaft aus der Autonomie der Vernunft heraus zu entscheiden; es ist obendrein verführbar und gegen die bei allem gutem Willen auch vorhandenen destruktiven Kräfte des Menschen umso weniger immun, als das religiöse Fundament der Kultur verschüttet ist. Das leidvoll erstrittene Recht auf Gewissensfreiheit des Einzelnen bleibt freilich ein notwendiges Postulat einer zeitgemäßen, „postmodernen" Ethik. Aber es gibt auch negative Verformungen des Gewissens und Identifikationen mit der dämonischen Macht des Bösen.

1.3.4 Die klassische, humanistische Tugendlehre[4] fordert nach den Prinzipien der Besonnenheit, des Mutes, der Weisheit und der Gerechtigkeit zu leben. Sie ist in den Verdacht gekommen, der Privatisierung der bürgerlichen Lebenseinstellung des Individuums Vorschub zu leisten und ein Instrument der Unterdrückung in der Hand der Herrschenden zu sein. In der Tat sind die sozialethische und die politische Bedeutung alter und neuer Tugenden wie Offenheit, Kreativität, Einfühlung, Vertrauen, Risikobereitschaft, Konfliktfähigkeit und Querdenken neu zu entdecken.

1.3.5 Die philosophische Wertediskussion hat gezeigt, dass es keine Übereinstimmung hinsichtlich der Existenz und der Gültigkeit einer allgemeinen und überzeitlichen Wertordnung gibt. Schon Friedrich Nietzsche hat von einer „Umwertung aller Werte" gesprochen. In seiner Genealogie der Moral hat er den Ursprung der Moral mit der abendländischen Metaphysik in Verbindung gebracht. Mit der Auflösung des metaphysischen Denkens verlieren nicht nur das asketische Ideal, sondern auch das menschliche Leiden auf Erden ihren Sinn. Nietzsches Philosophie des Willens zur Macht und des Protestes gegen die „Sklavenmoral" der Liebe und die „Gleichheit der Seelen vor Gott" enthebt den einzelnen Menschen der persönlichen Verantwortung. Seine „Herrenmoral" kann nicht zur Grundlage einer allgemeinen und verbindlichen Ethik gemacht werden.

1.4 Die in der sich wandelnden Gesellschaft aufgebrochenen Verunsicherungen, aber auch die Bedrohung des Lebens durch die Sinnkrise und das Gefühl der Vereinzelung in der Vermassung, sowie die Gefahren des fundamentalistisch-dogmatischen und ideologischen Denkens und des Gewaltmissbrauchs in der Gesellschaft und in der modernen Kriegstechnik, ferner die weltweite soziale Ungerechtigkeit und die Umweltbedrohung durch die Folgen der Industrialisierung, nicht zuletzt auch die Veränderung in den Beziehungen der Geschlechter

---

[4] Müller, A.W.: Was taugt die Tugend? Elemente einer Ethik des guten Lebens. Stuttgart u.a. 1999.

und die Zunahme der Weltbevölkerung fordern zu einer Neubesinnung über die ethischen Grundlagen des menschlichen Zusammenlebens heraus. In vielen Bereichen gibt es eine neue moralische Sensibilität und einen wachsenden öffentlichen Konsens, die jedoch durch neue Techniken der Manipulation und der kommerziellen Konsumstrategie und durch die mangelnde Konsequenz in der politischen Umsetzung in der modernen Gesellschaft gefährdet sind. Die Neubesinnung muss am Ende des 20. Jahrhunderts im Horizont einer weltweiten menschlichen Verantwortlichkeit erfolgen. In der ethischen Diskussion spricht man deshalb von einem notwendigen Weltethos.[5]

2 Das Ethos als Ausdruck der kulturtragenden Grundüberzeugungen und Wertorientierungen

Der Streit um eine objektive Wertordnung, der angesichts des so genannten Wertewandels ausgebrochen ist, ist unfruchtbar; die ethischen Prinzipien müssen permanent bedacht und im Bildungsprozess in den allgemeinen und individuellen Einstellungen der Menschen zur Welt und zum Leben verortet werden; die Menschenrechtserklärung der Vereinten Nationen ist die politische und rechtliche Grundlage dieser Überlegungen.

2.1   Die Vereinten Nationen haben die Menschenrechte als Ergebnis eines jahrtausendelangen, leidvollen Prozesses formuliert. Die Menschenrechtserklärung der Vereinten Nationen vom 10. Dezember 1948 ist die politische und rechtliche Grundlage aller Überlegungen zu einem verbindlichen Weltethos. Ihre Wurzeln liegen in der abendländisch-christlichen Tradition; sie erheben den Anspruch, dass auch das Ethos anderer religiöser und kultureller Traditionen mit ihnen in Konvergenz gebracht wird.[6]

2.2   Im Grundgesetz der Bundesrepublik Deutschland werden die Rechte auf Leben, Freiheit, Gleichbehandlung und Eigentum als Grundrechte bezeichnet, für deren Schutz und Aufrechterhaltung der Staat zuständig ist.

Die Grundwerte begründen kein selbsttragendes ethisches System; sie zeigen jedoch die für unsere Kultur entscheidenden Gesichtspunkte der Ethik auf. Ohne eine geistig-spirituelle Verortung der Grundwerte kann keine Demokratie bestehen und ist keine rationale Politik möglich. Eine Gesellschaft, in der es keine

---

[5] Küng, H.: Projekt Weltethos. Mü. 1990. Küng, H., Kuschel, K.-J. (Hg): Erklärung zum Weltethos. Die Deklaration des Parlamentes der Weltreligionen. München 1993. Khoury, A. Th.: Das Ethos der Weltreligionen. Freiburg u.a. 1993. Rehm, J. (Hg): Verantwortlich leben in der Weltgemeinschaft. Zur Auseinandersetzung um das „Projekt Weltethos". Gütersloh 1994.
[6] Zilleßen, D. (Hg): Religion, Politik, Kultur. Münster u.a. 2001 (LIT-Vlg.).

gemeinsamen Überzeugungen hinsichtlich der Grundwerte gibt, löst sich auf, und das Zusammenleben der Menschen kann auch durch staatliche Gesetzgebung und durch Polizeimaßnahmen nicht mehr geordnet und gesichert werden. Rationale Prinzipien werden zu unwahren Leerformeln und gefährlichen Worthülsen, wenn sie nicht auf der Grundlage einer Kultur der Wahrhaftigkeit, der Liebe und der Verlässlichkeit gebraucht werden.

3 Von der normativen Gesinnungsethik zur sozialen Verantwortungsethik

Das Ethos mündiger Bürgerinnen und Bürger einer demokratischen Gesellschaft kann nicht nur durch die jeweiligen Interessen bestimmt, sondern muss in der Verantwortung für das Leben und gegenüber sich selbst, der Gesellschaft und deren Institutionen unter Berücksichtigung der Weltprobleme begründet sein; seine Ziele sind die Erhaltung der Würde und Unversehrtheit des Menschen und der Schutz der natürlichen Mitwelt und der Kultur.

3.1   Die postmoderne Gesellschaft braucht ein erneuertes ethisches Bewusstsein. In der Krise der neuzeitlichen Begründung der Ethik kann nicht mehr von der an Werten orientierten Gesinnung und vom Gewissen allein ausgegangen werden, sondern muss nach den Folgen des Handelns gefragt werden. Das Richtige Tun wird nicht nur an Prinzipien gemessen, sondern auch an den Folgen. An die Stelle der Gesinnungsethik tritt die Verantwortungsethik, wobei auch die Verantwortungsethik über Werte und Ziele des Handelns und über das angemessene und sittlich richtige Verhältnis von Zwecken und Mitteln reflektieren muss. Sie kann nicht auf Wertorientierungen verzichten, doch müssen diese stets kritisch reflektiert werden.

3.2   Albert Schweitzer[7] hat in seiner Kulturphilosophie angesichts der Kulturkrise des 20. Jahrhunderts die Ehrfurcht vor dem Leben als Grundprinzip der Ethik gelehrt. Die Ehrfurcht vor dem Leben verlangt Mitleid mit aller Kreatur: „Ich bin Leben, das leben will, inmitten von Leben, das leben will." Das Wesen des Guten ist, Leben zu fördern und auf seinen höchsten Wert zu bringen. So wird nach Schweitzer in der Ehrfurcht vor dem Leben das Liebesgebot verwirklicht. Neuere philosophische Ethiker wie Hans Jonas begründen die Ethik für die „technologische Zivilisation" im Anschluss an Max Weber rational im „Prinzip Verantwortung". Das Ziel dieser Ethik ist nicht nur das physische Überleben der Menschheit angesichts der drohenden Weltkatastrophe, sondern die Erhaltung der Würde und der Unversehrtheit des Menschen.

---

[7] Lenk, H., Schweitzer, A.: Ethik als konkrete Humanität. Münster u.a. 2001 (LIT-Vlg.).

3.3 Diese Verantwortungsethik[8] ist in drei Bereiche zu entfalten: Einmal geht es um die Verantwortung des einzelnen Menschen im Blick auf die Integrität seines Handelns und seiner personalen Identität (Individualethik); zum anderen ist die Verantwortung des Einzelnen für andere Menschen, für die primären Gemeinschaftsformen wie Freundschaft, Ehe, Familie, Gruppe und für das Wohl der menschlichen Gesellschaft zu bedenken (Sozialethik); schließlich wird die Verantwortung der Menschen für die gesellschaftlichen Institutionen und für Politik, Recht, Wirtschaft, Wissenschaft, Technik, Medizin, Bildung, Kunst und die Güter der Natur und der Kultur unter Berücksichtigung der Weltprobleme erörtert (Kulturethik).

3.4 Verantwortung meint nicht nur das Einstehen für Menschlichkeit und für den Wert der Güter des Lebens in einem formalen Sinn, sondern das Wort weist darauf hin, dass der Mensch durch sein Handeln oder Nichthandeln auf einen Anruf antwortet: Es ist der Anruf des Lebens in einem ganzheitlichen und umfassenden Sinn, auf den der Mensch in Freiheit handelnd antwortet; denn der Mensch hat sich und das Leben nicht selbst gesetzt. Darum ist der Mensch auch in seiner Verfügung über das Leben begrenzt. Aus der Erkenntnis der Bedrohung der Integrität des Lebens und der Schöpfung folgt die Pflicht des Wissens und des wachen Gewissens. Christen sprechen von der Verantwortung vor Gott.

3.5 Im Unterschied zum moralischen Positivismus, der die faktischen Verhältnisse zur Norm erklärt, konvergieren in der Verantwortungsethik Sinneinsicht, Sitte, Wertorientierung und Sachgerechtigkeit. Die Verantwortungsethik überwindet das „ethische Vakuum", das eine Folge des modernen, naturwissenschaftlich-technischen und zweckrationalen Denkens und des „metaphysischen Vakuums" ist.

4 „Nach seinem Bild erschuf er sie" – Anthropologie und Selbstfindung

Leben heißt Lernen; ethische Überlegungen begleiten alle Lebensprozesse des Menschen und schließen die menschlichen Grundbedürfnisse und Reifungskrisen im Sinne einer ganzheitlichen Anthropologie ein.

4.1 Von entscheidender Bedeutung für die Anthropologie ist die Frage nach dem Wesen des Menschen.

Die Grundlage des christlichen Menschenverständnisses ist die Gottebenbildlichkeit des Menschen; in ihr ist die Würde des Menschen begründet[9]. In der

---

[8] Merks, K.-W. (Hg): Verantwortung – Ende oder Wandlungen einer Vorstellung? Münster u.a. 2001 (LIT-Vlg.). Jonas, H.: Das Prinzip Verantwortung. Versuch einer Ethik für die technologische Zivilisation. Frankfurt/M. ⁴1985.

[9] Huber, W.: Die tägliche Gewalt. Gegen des Ausverkauf der Menschenwürde. Freiburg u.a. 1993.

Tradition des christlichen Glaubens entsprechen dem trinitarischen Verständnis Gottes als des Schöpfers, des Erlösers und des Geistes drei Dimensionen des Menschseins. Der Mensch ist Geschöpf und den Bedingungen der Schöpfung und des geschichtlichen Lebens in der Zeit unterworfen; der Mensch ist in seinem täglichen Sterben und Neuwerden zum ewigen Leben erlöst, und der Mensch ist als liebender Mensch in die Freiheit des Geistes und der neuen Schöpfung gerufen. Gott ist kein Gegenstand der Wissenschaft im neuzeitlichen Sinn. Gott ist jedoch mehr als eine Projektion menschlicher Wünsche, die auf frühkindlichen Erfahrungen der Geborgenheit und der Macht beruht; denn dann wäre auch der Atheismus nur eine Projektion frühkindlicher Verlassenheitserfahrungen. Das Wort Gott ist das Sprachsymbol für eine Wirklichkeit, die sich dem rationalen Zugriff entzieht, aber der Weisheit des Glaubens erschließt. Dennoch hat der christliche Glaube auch eine historische Grundlage und bekennt, dass der Mensch Gottes in Geschichte und Geschick Jesu von Nazaret offenbar geworden ist.

4.2 Kein Mensch kommt „fertig" zur Welt; vielmehr lebt er im Blick auf sein körperliches Wachstum, aber auch auf sein geistiges, psychisches und soziales Sein in einem steten Lern- und Reifungsprozess. Auch der Glaube ist ein lebenslanger Prozess mit Krisen und Erfahrungen der Erfüllung. Der wahre Glaube ist nicht machbar, sondern der Glaubende erfährt den Glauben als ein befreiendes Geschenk des Geistes Gottes.

4.3 Mit seiner These vom Menschen als einer physiologischen Frühgeburt hat der Biologe *Adolf Portmann*[10] darauf hingewiesen, dass der Mensch im Vergleich mit den meisten Säugetieren zu früh auf die Welt kommt. Im Unterschied zu Säugetieren, die relativ rasch nach der Geburt ihre Nahrungsquelle finden und sich selbständig fortbewegen können, muss der menschliche Säugling an der Mutterbrust angesetzt und gefüttert werden und kann erst nach einem Jahr gehen lernen. In dieser Zeit der sozialen Abhängigkeit wird der Mensch stark von der Umwelt geprägt. Der Mensch braucht darüber hinaus eine jahrelange Erziehung und Bildung, und diese Lernprozesse sind nicht genetisch vollkommen festgelegt. Der Aufbau der psychischen Erlebnisstrukturen, des Bewusstseins und des Denkens sowie die Gestaltung des Verhaltens sind kulturelle Aufgaben. Halt, Haltung und Verhalten stehen in unmittelbarem Zusammenhang miteinander. Aufgabe der Gemeinschaft ist es, den Einzelnen zu begleiten und ihm den Raum zur Ermöglichung dieses Entschlusses freizuhalten.

4.4 Nach *Helmuth Plessner*[11] ist der Mensch ein „exzentrisches Wesen", das in seiner Leiblichkeit Inneres äußert und Äußeres verinnerlicht. Der Mensch

---

[10] Wahlert, G. v.: Adolf Portmann. 1972.
[11] Plessner, H.: Philosophische Anthropologie. Frankfurt/M 1970.

lernt, als denkendes Subjekt die ihn „anwesende", gegenwärtige, umtreibende und umgreifende Wirklichkeit zu begreifen und bedarf dazu der Sprache. Sein Selbst- und sein Weltverständnis und die Wertfindung und Sinndeutung des Lebens werden in einem Lernprozess aufgebaut und erfasst, für den die Umwelt, in unserer Gesellschaft im Idealfall die Primärgruppe der Familie, und die Gesellschaft die notwendigen Voraussetzungen bereitstellen müssen. In der Regel sind sie abhängig von Sprache und Erfahrungen der geschichtlich gewordenen Kultur. Das ethische Bewusstsein und die ethische Kompetenz sind Ergebnisse eines Lernprozesses, in dem der Mensch sich selbst ergreift. Dieses Lernen, sondern es muss auch von den Trägern der Erziehung und Bildung bewusst angestrebt und organisiert werden.

4.5 *Sören Kierkegaard*[12] hat von Stufen im Reifungsprozess gesprochen: Von der sinnlichen Wahrnehmung über die rationale Deutung des Daseins zum sittlichen Handeln und schließlich zum „Sprung" in die mystische Hingabe an das Geheimnis des Daseins. Oft verharren Menschen auf einzelnen Stufen. Der reife Mensch integriert in seinem Leben die ästhetische, die intellektuelle, die ethische und die religiöse Existenz. Selbstverwirklichung ist dann die Einlassung der Menschen auf die ihn bergende unendliche Liebe angesichts der Endlichkeit und des Todes. Der Schmerz der Geburt, die Enttäuschungen und erlittenen Verletzungen, aber auch das eigene Versagen und die Schuldgefühle wandeln sich in das Ergriffensein von der Kraft der Liebe, die zu verantwortlichem Handeln motiviert. Es ist deshalb besser, statt von Selbstverwirklichung von Selbstfindung zu sprechen.

4.6 Der Mensch ist seinem Wesen nach immer auch Mitmensch. *Martin Bubers*[13] Satz, dass der Mensch am Du zum Ich werde, weist darauf hin, dass der Mensch der Begegnung und des Dialogs mit anderen Menschen bedarf. Nur wer sich als Ich von anderen anrühren lässt, erfährt sich selbst, und nur wer sich selbst ist, kann auch anderen zum du werden. Im Alltag und beim Fest, im Beruf und in der Freizeit, in Distanz und Nähe der Beziehungen, im Streit und in der Versöhnung, im Tun und beim Nichttun, in der Selbstbehauptung oder im Selbstopfer für eine Aufgabe oder einen anderen Menschen gewinnt die Person ihre Struktur und bezeugt oder verstellt der Mensch sich selbst und anderen die Menschlichkeit, die Freiheit und die Würde des Menschseins.

---

[12] Gesammelte Werke, hgg. von E. Hirsch. Düsseldorf/Köln 1960ff.
[13] Buber, M.: Werkausgabe (MBW) im Gütersloher Verlagshaus, hgg. von P. Mendes-Flohr und P. Schäfer (2001ff).

Erneuerung des Ethos 203

5 Ethische Kompetenz

Verantwortung kann nicht ohne Abbau von Vorurteilen, Einsicht in die Probleme, Wachsamkeit gegenüber etwaigen Verdrängungen und Kompetenz wahrgenommen werden; sie setzt die Liebe zum Leben und die Bejahung der Schöpfung voraus.

5.1 Demokratische Gesellschaften setzen mündige und kompetente Menschen voraus, die in der Lage sind, Konflikte zu artikulieren, Probleme verantwortungsbewusst anzugehen und gemeinsam tragbare Lösungen zu suchen. Dabei kommen auch religiöse, historisch bedingte und durch Alter und Lebenserfahrung geprägte Einstellungen zum Tragen. Toleranz und die Fähigkeit zu Kompromissen sind dabei Ausdruck von Liebe, Stärke und Weisheit. Neben der Friedens-, der Wirtschafts- und der Sozialpolitik kommt deshalb der Bildungspolitik in einer demokratischen Gesellschaft ein hoher Rang zu.

5.2 Ethische Entscheidungen sind jedoch rationale Entscheidungen. Ethische Kompetenz setzt die Fähigkeit voraus, unter Wahrung der Achtung vor dem Leben und der Würde des Menschen sach- und situationsgemäße Entscheidungen zu treffen. Dazu gehören Verständnis für das Problem, Kenntnis verschiedener Entscheidungsmöglichkeiten und deren Konsequenzen, Klarheit über die tangierten Werte und persönlichen Prioritäten, gesellschaftliche Normen und politische Rechtsetzungen, Kompromiss- und Liebesfähigkeit sowie das Selbstbewusstsein im Sinne der Einsicht in die eigene, alters- und situationsbedingte Motivation. Ethische Kompetenz setzt Integrität der handelnden Person, also Treue sich selbst und dem eigenen wachen Gewissen gegenüber, voraus.

5.3 Zur Klassifikation ethischer Entscheidungen auf Grund der in ihnen zum Ausdruck kommenden Verhaltensmotive hat Lawrence Kohlberg[14] im Zusammenhang mit seinen Untersuchungen über die Beziehungen von Wissen, Einstellungen und Handeln ein Schema entwickelt, wonach man von sechs Motiven des Handelns sprechen kann:

a. Das Motiv des Gehorsams und der Strafvermeidung: Handlungen werden als richtig empfunden, durch die bestehende Machtverhältnisse anerkannt und Schwierigkeiten vermieden werden.
b. Das Motiv der Befriedigung egoistischer Interessen: Man handelt gut, weil man selbst etwas Gutes für sich erwartet.
c. Das Motiv der Anerkennung durch andere: Das Verhalten steht im Interesse der eigenen „Prima-Kerl-Orientierung".
d. Das Motiv der Ordnung und Pflicht: Orientierung an bestehenden Autoritäten aus „Pflichtgefühl".

---

[14] Die Psychologie der Moralentwicklung. Frankfurt/M ²1997 (Suhrkamp-TB 123).

e. Das Motiv der Gerechtigkeit: Als richtig empfunden werden Handlungen, die an bestehenden Rechten, Verträgen und am Prinzip des Allgemeinwohls orientiert sind.

f. Das Motiv der persönlichen Verantwortung: Entscheidend ist die persönliche Einsicht in die Notwendigkeit eines Verhaltens, das jedoch einen Appell an logische Universalität einschließt und vom Gewissen als der Instanz, in der gegenseitiges Vertrauen und die Anerkennung des anderen wahrgenommen werden, gesteuert wird.

5.4 Die Fähigkeit zur Verantwortung setzt die Bejahung der Schöpfung und der Grundlagen des geschöpflichen Daseins der Menschen voraus, und sie wurzelt in einer inneren Freiheit, die die Dressate und Zwänge äußerer Lebensbedingungen überwindet und Frucht des Ergriffenseins von der Liebe zum Leben ist[15].

6 Individualethik

Würde der Person, leibliche Integrität, Gewissensfreiheit und Schutz der Schwachen, der Kinder, der alten Menschen, der Kranken, der Behinderten und der Fremden sind für eine erneuerte Individualethik von grundlegender Bedeutung.

6.1 Die Grundfragen der Individualethik beziehen sich auf das Selbstverständnis des Menschen, auf die Leiblichkeit, die Gesundheit, die so genannte Willensfreiheit, das Gewissen und das spirituelle Leben des einzelnen. Individualethische Überlegungen sind eng mit dem Menschenbild und den individuellen Wünschen, Lebensdeutungen und Zielsetzungen verbunden.

6.2 Die gegenwärtige Tendenz zur „Selbstverwirklichung" und Befreiung von psychischen und sozialen Zwängen ist als Ausdruck der Emanzipation von den Folgen autoritärer Erziehung und damit verbundener Ich-Schwäche verständlich und wichtig. Aber ebenso problematisch wie die autoritäre Erziehung und deren Folgen sind die antiautoritäre Erziehung, die negative Fixierung auf alle äußeren Widerstände und die Unklarheit darüber, was denn das Selbst des Menschen sei. Die weit verbreitete narzisstische Lebenseinstellung und der damit verbundene Eudämonismus führen dazu, dass der Mensch seinem Egoismus und seinen Ängsten und Trieben aufsitzt; er wird unfähig zur tragfähigen Gestaltung sozialer Kontakte und zum kritisch-positiven Umgang mit den für das gesellschaftliche Leben notwendigen Institutionen. Das Glück ist aber nicht machbar und besteht nicht in der Befriedigung von Ansprüchen, sondern es stellt sich beim Tun des jeweils Rechten ein.

---

[15] Schockenhoff, E.: Ethik des Lebens. Mainz ³2000.

6.3 In der Bibel wird der Begriff Gewissen[16] selten, in den Evangelien und in einigen Briefen des Neuen Testaments gar nicht verwendet. Im hebräischen Urtext findet sich ein Wort, das in der Regel mit „Herz" übersetzt wird und die Personmitte des Menschen bezeichnet. Für den Apostel Paulus ist das Gewissen eine Macht, die den Menschen, sei er Heide, Jude oder Christ, zum Tun des Guten ermahnt und wegen böser Taten verklagt (Rö 2,15), aber es kann nicht über den Inhalt des Gesetzes oder der göttlichen Gebote befinden. In der christlichen Tradition, soweit sie sich auf Paulus beruft, ist das Gewissen eine innere Stimme, die zwar an Gottes Gebote erinnert, aber an dessen Willen gebunden ist. Darum macht auch das nur äußere und zwanghafte Tun der „Werke des Gesetzes" nicht selig, vielmehr wird das Gewissen getröstet und frei durch den in der Taufe begründeten Glauben an das Hineingenommensein des Menschen in den Tod und in die Auferstehung mit Christus. Manche zeitgenössischen Ethiker vermeiden den Gebrauch des Gewissensbegriffs; sie sprechen stattdessen von moralischer Urteilskraft oder von sittlichen Einstellungen. Überlegungen zur Erneuerung des Ethos angesichts der gegenwärtigen Herausforderungen schließen aber das Postulat einer kritischen Gewissensbildung ein. Das Gewissen ist weder stabilisierende Macht noch bloße Funktion gesellschaftlicher Verhältnisse. Vielmehr gründet das lebendige Gewissen in der Wahrnehmung eines unverstellten Anspruchs des Lebens an das Individuum; darum stehen und fallen die Würde, die Integrität und die Selbstvergewisserung der Person mit der Treue gegenüber dem eigenen wachen Gewissen im Kontext des geschichtlichen Augenblicks. In der Theologie spricht man von dem an Gottes Wort gebundenen Gewissen. Das Grundrecht auf Gewissensfreiheit beinhaltet, dass das Gewissen des einzelnen Menschen nicht durch erpresserische Maßnahmen oder äußere Zwänge manipuliert werden darf. Auch wer sich unter Berufung auf sein Gewissen von geltenden Normen abweichend verhält, behält seine Würde als Mensch.

6.4   Der Mensch ist immer auch ein soziales Wesen. Christliche Individualethik ist daher immer personale Ethik. Das lateinische Wort Persona heißt Maske; Personare bedeutet Hindurchtönen. Im Unterschied zum statischen Persönlichkeitsideal ist der Mensch als Person durchlässig für das Geheimnis des Lebens, wandlungsfähig, offen für das, was ihn angeht und kritisch in der Unterscheidung des Wesentlichen vom Unwesentlichen. Das Ich ist nicht die Mitte der Person, aber es hat eine wesentliche Orientierungsfunktion.

---

[16] Auer, A.: Autonome Moral und christlicher Glaube. Düsseldorf ²1989. Böckle, F.: Gesetz und Gewissen. Grundfragen theologischer Ethik. Düsseldorf 1965. Kerstiens, L.: Das Gewissen wecken. Gewissen und Gewissensbildung im Ausgang des 20. Jahrhunderts. Bad Heilbrunn 1987, 23-56. Schockenhoff, E.: Das umstrittene Gewissen. Eine theologische Grundlegung. Mainz 1990.

6.5　Zur Identität der Person gehört ein integrales Verständnis der leiblichen Verfasstheit des Menschen als Mann oder als Frau. Leiblichkeit des Menschen beinhaltet auch die Geschlechtlichkeit. Sexuelle Fragen sind daher Bestandteil der Individualethik und sind nicht erst, wie in der traditionellen christlichen Ethik, im Zusammenhang mit der Ehe in der Sozialethik zu erörtern.

6.6　Die Erneuerung des Ethos beginnt im Herzen des einzelnen Menschen. Dazu gehören das Ablassen von der krankhaften Ichsucht und vom Missbrauch von Drogen jeglicher Art, gesunde Lebensführung und Ernährung, der Abbau von Vorurteilen und Ängsten, das Hören auf sich selbst und die vertrauensvolle Hingabe an das Leben in der meditativen Einübung in die Stille und in das Gebet.

7　Sozialethik

Der Mensch ist in Distanz und Nähe immer auch Mitmensch; Überwindung der Armut und des Hungers, Chancengerechtigkeit, Verlässlichkeit, Wahrhaftigkeit, Toleranz und Recht sind wesentliche Bestandteile eines humanen Ethos.[17]

7.1　Die Sozialethik befasst sich mit dem Umgang des Menschen mit dem Mitmenschen, also dem Nächsten, aber nicht nur mit dem nahen Nächsten, sondern auch mit dem „fernen Nächsten", mit dem fremden, dem anders denkenden oder dem unbekannten Nächsten und auch mit dem Gegner. Die eigene Würde und das eigene Recht entsprechen immer auch der Würde und dem Recht des Nächsten. Sprache, Wahrheit und Wahrhaftigkeit sind ebenso Themen der Sozialethik wie Takt, Einfühlungsvermögen und die Bewahrung der Menschenwürde. Verantwortliches Handeln ist zu bedenken im Blick auf die Begegnung der Generationen und der Geschlechter, auf Freundschaft, Liebe, Ehe, Familie und verantwortliche Elternschaft, auf den Schutz des Lebens und auf den Umgang mit kranken, behinderten, schwachen und alten Menschen.

7.2　Sozialethische Entscheidungen sind nicht ablösbar von dem in einer Gesellschaft herrschenden sozialen Klima. Angesichts der sich immer weiter öffnenden

---

[17] Für eine Zukunft in Solidarität und Gerechtigkeit, Wort des Rates der Evangelischen Kirche in Deutschland und der Deutschen Bischofskonferenz zur wirtschaftlichen und sozialen Lage in Deutschland, hrsg. Vom Kirchenamt der Evangelischen Kirche in Deutschland und vom Sekretariat der Deutschen Bischofskonferenz, Bonn/Hannover 1997. Furger, F.: Christliche Sozialethik. Grundlagen und Zielsetzung, Stuttgart 1991. Kerber, W., Ertl, H., Hainz, M. (Hg): Katholische Gesellschaftslehre im Überblick. 100 Jahre Sozialverkündigung der Kirche. Frankfurt/M 1991. Körtner, H.J.: Evangelische Sozialethik. Göttingen 1999 (UTB 2107) Texte zur katholischen Soziallehre. Die sozialen Rundschreiben der Päpste und andere kirchliche Dokumente. Mit einer Einführung von Oswald von Nell-Breuning SJ u. Johannes Schasching SJ, hrsg. KAB Deutschlands. Kevelaer [8]1992.

Erneuerung des Ethos 207

„Schere" zwischen Armen und Reichen ist das Bemühen um soziale Gerechtigkeit und um Ausgleich der Interessen ein wesentliches Anliegen der Sozialethik. Die Herrschaft von Menschen über Menschen, Ausbeutung und Missbrauch Abhängiger und rücksichtslose Durchsetzung privater Interessen zu Lasten der Öffentlichkeit müssen verhindert werden. Aufgabe des Staates ist es, bei Konflikten von öffentlichem Interesse und in sozialen Notständen unter Wahrung der Würde des Einzelnen ordnend und vermittelnd einzugreifen. Die private Gewalt darf nicht zur Grundlage von Konfliktlösungsstrategien werden, und Recht und Leben des einzelnen finden ihre Grenze am Recht und Leben der anderen und an der Verpflichtung gegenüber der Gemeinschaft; Drogenmissbrauch, Korruption und organisierte Verbrechen sind mit geeigneten Mitteln energisch zu bekämpfen.

7.3 Wenn Menschen mit einander leben und ihr gemeinsames Leben organisieren, entstehen Institutionen. Sie dienen der Regelung der Machtverhältnisse und tragen dazu bei, dass die Grundfragen des Zusammenlebens nicht täglich neu gestellt und erörtert werden müssen. Institutionen schützen und sichern unmittelbare Interessen Einzelner und ordnen sie zugleich dem Gemeinwohl unter. Allerdings können Institutionen auch elementare Impulse und Motive zur Lebensgestaltung lähmen. Bald dienen sie dem Schutz der Freiheit des Menschen, und bald wird der Ausbruch aus ihnen als Befreiung erlebt. Es ist daher wichtig, Bedeutung und Funktion der Institutionen immer wieder kritisch zu reflektieren.

7.4 Auch die Ehe ist eine Institution. Im gegenwärtig sich vollziehenden sozialen Wandel haben die traditionellen Einstellungen und Rollenverteilungen sowie die wirtschaftlichen Umstände, die früher zur Festigung einer Ehe beitrugen, ihre soziale Haltekraft verloren. Seit der Zeit der Aufklärung und der Romantik werden in der bürgerlichen Kultur eheliche Beziehungen im Gefühl der eigenen Person begründet. In der Sozialethik ist die Bedeutung der Ehe als auf Beständigkeit und Verlässlichkeit und auf der Zusage Gottes beruhendem Bund zweier Menschen verschiedenen Geschlechts zu begründen.

7.5 Besondere Aufmerksamkeit gilt dem Schutz der Minderheiten sowie der Flüchtlinge, Asylanten und der hier lebenden ausländischen Mitbürgerinnen und Mitbürger; das schließt wirtschaftliche Überlegungen und politische Maßnahmen nicht aus, die zur Veränderung der die Abwanderung verursachenden politischen und wirtschaftlichen Bedingungen in den Herkunftsländern der Flüchtlinge und Asylanten führen können.

7.6 Toleranz gegenüber Menschen anderer sozialer, ethnischer oder rassischer Herkunft und anderer kultureller Prägung oder religiöser Einstellung sind ebenso selbstverständliche Forderungen einer aufgeklärten Ethik wie die Bemühung um

Verständnis für einander und die Bereitschaft, etwa aufkommende Konflikte zu klären und deren Ursachen aufzuarbeiten.

8 Kulturethik

Der Umgang der Menschen mit der Natur und der Geschichte sowie die Prozesse und Institutionen der Gesellschaft sind unter ökologischen, ökonomischen und sozial- und kulturwissenschaftlichen Gesichtspunkten im Horizont der Weltprobleme kritisch zu bedenken; sie müssen Gegenstand der Wissenschaften und der Bildung sein, und die Ergebnisse müssen in konkretes politisches und persönliches Handeln umgesetzt werden.

8.1 Der Begriff Kulturethik umfasst eine Reihe von Lebensbereichen, die sich in der arbeitsteiligen Gesellschaft zu verselbständigen drohen und doch miteinander in Verbindung stehen: Politik, Recht, Wirtschaft, Wissenschaft, Technik, Medizin, Bildung und Kunst. Es gibt in der Gesellschaft Systeme, die scheinbar unaufhaltsamen Mechanismen und Sachzwängen folgen, aber inhuman sind. Wir brauchen anstelle der Herrschaft der instrumentellen Vernunft eine bessere, integrierende Kommunikation der Verantwortungsträger. Die Ethik hat hier die Aufgabe einer Integrationswissenschaft. Die Einsicht, dass alle Menschen der Erde ein Lebensrecht haben, und dass wir miteinander leben, mit den Ressourcen der Erde sinnvoll umgehen und die Lebensmöglichkeiten kommender Generationen bewahren müssen, begründet ein verantwortungsbewusstes politisches Ethos.[18]

8.2 Angesichts der furchtbaren Vernichtungskraft moderner Waffensysteme ist die theologische Theorie vom gerechten Krieg überholt. Nationale Machtpolitik darf es nicht mehr geben, und Krieg darf kein Mittel der Politik mehr sein. Die Friedenssicherung und die militärische Abwehr terroristischer Gewalt müssen verstärkt und unter Zurückstellung nationaler Souveränitätsrechte internationalen Organisationen übertragen werden. Friedenspolitik ist kreative Kultur-, Bildungs-, Wirtschafts- und Sozialpolitik; sie bemüht sich innen- und außenpolitisch um den Ausgleich der Interessen, um die Bewahrung der Würde des Menschen und um die Erhaltung der Schönheit und der Ressourcen der Schöpfung. Die Gestaltung und Erhaltung eines intakten weltweiten Ökosystems ist eine wesentliche Voraussetzung des Weltfriedens.

---

[18] Gerlitz, P.: Menschen und Natur in den Weltreligionen. Darmstadt 1998 (WB). Holderegger/ Wils J.-P. (Hg): Interdisziplinäre Ethik. Freiburg/Schweiz 2001. Schooyans, M.: Ethik – Leben – Bevölkerung. Geburtenkontrolle, Abtreibung, Euthanasie. Eine Argumentationshilfe in Grundfragen unserer Zeit (ars socialis). Zürich: Thesis 1998. Schweizer, A.: Die Weltanschauung von der Ehrfurcht vor dem Leben (Kulturphilosophie), hrg von C. Günzler und J. Zürcher, München 2000 in zwei Bänden.

8.3 Die parlamentarische Demokratie und die Gewaltenteilung in demokratischen politischen Systemen in Gesetzgebung, Exekutive und Rechtssprechung mit ihren politischen Institutionen sind bestmögliche Voraussetzungen für die Kontrolle der Macht und die Beteiligung aller Bürger am politischen Leben. Zu den Grundlagen einer funktionierenden demokratischen Ordnung gehören auch stabile wirtschaftliche Verhältnisse und eine klare, praktikable Rechtsordnung. Das positive Recht ist eine notwendige Institution der Kultur einer Gesellschaft. Das in Deutschland derzeit anzutreffende Unbehagen an der Politik kann Ausdruck der Resignation und einer Flucht in die Privatsphäre sein. Möglicherweise ist es auch Zeichen des Unbehagens an Repräsentanten der politischen Macht. Politiker müssen verantwortlich und sachbezogen handeln. Zwar vertreten sie auch Interessen, aber das Interesse an der Erhaltung der eigenen Macht und der bestehenden Verhältnisse, so weit diese zu kritisieren sind, ist ein schlechter Ratgeber für eine gute Politik. Vor allem aber sollte die politische Elite eine überzeugende Vision einer Gesellschaft haben, in der die Würde des Menschen gewahrt und die ökologischen und ökonomischen Zukunftsfragen im weltweiten Horizont entschieden angegangen werden. Die Regression auf nationalistisches, ethnozentrisches Denken zur Lösung von Problemen und zur Überwindung der Lebens- und Zukunftsangst angesichts eines etwa vorhandenen weltanschaulichen Vakuums ist ein Rückfall in eine überholte Zeit. Das Prinzip der nationalen Souveränität muss durch die internationale Solidarität ersetzt werden.

8.4 In der Wirtschaft hat sich die soziale Marktwirtschaft bewährt, und sie muss weitergeführt werden, jedoch mit dem Ziel der Schaffung und Erhaltung von Arbeitsplätzen durch verstärkte Investitionen, vor allem im ökologischen Bereich, durch Umverteilung der Arbeit und durch Teilzeitarbeitsplätze. Eine breite Eigentumsverteilung, auch durch Beteiligung am Produktivvermögen und weitmögliche Mitverantwortung des Arbeitnehmers für seinen Betrieb oder sein Dienstleistungsunternehmen sollten angestrebt werden. Dabei sollte nicht die Steigerung des gedankenlosen Konsums angestrebt werden, sondern die Sicherung der Lebensqualität durch ökologisch verantwortbare Produkte. Der wachsende umweltschädliche Straßen- und Luftverkehr hier zu Lande muss durch steuerliche Maßnahmen beeinflusst und der Individualverkehr zugunsten der öffentlichen Verkehrssysteme zurückgedrängt werden. Auch der Reinerhaltung der Luft, des Bodens und des Wassers muss ein hoher Stellenwert zukommen. Der moderne Tourismus muss zu Gunsten echter Erholungs- und Bildungsreisen weiterentwickelt werden. Besondere Bedeutung verdienen Landwirtschaft und Handwerk. Jenseits der mit dem Leistungsstreben verbundenen Konkurrenzsituation ist das Gelingen des Gemeinwohls das Entscheidende.

8.5 In diesem Zusammenhang wird die Bedeutung der wissenschaftlichen Forschung und Lehre und der Bildung für die Industriegesellschaft deutlich. Dabei ist nicht nur an die Naturwissenschaften zu denken, sondern auch an die Geistes- und die Sozialwissenschaften. Wissenschaft darf sich nicht allein auf das „Verfügungswissen" beschränken; sie muss auch Orientierungen geben. Die Erkenntnis absoluter objektiver Wahrheit an sich ist dem Menschen verschlossen. das erkennende Subjekt ist stets an der Erkenntnis beteiligt. Aber Wissenschaft ist immer der Wahrheitsfrage verpflichtet, und der kritische Wissenschaftler muss über Voraussetzungen, Theorien und Methoden seiner Erkenntnis Auskunft geben können. Die Dimensionen der Wahrnehmung, also der Ästhetik, des Daseinsverständnisses im Sinne der Deutung des Wahrgenommenen, der Ethik und der Mystik sind eng miteinander verbunden. Wo ein sicheres Fundament oder ein klar definierter Ausgangsort der Erkenntnis fehlen, muss sich die Plausibilität eines Satzes im Prozess des Dialogs über die engen und strengen Grenzen der wissenschaftlichen Disziplinen hinaus bewähren. Eine zeitgemäße Ethik bedarf wissenschaftlicher Begründungen, und umgekehrt braucht die Wissenschaft ein humanes Ethos. Aber Wissenschaft ist kein Religionsersatz! Angesichts der sich immer mehr verzweigenden Spezialisierung der Forschung und des oft problematischen Leistungsdrucks durch Konkurrenz und Karriere-Interessen beinhaltet das Ethos der Wissenschaftlerinnen und Wissenschaftler ein besonders hohes Maß an Verantwortung, Redlichkeit und Kooperationsfähigkeit.

8.6 Die Förderung der Universitäten und anderer Hochschulen und darüber hinaus der Schulen und der Bildung überhaupt ist ein unabdingbares ethisches Postulat. Dabei ist nicht nur an die berufliche Aus-, Fort- und Weiterbildung zu denken, sondern auch an die personale Bildung. Bildung ist nicht nur im Sinne der Ideen der klassischen Bildungstheorie als Bildung der Persönlichkeit durch Anschauung der Natur und der Geschichte zu verstehen, sondern Bildung ist die Befähigung des Menschen zum Umgang mit sich selbst, zum ganzheitlichen Denken und zur im eigenen Erleben begründeten Ehrfurcht vor dem Leben, die mit der Selbstachtung beginnt; ferner zum verantwortlichen sozialen Verhalten und Handeln auch in Konflikten und zu ethischer Kompetenz; schließlich zum geschichtlichen Bewusstsein des Lebens in der einen Welt und zum Engagement für mehr Gerechtigkeit, Frieden und Bewahrung der Schöpfung; ferner gehört zur Bildung die Befähigung zum kritischen Verständnis für Symbole, Sinndeutungssysteme, Kirchen und Religionen. An diesem Bildungsideal sollten sich auch die Massenmedien orientieren. In diesem Sinne kommt auch dem Sport eine hohe mentale und soziale Bedeutung zu; er sollte nicht nur unter dem Gesichtspunkt des körperlichen Leistungstrainings gesehen werden. Gewiss muss Bildung erwirtschaftet werden. Aber Bildung darf sich nicht nach den Kosten richten, sondern die Kosten müssen durch die Bildungsaufgabe bestimmt werden. Richtige Investitionen in die Bildung zahlen sich mit Sicherheit später aus: Bildung ist auf lange Sicht ein entscheidender wirtschaftlicher Faktor. Eine den Anforderungen der Gegenwart entsprechende Bildungstheorie kommt ohne Rehabilitierung der in zahlreichen Einzelwissenschaften und in der Pädagogik vernachlässigten Philosophie und ohne eine ökozentrisch orientierte, die Methoden und Ergebnisse aller wissenschaftlichen Disziplinen berücksichtigende, kritische Erkenntnistheorie nicht aus.

8.7 Die Technik ist nicht nur angewandte Naturwissenschaft, sondern ein kulturanthropologisches Phänomen. Die neuzeitliche kartesianische Trennung von Geist und Körper und die Erfahrung der Machbarkeit der Dinge hat zum instrumentellen Vernunftgebrauch und zu problematischen Denkmodellen geführt. Die Technik hat die Lebensbedingungen der Menschen und damit die Lebensqualität in hohem Maße verbessert und darüber hinaus das Lebensgefühl der Menschen verändert, aber sie hat auch zu Katastrophen geführt. Die Umsetzung der Erkenntnisse der modernen Physik, der Chemie und der Biologie in die industrielle Produktion ist nicht nur durch die Ausbeutung der irdischen Ressourcen, sondern auch durch die Verunreinigung von Boden, Wasser und Luft und durch die technische Agglomeration des Aggressionspotentials zur unübersehbaren Bedrohung des Lebens auf der Erde geworden. In der Biochemie[19] haben sich in der molekularen Forschung durch den Übergang von der Chemie in die Biologie Möglichkeiten gentechnischer Manipulationen eröffnet, die auch bei Fachleuten umstritten sind. Nicht alles, was gemacht werden kann, soll und darf auch gemacht werden, zumal, wenn die Folgen unabsehbar sind oder zu Artenschwund, zur Ausbeutung der Tiere und im Blick auf den Menschen zu entwürdigenden Eingriffen führen.

8.8 Das gilt auch für die Medizin[20]. Heilkunst ist keine Technik; der Arzt und die Ärztin sind keine Mechaniker und ein Krankenhaus ist keine Reparaturwerkstätte. Die anthropologische Medizin ist zu Einsichten in die Zusammenhänge von Umwelt, Lebensgeschichte, Selbstwertgefühl und Immunstärke des Menschen gekommen, die Gegenstand der medizinischen Forschung sein und in die ärztliche Praxis umgesetzt werden müssen. Gesundheitsberatung ist mehr als Aufklärung über die Notwendigkeit des Zähneputzens und als Ernährungsberatung; es geht um die Förderung des Bewusstseins einer notwendigen sozialen und geistigen Hygiene. In Diagnostik und Therapie ist das herkömmliche naturwissenschaftlich-kausale und mechanische Denken durch das organisch-funktionelle Denken im

---

[19] Korff, W. (Hg): Lexikon der Bioethik. Studienausgabe, Gütersloh 1998ff.
[20] Schockenhoff, E.: Krankheit, Gesundheit, Heilung. Regensburg 2001 (TOPOS-TB 406).

ganzheitlichen Sein zu erweitern. Der kranke Mensch und nicht die Amortisation teurer Geräte oder die Interessen der Pharmaindustrie bestimmen das Handeln des Arztes und der Ärztin. Eine anthropologische Orientierung der Medizin muss auch eine dringend erforderliche Einschränkung von Tierversuchen mit sich bringen.

8.9 Auch die Kunst ist ein anthropologisches Phänomen und insofern ein Thema der Ethik. Unbeschadet des Rechts und der Möglichkeit des einzelnen, in der künstlerischen Gestaltung eigene Befindlichkeit zum Ausdruck zu bringen oder nachzuerleben und so zu einer Vergewisserung des eigenen Erlebens und zur Überwindung von Ängsten und Sinnkrisen zu gelangen, ist Kunst Teil der Kultur und steht nicht über deren Ethos. Auch wo sie provoziert, moralisierende Engführungen überwindet und den herrschenden Kulturbetrieb kritisiert, muss sie humane Kunst sein. Die Ästhetik als sinnliche Warnung macht bewusst, was ist oder schafft neue, in sich sinnvolle Gestaltungen. Kunst macht Unsichtbares sichtbar und überschreitet die Grenzen vordergründiger Wahrnehmung und rationaler Erkenntnis ins Transzendente. Sie ist in der Nachbarschaft zum heiligen Spiel zu verstehen, das ein Vorgeschmack des Erlöstseins ist. Darum kann die Kunst aber auch die Gefährdung des Menschen offenbaren.

9 Die Grenzen des Ethos

Das Ethos ist nicht Grundlage oder alleiniger Inhalt der Religionen, sondern Ausdruck der menschlichen Selbst- und Welterfahrung und Reflex religiöser Grundeinstellungen zum Leben; es ist durch Begrenztheit und Endlichkeit des menschlichen Wissens bestimmt und bedarf der beständigen Besinnung auf die religiösen Grundlagen des menschlichen Daseinsverständnisses.

9.1 Ethische Theorien stoßen an unübersehbare Grenzen. Abgesehen von der Kritik, die ethische Theorien immer wieder durch die Empirie erfahren, ist auch wichtig, die menschliche Unvollkommenheit und Uneinsichtigkeit zu berücksichtigen, angesichts derer alle ethischen Theorien versagen können. Im Blick auf die Sinnkrise, die Angst vor der Zukunft und die drohende Anarchie der Gewalt müssen die Rückkehr zu überholten nationalistischen Mythen abgewehrt und neue, universal gültige Sinngehalte bewusst gemacht werden. Das christlich-humanitäre Ethos lebt nicht aus der Gesetzlichkeit. Sanktionen und Strafmaßnahmen können dem Schutz einzelner oder bestimmter Gruppen dienen und pädagogische Bedeutung haben; aber das Ethos ist nicht mittels Gesetz und Strafe durchzusetzen. Vielmehr sind das Rechts- und das Bildungssystem Ausdruck des bestehenden Ethos und bestätigen und verstärken dieses allenfalls. In der christlich-humanitären Tradition des Abendlandes sind deshalb die Botschaft von der Vergebung und die Ermutigung und Ermöglichung von Neuanfängen wesentliche Wurzeln des Ethos. Das gelebte Ethos und lebensnahe Vorbilder sind entscheidendere Überzeugungskräfte für die Menschen als alle geschichtlichen und zeitbedingten Theorien. Darüber hinaus bleibt nur der Appell an die Einsicht der mündigen Bürgerinnen und Bürger. Freilich gilt Arthur Schopenhauers Satz: „Moral predigen ist leicht; Moral begründen ist schwer"!

9.2 Auch Religion ist ein ambivalentes Phänomen; sie kann das Leben einzelner Menschen und einer Gesellschaft blockieren, einengen und zerstören. Aber Religion kann als emotional besetztes soziales System auch die befreiende Kraft sein, die dem einzelnen Identität vermittelt, ihn zu sozialem Verhalten motiviert, und die Sprache und Symbole schafft sowie Sinndeutungen und Rituale zur Lebensbewältigung hervorbringt. Der sichtbarste Ausdruck der Religion ist das Fest; denn im Fest kommen, wie Josef Pieper sagte, die tragenden Grundlagen des Lebens zum Vorschein. In der christlichen Tradition sind Weihnachten als das Fest der Menschwerdung Gottes in seiner Schöpfung, Ostern als das Fest der Hoffnung und der Auferstehung Christi, an die sich die Gemeinde an jedem Sonntag im Gottesdienst erinnert, und Pfingsten als das Fest der Erfüllung der Menschen mit dem Geist Gottes die tragenden Feste im Jahreslauf. Über die geschichtliche und kirchliche Bedeutung des Sonntags hinaus wird er heute von der Mehrheit der Bevölkerung als Tag der Erholung und der Pflege familiärer und freundschaftlicher Beziehungen verstanden. Der Glaube stiftet dem Menschen und den Gemeinden einen bestimmten Daseinsgrund und eine Sinnorientierung. Im Alltag muss aber die christliche Ethik einsichtige, rational vermittelbare und verantwortliche menschliche Ethik sein.

10 Kultur der Liebe

Die Vision einer Kultur der menschlichen Solidarität und des liebenden Umgangs mit sich selbst, mit anderen Menschen, mit der geschöpflichen Mitwelt und den Gütern der Kultur kann entscheidende Perspektiven für ein heute dringend notwendiges Weltethos eröffnen; wünschenswert ist eine verbindliche Weltethos-Erklärung der Vereinten Nationen.

10.1 Die gegenwärtige Krise des Ethos enthält die Chance eines Neubeginns im Übergang zur Weltkultur. Diese Weltkultur kann nicht „multikulturell" sein. Dieses Schlagwort verführt zur Oberflächlichkeit und zur Zerstörung wertvoller kultureller Identitäten. Die Aufgabe ist vielmehr, eine Kultur zu entwickeln, die die Pluralität von Kulturen und Religionen berücksichtigt und umschließt. Das Weltethos muss in einer gemeinsamen Grundlage der Menschheit verwurzelt sein, die im interkulturellen Dialog gefunden und entwickelt werden muss. Dabei ist zu berücksichtigen, dass von der gnadenhaften Kraft der Religion nur erfüllt sein kann, wer frei ist von den Zwängen der Religion. Manche Theologen unterscheiden deshalb Religion und Glauben.

10.2 Ein verbindliches Weltethos können die Religionen jedoch nicht hervorbringen. Es fehlen Autoritäten und Institutionen zu dessen Durchsetzung, auch wäre ein erzwungenes interreligiöses Ethos nicht tragfähig. Besser ist, von der Menschenrechtserklärung der Vereinten Nationen auszugehen, im eigenen religiösen Ethos Konvergenzen zu den Menschenrechten aufzuzeigen oder herzustellen und Voraussetzungen für eine verbindliche Weltethos-Erklärung der Vereinten Nationen zu schaffen.

10.3 Die ökumenische Bewegung zur Einheit der Weltchristenheit bemüht sich, zu diesem Weltethos im Konziliaren Prozess für Gerechtigkeit, Frieden und Bewahrung der Schöpfung einen entscheidenden Beitrag zu leisten. Aus der ökumenischen Bewegung der christlichen Kirchen, die den einen Christus als Grund der Einheit glauben und bekennen, ist angesichts der gegenwärtigen Weltlage und der Mitverantwortung des Christentums die Wachheit für die Weltökumene entstanden. Ökumene heißt ursprünglich der bewohnte Erdkreis, und erst später bezeichnet das Wort die Weltkirche und die zwischenkirchlichen Beziehungen. Der interreligiöse Dialog eröffnet große Chancen, voneinander und miteinander zu lernen, eine Weltgemeinschaft aufzubauen, in engagierter wechselseitiger Solidarität ökonomisch und ökologisch verantwortlich zu leben und miteinander am Reichtum des Lebens teilzuhaben.

10.4 Vor fünf Jahren fand in Basel eine europäische ökumenische Konferenz der Kirchen für Frieden in Gerechtigkeit statt. Im Schlussbericht dieser Basler Versammlung wird zum Zeugnis für eine Kultur der Liebe aufgerufen[21]. Kultur der Liebe: Das könnte eine verbindende und verbindliche Vision für die Menschheit sein. Diese Vision umzusetzen im Blick auf den Umgang mit sich selbst, auf das Leben in den sozialen Zusammenhängen und auf die Güter der Natur und der Kultur ist eine dankbare und erfüllende Aufgabe für junge und alte Menschen, für Kranke und für Gesunde, für Frauen und Männer in ihrer jeweiligen Situation.

Wenn es nicht bald gelingt, das Ethos zu erneuern und spirituell zu begründen, wird die Menschheit die Zivilisation zerstören und sich selbst zu Grunde richten.

10.5 „Wo die Liebe sich freut, da gibt es ein Fest", hat Chrysostomos vor über sechzehnhundert Jahren gesagt. Im Fest kommen die tragenden Grundlagen des Lebens zum Vorschein. „Das Fest lebt aus der Bejahung" (Josef Pieper). Was das

---

[21] von Weizsäcker, C. Fr.: Die Zeit drängt. Eine Weltversammlung der Christen für Gerechtigkeit, Frieden und Bewahrung der Schöpfung, München ³1986. Vgl. die Ausführungen zu Kapitel 1 und 2 dieses Beitrages!

Leben trägt und erfüllt, ist die Liebe. Beim Innehalten im alltäglichen Lebensvollzug erfährt die Gemeinde im liturgischen Vollzug den Kern des Festes. Der Gottesdienst ist zunächst nicht Werk des Menschen, sondern Gottes Dienst an uns. Aber das gibt den Mut, inmitten des Chaos und der schrecklichen Nöte in der Welt Gott zu antworten. Das geschieht nicht nur im Werk des Alltags, sondern auch in der Feier der Eucharistie. Wo sich Menschen versammeln, um Gott für die Gaben der Schöpfung zu danken, im Gedächtnis des Todes und der Auferstehung Christi das Abendmahl zu feiern und den Heiligen Geist um sein Kommen zu bitten, da ist Gottesdienst, und da ist das Fest der Kirche. Da bringt Christus sich selbst in Erinnerung, und wo Christus ist, da ist die Kirche. Inmitten der alten Wirklichkeit erschließt sich der neue Äon, der Himmel tut sich auf, und die Gemeinde singt mir den vorangegangenen Toten und den himmlischen Mächten das dreimalige „Heilig ist der Herr Zebaoth", das schon der Prophet Jesaja geschaut hat (Jes 6,3). Von der Feier der Eucharistie können neue, verbindliche Maßstäbe für das Leben der Christen in der Welt ausgehen. Dann ist die Kirche „für das ganze Menschengeschlecht die unzerstörbare Keimzelle der Einheit, der Hoffnung und des Heils" (II. Vatikanisches Konzil, Lumen gentium II,9), und sie „wagt es von sich selbst als dem Zeichen der zukünftigen Einheit der Menschheit zu sprechen" (Vollversammlung des Ökumenischen Rates in Uppsala 1968, Bericht der Sektion I).

Literatur

Katholische Orientierung

Deutsche Bischofskonferenz (Hg): Katholischer Erwachsenen-Katechismus. Bd. 2: Leben aus dem Glauben. Freiburg 1995

Hunold, G. W. (Hg): Theologische Ethik. Ein Werkbuch. Tübingen-Basel 2000

Hunold, G. W. (Hg): Lexikon der christlichen Ethik. Lexikon für Theologie und Kirche kompakt. Freiburg 2005

Wils, J.-P./ Mieth, D. (Hg): Grundbegriffe der christlichen Ethik. Paderborn 1992

Evangelische Orientierung

Honecker, M.: Wege evangelischer Ethik. Positionen und Kontexte. Freiburg 2002.

Müller, W.E.: Evangelische Ethik. Darmstadt 2001

Pannenberg, W.: Grundlagen der Ethik. Philosophisch-theologische Perspektiven. Göttingen ^{2}2003

Interreligiöse Orientierung

Klöcker, M. (Hg): Ethik der Weltreligionen. Ein Handbuch. Darmstadt 2005

Einführungen, Arbeitsbücher, Lexika

Anzenbacher, A.: Einführung in die Ethik. Düsseldorf 2003

Biehl, P. / Johannsen, F.: Einführung in die Ethik. Ein religionspädagogisches Arbeitsbuch. Neukirchen-Vlyun 2003
Fischer, P.: Philosophie der Technik. Eine Einführung. München 2004 (UTB 2504)
Grotefeld, S. / Neugebauer, M. / Strub, J.-D. / Fischer, J. (Hg): Quellentexte theologischer Ethik. Von der Alten Kirche bis zur Gegenwart. Stuttgart 2006
Hengsbach, F.: Die andern im Blick. Christliche Gesellschaftsethik in den Zeiten der Globalisierung. Darmstadt 2001
Höffe, O.: Lesebuch zur Ethik. München ³2002
Irrgang, B.: Einführung in die Bioethik. München 2005 (UTB 2640)
Pieper, A.: Einführung in die Ethik. Tübingen ⁵2003
Suda, M.J.: Ethik. Ein Überblick über die Theorien vom richtigen Leben. Wien u.a. 2005. (UTB 2647)
Wils, J.-P. / Hübenthal, Chr. (Hg): Lexikon der Ethik. Paderborn 2005

Einzelprobleme

Anselm, R. / Körtner, U.H.-J. (Hg): Streitfall Biomedizin. Urteilsfindung in christlicher Verantwortung. Göttingen 2003
Arinze, Kardinal Francis: Religionen gegen die Gewalt. Eine Allianz für den Frieden. Freiburg 2002
Veith, W. / Hübenthal, Chr. (Hg): Macht und Ohnmacht. Münster 2005
Bertram, H.: Familien leben. Darmstadt 1997
von Brück, M.: Wie können wir leben? München ⁴2005
Bucher, A.: Warum sollen wir gut sein? München 1984
Dehner, K.: Lust an Moral. Darmstadt 1998
Drewermann, E.: Ein Mensch braucht mehr als nur Moral. Düsseldorf 2001
Drewermann, E.: Die Zehn Gebote. Düsseldorf 2006
Grätzel, St.: Dasein ohne Schuld. Göttingen 2004
Graf, R.: Ethik in der medizinischen Forschung rund um den Beginn des menschlichen Lebens. Darmstadt 1998
Gruber, H.-G.: Familie und christliche Ethik. Darmstadt 1995
Großmann, M.: Wertrationalität und notwendige Bildung. Frankfurt 2003
Habermas, J.: Erläuterungen zur Diskursethik. Frankfurt 1992
Hartmann, W.: Existenzielle Verantwortungsethik. Münster 2005
Hengsbach, F.: Die andern im Blick. Christliche Gesellschaftsethik in den Zeiten der Globalisierung. Darmstadt 2001
von Hentig, H.: Ach, die Werte! Weinheim 2004
Hösle, V.: Die Krise der Gegenwart und die Verantwortung der Philosophie. München ³1997
Hösle, V.: Moral und Politik. München ²2000
Huber, K.-H.: Bildung für eine gelingende Zukunft? Frankfurt 2004

Huber, W.: Der gemachte Mensch. Christlicher Glaube und Biotechnik. Berlin 2002
Jonas, H.: Das Prinzip Verantwortung. Frankfurt ^{13}1998
Kern, P. / Wittig, H.-G.: Pädagogik im Atomzeitalter. Freiburg 1984
Küng, H.: Weltethos für Weltpolitik und Weltwirtschaft. Darmstadt ^{3}1998
Küng, H.: Wozu Weltethos? Religion und Ethos in Zeiten der Globalisierung. Freiburg 2006
Lessing, G.-E.: Die Erziehung des Menschengeschlechts. Stuttgart 2005
Münster, P.: Wahrheit und Gewaltfreiheit als Wurzeln der Erziehung. Hamburg 1995
Nave-Herz, R.: Familie heute. Wandel der Familienstrukturen und Folgen für die Erziehung. Darmstadt ^{2}2002
Opaschowski, H.: Wir werden es erleben. Zehn Zukunftsmodelle für unser Leben von morgen. Darmstadt 2002
Opaschowski, H.: Der Generationenpakt. Das soziale Netz der Zukunft. Darmstadt 2004
Otto, E. / Levinson, B.M. (Hg): Von Rad, G.: Recht und Ethik im Alten Testament: Beiträge des Symposiums „Das Alte Testament und die Kultur der Moderne" anlässlich des 100. Geburtstags von Gerhard von Rads Heidelberg 18-21. Oktober 2001. Münster 2004
Padrutt, H.: Der epochale Winter. Zürich ^{2}1999
Pieper, J.: Über die Tugenden: Klugheit, Gerechtigkeit, Tapferkeit, Maß. München 2004
Ragaz, L.: Die Bergpredigt Jesu. Gütersloh ^{4}1992
Rahner, K.: Über die Frage einer formalen Existentialethik. In: Ders.: Sämtliche Werke, Bd.10. Freiburg 2003
Rauscher, A. / Roos, L. (Hg): Abhandlungen zur Sozialethik. Reihe im Schöningh-Verlag, Paderborn, z.B.:
  Bd. 36: **Breuer, Cl.**: Person von Anfang an? ^{2}2003
  Bd. 44: **Rappel, S.**: Die Religion vor der Herausforderung des Bevölkerungswachstums. 2000
  Bd. 47: **Grieswelle, D.**: Gerechtigkeit zwischen den Generationen. 2002
Safranski, R.: Das Böse oder das Drama der Freiheit. Frankfurt ^{3}2002
Schockenhoff, E.: Zur Lüge verdammt? Politik, Justiz, Kunst, Medien, Medizin, Wissenschaft und die Ethik der Wahrheit. Freiburg ^{2}2005
Schweitzer, A.: Die Ehrfurcht vor dem Leben. München ^{8}2003
Segbers, F.: Die Herausforderung der Tora. Biblische Impulse für eine theologische Wirtschaftsethik. Darmstadt ^{3}2002
Seibel, M.-A.: Eigenes Leben? Christliche Sozialethik im Kontext der Individualisierungsdebatte. Paderborn 2005
Spieker, M.: Der verleugnete Rechtsstaat. Anmerkungen zur Kultur des Todes in Europa. Paderborn 2005
Werner, H.-J.: Moral und Erziehung in der pluralistischen Gesellschaft. Darmstadt 2002
Wittig, H.: Existentielle Empirie. In: Pädagogische Rundschau 1986, S. 597-613

Übergänge. Einführung in die Religionspädagogik

Reinhard Wunderlich

Ich möchte in diesem Aufsatz dazu anregen, Übergänge wahrzunehmen. Ich brauche dazu vor allem interessierte Leserinnen und Leser, die ich mir vor allem als Lehramtsstudierende aller Schularten für das Schulfach „Religionslehre" vorstelle. Dabei wird der Stil der Vorlesung mit direkter Anrede der Hörenden auf die Situation des einsamen Lesens übertragen.

Man sollte sich also auf Bewegung einstellen, auf Wege, die Sie in Ihrem Studium noch gehen müssen und auf Wege, die Sie später in Ihrem zukünftigen Beruf als Religionslehrerin und Religionslehrer anbahnen sollen. Wegmarkierungen für solche Übergänge möchte ich setzen. Einen Übergang haben Sie ja schon vollzogen: Sie haben sich entschieden für das Studium der „Theologie/ Religionspädagogik". Im Verlauf dieser Aufsatzsammlung haben Sie bislang einen Überblick erhalten über die wichtigsten klassischen Fachdisziplinen der Theo-logie, der Rede von Gott:

- Rede von Gott in der Bibel als Ur-kunde des Glaubens (damit befasst sich die sog. Bibelwissenschaft)
- Rede von Gott in ihrer Wirkungsgeschichte (damit befasst sich die sog. Kirchengeschichte)
- Rede von Gott in systematischen Zusammenhängen vor den Herausforderungen der jeweiligen Gegenwart (damit befassen sich die Dogmatik, die Ethik und die Anthropologie)

Aber nun studieren Sie ja ein Fach mit dem ausdrücklichen Zusatz „/ Religions-pädagogik". Was besagt dieser Zusatz? In vier Schritten (Religionspädagogische 1. Rück-, 2. Ein- und 3. Aussichten sowie 4. Religionspädagogisch forschendes Lehren und Lernen) wollen wir Klärung und Aufklärung versuchen.

1 Religionspädagogische Rück-Sichten

Zunächst bedeutet der Zusatz „/ Religions-pädagogik" ganz schlicht, dass es mit dem Studium der Fachdisziplinen der Theologie noch nicht getan ist, dass das so genannte Fachwissen der Theologie allein noch nicht ausreicht.

Rede von Gott will praktisch werden, Glauben an Gott sucht Gestaltung, christliche Religion braucht lebendiges Zeugnis. Die Traditionen der Bibel erzählen von den Übergängen, die Gott selbst gesucht und gefunden hat, um seinem Volk verständlich zu werden, um praktische Erfahrungen mit Gott zu gewinnen. Und alle, die davon betroffen wurden, haben ihrerseits nach ganz unterschiedlichen Wegen gesucht, anderen davon mitzuteilen, Gott also zu kommunizieren.

Seit Beginn der Kirchengeschichte haben sich viele Handlungsfelder herausgebildet, auf denen und in denen Gott kommuniziert wurde, um Menschen lebendig werden zu lassen in Bewegung zueinander und auf Gott hin. Exemplarisch nenne ich: Die Feier des Gottesdienstes mit Predigt und Liturgie und Eucharistie; die Seelsorge an Einzelnen und Gruppen in ihren spezifischen Freuden und Nöten; die Diakonie mit materieller Hilfe und struktureller Veränderung zum Wohle der Gesellschaft und des Einzelnen. Und praktisch wurde und wird Theologie natürlich auch auf dem Handlungsfeld der Vermittlung der Glaubensinhalte an Heranwachsende (und das ist man bekanntlich bis ins hohe Alter) in Erziehung, Unterricht und Bildung, einmal abgesehen von den vielfältigen Einflüssen religiöser Sozialisation. Alle diese *Praxis*felder der Rede von Gott wollen theoretisch durchdacht sein, um so wiederum zu verantwortlicher Praxis anzuleiten. *Praktische Theologie* oder auch *Pastoraltheologie* ist der Sammelbegriff für solche wissenschaftliche Durchdringung von Übergängen in die Praxis. Weil alles Handeln nur im Prozess möglich ist, ist hier ein Prozess-Denken erforderlich, ein *Nachdenken über Übergänge*.

Katechetik nannte man dabei (manchmal noch bis in unsere Tage) *die* Unterabteilung der Praktischen Theologie, die sich mit den Lehr- und Lernprozessen und mit Bildung in christlicher Religion zu befassen hatte. Katechetik stammt vom griechischen Wort „katechein" und heißt unter anderem „von oben herab tönen". Ein gewisses einseitiges Gefälle ist also schon rein etymologisch festzustellen und auch inhaltlich nahe gelegt. Geschichtlich gesehen war es das Taufkatechumenat für Kinder und Erwachsene, das am Beginn solch' christlicher Lehre stand. Und eines der bedeutendsten und bekanntesten Medien für solche Glaubensunterweisung stellt sicherlich die evangelische und katholische Katechismus-Tradition dar.

Warum aber – noch einmal sei gefragt – nun der Zusatz „/ Religionspädagogik", wenn es doch anscheinend um Praktische Theologie geht oder um Katechetik gehen soll beim Praktischwerden der „Glaubensvermittlung"?

Ich möchte Ihnen eine Begebenheit aus den 30er Jahren unseres Jahrhunderts vor Augen führen, die in aller Schärfe die Problematik des traditionellen Katechetik-Modells und der damit verbundenen herkömmlichen Praxis veranschaulichen kann, auch wenn es karikaturenhaft überspitzt erscheint. Otto Schlisske erzählte 1966[1] im Rückblick Folgendes:

---

[1] O. Schlisske, Sachbegriffe und Leitwörter in der Evangelischen Unterweisung. Bewährte Wege zur Begriffsbildung, Hamburger Arbeitshilfen Reihe A, Heft 11, Hamburg 1966, S. 7.

Übergänge. Einführung in die Religionspädagogik 221

Im Jahre 1932 fand in Berlin eine große religionspädagogische Tagung statt, bei der es vor allem um praktische Fragen des evangelischen Religionsunterrichts ging. Als junger Studienassessor und Assistent des Religionspädagogischen Institutes wurde ich aufgefordert, im Rahmen der Tagungsveranstaltungen eine Problemstunde mit Mädchen des 8. Volksschuljahres zu halten. Rund fünfzig 'Experten' wohnten dieser Stunde bei.

Während der nachfolgenden Stundenbesprechung wurden fast nur lobende Stimmen laut, vor allem hob man anerkennend hervor, dass meine Fragen so gestellt waren, dass die Mädchen schnell und sicher geantwortet hätten. Nur eine einzige, bekannte Religionspädagogin äußerte sich dazu kritisch: „Die Mädchen haben durchweg mit den üblichen Begriffen geantwortet. Es erschien mir manchmal wie ein Trommelfeuer kirchlicher 'Schlagworte'! Es hätte wenigstens an einigen Stellen der Versuch gemacht werden müssen, die Schülerinnen mit eigenen Worten das ausdrücken zu lassen, was sie mit den bekannten 'Unterrichtsvokabeln' meinten, wie sie diese verstanden!"

Diesen Punkt griff ich in meinem Schlusswort auf, und es gab einen verständlichen Aufruhr mit einer neuen, langen Diskussion, als ich erklärte: „Meine Damen und Herren! Ich habe Ihnen ein Geständnis zu machen: Diese Klasse, in der ich die Stunde gegeben habe, gehört zu einer 'Weltanschauungsschule!' Die Mädchen haben während ihrer ganzen Schulzeit keine Religionsstunde gehabt, nur zwei von ihnen sind getauft, keine Einzige wurde konfirmiert. In der vorigen Woche habe ich diese Mädchen zu Kakao und Kuchen eingeladen und ihnen gesagt, wir wollten ein wunderbares Theater organisieren. Ich diktierte ihnen eine Anzahl der gängigsten christlichen Begriffe wie 'Gott - Jesus Christus - Sünde - Gnade - Erlösung - Glaube usw.' Dazu bat ich, in der Musterstunde möglichst mit diesen Begriffen zu antworten. Wenn sie etwas mitdächten versprach ich jedem Mädchen eine Tafel Schokolade, wenn es gut klappte! - Worum es mir ging, war, dass ich das Problem mit aller Schärfe zur Diskussion stellte, das mir in meinem Unterricht am meisten zu schaffen macht. Im Religionsunterricht und im Raum der Kirche reden die Kinder eine Sprache, zu der sie weithin keine Beziehung haben. Sie verwenden die christlichen Begriffe, ohne sie zu verstehen. Es geht mir um die Frage: Wie überwinden wir 'das Maulbrauchen', was können wir tun, damit die Grundworte unseres christlichen Glaubens von den Kindern zunächst ahnend erfasst und dann einen immer tieferen Inhalt bekommen?"

Auch wenn dieses Beispiel nur fingiert war, die dahinter stehende Struktur ist allen deutlich: Die versammelten Religionspädagogen geben durch ihr beifälliges Nicken zum Ausdruck, dass sie diese Art von Unterricht gut finden! Es handelt sich also um eine damals noch wie selbstverständlich weit verbreitete, heutzutage aber noch lange nicht ausgestorbene Praxis: Da gibt es Glaubenswahrheiten, die *feststehen*. Sie müssen an die Heranwachsenden nur *weitergegeben* werden. Und diese haben sie verstanden, wenn sie den passenden Begriff, die entsprechende Glaubensformel an der richtigen Stelle auf die Fragen des Lehrenden hin platzieren.

Die Fragen stehen fest – die Antworten liegen fest – der Übergang *scheint* geglückt, zeitlos, geschichtslos, absolut.

Variabel und bedenkenswert ist dann höchstens noch die Methode, *wie* ich die feststehenden Glaubenswahrheiten weitergebe – es muss ja nicht immer ein Stück Schokolade sein, das die fraglose Annahme bzw. Wiedergabe der Glaubensformel besiegelt. Und so verstand sich die Katechetik auch vor allem als *Methodenlehre*: *Wie* sag ich's meinem Kinde.

Es ist also bereits eine inhaltliche Entscheidung getroffen, wenn statt Katechetik *Religionspädagogik* als Zusatz zur Bezeichnung Ihres Studienfaches zu stehen kommt und wenn Religionspädagogik die handlungsleitende Wissenschaft für ihr zukünftiges Arbeitsfeld als Religionslehrerinnen und -lehrer darstellt.

Diese inhaltliche Entscheidung lässt sich deutlich machen, wenn man nach dem geschichtlichen Aufkommen des Begriffs Religionspädagogik fragt. Um 1900 taucht die Zusammensetzung der Begriffe Religion und Pädagogik erstmals auf. Es war der Aufbruch in die Moderne, der die Zeit damals bestimmte, insbesondere in den Wissenschaften. Die Theologie sah sich verstärkt konfrontiert mit angrenzenden Wissenschaften; der Blick wurde geöffnet für religiöse Phänomene, wie sie eben auch außerhalb kirchlicher Binnenperspektive mit Anspruch auf Sachgemäßheit thematisiert werden konnten. Dieser Prozess war zwar seit der Aufklärung längst angestoßen worden, aber die gesellschaftlichen Veränderungen prägten dermaßen das allgemeine Bewusstsein, dass die bislang bevorzugte Alternative, kirchliches Handeln und theologisches Nachdenken eher abzuschotten, immer problematischer wurde. Nicht zuletzt im Religionsunterricht an den öffentlichen Schulen, die vor dem ersten Weltkrieg ja noch unter kirchlicher Aufsicht standen, wurden die Folgen dieser Abschottung unübersehbar. Ernst Troeltsch, der große evangelische Theologe am Anfang unseres Jahrhunderts, diagnostiziert 1919 den „Gipfel der Verwicklungen", in die man gelangt, wenn man sich unter den Bedingungen der Moderne mit dem Religionsunterricht beschäftigt und dabei bemerken muss, dass „in weiten Kreisen der Bevölkerung die Christlichkeit selber teils verschwunden, teils in kirchlich ganz fern liegende Formen übergegangen ist". Alle Welt wisse doch, so Troeltsch, „dass mit der modernen Wissenschaft und Kunst Ideen- und Gefühlsmächte sich festgesetzt haben, die mit der christlichen Ideenwelt zwar zusammenhängen, aber doch mindestens von ihrer kirchlichen Gestalt und Bedeutung weit abgerückt sind."[2] Die Aufgaben für einen Religionsunterricht in solcher Situation vergleicht Troeltsch schon 1919 mit der „Quadratur des Zirkels"[3]. Die Praktiker im Religionsunterricht bekamen das natürlich zuallererst und ganz unmittelbar zu spüren. Aber das setzte eben auch Veränderungskräfte frei. Ein Zeitzeuge schon vor der für den Religionsunterricht spektakulären Trennung von Kirche und Staat in der Weimarer Demokratie berichtet: „Es war um die Jahrhundertwende. Die Erstarrung des herkömmlichen RU in Formalismus und Doktrinalismus hatte in den lebendigen Kreisen von Kirche und Schule eine Reformbewegung hervorgerufen, die ihre 'Ankergründe' in der modernen Theologie gefunden hatte [...] und in dem ‚Ringen' und ‚Gären' der nach ‚Freiheit' und ‚Wissenschaftlichkeit' dürstenden Lehrerwelt eine hellklingende Resonanz fand."[4]

Und deshalb nimmt es nicht Wunder, dass besonders innerhalb der Lehrerbildung sich die *Religionspädagogik* etablieren konnte als eigenständige Wissenschaft. Nebenbei bemerkt: Die Wissenschaftsorientierung der Ausbildung auch und gerade von Religionslehrerinnen und Religionslehrern gehört seit dieser Zeit zum allgemeinen Standard. Und entsprechend haben beide Kirchen eine wissenschaftliche Staatsprüfung zur *Voraussetzung* der Verleihung der sog. *vocatio* oder *missio* gewählt, also der kirchlichen Bestätigung der Kompetenz zur Erteilung von Religionsunterricht!

Man öffnete sich

1. den Impulsen der *Pädagogik*, die damals begann, eine Pädagogik *vom Kinde* aus zu entwickeln, um besonders unterrichtliche Lernprozesse psychologisch und didaktisch zu verbessern (Stichwörter sind hier z.B. Reformpädagogik, Arbeitsschule, Erlebnispädagogik, Wertpädagogik u.v.a.m.).

Und man öffnete sich

2. den vielfältigen Impulsen der allgemein mit Religion beschäftigten Wissenschaften, also der Religionswissenschaft, der Religionsgeschichte, der Religionssoziologie und der Religionspsychologie (Stichwort ist z.B. der sog. Bibel-Babel-Streit, der gegen ein selbstevidentes und selbstgenügsames 'Bibel'-

---

[2] E. Troeltsch, Der Religionsunterricht und die Trennung von Staat und Kirche, in: Fr. Thimme / E. Rolffs, Revolution und Kirche. Zur Neuordnung des Kirchenwesen im deutschen Volksstaat, Berlin 1919, S. 301-325, hier: S. 307.

[3] a.a.O., S. 329.

[4] O. Eberhard, Evangelischer Unterricht und Religionspädagogik, München 1961, S. 5f.

verständnis die erhellende Kraft der Herbeiziehung altorientalischer Kulturen und Religionen - ‚Babel' - als in der Bibel so oder so wirksame Kontexte empfahl).

In diesem weiten Horizont muss Religionspädagogik verstanden werden!

Von ihrer noch jungen, etwas mehr als 100-jährigen Geschichte und von ihrem gewachsenen heutigen Selbstverständnis her stellt sie einen wechselseitigen Übergang her zwischen der Theologie und den so genannten Humanwissenschaften, um einen gelingenden und glückenden Übergang zwischen der „Sache" des christlichen Glaubens und den vielfältigen Erfahrungen von Schülerinnen und Schülern in der Praxis anbahnen zu können, verantwortet vor dem Wahrheitsanspruch der christlichen Religion und dem Glauben an den dreieinigen Gott und verantwortet vor dem Eigenrecht des Kindes als individueller Person mit unverlierbarer Würde in seiner je konkreten geschichtlichen Situation.

Dabei kam dem Lernort Schule eine immer größere Bedeutung zu, weil die traditionellen Lernorte des christlichen Glaubens, also Familie und kirchliche Gemeinde *in der Breite gesehen* ihre Bindekräfte zunehmend verloren und noch ständig weiterhin verlieren.

Wenn man heute von *Religionspädagogik* spricht, so umfasst *der Begriff in seiner weiteren Fassung* selbstverständlich alle religiösen Lehr- und Lernprozesse in Kirche und Gesellschaft, ist also z.B. nicht nur an kirchlichen Handlungsfeldern mit pädagogischem Akzent sondern auch an der Vielfalt oft ungeplanter, religiös relevanter Sozialisation in unserer Kultur interessiert (man denke z.B. an die unendlich vielen Kontaktsituationen mit christlichen und nicht christlichen Religionen im Bereich des nach wie vor boomenden Tourismus-Marktes).

In seiner engeren Fassung aber ist er definiert als *schulische Religionspädagogik*, die sich ganz auf den lebendigen Vollzug von Religionsunterricht konzentriert. Entsprechend anderen Fachdidaktiken kann man dann auch von Religionsdidaktik sprechen.

Und genau diese schulische Religionspädagogik steht im Visier unserer einführenden Überlegungen. Welche Kompetenzen brauchen Sie, um angemessen Religionsunterricht erteilen zu können? Mit welchen Problemen ist zu rechnen und welche Hilfen sind zu erwarten? Welche Fragestellungen sollen Sie begleiten während Ihres Studiums und weit darüber hinaus?

Übergänge. Einführung in die Religionspädagogik 225

2 Religionspädagogische Ein-Sichten

Um der Fülle der damit verbundenen Aspekte in einer Einführungsskizze gerecht zu werden, lege ich Ihnen ein Faktorenmodell schulischer Religionspädagogik vor.

Seine kreisrunde Anordnung soll *einerseits* kenntlich machen, dass, wie man so schön wie richtig zu sagen pflegt, „alles mit allem zusammenhängt". (Es handelt sich dabei um ein modernes Erkenntnisprinzip, das das mechanische, aber in der Theologie leider nach wie vor sehr verbreitete Ursache-Wirkung-Prinzip bei weitem übertrifft: AHMAZ = Alles hängt mit allem zusammen.)

Es soll *zum anderen* grundsätzlich offen sein für weitere Faktoren, die sich im Verlauf Ihres Studiums und danach in Ihrer Praxis ergeben können.

Drittens aber lässt dieses Faktorenmodell Raum für individuelle Gewichtungen und Schwerpunktsetzungen, die man – sei es durch persönliche Neigung, sei es durch spezielle Praxisherausforderungen – jederzeit vornehmen kann. Wichtig ist dabei, dass man Verabsolutierungen vermeidet! Jede Fixierung tötet Bewegung und gefährdet Übergänge, die dann leicht zu Untergängen werden können (man denke dabei nur an den Widersinn eines festgezurrten Mobiles).

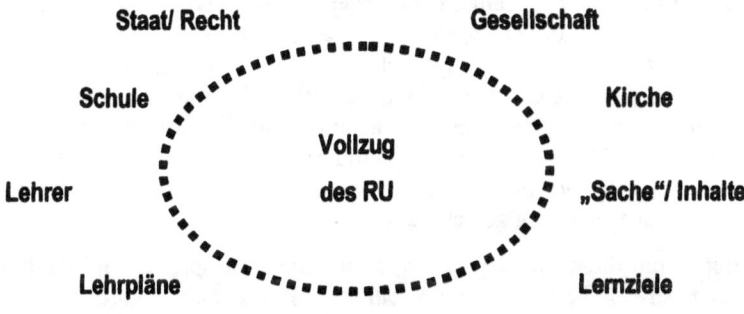

Schülerinnen und Schüler

Staat/ Recht   Gesellschaft

Schule   Kirche

Lehrer   Vollzug des RU   „Sache"/ Inhalte

Lehrpläne   Lernziele

Unterrichtsplanung   Zeitdimension/ Raumdimension

Wissenschaften:
Theologische Fachdisziplinen und
humanwissenschaftliche Bezugswissenschaften
(z.B. Pädagogik, Allgemeine Didaktik,
Religionspsychologie, Religionssoziologie u.a.)

Im Folgenden werde ich versuchen, die einzelnen Faktoren zu erläutern und einige Beziehungslinien anzudeuten.

Mit dem Faktor **Zeitdimension** lässt sich die gerade angesprochene individuelle Schwerpunktsetzung verallgemeinern und für das ganze Fach Religionspädagogik in seiner *geschichtlichen* Entwicklung verständlich machen. Geprägt ist das Nachdenken über den Religionsunterricht und seinen jeweiligen Vollzug nämlich durch sog. religionspädagogische Konzeptionen. In ganz unterschiedlicher zeitgebundener Weise favorisierte man bestimmte Faktoren, blendete andere aus und entwickelte daraus eine jeweils in sich zusammenhängende Theorie des Religionsunterrichts.

Beispielsweise gab es kurz vor und besonders nach dem 2. Weltkrieg das Konzept der „Evangelischen Unterweisung", das sich radikal an einer bestimmten Theologie ausrichtete, der sog. „Wort Gottes"-Theologie Karl Barths. Hier kam z.B. der Schüler nur als getaufter Christ in den Blick, der sich ganz unter das verkündigte Wort Gottes zu richten hatte - entsprechend der eigenwilligen Etymologie des Wortes 'Unterricht': *Sich richten unter* das Wort Gottes. Pädagogische Gesichtspunkte wurden weit gehend ausgeklammert, gesellschaftlichen Entwicklungen einer zunehmenden Säkularisierung wurde um der Sache willen getrotzt. Religionsunterricht fand seine Begründung ausschließlich von der Kirche her.

Ein anderes Beispiel bildet die Konzeption eines sog. „hermeneutischen Religionsunterrichts" ab den späten 50er Jahren des vergangenen Jahrhunderts; favorisiert wurden hier – evangelischer- wie katholischerseits – die historisch-kritische Textarbeit mehr oder weniger ausschließlich an der biblischen Überlieferung in einem Religionsunterricht an der Schule, die nach der damaligen Überzeugung hauptsächlich ein Ort der Einführung in alle gesellschaftlich relevante Überlieferung ist und somit auch im sog. abendländischen Kontext Raum für die christliche Überlieferung geben muss.

Bereits an diesen zwei verkürzt dargestellten Beispielen wird deutlich, dass es vieler Anläufe bedurfte, um Einseitigkeiten im Hinblick auf den Religionsunterricht zu vermeiden und um neue bzw. neuakzentuierte Faktoren für eine schulische Religionspädagogik zu gewinnen. Das Studium ausgewählter religionspädagogischer Konzeptionen kann und wird Ihnen helfen, sensibel zu werden für verschiedene Begriffe und Auffassungen von Religionspädagogik. Und Sie werden um die Erkenntnis nicht herumkommen, dass alle Praxisreflexion und später aller Praxisvollzug zeitgebunden, geschichtlich und somit relativ sind - im guten Sinne des Wortes: Beziehungen herstellend, verknüpfend, Übergänge schaffend, in ständiger Relation.

Beachtet man die Zeitdimension, so kann man dann aber auch getrost auf einen gewissen Konsens in der Religionspädagogik setzen, was die gegenwärtige Beurteilung der Faktoren einer schulischen Religionspädagogik betrifft, indem zumindest keiner der Faktoren außer Acht gelassen werden darf.

Die Zeitdimension unseres religionspädagogischen Regelkreises weist aber nicht nur auf die *geschichtliche Makrostruktur* dieser wissenschaftlichen Disziplin hin, sondern hält auch das Detail-Bewusstsein für *Mikrostrukturen des Unterrichts* wach. Gegenüber neueren Versuchen in der Religionspädagogik, das Verhältnis von gottesdienstlicher Liturgik und Religionspädagogik wieder enger zu knüpfen, sollten wir gerade angesichts von Lehr- und Lernprozessen im Unterricht an einer öffentlichen Schule die Differenzen ohne falsches Beschwörungspathos markieren. Gottesdienstliche Vollzüge gestatten formvollendete Gleichzeitigkeit, die geradezu räumlich präsent wird. Unterrichtliche und damit auch religionsunterrichtliche Vollzüge aber bedürfen der – manchmal geradezu unerbittlichen – Auffächerung in der Zeit. Was symbolisch durchaus gefeiert werden kann – sozusagen *alles auf einmal* –, das bedarf im Modus des Lehrens und Lernens des strukturierten *Nacheinanders* mit der unablässig latenten Möglichkeit reflektierender Distanznahme und der definitiven Unmöglichkeit, Dialoge zu unterbinden. Wenn Parsifal im gleichnamigen Bühnenweihfestspiel Richard Wagners im 1. Aufzug feststellt: „Ich schreite kaum – doch wähn ich mich schon weit" und Gurnemanz ihm antwortet: „du siehst mein Sohn, zum Raum wird hier die Zeit", dann muss für den Religionsunterricht geradezu die umgekehrte These aufgestellt und beachtet werden: Zur Zeit wird hier der Raum!

Das bedeutet aber nicht, dass dem Faktor **Raum** nun keine Aufmerksamkeit zu schenken wäre; pädagogisch gesehen ist das Gegenteil der Fall. Vordergründig beginnt solches bereits gewichtig bei jedem zu gestaltenden Klassenraum – gerade auch der Religionsunterricht darf und soll hier seine „Spuren" hinterlassen. Dabei bleibt aber relevant, dass an einer Schule und in einer Klasse mehrere Religionsgemeinschaften (mindestens die beiden christlichen Konfessionskirchen, zunehmend auch islamische Gruppen, soweit sie staatliche Anerkennung finden) und eben auch die immer größer werdende Gruppe der Bekenntnisfreien grundgesetzlich garantierten Anspruch auf ordentlichen Religions- und/oder Ethikunterricht haben: religiöse Pluralitätsspuren sind also selbst im Klassen-Raum unvermeidlich, sollten religionsdidaktisch aber geradezu unbedingt erwünscht sein. Raumerkundungen führen selbstverständlich weit über den Schulraum hinaus. Religionspädagogisch hat sich in letzter Zeit die sog. Kirchenraumpädagogik als feste Bezugsgröße des Curriculums etabliert. Wichtig scheint mir dabei, dass die religiös bedeutsame Dimension des Kirchenraums erweitert wird um die religiös nicht minder bedeutsame Dimension des öffentlichen

Raums. Eine „urbane" Religionspädagogik scheint mir in diesem Zusammenhang die Forderung der Stunde, insofern wir uns an einem Wendepunkt der Menschheitsgeschichte befinden: Erstmals leben weltweit mehr Menschen in den Städten als auf dem Lande. Städte aber waren von je her Ausdruck der Vielfalt. Und die Stadt Gottes, das himmlische Jerusalem, ist die letzte entscheidende große orientierende Bildvision der Bibel, die mit dem Paradiesgarten begann. Religiös gesehen genügt ein aufmerksamer Rundblick in einem U-Bahn-Wagen und man hat die unterschiedlichsten religiösen und weltanschaulichen Variationen *vor Augen*!

Nicht umsonst steht der **Schüler** an oberster Stelle in unserem religionspädagogischen Regelkreis. Er ist nicht mehr Objekt, sondern Subjekt im Vollzug des Religionsunterrichts: Schüler- oder allgemeiner *Adressatenorientierung* hat sich nämlich als unabdingbare Voraussetzung für die Kommunikation der christlichen Religion erwiesen. Die Schüler selbst sind insofern nicht nur Subjekt des RU sondern oftmals geradezu das Thema selbst. Aber dazu bedarf es einer realistischen Wahrnehmung der biographischen und gesellschaftlichen Situation von Kindern und Jugendlichen.

Religionslehrerverbände und die in Arbeitskreisen zusammengeschlossenen Religionspädagogik-Wissenschaftler wie auch die 1994 und 1996 erschienenen Stellungnahmen der beiden Kirchen zum Religionsunterricht sind sich in der Analyse weit gehend einig. Man muss sich zukünftig einstellen auf die Pluralität einer ausdifferenzierten Gesellschaft, in der Kinder und Jugendliche aufwachsen. Sie sind verwoben in ein Nebeneinander von verschiedenartigen, oft kontroversen Überzeugungen, Weltanschauungen, Religionen und politischen Positionen, die sich teilweise auf unterschiedliche Traditionen berufen, teilweise aber auch einen Traditionsbruch oder gar Traditionsabbruch signalisieren.[5] Wir können also von vornherein nicht mehr auf Homogenität der Religionsgruppen in der Schule vertrauen, sondern haben von einer letztlich *unhintergehbaren* Pluralität auszugehen. Das erfährt man ganz unmittelbar in jedem Klassenzimmer; eine große Hilfe zum besseren Verständnis dieser Phänomene bietet aber die **Religionssoziologie**, die wir deshalb auch als wichtige, erhellende Bezugswissenschaft mit in unsere Einführung in die Theologie aufgenommen haben.

Kinder und Jugendliche sind Heranwachsende, sie durchlaufen eine individuelle Entwicklung ihrer emotionalen und kognitiven Potentiale. Und gerade auch ihre religiöse Vorstellungswelt und ihr Urteilsvermögen in Glaubensdingen ist Veränderungen, sog. „Stufen des Glaubens" (so der Titel einer wichtigen religi-

---

[5] Vgl. R. Wunderlich, Pluralität als religionspädagogische Herausforderung, Göttingen 1997, S. 371f. und in geschichtlicher Genealogie S. 277-327.

onspsychologischen Entwicklungstheorie von James Fowler) ausgesetzt, die man nicht einfach überspringen darf, wenn es um je eigenes Verstehen von und um bestimmte Erfahrungen mit christlicher Religion gehen soll – und nicht um bloße formelhafte Begriffsklauberei. Und auch hier geht es ersteinmal um realistische Wahrnehmung dieser Zusammenhänge, für die die Entwicklungs- und **Religionspsychologie** uns unverzichtbare Schneisen zu schlagen in der Lage ist. Auch für diesen Bereich haben wir deshalb ein eigenes erhellendes Einführungskapitel vorgesehen.

Setzt man nun den **Schüler** in Beziehung zur **Religionslehrkraft** und zu den **Sachen** bzw. **Inhalten** des Religionsunterrichts, so hat man mit einem Blick das sog. **didaktische Dreieck** vor Augen, in dem sich alle schulische Religionspädagogik fokussieren und konzentrieren lässt.

Um religiöse Lehr- und Lernprozesse zu initiieren und zu organisieren, müssen die **Religionslehrerin** bzw. **der Religionslehrer** als *Pädagogen* allererst einen pädagogischen Bezug herstellen zu „ihren" Schülerinnen und Schülern. Das schließt vorschnelle Vereinnahmungen ebenso aus wie interessenloses Übergehen der konkreten Teilnehmer am Unterricht. Hier ist in herausragender Weise der pädagogische Takt gefordert, der zwischen Distanz und Nähe auszubalancieren weiß. Das setzt gegenwärtig auch wieder eine Rehabilitierung von Höflichkeit voraus, die den vereinnahmenden Lehrerinnen- und Lehrergestus der Authentizität zügelt und so das persönliche Charisma der Lehrkraft in eine zivilisierende Kraft und in eine ungefährliche Art von Autorität verwandelt. Nur so kann der bedrohlichen Gefahr eines indoktrinierenden Religionsunterrichts gewehrt werden.

Die Religionslehrerin bzw. der Religionslehrer sind aber auch als *Theologen* gefordert, die um die jeweiligen Sachansprüche der zu vermittelnden Inhalte wissen.

Wie selbstverständlich tauchen hier wiederum im Hintergrund die beiden für die Religionspädagogik konstitutiven Wissenschaften **Pädagogik** und **Theologie** auf, ohne die man die beiden „Rollen" eines Religionslehrers (neben der Rolle des *Beamten*) nicht vernünftig ausfüllen kann.

Aber nun nehmen wir einmal an, dass Sie die nötigen Kenntnisse über bspw. die Prophetie des Amos, über die Wundergeschichten des NT, über Franz von Assisi oder über die Ewigkeitsvorstellung des christlichen Glaubens gründlich, also fachwissenschaftlich korrekt in Ihrem Studium erworben haben oder zumindest über das entsprechende Instrumentarium für ein Eigenstudium verfügen. Genügt es dann, diese Inhalte, die Sie im Religionsunterricht verhandeln wollen, gleichsam ein bisschen auf Schülerniveau herunterzuschrauben, ohne aber Abstriche an der Fülle möglicher Kenntnisse vorzunehmen? Das wäre das Modell einer reinen, fachwissenschafts-orientierten sog. Abbild-Didaktik, mit dem Sie automatisch in Konflikt mit dem zuvor behaupteten Faktor des Schülers als Subjekt seiner eigenen Lernprozesse gerieten. Was hier Not tut, ist eine sog. *didaktische Analyse*, wie sie vor allem Wolfgang Klafki seit den 60er Jahren in der Allgemeinen Didaktik entwickelt hat und wie sie von der Religionspädagogik rezipiert wurde. Erneut wird der Blick auf die Adressaten unserer Vermittlungsbemühungen gelenkt. Welche Erfahrungen mit dem jeweils anstehenden Inhaltsbereich bringen sie mit? (*Vergangenheitsbedeutung*) Welche vermuteten Vorstellungen davon haben unsere Schüler *gegenwärtig*? Das sollte man sorgfältig erwägen. Man wird dabei illusionslos feststellen müssen, dass es sich immer häufiger um sog. Erstbegegnungen mit bestimmten christlichen Inhalten handelt. Von daher gesehen ist schon allein deshalb höchste Sorgfalt angebracht, weil bekannt ist, wie stark Erstbegegnungen Strukturen im kognitiven, pragmatischen und emotionalen Bereich der Schüler verankern, die dann vor allem Auswirkungen auf zukünftige Wiederbegegnungen mit Dimensionen des Inhaltsbereiches haben. Und solche *Zukunftsbedeutung* muss gerade auch für religiöse Lernprozesse bedacht werden, die heutzutage ohne eine kontinuierliche Veränderungsdynamik der jeweiligen Herausforderungssituationen nicht zu denken ist.

Gleichzeitig aber hat die didaktische Analyse das zu leisten, was ich bei aller Gleichwertigkeit der hier vorgestellten Faktoren als das Hauptgeschäft schulischer Religionspädagogik betrachte: Didaktische Analyse hat *auszuwählen*, d.h. die an konkrete Schüler zu vermittelnden *Inhalte* sind danach abzufragen, was an ihnen das Wesentliche für die Sache des christlichen Glaubens bzw. für die christliche Religion ist. Klafki hat dazu die entscheidenden Auswahlkriterien benannt: Auswahl der zu vermittelnden Inhalte im Religionsunterricht muss dann danach fragen, ob sie wirklich *fundamentale* Aussagen und Vorstellungen des christlichen Glaubens repräsentieren, ob dem ausgewählten Ausschnitt wirklich *exemplarische* Bedeutung zukommt und schließlich ob dem exemplarischen Inhaltsbereich wirklich *elementare* Strukturen eignen, also ob die „Sache" Gottes in einfacher Weise kommuniziert werden kann: nicht simpel - das würde dem großen Anspruch des christlichen Glaubens nicht genügen; nicht uniform - das würde der individuellen Vielfalt der Subjekte des Religionsunterrichts nicht genügen; sondern eben *elementar* - ein zündender Funke, ein gelingender Übergang zwischen Schüler und Sache, zwischen einer Erfahrung und überlieferter Intention, zwischen Situation und Tradition.

Solches Auswählen hat ihren Ort in der **Unterrichtsplanung**, die aber nicht beim Nullpunkt beginnen muss, insofern

1. **Lehrpläne** ein Stück weit die Arbeit vorstrukturiert haben (man muss dabei jedoch insoweit religionspädagogische Kompetenz besitzen, dass man die Abhängigkeit der Lehrpläne von religionspädagogischen Konzeptionen ein-

schätzen kann und dass man sodann in eigener religionspädagogischer Schwerpunktsetzung, also in christlicher Freiheit, mit ihnen umgeht) und insofern

2. gerade die *Systematische* **Theologie** auf ihre Bemühungen einer Vermittlung zwischen Situation und Tradition hin abgefragt werden kann. Die Relevanz für die **Gesellschaft**, die hier u.a. ausgelotet wird, wurde insbesondere von der sog. Curriculum-Forschung angestoßen. Die Relevanz des Streites um die Wahrheit, um wahre oder falsche Aussagen und Urteile, muss bei jeder theologisch-didaktischen Auswahlentscheidung in Verantwortung vor der **Wissenschaft** bedacht werden.

Was will ich erreichen im Religionsunterricht? **Lernzielformulierungen** sollen helfen, sich jeweils konkret zu entscheiden und klar die Intention zu formulieren, die ich für den zu initiierenden religiösen Lernprozess bei meinen Schülern realisieren will - *und kann*!

Mit der zuletzt genannten Einschränkung möchte ich auf den **rechtlichen und staatlichen** Rahmen eingehen, in dem sich jeder Vollzug von Religionsunterricht bewegt. Die moderne **Schule** ist nicht mehr ein Ort der Einübung in gesellschaftlich Überkommenes, sondern ein Ort der Ermöglichung kompetenten Umgangs mit zukünftig Erwartetem. Dadurch wird das *offene In-die Frage stellen* zu einem bestimmenden Moment erziehenden Unterrichts: *kritisches* Bedenken der Tradition, aber auch *achtsames* Andenken, frag*würdiges* Eingehen auf alle Dimensionen des Lebens. Und zu dieser frag-würdigen Dimension, auf die Schule vorbereiten möchte, gehört auch die religiöse Dimension von Bildung, die der Staat nicht positiv oder negativ vorschreiben kann und bewusst auch nicht will. Nach Art. 4 GG haben alle „Bürger" dieses Staates das Recht auf Religionsfreiheit. Um dieses Grundrecht überhaupt kompetent wahrnehmen zu können, muss die Schule einen entsprechenden Unterricht anbieten. Nach Art. 7 GG werden die Inhalte des ordentlichen Lehrfaches *Religionslehre* von den Religionsgemeinschaften bestimmt, gegenwärtig hauptsächlich von der evangelischen und katholischen Kirche für einen getrennt-konfessionellen Religionsunterricht. Wenn die Kirchen sich auf bestimmte Inhalte einigen könnten, wäre jederzeit auch ein christlicher, ökumenischer RU möglich. Da jeder Religionsunterricht aber in der *öffentlichen* Schule stattfindet, muss er sich auch den allgemeinen Bildungszielen einer demokratischen und pluralen Gesellschaft wie Toleranz, Mündigkeit und soziale Solidarität stellen. Der **Staat** *begrenzt sich*, indem er auf ein bestimmtes Religionsmonopol verzichtet; die **Kirchen** bzw. andere Religionsgemeinschaften *begrenzen sich*, indem sie die pädagogisch artikulierten Bildungsziele des Staates akzeptieren.

Vor diesem schulischen und rechtlichen Horizont gewinnt die Frage nach den allgemeinen **Lernzielen** des Religionsunterrichts ein besonders scharfes Profil. Kann ich als Religionslehrerin bzw. als Religionslehrer erreichen wollen, dass Schüler zum Glauben kommen? Kann schulische Religionspädagogik ihr Hauptziel, ihr Globalziel als *Glaubensvermittlung* definieren? Theologisch wäre hier klarzustellen, dass Glaube niemals hergestellt werden kann, sondern stets eine unverfügbare Geschenk-Qualität hat (vergleichbar mit der allgemeinen Einsicht, dass ich mein eigenes Leben ja auch nicht selbst geschaffen habe). Schulisch und auch rechtlich gesehen aber ist darauf hinzuweisen, dass es heutzutage gerade nicht mehr um Indoktrination gehen darf. Damit ist für die Religionsgemeinschaften von vornherein ein missionarisches Vorgehen einer Mitglieder-Werbung ausgeschlossen. Und auch das bloße Einüben einer bestimmten kirchlich-konfessionellen Frömmigkeitspraxis wird dem schulischen Bildungsauftrag nicht gerecht. Das Globalziel schulischer Religionspädagogik hat sich vielmehr gegenwärtig vor der inhaltlichen Pluralität der aufgezeigten Faktoren schulischen Religionsunterrichtes zu verantworten. Und das bedeutet auch, dass ich mir eingestehe, dass jede dieser Faktoren nicht nur unterschiedlich gewichtet werden kann, sondern auch in sich selbst vielfältig artikuliert werden muss (komplexer auch, als es in dieser kurzen Einführung gehen kann).

Das heißt nun zunächst ganz schlicht, dass ich mir der *Grenzen aller christlichen Vermittlungsbemühungen* bewusst werde. Als Religionspädagogen bewegen wir uns stets **im Vorhof des Glaubens**.

Vom christlichen Glauben her gesehen bedeutet dies aber, dass ich *das Positive und Lebensförderliche* einer sich selbst begrenzenden Lebenshaltung aufzeigen kann! Nichts anderes wollen ja auch **die Kirchen**, insofern diese – hoffentlich – grundsätzlich sich selber begrenzen, indem sie in der institutionellen Kontinuität der Geschichte auf *den* hinweisen bzw. *den* feiern, der – höher als alle Vernunft, aber nicht ohne Vernunft als dreieiniger Gott geglaubt wird.

Es gilt, den *All*-Tag, die jeweilige *Lebens*haltung von Schülern, ihr *Selbst- und Weltverständnis*, ihre Orientierungssuche, *probeweise* mit der äußerst dynamischen *Lebensbewegung des trinitarischen Gottes* in Relation treten zu lassen.

Gott hat das Leben geschaffen und er will es in der Pluralität von Zeit und Raum fördern, bewahren und vollenden. Er gönnt dem Anderen als Anderem sein Dasein in der endlich-begrenzten Welt. Einzig die geschöpfliche Verwechslung der grundlegenden Unterschiedenheit von Gott und Mensch zu Gunsten des Begehrens, sein zu wollen wie Gott, einzig die Wucherungslogik der eigenen Absolutsetzung zerstört Leben oder ist zumindest lebensabträglich.

Gott hat in Jesus, dem Christus, zu einem Leben für andere in der Selbstunterscheidung von Gott ermuntert. Zu keinem Zeitpunkt seines Lebens hat sich Jesus von Nazareth, so wie er uns in der biblischen Überlieferung zugänglich ist, Gott gleich zu machen versucht. Vielmehr betont das Gebet, das Jesus zugeschrieben wird: „dein Wille geschehe." Zwar hat ihn letztlich der Vorwurf, er habe sich selber zu Gott gemacht, ans Kreuz gebracht. Aber in der Auferstehungsbotschaft von Jesus zum Christus in der Einheit Gottes erfährt gerade die Selbstunterscheidung Jesu vom „Vater" ihre göttliche Bestätigung.

Gott will im heiligen Geist des Lebens grenzüberschreitend zur Fülle des Lebens führen.

Dass die Lebensdynamik des dreieinigen Gottes vertrauenswürdig ist bzw. werden kann, das kann – mit allen berechtigten Zweifeln daran und allen notwendigen Fragen dazu – unterrichtlich strittig erarbeitet werden. Dem dient auch aller Methodenpluralismus, der für heutige Religionspädagogik selbstverständlich ist, hier aber nicht näher aufgezeigt werden kann. Nur soviel sei dazu grundsätzlich aus der Einleitung wiederholt: Einbahnstraßen darf es dabei nicht geben, ein *Von-oben-herab-Tönen* wird nur in Ausnahme-Fällen einen Resonanzboden bei unseren Schülern finden. Vielmehr gilt: Methoden sind Um-Wege (methodos), die eine lange Anlaufs- und Verlaufsstruktur brauchen, also der Auffächerung in der Zeit bedürfen.

Ob man dann als Schüler der Lebensdynamik des dreieinigen Gottes aber wirklich vertrauen will, bleibt außerhalb der Möglichkeiten der Handlungswissenschaft Religionspädagogik zwischen Theologie und Pädagogik.

Der lebendige Vollzug eines dermaßen profilierten Religionsunterrichtes in seiner pluralen, oft widersprüchlichen Gemengelage braucht Ihre geballte religionspädagogische Kompetenz. Übergänge also sollen Sie anbahnen zwischen Glauben und Leben, zwischen Schülern und christlicher Religion, zwischen den vielen relevanten Aspekten, auf die wir aus den Humanwissenschaften und den Fachdisziplinen der Theologie hingewiesen werden.

Das Stück Schokolade aus dem fingierten Katechetik-Modell wird dann zwar sicher nicht überflüssig – aber es wird aus der Funktion einer entlarvenden Primärmotivation für doktrinales Plappern entlassen und relativiert zu einer Sekundärmotivation in einem spannenden schulischen Dialog von Schülern und Lehrern über Gott *und* die Welt.

Gibt es für einen solchen religionsunterrichtichen Dialog angesichts der vielfältigen Herausforderungen bestimmte Prinzipien, die nicht unbedingt den Dialog steuern, aber doch sensibel machen können und sollen auf entscheidende Problemfelder?

3 Religionspädagogische Aus-Sichten

Vier aufeinander aufbauende religionspädagogische Prinzipien wollen wir anbieten, die dem erläuterten Zielhorizont von Selbstbegrenzung in christlicher Bestimmtheit und Offenheit adäquat sind. Finden diese vier Prinzipien religionspädagogische Anwendung, ist mir um die Aussichten für einen Religionsunterricht an der öffentlichen Schule im beginnenden 21. Jahrhundert nicht bange.

3.1 Selbstbegrenzung als heuristisches Prinzip der Religionspädagogik

Schülerinnen und Schüler sind längst nicht nur zur entscheidenden Voraussetzung des Religionsunterrichtes geworden, sondern eben auch zu dessen Inhalt. Deshalb gilt es sehr sensibel zu achten auf die Selbstvollzüge von Kindern und Jugendlichen, die bei zunehmender Ausweitung des sog. „Jugendalters" und seinem spezifischen Charakter eines sog. „Moratoriums" auch zunehmend *selbstreflexiver* werden.

Oft erscheint uns die soziale Welt der Kinder und Jugendlichen homogen (man denke nur an den Einfluss von Konsum und Medien, dem man oberflächlich eine nivellierende Wirkung attestieren kann). Man sollte sich aber nicht täuschen lassen und den Blick für die dahinter oft verborgene Heterogenität als Fülle und besonders als Fülle von Unterschieden nicht verlieren. Noch hinter jeder mediokren Mentalität liegt ein Sehnsuchtspotential eines „Es geht auch anders". Und ebenso ist bewusst extremen Mentalitäten in unserer Gegenwart jedenfalls das Eingeständnis eines „Es geht auch anders" abzugewinnen. Auf einer solchen für jede Religionsdidaktik entscheidenden propädeutischen Ebene muss die positive Bedeutung von Selbstbegrenzung eingeübt werden – verbal und nonverbal.

Dabei geht es uns gerade nicht um die Lernziele entweder (falscher) Bescheidenheit oder gar (pluralitätsfeindlicher) Selbstanmaßung. Vielmehr sollen die Schülerinnen und Schüler in einem fortdauernden Unterrichtsgeschehen immer wieder lernen, Unterschiede und deren Wandel wahrzunehmen, zu bejahen und möglichst auch zu bewältigen.

Ein Globalziel für eine solche propädeutische Ebene des Religionsunterrichtes wäre deshalb eine *Sensibilisierung für Grenzfestsetzungen*:

⇨ taxiere eigene Grenzen individuell aus!
⇨ probiere Grenzüberschreitungen aus!
⇨ lerne Grenzen zu akzeptieren!

3.2 Selbstbegrenzung als Schlüssel zum Verständnis religiöser Phänomene

Das nächste Prinzip religionspädagogischen Nachdenkens und Handelns betrifft die Phänomene allgemeiner Religiosität in einem bewusst weiten Sinne. Auch hier scheint es mir plausibel zu sein, sich so eng wie möglich an Alltagswirklichkeit heranzutasten und ihre Thematisierung und Reflexion unterrichtlich anzubahnen.

Zwei Bereiche dürften hier erhebliches Potential an Erfahrungen der Schülerinnen und Schüler bereitstellen: zum einen Phänomene der Kontingenzbewältigung, zum anderen Phänomene der Vertrauensbildung.

Immer wieder entzünden sich die großen Fragen des Lebens, aber mindestens ebenso intensiv auch die kleinen Usancen des Alltags an Situationen, denen wir nicht mehr mächtig sind, die uns im Kern unverfügbar erscheinen. Beides gehört zu den geronnenen Erfahrungen unserer Gegenwart, an denen gerade auch eine funktionale Religionssoziologie sog. kleine und mittlere Transzendenzen festmachen kann. Gleichzeitig wächst aber auch das Bewusstsein, dass viele gewachsene Selbstverständlichkeiten in solchen Situationen nicht mehr tragen. Wenn gleichwohl aus und über Brüchen (und Widersprüchen) Brücken geschlagen werden, so ist solche Kontingenzbewältigungspraxis immer auch als religiöse Transzendierungsbewegung zu charakterisieren - nämlich über Vorfindliches hinaus.

Eng damit zusammen hängt dann aber ein beobachtbares Vertrauen. Oftmals zeigt es sich beschränkt auf die Bewegungsrichtung eines *Verlassens* vorgegebener Orientierungsmuster, immer wieder folgt daraus jedoch durchaus ein Sich-*Verlassen-auf*, das ersteinmal sicher regionale Identitäten betrifft, die als letzte Abhängigkeiten begehrt und geehrt werden. Diese sog. regionalen Identitäten können sich bei näherer Analyse oder fortschreitender Erfahrung als fiktional oder funktional erweisen, sie können aber auch transparent werden für substantielle Wahrheit im engeren, christlich-theologischen Sinne.[6]

Positionelle Identitäten im Spannungsfeld von Kontingenz und Vertrauen sind immer einem Moment der Wandlung ausgesetzt. Gerade deshalb werden sie auch frag-würdig. Antwortstrukturen und explizite Antworten auf solche Fragen aber sind als religiös zu kennzeichnen. Christlicherseits wird in den Momenten beständigen Wandels eine Verwandlung erhofft. Diese Hoffnung wird genährt

---

[6] Vgl. vom Autor in diesem Zusammenhang den Aufsatz „Vertrauen, dieses schwerste ABC" - Denkfalle der natürlichen Theologie oder denkfülledes Thema schulischer Religionspädagogik?, in: Arbeitshilfe für den evangelischen Religionsunterricht an Gymnasien, Folge I/ 91, S. 31-60.

durch die Erkenntnis der Relationalität und Relativität aller gegebenen sog. letzten Antworten, durch die Erfahrung und Erkenntnis ihrer *konstitutiven* Begrenztheit. Damit aber wird die Kunst des Zweifelns auf dieser Ebene religionspädagogischen Nachdenkens und Handelns zu einem entscheidenden Curriculum-Prinzip. Es sollte stets eingeschrieben bleiben in die hier anzuvisierenden Lernziele:

⇨ Vertrauen als (religiöse) Lebenskunst

⇨ Akzeptierte Endlichkeit als springender

(christlich-religiöser) Standpunkt.

3.3 Selbstbegrenzung als religionsdidaktisches Auswahlprinzip für die pluralitätsrelevanten Inhalte der christlichen Religion

Wie in jedem anderen Unterrichtsfach auch ist auf der stofflich-thematischen Ebene des Religionsunterrichts eine wahrhaft unübersehbare Fülle möglichen Wissens zu konstatieren. Es bedarf eines präzise zu verantwortenden (religions-)didaktischen Transformationsprozesses, um diejenigen Gegenstände herauszufiltern, die sowohl der pluralen Herausforderung unserer Gegenwart genügen als auch den selbstreflexiven Vollzügen Jugendlicher korreliert werden können. Neben der Sachorientierung ist für den Religionsunterricht im Speziellen auch noch die Wahrheitsorientierung relevant und als unverzichtbar für einen konfessionellen bzw. christlichen Religionsunterricht anzusetzen. Auch sie aber unterliegt den gleichen Bedingungen, soll ein gegenwärtiges Verstehen bei Schülerinnen und Schülern angebahnt werden.

3.3.1 Sachorientierung

Stärker noch als dies bei anderen positiven Religionen zu verzeichnen ist, die in einem teilweise geringeren Umfang Aufklärung und Moderne-Prozesse durchlaufen haben bzw. auch substantiell sich weniger einem geschichtlichen Selbstverständnis verpflichtet wissen, stellt das Christentum in diachroner wie synchroner Hinsicht eine Pluralität vor Augen, die als fundamental zu charakterisieren ist und in elementaren und exemplarischen Lernprozessen vermittelt werden muss: Biblische Überlieferungen, kirchengeschichtliche Wirkungen, konfessionelle und denominationelle Spaltungen, spirituelle und lebensethische Entfaltungen etc. sind und bleiben eingebunden in pluralisierende Kontexte wie Kulturen, Gesellschaften, Staaten, Weltanschauungen etc.

Der springende Punkt bei der Betrachtung dieser stets relationalen Gestaltungsversuche des christlichen Glaubens, der auch bei jedem einzelnen Beispiel herauszuarbeiten wäre, liegt darin, dass die je und je geschichtlich bestimmte

Ausdrucksqualität des christlichen Glaubens als solche *eine begrenzte* ist und sie gerade darin dem Selbstverständnis des Christentums entspricht.

Hier nun ergeben sich interessante Zusammenhänge mit den zwei zuvor thematisierten Prinzipien (3.1 und 3.2), insofern das Sich-Wissen der Schüler und die vorhandenen Phänomene allgemeiner Religiosität strukturell ebensolche Begrenzungen enthalten und gerade so ein normativer Bezug zu radikaler Pluralität gewährleistet bleibt.

3.3.2 Wahrheitsorientierung

Drei Blickrichtungen, die auch für eine persönliche Lebensführungspraxis orientierungsrelevant sind, können das Wahrheitsverständnis des christlichen Glaubens erschließen: Rücksicht, Vorsicht und Einsicht. Angesichts eines christlich-trinitarischen Zielhorizontes der Religionspädagogik ergeben sich drei Lernziele, die zusammengenommen eine Dynamik von Verweisungszusammenhängen freisetzen und so das religionspädagogisch so wichtige In-Beziehung-Setzen, das 'Relationieren' also, befördern.

> ⇨ *Rück-Sicht bahnt grund-legendes Vertrauen*
> *in Welt und Dasein an (schöpfungstheologisch*
> *gesprochen: Gott will diese Welt in ihrer kreativen Fülle).*

Entsprechend lautet das religionsdidaktische Auswahlkriterium: Die Inhalte der christlichen Religion sollen das wirklich Vertrauenswürdige dieser Welt und ihres Lebens zum Ausdruck bringen.

> ⇨ *Vor-Sicht lässt teilhaben an Jesu Vertrauen in Gottes Zukunft*
> *(christologisch gesprochen:*
> *Christus ist der Garant für normative Pluralität in Gott)*

Entsprechend lautet das religionsdidaktische Auswahlkriterium: Die Inhalte der christlichen Religion sollen das Vertrauenswürdige der Transzendierungsbewegung Jesu zum Ausdruck bringen

> ⇨ *Ein-Sicht gewährt das geist-volle Vertrauen*
> *in die eigenen fragmentarischen Akt menschlicher*
> *Selbstbegrenzung (pneumatologisch gesprochen:*
> *Der Geist hilft unserer Schwachheit auf).*

Entsprechend lautet das religionsdidaktische Auswahlkriterium: Die Inhalte der christlichen Religion sollen das Vertrauenswürdige der Selbstbegrenzung in den Akten menschlichen Lebens zum Ausdruck bringen und Sensibilität schaffen für ein damit zu gewinnendes sinnvolles Leben in der Pluralität und für eine noch ausstehende potentielle Pluralität des Lebens.

3.4 Religiöse unterrichtliche Lernprozesse im Modus der Selbstbegrenzung

Bei aller Bemühung und Anstrengung, pluralitätsrelevante religionsdidaktische Transformationsprozesse zu initiieren, gilt es gleichwohl, nüchtern die Chancen (und auch den Charme der Unvollkommenheit) von normalen 45-Minuten-Religionsunterrichtsstunden zu beachten und sich gelassen einzugestehen, dass eben nicht allen alles vermittelt werden kann, vielmehr zeitliche und auch inhaltliche Auffächerung und ihre entsprechende Fragment-Strukturen die unterrichtliche Wirklichkeit bestimmen. Gerade das Konstrukt der 45-Minuten-Stunde weist uns und unsere Schüler immer wieder auf die prinzipiellen Grenzen aller Didaktik, wie sie auch in einem noch so weit vorangetriebenen Projekt-Lernen nicht gesprengt werden können:

- dass nämlich der Ausgangspunkt von Unterrichtsprozessen gerade oftmals das Nicht-Lernen-Wollen ist;

- dass alle didaktischen Bemühungen ihre Berechtigung gerade in einem gegebenen Nicht-Lernen-Können haben und

- dass jeder spezifische Unterrichtsprozess anderes Lernen während der anberaumten Lernsequenz meistens ausschließt, also immer auch mit Nicht-Lernen-Dürfen zu rechnen ist.[7]

So gesehen erweist sich aller erziehender Unterricht und damit auch der Religionsunterricht als etwas anderes als ein Eingewöhnungsprozess in die unmittelbar gegebenen (religiösen) Lebenswelten, vielmehr wird faktische lebensweltliche und eben auch christliche Pluralität erst dann wahrhaft eingeholt, wenn distanzierende und reflektierende Momente den Unterricht konstituieren.

Das hat für wichtige Dimensionen eines jeden Religionsunterrichtes in und für Pluralität im Modus der Selbstbegrenzung Konsequenzen[8]:

⇨ *Schülerorientierung* hat nun gerade auch die Differenz zwischen Lebenswelt und ihrer unterrichtlichen Thematisierung im Blick zu halten.

---

[7] Vgl. zu dieser Grenzwert-Diskussion J. Diederich, Didaktisches Denken. Eine Einführung in Anspruch und Aufgaben, Möglichkeiten und Grenzen der Allgemeinen Didaktik, Weinheim und München 1988.

[8] Ausführlicher habe ich diese Konsequenzen diskutiert in „Pluralität als religionspädagogische Herausforderung", S. 360-361.

⇨ Der konstitutive *Traditionsbezug* zielt auf die weit reichende Implikation der christlichen Religion, nämlich ihre geschichtliche Selbstbegrenzung.

⇨ *Fächerübergreifende Initiativen* sind zu fördern, können aber die Segmentierung des Fächerkanons (letztlich der wissenschaftstheoretischen Grundsituation unserer Gegenwart) nicht überwinden; deshalb gilt es, gerade im Religionsunterricht selbst relevante Fächeraspekte als pluralen Herausforderungshorizont zu thematisieren.

⇨ *Interkulturelles Lernen* muss sich freihalten von aller harmonisierenden Gesinnungsrhetorik. Sie sollten entsprechend auf kognitive Dissonanzen achten und auch sich der teilweisen Simulation eines interkulturellen Lernens bewusst bleiben. Anzustreben ist die Haltung der Selbstbegrenzung gerade in Dialog-Situationen fehlender wechselseitiger Selbstbegrenzung!

⇨ *Kompensatorisches Lernen* zielt auf eine Erweiterung von Erfahrung und Umgang mit der Wirklichkeit, wie sie gerade durch didaktische Transformationen in besonderer Weise erreicht werden kann. Hier erscheint nun der christliche Standpunkt (konfessorische Rede) in seiner Prägung als springender Punkt hilfreich, insofern das Bewusstsein eines „Es-geht-auch-anders" den Respekt vor dem Anderen (sei es personal, sei es sachlich) als in Gott selbst verankert und bezeugt weiß.

⇨ Für das in einer dominant säkularen Gesellschaft notwendige *religiös alphabetisierende Lernen* gilt es immer neu den Sprach- und damit Sprecher-Haltungen der am unterrichtlichen Dialog beteiligten Schülerinnen und Schüler sorgfältig nachzugehen. Dem (oft verborgenen) Sprachgestus aus der Position vermeintlicher Unendlichkeit (absoluter Standpunkt) gegenüber ist der Sprachgestus aus der Position der Erkenntnis und des Eingeständnisses unserer Endlichkeit vor Gott (relationierender Standpunkt) probeweise anzubieten und zu praktizieren.[9]

⇨ Die Dimensionierung des *ökumenischen Lernens* hat darauf Wert zu legen, sinnvolle, verantwortbare Reduktionen theologischer Vernetzungen vorzunehmen, d.h. exemplarische Transformationen auf Fundamentales, bleibend Wichtiges und jetzt Dringliches des christlichen Glaubens zu wagen. Dabei muss klar eingestanden bleiben, dass es hierbei nicht um den (andernorts notwendig zu führenden) 'offiziellen' Dialog der christlichen Konfessionen gehen kann.

---

[9] Dabei gilt es, den Modus der Selbstbegrenzung zu beachten, wie ihn Paulus formuliert hat: „Wir wollen ja nicht Herren über euren Glauben sein, sondern wir sind Helfer zu eurer Freude." (2. Kor. 1,24).

⇨ *Interreligiöses Lernen* wird vor allem den Blick darauf richten, dass wir dabei stets und sehr konkret mit unterschiedlichen Mischungsverhältnissen innerhalb der anderen Religionen (wie im Übrigen des Christentums selbst) zu rechnen haben, die - ob gewollt oder ungewollt - mit den globalen Modernisierungs- und Säkularisierungstendenzen konfrontiert bzw. kontaminiert sind. Die Beurteilungskriterien (Bereicherung/ Unterscheidung/ Erhellung der Situation von Mensch und Welt) sollten vor allem das christliche Bewusstsein für fragmentarische Repräsentationsformen wach halten und gerade so den Weg der Toleranz beschreiten.

⇨ Beim *identifikatorischen Lernen* in und für Pluralität muss der Charme der Unvollkommenheit im Zentrum stehen. So, wie in aller doxologischen Rede das Letzte ungesagt bleiben muss, so auch, wie im Alltag viele Gesten und Sprachhandlungen ein bewusstes Sich-Zurücknehmen signalisieren, so sollten wir im wichtigen Bereich der Vorbilder darauf Wert legen, ein „problematisches Vorbild, das zu denken gibt" anzubieten.[10]

⇨ Schließlich sind bei einem *alters- und entwicklungsgemäßen Lernen* sorgfältig die Äußerungen und Einstellungen der Kinder und Jugendlichen zu deuten und die entsprechenden klaren, gerade auch empirischen Studien zu rezipieren (Retrospektive).[11] Eine daraus zu entwickelnde Prospektive muss aber stets auch mit ziellosen Strukturen menschlicher psychischer Strukturen rechnen, wie sie in letzter Zeit - angeregt durch die Chaosforschung - in der Entwicklungspsychologie angedacht werden.[12]

Vier Aussichten sollten Sie sich für Ihre zukünftige Erwerbs-Arbeit religionspädagogischer Kompetenz nicht verstellen lassen:

1.	Erkenntnis geschichtlicher Begrenztheit
2.	Fähigkeit zu akzeptierter Endlichkeit
3.	Bewusstsein von religiösen Überschreitungsversuchen
4.	Offenheit für das Vertrauenswürdige der christlichen Religion.

---

[10] I. u. D. Mieth, Vorbild oder Modell?, in: KatBl 102/1977, S. 625-631, hier: S. 628.
[11] Vgl. z.B. das elementar strukturierte Büchlein von J. M. Hull, Wie Kinder über Gott reden. Ein Ratgeber für Eltern und Erziehende, Gütersloh 1997 (engl. 1991).
[12] Vgl. Fr. Heyting, Pluralisierungstendenzen in der Gesellschaft und pädagogische Risikobeherrschung, in: Z.f.P., 32. Beiheft 1994, S. 65-78.

Übergänge. Einführung in die Religionspädagogik 241

4 Religionspädagogisch forschendes Lehren und Lernen

Die zuletzt genannten vier religionspädagogischen Aussichten sind der fast unzulässig verkürzte Extrakt sowohl einer langen religionspädagogischen Theoriegeschichte des 20. Jahrhunderts als auch eines kontinuierlichen, letztlich immer nur biographisch zu leistenden Kontaktes mit lebendigem Vollzug von Religionsunterricht an der öffentlichen Schule. Dahinter steht das für jede Didaktik unumgängliche *Theorie-Praxis-Problem*, das angewiesen ist auf wechselseitige Befruchtung! Dahinter steht aber auch das wissenschaftliche *Subjekt-Objekt-Schema*, das angewiesen ist auf die neu-gierige Leidenschaft des Subjekts gepaart mit nüchterner Präzision des Blicks auf jeweilige Objekte, in unserem Falle also religionspädagogische und religionsdidaktische Problemstellungen und einer klassenstarken Zahl von Subjekten, von Schülerinnen und Schülern!

Das bedeutet aber, dass nicht nur das methodisch geleitete und intersubjektiv zu verantwortende wissenschaftliche Forschen an den Universitäten und Hoch- und Fachhochschulen pädagogisch und didaktisch relevant sein kann (auf jeden Fall sein sollte), sondern dass jede Religionslehrerin und jeder Religionslehrer vor Ort gleichsam in jeder Sekunde ihres bzw. seines Religionsunterrichts (und selbstverständlich in den Zeiten der Vor- und Nachbereitung) forschendes Lehren und Lernen freisetzt, und damit sogar die Schülerinnen und Schüler dem forschenden Drang nach Erkenntnis von Zusammenhängen in Sachen (christlicher) Religion folgen dürfen.

Dass der lebendige Vollzug von Religionsunterricht dermaßen stark in den Vordergrund (post)moderner Religionspädagogik gerückt ist (vgl. auch unser Faktorenmodell unter Punkt 1) und somit forschendes Lehren und Lernen gleichsam gleichermaßen auf Hochschullehrer, Lehrer und Schüler verteilt ist, ist das Ergebnis einer Folge von religionspädagogischen Paradigmenwechseln im 20. Jahrhundert, die nun allerdings stärker auf theoretischer als auf praktischer Ebene vorangetrieben wurden und die man folgendermaßen bündelnd strukturieren kann[13]:

Das *kerygmatische Paradigma* des Religionsunterrichts war in unterschiedlicher, aber einseitig theologischer Fassung an der Vermittlung im Sinne einer Weitergabe des christlichen Proprium interessiert. Das forschende Lehren und Lernen stellte sich unter das Hören des Wortes Gottes und seine Verkündigung. Der *kirchliche Raum* war zentraler Bezugspunkt.

Das *hermeneutische Paradigma* des Religionsunterrichts widmete dem wissenschaftlichen, historisch-kritisch geleiteten, kognitiven Verstehen des christli-

---

[13] Die folgenden Leitbegriffe verdanke ich einer anregenden débat cordiale mit meinem verehrten Lehrer Rainer Lachmann.

chen Propriums alle forschende und lernende Aufmerksamkeit. Der *schulische Raum* bot Vernetzungen, solange das schulische Selbstverständnis, Hort und Anwalt der Überlieferung zu sein, seine Autorität nicht verlor.

Das *ethische Paradigma* des Religionsunterrichts rückte das christliche Proprium in seine vielfältigen Beziehungen zum *gesellschaftlich-öffentlichen Raum*. Die so konstituierten Problemfelder wurden forschend und lehrend und lernend erkundet sowie religionsdidaktisch entsprechend transformiert und ins Klassenzimmer geholt. Den Gefahren einer ethischen Reduktion der Theologie bzw. gar eines Exodus der Theologie aus den religionspädagogischen Theoriekonzeptionen konnte allerdings nicht immer gewehrt werden.

Am Ende des vergangenen wie auch weiterhin am gegenwärtigen Beginn des neuen Jahrhunderts lassen sich die vielen, oft sehr unterschiedlichen, kaum mehr zu integrierenden religionspädagogischen Forschungsrichtungen, Themen und Modellentwürfe unter dem *ästhetischen Paradigma* des Religionsunterrichts subsumieren. Dabei geht es primär um die ganz elementare wörtliche Bedeutung des griechischen Wortes *aisthesis*, also um *sinnliche Wahrnehmung aller am Religionsunterricht Teilnehmenden sowie alles im Religionsunterricht Verhandelten*. Forschendes Lehren und Lernen orientiert sich an einer Phänomenologie der religiösen Lebenswelt und damit an Konkretionen gelebten bzw. gestalteten Glaubens in seinen expliziten und/oder impliziten Formen. Das neue ästhetische Paradigma birgt zwei unterschiedliche Orientierungsräume: zum einen die kirchliche Lebenswelt, zum anderen die säkulare bzw. interreligiöse Lebenswelt. Beide Räume werden durchaus in ihrer jeweiligen gegenseitigen Verwiesenheit erkannt, doch scheinen gegenseitige Abschottungen, wie sie schon einmal im 20. Jahrhundert stattgefunden haben, trotz aller schlichten schulräumlichen Erdungsnotwendigkeit nicht aus dem religionspädagogischen Diskurs zu verbannen zu sein.

Die kirchliche Lebenswelt, und damit die explizite Form des Glaubens wird z.B. vom Bischofswort zum katholischen Religionsunterricht von 1996 favorisiert (obwohl katholischerseits die klare Trennung von schulischer Religionspädagogik und Gemeindekatechese in die Diskussion eingebracht wurde), während *die säkulare Lebenswelt* den größeren Rahmen der EKD-Denkschrift von 1994 bildet (obwohl gleichwohl relativ blauäugig auf die gemeindepädagogischen Bezüge einer angeblich attraktiven kirchenweltlichen Praxis erinnert wird).

Aber solche konfessionellen Trennlinien decken die gegenwärtigen religionspädagogischen Forschungstrends keineswegs ab, insofern gerade auf evangelischer Seite die kirchliche Lebenswelt verstärkt in den Blick gerät (Kirchenraumpädagogik, Performative Religionsdidaktik im Sinne einer Sensibilisierung für „liturgische" Raumerfahrungen, Beten und Gesegnet werden als konstitutive

Elemente des Religionsunterrichts, u.v.a.m.), während auf katholischer Seite die säkulare und interreligiöse Lebenswelt mit ihren impliziten Formen der Religiosität durchaus im Fokus der Forschung bleibt (Religiös dimensionierte Popularkulturen; symboldidaktische Analogienbildung; Compassion-Projekt zum sozialen Lernen, u.v.a.m.). Die genannten Forschungsrichtungen, Themen und Modellentwürfe können an dieser Stelle nicht umfassend erfasst werden: Religionspädagogik ist allein schon von ihrem Selbstverständnis eine „modische" Wissenschaft, die an „modischen" individuellen und gesellschaftlichen Entwicklungen partizipieren muss. Und deshalb ist ja auch unsere eigene Forscher-Rolle als (Hoch-)Schullehrer und Schüler immer wieder zu betonen. Auf der wissenschaftlichen Ebene der angewandten Methoden ist allerdings durchaus ein bestimmtes Gefälle zu erkennen, das mit der phänomenologischen Perspektive des ästhetischen Paradigmas zusammenhängt: Es wird in der Religionspädagogik zunehmend empirisch geforscht (eine Tendenz, die durchaus auch mit der dadurch besseren, weil quantifizierbaren Positionierung auf dem Markt der Einwerbung von Drittmitteln etwas zu tun hat). Umso wichtiger ist nun aber, dass die Ergebnisse (über deren Verhältnis von Aufwand und Ertrag hier nicht zu richten ist), zunehmend auch über das Internet abrufbar sind und dass gerade über das Medium der Online-Recherche das forschende Lehren und Lernen einen Resonanzraum bis in die „entlegensten" Klassenzimmer findet, wodurch das *Theorie-Praxis-Problem* wie auch das *Subjekt-Objekt-Schema* aus seinem bisherigen Elfenbeinturm herausfindet und seine jeweilige Fruchtbarkeit bis hinein in ausgearbeitete Unterrichtentwürfe beweisen kann.

Folgende Internet-Adressen sollten gerade vom „religionspädagogischen Praktiker" vor Ort immer wieder aufgesucht und die jeweils soliden Verlinkungen genutzt werden:

> www.bildungsserver.de
>
> www.ekd.de   www.katholisch.de
>
> www.religionsunterricht.net
>
> www.rpi-virtuell.net   www.rpp-katholisch.de
>
> http://ci-muenster.de
>
> www.theo-web.de

Online-Recherche bzw. empirische Struktur-Daten-Erhebung ersetzen aber nicht die maßstabgebundene Orientierung: Die (normative) Mitte einer alle Daten dieser Welt versammelnden CD-ROM bliebe technisch gesehen – leer.

Bedeutungen lassen sich nicht messen, sie lassen sich auch nicht beliebig herstellen; sie entziehen sich einer digitalen, auf die Null und die Eins reduzierten Kommunikation. Bedeutungen und insbesondere religiös bzw. explizit christlich bedeutsame Überzeugungen lassen sich nur analog kommunizieren. Für solch eine theologisch relevante analoge religionspädagogische und religionsdidaktische Kommunikation braucht es selbstverständlich auch neben dem Anteil des ästhetischen Paradigmas die Anteile des kerygmatischen, hermeneutischen und ethischen Paradigmas. Kurz: es braucht eine professionelle *theologische und religionspädagogisch-religionsdidaktische Kompetenz*! Eine derartig kritisch-integrative Verschränkung suchten wir mit unserem trinitätstheologisch verantworteten religionspädagogischen „Ausblick" und seinen vier „Aussichten" anzubieten (vgl. Punkt 3).

Ein religionspädagogisch forschendes Lehren und Lernen unter dieser Maß-Gabe wird sich auch nicht auf die festgestellte Opposition von hier kirchlicher Lebenswelt und dort säkularer und interreligiöser Lebenswelt des ästhetischen Paradigmas einschränken lassen. Vielmehr wird es konsequent den sog. *spatial turn* der Kulturwissenschaften vorantreiben und mit Hilfe der Konzeption einer „Urbanen Religionspädagogik" (vgl. Punkt 1) individuelles, gesellschaftliches und kirchliches Christentum im *öffentlichen Raum der Städte* aufsuchen. Diese pluralen Gemengelagen (und ihre didaktischen Transformationen) können dabei maßstäblich orientiert werden am eschatologischen Bild des himmlischen Jerusalem, der Stadt Gottes, in der ER selbst abwischen wird alle menschlichen Tränen und in der ER selbst mitten unter den Menschen leben wird ohne alle Raum-Aufteilungen und Begrenzungen. Forschendes Lehren und Lernen findet übrigens in *allen*, auch naturwissenschaftlichen Fächern mit Hilfe von Bildern, Symbolen und Metaphern – also analog – statt, wie uns nicht nur ganz konkret die Psychologie lehrt[14], sondern auch ganz abstrakt der sog. *iconic turn* der Kulturwissenschaft „vor Augen" führt.

Das eigenständige Forschen und Lehren einer zukünftigen Lehrkraft für religionsunterrichtliches Lernen wird notwendiger denn je werden. Denn auch der Religionsunterricht wird sich (wie die gesamte schulische und hochschulische Landschaft) auf (nationale) Bildungsstandards und auf die primäre Vermittlung grundlegender Kompetenzen religiöser Bildung einlassen müssen; diese Entwicklung wird die Religionslehrer keineswegs zu Vollzugsbeamten degradieren, sondern sie zu religionsdidaktisch professionellen „Auswählern" und „Entscheidern" nobilitieren und das Anforderungsprofil in theologischer wie religionsdidaktischer Hinsicht erheblich erhöhen!

---

[14] Vgl. G. Hüther, Die Macht der inneren Bilder. Wie Visionen das Gehirn, den Menschen und die Welt verändern, Göttingen 2004.

Auf den ersten Blick mögen Bildungsstandards und Kompetenzen als technokratische Raster erscheinen, wenn man sich die Definitionen vergegenwärtigt:

- „Bildungsstandards sind normative Setzungen, die präzise definieren, was von den Schüler/innen erwartet wird. Sie sind klare verbindliche Anforderungen an das Lernen und Lehren innerhalb eines schulformübergreifenden Rahmenkonzepts schulischer Bildung."[15]
- Kompetenzen sind „eine komplexe Problemlösefähigkeit als Ergebnis von Lernprozessen und als Ertrag der Wirksamkeit von Unterricht".[16]

Auf den zweiten Blick aber kann man gerade auch als Religionslehrerin und Religionslehrer sehr gut mit diesem formalen Rahmen leben:

- Zuallererst zwingt er uns zu professioneller Unterscheidung von Messbarem und Nicht-Messbaren, von aktiv Machbarem und passiv zu Akzeptierendem: eine genuin theologische Aufgabenstellung!

- Zum anderen verweist er uns auf die schulräumlichen Erdungen des Religionsunterrichts, auf seine lerntheoretisch zu begründenden Strukturen, auf seine explizite Einbindung in die Fächer und Fächerverbünde und in den überwölbenden Bildungsauftrag einer öffentlichen Schule in einer freiheitlichen Demokratie.

- Schließlich aber und keineswegs zuletzt nötigen religiöse Bildungsstandards und Kompetenzen zu gerade nicht vorgegebenen inhaltlichen Auswahlentscheidungen, zu einer religionsdidaktischen Transformation der ausgewählten Inhalte, zu jeweils adäquaten methodischen Inszenierungen und zu einer verantwortlichen Wahrnehmung der Freiräume religionspädagogischer Vielfalt, wie sie auch durch die höhere pädagogische Gestaltungsautonomie der einzelnen Schulen zunehmend fundiert werden wird.

In vier Schritten haben wir versucht, den „Zusatz" zum Studium der „Theologie", nämlich „/ Religionspädagogik" zu klären und aufzuklären. Wenn ich diese zu religionspädagogischen Taten anregen wollenden vier religionspädagogischen Denkbewegungen noch einmal in einem einzigen Begriff zu bündeln hätte, ich wüsste keinen besseren als den titelgebenden Begriff dieses Buches und dieser Einführung: ÜBERGÄNGE.

(Vgl. hierzu auch meine Ausführungen in der Einleitung zu diesem Buch.)

---

[15] D. Fischer/ V. Elsenbast (Redaktion), Grundlegende Kompetenzen religiöser Bildung. Zur Entwicklung des evangelischen Religionsunterrichts durch Bildungsstandards für den Abschluss der Sekundarstufe I, Münster 2006, S.10.
[16] Ebd., S. 11.

Literatur

Arbeitsbücher, Lexika

Grethlein, Chr.: Fachdidaktik Religion: Evangelischer Religionsunterricht in Studium und Praxis. Göttingen 2005 (UTB 2668)

Mette, N. / Rickers, F. (Hg): Lexikon der Religionspädagogik in zwei Bänden. Neukirchen-Vluyn 2001

Noormann, H. u.a. (Hg): Ökumenisches Arbeitsbuch Religionspädagogik. Stuttgart ²2004

Schulte, A. / Wiedenroth-Gabler, I.: Religionspädagogik. Stuttgart 2003 (Calwer TB 94)

Schlüter, R.: Konfessioneller Religionsunterricht heute? Hintergründe – Kontroversen – Perspektiven. Darmstadt 2000

Einführungen

Adam, G. / Lachmann, R. (Hg): Methodisches Kompendium für den Religionsunterricht. 2 Bände. Göttingen ⁴2002 / 2002

Adam, G. / Lachmann, R. (Hg): Kinder- und Schulbibeln. Probleme ihrer Erforschung. Göttingen 1999

Baldermann, I.: Einführung in die biblische Didaktik. Darmstadt 1996

Berg, H.K.: Ein Wort wie Feuer: Wege lebendiger Bibelauslegung. Stuttgart ⁴2002

Bosold, I. / Kliemann, P.: „Ach, Sie unterrichten Religion?" Situationen – Tipps – Methoden. München / Stuttgart 2003

Bottigheimer, R.: Eva biss mit Frevel an. Rezeptionskritisches Arbeiten mit Kinderbibeln in Schule und Gemeinde. Göttingen 2003

Büttner, G. / Dieterich, V.-J.: Religion als Unterricht. Ein Kompendium. Göttingen 2004

Büttner, G. / Schreiner, M. (Hg): Jahrbuch für Kindertheologie, z.B.: „Mittendrin ist Gott". Kinder denken nach über Gott, Leben und Tod. Stuttgart 2004

Sonderbände in dieser Reihe: „Man hat immer ein Stück Gott in sich". Mit Kindern biblische Geschichten deuten. Teil 1: AT / Teil 2: NT. Stuttgart 2004 / 2005

Englert, R.: Einübung in religionspädagogische Grundfragen. Lehrbuch für Fortgeschrittene. Stuttgart 2007 (Praktische Theologie heute Bd. 82)

Feige, A. / Tzscheetzsch, W.: Christlicher Religionsunterricht im religionsneutralen Staat? Stuttgart 2005

Grethlein, C. / Lück, C.: Religion in der Grundschule. Ein Kompendium. Göttingen 2006

Hagemann, W. / Hirsch, E.: Lernen kreativ

Bd. 1: Stärker als der Tod ist das Leben. Passion und Ostern. Klasse 1-6. Düsseldorf 2002

Bd. 2: Unter dem Segen der Einen Gottes. Abraham und seine Familie. Klasse 1-6. Düsseldorf 2002

Übergänge. Einführung in die Religionspädagogik 247

In Planung: Bd. 3: Feste der Religionen / Bd. 4: Singspiele im RU / Bd. 5 : Jesus / Bd. 6: Schöpfung

Halbfas, H.: Das Christentum. Erschlossen und kommentiert von Hubertus Halbfas. Düsseldorf 2004

Halbfas, H.: Die Bibel. Erschlossen und kommentiert von Hubertus Halbfas. Düsseldorf 2001

Heckel, M.: Religionsunterricht auf dem Prüfstand. In: Zeitschrift für Theologie und Kirche 102, 2/2005

Heller, C.: Geschichten zur Umwelt des Alten Testamentes. Mit Arbeitshinweisen für die Grundschule. Düsseldorf 1994

Hilger, G. / Ritter, W.H.: Religionsdidaktik Grundschule. Handbuch für die Praxis des evangelischen und katholischen Religionsunterrichts. München / Stuttgart 2006

Hoeps, R. (Hg): Sehen lernen mit der Bibel. Der Bildkommentar zu Meine Schulbibel. Stuttgart u.a. 2003 (Koprod. Der Verlage Kösel / Butzon&Bercker / Katholisches Bibelwerk / Patmos)

Jahnke, M.: Meine Welt spielen und erzählen. Ein Werkbuch zur religiösen Erziehung für Familie, Schule und Gemeinde. Gütersloh 2003

Katholisches Bibelwerk Stuttgart (Hg): Reihe „Bibelarbeit mit Kindern" Darin bisher erschienen:

Brielmaier, B. / Eltrop, B. / Föhr, J. (Hg): Gott will uns nahe sein. Lesungen und Evangelien im Kirchenjahr. Stuttgart 2002

Brielmaier, B. / Eltrop, B. (Hg): So ein Glück! Lesungen und Evangelien im Kirchenjahr. Stuttgart 2003

Brielmaier, B. / Eltrop, B. (Hg): Zahlreich wie die Sterne. Familiengeschichten aus dem Hause Abraham. Stuttgart 2004

Brielmaier, B. / Eltrop, B. / Reuter, E. (Hg): Die Wüste soll blühen. Lesungen und Evangelien im Kirchenjahr - Lesejahr A. Stuttgart 2004

Brielmaier, B. / Eltrop, B. / Reuter, E. (Hg): Mit Jesus auf dem Weg. Lesungen und Evangelien im Kirchenjahr. Stuttgart 2005

Brielmaier, B. / Eltrop, B. / Reuter, E. (Hg): Advent neu erleben. Bausteine für Kinder- und Familiengottesdienste im Lesejahr C. Stuttgart 2006

Reuter, E. (Hg): Gottes gute Schöpfung. Biblische Schöpfungstexte verstehen und gestalten. Stuttgart 2005

Reuter, E. (Hg): Die Welt mit anderen Augen sehen. Propheten und Prophetinnen. Stuttgart 2006

Katholisches Bibelwerk Stuttgart (Hg): Zugänge zur Bibel. Suchen. Und Finden. Das Ökumenische Werkbuch. Stuttgart 2002

Kinder in der Bibel. Heft 163 der Zeitschrift „Bibel heute". Stuttgart 3/2005

Kogler, F. / Penner, J.(Hg): Das hat Sinn. Methodenwerkstatt Bibelarbeit. Stuttgart 2005

Lehnen, J.: Interaktionale Bibelauslegung im Religionsunterricht. Stuttgart 2006 (Praktische Theologie heute Bd. 80)

Leonhard, S.: Leiblich lernen und lehren. Ein religionsdidaktischer Diskurs. Stuttgart 2006 (Praktische Theologie heute Bd. 79)

Lachmann, R. u.a. (Hg): Elementare Bibeltexte. Exegetisch – systematisch – didaktisch. Göttingen 2001

Lachmann, R. / Adam, G. u.a. (Hg): Theologie für Lehrerinnen und Lehrer / TLL (Reihe: bis jetzt 4 Bände)

Bd. 1: **Lachmann, R. / Adam, G. / Ritter, W.**: Theologische Schlüsselbegriffe. Biblisch – systematisch – didaktisch. Göttingen ²2004

Bd. 2: **Lachmann, R. / Adam, G. / Reents, C.**: Elementare Bibeltexte. Exegetisch – systematisch – didaktisch. Göttingen 2001

Bd. 3: **Lachmann, R. / Gutschera, H. / Thierfelder, J.**: Kirchengeschichtliche Grundthemen. Historisch – systematisch – didaktisch. Göttingen 2003

Bd. 4: **Lachmann, R. / Adam, G. / Rothgangel, M.**: Ethische Schlüsselprobleme. Lebensweltlich – systematisch – didaktisch. Göttingen 2006

Lachmann, R. / Mokrosch, R. / Sturm, E. (Hg): Religionsunterricht – Orientierung für das Lehramt. Göttingen 2006

Lalanne, St. u.a.: Wer ist das eigentlich, Gott? Und 120 andere Kinderfragen. München 2005

Niehl, F. (Hg): Leben lernen mit der Bibel. Der Textkommentar zu Meine Schulbibel. Stuttgart u.a. 2003 (Koprod. Der Verlage Kösel / Butzon&Bercker / Katholisches Bibelwerk / Patmos)

Quadflieg, J.: Die Bibel für den Unterricht. 2 Bde.: AT / NT. Düsseldorf 1996 / 1998

Reheis, F.: Die Kreativität der Langsamkeit. Darmstadt ²1998

Reiss, B. / Tjoyas, A.: Schöpfungsgeschichten der Welt. Düsseldorf 2006

Schilling, K.: Wege ganzheitlicher Bibelarbeit. Stuttgart 1992

Schilling, K. (Hg): Reihe Glauben erfahren mit Hand, Kopf und Herz.
Darin z.B.

Bd. 6: **Müller, A.**: Gestaltpädagogik in Religionsunterricht und Gemeinde. Stuttgart 1998

Bd. 3: **Berg, H.K.**: Montessori für Religionspädagogen. Stuttgart 1999

Schopf, S.: Sieben Schöpfungsgeschichten aus aller Welt. Düsseldorf 2005

Straß, S.: Die Bibel als Buch für Kinder ?! Theologische und didaktische Analyse aktueller Kinderbibeln. Erlangen 2002

Steinkühler, M.: Wie Feuer und Wind / Wie Brot und Wein. Das AT / NT Kindern erzählt. 2 Bde. Göttingen 2005

Steinwede, D. / Ryssel, I. / Westheuser, D.: Religion spielen und erzählen. Kinder begleiten in Schule und Gemeinde. 4 Bde. Gütersloh 1997 - 2004

Übergänge. Einführung in die Religionspädagogik 249

Tschirch, R.: Biblische Geschichten erzählen. Stuttgart 1997
Wermke, M. / Adam, G. / Rothgangel, M. (Hg): Religionsunterricht in der Sekundarstufe II. Ein Kompendium. Göttingen 2006

Kirchenpädagogik

Brüll, C. u.a.: Synagoge – Kirche – Moschee. Kulträume erfahren und Religionen entdecken. München 2005
IRP Freiburg (Hg): Information & Material für den RU an Grund- Haupt und Sonderschulen. Wir erkunden unsere Kirchen von außen – nach innen. Heft 1/2006
IRP Freiburg (Hg): Information & Material für den RU an Grund- Haupt und Sonderschulen. Rätsel und Spiele rund um die Kirche. Heft 2/2006
Kranemann, B.: Kirchenräume zwischen Wertschätzung und Baulast. Positionen – Probleme – Perspektiven. In: Cardo (4/2006) S. 21-30
Rupp, H. (Hg): Handbuch der Kirchenpädagogik. Stuttgart 1006

Elementarpädagogik

Habringer-Hagleitner, S.: Zusammenleben im Kindergarten. Modelle religionspädagogischer Praxis. Stuttgart 2006
Huber-Rudolf, B.: Muslimische Kinder im Kindergarten. Eine Praxishilfe für die alltägliche Begegnung. München 2002
Möller, R. / Tschirch, R. (Hg): Arbeitsbuch Religionspädagogik für ErzieherInnen. Stuttgart ³2006
Wagemann, G.: Feste der Religionen – Begegnungen der Kulturen. München 2002

Kinderbibeln

Beck, E.: Meine Bilderbibel. Ein Buch von Gott und den Menschen. Kevelaer ⁶1994
Buehler, M.: Illustrierte Bibel für Kinder. München 2003
de Kort, K.: Das große Bibel-Bilderbuch. Stuttgart 1994 (Gebundene Ausgabe)
de Kort, K.: Meine schönsten Bibelgeschichten. Stuttgart 2001 (Gebundene Ausgabe)
Deutsche Bischofkonferenz (Hg): Bibel für die Grundschule. (Koprod. Der Verlage Kösel / Butzon & Bercker / Katholisches Bibelwerk / Patmos) Stuttgart ⁸2005
Günzel-Horatz, R. (Hg): Meine Schulbibel. Ein Buch für Sieben- bis Zwölfjährige. (Koprod. Der Verlage Kösel / Butzon & Bercker / Katholisches Bibelwerk / Patmos) Stuttgart 2003
Heller, H. u.a.: Die Nacht leuchtet wie der Tag. Bibel für junge Leute. Braunschweig ²1992
Laubi, W.: Kinderbibel. Aachen 2003
Laubi, W.: Erzählbibel. Geschichten aus dem Neuen Testament. Lahr 2003

Oberthür, R.: Die Bibel für Kinder und alle im Haus. München 2005

Offringa, B.: Auf dem Weg. Bibel für Kinder. Donauwörth 1996

Quadflieg, J.: Die Bibel für den Unterricht in der Grundschule und in der Orientierungsstufe. Düsseldorf 1996

Quadflieg, J. / Frind, R.: Die Bibel. 14 Overheadfolien zur Begleitung für Schule und Gemeinde. Düsseldorf 1998

Pokrandt, A.: Elementarbibel. Lahr 1998

Rehberg, S.: Die Bilder aus Meine Schulbibel. 30 Farbfolien. Stuttgart u.a. 2003 (Koprod. Der Verlage Kösel / Butzon&Bercker / Katholisches Bibelwerk / Patmos)

Scheffler, U. / Gotzen-Beek, B.: Herders Kinderbibel. Freiburg [5]2001 (Gebundene Ausgabe)

Schindler, R. / Zavrel, S.: Mit Gott unterwegs. Die Bibel für Kinder und Erwachsene neu erzählt. Zürich [7]2003

Steinwede, D. (Hg): Die Bibel. Düsseldorf 2003

Verlag Katholisches Bibelwerk (Hg): Kinderbibel mit Bildern von Sieger Köder. Stuttgart 2004

Wensell, U. / Erne, T.: Die große Ravensburger Kinderbibel. Geschichten aus dem Alten und Neuen Testament. Ravensburg [14]1996 (Gebundene Ausgabe)

Weth, I. / de Kort, K.: Neukirchener Kinder-Bibel. Mit einer Einführung in die Bibel und ihre Geschichten. Neukirchen-Vluyn [15]2005 (Gebundene Ausgabe)

Weth, I.: Neukirchener Erzählbibel. Neue Geschichten aus dem Alten und Neuen Testament. Neukirchen-Vluyn 1998

Zink, J.: Der Morgen weiß mehr als der Abend. Stuttgart 2004

Einführung in die Religionspsychologie

Adly Rausch

1 Einführung

Ein 16-jähriges Mädchen, Schülerin einer 11. Klasse eines Mannheimer Gymnasiums, beschreibt ihre religiöse Entwicklung - insbesondere ihre Beziehung zu Gott - folgendermaßen:

„Für mich ist Gott keine Person. Früher dachte ich, Gott wäre so ein alter Herr mit Bart, grauhaarig mit einem weißen Gewand. Er war für mich sehr weise und gütig und hat eine in gewisser Weise feierliche und getragene Stimmung verbreitet. Wahrscheinlich hat das damit zu tun, dass man, wenn man klein ist, Gott nur mit bestimmten Festen wie Weihnachten oder Ostern oder mit Sonntagen in Verbindung bringt.

Als ich dann älter wurde, konnte ich, vor allem um meine Konfirmandenzeit herum, so gut wie gar nichts mit Gott anfangen. Die alte Vorstellung ist nicht mehr gültig, aber man hat auch noch keine neue. Das ist es auch, was mich an dem Alter, in dem man konfirmiert wird, so stört. Man hat genug damit zu tun, mit sich und seiner Umwelt klar zu kommen und hat für Gott gar keinen Platz. Später, oder auch früher, würde es einem viel mehr bringen, weil man dann auch wirklich was zu dem Thema zu sagen hat. Denn, wenn man dann erst mal mit sich im Reinen ist, kann man sich auch wieder mit Gott beschäftigen.

Heute ist Gott für mich vielmehr ein Gefühl. Gott ist für mich in der Liebe, die ich anderen Menschen gegenüber empfinde und auch in der Liebe, die mir entgegengebracht wird. Das ist mir erst in letzter Zeit klar geworden. Ich habe gelernt, Liebe, wirkliche und starke Liebe zu empfinden. Ich habe gemerkt, dass alles, was man so für Verliebtsein hält, in Wirklichkeit etwas ganz anderes, ein viel ärmeres Gefühl ist. Zu lernen, wirkliche Liebe zu empfinden, war und ist für mich sehr, sehr wichtig geworden. Liebe, die auch einer noch so großen Distanz und unterschiedlichen Lebensgewohnheiten standhält. In der Liebe ist für mich Gott."[1]

---

[1] Nipkow, K.-E.: Jugendliche und junge Erwachsene vor der religiösen Frage. Religionssoziologische, entwicklungspsychologische und religionspädagogische Perspektiven, in: Klonski, G. (Hg): Religion als Chance und Risiko, Bern 1994, S. 122f.

Nipkow[2] spricht *wesentliche* Etappen dieses Entwicklungsweges mit den jeweiligen *wesentlichen* Inhalten an:

1. Abschnitt: Kindheit

Die religiöse Grundeinstellung wird von der Wirkung von Feierlichkeiten/Festtagen geprägt.

2. Abschnitt: Konfirmandenzeit (13-14 Jahre)

Eine institutionelle religiöse Unterweisung erfolgt zu einem Zeitpunkt in der individuellen Entwicklung, der von Unsicherheiten geprägt ist: die eigene Identität und die zur Umwelt einzunehmende Position werden gesucht.

3. Abschnitt: Jugendalter

Eine differenzierte Reflexionsfähigkeit verhilft zu einem gefestigten religiösen Standpunkt (Beziehung: Gott und Liebe).

Dieser Entwicklungsverlauf dient als Anstoß, um die Frage zu stellen, was einen Psychologen an ihm interessieren würde. Mit anderen Worten: Was könnte Untersuchungsgegenstand der Psychologie sein?

Bereits nach einer ersten Betrachtung lassen sich u.a. die folgenden - dem Alltagsverständnis entnommenen - Überlegungen formulieren:

- Wie entwickelt sich religiöses Bewusstsein?

- Welche Anregungen kann die Psychologie für die Gestaltung des Konfirmandenunterrichts liefern?

- Wie kann religiöses Bewusstsein festgestellt, wie gemessen werden?

Solche Anregungen wecken das Interesse, die Beziehung Psychologie - Theologie in einigen relevanten Aspekten zu erfassen. Diese sollen einen Eindruck vermitteln, in welcher Weise Religiosität ein Thema der Psychologie in Forschung und Lehre ist und ob die Theologie sich veranlasst sieht, sich auf eine Zusammenarbeit mit der Psychologie einzulassen. Auf der Basis dieser Informationen wird in einem zweiten Teil ein konkretes Forschungsfeld aus dem Bereich der strukturgenetischen Religionspsychologie vorgestellt, das exemplarisch einen Einblick in *eine* Akzentuierung der gegenwärtigen Forschungssituation gewährt.

---

[2] Ebd.

2 Zum Verhältnis Psychologie und Theologie

2.1 Ausgangspunkt: Zwei Einschätzungen

Eine erste Information über eine grundsätzliche Einschätzung der Beziehung ist der Vielzahl von Veröffentlichungen zu entnehmen, die sich z.T. auch um eine erklärende Bewertung bemühen: So resümiert z.b. Bernhard Grom 1992 in seinem Buch „Religionspsychologie", dass „insgesamt ... die deutschsprachige psychologische Forschung der letzten 20 Jahre den Bereich Religiosität fast wie ein Tabu gemieden (hat)"[3]. Aus der Sicht der Pastoralpsychologie, einem relativ jungen Teilgebiet der Praktischen Theologie nimmt Baumgartner die folgende Einschätzung vor: „Von kirchlich-theologischer Seite wird nicht selten das Argument der 'Transzendenzlosigkeit' bzw. des 'Atheismus' im psychologischen Menschenbild ins Feld geführt, das zum Modell 'Kampf und Abgrenzung' nötige"[4]

Ich halte es für erforderlich, an dieser Stelle für eine Weile zu verharren: Wo Worte wie „Tabuthema, Kampf und Abgrenzung" fallen, ist es schwierig, sich eine fruchtbare Zusammenarbeit vorzustellen. Ist diese eine Illusion, eine Wunschvorstellung von einigen an einer interdisziplinären Verständigung interessierten Theoretikern und Praktikern oder hat sie ungeachtet der eben zitierten Aussagen bereits (vereinzelt) stattgefunden und relevante Ergebnisse vorzuweisen?

2.2 Argumente für eine Zusammenarbeit

Mit Hilfe des eingangs aufgenommenen Fallberichtes wurden Ansatzpunkte für eine notwendige Zusammenarbeit aufgezeigt. Für diese spricht u.a. Folgendes:

1. Die Psychologie, die die Untersuchung des Denkens, Fühlens und Handelns von Menschen zum Gegenstand hat, kann die religiöse Entwicklung, die von vielen Menschen durchgemacht wird, nicht aus ihrer Forschungsarbeit ausklammern.

2. Umgekehrt kann sich die Theologie nicht den Erkenntnissen verschließen, die die psychologische Erforschung des Menschen erbracht hat, zumal die religiöse Entwicklung sich nicht isoliert vollzieht, sondern mit anderen Bereichen wie z.B. der Moralentwicklung in Verbindung gebracht werden kann. Dies unterstreicht auch Baumgartner, der aus pastoralpsychologischer Sicht formuliert: „So muss jedes theologische Nachdenken über den Glauben und seine Praxis geradezu zwangsläufig auch zu einer Art psychologischer Reflexion über die 'Seele' des Menschen führen"[5]

---

[3] Grom, B.: Religionspsychologie, München 1992, S. 12.
[4] Baumgartner, I.: Pastoralpsychologie, Düsseldorf 1990, S. 76.
[5] Ebd. S. 44.

3. Die Psychologie hat erkannt (auf gegensätzliche Auffassungen wird später Bezug genommen), dass Religiosität ein wichtiger Beitrag zur psychischen Gesundheit sein kann. Demzufolge wird ihr Relevanz bei der therapeutischen Behandlung zugesprochen.

4. Umgekehrt darf die Theologie nicht vergessen, dass die seelsorgerliche Betreuung von Menschen auch Beratungstätigkeit ist, die auf psychologischen Prinzipien - u.a. in der Gesprächsführung - basiert. Beiträge wie z.B. aus der Gesprächspsychotherapie, der Psychoanalyse und der Verhaltenstherapie können für diesen Prozess Anregungen vermitteln und den Berater für bestimmte Sachverhalte sensibilisieren.

2.3 Einige Gründe für zu registrierende Diskrepanzen

Die eben angeführten Argumente (ein Ausschnitt) für eine notwendige Zusammenarbeit der beiden Disziplinen scheinen nicht von allen geteilt zu werden. Es wäre sonst nicht anders zu erklären, dass man von Abgrenzung spricht. Deshalb ist es von Interesse, Gründe für die teils praktizierte gegenseitige Ablehnung aufzuspüren.

Aus theologischer Sicht sind u.a. zu nennen:

- Unvereinbarkeit der jeweils zu Grunde liegenden Menschenbilder (in der Psychologie habe das religiöse Bewusstsein keinen Platz; Religiosität wird häufig mit dem Stempel „pathologisch" versehen)[6] (vgl. Plaum 1992).

- Nach dem Pastoralpsychologen Baumgartner ist das „Problem im Dialog mit der Psychologie [...] nicht ihre ausdrücklich kundgegebene Prämisse, dass sie bei der Erforschung der psychischen Tatsachen von der 'Hypothese Gott' absieht, sondern die *Überschreitung* ihres verbindlichen methodischen Kanons. [...] vor allem ist immer wieder zu beachten, wie die Psychologie im Rahmen ihres enggezogenen, mit Erleben und Verhalten definierten Gegenstandes einzelne psychische Phänomene beschreibt und sie dann unter der Hand verabsolutiert, so als hätte sie eben doch über die 'Seele', d.h. über das tiefere, *metaphysische Wesen des Menschen* Entscheidendes gefunden und zu bekunden"[7]. Die Psychologie thematisiert nicht, dass sie lediglich Teilaspekte *„des ganzheitlichen Seelenbegriffs* der Theologie"[8] erforscht.

---

[6] Vgl. Pflaum, E.: Religion aus persönlichkeitspsychologischer Sicht, in: Schmitz, E. (Hg), Religionspsychologie, Göttingen, 1992.
[7] Ebd., S. 79.
[8] Ebd., S. 69.

- Teilbereiche werden nach Baumgartner auch im lebenspraktischen Bereich erfasst; Leid, Krankheit und Tod sind Themen, die die psychotherapeutische Richtung an die Grenzen ihrer hilfreichen Einflussnahme stoßen lässt. Diese klar anzusprechen und zu reflektieren, wäre auch Aufgabe der Psychologie. So vermisst die theologische Seite eine „psychologische Antwort" auf Fragen wie sie sich z.B. beim Umgang mit unheilbaren Erkrankungen oder bei der weiteren Sinnorientierung nach dem Scheitern einer psychotherapeutischen Behandlung stellen.

Aus psychologischer Sicht sind u.a. zu nennen:

- Die Theologie beachte nicht gebührend die Fachkompetenz der Psychologie bei der Abklärung von „religiös geltenden Phänomenen"[9].

- Religiosität beinhaltet entwicklungshemmende Aspekte, die in unterschiedlichen Bereichen wirksam werden können (z.B. Sexualität, psychische Gesundheit).

- Die vielfältige Differenzierung der Psychologie in Teildisziplinen (z.B. Kognitions-, Sozial-, Massen-, Persönlichkeits-, Umwelt- und Neuropsychologie, Psychodiagnostik) bringt es mit sich, dass theologische Fragestellungen auf unterschiedliche Resonanz stoßen (müssen): diese reicht von völliger Ablehnung über eine geduldete Annäherung bis zu einer zu berücksichtigenden Akzeptanz.

Ungeachtet der häufig zum Ausdruck gebrachten gegenseitigen Abneigung verlief die Entwicklung der beiden Disziplinen aber nicht so isoliert voneinander, wie es die genannten Gründe nahe legen. So lassen sich unterschiedliche Trends in der Forschungsarbeit feststellen, z.B. im Hinblick: auf eine länderspezifische Orientierung (enge Zusammenarbeit in den USA gegenüber Deutschland), auf eine chronologisch erfassbare Schwerpunktbildung interdisziplinärer Art (Akzentuierung entwicklungsgeschichtlich bedeutsamer thematischer Bereiche), auf eine Bevorzugung unterschiedlicher psychologischer Richtungen in Korrespondenz mit unterschiedlichen Aspekten der Religiosität.

Diese komprimierte Einschätzung wird im Folgenden punktuell belegt.

2.4 Einzelne Schwerpunkte einer vergangenen Zusammenarbeit

- Interessanterweise kann für die USA im Vergleich zu Deutschland eine enge Zusammenarbeit zwischen Psychologie und Theologie festgestellt werden, die sich nicht zuletzt in einer beachtlichen Anzahl von Veröffentlichungen nieder-

---

[9] Plaum, E.: Religion aus persönlichkeitspsychologischer Sicht, In : E. Schmitz (Hg), Religionspsychologie, Göttingen 1992, S. 55.

schlägt.[10] So etablierte sich Anfang des 20. Jahrhunderts die amerikanische Religionspsychologie zusehends. Diese Entwicklung - so Müller-Pozzi - weckte bei einem Teil „übertriebene Erwartungen", während sie bei dem anderen Teil einen „heiligen Schrecken" hervorrief[11]. Grom[12] registriert für die USA etwa ab 1960 einen weiteren Aufschwung innerhalb des Forschungsbereiches Psychologie/Theologie. Ohne die Bedeutung der Vielzahl von Studien über die unterschiedlichen Zusammenhänge bewerten zu wollen, muss angemerkt werden, dass die zu untersuchende Verbindung nie an Aktualität verlor. Im deutschsprachigen Raum wurden diese enge Zusammenarbeit und gegenseitige Akzeptanz nicht in vergleichbarem Maße beobachtet. So sind nach Dörr empirische Untersuchungen lediglich vereinzelt aufzufinden. Amerikanische Anregungen sollten deshalb aufgegriffen und in deutschen Studien als Anstoß genommen werden; eine Übertragung der amerikanischen Ergebnisse auf die deutschen Verhältnisse ist „gerade beim religiösen Glauben, der von Kultur, Lebensweise und Mentalität der Menschen geprägt wird, nur sehr vorsichtig"[13] in Erwägung zu ziehen.

- Ausdruck dieser lockeren Verbindung (um es vorsichtig zu formulieren) in Deutschland ist auch, dass im Gegensatz dazu - so Grom[14] - kleinere Länder wie z.B. Belgien, Holland und Schweden bereits Lehrstühle an Universitäten für Religionspsychologie eingerichtet haben.

- Etwa ebenfalls zu Beginn des 20. Jahrhunderts entstand in der deutschen Theologie die Religionspsychologische Schule, die amerikanische Anregungen aufnahm. Ihre Bedeutung lag vor allem darin, die Relevanz der Untersuchung psychischer Prozesse für die Theologie zu thematisieren. Andererseits „erlag sie der Gefahr, Theologie in Psychologie aufzulösen, was einen 'ernsthaften Selbstmordversuch' der Theologie darstellte"[15]. Die heftige Reaktion der Theologie auf solche Versuche ist nachvollziehbar, ebenso die in der Folgezeit auf derartige Unternehmungen hin eintretende „Eiszeit" zwischen den beiden Disziplinen.

- Mit Ablehnung reagierte die Theologie auch anfangs auf eine Durchdringung mit psychoanalytischem Gedankengut (Argument: Freud verkünde eine atheisti-

---

[10] Vgl. u.a. Dörr, A.: Religiosität und Depression, in: E. Schmitz (Hg), Religionspsychologie. Göttingen 1992.
[11] Müller-Pozzi, H.: Psychologie des Glaubens, München 1975, S. 16.
[12] Grom, B.: Religionspsychologie, München 1992.
[13] Dörr, A.: Religiosität und Depression, in: E. Schmitz (Hg), Religionspsychologie, Göttingen 1992, S 173.
[14] Grom, B.: Religionspsychologie, München 1992, S.12.
[15] Müller-Pozzi, H.: Psychologie des Glaubens, München 1975, S. 17.

sche Ideologie). In der Zwischenzeit - so resümiert Müller-Pozzi[16] - werden psychoanalytische Erkenntnisse und Ergebnisse der psychologischen Forschungsarbeit von vielen Theologen interessiert aufgenommen (z.b. auch eine psychoanalytische Interpretation biblischer Texte). Diese Einschätzung ist für Müller-Pozzi Anlass, im Jahre 1975 zu konstatieren, dass der Dialog zwischen den beiden Wissenschaften wieder in Gang gekommen ist. Deshalb wäre zu erwarten, dass der Zeitraum der vergangenen zwei Jahrzehnte als ein Abschnitt fruchtbarer Zusammenarbeit eingeschätzt werden kann. Ob diese Erwartung zutreffend ist, wird im Folgenden geklärt.

2.5 Auszug aus einem Meinungsbild über die jüngere Zusammenarbeit

Es mutet etwas eigentümlich an, wenn Klosinski 1994 ein Buch herausgibt, das den bezeichnenden Titel trägt: „Religion als Chance oder Risiko". Mit ihm will Klosinski, so Küng, „die über Jahrzehnte erstarrten *traditionellen Frontstellungen*: Psychiatrie gegen Religion, Religion gegen Psychiatrie (Psychotherapie, Psychologie) *aufbrechen*"[17]. Küng fasst zusammen, was in diesem Buch von verschiedenen Autoren aus psychoanalytischer, psychotherapeutischer, psychologischer und soziologischer Sicht als entwicklungshemmend dem Wirken der Religion zugeordnet wird:

„Unmündigkeit, Rigorismus, Verformungen sexueller Entwicklung, Neurotisierung und Angstmachung, ekklesiogene Neurosen, regressive Entwicklung: all das geht auf das Konto falscher religiöser Erziehung ..."[18].

Als entwicklungsfördernde Aspekte durch religiöse Erziehung sind nach Küng zu vermerken: „kreativer Umgang mit Gefühlen von Angst, Schuld, Minderwertigkeit und Sinnlosigkeit; Befähigung zur Selbstaktualisierung und Sinnfindung; Ausdruck von Ich-Stärke und innerem Gleichgewicht; Möglichkeit zur geistigen Weiterentwicklung, Reifung und innerem Wachstum, zur Liebesfähigkeit und Arbeitsfähigkeit, kurz, zur Förderung der psychischen Gesundheit"[19].

Anhand dieser Zusammenstellung wird deutlich, warum Religion Risiko und Chance sein kann. Allerdings ist es in diesem Zusammenhang erforderlich, Anmerkungen zum Bereich der negativ bewerteten Religiosität aufzunehmen: Wird Religion in eine intrinsische (durch religiöse Motive bedingt) und in eine extrinsische (z.B. um äußerer Vorteile willen) Religiosität unterschieden, dann lassen sich differenzierte Beziehungen feststellen. So bekundet Plaum (1992), dass

---
[16] Müller-Pozzi, H.: Psychologie des Glaubens, München 1975.
[17] Küng, H. Vorwort, in: Klosinski, G. (Hg): Religion als Chance oder Risiko, Bern 1994, S. 9.
[18] Ebd., S. 9.
[19] Ebd., S. 10.

extrinsische Religiosität Zusammenhänge herstellen lässt zu „Vorurteilen, Dogmatismus, autoritären Persönlichkeitszügen, externaler Kontrolle und niedrigem Bildungsniveau"[20]. „Internale Religiosität" scheint dagegen „mit Verantwortlichkeit, Leistung und internaler Kontrolle zu korrelieren"[21]. Diese Differenzierung legt nahe, dass eine Vielzahl von entwicklungshemmenden Aspekten mit extrinsischer, nicht mit intrinsischer Religiosität in Zusammenhang gebracht werden kann.

Auf dieser Basis könnte auch die häufig in der Literatur kontrovers geführte Diskussion über eine Beziehung zwischen Psychopathologie und Religiosität eine neue Argumentationsstufe erreichen. Als Beleg lassen sich jene Befunde anführen, „die auf eine größere Zufriedenheit mit dem Leben und geringere Beeinträchtigungen bei religiösen im Vergleich zu nichtreligiösen Personen hinweisen"[22]. Allerdings - so betont Plaum - sind die Verbindungen zwischen Psychopathologie und Religion vielschichtig und somit kompliziert: „In Grenzbereichen zwischen Psychopathologie und Religion bedarf es umfassender Kenntnisse, unvoreingenommener Offenheit und Weitsichtigkeit, sowie einfühlender Sensibilität, um dem Individuum gerecht werden zu können"[23].

Die Diskussion über eine Beziehung zwischen emotionaler Störung und religiöser Überzeugung wird immer wieder angeregt durch Aussagen wie z.B. von Ellis, dem Begründer der rational-emotiven Therapie, der 1984 einen Vortrag hielt, in dem er ansprach, dass Menschen, die einem „streng dogmatischen Bekenntnis angehören, zu emotionalen Störungen neigen. So stellte er eine verallgemeinerte Beziehung zwischen Religiosität und Neurose her"[24]. Erhärtet wird diese Position durch Aussagen, wie sie Ellis 1997 in einem Interview mit der Zeitschrift „Psychologie heute" gab. Auf die Feststellung, dass er „von den positiven psychologischen Wirkungen des Glaubens also nicht überzeugt" ist, antwortete Ellis u.a., „dass manche Formen von Religion durchaus positive Wirkungen haben können. Aber in der Regel sind die meisten Religionen eher schädlich, weil sie von besseren, psychologischen Problemlösungen im Leben ablenken"[25].

---

[20] Plaum, E.: Religion aus persönlichkeitspsychologischer Sicht, 1992, S. 39.
[21] Ebd., S. 39.
[22] Ebd., S. 39.
[23] Ebd., S. 39.
[24] Schmitz, E.: Religion und Gesundheit, in: E. Schmitz (Hg), Religionspsychologie, Göttingen 1992, S. 131.
[25] Ellis, A.: Interview. Religion ist Kinderkram. Der Therapie-Guru Albert Ellis bleibt skeptisch und hält Religiosität für den Auswuchs einer psychischen Störung, in: Psychologie heute, Juni 1997, S. 25.

Auf der anderen Seite mehren sich die Stimmen, die einen Zusammenhang von Religion und psychischer Gesundheit herstellen. So gestehen nach Schmitz mittlerweile viele Psychologen und Ärzte der Religion „eine Heilungskraft" zu. Schmitz begründet diese Entwicklung mit der Auffassung, dass Mensch und Religion als zusammengehörig zu betrachten sind. In den Fällen, in denen „der transzentale Bezug gestört ist, [..] ist das seelische Befinden gestört"[26]; umfassende Existenzdeutung, die Religionen dem Menschen bieten, „kommt dem Bedürfnis [...] nach Geschlossenheit seines Weltbildes entgegen"[27].

Auch Grom - er stützt sich auf die Ergebnisse amerikanischer Untersuchungen - resümiert, dass Religiosität die Gesundheit fördern kann, indem sie „mit ihren Deutungen, Symbolen und Riten nur die jeweils vorhandene Bereitschaft zu positiver Bewertung der eigenen Person, der Mitmenschen und des Lebens bestätigen, motivieren und unterstützen!"[28].

3 Zum speziellen Aufgabenbereich der Psychologie

Die Aufgabe der Psychologie bei einer Zusammenarbeit mit der Theologie besteht darin, „das Psychologische in der Religion zu erforschen, geeignete Instrumente für diesen Zweck zu entwickeln, theoretische Konzepte zu entwerfen, die es erlauben, die beobachteten Sachverhalte zu sammeln und zu interpretieren und möglicherweise Gesetze zu formulieren"[29]. Um dem Anliegen der empirischen Forschung gerecht zu werden, ist eine präzise Bestimmung des an der Religion Psychologischen erforderlich. Hierzu gilt es, die nicht-religiösen Variablen, also die psychischen Prozesse, die mit Religiosität verbunden sind, zu erfassen und mögliche Beziehungen aufzuzeigen. Diese Forderung wurde bisher in einer großen Anzahl Untersuchungen so umgesetzt, dass auf viele Ergebnisse, die Zusammenhänge zwischen verschiedenen Variablen aufzeigen, zurückgegriffen werden kann (u.a. Probleme: Häufigkeit von Kirchenbesuchen, Gebeten, Spenden etc. ist kein aussagekräftiger Indikator für Religiosität; keine kausalen Aussagen möglich).

Nach Vergote ist „ein großer Teil der Forschung [...] irrelevant"[30], weil in sie Religion als einheitlicher Sachverhalt eingeht, ohne zu berücksichtigen, dass individuelle Unterschiede bestehen. Es wäre deshalb erforderlich, die individuel-

---

[26] Schmitz, E.: Religion und Gesundheit, 1992, S. 151.
[27] Ebd., S. 153.
[28] Grom, B.: Gottesvergiftung oder Gottestherapie? In: Psychologie heute, Juni 1997, S. 26.
[29] Vergote, A.: Religion und Psychologie, in: E. Schmitz, Religionspsychologie, Göttingen 1992, S. 9.
[30] Ebd., S. 9.

le Aneignung der Religion zu beachten, d.h. das Leben der Personen mit der Religion in ihrer jeweils unterschiedlichen Ausprägung. Es sind also „die Komponenten und Formen religiösen Lebens präzise zu beobachten und zu beschreiben"[31]. Diese Auffassung wird z.b. auch von Haub geteilt, der die gegenwärtige Praxis der Messung individueller Merkmalsausprägungen als unbefriedigend einschätzt. Haub betont, dass erst nach einer differenzierten Analyse des Konstrukts Religiosität „und nach dem Nachweis, dass die dabei ermittelten Strukturen auch interindividuell Gültigkeit haben, Unterschiede der Merkmalsausprägungen quantitativ erfasst werden (sollten)"[32].

Im Gegensatz zu diesen Aufgabenbereichen (Ergänzung: neben dem religiösen Denken und Handeln ist ebenso das Nicht-Religiöse Untersuchungsgegenstand) fällt es nicht in den Zuständigkeitsbereich der Psychologie, Stellung zu religiösen Behauptungen zu beziehen, um diese zu verifizieren oder zu falsifizieren.

Nach diesen grundsätzlichen Informationen, die für ein Verständnis der Beziehung Psychologie-Theologie vorausgesetzt werden müssen, wird auf ein häufig diskutiertes Forschungsfeld Bezug genommen, das sich mit der Frage beschäftigt, in welcher Weise sich religiöses Denken - die kognitiven, religiösen Strukturen, also die Beziehung zum Ultimaten – „über die Lebensspanne hinweg nach bestimmten Gesetzen entwickelt"[33].

4 Strukturgenetische Religionspsychologie

4.1 Einige grundlegende Aussagen

Oser & Reich[34] formulieren 4 Forderungen an eine strukturgenetische Religionspsychologie:

1. Sie muss aufzeigen, wie ein Mensch Sinnorientierung durch religiöse Beziehungen schafft und sich selbst im Lebensprozess als religiös erlebt.

2. Sie muss die Beziehung von religiöser Interaktion und religiöser Entwicklung darlegen.

3. Die in der Interaktion mit der Umwelt sich bei den einzelnen Menschen herausbildenden religiösen Strukturen müssen beschrieben werden; ihre Veränderung ist jeweils zu konstatieren.

---

[31] Ebd., S. 9.
[32] Haub, E.: Die Messung der Religiosität: Empirische Grundlagen und Methoden, in: Schmitz, E. (Hg): Religionspsychologie, Göttingen 1992, S. 277.
[33] Oser, F. / Reich, K.H.: Entwicklung und Religiosität, in: Schmitz, E. (Hg): Religionspsychologie. Göttingen 1992, S. 66.
[34] Ebd., S. 68.

4. Es muss mit Hilfe von Längs- und Querschnittuntersuchungen die typische Entwicklung der Religiosität erfasst werden.

Diesen Anforderungen werden die etwa seit der Wende zum 20. Jh. entstandenen Stufentheorien der religiösen Entwicklung in unterschiedlichem Maße gerecht. Eine Vorstellung vom gegenwärtigen Forschungsstand vermittelt die im Folgenden in einigen Grundzügen erfasste Theorie.

4.2 Entwicklungstheorie des religiösen Urteils (Oser & Gmünder)

4.2.1 Zum zentralen Anliegen

Oser beschreibt den Kern der Entwicklungstheorie des religiösen Urteils folgendermaßen:

„Im Laufe der altersbezogenen Entwicklung wird die Beziehung zwischen einer Person und dem Ultimaten [...] a) autonomer, differenzierter und universeller, und b) inniger, integrierter und idiographischer. Diese Beziehung Letztgültiges-Mensch tritt besonders bei folgenden Grundtätigkeiten zu Tage: (1) bei Auseinandersetzungen mit Kontingenzsituationen, (2) bei Sinngebung bezüglich des eigenen Lebens, (3) bei Interpretation religiöser Botschaften, (4) beim Beten oder bei innerer, meditativer Zwiesprache"[35]. Die Annahme dieses Ansatzes besteht also darin, dass Religiosität sich in einem Urteil ausdrückt, das in den genannten Tätigkeitsfeldern das jeweils erreichte Verhältnis zu einem Letztgültigen offen legt.

Wählt man diese Tätigkeiten als Material einer geeigneten Forschung, dann können sowohl Aussagen zur jeweiligen Struktur des erreichten religiösen Urteils bzw. Bewusstseins als auch zur inhaltlichen Seite getroffen werden[36].

Oser zeigt den Weg auf, um qualitative Veränderungen in der Beziehung zwischen Mensch und Ultimatem zu beschreiben. Zum besseren Verständnis geht er von zwei Fallbeispielen aus, die auf den ersten Blick ein unterschiedliches Verständnis der Beziehung zwischen Mensch und Letztgültigem zum Ausdruck bringen:

„1. Ein junger Mann lernt ein Mädchen kennen und verliebt sich in sie. Er macht Heiratspläne. Das ganze Erlebnis gibt ihm ein Gefühl von Glücklichsein. Seinem Verständnis nach ist dies ein Geschenk Gottes, er sieht sein Leben in

---

[35] Oser, F.: Genese und Logik der Entwicklung des religiösen Bewusstseins: Eine Entgegnung auf Kritiken, in: Nipkow, K.E. / Schweitzer, F. / Fowler, J.W.:; Glaubensentwicklung und Erziehung, Gütersloh 1988, S. 48.
[36] Vgl. ebd., S. 48.

einen göttlichen Plan eingebettet; letztendlich hat seine Offenheit zu diesem Geschenk zu einer tiefen Bindung geführt. In seinen Gebeten dankt er Gott für die Unterstützung, die er in seinem Leben, seiner Tätigkeit, seinen Entscheidungen, seiner Verantwortungsbereitschaft und seinen Engagements erfahren durfte.

2. Eine Frau mittleren Alters verliert ihr Kind durch eine Krebserkrankung. Sie ist völlig verzweifelt, besonders weil sie alles in ihrer Macht Stehende getan hat, um ihr Kind zu retten. Sie ringt mit der Vorstellung, es gäbe einen göttlichen Plan, einen letzten Sinn, ja, sie fragt sich mehr und mehr, ob Gott überhaupt in dieser Welt anwesend sei. Dennoch hat sie die Hoffnung, dass für den Menschen mit dem Tod nicht alles aufhört. Sie bittet im Gebet um Vertrauen, das Geheimnis des Todes zu verstehen, um Kraft, das zu ertragen, was ihr zustieß. Manchmal hadert sie innerlich mit ihrem Gott und wirft ihm vor, sie alleingelassen zu haben. Sie fragt im Gebet: Wie kannst du zulassen, dass Menschen in dieser Welt durch all dies Leid gehen müssen? Manchmal hat sie auch wieder das Gefühl, dass alles so sein müsse, wie es ist, und sie glaubt, dass hinter jedem Schicksal und jeder menschlichen Handlung ein Sinn steckt!"[37].

Eine genaue Betrachtung zeigt, dass die *Grundstruktur* des religiösen Bewusstseins in beiden Fällen gleich ist. Nämlich: Es existiert nicht mehr die Vorstellung, Gott greife aktiv in Geschehnisse ein; *stattdessen* herrscht die Vorstellung vor, dass Gottes Transzendenz alles menschliche Handeln durchdringt. Sowohl der junge Mann als auch die Frau haben den freien Willen, „ihr Leben zu meistern, sich zu engagieren, aber gleichzeitig auch zu akzeptieren, dass dies alles zugleich eine tiefe Beziehung zu einem Ultimaten bedingt, [...]"[38]. Sie haben somit eine relativ reife Form des religiösen Urteils erreicht.

Diese Interpretation lässt die Grundposition der vorliegenden theoretischen Konzeption transparent werden: Die *Qualität* der Beziehung als solcher zwischen Person und einem Ultimaten ist entscheidend für die Einschätzung des erreichten Standes des religiösen Urteils.

4.2.2 Zur Vorgehensweise

Um zu erfassen, in welcher Weise sich religiöses Bewusstsein entwickelt, welche Entwicklungsstufe vor einem erreichten Stand eingenommen wurde, welche Form folgen könnte, fragen Oser & Gmünder die ProbandInnen nicht direkt: „Hast du Vertrauen oder Angst, bist du gläubig oder nicht?" Fragen dieser Art würden nur sehr oberflächlich den Glaubensstand erfassen. Deshalb versuchen Oser & Gmünder zu erfassen, wie Menschen, die sich in konkrete Lebenssituati-

---
[37] Ebd., S. 49.
[38] Ebd., S. 50.

onen hineinversetzen sollen, bestimmte Handlungen religiös beurteilen. Hierzu werden religiös relevante Dilemmata eingesetzt, die auf Kontingenzsituationen Bezug nehmen.

Ein Beispiel ist das „Paul-Dilemma", das das Verhalten eines jungen Arztes thematisiert. Nachdem der Arzt in einem abstürzenden Flugzeug für den Fall eines glücklichen Ausganges das Versprechen abgegeben hat, sich zukünftig der Entwicklungshilfe zur Verfügung zu stellen, muss er sich nach dem Überleben zwischen diesem Versprechen und der ihm zwischenzeitlich angebotenen lukrativen Arbeitsstelle entscheiden.

Nach erfolgter Konfrontation mit diesen Situationen antworten die ProbandInnen auf Fragen wie z.B. „Soll er das Versprechen halten? Muss der Mensch für Gott etwas tun"[39]. Zugleich muss die jeweils vertretene Auffassung begründet werden.

Als Richtschnur für den einzusetzenden Fragenpool gelten die unten erwähnten religiös relevanten polaren Dimensionen, die im Laufe der religiösen Entwicklung jeweils anders aufeinander bezogen sind. Das heißt, während die beiden Pole auf tieferen Stufen der religiösen Entwicklung kaum koordiniert sind, durchdringen sie sich auf höheren Stufen. Am Beispiel erläutert:

Dimension „Transzendenz versus Immanenz": Gott greift in ein Ereignis direkt ein („er macht, dass etwas nicht passiert") oder er unternimmt nichts - diese Vorstellung entspricht tieferen Stufen der religiösen Entwicklung; scheint dagegen das Transzendente in der Immanenz selber auf (z.B. Geburt eines Kindes), dann sind höhere Entwicklungsstufen erreicht.

Es zeichnet sich somit eine Abfolge ab, für die charakteristisch ist, dass die Pole auf unteren Stufen „dichotom sind und schließlich dialektisch miteinander verschränkt werden"[40].

Zu den polaren Dimensionen zählen: (a) Transzendenz versus Immanenz (b) Freiheit versus Abhängigkeit (c) Vertrauen versus Angst (d) Heiliges versus Profanes (e) Hoffnung versus Absurdität (f) Ewigkeit versus Vergänglichkeit (g) funktionelle Durchsichtigkeit versus funktionelle Undurchschaubarkeit.

Um einen Eindruck zu vermitteln, wird im Folgenden eine dieser Dimensionen beschrieben:

---

[39] Oser, F. / Bucher, A.A.: Religion-Entwicklung-Jugend, in: Oerter, R. / Montada, L.: Entwicklungspsychologie, Weinheim 1995, S. 1049
[40] Ebd., S. 1050.

„Freiheit versus Abhängigkeit: Das Gefühl von 'Geworfensein in diese Welt' und die tägliche Erfahrung ihrer eigenen natürlichen Grenzen bringen viele Personen dazu, diese Sachlage als 'Abhängigkeit' von göttlichen Entscheidungen zu rationalisieren. Auf unteren Stufen führt dies dazu, dass Individuen diese Abhängigkeit als unmittelbar empfinden; auf der anderen Seite wird auch die persönliche Freiheit direkt vom Ultimaten gewährt. Je höher die Stufe, umso mehr werden beide Dimensionen als komplementär betrachtet: Wir werden frei durch die Erfahrung von Abhängigkeit, und wir sind abhängig, weil wir wissen, dass die Freiheit durch die Beziehung zu einem Letztgültigen bedingt ist."[41]

Die Dimensionen werden nach Oser genutzt, um die Entwicklung der Beziehung zwischen Menschen und dem Letztgültigen zu beschreiben, um mit Hilfe von zielgerichtet eingesetzten Fragen die kognitiven religiösen Strukturen zu erfassen und um somit eine empirische Stufenhierarchie des religiösen Bewusstseins zu erstellen. Die auf dieser Basis durchgeführten Interviews haben zu dem nachfolgend beschriebenen Ergebnis geführt.

4.2.3 Die Stufenhierarchie

Die Beschreibung der einzelnen Stufen erfasst den charakteristischen Inhalt. Zum besseren Verständnis ist dieser mit Aussagen zum „Paul-Dilemma" verbunden.

„Stufe 1: Orientierung an einem Letztgültigen, das direkt in die Welt eingreift, sei es belohnend und behütend, sei es sanktionierend und zerstörend. Der Mensch erfährt sich als reaktiv und genötigt, sich im Sinne des Letztgültigen zu verhalten. Typische Antwort: *„Paul muss das Versprechen halten, sonst macht Gott, dass er Bauchweh kriegt"*.

Stufe 2: Orientierung an einem Letztgültigen, mit dem ein Do-ut-des-Verhältnis gepflegt wird („Ich gebe, damit du gibst"). Der Mensch kann auf das Letztgültige einwirken, sei es, um sich vor möglichen Sanktionen abzusichern, sei es, um dieses für eigene Ziele in Dienst zu nehmen: *„Gott hat dem Paul geholfen, jetzt soll der auch etwas Gutes tun"*.

Stufe 3: Orientierung an der Selbstbestimmung und Eigenverantwortung des Menschen, die auch gegenüber dem Letztgültigen reklamiert wird. Dieses erhält - sofern nicht in seiner Existenz bestritten (Atheismus) - einen eigenen, vom Zuständigkeitsbereich des Menschen getrennten Sektor. *„Paul muss sich selber entscheiden. Wenn er das Versprechen nicht hält und es ihm schlecht geht, straft er sich selber. Mit Gott hat das nichts zu tun"*

---

[41] Oser, F.: Genese und Logik. 1988, S. 51.

Stufe 4: Orientierung an der Freiheit des Menschen, die fortan an das Letztgültige zurückgekoppelt wird: dieses ist der transzendentale Grund menschlichen Daseins und scheint in der konkreten Immanenz zeichenhaft auf: Korrelation von Gott und Welt. Zudem wird in den bisherigen Wirrnissen des Lebens ein sinnhafter Plan erkannt, gemäß dem sich der Mensch auf ein Vollkommeneres hin entwickelt. „*Gott will, dass sich Paul nach bestem Wissen und Gewissen selbst entscheidet*".

Stufe 5: Orientierung an religiöser Autonomie durch unbedingte Intersubjektivität. Das Letztgültige werde im befreienden zwischenmenschlichen Handeln zum Ereignis. Einnahme einer universalen Perspektive, die andere Religionen und Kulturen einschließt; es bedarf keiner äußeren Organisation oder Sicherheit mehr, um religiös zu existieren"[42].

Die Autoren vertreten die Auffassung, dass sich das religiöse Urteil - unabhängig von der Religion - bei allen Menschen universal in Stufen mit einer invarianten Sequenz entwickelt. Das bedeutet, dass keine Stufe übersprungen und zu keiner früheren regrediert werden kann[43].

Oser & Bucher betonen, dass „mehrere Querschnittuntersuchungen [...] übereinstimmende und signifikante Alterstrends (belegen). Die Mehrheit der bis 7-jährigen argumentiert im Sinne der Stufe 1, in der Schulkindzeit herrscht Stufe 2 vor, in der Jugend und im Erwachsenenalter Stufe 3. Deutungsmuster der Stufe 4 begegnet man selbst im Erwachsenenalter selten"[44].

4.2.4 Einschätzung und Ausblick

Anhänger und Kritiker dieses Ansatzes führen verschiedene Argumente ins Feld:

Vertreter dieser Theorie werten sie als engagierten Versuch, um „religiöse Entwicklung strukturgenetisch zu erklären und für ein selbstentdeckendes Lernen ... zu plädieren".[45] Religiöses soll nicht lediglich vermittelt, sondern so aufbereitet werden, dass z.B. mit Hilfe von Dilemmata-Diskussionen, die auch die reale Alltagswelt der Kinder zum Gegenstand haben, die Stimulierung der nächsthöheren Stufe angeregt wird.

Als Beleg für diese Auffassung führt Oser[46] die Ergebnisse einer Interventionsstudie mit Schülern der 7.Klasse an. Nach einer zweieinhalbmonatigen Interventi-

---

[42] Oser, F. / Bucher, A.A.: Religion-Entwicklung-Jugend, 1995, S. 1050.
[43] Vgl. Grom, G.: Religionspsychologie, 1992.
[44] Ebd., S. 1050f.
[45] Grom, B.: Religionspsychologie, 1992. S. 393.
[46] Oser, F.: Genese und Logik...1988.

on, die eine Diskussion religiöser Dilemmata (aus der Lebenswelt der Schüler, aus religiösen Schriften entnommen) und eine systematische Aufbereitung des Diskussionsprozesses umfasste, zeigte sich ein durchschnittliches Anheben des religiösen Urteils um mehr als eine halbe Stufe. Dieses Vorgehen zeigt, dass es möglich ist, Meinungsänderungen auf diese Weise herbeizuführen und strukturelle Transformationen im Hinblick auf das Erreichen einer höheren Stufe vorzubereiten.

- Ein weiterer Hinweis zur religiösen Erziehung ist einer Studie von Oser & Gmünder zu entnehmen[47]: Religiöse Inhalte (in textlicher Form) werden isomorph zur kognitiv-religiösen Urteilsstruktur assimiliert. Das heißt, die Arbeit mit Textmaterial im Religionsunterricht hat zu beachten, „dass Schüler religiöse Texte an Verstehensstrukturen assimilieren, die sich von denen der Erwachsenen qualitativ unterscheiden"[48]. Jeglicher Kommentar dieser Texte ohne Berücksichtigung der jeweiligen Entwicklungsstufe unterliegt also der Gefahr, dass Schüler diese Interpretation nicht verstehen und deshalb ablehnen oder „sie entsprechend ihrem religiösen Urteilsniveau umdeuten"[49]. Diese Auffassung wird an Beispielen wie der Parabel von den Arbeitern im Weinberg belegt (die Arbeitenden erhalten vom Besitzer gleichen Lohn trotz unterschiedlicher Arbeitsleistung). Schüler auf einer niedrigeren Urteilsstufe antworten auf die Frage, ob sich im Handeln des Weinbergbesitzers das Handeln Gottes niederschlägt, mit „Nein!". Gott belohne die Menschen entsprechend ihren Leistungen. Jegliche andere Interpretation (Die Güte Gottes muss man sich nicht erarbeiten.) kann von Schülern dieser Entwicklungsstufe nicht akzeptiert werden. Es muss deshalb von einem Einhalten eines bestimmten Passungsgefüges ausgegangen werden.

Kritikpunkte an der Theorie:

- Zur Universalität der Stufen: Oser & Bucher[50] bewerten die Ergebnisse von Studien in verschiedenen religiösen Sozialisationen und Kulturen als vergleichbar im Hinblick auf das Aufzeigen eines Alterstrends. Allerdings, so merkt Oser an, „waren die Stichproben zu klein und zu spezifisch, um wirkliche interkulturelle Vergleiche zu erlauben"[51].

- Zur angenommenen Invarianz der Stufen (Nicht-Regression): Entgegen der Annahme der Invarianz fiel bei der empirischen Überprüfung auf, dass 56- bis 65-jährige wieder auf dem Niveau der Stufe 2 argumentieren.

---

[47] Ebd., S. 61.
[48] Ebd., S. 62.
[49] Ebd.
[50] Oser, F. / Bucher, A.A.: Religion-Entwicklung-Jugend, 1995, S. 1051.
[51] Oser, F.: Genese und Logik ...1988, S. 58.

- Zur Transsituationalität: Es zeigte sich, dass ProbandInnen bei verschiedenen Dilemmata-Geschichten auch jeweils auf dem Niveau einer anderen Entwicklungsstufe argumentieren können; in diesen Fällen dachten sie jeweils situationsspezifisch.[52]

- Kritik wurde auch angebracht, weil die Dilemmata fiktive Extremsituationen widerspiegeln, die mitunter den Probanden erfahrungsfremd sind. Außerdem beurteilen sie das Handeln der in den Geschichten agierenden Personen, nicht ihr eigenes. Die Frage der Validität der Erhebungsmethode steht hier zur Diskussion.[53]

- Abgesehen von den aus empirischer Sicht aufzuzeigenden Kritikpunkten steckt nach Grom „auch in theoretischer Hinsicht ... das Stufenkonzept voller Probleme"[54].

So spricht er an, ob das Streben nach einer Stufe höherer Religiosität die einzig angemessene Form einer Kontingenzbewältigung ist. Wie sieht es demnach mit einer im Gefolge von Stufe 3 sich entwickelnden atheistischen Haltung aus? Bedeutet diese einen Abbruch im Hinblick auf eine Entwicklung zu einem komplexeren Denken? Oder ist sie nicht eine in Kenntnis der höheren religiösen Entwicklungsstufen gewählte andere Lösung? Grom fragt: „Gibt es nicht Menschen, die einen sehr differenzierten Glauben aus ganz anderen Gründen aufgegeben haben als auf Grund der Autonomieproblematik, die die Stufe 3 dafür vorsieht?"[55]

- Ein bedeutsamer Kritikpunkt, der immer wieder eingebracht wird, ist der, dass religiöse Entwicklung nicht nur als kognitive Entwicklung zu verstehen ist, sondern in bedeutendem Ausmaß von der emotional-motivationalen Lage bestimmt wird. Dem Vorwurf der fehlenden Berücksichtigung der affektiven Komponente des religiösen Bewusstseins begegnen Oser & Reich, indem sie darauf verweisen, dass es „keine Argumentation ohne Gefühle"[56] gibt. Sie verweisen darauf, dass in den zu Grunde liegenden Interviews die sachliche Mitteilung häufig in eindrucksvoller Weise mit dem emotionalen verbunden gewesen ist: „kognitive und emotionale Betroffenheit"[57] schlagen sich in diesen Aussagen nieder.

- Kritik wird aber auch dahingehend geäußert, dass die Dimension des Unbewussten vernachlässigt wird. Nach Stein wird diese Kritik von Oser & Gmün-

---

[52] Vgl. Grom, Religionspsychologie, 1992.
[53] Ebd.
[54] Ebd.
[55] Ebd., S. 394.
[56] Oser, F. / Reich, K.H.: Entwicklung und Religiosität, 1992, S. 91.
[57] Ebd., S. 91.

der weitgehend akzeptiert und ihrerseits auf diese notwendige Ergänzungsbedürftigkeit hingewiesen[58].

Oser & Reich resümieren: „Die große offene Frage bleibt, wie eine umfassende, integrierte Theorie der religiösen Entwicklung auszusehen hätte"[59]. Sie nehmen punktuell Aspekte/Anregungen auf, die - in welcher Weise auch immer - zu integrieren wären[60]

- stärkere Berücksichtigung der Gefühle und des Interesses
- stärkere „Einbeziehung der Verschiedenartigkeit des von außen kommenden Angebots, einschließlich desjenigen der Kunst (z.B. der Musik)"
- Differenzierung der Art und Intensität der spezifisch religiösen Umwelteinflüsse
- Berücksichtigung der Einstellungen und der spezifischen Sensibilität der individuellen Persönlichkeit
- die Motivationslage stärker berücksichtigen
- bessere Differenzierung der altersspezifischen religiösen Zielsetzungen
- Überdenkung des Verhältnisses zwischen religiöser und Selbst-Entwicklung
- detaillierte Analyse der Entstehung und Entwicklung des unterschiedlichen Gottesbildes.

Oser & Reich resümieren angesichts dieser Fülle an Untersuchungsschwerpunkten, dass - unter der Voraussetzung einer regen Beteiligung von Forschungswilligen - die „potentielle Ernte" reich ausfallen könnte. Die für die zukünftige Forschungsarbeit gewählten Themen werden zeigen, ob Erklärungsbedarf für derartige interdisziplinäre Vorhaben besteht.

Literatur

Einführungen und Handbücher

Grom, B.: Religionspädagogische Psychologie des Kleinkind-, Schul- und Jugendalters.(Neufassung) Düsseldorf [5]2000

Heimbrock, H.G.: Religionspsychologie II. In: Theologische Realenzyklopädie. Bd. 29. Berlin 1998, S. 7-19

Heine, S.: Grundlagen der Religionspsychologie. Stuttgart 2005

---

[58] Stein, A.: Vermittlung religiöser Inhalte und religiös begründete Ängste, Essen 1994. S. 59.
[59] Oser, F. / Reich, K.H.: Entwicklung und Religiosität, 1992, S. 92.
[60] Ebd., S. 92.

Hemminger, H.: Grundwissen Religionspsychologie: ein Handbuch für Studium und Praxis. Freiburg 2003

Henning, Chr. u.a. (Hg): Einführung in die Religionspsychologie. Paderborn 2003

Hoheisel, K.: Religionspsychologie I. In: Theologische Realenzyklopädie (TRE). Bd. 29. Berlin 1998, S. 1-7

Holm, N. G.: Einführung in die Religionspsychologie. München 1990

Kiessling, K.: Religionspsychologie. In: Lexikon für Theologie und Kirche (LThK). Bd. 8. Freiburg ³1999, Sp. 1068-1070

Lämmermann, G.: Einführung in die Religionspsychologie. Neukirchen-Vluyn 2006

Einzelprobleme

Bucher, A. A. / Reich, K.H.: Entwicklung von Religiosität: Grundlagen, Theorieprobleme, praktische Anwendungen. Freiburg u.a. 1989

Bucher, A.A.: Bibel-Psychologie, psychologische Zugänge zu biblischen Texten. Berlin u.a. 1992

Büttner, G. / Dieterich, V.-J. (Hg): Die religiöse Entwicklung des Menschen. Stuttgart 1999

Esser, W.: Gott reift in uns: Lebensphasen und religiöse Entwicklung. München 1991

Fowler, J. W.: Stufen des Glaubens. München 2000

Hauenstein, H. U.: Auf den Spuren des Gebets. Heidelberg 2002

Heine, S.: Liebe oder Krieg?: das Doppelgesicht der Religion. Wien 2005

von Hummel, G.: Signifikant Gott? Anleitung zu einer Psychoanalyse des großen Gefühls. Münster 2002

Moser, T.: Von der Gottesvergiftung zu einem erträglichen Gott. Stuttgart 2003

Klinger, E. / Böhm, S. / Franz, T (Hg): Die zwei Geschlechter und der eine Gott. Würzburg 2002

Oser, F. / Gmünder, P.: Der Mensch. Stufen seiner religiösen Entwicklung. Gütersloh ⁴1996

Santer, H.: Persönlichkeit und Gottesbild. Paderborn 2003

Schellenbaum, P.: Gottesbilder. Religion, Psychoanalyse, Tiefenpsychologie. München 1989

Schweitzer, F.: Die Religion des Kindes. Gütersloh 1992

Schweitzer, F.: Lebensgeschichte und Religion. Gütersloh ⁴1999

Schweitzer, F.: Religion in der Grundschule. Frankfurt/M. ⁴2000

Schweitzer, F. / Nipkow, K.E. / Faust-Siehl, G. / Krupka, B.: Religionsunterricht und Entwicklungspsychologie. Gütersloh 1995

Religionssoziologie

Günter Burkart

1 Wiederkehr der Religion?

In den letzten Jahren haben Religion und Religiosität eine bemerkenswerte Renaissance erlebt, zumindest im öffentlichen Diskurs.[1] Von einer „Wiederkehr der Religion" oder einer „Wiederentdeckung des Religiösen" ist die Rede. Wesentliche Impulse dazu gingen von der Konfrontation mit dem Islam aus, schon im Anschluss an das vieldiskutierte Buch *Clash of Civilizations* von Samuel Huntington (1996), spätestens aber nach den Terroranschlägen vom 11. September 2001. Seitdem heißt es häufig, der Westen müsse dem Islam und anderen Kulturen wieder starke Werte entgegensetzen - und woher sollten diese kommen, wenn nicht aus der europäisch-christlichen Tradition.

Auch die Popularisierung des Papsttums unter Johannes Paul II, der zunehmend zu einem Idol der Weltjugend erklärt wurde, hat zum wieder erwachten Interesse am Religiösen beigetragen - wenn auch manchmal der Eindruck entstand, der Papst sei eher ein Popstar und eine Vaterfigur als der Repräsentant eines Glaubens, von dem die Lebenspraxis maßgeblich bestimmt wird. Jedenfalls scheint der lang anhaltende Rückgang des religiösen Engagements in den letzten Jahren allmählich zum Stillstand gekommen zu sein. Die Umfrageforschung registriert sogar ein wachsendes religiöses Interesse bei Jugendlichen (Köcher 2006).

In der medialen Berichterstattung zu religiösen Fragen verlagerte sich der Fokus in den letzten Jahren deutlich. So hatte zum Beispiel das Magazin DER SPIEGEL in den 1990er Jahren noch problematisiert, dass Deutschland zu einem „heidnischen Land mit christlichen Restbeständen" geworden sei. Vom „offenbar unaufhaltsamen Marsch der Deutschen in eine Heidenrepublik" war die Rede, von der „dogmatischen Starre Roms" und dem „trostlosen Bild beider Amtskirchen".[2] Allerdings wurde auch weiterhin ein starkes Bedürfnis nach Religion oder einem entsprechenden Äquivalent konstatiert. Demgegenüber waren die religionsbezogenen Themen im Jahr 2006 ganz andere: Es ging jetzt um den globalen Konflikt zwischen abendländisch-christlicher Kultur und dem Islam (z.B. „Papst contra Mohammed - Glaubenskampf um den Islam, die Vernunft

---

[1] Gibt man beispielsweise bei *Google* „wachsendes Interesse an Religion und Kirche" ein, erhält man über 23.000 Einträge (April 2007).
[2] *DER SPIEGEL*, Nr. 52 (22.12.1997), S. 3, S. 58.

und die Gewalt") oder den Versuch, auf „die gemeinsamen Wurzeln von Juden, Christen und Moslems" hinzuweisen.[3]

Diese Entwicklung hatte auch Auswirkungen auf die Religionssoziologie. So wurde etwa die Säkularisierungsthese zunehmend kritisch diskutiert, und mancher Soziologe gab seine frühere Distanz zur Religion auf (z.B. Joas 2004). Auch Jürgen Habermas räumte in seiner Paulskirchenrede der Religion eine wichtige Rolle im öffentlichen Diskurs ein.

Vor diesem aktuellen Hintergrund werden in diesem Beitrag zunächst grundlegende definitorische Fragen behandelt: Was ist Religionssoziologie, was ist Religion, gefolgt von einem Abriss der religionssoziologischen Debatten in Deutschland. Drei wichtige Einzelaspekte werden etwas genauer betrachtet - Säkularisierung, unsichtbare Religion, Zivilreligion -, bevor dann im letzten Abschnitt die Religiosität der Jugendlichen beleuchtet wird.

2 Was ist Religionssoziologie?

Als Teilgebiet der Soziologie fragt die Religionssoziologie nicht nach der religiösen Wahrheit, dem Wesen des Göttlichen oder dem Sinn der Transzendenz - wohl aber nach dem Sinn der Transzendenz oder der Bedeutung Gottes *für die Menschen und für gesellschaftliche Verhältnisse*. Religionssoziologie fragt nicht nach der Wahrheit theologischer Behauptungen, sondern nach deren *sozialer Wirksamkeit* und sozialer Bedeutung, unabhängig davon, was als theologische Wahrheit gilt.

In einer soziologischen Sichtweise ist es daher schwer, unbefangen an Gott zu glauben. Soziologen sind geneigt anzunehmen, dass Götter eine Erfindung des menschlichen Geistes seien, ein Produkt der Kultur - was auch als Grund dafür angesehen wird, dass Religion in verschiedenen Kulturen und zu verschiedenen Zeiten sehr unterschiedliche Gestalt annimmt. Die Religion ist für die Soziologie Gegenstand distanzierter Betrachtung, wie andere *soziale Tatbestände*[4] auch, die von außen betrachtet werden.

Allerdings sollten Soziologen, die sich mit Religion befassen, zumindest nicht ganz „religiös unmusikalisch" (wie Max Weber sich selbst einmal bezeich-

---

[3] Titelgeschichten der Ausgaben Nr. 38 (19.9.06) und Nr. 16 (15.4.06) von *DER SPIEGEL*.
[4] „Religionssoziologie ist nur denkbar, wenn die Religionen als soziale Tatbestände verstanden werden, die der wissenschaftlichen Forschung zugänglich sind" (Kehrer 1968: 4). Der Begriff *sozialer Tatbestand* geht auf Durkheim zurück und bezieht sich auf die Gegenstandsbereiche der Soziologie, die nicht auf Psychologie oder andere Wissenschaften vom Individuum reduzierbar sind.

nete) sein. Der bekannte Religionssoziologe Peter L. Berger ist ein Beispiel dafür, dass man auch als Soziologe durchaus bekennender Christ sein kann. Gleichwohl hat gerade er vom „methodologischen Atheismus" der Religionssoziologie gesprochen (Berger 1979) - womit die eben erwähnte distanzierte Betrachtung gemeint ist.

Die Grundfrage der Religionssoziologie ist die Frage nach dem *Verhältnis von Gesellschaft und Religion* oder, allgemeiner, nach dem Verhältnis von *Mensch und Transzendenz*. Es ist zweckmäßig, dabei drei Dimensionen zu unterscheiden: *Erleben, Glauben* und *Handeln*. Eine handlungstheoretische Definition von Religiosität ist also zu eng. Geht man von anthropologischen Erwägungen aus, stellt sich die Frage nach dem religiösen Erleben des Menschen, nach existentiellen religiösen Grunderfahrungen. Man kann dabei an Askese denken oder an Ekstase; an mythische Visionen oder an „Ehrfurcht" gegenüber dem „Heiligen", dem Unantastbaren. Es geht um die Erfahrung von Transzendenz, um das Erleben in einer Dimension, die irgendwie außerhalb der Gesellschaft platziert ist. Religiosität in diesem Sinn ist eine Art Beziehung des innerweltlichen Menschen zum Außerweltlichen.

Das „Heilige" - in Absetzung vom Profanen - lässt sich als Kern der Religion definieren, eine Sichtweise, die auf Emile Durkheim (1897, 1911) und Rudolf Otto (1917) zurückgeht und später von Mircea Eliade (1957) weitergeführt wurde. Aus dem *Erleben* kann heiliges Wissen bzw. *Glaube* an das Heilige entstehen und schließlich auch eine religiöse *Praxis*. Durkheim betonte die Grundelemente Glaubensvorstellungen (Mythen über das Heilige) und Kulte bzw. Riten, die institutionellen Formen der religiösen Praxis. Durkheim dachte dabei zunächst an Stammesgesellschaften, wo noch keine scharfe Trennung zwischen Natur, Gesellschaft und Transzendenz existiert. Er dehnte seine Überlegungen jedoch auch auf moderne Gesellschaften und deren Formen der Sakralisierung aus.

Das religiöse Erleben oder Empfinden des Einzelnen wird erst dann zu einem soziologisch zugänglichen Gegenstand, wenn es im Kollektiv praktiziert wird, als Kult, als Ritus, als gemeinsames Gebet, also in institutionalisierter Form. Jede Kollektivreligion entwickelt solche Institutionalisierungsformen - früher oder später in Form von „Kirche". Aus Interaktionen entstehen *Institutionen*. Die religiösen und kirchlichen Institutionen und Organisationsformen eignen sich gut für soziologische Fragestellungen, etwa aus der Organisations- oder Herrschaftssoziologie, wo nach Bürokratisierung und Hierarchien gefragt wird. Die Berufssoziologie interessiert sich zum Beispiel dafür, wie der Prozess der professionellen Sozialisation zum Pfarrer verläuft.

Es ist umstritten, wer den Begriff der Religion definieren darf. Spätestens seit der Aufklärung verlor die Theologie zunehmend das Definitionsmonopol. Und mit der Loslösung des Begriffs „Religion" vom Christentum - im 19. Jahrhundert entwickelte sich eine vergleichende Religionswissenschaft, bei der *Religion* ein alle Kulturen übergreifender Begriff werden musste - wurde dieses Definitionsmonopol der christlichen Theologie weiter geschwächt (Kaufmann 1989). Im 20. Jahrhundert wurde die theologische Frage nach dem Sinn des Lebens tendenziell von der soziologischen Frage nach dem Sinn von Gesellschaft und teilweise durch den „Kult des Individuums" (Durkheim) verdrängt. Religion wurde als Teilgebiet der Gesellschaft zu einem soziologischen Problem. In jüngster Zeit haben Gehirnforscher und Genetiker angefangen, einen Anspruch auf die Erklärung des Religiösen anzumelden: Sie suchen nach der neurologischen Basis von Religiosität.

3 Was ist „Religion"?

Die meisten Soziologen würden zunächst einmal sagen: Religion ist ein soziales Konstrukt, ein kulturelles Produkt. Aber damit ist inhaltlich noch nicht viel gewonnen. Es tauchen ja Fragen auf wie: Ist der Kommunismus eine Religion? Ist der Konfuzianismus eine Religion; oder der Zen-Buddhismus? Es geht also um die Frage der Abgrenzung des Religiösen vom Nichtreligiösen. Die Antwort auf diese Frage hängt zunächst davon ab, ob man einen eher *engen* oder eher *weiten Religionsbegriff* verwendet. Dem entspricht ein Streit zwischen einer *funktionalen* und einer *substantiellen* Definition. Beim *substantiellen* Religionsbegriff „steht der subjektive Bezug des Gläubigen auf eine unsichtbare Welt, auf Transzendenz, auf *Götter und Geister* im Vordergrund" (Barz 1992a: 119). Der Religion werden dann bestimmte inhaltliche Merkmale zugeschrieben: heilige Dinge, bestimmte Rituale, besondere Mythen oder auch moralische Gebote (Kaufmann 1989: 16). Dies ist die *engere* Definition von Religion - und die Soziologie kann sich Gesellschaften zumindest vorstellen, die ohne eine solcherart definierte Religion existieren können.

Dagegen ist bei Verwendung des weiteren, funktionalen Religionsbegriffs kaum vorstellbar, wie eine Gesellschaft ganz ohne Religion auskommen soll. Bei der funktionalen Definition von Religion ist nicht unbedingt ein Bezug auf eine höhere Wirklichkeit oder eine außerweltliche Transzendenz notwendig. Gefragt wird nach dem Beitrag des Religiösen für die Gesellschaft, wobei das Religiöse eben sehr weit definiert werden kann: Alles kann religiös sein, wenn es nur die Funktionen erfüllt, die man früher der eigentlichen Religion zugeschrieben hat. Diese Tradition geht auf Durkheim und Talcott Parsons zurück, wurde von Niklas Luhmann fortgeführt, vor allem aber von Thomas Luckmann, der wohl den weitesten Religionsbegriff hat. Für ihn ist alles Religion, was dem menschlichen Leben und der Kultur Sinn verleiht, was die Gesellschaft durch Wertbezug zusammenhält. Funktionalistische Religionsbegriffe arbeiten im Allgemeinen mit der grundlegenden Annahme, dass der Religion eine *integrative Funktion* zukomme.

Die meisten Soziologen verknüpfen funktionale und substantielle Perspektiven, bevorzugen aber im Großen und Ganzen diesen weiten, funktionalen Religionsbegriff- vielleicht auch deshalb, weil sie bei einem solchen Religionsbegriff kompetenter sind als bei einem sehr engen Begriff, der stärker an die Theologie gebunden bleibt. Auch für die vergleichende Religionswissenschaft ist ein weiterer Begriff notwendig, bei dem das Christentum und dessen Theologie nur einen Sonderfall darstellen.

Die meisten Funktionsbestimmungen der Religion kreisen um die Themen Sinnstiftung, Identitätsbildung, Überwindung von Kontingenz und Unsicherheit durch Bezug auf Transzendenz. Religion dient der Herstellung und Erhaltung einer umfassenden (kosmischen) Sinn-Ordnung, eines „heiligen Kosmos" (Berger 1967). Religion stiftet Sinn, vereinigt Leben und Kosmos, bewahrt vor Weltverlust und Anomie. Eine detaillierte Liste möglicher Funktionen hat zum Beispiel Kaufmann (1989: 63, 82ff.) vorgelegt: 1. *Identitätsstiftung* (Affektbindung und Angstbewältigung); 2. Anleitung (Orientierungshilfe) zur *Handlungsführung* im Außeralltäglichen, durch Rituale und Moral; 3. *Kontingenzbewältigung*, vor allem Verarbeitung und Kompensation von Unrecht, Leid und Schicksalsschlägen - hierzu rechnet Kaufmann auch die Theodizee-Problematik; 4. *Sozialintegration* und Legitimation von Gemeinschaftsbildung; 5. Welt-*Kosmisierung*, Begründung eines Deutungshorizonts aus einheitlichen Prinzipien; 6. *Weltdistanzierung* - Distanzierung und Rebellion gegen ungerechte und unmoralische soziale Zustände.

Neben der Analyse von Funktionen der Religion ist ein weiterer wichtiger Schwerpunkt der Religionssoziologie die Untersuchung von Wechselwirkungen zwischen der Sphäre des Religiösen und anderen gesellschaftlich-kulturellen Sphären. Gibt es zum Beispiel Zusammenhänge zwischen Reichtum bzw. Armut und Religiosität oder Konfessionszugehörigkeit? Solche Zusammenhänge hatte Max Weber zum Ausgangspunkt seiner berühmten Studie über die Protestantische Ethik genommen (Weber 1904/05). Es war damals, um die Wende zum 20. Jahrhundert, gut dokumentiert, dass Katholiken weniger Anteil am Kapitalbesitz hatten und auch weniger gut ausgebildet waren als Protestanten. Max Weber konnte nachweisen, dass sich der Kapitalismus besonders dort gut entwickeln konnte, wo sich Protestanten, vor allem Calvinisten, Pietisten und Puritaner durchgesetzt hatten. Unter den Katholiken fanden sich dagegen sowohl weniger fleißige und motivierte Arbeiter als auch weniger erfolgreiche Unternehmer. Weber nahm an, dass dafür die im Protestantismus entwickelte „methodisch-rationale Lebensführung" verantwortlich war, aus der sich das moderne Leistungsprinzip entwickelt hat.

4 Kurze Geschichte der Religionssoziologie

Die „Klassiker" der Soziologie haben einen wesentlichen Teil ihres Lebenswerks der Religionssoziologie gewidmet. Das gilt vor allem für Max Weber und Emile Durkheim.[5] Heute werden beide Autoren wieder intensiv diskutiert, und insbesondere die Literatur im Anschluss an Max Webers Religionssoziologie ist unübersehbar. Nach dem Zweiten Weltkrieg allerdings waren die Fragen der „Klassiker" vorübergehend in Vergessenheit geraten, jedenfalls im Umkreis der Religionssoziologie, soweit sie empirisch ausgerichtet war. Diese wurde in Deutschland mehr und mehr auf „Kirchensoziologie" reduziert, aufs „Schäfchenzählen". Folgerichtig gab es seit den sechziger Jahren zunehmend *Kritik* an der Religionssoziologie. Sie sei bloße *Kirchensoziologie* oder gar „Auftrags-Religions-soziologie" (Luckmann 1963). Die Kritik bündelte sich in dem Vorwurf, dass einer solchermaßen reduzierten Religionssoziologie gerade „die religiösen Kernphänomene innerhalb der modernen Gesellschaft verborgen geblieben seien" (Gabriel 1983: 182).

Von Peter L. Berger und Thomas Luckmann erschienen 1967 gleich drei wichtige Bücher, die eine *wissenssoziologische* Wende in der Religionssoziologie einleiteten: Von Berger *The Sacred Canopy*, von Luckmann *The Invisible Religion* und von beiden zusammen *The Social Construction of Reality*. Damit wurde eine entscheidende Erweiterung des Religionsbegriffs in Gang gebracht, von nicht wenigen als „postmoderne" Konzeption interpretiert, da es nun nicht mehr um Religion im engeren Sinn, um Gottesglauben oder Transzendenz ging, sondern um die Frage innerweltlicher Sinnfindung.

Trotz gemeinsamer wissenssoziologischer Grundlegung entwickelten sich die Religionssoziologien von Berger und von Luckmann bald in unterschiedliche Richtungen. Während Luckmann die Konzeption der *invisible religion* entwickelte (vgl. Abschnitt 6), beharrte Berger auf einem substantiellen Religionsbegriff, der sich über das Heilige definiert.. Die menschliche Natur benötige nicht nur Institutionen und Ordungssysteme des Wissens und der Legitimation; sie benötige einen „Nomos" - letztgültige Legitimierungen, die im „Heiligen" liegen. Der heilige Kosmos überspannt die Gesellschaft wie ein Baldachin („sacred canopy") und garantiert so Schutz vor dem Chaos der Sinnentleerung. Berger, der sich auf die „Spuren der Engel" (Berger 1969, dt. 1991) begab, das heißt, auf die Suche nach Zeichen der Transzendenz *in* der Welt, näherte sich allerdings

---

[5] Im Fall Max Weber kann man sogar sagen, dass sein bekanntestes Werk, nämlich die Schrift *Die Protestantische Ethik und der 'Geist' des Kapitalismus* (1904/05) zu den bekanntesten Werken des 20. Jahrhunderts überhaupt gehört. Auch Durkheims letztes großes Werk, *Die elementaren Formen des religiösen Lebens* (1911), war sehr einflussreich.

Luckmann auch wieder an, wenn er in ganz alltäglichen Phänomenen (wie Spiel, Hoffnung oder Humor) Manifestationen der Transzendenz erkannte. Auch die Liebe wird häufig mit Transzendenz in Verbindung gebracht. Wiederum hat hier Max Weber Pionierarbeit geleistet, als er die erotische Liebe als Konkurrentin der Religion charakterisierte (Weber 1920a).

Für Berger wurde Transzendenz zu einer eigenen Wertsphäre, die durch soziologische oder aufgeklärte Distanzierung nicht unterlaufen werden könne. Berger empfahl deshalb der Theologie, nicht in den Chor der Theoretiker der Moderne einzustimmen, die das Ende der Transzendenz verkünden; sonst könne sie auch gleich ihre eigene Abdankung mitverkünden. Besonders die Protestanten seien dieser Gefahr zeitweise erlegen (Berger 1991: 33f.). Geradezu „mit Enthusiasmus" hätten manche von ihnen diese „Selbstvernichtung der Theologie" betrieben. Demgegenüber seien die Katholiken standhafter gewesen. Viele von ihnen hätten einen „imponierenden Trotz" gegen die Moderne bewiesen. Auch Kaufmann (2000) spricht vom „Moderne-resistenten Katholizismus".

Während vor allem bei Luckmann die Kritik an der Kirchensoziologie zu einer fast vollständigen Entkirchlichung des religionssoziologischen Gegenstandsfeldes führte, gab es doch Versuche einer Synthese zwischen Kirchen- und Wissenssoziologie. Einer dieser Versuche bestand darin, Religionssoziologie als *Soziologie des Christentums* zu begreifen. Als Kennzeichen einer solchen Soziologie des Christentums galt zum Beispiel, die kirchensoziologische Forschung nicht als bloßen Irrweg abzutun. Der Religionsbegriff bleibt dadurch an die historischen Formen der Religion im europäischen Kulturkreis gebunden und wird nicht völlig beliebig oder mit Kultur gleichgesetzt (Gabriel 1983: 183f.). Insbesondere Franz-Xaver Kaufmann hat sich unter dem Stichwort „Soziologie des Christentums" mit den Unterschieden zwischen den beiden großen Konfessionen in Deutschland befasst, besonders mit deren unterschiedlichen Entwicklungen als „Kirchen" im Verhältnis zu Staat und Gesellschaft im 19. Jahrhundert (Gabriel/Kaufmann 1980).[6]

Die Religionssoziologie, die in den 1970er Jahren innerhalb der deutschen Soziologie ein Schattendasein führte, gewann seit Mitte der 1980er Jahre wieder an Bedeutung. Das lag zum Teil an den Diskussionen, die mit den deutschen Übersetzungen der wichtigen Bücher von Berger und Luckmann sowie der Renaissance der Weber-Diskussion einsetzten, vor allem aber an den gesellschaftlichen Veränderungen, die mit Stichworten wie multikulturelle Gesellschaft und Fundamentalismus umschrieben worden sind. Auch Disziplinen wie die Biogra-

---

[6] Im einflussreichen Handbuch der empirischen Sozialforschung war im Artikel zu Religion 1979 noch ein größerer Abschnitt über „Pfarrsoziologie" zu finden (Fürstenberg/Mörth 1979).

phieforschung entwickelten ein neues Interesse an Religion und Religiosität (Wohlrab-Sahr 1995, Kohli/Wohlrab-Sahr 1998). Dabei rückten zum Beispiel Fragen wie religiöse Konversionen (Wohlrab-Sahr 1999) oder Religiosität im Zeichen interkultureller Begegnungen in den Vordergrund. Mit dem Fall der Mauer wurden die Themen Konfessionslosigkeit und Atheismus wieder akut, die in Ostdeutschland das religiöse Feld bestimmten (Gärtner et al. 2003).

In theoretischer Hinsicht hat sich zu den bereits genannten Positionen in Deutschland mit dem Ansatz von Ulrich Oevermann eine neue Position dazugesellt. Oevermann betont das Bewährungsproblem, das sich aufgrund des Bewusstseins von der Zukunftsoffenheit und Endlichkeit des Lebens stellt und das grundsätzlich nicht beseitigt werden kann. Zwar verlören die traditionellen religiösen Antworten auf das Bewährungsproblem im Zuge der Säkularisierung an Bedeutung, für die Menschen bleibe aber die Notwendigkeit bestehen, ihren persönlichen Bewährungsmythos zu schaffen (Oevermann 1995, 2003).

5 Säkularisierung

Eine der großen Fragen der Religionssoziologie war von Anfang an die *Säkularisierung*. Vielfach wurde Religionssoziologie in erster Linie als Theorie der Säkularisierung verstanden, das heißt, sie untersuchte vor allem, wie die Religiosität sich langsam aus der Welt zurückzieht bzw. verdrängt wird.7 Schon seit der Aufklärung wurde der Religionsbegriff selber säkularisiert und entmystifiziert, er wurde zu einem deskriptiven Klassifikationsbegriff (Kaufmann 1989: 59). Bei genauerer Betrachtung ist aber keineswegs so klar, was Säkularisierung bedeutet und ob es sich dabei um einen kontinuierlichen Prozess handelt. Man ist sich einig, dass der Säkularisierungsprozess weit fortgeschritten ist, wenn man darunter *Entkirchlichung* der Religion versteht, insbesondere in Deutschland in der Nachkriegsperiode. Unter Entkirchlichung versteht man im Allgemeinen die Abkehr von tradierten christlichen Glaubensinhalten sowie kirchliche Desintegration, das heißt, sinkende Mitgliederzahlen und sinkende Teilnehmerzahlen bei kirchlichen Ritualen (Jagodzinski/Dobbelaere 1993: 68).

In einem sehr allgemeinen Sinn kann im modernen Europa (seit dem 18. Jahrhundert) von anhaltender Säkularisierung gesprochen werden, wenn man

---

[7] Säkularisierung = Verweltlichung (von saeculum = Welt). Eines der wichtigsten politischen Ereignisse in Deutschland in diesem Zusammenhang war der „Reichsdeputationshauptschluss" (1803), mit dem, kurz vor der Auflösung des „Heiligen Römischen Reiches Deutscher Nation", Besitztümer und Hoheitsrechte der Kirchen in weltliche Hände (Staat, Adel, Bürgertum) fielen. Allerdings fiel die Schwächung der Kirchen und die Trennung von Kirche und Staat in Deutschland weniger stark aus als etwa in den USA oder Frankreich.

diesen Prozess als Kernelement des Modernisierungsprozesses versteht und ihn damit im Zusammenhang mit Urbanisierung und Verwissenschaftlichung sieht. Enttraditionalisierung und Individualisierung im Sinne von „Bindungsverlust" schwächen die Verankerung der Menschen in lokalen und religiösen Gemeinschaften. Max Weber sprach von *Rationalisierung der Lebensführung* und von „Entzauberung": Wunder werden zu Metaphern oder Sinnestäuschungen erklärt. Das Wirken Gottes wird in den kulturellen Vorstellungen immer mehr beschnitten, vom allmächtigen Schöpfergott bleibt schließlich nur noch ein abstraktes Prinzip, das nur noch dort für wirksam gehalten wird, wo die Erklärungskraft der rationalen Wissenschaften versagt. Immerhin: auch wenn man weiß, dass Gott nicht „Ursache" eines Naturereignisses ist, akzeptiert man doch, dass wenigstens der *Glaube* an Gott noch etwas bewirkt, zum Beispiel bei der Heilung von Kranken. Doch das gilt im gleichen Maße für die Leistung von Ärzten, Psychotherapeuten oder entsprechenden Scharlatanen.

Hinter dem modernisierungstheoretischen Säkularisierungsbegriff steckt jedoch oft eine zu einfache lineare Betrachtungsweise - als ob es ein historischer Automatismus sei, mit dem die Religion langsam und ohne Widerstand verschwände. Säkularisierung kann deshalb vielleicht besser verstanden werden, wenn sie als Spannungsverhältnis, als Konflikt zwischen Welt und Religion gefasst wird, dessen Ausgang nicht von vornherein feststeht. Max Weber hatte das Verhältnis der „Wertsphären" (Religion, Wissenschaft, Wirtschaft, usw.) noch als sehr spannungsvoll gesehen, als Konfliktfeld, als Kampfarena.[8]

Die moderne Systemtheorie hat hier gewissermaßen die Wogen geglättet: Sie versteht die Entwicklung der Gesellschaft als „Ausdifferenzierung von Funktionssystemen". Das heißt, für die verschiedenen Aufgaben innerhalb der Gesellschaft entwickeln sich spezialisierte Teilsysteme: das Wirtschaftssystem für die Geldgeschäfte und für die Klärung des Tauschwertes von Waren; das Rechtssystem für die Klärung von Fragen der Gerechtigkeit; die Wissenschaft für die Klärung von Fragen der Wahrheit. Das Religionssystem wird dann ebenfalls zu einem spezialisierten System neben vielen anderen. Kein System kann ohne weiteres für das andere einspringen - jedes hat seine eigenen Funktionen und seine eigene Logik.

Eine Konsequenz dieser Entwicklung ist der schwindende Einfluss der kirchlichen Institutionen in den anderen Subsystemen. Insbesondere im Rechtssystem, in der Politik, aber auch im Bildungssystem ist diese Entwicklung deutlich zu sehen. Ob die CDU/CSU noch eine „christliche" Partei ist, ist schon lange mehr

---

[8] Vgl. dazu seine „Zwischenbetrachtung" in den gesammelten religionssoziologischen Aufsätzen (Weber 1920).

als fraglich. Im Bildungssystem gibt es noch Nachwehen des Kampfes zwischen Religion und Wissenschaft, zu sehen etwa am Beispiel der Evolutionstheorie in den amerikanischen Schulen; oder, uns näher liegend, an der Frage, ob Schüler staatlicher Schulen zum Religionsunterricht gehen müssen oder ob Theologie-Professoren von der Kirche abgesegnet sein müssen. Umgekehrt können sich die Kirchen aber eher darauf verlassen, dass die staatlichen Mächte keinen Einfluss darauf nehmen, woran die Menschen glauben.

Ausdifferenzierung bedeutet also *funktionale Spezialisierung* und *Leistungssteigerung*: Der Pfarrer ist nicht mehr für alles Mögliche zuständig, wie in einer kleinen mittelalterlichen Gemeinde, dafür kann er sich auf das Wesentliche der Religion konzentrieren. Die Systemtheorie könnte insofern für die Theologie eine Ermutigung darstellen, als hier nicht behauptet wird, die Religion leide unter einem ständigen Bedeutungsverlust, sondern betont wird, dass die Religion sich auf spezielle Sinnfragen konzentrieren kann und dabei an Bedeutung gewinnt - wenn auch um den Preis, nicht mehr in der ganzen Gesellschaft verbreitet zu sein. Deshalb erfüllt Religion in Luhmanns Systemtheorie nicht die Funktion der gesamtgesellschaftlichen Integration, ebenso wenig wie irgendein anderes Teilsystem. Jeder kann im Prinzip an jedem gesellschaftlichen Teilsystem partizipieren – oder es lassen. Wer nicht religiös ist, wird nicht von der Teilhabe an anderen Funktionssystemen ausgeschlossen.

Luhmann hat als Beschreibung der Funktion der Religion zunächst die Formel „Überführung des Unbestimmbaren in Bestimmbares" gewählt, später sprach er von der Differenz Transzendenz/Immanenz. Alle Sozialsysteme sind Kommunikationssysteme, und die Kommunikation im Sozialsystem Religion zeichnet sich dadurch aus, dass sie „Immanentes unter dem Gesichtspunkt der Transzendenz betrachtet" (Luhmann 2000: 77). Außerdem war für Luhmann die Theologie wichtig als „Reflexionstheorie" zur Sicherung der Identität des Religionssystems.

Die allgemeine These von der Säkularisierung ist also durchaus nicht unumstritten. Zum einen ist der Säkularisierungs- und Entkirchlichungsprozess nicht in allen Ländern so deutlich wie in Westeuropa. In vielen anderen Kulturen hat eine Revitalisierung der Religionen stattgefunden (Berger 1991: 145ff.), nicht erst neuerdings im Zuge des Aufkommens fundamentalistischer Strömungen. Zum zweiten wird Säkularisierung in der modernen Systemtheorie nicht mit einem Bedeutungsverlust von Religion gleichgesetzt. Zwar lässt sich ein Rückzug der Religion aus vielen Teilsystemen konstatieren, dafür kann im Religionssystem selber unter Umständen ein Bedeutungszuwachs konstatiert werden. Die hohe Religiosität in den Vereinigten Staaten bei gleichzeitiger Trennung von Staat und Religionsgemeinschaften (Disestablishment) gilt dafür in der Regel als Beleg.

Seit einiger Zeit wird die Säkularisierungsthese, vor allem in der amerikanischen Religionssoziologie, sogar ernsthaft in Frage gestellt (z.B. Stark 1999). Und auf der praktisch-politischen Ebene wird die Säkularisierungsthese manchmal auch als *Ideologie des Säkularismus* zurückgewiesen. Das heißt, die Behauptung eines Säkularisierungstrends wird nicht als empirische Aussage verstanden, sondern als normative Forderung. Die Religionssoziologie in Deutschland hält aber im Großen und Ganzen an einer Form der Säkularisierungsthese fest, allerdings nicht an der klassischen modernisierungstheoretischen Variante, die von einem automatischen Niedergang der Religion im Zuge der Modernisierung ausgegangen ist (Wohlrab-Sahr 2001, 2002, Pollack 2003, Franzmann et al. 2006).

6 Unsichtbare Religion und Ausweitung des Religionsbegriffs

Kommen wir noch einmal zurück zur Theorie von Thomas Luckmann. Seit den Arbeiten von Luckmann und Berger in den sechziger Jahren hat man sich daran gewöhnt, nicht mehr vom Rückgang der Religiosität zu sprechen, sondern von ihrem Formwandel. In dieser Sichtweise weitet die Religion ihren Einflussbereich aus - allerdings auf Kosten ihrer Konturiertheit. Sie verschwindet nicht aus dem Leben, aber sie verwandelt sich, wie manche sagen würden: bis zur Unkenntlichkeit. Sie wird, wie das berühmte Buch Luckmanns heißt, zur „unsichtbaren Religion".

Luckmanns Theorie und Religionsbegriff schien geeignet, nicht nur der Theologie, sondern auch der herkömmlichen Religionssoziologie ihren angestammten Gegenstand wegzunehmen: Religion ist für ihn eine so allgemeine Sache, dass sie in den Mittelpunkt der allgemeinen Soziologie rückt. Religion beschreibt das gesellschaftliche Menschsein an sich, beschreibt die Sinndimension des menschlichen Daseins. Religionssoziologie wird zur sozialen Anthropologie: „In der Religion transzendiert der Mensch sein biologisches Wesen und wird so erst zum Menschen" (Knoblauch 1991: 12). Religion ist mehr als ein Komplex von Jenseitsvorstellungen - das Religiöse ist gleichbedeutend mit der Überhöhung der biologischen Existenz des Menschen zum Kulturwesen.

Dieser weite Religionsbegriff wurde kritisiert, nicht zuletzt von Luckmanns Kollegen Peter L. Berger, der nunmehr als Vertreter einer substantialistischen Theorie hervortrat. Was Luckmann machte, kam in der Tat einer Aufhebung des Religionsbegriffs gleich, da es kaum noch etwas Kulturelles gab, das sich von der Religion abgrenzen ließe. Berger betonte demgegenüber, dass das Religiöse sich durch besondere Erfahrungen des Heiligen oder des Göttlichen auszeichne. Die Wissenssoziologie Luckmanns neige dazu, „jegliche Form subjektiver Sinnkonstitution oder Identitätsfindung als religiösen Prozeß zu interpretieren", kritisierte auch Kaufmann (1989: 57). Dies führe zu einer „inhaltlichen Entleerung" des Religionsbegriffs.

Religiös ist nach Luckmann alles, was das Problem der Transzendenz bewältigen hilft. Mit Transzendenz meint Luckmann jedoch nicht mehr das Jenseitige oder Außerweltliche. „Transzendenz ist, was die unmittelbare Evidenz lebensweltlicher Erfahrung überschreitet" (Knoblauch 1991: 13). Es geht um „Sinntranszendenz", um „symbolische Selbst-Transzendierung". Dabei ist aber wichtig zu betonen, dass der Zugang zur Transzendenz für das Individuum nur über Kommunikation mit anderen, insbesondere face-to-face, möglich ist - Interaktion ist die Basis von Transzendenz. Es geht also nicht etwa um eine solitäre Sinnsuche im Sinne zum Beispiel von Meditation (Knoblauch 1991: 14f.) - nicht um einen Rückzug in die Innerlichkeit.

Deshalb wäre es auch falsch, unter *Privatisierung der Religion* einen Rückzug in die Privatwelt des Einzelnen zu verstehen. Es geht dabei eher um Ent-Institutionalisierung. Die Religion nimmt neue Sozialformen an, wodurch sich ihr Einflussbereich wieder ausweitet, allerdings auf Kosten der Kirche. *Privatisierung der Religion* heißt jedoch auch, dass sie ihre ethische Basis mehr und mehr in der nicht-öffentlichen oder semi-öffentlichen Sphäre findet, etwa in der Familie oder in religiösen, außerkirchlichen Gemeinschaften (Knoblauch 1991: 19ff.). Besonders in den USA hatte sich die Religion immer schon in den „freien Assoziationen" institutionalisiert. Darüber hinaus gab es Anzeichen, dass religiöse Funktionen zunehmend von religionsfernen Institutionen wahrgenommen werden können. So wurde etwa dem Fernsehen schon häufiger eine quasi-religiöse Funktion zugeschrieben, aber auch den Therapien oder allgemein dem Körperkult. Salopp gesagt: statt Kirche nun der Tennisclub oder das Fitness-Studio.

Die neuere Forschung beschäftigte sich also stark mit dem diffusen Bereich, in dem die Unterscheidung zwischen dem „Heiligen" und dem „Profanen" verschwimmt, wo man unter „religiös" alles Mögliche versteht, sofern es in irgendeiner Weise sinnstiftend ist, Transzendenz-Erfahrungen ermöglicht oder den Alltag sozusagen mit Außeralltäglichkeit ausstattet. Allerdings kamen solche Untersuchungen oder zeitdiagnostische Thesen weniger aus dem Bereich der Religionssoziologie als eher aus dem Bereich von Kultur-, Konsum- oder Jugendsoziologie. Von der Religionssoziologie wird die inflationäre und oft bloß metaphorische Redeweise von „Religion" häufig kritisiert und der nahezu grenzenlose Begriff von Religiosität wird abgelehnt (Pollack 2003).

7 Zivilreligion

Die verschiedenen Überlegungen zur unsichtbaren Religion lassen sich auch noch anders interpretieren. Der Begriff „Zivilreligion" wurde von Robert Bellah eingeführt, einem Schüler von Talcott Parsons. Parsons (1974) war es gewesen, der nicht vom Verschwinden der Religion sprach, sondern von einer Art Umkehr des Säkularisierungsprozesses, indem nämlich das christliche Glaubenssystem sich über die ganze Gesellschaft ausgebreitet und zu einer Infusion religiöser Werte in ehemals weltliche Belange geführt habe. Allerdings sei es dabei „kognitiviert" worden. Diese säkulare oder politische Religion nannte Bellah *civil religion*.

Warum hat Kennedy in seiner Antrittsrede von 1961 mehrfach Bezug auf „Gott" genommen? Das ist Bellahs Ausgangsfrage. Er meint, die politischen Institutionen, die politische Theorie und das politische Leben Amerikas hätten eine zugrunde liegende religiöse Dimension, die sich in einer Reihe von Überzeugungen, Symbolen und Ritualen ausdrücke. Diese nannte er „Zivilreligion" (Bellah 1986: 22). Auch das höchste politische Amt werde durch diese Basisreligiosität legitimiert, deshalb habe sich Kennedy darauf bezogen (auch G.W. Bush tat dies bekanntlich in starkem Maße). In der politischen Theorie der USA gilt Gott als Letztinstanz. Damit ist jedoch nicht der moderne christliche Gott gemeint. Der Gott der Zivilreligion neigt zu Strenge „und hat mehr mit Ordnung, Gesetz und Recht zu tun als mit Erlösung und Liebe" (Bellah 1986: 26). Es ist der Gott Israels. Die Amerikaner als Vollstrecker des altjüdischen Auftrags? Auch Michael Walzer (1995) zog Verbindungen zwischen dem israelitischen Bundesgedanken, dem Exodus aus Ägypten, dem Protestantismus und der modernen amerikanischen Demokratie. Der Gott der amerikanischen Zivilreligion interessiert sich für die Geschichte und sorgt sich um Amerika. Er hat auch mit dem amerikanischen Volk einen Bund abgeschlossen.

Bellah betonte, dass damit keineswegs eine Vermischung der getrennten Bereiche von Religion und Politik einhergehe, im Gegenteil: Die Zivilreligion ist, mit ihrer antik-jüdischen Basis, eindeutig Bestandteil des politischen Wertesystems. Auf der anderen Seite gelten die Amerikaner als völlig frei, jedweder Religionsgemeinschaft, jedwedem Glauben anzugehören. Ein Regierungsmitglied untersteht den Gesetzen der Zivilreligion, aber in seiner religiösen Praxis und seinen privaten religiösen Überzeugungen ist es frei.

Zivil-„Religion" ist also ein Element des politisch-sozialen Wertsystems, in Abgrenzung zum kirchlich-konfessionellen Wertesystem. Das gilt auch allgemein für den weiten, funktionalen Religionsbegriff, bei dem „die Kirche" nicht zum Kern der Religion gehört. „Es erscheint als durchaus möglich, dass das inhaltliche und pastorale Angebot der Kirchen sowohl in der gesellschaftlichen wie in der individuellen Dimension das verfehlt, was hier mit dem Religionsbegriff anvisiert ist" (Kaufmann 1989: 16f.). Im Anschluss daran lässt sich für Deutschland sagen, dass es umstritten ist, ob das Christentum überhaupt noch zur „Religion" im Sinne von Zivilreligion gehört, zu den Werten und Grundüberzeugungen, die unumstritten die Basis der sozialen Integration bilden (Kaufmann 1989: 3). Es gibt auch Versuche, das Theorem der Zivilreligion auf eine dem Selbstverständnis nach atheistische Gesellschaft wie die DDR zu übertragen (Schmidt-Lux 2006).

8 Zur Religiosität Jugendlicher in Deutschland

In der empirischen Religionsforschung hat sich die Infragestellung des Säkularisierungsbegriffs kaum niedergeschlagen. Als vorherrschender Tendenzen werden immer noch Säkularisierung und Entkirchlichung angesehen. Entsprechende Ergebnisse sind seit Jahrzehnten in der gesamten Bevölkerung in Deutschland zu beobachten, wie die kontinuierlich sinkende Zahl der Kirchenmitglieder oder die Zahl der Gottesdienstbesucher. Trotz verschiedener Kirchenaustrittswellen in den siebziger und den neunziger Jahren des 20. Jahrhunderts sind aber immer noch fast 70 Prozent Mitglied einer der beiden großen Kirchen, mit großen Unterschieden zwischen dem Ost- und dem Westteil Deutschlands.

Die Religiosität und die Religionspraxis von Jugendlichen können als ein wichtiger Seismograph der allgemeinen Entwicklung angesehen werden.[9] Deshalb gehen wir im Folgenden etwas ausführlicher auf Trends im Verhältnis der Jugend in Deutschland zur Religion ein. Es gibt relativ wenige empirische Studien im Nachkriegsdeutschland, die sich umfassend und ausschließlich mit Religion und Religiosität von Jugendlichen befassen, doch in zahlreichen jugendsoziologischen Studien wurden in mehr oder weniger großem Umfang auch solche Fragen mit erfasst, zum Beispiel in den verschiedenen Wellen der Shell-Jugendstudie.

Zunächst zum Bereich der *Entkirchlichung*. Vor dem Hintergrund des allgemeinen *Rückgangs der Kirchenmitgliederzahlen* mag es überraschen, dass bei der Volkszählung 1987 immer noch über 80 Prozent der Jugendlichen unter 20 Jahren einer der beiden großen christlichen Konfessionen angehörten. Nur 6,5 Prozent waren damals konfessionslos (Sandt 1996: 14). Die sehr viel höheren Anteile Konfessionsloser in späteren Jahren (25 Prozent bei den Shell-Studien 1999 und 2006) waren zu einem erheblichen Teil auf die deutsche Vereinigung und eine große Ost-West-Differenz zurückzuführen. Etwa 80 Prozent im Osten,

---

[9] „Der Prozeß der Abwendung von traditionell christlicher Religion, die Zunahme von institutionell ungebundener Religiosität und das Auftauchen neuer religiöser Formen ist in verdichteter Weise bei Jugendlichen anzutreffen" (Sandt 1996: 3).

aber nur etwa 13 Prozent im Westen waren 1999 bzw. 2006 konfessionslos (Fuchs-Heinritz 2000: 157, Gensicke 2006: 204). Das bedeutet allerdings auch, dass sich zwischen 1987 und 1999 auch in Westdeutschland der Anteil konfessionsloser Jugendlicher verdoppelte.

Auch der *Gottesdienstbesuch* von Jugendlichen ist seit langem rückläufig. Der Anteil derjenigen, die in den letzten vier Wochen vor der Befragung wenigstens drei mal in der Kirche waren, sank nach Ergebnissen der Shell-Studien zwischen 1953 und 1991 von einem Drittel auf unter 10 Prozent (Sandt 1996: 16). Der Anteil jener, die überhaupt nicht zu Gottesdiensten gegangen waren, stieg von etwa 40 Prozent auf 83 Prozent im Jahr 2000 (Fuchs-Heinritz 2000: 158). Nur noch 16 Prozent im Westen und 7 Prozent im Osten waren wenigstens einmal in den letzten vier Wochen zum Gottesdienst gegangen (Fuchs-Heinritz 2000: 162ff.).

Kombiniert man Konfessionalität/Kirchenmitgliedschaft und Gottesdienstbesuch, dann lassen sich, wie es in einigen Folgen der Shell-Jugendstudie gemacht wurde, vier *Typen von Kirchennähe* unterscheiden: Konfessionslos, Randmitglied, Kirchengänger und Kernmitglied. Die mit Abstand größte Gruppe (zwei Drittel) wurden als Randmitglieder eingestuft, also nicht-aktive Christen. Die Gruppe der Kirchgänger umfasste in den 1990er Jahren 22 Prozent, jene der Kernmitglieder 2 Prozent und die der Konfessionslosen 10 Prozent (Sandt 1996: 24). Die Unterschiede zwischen den Kirchennahen und den übrigen Jugendlichen waren allerdings nicht besonders auffällig, mit Ausnahme zweier Merkmale: Sie beteten wesentlich häufiger und sie glaubten wesentlich häufiger an ein Leben nach dem Tod. Die Kirchenbindung blieb auch in den letzten Jahren weiterhin gering bzw. ging weiterhin leicht zurück. „Die großen Kirchen als Träger der christlichen Glaubenslehren spüren die physische und geistige Abwesenheit der jungen Leute in ihrem eigentlichen religiösen Kreis seit längerem" (Gensicke 2006: 206). Auch im Allensbacher Umfrage-Institut ist von schwacher Kirchenbindung und *abnehmender „Verbundenheit" zur Kirche* die Rede (Köcher 2006).

Eine Zeitlang konnte man meinen, die Jugendlichen hätten sich von den Kirchen ab- und dafür den *Sekten* zugewandt. Doch die Zahl jugendlicher Sektenmitglieder in Deutschland war nie besonders hoch. Auch die Bedeutung von „New Age" war eher gering, jedenfalls langfristig. Wichtiger als die Sekten schien in den 1980er Jahren die „freie religiöse Szene" zu sein (Sandt 1996: 39).

Die Abnahme der Kirchenbindung muss aber nicht bedeuten, dass auch die Religiosität verschwindet. Die *Entkopplung von Kirchlichkeit und Religiosität* ist einer der deutlichsten Trends der letzten Jahrzehnte. In einigen Punkten ist die Religiosität der Jugendlichen - zumindest bis zur Mitte der 1990er Jahre - kaum zurückgegangen. Das betrifft zum Beispiel die Praxis des Betens und den Glauben an ein Leben nach dem Tod. Der Anteil derjenigen, die angaben „Bete manchmal oder regelmäßig", lag sowohl in den 50er als auch in den 90er Jahren bei etwa 40 Prozent. Allerdings stieg der Anteil derjenigen, die angaben „bete nicht", deutlich an, von etwas über 20 auf über 40 Prozent (Sandt 1996: 27). Doch in den letzten Jahren war auch hier ein Rückgang zu verzeichnen. Nur noch 28 Prozent im Westen und 11 Prozent im Osten beteten manchmal oder regelmäßig.

Am Beispiel des Betens lässt sich gut zeigen, wie eine ursprünglich kirchliche Praxis allmählich „säkularisiert", vor allem aber privatisiert und im Sinne eines umfassenden Religionsbegriffs mehr und mehr zu einer allgemeinen *Lebenstechnik* im Umgang mit Unsicherheit und existentiellen Sinnkrisen wird. So berichteten zum Beispiel Jugendliche, dass sie in kritischen Situationen gebetet hätten, auch wenn sie sonst nicht viel davon hielten oder sich nicht als religiös einstufen würden (Barz 1992a: 62f.). Die Übergänge zu eher weltlichen „Fluchten aus dem Alltag" sind dann fließend.

Auch der Zusammenhang von Kirchgang und *Glauben an ein Weiterleben nach dem Tod* lockerte sich seit den 50er Jahren des vorigen Jahrhunderts. Mehr als die Hälfte von denjenigen Jugendlichen, die in den 1990er Jahren an ein Weiterleben nach dem Tod glaubten, gab an, in den letzten vier Wochen nicht in die Kirche gegangen zu sein (Sandt 1996: 30f.). Religions- und Jugendforscher sprachen daher von einer *Loslösung dieses Glaubens (Weiterleben nach dem Tod) von der christlichen Tradition* (Sandt 1996: 31; Barz 1992b: 69, 125). Dazu passte auch, dass zwar an dieses Weiterleben nach dem Tod häufig geglaubt wurde, jedoch kaum noch an die christliche Auferstehungshoffnung (Barz 1992a: 69). 1999 glaubten nur noch 32 Prozent im Westen und 18 Prozent im Osten an ein Weiterleben nach dem Tod (Fuchs-Heinritz 2000: 162). Die Existenz eines Gottes wurde Anfang der 1990er Jahre insgesamt kaum bezweifelt, doch die Existenz eines personalen und insbesondere des christlichen Gottes wurde stark bezweifelt (Barz 1992a: 68).[10]

„Ein immer indirekteres Gottesverhältnis" stellte Kaufmann schon in den 1980er Jahren fest (1989: 196f.). An dieser Entwicklung, so meinte Kaufmann in einem Beitrag für einen Evangelischen Kirchentag, sei die Theologie nicht ganz unschuldig: „An die Stelle der Rede mit Gott trat die Rede von Gott, dann die Rede über Gott, und bald nur noch die Rede von der Rede über Gott - die Rede

---

[10] Vgl. dazu auch Wohlrab-Sahr et al. 2005. Sie zeigen, dass im Osten Deutschlands zwischen 1991 und 2002 der Anteil derer zwischen 19 und 29 Jahren, die an ein Leben nach dem Tod glauben, von 15 auf 34 Prozent gestiegen ist, ohne dass der Glaube an Gott wesentlich gestiegen ist. Damit sind im säkularen Osten diese „Jungen" die religiöseste Gruppe überhaupt.

über Theologie oder Religion. Es ist die Theologie, die selbst uns ein immer indirekteres Gottesverhältnis vorgedacht und damit gleichzeitig den Ort Gottes in unserer Kultur in weitere Ferne gerückt hat."

9 Neue Trends?

In den letzten zehn Jahren haben sich einige neue Schwerpunkte der Forschung beim Themenkomplex Jugend und Religiosität herausgebildet. Zunächst tauchte die Frage eines möglicherweise wiedererwachten religiösen Interesses der westdeutschen Jugendlichen auf. Auch bei ostdeutschen Jugendlichen glaubte man, Anzeichen einer solchen religiösen Renaissance zu erkennen. Allerdings dominiert im Osten der Atheismus noch deutlich.[11] Eine verstärkte Aufmerksamkeit der Forschung gilt seit einigen Jahren den „Jugendlichen mit Migrationshintergrund", die man als mehr oder weniger bedroht vom islamischen Fundamentalismus ansieht. Die angebliche Renaissance des Glaubens spiegelt sich allerdings nur schwach in den empirischen Ergebnissen - es hängt letztlich davon ab, was man unter „religiös" und „Glauben" versteht.

In der 15. Folge der Shell-Jugendstudie im Jahr 2006 wurde, wie schon in den Jahren davor, etwa die Hälfte der befragten Jugendlichen als religiös eingestuft. Dabei wurden zwei Gruppen zusammengefasst: 30 Prozent, die an einen persönlichen Gott glaubten: die „kirchennah Gottesgläubigen"; und 19 Prozent, die an eine überirdische Macht glaubten: die „kirchenfern Religiösen". Dezidiert nichtgläubig waren 28 Prozent („Ich glaube nicht, dass es einen persönlichen Gott oder eine überirdische Macht gibt"). Die übrigen 23 Prozent waren sich unsicher („Ich weiß nicht richtig, was ich glauben soll") (Gensicke 2006: 208). An einen persönlichen Gott glaubten 41 Prozent der katholischen und 30 Prozent der evangelischen Jugendlichen, dagegen 69 Prozent der Jugendlichen mit anderen christlichen Konfessionen; außerdem 64 Prozent der islamischen Jugendlichen (Gensicke 2006: 210).

„Religiosität" wurde in dieser Studie auf die beiden ersten Aspekte - Glaube an einen persönlichen Gott oder eine überirdische Macht - eingeschränkt. Generell distanzierten sich die Forscher wieder stärker von einem allzu weiten Glaubens- oder Religiositätsbegriff, weil man auch den Anteil der Religion am allgemeinen kulturellen Wertesystem bestimmen wollte. Wenn aber alle Werte schon „religiös" sind, geht das nicht mehr. „Diffuse Vor- und Restformen von Religiosität" wurden deshalb nicht als „religiös" eingestuft, sondern als „para-religiös". Etwa die Hälfte der Jugendlichen wurde als „para-religiös" eingestuft, weil sie zum Beispiel an eine Art Vorbestimmung glaubten, an Engel oder Tele-

---

[11] Pollack/Pickel (2000), Gärtner et al. (2003).

pathie, an böse Geister oder die Sterne (ebd.: 211f.). Diese Para-Religiösen waren unter den Gottgläubigen und den „kirchenfern Religiösen" häufiger zu finden als unter den Nichtgläubigen (ebd.: 213). Mädchen waren stärker para-religiös.

Man könnte also sagen: Der Übergang vom Gottesglauben zum Glauben an das Schicksal oder die Sterne ist fließend. In gewisser Weise gibt es eine Polarisierung unter den Jugendlichen in Glaubensnahe und Glaubensferne oder einfach Gläubige und Ungläubige, wobei nur ein Teil der ersten Gruppe an einen Gott glaubt.[12] Die glaubensnahen Jugendlichen vertraten auch stärker Werte wie Familie, soziale Ordnung, Solidarität u.ä., während die glaubensfernen Jugendlichen eher Werte des jugendlichen Mainstream vertraten, wie Hedonismus und Individualismus (Gensicke 2006: 229ff.).

Nach diesen Ergebnissen lassen sich in Deutschland gegenwärtig drei religiöse Teilkulturen unterscheiden. Die Mehrheitskultur der westdeutschen Jugendlichen wird als „mäßig religiös" (oder „Religion light") eingestuft. Seit der Wiedervereinigung gibt es eine ostdeutsche Kultur des Nichtglaubens. Und drittens existiert eine ausgeprägt religiöse Kultur („echte Religion") bei den Jugendlichen mit Migrationshintergrund. Sie gehören zwar mehrheitlich dem Islam an, doch gibt es auch starke Minderheiten anderer Religionen bzw. von Christen anderer als der beiden großen Konfessionen (ebd.: 221ff.). Die drei Kulturen sind aber nicht in erster Linie als jugendliche Subkulturen zu charakterisieren, sondern bleiben stark auf den familiären Hintergrund bezogen: Fragt man nach der Religiosität des Elternhauses, so zeigen sich deutliche Unterschiede: 72 Prozent der Elternhäuser der ostdeutschen Jugendlichen waren „überhaupt nicht religiös", im Vergleich zu 25 Prozent bei den Westdeutschen und 18 Prozent bei den Migranten-Jugendlichen. Umgekehrt waren bei den Jugendlichen aus Migranten-Familien 54 Prozent der Eltern „sehr" oder „ziemlich religiös", im Vergleich zu 28 Prozent bei den West- und 10 Prozent bei den Ostdeutschen (ebd.: 223).

Das belegt die immer noch starke Macht der Familie auch bei der religiösen Erziehung. Deshalb sei abschließend noch ein Ergebnis der Shell-Studie von 1999 zitiert. *Ihre Kinder religiös erziehen* wollten 13 Prozent „auf jeden Fall", 24 Prozent „wahrscheinlich", 19 Prozent „wahrscheinlich nicht" und 28 Prozent „sicher nicht" (Fuchs-Heinritz 2000: 171).

---

[12] Je nach Erhebungsmethode glauben zwischen der Hälfte bis zu zwei Dritteln der Jugendlichen an ein Leben nach dem Tod oder an ein Jenseits (Gensicke 2006: 206). In einer anderen Erhebung stimmten von den befragten 18-29-Jährigen 64 Prozent der Aussage zu, dass mit dem Tod nicht „alles aus" sei. 56 Prozent gaben an, an die Unsterblichkeit der Seele zu glauben (DER SPIEGEL, No. 15, 2007, S. 122).

10 Zum Schluss: Abschied von der Kernreligion?

Trotz der mehrfach erwähnten „Renaissance" des Religiösen scheint die Kluft zwischen Kirchlichkeit und Religiosität immer noch zuzunehmen, vor allem bei den Jugendlichen, und sie scheint auch nur schwer überbrückbar. Die Kirchenbindung geht weiter zurück, auch der Glaube an Gott. Bei der Religiosität kommt es allerdings darauf an, wie man sie definiert: Die Grenzen zwischen Religiosität und „Para-Religiosität" scheinen weiter zu verschwimmen.

Die Privatisierung und Individualisierung der Religiosität ist zunächst einmal kein ganz neuer - kein „postmoderner" Trend -, sondern gehört zu den allgemeinen Zügen der Modernisierung. Berger hat dies prägnant auf den Begriff gebracht, wenn er die moderne Wahlfreiheit und Entscheidungsnotwendigkeit, bezogen auf das Religiöse, als „Zwang zur Häresie" bezeichnete (Berger 1979). Schon die Moderne macht uns das Glauben schwer, weil sie uns nicht mehr mit überkommenen Sicherheiten versorgt, sondern uns zwingt, immer wieder eine Wahl zu treffen.

In den letzten Jahrzehnten kommen die Folgen zunehmender interkultureller Verflechtung und die Globalisierung dazu. Der Austausch zwischen den Kulturen hat sich intensiviert, und das gilt vor allem für Jugendliche, die heute soviel reisen wie wohl noch keine Jugendgeneration davor. Das relativiert den Glauben, das macht auch unsicher. Vielleicht ist dadurch der große Erfolg des Papstes zu verstehen, im Sinne einer globalen rituellen Vergemeinschaftung, aber ohne klare Glaubensansage. Die Begegnung mit dem Islam und - vor allem in den USA - christlich-fundamentalistischen Strömungen - hat hier ein neues Bedürfnis nach Klarheit geweckt, das aber nicht leicht zu befriedigen ist.

Literatur

Berger, P. L.: The heretical imperative. Contemporary possibilities of religious affirmation. Garden City: Anchor Press/Doubleday (dt.: Der Zwang zur Häresie. Religion in der pluralistischen Gesellschaft. Frankfurt/M., Fischer, 1980)

Bergmann, J. / Hahn, A. / Luckmann, Th. (Hg): Religion und Kultur. Kölner Zeitschrift für Soziologie und Sozialpsychologie, Sonderheft 33. Opladen: Westdeutscher Verlag, 1993

Daiber, K.-F. / Luckmann, T. (Hg): Religion in den Gegenwartsströmungen der deutschen Soziologie. München, Kaiser, 1983

Eliade, M.: Das Heilige und das Profane. Vom Wesen des Religiösen. Reinbek, Rowohlt, 1957

Gabriel, K.: Religionssoziologie als „Soziologie des Christentums". In: Daiber / Luckmann, 182-198, 1983

Gabriel, K. / Kaufmann, F.-X. (Hg): Zur Soziologie des Katholizismus, 1980

Jugend '97. Zukunftsperspektiven, gesellschaftliches Engagement, politische Orientierungen (12. Shell Jugendstudie), hrsg. vom Jugendwerk der Deutschen Shell. Opladen, Leske und Budrich

Jugend 2002. Zwischen pragmatischem Idealismus und robustem Materialismus (14. Shell Jugendstudie), hrsg. vom Jugendwerk der Deutschen Shell. Frankfurt am Main ^{5}2004

Kaufmann, F.-X. / Schäfers, B. (Hg): Religion, Kirchen und Gesellschaft in Deutschland. Gegenwartskunde, Sonderheft 5. Opladen, Leske u. Budrich., 1988

Kleger, H. / Müller A. (Hg): Religion des Bürgers. Zivilreligion in Amerika und Europa. München, Kaiser, 1986

Köcher, R.: Wandel des religiösen Bewusstseins in der Bundesrepublik Deutschland. In: **Kaufmann, F.-X. / Schäfers, B.** (Hg): Religion, Kirchen und Gesellschaft in Deutschland. Gegenwartskunde, Sonderheft 5. Opladen, Leske und Budrich., 1988

Koslowski, P. (Hg): Die religiöse Dimension der Gesellschaft. Tübingen, 1985

Luckmann, T.: Das Problem der Religion in der modernen Gesellschaft. Freiburg, Rombach, 1963

Luckmann, T.: The invisible religion. The problem of religion in modern society. London/ New York, MacMillan, 1967; (Dt.: Die unsichtbare Religion. Frankfurt/M.: Suhrkamp 1991)

Matthes, J.: Religion und Gesellschaft. Einführung in die Religionssoziologie I. Hamburg, Rowohlt, 1967

Matthes, J. (Hg): Kirche und Gesellschaft. Einführung in die Religionssoziologie II. Hamburg, Rowohlt, 1969

Otto: Das Heilige. Frankfurt/M., Suhrkamp, 1917

Schäfers, B.: Die Moderne und der Säkularisierungsprozess. In: **Kaufmann, F.-X. / Schäfers, B.** (Hg): Religion, Kirchen und Gesellschaft in Deutschland. Gegenwartskunde, Sonderheft 5. Opladen: Leske und Budrich, S. 129-144, 1988

Weber, M.: Gesammelte Aufsätze zur Religionssoziologie. Tübingen, Mohr-Siebeck, 1920

Weber, M.: Die protestantische Ethik und der Geist des Kapitalismus (1904/05). In: **Ders.**, Die protestantische Ethik I. Eine Aufsatzsammlung. Hrsg. von J. Winckelmann. Hamburg, Siebenstern, 1969

„Die Religionsgeschichte ist eine Schatzkiste"

Bedeutung und Aufgabe der Religionsgeschichte für die Religionspädagogik

Bernd Feininger

„Dialog und Verkündigung sind schwierige Aufgaben und noch dazu absolut notwendig. Besondere Aufmerksamkeit sollte man den jungen Menschen zuwenden, die in einer pluralistischen Umgebung leben, wo sie auf Anhänger anderer Religionen in der Schule, bei der Arbeit, in Jugendorganisationen ... und selbst in der eigenen Familie treffen."[1]

Die Weltreligionen in der politischen und kulturellen Landschaft unserer Zeit

Globalisierung und Multikulturalität, Migrationen, wirtschaftliche Verflechtung und wachsender politischer Einfluss (z.B. Re-Islamisierung, Fundamentalismus, religiös-politische Konflikte) machen die Beschäftigung mit den Weltreligionen zu einem unverzichtbaren Bestandteil der theologischen Ausbildung bzw. der Lehrerbildung überhaupt. Im Unterricht treffen Lehrerinnen und Lehrer zunehmend auf Kinder anderer Religionen mit anderen Erziehungs- und Wertevorstellungen. Die Einführung des Islam-Unterrichts für Muslim-Kinder wird diskutiert und in einigen Bundesländern erprobt. Die christlichen Kirchen bemühen sich auf vielen Ebenen um Kontakte und Dialog mit Gottesgläubigen anderer Religionen. Das „Verwandtschafts-Verhältnis" von Judentum – Christentum – Islam rückt in den Blick, aber auch die Erfahrung beunruhigender Fremdheit. Neue Religionsformen sind am Entstehen und unterschiedliche Elemente der „alten" Religionen beeinflussen Praxis und Lebensverständnis junger Menschen (z.B. Reinkarnationsvorstellungen; östliche Meditationen):

„Tibetischer Buddhismus findet sich in der katholisch geprägten Voreifel oder im Sauerland. Muslime sind mit ca. 3,5 Mio. Gläubigen inzwischen die zweitgrößte Religionsgemeinschaft in Deutschland. Jeder 5. Europäer glaubt einer wissenschaftlichen Untersuchung zufolge an die Seelenwanderung. Die Zahl „neuer" Religionen hat im 20. Jh. erheblich zugenommen. In das öffentliche Bewusstsein ist die weltweite religiöse Renaissance wohl erst durch die so genannten „Jugendreligionen" getreten bzw. durch „New Age", die „Esoterik- und Okkult-Welle" oder durch den Fundamentalismus, der sich in vielen Religionen findet. (...) In den unterschiedlich stark säkularisierten Ländern Westeuropas sind immer weniger Gesellschaften anzutreffen, die kulturell-religiös homogen sind. Die Religionen sind heutzutage weniger denn je auf ihre Ursprungsgebiete be-

---

[1] Dialog u. Verkündigung. Verlautbarungen d. Apostolischen Stuhls 102 (1991) Artikel 88f.

schränkt. Vielmehr haben sie sich über die ganze Welt hin ausgebreitet und wurden vor neue Probleme gestellt."[2] Dabei muss sich der Abendländer sagen lassen: „In vielen außereuropäischen Ländern gilt derjenige, der nichts weiß von den religiösen Werten, die das fremde Menschenbild und die ferne Kultur bis heute prägen, als Banause, mag er auch auf anderen Gebieten noch so großes Wissen besitzen. Diese Diskrepanz zwischen technischem Wissen und einem ... Mangel an religionskundlicher Orientierung macht deutlich, dass wir die eine Welt, von der heute so oft die Rede ist, geistig noch nicht bewältigt haben in der Mannigfaltigkeit ihrer religiösen Erscheinungsformen."[3]

Lehrpläne, Unterricht und Bildungsarbeit in vielen Bereichen suchen diesem Defizit abzuhelfen. Die christlichen Kirchen haben ihre Lehrpläne auf allen Schulstufen dem Thema Weltreligionen geöffnet und eine Fülle didaktisches Material dazu bereitgestellt (auch in den religionspädagogischen Instituten der Kirchen)[4]. Informationen über Gestalt und Bedeutung der (Welt-)Religionen gehören zum Bildungsangebot der Medien.[5] Interreligiöse Gespräche, ausgehend von der Basis der Religionsgemeinschaften (jüdisch-christlich; islamisch-christlich) bis zu höchsten Leitungs-Ebenen (Papst, Vatikan, Dalai Lama, Al Azhar-Universität Kairo ...) mit regelmäßigen Konferenzen und institutionalisierten Begegnungen vertiefen diese Bemühungen. 220 Vertreter der Weltreligionen debattierten im Vatikan über das friedliche Miteinander der Religionen im Herbst 1999. Fünftausend Gläubige trafen sich in Kapstadt zu einem „Parlament der Weltreligionen" im Dezember 1999. Die Reisen des Dalai Lama oder der Päpste demonstrieren die neue moralische Autorität und die Friedens-Kraft, die den Religionen heute in der Weltgemeinschaft zukommt (vgl. auch die Bemühungen der orthodoxen Kirchen in Osteuropa und auf dem Balkan). Demgemäß werden auch Funktion und Inhalt des christlichen Missionsauftrages neu diskutiert und weiter entwickelt.[6]

So hat die Bedeutung der Religionswissenschaft als selbstständige Disziplin, oder an den Fakultäten für Orientalistik, oder eben im Rahmen der christlichen

---

[2] M. und U. Tworuschka in, Religionen d. Welt, Mü. 1996, Vorwort:
[3] G. Lanczkowski, Einführung i.d. Religionswissenschaft. Darmstadt 1980, 4.
[4] z.B. Informationen für Religionslehrerinnen u. Religionslehrer des Bistums Limburg (4/98): Juden-Muslime-Christen, die drei Kinder in Abrahams Schoß; IRP – Institut für Religionspädagogik, Freiburg (Heft 1/1997): Die Juden, unsere Geschwister im Glauben.
[5] H. Küng: Spurensuche. Die Weltreligionen auf dem Weg. Sachbuch, CD-ROM, Videos. Mü. 1999.
[6] Christine Lienemann-Perrin, Mission und interreligiöser Dialog. Bensheimer Hefte 93, Göttingen 2000; Stängle, G.: Mission und Interreligiöser Dialog. Frankfurt/M. 2003 (=Übergänge Bd. 3).

Theologien ständig zugenommen. „Die Religionsgeschichte ist eine Schatzkisterandvoll gefüllt mit Weisheiten, Einsichten, Erkenntnissen, Wahrheit."[7] Christliche Theologie akzeptiert inzwischen die anderen Religionen als „Gegenwartsmächte", anerkennt die Relevanz der antiken und altorientalischen Religionen als prägenden Hintergrund für das Christentum und seine Bibel (Ägypten, Mesopotamien, Hellenismus, Römerzeit), und sieht sich in bleibender Verbindung mit dem geschwisterlichen Judentum auf der Grundlage des „Ersten Testamentes." Darüberhinaus verbindet sie die gemeinsame Anstrengung der Religionen in ihrem Kampf für Gerechtigkeit, Frieden und Bewahrung der Schöpfung (H. Küng, „Projekt Weltethos",[8] vgl. den ökumenisch-konziliaren Prozess der christlichen Kirchen[9]). Darum kommen religionswissenschaftliche Fragen auch in Vorlesungen zur Bibel, zur Kirchengeschichte, zu systematischen, ethischen und religionsphilosophischen Themen zum Tragen. Als „eigenständige" Disziplin tritt sie vor allem im Rahmen der Fundamentaltheologie auf (Geschichte und Inhalte der Weltreligionen).[10] „Die Religionen sind nur dann eines der höchsten Güter der Menschheit, wenn sie im Dienst aller Menschen stehen."[11]

Im Kultus- und Erziehungswesen der BRD spielt die Religionswissenschaft neuerdings als Bezugswissenschaft für Religionskunde und Ethikunterricht (als Ersatzfach für konfessionellen Religionsunterricht) eine gewisse Rolle, Gleiches gilt für „LER" (Brandenburg: *L*ebensgestaltung, *E*thik, *R*eligion): „Der Ethikunterricht leistet einen wesentlichen Beitrag zur Religionskunde. Unter dem Gesamtthema „Weltreligionen" werden in aufeinander folgenden Klassenstufen der Islam, das Judentum, das Christentum sowie Hinduismus oder Buddhismus behandelt. Dabei geht es nicht nur um den Vergleich zwischen dem Christentum und den anderen Religionen, sondern auch um Ansätze zu Religionsbegründung und kritik."[12] Dies wurde in den neuen Bildungsplänen für Baden-Württemberg fortge-

---

[7] M. und U. Tworuschka, Die Seele ist wie ein Wind. Weisheit d. Religionen. Zürich u. D'dorf 1999, 103.
[8] Mü. 1991; vgl. H. Küng u. K.-J. Kuschel, (Hg), Wissenschaft u. Weltethos. Mü. 1998
[9] Europäische Ökumenische Versammlung, Basel 1989. Vgl. den Beitrag von B. Maurer in diesem Band!
[10] Zwei neuere typische Werke aus der kath.-fundamentaltheologischen Schule:
H. Zirker, Islam. Theologische und gesellschaftliche Herausforderungen. D'dorf 1993
H. Küng u.a. Christentum und Weltreligionen, Mü. 1984; Ders.: Der Islam. Geschichte, Gegenwart, Zukunft. München 2004/06.
[11] J.J. Petuchowski / Cl. Thoma in: Lexikon d. jüd.-christl. Begegnung, Frbg. 1989, IX.
[12] Bildungsplan für das Gymnasium Baden-Württemberg. In: Kultus u. Unterricht, Lehrplanheft 9/1984, 1360ff; vgl. dazu A. Biesinger (Hg), Gott- mehr als Ethik? Der Streit um LER und Religionsunterricht. QD 167, Frbg. 2-1998; K. Lehmann (Hg), Religionsunterricht in der offenen Gesellschaft, St'gt u.a. 1998.

schrieben und bietet mit den eigens hinzugekommenen Fächerverbünden die Möglichkeit, Religion als eines der vernetzenden und orientierenden Konstitutiva unserer Gesellschaft und ihrer Kultur verstehen zu lernen.[13] Eine neue Herausforderung liegt im Aufbau des konfessionellen Islam-Unterrichtes als reguläres Schulfach, der als Pilotphase in den meisten Bundesländern angelaufen ist. Damit profilieren sich Schule und Unterricht noch mehr als Begegnungsort religiöser Kulturen, als es bisher schon der Fall war.[14] Lehrerinnen und Lehrer müssen in den Grundzügen des Islam ausgebildet und mit dem entsprechenden „Kultur-Knigge"[15] vertraut sein, um in kollegialer Verständigung mit den Lehrerinnen und Lehrern islamischen Glaubens zugunsten ihrer Schüler ihr Erziehungsgeschäft wahr zu nehmen.

Insgesamt lässt sich mit Peter Antes sagen, es sei „sicher, dass Religion wieder zum Gegenstand öffentlicher Debatten geworden ist (...) fest steht, dass die strikte Trennung zwischen Politik einerseits und den Religionen andererseits sich auf Dauer nicht aufrecht erhalten lässt. Auch der öffentlich staatliche Sektor wird mit Religion als einem wichtigen, nicht zuletzt sozial-politischen Faktor rechnen müssen (...) Auch im Bereich der Ethik und Wissenschaft ergeben sich für die Religionen und durch sie neue Diskussionsfelder (...) Gleiches gilt für das Thema Menschenrechte. Auch hier stehen die Religionen auf dem Prüfstand und werden daraufhin untersucht, wie weit sie zu einer Humanisierung der Gesellschaft und der Denkweisen der Menschen beigetragen haben und wo sie ihr im Weg gestanden haben."[16] Ich möchte das Wieder-Erstarken religiösen Denkens und neuer Gläubigkeit nicht als aggressive Reconquista gegenüber einer säkularen Kultur missverstanden wissen („Kampf der Kulturen"),[17] sondern als Chance, das religiöse Wesen der menschlichen Verfasstheit positiv zur Geltung zu bringen. Hans Küng: „Aus eigener Erfahrung kenne ich all die dunklen Seiten der Religionen- der christlichen wie der anderen: Auch heute haben Religionen in Konfliktfällen weltweit oft einen verhängnisvollen Einfluss. Doch ich kenne auch die hellen Seiten der Religionen: Als Heilslehren und Heilswege können sie Sinn

---

[13] Bildungspläne Baden-Württemberg 2004 („Bildung stärkt Menschen").
[14] U. Baumann (Hg), Islamischer Religionsunterricht. Grundlagen, Begründungen, Berichte, Projekte, Dokumentationen. Frankfurt/M. 2001.
[15] P. Heine, Kulturknigge für Nichtmuslime. Ein Ratgeber für den Alltag. Freiburg 2001 (Herder-TB). C.P. Baumann, Der Knigge der Weltreligionen. Feste, Brauchtum und richtiges Verhalten auf einen Blick. Stuttgart 2005.
[16] P. Antes, Grundriss der Religionsgeschichte. Stuttgart 2006, S. 136. Vgl. Hans G. Kippenberg: Die Entdeckung der Religionsgeschichte. Religionswissenschaft und Moderne, München 1997.
[17] Samuel Huntington, The Clash of Civilizations, deutsch: Der Kampf der Kulturen. München ⁵1997; Gilles Kepel, Die Rache Gottes. Radikale Moslems, Christen und Juden auf dem Vormarsch. München 1991.

stiften, können sie Förderer des Friedens und der Versöhnung sein, können sie auch dem heutigen Menschen ethische Maßstäbe und persönliche Orientierung vermitteln."[18] Kardinal Karl Lehmann: „Es ist Zeit, an Gott zu denken".[19]

Religionswissenschaft, Religionsgeschichte, Religionsphänomenologie[20]

Mit Recht betont G. Lanczkowski die konstituierenden Faktoren eines Allgemeinbegriffes von „Religion", die alle Religionen, trotz typologischer Vielfalt, gemeinsam haben müssen: Die Korrespondenz zwischen dem Menschen und dem Übermenschlichen, Außerweltlichen, Unbedingten und absolut Jenseitigen, der Transzendenz. „Religion ist mithin ein unableitbares Urphänomen, eine Größe *sui generis*, die konstituiert wird durch die existentielle Wechselbeziehung zwischen der Gottheit einerseits, deren Manifestationen der Mensch erfährt, und andererseits den Reaktionen des Menschen, seiner „Richtung auf das Unbedingte", die sich in Verehrung und Anbetung, in ethischer Lebensgestaltung und kultischer Handlung, in der Beschreitung eines Heilsweges realisiert, der von Leid und Sünde befreit und zur Erlösung führt."[21] Allen Religionen liegt ein Geschehen von „Begegnung und Antwort" zu Grunde. Der Religionswissenschaftler Gustav Mensching (1901-1978) definierte: „Religion ist erlebnishafte Begegnung des Menschen mit dem Heiligen und antwortendes Handeln des vom Heiligen bestimmten Menschen."[22] Die Bibel kannte noch kein eigenes Wort für unseren Begriff „Religion". Cicero leitete *„religio"* vom Verb „religere" ab: „sorgsam beachten": „Die sorgfältige Beachtung alles dessen, was zum Kult der Götter gehört".[23] Dagegen interpretierte der christl. Schriftsteller Lactantius *„religio"* von *„religare"* bzw. *„religari"* her, „binden; wieder verbinden", „mit Gott verbunden sein"[24], und diese Deutung übernahm Augustinus, für den die wahre Religion diejenige ist, „durch welche die Seele mit dem einen Gott, von dem sie sich gewissermaßen losgerissen hat, in der Versöhnung sich wieder verbindet."[25]

---

[18] Ausstellungsbroschüre der Stiftung Weltethos, Tübingen 2000, Zum Geleit.
[19] So der Titel des Gesprächsbandes mit J. Hoeren, Herder-TB 5054 (2000 / ⁶2001); vgl. Francis Kardinal Arinze, Religionen gegen die Gewalt. Herder-TB 5267 (2002).
[20] Th. Sundermeier, Was ist Religion? Religionswissenschaft im theologischen Kontext. Mü. 1999. H. Zinser (Hg), Religionswissenschaft. Berlin 1988.
[21] G. Lanczkowski a.a.O. 1980, 23f.
[22] zitiert bei M. und U. Tworuschka (Hg), Die Seele ist wie ein Wind. Weisheit der Religionen. Zürich/D'dorf 1999, 103.
[23] Cicero, De natura deorum, 2,72
[24] G. Lanczkowski a.a.O. 1980, 21
[25] De quantitate animae, 36,80. E. Feil (Hg), Streitfall „Religion". Diskussionen zur Bestimmung und Abgrenzung des Religionsbegriffes. Münster. u.a. 2001 (LIT-Vlg.).

Die Erforschung fremder Religionen ohne Rücksicht auf den Absolutheitsanspruch des Christentums hat sich erst seit dem 18. Jh. entwickelt und in der zweiten Hälfte des 19. Jh. als eigenständige Disziplin etabliert: Die „Religionswissenschaft". Sie bezieht ihren Standort außerhalb der Einzelreligionen und behandelt alle Erscheinungen des Religiösen gleichberechtigt, un-dogmatisch und überkonfessionell, „an kein religiöses Weltbild oder Urteil gebunden."[26] Dabei legt sie selber nicht fest, „was Religion ist", sondern betrachtet sich als Wissenschaft von religiös gemeinten oder auf Religion zielenden Behauptungen und von deren real greifbaren Auswirkungen, ist also Wissenschaft von „Behauptungsobjektivationen", die von den dahinter stehenden Menschen als religiös deklariert worden sind.

Grundlage der „klassischen" Religionswissenschaft ist die *Religionsgeschichte*. Sie geht vom Studium der kanonisierten Texte (den heiligen Schriften) der Religionen aus[27] und hat das geschichtliche Werden und die Gesamtgestalt der jeweiligen konkreten Religion im Blick. Carl Ernst Ratschow: „Wenn die Religionswissenschaft es mit den Religionen, wie sie da sind, zu tun hat, dann hat sie es mit so genannten geschichtlichen Größen zu tun. Das heißt also: Die Religionswissenschaft ist Religionsgeschichte. Ihre Grundlagen entnimmt sie der Geschichte der Religionen, und ein weiterer Teil ihrer Arbeit ist und bleibt geschichtliche Arbeit als Erhebung dessen, wie es im Ursprung der Religionen war, wie sich die Religionen entfalteten, welche Stadien sie durchliefen und wie sie abstarben oder heute noch leben ... Die Religionen sind in allen ihren Stadien raumzeitlich gebunden und angewiesen auf Tradition wie kaum eine andere menschliche Lebensbewegung, weil die Tradition die Mitte des Welt- und Lebensverständnisses des Menschen in den Religionen ausmacht."[28] Dadurch lässt sich auch die religiöse *Gegenwartslage* einer Religion besser einordnen und verstehen, z.B. die Entwicklung des Islam in der heutigen Welt! Einführungen in die Weltreligionen, die inzwischen vielfach für ReligionslehrerInnen angeboten werden, sind religionsgeschichtlich aufgebaut. Als „Klassiker" seien genannt: H.v. Glasenapp, Die fünf Weltreligionen (mit Ausnahme des Judentums aber inclusive des Christentums);[29] Emma Brunner – Traut (Hg), Die fünf großen Weltreligionen (inclusive Judentum);[30] E. Brunner-Traut, Die Stifter der großen

---

[26] Zur Wissenschaftsgeschichte siehe K.H. Kohl in: H. Cancik u.a. (Hg), Handbuch religionswissenschaftlicher Grundbegriffe (HrwG) Bd. 1, St'gt u.a. 1988, 217-262. Zitat 217.
[27] U. Tworuschka (Hg), Heilige Schriften. Eine Einführung. Darmstadt 2000.
[28] Methodik der Religionswissenschaft. In: Enzyklopädie d. geisteswiss. Arbeitsmethoden. Mü.-Wien 1973, 378.
[29] Sonderausgabe Mü. 1996 (Diederichs).
[30] Frbg. 13-1999 (Herder Spektrum Bd. 4006)

Religionen.[31] H. v. Glasenapp umreißt seine religionsgeschichtliche Aufgabenstellung folgendermaßen: „Bei meinen Darstellungen der einzelnen Religionen habe ich mich darum bemüht, eine möglichst knappe, objektive, klare und allgemein verständliche Schilderung ihres Werdens und Wesens zu geben und den metaphysischen Gedankenbau zu zeichnen, in welchem ihre Gefühls- und Willenswelt einen sichtbaren Ausdruck gewinnt. Durchweg habe ich dabei die von der Mehrzahl der Theologen der einzelnen Glaubensformen als autoritativ angesehenen dogmatischen Texte zu Grunde gelegt. Meine Ausführungen über Lehre, Kultus und Brauchtum sind dabei bewusst deskriptiv gehalten, denn es ist nicht die Aufgabe historischer Forschung, geschichtlich gewordene Anschauungen und Riten eines Glaubenssystems mystisch weiter zu dichten ... symbolisch zu deuten oder gar zu modernisieren."[32] Das wichtigste verfügbare Standardwerk zur Religionsgeschichte ist die vielbändige Reihe „Die Religionen der Menschheit" im Kohlhammer-Verlag, Stuttgart, wo man beste Informationen zu den einzelnen Religionen findet. Daneben hat sich der Diederichs-Verlag mit seiner „Gelben Reihe" dieser Aufgabe angenommen. Auch Mircea Eliade ist hier zu nennen: „Geschichte der religiösen Ideen",[33] „ein Inventar aller Weisen, wie die Menschen ihre Götter aufgefasst haben, um dem Leben und der Welt einen Sinn zu geben" (Le Figaro). Eliade gilt als der bedeutendste Religionswissenschaftler des 20.Jh. (1907-1986). In einem dichten geistesgeschichtlichen Durchgang zeigt er die Entstehung der Religionen der Menschheit auf: Von der Steinzeit bis zur Gegenwart demonstriert er damit, dass fundamentale Lebensvollzüge immer auch religiösen Charakter besitzen. Das dreibändige Werk wird durch einen religionsphänomenologisch geordneten Quellenband ergänzt.[34]

Auch die Auslegung der *Bibel* übernahm immer wieder religionsgeschichtliche Methoden und Fragestellungen, vgl. z.B. G. Fohrer, Geschichte der israelitischen Religion[35] oder D. Zeller, „Christus unter den Göttern",[36] oder die Deutung der Abrahamsgestalt in der jüdischen, christlichen und islamischen Tradition von

---

[31] Frbg. 1994 (Herder Spektrum Bd. 4254); vgl. Golzio, K.-H.: Who's who der Religionsstifter. Düsseldorf 2005.
[32] Die fünf Weltreligionen, Mü. 1996, 11.
[33] Frbg. 2-1978; TB-Ausgabe Frbg. 3-197 (Herder-Spektrum Bd. 4200).
[34] M. Eliade im Rahmen der Religionswissenschaft und in seiner Bedeutung für die Theologie reflektiert: L.E. Sullivan, Die Religionswissenschaft: Wie sie Gestalt annahm. In: Concilium 6-7 (16/1980), 452-460. Vgl. A. Michaels (Hg) Klassiker der Religionswissenschaft. München 1997.
[35] Berlin 1969.
[36] Zum antiken Umfeld des Christusglaubens. St'gt 1993.

K.-J. Kuschel.[37] Der Alttestamentler Werner H. Schmidt stellt in seinem „Klassiker" „Alttestamentlicher Glaube" ausdrücklich fest: „Seinem Thema nach steht dieses Buch zwischen einer „Religionsgeschichte" und einer „Theologie" des AT, enthält Elemente von beiden und möchte zwischen beiden vermitteln. Entspricht eine solche Verbindung nicht der gegenwärtigen Sicht der Dinge oder auch einem Erfordernis. Jedenfalls ist eine exegetisch bestimmte „Theologie" nicht denkbar ohne Blick auf die Religionsgeschichte, wie umgekehrt eine „Religionsgeschichte" nach den theologischen Intentionen des AT zu fragen hat."[38]

Im Unterschied zur Religionsgeschichte ist es die Aufgabe der *Religionsphänomenologie*, sachlich verwandte religiöse Phänomene einander zuzuordnen. Sie baut einerseits auf der Religionsgeschichte auf, betreibt aber eigene Grundlagenforschung (und vergleicht nicht einfach nur die Ergebnisse, die gegebenenfalls die Religionsgeschichte erarbeitet hat).

„Ziel des Vergleichens ist ein Verstehen religiöser Phänomene, deren *Wesenserfassung*, aber nicht deren Wertung ... Hierzu gehört aber auch, dass der Vergleich unvoreingenommen und nicht mit der intentionellen Jagd auf „Parallelen" vollzogen wird. ... Die Gegenstände, mit denen sich die Religionsphänomenologie im Einzelnen zu befassen hat, sind äußerst zahlreich. Sie werden aufgegliedert in die Phänomene der Erscheinungs- und der Vorstellungwelt der Religion."[39] Als Kritik an der Methode der beschreibenden Religionsphänomenologie hat man vorgebracht, dass sie sich (gerade früher) zu sehr an den christlichen Phänomenen als (normierenden) Ausgangspunkt orientiert habe.

Die Religionsphänomenologen rechnen *zur religiösen Erscheinungswelt*:

„Der makrokosmische wie der irdische Raum und seine Teile, Flüsse, Seen, Haine, Höhlen und Berge, die als heilige Stätten zu Orten des Übergangs zwischen Himmel und Erde werden, ferner die Zeit und ihre Abschnitte, die durch religiöse Feste und Feiern geheiligt werden, sodann einzelne Gegenstände, Steine, Bäume und andere Pflanzen, Tiere, Götterbilder und Fetische. Auch der Mensch und die menschliche Gemeinschaft in der Heiligung der Lebensstadien, der Ehe und Familie, der Sippe, der Kaste und des Ordens sowie in der Beschreitung eines Heilsweges gehören ebenso zur religiösen Erscheinungswelt wie der geheiligte Wohnraum des Hauses und die heilige Stadt. Eine besondere Stellung nimmt der religiöse Mensch ein ... der Typus religiöser Autorität, wie er uns entgegentritt in der Gestalt des Heiligen schlechthin, des Sakralherrschers, des

---

[37] Streit um Abraham. Mü. 2-1997 (Piper – TB 2288).
[38] Neukirchen ⁹2004, S. IX.
[39] G. Lanczkowski a.a.O., 45ff.

Gotteshüters und des Verborgenen Heilbringers, des Propheten, Mystikers und Lehrers, des Reformators und des Priesters sowie des Märtyrers. Realisationen des Sakralen finden sich ferner in den heiligen Handlungen der Reinigungsriten, des Opfers, des Gebetes, des Mysteriendramas, der kultischen Liturgie, der Prozession und Wallfahrt, des heiligen Wortes in Mythos, Legende, Segen und Beschwörung sowie der Kanonisierung religiöser Überlieferung in heiligen Schriften."[40]

Zum Thema *religiöse Vorstellungswelt* werden u.a. aufgeführt: Gottesglaube der jeweiligen Religion mit ihren Göttern und deren Qualifikationen und Funktionen, Monotheismus oder Polytheismus, religiöse Kräfte und Mächte, Schöpfung, Offenbarung, Erlösung, Urzeit, Endzeit, Jenseits, Ethik der Religionen, die „großen Lebensfragen": Wer ist Gott? Woher kommt das Böse? Was bedeutet Menschsein? Worin besteht ein gutes Leben? Betrachtet man die *Bibel* unter religionsphänomenologischem Gesichtspunkt, gehören hierher beispielsweise Werke zur „Theologie des AT" bzw. „NT" oder zur „Anthropologie" der Bibel. Dabei lassen sich „Vorstellungswelt" und „religiöse Erscheinungswelt" nicht immer voneinander trennen. So wäre z.B. das wichtige Kompendium O. Keels zur alttestamentlichen Ikonographie unter unserer Fragestellung ebenfalls als Religionsphänomenologie anzusehen, wie schon ein Blick in das Inhaltsverzeichnis aufzeigen kann: Vorstellungen vom Weltganzen – Mächte der Vernichtung – der Tempel – Gottesvorstellungen – der König – der Mensch vor Gott.[41]

Bedeutende Werke der Religionsphänomenologie: F. Heiler, „Erscheinungsformen und Wesen der Religion";[42] G. Widengren, „Religionsphänomenologie".[43] Typische Untersuchungen der Religionsphänomenologen sind z.B.: G. Lanczkowski, Die heilige Reise- auf den Wegen von Göttern und Menschen;[44] U. Mann, Überall ist Sinai- die heiligen Berge der Menschheit;[45] U. Tworuschka (Hg), Heilige Stätten;[46] Ders., Heilige Schriften;[47] U. Mann, Schöpfungsmythen.[48]

Zur religiösen Vorstellungswelt auch im Hinblick auf ethische Probleme, erscheinen heute nützliche vergleichende Übersichten wie: A.Th. Khoury (Hrsg.), Das Ethos der Weltreligionen;[49] C.H. Ratschow (Hrsg.), Ethik d. Religionen;[50]

---

[40] G. Lanczkowski a.a.O. 1980, 47f.
[41] Die Welt der altorient. Bildsymbolik u. das AT. Zürich u. Neukirchen, jetzt 5-1996.
[42] Stuttgart 1961.
[43] Berlin 1969.
[44] Frbg. 1982.
[45] Frbg. 1988.
[46] Darmstadt 1994.
[47] Darmstadt 2000.
[48] Stuttgart 1982.
[49] Frbg. 1993, Herder Spektrum 4166.

M. Klöcker / U. Tworuschka (Hg): Ethik der Weltreligionen. Ein Handbuch;[51] P. Gerlitz, Mensch und Natur in den Weltreligionen (schließt auch die Bibel ein),[52] P. Antes u.a. (Hg), Lesehefte Ethik, Reihe Weltreligionen (fünf Hefte).[53]

Weitere *Arbeitsgebiete der Religionswissenschaft*, die zunehmend an Bedeutung gewinnen: *Religionstypologie, Religionsgeographie* (siehe in diesem Band den Beitrag von O. Menz); *Religionsethnologie; Religionssoziologie; Religionspsychologie* (jeweils mit eigenen Beiträgen in diesem Band).[54]

Die Diskussion um das aktuelle Wissenschafts-Verständnis der Religionsgeschichte lässt sich am besten mit dem Konzeptionspapier der Deutschen Vereinigung für Religionswissenschaft (DVRW) umreißen, das aus dem Arbeitskreis „Theorie und Methodologie in der Religionswissenschaft" (AKTUM) hervorgegangen ist. Dabei geht es verstärkt darum, Religionswissenschaft als eigenständige Disziplin im Kontext der Sozial- und Kulturwissenschaft zu positionieren und zu Nachbardisziplinen wie Philosophie, Theologie und Soziologie, aber auch zu den Philologien, abzugrenzen.

„Die Religionswissenschaft hat nach der Kritik an der der Theologie verhafteten klassischen Religionsphänomenologie keine positive neue eigene theoretische Positionierung vorgenommen. Spätestens in den 90er Jahren hat die Religionswissenschaft einen „social and cultural turn" durchlaufen. Diese stärkere Anlehnung an sozial- und kulturwissenschaftliche Theorien ist vor allem einer neuen Aktualität des Themas Religion und entsprechend neuen Fragestellungen geschuldet. Ist auf der einen Seite diese Orientierung sehr zu begrüßen, so hat sie bislang nur wenig zur inneren Re-PositioOnierung der Religionswissenschaft in ihrer post-phänomenologischen Ära beigetragen. Im Gegenteil hat sich in den letzten Jahren daraus eine Tendenz entwickelt, das Fach in viele Einzeldisziplinen, wie Religionssoziologie, Religionspsychologie, Religionsethnologie etc. aufzuspalten. Eine eher philologisch arbeitende Religionsgeschichte einerseits und eine an systematischen Fragen orientierte, heute oft sozialwissenschaftlich arbeitende gegenwartsorientierte Religionswissenschaft andererseits sind zudem als Pole in der gegenwärtigen Situation des Faches zu beobachten."[55] Als Bei-

---

[50] Stuttgart 1980.
[51] Darmstadt 2005 (WB).
[52] Darmstadt 1998.
[53] Stuttgart 1990 (Klett).
[54] vgl. dazu die kurzen Darstellungen bei G. Lanczkowski a.a.O. 1980, 50ff und die ausführlichen Beiträge im erwähnten HrwG Bd.1 (oben Anmerkung 9) mit weiterführender Literatur auch zu neuesten Teil-Disziplinen.
[55] Im Mitteilungsblatt der DVRG 37 / 2006, S. 2. Hubert Seiwert mahnt allerdings: „Mir scheint, dass es nicht klug wäre, historische und sozialwissenschaftliche Formen der

spiel für neue Untersuchungen seien drei Beiträge in der Zeitschrift für Religionswissenschaft (=ZfR) aus dem Jahr 2006 erwähnt: Anne Koch, „Religionshybride" Gegenwart. Religionswissenschaftliche Analyse des Harry-Potter-Phänomens;[56] Karsten Lehmann, Institutionen religiöser Pluralität. Vergleichende Analyse der christlichen und muslimischen Migrantengemeinden in Frankfurt/M;[57] Heinrich Schäfer, „Die" Pfingstbewegung in Lateinamerika...? Zur Untersuchung des Verhältnisses zwischen religiöser Praxis und gesellschaftlichen Strukturen.[58]

Religionsgeschichte in Schule und Hochschule

In der Ausbildung der Religionspädagogen geht es vor allem um Kenntnisse der beiden monotheistischen Geschwister-Religionen Judentum und Islam, ergänzend um Einführungen zu den indischen Religionen Hinduismus und Buddhismus, wie sie in den Lehrplänen Berücksichtigung finden. Oft gewinnt man durch die Beschäftigung mit dem komplementären Glauben der anderen ein tieferes Verständnis der eigenen Religion und schult seinen Blick für den Unterschied von Eigen- und Fremd-Wahrnehmung- was natürlich auch der Verständigungsfähigkeit und der politischen und kulturellen Kompetenz der künftigen LehrerInnen dient.[59] Dies findet seinen Niederschlag in aktuellen wissenschaftlichen Hausarbeiten zu den Staatsexamina, von denen einige als Beispiel hier zitiert seien:

„Glaube und Alltag: Feste und Riten- Wege und Stationen im Judentum"; „Jüdischer Glaube und jüdisches Leben in Geschichte und Gegenwart"; „Die großen Weltreligionen im RU der Grundschule am Beispiel ihrer Stifter-Persönlich-keiten"; „Tod und Ewiges Leben als Thema des RU in der Sekundar-

---

Religionswissenschaft gegeneinander auszuspielen. Ein rein sozialwissenschaftlicher Zugang zu Religionen würde unser Fach ebenso überflüssig machen wie ein rein philologischer. Im einen Fall würde es von der Soziologie absorbiert, im anderen von den orientalistischen und historischen Disziplinen. Wir sollten uns der Stärke des Faches bewusst sein, die unter anderem in der universalhistorischen Perspektive und methodischen Vielfalt bestehen. Nachdem Religion als Forschungsgegenstand auch in anderen Disziplinen wieder neu entdeckt wurde, wäre es eine Torheit, wenn wir das Kapital an Wissen und Reflexion aufgeben würden, das in der Religionswissenschaft akkumuliert wurde" (a.a.O. S. 5).

[56] A.a.O. 14 / 2006, S. 1-23.
[57] A.a.O. 14 / 2006, S. 25-52.
[58] A.a.O. 14 / 2006, S. 53-82.
[59] Vgl. etwa zum Islam: H. Zirker, Interkulturelles Lernen – im Verhältnis zum Islam. Religionspädagogische Beiträge 28/1991, 17-40; S. Leimgruber, Lernprozeß Christen – Muslime. In: R. Schlüter (Hg), Ökumenisches und interkulturelles Lernen- eine theologische und pädagogische Herausforderung. Paderborn/Fft.a.M. 1994, 115-127.

stufe I"; „Die Drusen: Geschichte und Glaubensinhalte"; „Das Leben der Amischen auf der Grundlage der Bergpredigt"; „Der Buddhismus- fachwissenschaftliche und fachdidaktische Darstellung"; „Muslimkinder im Unterricht: Eine Herausforderung für den Religionspädagogen"; „Der Islam und islamistische Strömungen. Möglichkeiten und Wege, Ängste und Missverständnisse in der Schule abzubauen"; „Der Islam: Ein Unterrichtsprojekt für das vierte Schuljahr". Da die Schule der Ort ist, wo sich in Deutschland gerade Christen und Muslime beim gemeinsamen Lernen begegnen, und auch miteinander Feste und Schulkultur erleben sollten, stellt sich hier für die Religionslehrerin auch ganz praktisch die Frage nach der Möglichkeit interreligiöser Schulfeiern.[60] Möglichkeiten des kooperativen Unterrichtens in verschiedenen Formen bieten sich als interessante Aufgabe der Religionslehrerin an und werden in Projekten, Praktika und im Hinblick auf Examensarbeiten erprobt.

Die Beschäftigung mit den Weltreligionen dient in besonderer Weise dem fächerverbindenden Unterricht an den Schulen bzw. dem interdisziplinären Arbeiten an der Hochschule. Das trifft gerade auch auf die Sonderbeziehungen zu, die zwischen Christentum und Judentum bestehen, und die sich von einer zweitausendjährigen Geschichte der „Vergegnung" (M. Buber) endlich zum Besseren gewendet haben: Das Christentum erhält sein jüdisches Erbe zurück und erfährt dies als große theologische Bereicherung. Daraus ergaben sich didaktische Konsequenzen, die sich auf allen Ausbildungsebenen niederschlugen.[61] Entsprechend

---

[60] E. Kuhn (Hg), Gott in vielen Namen feiern. Interreligiöse Schulfeiern mit christl. Und islamischen Schülerinnen und Schülern. Gütersloh 1998. Dazu als religionskundliche Hintergrundinformation: Gertrud Wagemann, Feste der Religionen – Begegnung der Kulturen. Mü. 1996.

[61] Dazu G. Biemer, Freiburger Leitlinien zum Lernprozeß Christen-Juden. D'dorf 1981; P. Fiedler, Das Judentum im kath. Religionsunterricht, D'dorf 1980; Deutsche Bischofskonferenz (Hg), Gott unser Vater– Wiederentdeckung der Verbundenheit der Kirche mit dem Judentum. Arbeitshilfe 11 (1999); vgl. evangelischerseits: Joh.M. Schmidt, Der Weg der evang. Kirchen zu „Umkehr und Erneuerung". In: G.B. Ginzel / G. Fessler (Hg), Die Kirchen und die Juden, Gerlingen 1997, 99-113 und „Christen und Juden II", zur theologischen Neuorientierung im Verhältnis zum Judentum. Eine Studie der Evangelischen Kirche in Deutschland. Gütersloh 1991. Das von Ginzel und Fessler herausgegebene Taschenbuch reflektiert anlässlich des 30. Jahrestages von „Nostra Aetate" Entstehung und Rezeption dieser Konzilserklärung. Anlässlich des 40. Jahrestages dieser richtungweisenden Erklärung sind zahlreiche weitere Studien erschienen. Ich verweise auf das Referat von Karl Kardinal Lehmann „Die kath. Kirche und das Judentum – 40 Jahre nach Nostra Aetate" (Aachen 2005, Tagung in Zusammenarbeit mit der Ökumene – Kommission der Deutschen Bischofskonferenz) und auf Josef Wohlmut, An der Schwelle zum Heiligtum. Paderborn 2007, 3. Kapitel, S. 67ff!

entstanden neben den jetzt sehr verbesserten Schulbuchseiten Unterrichtswerke vom „Vorlesebuch Fremde Religionen"[62] für die Sekundarstufe I bis zu „Arbeitsbüchern für die Sekundarstufe II"[63], „Grundkurse" mit Arbeitsmaterialien und Kopiervorlagen[64] und umfassende didaktische Durchführungen für Schule, Hochschule und Gemeinde.[65]

Was die Beziehungen der kath. Kirche zum Judentum betrifft, so erfüllt sie damit ihre richtungweisende Konzilserklärung über die „Nichtchristlichen Religionen" („Nostra Aetate") mit Leben, die in Artikel vier ausdrücklich die bleibende Verbindung der Christen mit dem Judentum betont:

> „Bei ihrer Besinnung auf das Geheimnis der Kirche gedenkt die Heilige Synode des Bandes, wodurch das Volk des Neuen Bundes mit dem Stamme Abrahams geistlich verbunden ist. So anerkennt die Kirche Christi, dass nach dem Heilsgeheimnis Gottes die Anfänge ihres Glaubens und ihrer Erwählung sich schon bei den Patriarchen, bei Moses und den Propheten finden. Sie bekennt, dass alle Christgläubigen als Söhne Abrahams dem Glauben nach in der Berufung dieses Patriarchen eingeschlossen sind und dass in dem Auszug des erwählten Volkes aus dem Lande der Knechtschaft das Heil der Kirche geheimnisvoll vorgebildet ist. Deshalb kann die Kirche auch nicht vergessen, dass sie durch jenes Volk, mit dem Gott aus unsagbarem Erbarmen den Alten Bund geschlossen hat, die Offenbarung des Alten Testamentes empfing und genährt wird von der Wurzel des guten Ölbaums, in den die Heiden als wilde Schösslinge eingepfropft sind ..."[66]

Papst Johannes Paul II. hat während seines Pontifikats gerade diese Verständigungsaufgabe des Konzils fortgeschrieben und bei vielen Gelegenheiten immer neu die enge geschwisterliche Verbundenheit von Judentum und Christentum betont.[67]

Aber auch die anderen Weltreligionen werden (ausgehend von der allgemeinreligiösen Haltung des Menschen und von ihrer relativen Nähe zum Christentum) eigens kurz vorgestellt und gewürdigt, in ihrem Wesen „anerkannt" als bestimmte Heilswege zu Gott (siehe Textkasten). Dabei werden die Christen eigens aufgefordert: „dass sie mit Klugheit und Liebe, durch Gespräch und Zusammenarbeit mit den Bekennern anderer Religionen sowie durch ihr Zeugnis des christli-

---

[62] Hrg. von U. und M. Tworuschka in 2Bdn. Lahr u. D'dorf 1993/94.
[63] W. Trutwin, D'dorf 1998f (Patmos), in 5 Bdn.
[64] z.B. R. Gradwohl / D. Petri / J. Thierfelder / R. Wertz, Grundkurs Judentum. St'gt 1998
[65] J. Lähnemann, Weltreligionen im Unterricht, Göttingen 1994/96.
[66] LThK-Ergänzungsband II. Das Zweite Vatikanische Konzil Teil II, Freiburg 1967, S. 491f
[67] z.B. anläßlich seines Besuches in der Großen Synagoge von Rom 1986: „Die jüdische Religion ist für uns nicht etwas ‚Äußerliches', sondern gehört in gewisser Weise zum ‚Innern' unserer Religion" (in den Anmerkung 37 aufgeführten Arbeitshilfen (1999), 42

chen Glaubens und Lebens jene geistlichen und sittlichen Güter und auch die sozial-kulturellen Werte, die sich bei ihnen finden, anerkennen, wahren und fördern" (Artikel 2).[68]

Aus „Nostra Aetate" – die Erklärung des II. Vatikanischen Konzils zu den Nichtchristlichen Religionen[69]

In unserer Zeit, da sich die Menschheit von Tag zu Tag enger zusammenschließt und die Beziehungen unter den verschiedenen Völkern sich mehren, erwägt die Kirche mit umso größerer Aufmerksamkeit, in welchem Verhältnis sie zu den nicht christlichen Religionen steht. Gemäß ihrer Aufgabe, Einheit und Liebe unter den Menschen und damit auch unter den Völkern zu fördern, fasst sie vor allem das ins Auge, was den Menschen gemeinsam ist und sie zur Gemeinschaft untereinander führt. Alle Völker sind ja eine einzige Gemeinschaft, sie haben denselben Ursprung, da Gott das ganze Menschengeschlecht auf dem gesamten Erdkreis wohnen ließ; auch haben sie Gott als ein und dasselbe letzte Ziel. Seine Vorsehung, die Bezeugung seiner Güte und seine Heilsratschlüsse erstrecken sich auf alle Menschen. Die Menschen erwarten von den verschiedenen Religionen Antwort auf die ungelösten Rätsel des menschlichen Daseins, die heute wie von je die Herzen der Menschen im tiefsten bewegen: Was ist der Mensch? Was ist Sinn und Ziel unseres Lebens? Was ist das Gute, was die Sünde? Woher kommt das Leid, und welchen Sinn hat es? Was ist der Weg zum wahren Glück? Was ist der Tod, das Gericht und die Vergeltung nach dem Tode? Und schließlich: Was ist jenes letzte und unsagbare Geheimnis unserer Existenz, aus dem wir kommen und wohin wir gehen? [...]

So erforschen im Hinduismus die Menschen das göttliche Geheimnis und bringen es in einem unerschöpflichen Reichtum von Mythen und in tiefdringenden philosophischen Versuchen zum Ausdruck und suchen durch aszetische Lebensformen oder tiefe Meditation oder liebend-vertrauende Zuflucht zu Gott Befreiung von der Enge und Beschränktheit unserer Lage. In den verschiedenen Formen des Buddhismus wird das radikale Ungenügen der veränderlichen Welt anerkannt und ein Weg gelehrt, auf dem die Menschen mit frommen und vertrauendem Sinn entweder den Zustand vollkommener Befreiung zu erreichen oder – sei es durch eigene Bemühung, sei es vermittels höherer Hilfe – zur höchsten Erleuchtung zu gelangen vermögen. So sind auch die übrigen in der ganzen Welt verbreiteten Religionen bemüht, der Unruhe des menschlichen Herzens auf verschiedene Weise zu begegnen, indem sie Wege weisen: Lehren und Lebensregeln sowie auch heilige Riten.

---

[68] Über die in der Folge gegründeten Institutionen zum Dialog mit dem Islam (Rom/Ortskirchen) informiert: H. Busse, Die theologischen Beziehungen des Islams zu Judentum und Christentum, Darmstadt 2-1991, 169ff

[69] LThK-Ergänzungsband II; Das Zweite Vatikanische Konzil Teil II, Freiburg 1967, S. 489 ff

> Die katholische Kirche lehnt nichts von alledem ab, was in diesen Religionen wahr und heilig ist. Mit aufrichtigem Ernst betrachtet sie jene Handlungs- und Lebensweisen, jene Vorschriften und Lehren, die zwar in manchem von dem abweichen, was sie selber für wahr hält und lehrt, doch nicht selten einen Strahl jener Wahrheit erkennen lassen, die alle Menschen erleuchtet. Unablässig aber verkündet sie und muss sie verkündigen Christus, der ist „der Weg, die Wahrheit und das Leben" (Jo 14,16) in dem die Menschen die Fülle des religiösen Lebens finden, in dem Gott alle mit sich versöhnt hat.
>
> Mit Hochachtung betrachtet die Kirche auch die Muslim, die den alleinigen Gott anbeten, den lebendigen und in sich seienden, barmherzigen und allmächtigen, den Schöpfer Himmels und der Erde, der zu den Menschen gesprochen hat. Sie mühen sich, auch seinen verborgenen Ratschlüssen sich mit ganzer Seele zu unterwerfen, so wie Abraham sich Gott unterworfen hat, auf den der islamische Glaube sich gerne beruft. Jesus, den sie allerdings nicht als Gott anerkennen, verehren sie doch als Propheten, und sie ehren seine jungfräuliche Mutter Maria, die sie bisweilen auch in Frömmigkeit anrufen. Überdies erwarten sie den Tag des Gerichtes, an dem Gott alle Menschen auferweckt und ihnen vergilt. Deshalb legen sie Wert auf sittliche Lebenshaltung und verehren Gott besonders durch Gebet, Almosen und Fasten. Da es jedoch im Lauf der Jahrhunderte zu manchen Zwistigkeiten und Feindschaften zwischen Christen und Muslim kam, ermahnt die Heilige Synode alle, das Vergangene beiseite zu lassen, sich aufrichtig um gegenseitiges Verstehen zu bemühen und gemeinsam einzutreten für Schutz und Förderung der sozialen Gerechtigkeit, der sittlichen Güter und nicht zuletzt des Friedens und der Freiheit für alle Menschen.

Von anderen Religionen lernen

Diese Aussagen des II. Vatikanums bzw. das Gespräch zwischen christlichen Kirchen und Weltreligionen überhaupt, wird heute auf theologischer Ebene angesichts des „Religionspluralismus" weitergedacht. Der Präsident des Päpstlichen Rates für den Interreligiösen Dialog, der nigerianische Kardinal Francis Arinze hat neuerdings ein besonnenes Plädoyer für ein gelingendes Miteinander der Religionen vorgelegt, in das auch seine eigenen Erfahrungen mit Muslimen, Juden, Buddhisten und Hindus eingeflossen sind.[70] Die Frage nach dem „Absolutheits-Anspruch"[71]

---

[70] Begegnung mit Menschen anderen Glaubens. Den interreligiösen Dialog verstehen und gestalten. Mü. 1999.
[71] R. Bernhardt, Zwischen Größenwahn, Fanatismus und Bekennermut. Für ein Christentum ohne Absolutheitsanspruch. St'gt 1994; vgl. vom selben Verf.: Der Absolutheits-anspruch des Christentums. Von der Aufklärung bis zur pluralistischen Religionstheologie. Gütersloh 1990. W. Kasper: „In der kath. Theologie versteht man unter dem Absolutheitsanspruch des Christentums gewöhnlich, daß das Christentum nicht nur die faktisch höchste der bestehenden Religionen ist, sondern daß es die endgültige, wesensgemäß nicht mehr überbietbare, exklusive und universale Geltung beanspruchende Selbstschließung Gottes

des Christentums und den theologischen Grundlagen des interreligiösen Gesprächs bildet gegenwärtig aber auch eines der Schlüssel-Themen innerhalb der systematischen Theologie beider christlicher Konfessionen. Als Beispiel einige Überschriften aktueller einschlägiger Veröffentlichungen: „Evangelisation und die Wahrheit der Religionen"; „Christologie und interreligiöser Dialog- die Einzigartigkeit Christi im Gespräch mit den Weltreligionen"; „Gibt es eine interreligiöse Hermeneutik?"; „Aufbruch zu einer pluralistischen Theologie der Religionen"; „Die Spannungen ehrlich aushalten- Christliche Identität im Pluralismus der Religionen"; „Mission in einer religiös pluralen Welt"; „Das Christentum als absolute Religion"; „Geschichtlichkeit der Religionen als Herausforderung". Daraus ergeben sich nicht nur eine ganze Reihe von systematischen Fragen und Problemen, sondern auch praktisch – religionspäda-gogische. Denn hier ist der Raum, wo sich der objektive, unvoreingenommene, bekenntnisfreie Zugang zur Religion, wie ihn die Religionswissenschaft erfordert (vgl. oben!) mit dem Bekenntnis der Glaubens- und Lebensüberzeugung der je einzelnen Religion und ihrer praktizierenden Anhänger trifft. Steht doch das interreligiöse Gespräch als Dialog zwischen den Religionen *nicht* außerhalb der je eigenen religiösen Auffassung und geht damit immer schon über die einfachen Ziele wie „einander kennen lernen", oder „Toleranz einüben" hinaus! Man sieht inzwischen klarer, wie das konfessionell-religiöse Lernen eingebettet ist in allgemein-religiöses Lernen (auch was das Symbol-Verständnis und die religiöse „Grammatik" des Menschen betrifft), in ökumenisches Lernen und eben auch in „interreligiöses Lernen".[72] Dabei kann sichtbar werden (die spezifischen Schwierigkeiten des Religionsunterrichtes einmal außer Acht gelassen), wie das Lernen von/mit anderen Religionen für die Identität des christlichen Got-

---

für alle Menschen aller Zeiten darstellt." Zitiert nach: P. Knitter, Ist das Christentum eine echte und die absolute Religion? Eine röm.-kath. Antwort. In: Concilium 6-7 (16/1980), 397-405, hier 398; zur neueren kath. Diskussion der Pluralitäts-Problematik siehe G. Gäde, Viele Religionen- ein Wort Gottes. Gütersloh 1998.

[72] F. Rickers / E. Gottwald (Hg), Vom religiösen zum interreligiösen Lernen. Wie Angehörige verschiedener Religionen und Konfessionen lernen. Möglichkeiten und Grenzen interreligiöser Verständigung. Neukirchen 1998; S. Leimgruber, Interrreligiöses Lernen, Mü. 1995; Grundsätzlich: Joh. Lähnemann, Evang. Religionspädagogik in interreligiöser Perspektive. Göttingen 1998. Kritisch begleitet E. Nipkow die interreligiösen Konzepte und fordert, die Beheimatung in der eigenen religiösen Tradition in den Mittelpunkt der RU zu stellen. Siehe zuletzt seine Religionspädagogik im Pluralismus 1998! Vgl. seine Aufsatzsammlung „Christliche Pädagogik und Interreligiöses Lernen ..." (verschiedene Themen), Gütersloh 2005. Zum in diesem Zusammenhang ebenfalls wichtigen Konzept der „Selbstbeschränkung" vgl. den Beitrag von R. Wunderlich im vorliegenden Band. Ein ausgezeichnetes Referenzwerk zu allen Aspekten des Interreligiösen Lernens bietet das „Handbuch Interreligiöses Lernen", hg. von Elsenbast, V. / P. Schreiner / U. Sieg, Gütersloh 2005!

tesglaubens Früchte trägt oder, bei genauerem Hinblick, heute vielleicht sogar eine grundsätzliche Bedingung darstellt:

„Die Fragestellung zielt auf die Herausforderung, dass es gemeinsam mit anderen Religionen etwas von der Größe Gottes zu entdecken gibt, wobei die Christen in diesem Prozess bekenntnishaft auf Christus verweisen können, an ihrer Bindung an ihn festhalten und von ihrem Glauben berichten, was er für die Welt getan hat, ohne dass sie damit einen Anspruch auf Ausschließlichkeit erheben. Dieser Ansatz erscheint durch seine Bekenntnishaftigkeit als ein konfessioneller Ansatz aber er beruht auf keinem Absolutheitsanspruch. Mit ihm ist eine Begegnung mit anderen Religionen möglich, ohne dass diese zuvor in eine Rangordnung zum eigenen Glauben gesetzt werden (...) Wenn Gottes Zeichen in dieser Welt vielgestaltig sind, dann ist die Vielgestaltigkeit das Tor, durch das hindurch zu einer gemeinsamen Praxis der Religionen und zu einer religiösen Praxis „vor Ort" gefunden werden muss. Das Lernen im interreligiösen Dialog zielt letztlich auf die Konfrontation der Heranwachsenden mit der Frage nach der Zukunft des Menschen und der Welt, für die es im Horizont der Religionen Antworten, zumindest Visionen gibt. Nicht ohne Grund wird gerade neuerdings die ethische Kraft der Religionen im Hinblick auf die offenen Probleme der Welt mobilisiert (vgl. Küng 1990). Die Zielvorstellung des interreligiösen Lernens im Dialog mit anderen Religionen ist somit keine Alternative zu Zielen, die etwa emanzipatorisch lauten: *SchülerInnen mit der religiösen Vielfalt vertraut machen und sie zu einem eigenen Urteil provozieren (Hoheisel 1977)*, oder eher zurückhaltender: *Andere religiöse Traditionen kennen lernen, verstehen lernen, Toleranz einüben (Lähnemann 1986)*, aber sie geht darüber hinaus. Es geht um die Vertiefung in die Visionen, die die Religionen bereitstellen, und zwar als Lernen *über* religiöse Traditionen *von* Religionen aus (vgl. *Hull 1984*). Sie entfaltet sich hinsichtlich der eigenen religiösen Identität und hinsichtlich eines gemeinsamen interreligiösen Handelns zur Lösung der Probleme dieser Welt" (H.-G. Ziebertz).[73]

Treue zum Eigenen- Offenheit für das Andere: Ein solcher Ansatz klammert (vorläufig) die philosophischen und fundamentaltheologischen Probleme der „metaphysischen Wahrheitsfrage" zu Gunsten der (ebenfalls vorläufigen) Handlungsorientierung aus. Die damit verbundenen Schwierigkeiten können hier nicht erörtert werden.[74] Aber es ist Zeit, aufeinander zuzugehen, auch wenn die Theorie noch nicht „gelöst" ist! Das heute schon Machbare fasst Helga Kohler-Spiegel zusammen:

---

[73] H.B. Ziebertz, Interreligiöses Lernen. Herausforderung der religiösen Erziehung durch Theologien des interreligiösen Dialogs. In: KatBl 116 (5/1991) 316- 327, hier: 323 und 325f.

[74] vgl. J. Kardinal Ratzinger, Der angezweifelte Wahrheitsanspruch. FAZ 8.01.2000, Beilage „Bilder u. Zeiten". Ders., Glaube, Wahrheit und Kultur. In: Internationale Kath.

„Die Anliegen interreligiösen Lernens sind vielfältig, sie beinhalten Einladungen an Experten, Besuche bei anderen Religionsgemeinschaften ebenso wie emotionale und reflexive Auseinandersetzung im Unterricht, Aufarbeiten von Vorurteilen und Verstehen von religiösem Denken und Handeln, sie dürfen nicht rein fachspezifisch sein, sondern müssen fächerübergreifenden Unterricht und Projektunterricht miteinbeziehen, sie betreffen den Gesamtauftrag von Schule (...) Zugleich ist daran zu erinnern, dass interreligiöses Lernen handlungsorientiert – und nicht problem- und konfliktorientiert sein soll. Vor allem der Unterricht „über" den Islam verkommt gerne zu einem Problemunterricht, bei dem einseitig von Konfliktthemen wie dem heiligen Krieg, Fundamentalismus, Stellung der Frau ausgegangen wird."[75] Kohler-Spiegel betont im Übrigen die Bedeutung des Erwerbs von Symbol- und Sprachkompetenz beim interreligiösen Lernen, die Notwendigkeit der Elternarbeit und die Integration des geschlechtsspezifischen Blickwinkels: „Welche Erfahrungen verbinden Frauen, welche trennen sie? Welche Vorstellungen vom Mannsein und Frausein werden im jeweiligen religiösen Kontext weitergegeben? Inwiefern prägt Religion das Selbstbild der Jungen bzw. Männer und der Mädchen bzw. Frauen?"[76]

Die World Conference on Religion and Peace (WCRA) hatte Ende 1998 führende Repräsentanten aller Religionsgemeinschaften nach Mainz eingeladen. Ergebnis dieses Treffens war der „Brief der Religionen an die Religionen in Deutschland." Er wurde von Vertretern der katholischen, evangelischen und orthodoxen Kirche in Deutschland, dem Islamrat sowie dem Zentralrat der Muslime, der deutschen buddhistischen Union, Vertretern der Hindus, der Bahai und dem Zentralrat der Juden in Deutschland gemeinsam verfasst „wider die belastenden Feindbilder, Vorurteile und Missverständnisse." Es reiche nicht mehr aus, nur nebeneinander zu leben: Die Religionen müssten mehr gemeinsame Verantwortung für das Leben in der Öffentlichkeit übernehmen. In diesem Zusammenhang sind auch die ReligionslehrerInnen gefordert, Augen und Herzen ihrer Schüler und Schülerinnen zu öffnen.[77]

Zeitschrift „Communio" 28 (1999) S.289 – 305. Ders., Der christliche Glaube und die Weltreligionen. In: Ders., Vom Wiederauffinden der Mitte, Freiburg 1997. S.60 – 82; Ders.: Glaube, Wahrheit, Toleranz. Freiburg 2003; Ders.: Die Vielfalt der Religionen und der Eine Bund. Bad Tölz [4]2005.

[75] Helga Kohler-Spiegel, Interreligiöses Lernen. In: Religionspädagogische Beiträge 38/1996, 19-42, hier: 40. Vgl. zum Thema Interkulturalität und Ethik: W. Weisse, Interkulturalität / Interreligiösität. In. R. Lachmann u.a. (Hg.): Ethische Schlüsselprobleme. Göttingen 2006, S. 216-232.

[76] a.a.O., 41.

[77] E. Groß / K. König (Hg), Religiöses Lernen der Kirchen im globalen Dialog. Weltweit akute Herausforderungen und Praxis einer Weggemeinschaft für Eine-Welt-Religionspädagogik. Münster 2000.

"Die erste Regung/ wenn wir uns einem anderen Volke nähern,/ einer anderen Kultur,/ einer anderen Religion,/ muss sich darin zeigen,/ dass wir unsere Schuhe ausziehen;/ denn der Ort, dem wir uns nahen,/ ist heilig./ Sonst könnte es sein,/ dass wir feine Träume/ von anderen Menschen zerstören/ oder –noch schlimmer-/ dass wir vergessen,/ dass Gott vor uns dort war." (J.V. Tayler)

Literatur

Einführungen, Handbücher und Lexika

Antes, P. (Hg): Die Religionen der Gegenwart. München 1996

Antes, P.: Grundriss der Religionsgeschichte. Von der Prähistorie bis zur Gegenwart. Stuttgart 2006 (Theologische Wissenschaft; Bd. 17)

Baumann, C.P.: Der Knigge der Weltreligionen. Feste, Brauchtum und richtiges Verhalten auf einen Blick. Stuttgart 2005

Bowker, J. (Hg): Das Oxford-Lexikon der Weltreligionen. Frankfurt 2003

Bowker, J. (Hg): Religionen der Welt. Darmstadt 2004

Clarke, P.B.: Atlas der Weltreligionen. Entstehung Entwicklung, Glaubensinhalte. München ³1998

Drehsen, V. / Gräb, W. / Weyel, B. (Hg): Kompendium Religionstheorie. Göttingen 2005

Elsas, Chr.: Religionsgeschichte Europas. Religiöses Leben von der Vorgeschichte bis zur Gegenwart. Darmstadt 2002

Elsenbast, V. / Schreiner, P. / Sieg, U.: Handbuch Interreligiöses Lernen. Gütersloh 2005

Emrich, U. (Red.) **/ Baer, Harald u.a.** (Hg): Der Brockhaus, Religionen: Glauben, Riten, Heilige. Mannheim 2004

Figl, J.: Handbuch Religionswissenschaft. Innsbruck 2003

Gasper, H. / Müller, J. / Valentin, F. (Hg): Lexikon der Sekten, Sondergruppen und Weltanschauungen. Freiburg ⁷2001

Grabner-Haider, A. / Prenner, K. (Hg): Religionen und Kulturen der Erde. Ein Handbuch. Wien u.a. 2004 (UTB 8274)

Haack, F.-W.: Europas neue Religion. Sekten-Gurus-Satanskult. Freiburg ³1996

Hage, W.: Das orientalische Christentum. Stuttgart 2007 (erscheint im 1. Quartal) (Die Religionen der Menschheit Bd. 29,2)

Hinnells, J.R.: Dictionary of Religions (Penguin Reference Books) London ²1997

Hock, K.: Einführung in die Religionswissenschaft. Darmstadt 2002

Khoury, A.Th.: Islam-Lexikon A-Z: Geschichte-Ideen-Gestalten. Freiburg 2006

Kleine, C. / Schrimpf, M. / Triplett, K. (Hg): Unterwegs. Neue Pfade in der Religionswissenschaft. Festschrift für Michael Pye zum 65. Geburtstag. München 2004

Klöcker, M. / Tworuschka, U. (Hg): Ethik der Weltreligionen. Ein Handbuch. Darmstadt 2005

König, F. / Waldenfels, H. (Hg): Lexikon der Religionen. Freiburg ⁴1999

Metzler-Lexikon: Religion jetzt. Stuttgart 2005

Notz, K.-J.: Das Lexikon des Buddhismus. 2 Bde. Wiesbaden 2002

Ohlig, K.-H.: Religion in der Geschichte der Menschheit. Darmstadt 2002

Petuchowski, J.J. / Thoma, Cl.: Lexikon der jüdisch-christlichen Begegnung. Freiburg 1997

Smart, N. (Hg): Atlas der Weltreligionen. Köln 2000

Stolz, F.: Grundzüge der Religionswissenschaft. Göttingen ³2001

Trutwin, W. (Hg): Die Weltreligionen. Arbeitsbücher für die Sekundarstufe II. Düsseldorf 1998 f

Tworuschka, M. und U. (Hg): Religionen der Welt. Niedernhausen 2000 **Dies.**: Islam – Lexikon. Düsseldorf 2002

Tworuschka, U.: Artikel „Religionswissenschaft". In: **Mette, N.:/ Rickers, F.** (Hg): Lexikon der Religionspädagogik. Bd. 2. Neukirchen 2001, Sp. 1833-1839

Gesamtdarstellungen unterschiedlicher Religionen / Weltreligionen

Antes, P. u.a.: Der Islam. Religion – Ethik – Politik. Stuttgart u.a. 1991

Ben-Chorin, Sch.: Jüdischer Glaube. Tübingen ²1979; **Ders.**: Betendes Judentum. Tübingen 1980; **Ders.** Jüdische Ethik. Tübingen 1983; **Ders.**: Narrative Theologie des Judentums. Tübingen 1985; vgl. seine „Dialog-Bücher" zu Jesus, Maria und Paulus! Eine Werkausgabe (=SBW) erscheint im Gütersloher Verlagshaus, hg. von Verena Lenzen (2001ff)

Bottini, O.: Das große Buch des Buddhismus. Frankfurt/Main 2004

Brunner-Traut, E. (Hg): Die großen Religionen des Alten Orients Stuttgart 1992

Cancik, H. u.a. (Hg): Die Religionen der Menschheit. 36 Bde. Stuttgart 1960 ff

Grözinger, K.E.: Jüdisches Denken. Theologie-Philosophie-Mystik. 3 Bde. Darmstadt 2005 ff

Jung, C.G. ; Kérenyi, K.: Das göttliche Kind. Düsseldorf 2006 (erw. Neuaufl.)

Khoury, A. Th.: Der Islam. Sein Glaube, seine Lebensordnung, sein Anspruch. Freiburg ⁶2001; Ders.: Der Koran. Erschlossen und kommentiert. Düsseldorf 2005

Küng, H.: Der Islam. Geschichte, Gegenwart, Zukunft. München ²2006; **Ders.** (Hg): Die heiligen Schriften der Welt. Judentum, Christentum, Islam, Hinduismus, Buddhismus. (5 Bde.) Diederichs 2005

Mahlstedt, I.: Die religiöse Welt der Jungsteinzeit. Darmstadt 2004

Maier, J.: Judentum von A – Z. Glauben, Geschichte, Kultur. Freiburg 2001

Mall, R. A.: Der Hinduismus. Darmstadt 1997

Michaels, A.: Der Hinduismus. München 2006

Quack, A.: Heiler, Hexen und Schamanen. Die Religionen der Stammeskulturen. Darmstadt 2004

Schneider, U.: Einführung in den Hinduismus. Darmstadt ²1993

Schneider, U.: Der Buddhismus. Darmstadt ⁴1997

Theißen, G.: Die Religion der ersten Christen. Gütersloh ³2003

Tworuschka, M. und U.: Lexikon Weltreligionen – Kindern erklärt. Gütersloh 2003

Zirker, H.: Der Koran. Übersetzt und eingeleitet. Darmstadt 2003

Verhältnis des Christentums zu anderen Weltreligionen

Akashe-Böhme, Farideh: Die islamische Frau ist anders. Vorurteile und Realitäten. Gütersloh ²1997 (TB)

Ayubi, Nazih: Politischer Islam. Religion und Politik in der arabischen Welt. Freiburg 2002 (Herder TB)

Broer, I. / Schlüter, R. (Hg): Christentum und Toleranz. Darmstadt 1996

Diner, Dan: Versiegelte Zeit. Über den Stillstand in der islamischen Welt. Berlin ³2006

Ginaidi, Ahmed: Voraussetzungen für einen interreligiösen Dialog zwischen Christen und Muslimen. Stuttgart 2002 (ibidem)

Gäde, G.: Viele Religionen – ein Wort Gottes: Einspruch gegen John Hicks pluralistische Religionstheologie. Gütersloh 1998

Hadayatullah Hübsch: Frauen im Islam. 55 Fragen und Antworten. Nienburg 1997 (Betzel)

Hagemann, L.: Christentum contra Islam. Eine Geschichte gescheiterter Beziehungen. Darmstadt 1999

Haußmann, W. / Lähnemann, J. (Hg): Dein Glaube – mein Glaube: interreligiöses Lernen in Schule und Gemeinde. Göttingen 2005

Henrix, H. H. / Kraus, W. (Hg): Die Kirchen und das Judentum. Band II: Dokumente von 1986 bis 2000. Paderborn 2001

Henrix, H. H.: Katholische Kirche und Judentum: 40 Jahre nach „Nostra aetate" – am Ende eines bedeutenden Pontifikats. In: Kirche und Israel (20), Heft 2/05, S.162-177

Hugoth, M.: Fremde Religionen- fremde Kinder? Leitfaden für interreligiöse Erziehung. Freiburg 2003 (Herder TB)

Hummel, R.: Religiöser Pluralismus oder christliches Abendland? Darmstadt 1994

Kampling, R.: Schalom alechem. Kommentar zur Rede Benedikts XVI. in der Synagoge zu Köln. In: Freiburger Rundbrief 13 (1/2006), S. 26-32

Khalidi, T.: Der muslimische Jesus. Aussprüche Jesu in der arabischen Literatur. Düsseldorf 2002

Kellenbach, K. von u.a. (Hg): Von Gott reden im Land der Täter. Theologische Stimmen der dritten Generation seit der Shoah. Darmstadt 2001

Leimgruber, S. / Wimmer, S.: Von Adam bis Muhammad. Bibel und Koran im Vergleich. Stuttgart 2005

Lohrbächer, A. / Ruppel, H. / Schmidt, I. (Hg):Was Christen vom Judentum lernen können. Anstöße – Materialien – Entwürfe. Stuttgart 2006

Ratzinger, Joseph Kardinal: Die Vielfalt der Religionen und der Eine Bund. Bad Tölz ⁴2005; **Ders.**: Glaube, Wahrheit, Toleranz. Freiburg 2003

Roddey, Th.: Das Verhältnis der Kirche zu den nicht-christlichen Religionen. Die Erklärung „Nostra aetate" des Zweiten Vatikanischen Konzils und ihre Rezeption durch das kirchliche Lehramt. Paderborn 2005

Rohe, M.: Der Islam – Alltagskonflikte und Lösungen. Rechtliche Perspektiven. Freiburg ²2001 (Herder TB 4942)

Schmid, H. u.a. (Hg): Identität durch Differenz? Wechselseitige Abgrenzungen in Christentum und Islam. Regensburg 2007 (Reihe Theologisches Forum Christentum – Islam)

Schmid, H. / Renz, A. / Sperber, J. (Hg): „Im Namen Gottes ..." Theologie und Praxis des Gebets in Christentum und Islam. Regensburg 2006 (Reihe Theologisches Forum Christentum – Islam)

Selim, Nahed: Nehmt den Männern den Koran. Für eine weibliche Interpretation des Koran. München 2006

Spuler-Stegemann, U.: Muslime in Deutschland. Informationen und Klärungen. Freiburg 2002 / NA 2006 (Herder TB); **Dies.**: Die 101 wichtigsten Fragen zum Islam. München 2007 (Beck); **Dies.**: Feindbild Christentum im Islam. Eine Bestandsaufnahme. Freiburg 2004 (Herder TB); **Dies.** (zusammen mit Christine Schirrmacher): Frauen und die Scharia. Die Menschenrechte der Frau im Islam. Köln 2004 (als Goldmann – TB 2006)

Tessore, D.: Der heilige Krieg im Christentum und Islam. Düsseldorf 2004

Tibi, Bassam: Der Islam und Deutschland. Muslime in Deutschland. Stuttgart 2000; **Ders.**: Islamische Zuwanderung. Die gescheiterte Integration. Stuttgart 2002; **Ders.**: Kreuzzug und Djihad. Der Islam und die christliche Welt. München 2001 (Goldmann – TB); **Ders.**: Der neue Totalitarismus. „Heiliger Krieg" und westliche Sicherheit. Darmstadt 2004 (WB); **Ders.**: Die fundamentalistische Herausforderung. Der Islam und die Weltpolitik. München 2003 (Beck); **Ders.**: Mit dem Kopftuch nach Europa? Die Türkei auf dem Weg in die europäische Union. Darmstadt 2006 (WB)

Einzelthemen

Bärsch, C.-E.: Die politische Religion des Nationalsozialismus. München ²2002

Baudler, G.: Gewalt in den Weltreligionen. Darmstadt 2005

Bellebaum, A. / Schallenberg, P.: Glücksverheißungen. Heilige Schriften der Menschheit. Münster 2004

Bultmann, Chr. / März, C. P. / Makrides, V. N. (Hg): Heilige Schriften: Ursprung, Geltung und Gebrauch. Münster 2005

Ebach, J. u. a. (Hg): „Schau an der schönen Gärten Zier". Über irdische und himmlische Paradiese. Zu Kult und Kulturgeschichte des Gartens. Gütersloh 2007

Feldmeier, R. (Hg): Wiedergeburt. Göttingen 2005

"Die Religionsgeschichte ist eine Schatzkiste" 313

Figl, J.: Die Mitte der Religionen. Idee und Praxis universalreligiöser Bewegungen. Darmstadt 1993

Gerlitz, P.: Mensch und Natur in den Weltreligionen. Grundzüge einer Religionsökologie. Darmstadt 1998

Golzio, K.-H.: Who's who der Religionsstifter. Düsseldorf 2005

Groß, G.E.: Schalom. Im Jahreskreis des jüdischen Lebens. A-Bad Sauerbrunn 1995

Gutmann, H.-M. (Hg): Religiöse Wellness: Seelenheil heute. München 2005

Hellmann, C.: Religiöse Bildung, Interreligiöses Lernen und Interkulturelle Pädagogik: eine religionsgeschichtliche Untersuchung zur religiösen und interkulturellen Erziehung in der Moderne. Frankfurt/M 2001

Hoppál, M / Kósa, G. (Hg): Rediscovery of Shamanic Heritage. Budapest 2003

Irsigler, H. (Hg): Mythisches in biblischer Bildsprache. Gestalt und Verwandlung in Prophetie und Psalmen. Freiburg 2004 (Quaestiones disputatae Bd. 209)

Koch, A.: Das Verstehen des Fremden. Darmstadt 2003

Kochanek, H. (Hg): Wozu das Leid? Wozu das Böse? Die Antworten der Religionen und Weltanschauungen. Paderborn 2002

Küenzlen, G.: Die Wiederkehr der Religion. Lage und Schicksal in der religiösen Moderne. München 2003

Küng, H.: Weltethos für Weltpolitik und Weltwirtschaft. Darmstadt ^{3}1998

Marquard, R. (Hg): Halloween. Stuttgart 2005

Laube, J. (Hg): Das Böse in den Weltreligionen. Darmstadt 2003

Preul, R.: So wahr mir Gott helfe. Religion in der modernen Gesellschaft. Darmstadt 2003

Sudbrack, J.: Mystik. Sinnsuche und die Erfahrung des Absoluten. Darmstadt 2002

Sundermeier, Th.: Was ist Religion? Religionswissenschaft im theologischen Kontext. Gütersloh 1999

Tworuschka, M. und U.: Heilige Stätten. Die bedeutendsten Pilgerstätten der Weltreligionen. Darmstadt 2004

Wimmer, F.M.: Interkulturelle Philosophie. Wien 2004 (UTB 2470)

Woo, H.-R.: Neue Religionen anders verstehen. Das Beispiel des Won-Buddhismus. München 2004

Wulf, Chr. / Zirfas, J. (Hg): Die Kultur des Rituals. Inszenierungen, Praktiken, Symbole. München 2004

Wunn, I.: Muslimische Patienten. Chancen und Grenzen religionsspezifischer Pflege. Stuttgart 2006

Wunn, I.: Muslimische Gruppierungen in Deutschland. Ein Handbuch. Stuttgart 2007 (erscheint im 1. Quartal)

„Stehlen" oder nicht stehlen?

Pessach-Feiern von Christen sorgen für Missstimmung

Wegen des Trends, in christlichen Gemeinden Pessach-Feiern nach jüdischem Ritus zu veranstalten, ist es in Augsburg zu einer Kontroverse gekommen. Sara Bergerhausen, Präsidentin der Israelitischen Kultusgemeinde Augsburg, nannte es öffentlich eine Anmaßung", wenn Christen ein Fest feierten, zu dem sie keinen Bezug hätten.

Mit dem Pessach erinnern die Juden sich an ihre Befreiung durch Gott aus der ägyptischen Gefangenschaft. Jesu letztes Abendmahl mit seinen Jüngern war nach der Überlieferung der Evangelien ein Pessach-Mahl. Christliche Gemeinden haben in den letzten Jahren daran angeknüpft und eigene Pessach-Feiern angeboten.

Der evangelisch-lutherische Oberkirchenrat für Augsburg und Schwaben, Ernst Öffner, räumte in einem Schreiben an die Präsidentin der Israeltischen Kultusgemeinde ein, diese christliche Praxis sei eine „Form der Okkupation". Wenn überhaupt eine Symbolik oder ein Ritual aus dem Judentum im christlichen Gottesdienst verwendet werde, dann müsse dies kenntlich sein. Außerdem sollten die Christen „Verbindung zu Israel im Gebet aufnehmen" oder zumindest erklärend auf den Zusammenhang hinweisen. Ansonsten handle es sich um eine „unsachgemäße Vereinnahmung jüdischer Symbolik und jüdischen Glaubens für eigene Zwecke".

Öffner widersprach Bergerhausen aber in der Frage der Geschichte beider Religionen: Die Geschichte der Christen beginne nicht erst mit dem Juden Jesus, „den wir Christus nennen", sondern mit der Glaubenstradition, in der Jesus stand. In den Osternachtsgottesdiensten der christlichen Kirchen würden die großen Befreiungs- und Erneuerungstaten Gottes erinnernd erzählt: die Erschaffung der Welt, die Sintflut, der Auszug aus Ägypten und die Verheißung der Neuschöpfung.

Der Vorsitzende der Kultusgemeinde hatte in einem Zeitungsinterview darauf hingewiesen, dass die Christen keine Sklaven in Ägypten gewesen und nicht durchs Rote Meer gezogen seien. Der evangelische Regionalbischof betonte dagegen, Christen wollten ihren „jüdischen Geschwistern" nichts stehlen. Obwohl sich die Wege der beiden Religionen getrennt hätten, seien sie verbunden in gemeinsamen Erfahrungen. Öffner erinnerte in diesem Zusammenhang daran, dass Christen im Gottesdienst die Psalmen beten, das Halleluja singen und die hebräische Bibel lesen.

aus: Konradsblatt 19/2000, S. 3

Die Einzigkeit Christi und der Kirche

Auszüge aus der Erklärung
der vatikanischen Kongregation für die Glaubenslehre „Dominus Jesus" vom 6. August 2000

4. Die immerwährende missionarische Verkündigung der Kirche wird heute durch relativistische Theorien gefährdet, die den religiösen Pluralismus nicht nur de facto, sondern auch de jure (oder prinzipiell) rechtfertigen wollen. In der Folge werden Wahrheiten als

überholt betrachtet, wie etwa der endgültige und vollständige Charakter der Offenbarung Jesu Christi, die Natur des christlichen Glaubens im Verhältnis zu den anderen Religionen, die Inspiration der Bücher der heiligen Schrift, die personale Einheit zwischen dem ewigen Wort und Jesus von Nazareth, , die Einheit der Heilsordnung des fleischgewordenen Wortes und des heiligen Geistes, die Einzigkeit und die Heilsuniversalität Jesu Christi, die universale Heilsmittlerschaft der Kirche, die Untrennbarkeit – wenn auch Unterscheidbarkeit – zwischen dem Reich Gottes, dem Reich Christi und der Kirche, die Subsistenz der einen Kirche Christi in der katholischen Kirche.

Die Wurzeln dieser Auffassungen sind in einigen Vorraussetzungen philosophischer wie auch theologischer Natur zu suchen, die dem Verständnis und der Annahme der geoffenbarten Wahrheiten entgegenstehen. Einige davon sind: die Überzeugung, dass die göttliche Wahrheit nicht fassbar und nicht aussprechbar ist, nicht einmal durch die christliche Offenbarung; die relativistische Haltung gegenüber der Wahrheit, weswegen das, was für die einen wahr ist, es nicht für andere wäre; der radikale Gegensatz, der zwischen der logischen Denkweise im Abendland und der symbolischen Denkweise im Orient besteht; der Subjektivismus jener, die den Verstand als einzige Quelle der Erkenntnis und so unfähig werden, den Blick nach oben zu erheben, um das Wagnis einzugehen, zur Wahrheit des Seins zu gelangen; die Schwierigkeit zu verstehen und anzunehmen, dass es in der Geschichte endgültige und eschatologische Ereignisse gibt; die metaphysischen Entleerungen des Ereignisses der Menschwerdung des ewigen Logos in der Zeit, die zu einer bloßen Erscheinung Gottes in der Geschichte verkürzt wird; der Eklektizismus jener, die in der theologischen Forschung Ideen übernehmen, die aus unterschiedlichen philosophischen und religiösen Strömungen stammen, ohne sich um deren Logik und systematischen Zusammenhang sowie deren Vereinbarkeit mit der christlichen Wahrheit zu kümmern; schließlich die Tendenz, die heilige Schrift ohne Rücksicht auf die Überlieferung und das kirchliche Lehramt zu lesen und erklären.

9. In der gegenwärtigen theologischen Diskussion wird Jesus von Nazareth oft als eine besondere historische Gestalt angesehen, die begrenzt ist und das Göttliche in einem Maß geoffenbart hat, das nicht exklusiv ist, sondern komplementär zu anderen Offenbarungs- und Heilsgestalten. Das Unendliche, das Absolute, das letzte Mysterium Gottes zeige sich der Menschheit in vielen Weisen und in vielen historischen Gestalten. Jesus von Nazareth sein eine von ihnen. Er sei – so noch konkreter – eines von den vielen Gesichtern, das der Logos im Laufe der Zeit angenommen habe, um der Menschheit das Heil zu vermitteln. Diese Ansichten sind dem christlichen Glauben gänzlich entgegengesetzt...

Aus dem bisher Gesagten ... geht klar hervor, dass es dem katholischen Glauben widerspräche, die Kirche als einen Heilsweg neben jenen in den anderen Religionen zu betrachten, die komplementär zur Kirche , ja im Grunde ihr gleichwertig wären.

Forum in Nürnberg
Was Rechtgläubige und Wahrheits-Monopolisten voneinander lernen müssen

So schlicht kann man es auch formulieren: „Gott will, dass sich die Menschen aller Religionen verstehen." Mit diesem frappanten Satz schloss die Islamwissenschaftlerin und Friedenspreisträgerin des deutschen Buchhandels, Annemarie Schimmel, ihren Eröffnungsvortrag auf dem VI. Nürnberger Forum über „Interreligiöse Erziehung 2000 – Die Zukunft der Religions- und Kulturbegegnung".

Gott also will die interreligiöse Erziehung. Nur leider: Die Menschen folgen dem Willen Gottes nicht. Immer wieder flackern in verschiedensten Gegenden der Welt Kämpfe zwischen den Religionsgemeinschaften auf, mit viel Blut und Tränen. Foren der Begegnung und des Dialogs gibt es zwar auch. Doch sie haben mit allerlei Hindernissen zu kämpfen. Deshalb [...] kommt der vorbeugenden interreligiösen Erziehung eine so große Bedeutung zu. Ein Zustand der (vordergründigen) Konfliktfreiheit, wie er im ehemaligen Jugoslawien oder im Libanon lange Zeit herrschte, sei eben keine Gewähr auf Zukunft hin, wenn Feindbilder und historisch bedingte Rivalitäten unter den Teppich gekehrt würden, so John Taylor, Beauftragter der Konferenz Europäischer Christen für das ehemalige Jugoslawien. Deshalb arbeitet Taylor mit christlichen, orthodoxen und muslimischen Lehrerinnen und Lehrern, um nach dem Bürgerkrieg wieder gemeinsame und humane moralische Überzeugungen wachsen zu lassen. Die vertiefte Kenntnis der anderen Religionen sei äußerst wichtig, um kriegerische Eruptionen wie in Jugoslawien künftig – vielleicht – zu verhindern. Es komme darauf an, die These des US-amerikanischen Politologen Samuel Huntington vom drohenden weltweiten Kampf der Kulturen nicht zu einer sich selbst erfüllenden Prophezeiung werden zu lassen, wie es der Nürnberger evangelische Religionspädagoge Johannes Lähnemann ausdrückt. Lähnemann ist Hauptinitiator dieses Nürnberger Forums, das alle drei Jahre Wissenschaftler, Geistliche und Pädagogen verschiedenster Religionen im Fränkischen zusammenführt.

Für den Schweizer Friedensforscher Richard Friedli besteht eine wesentliche Aufgabe der Religionen darin, einen gemeinsamen Beitrag zur Friedenserziehung zu leisten. Die Religionen müssten untereinander dazu beitragen, dass Affekte und Emotionen gegenüber Fremdem und Fremden, die zu Fanatismus und Fundamentalismus führten, erkannt und abgebaut würden. So könne zum Beispiel die buddhistische Spiritualität, wie sie etwa in der Lehre Buddhas vom „achtgliedrigen Pfad" – oder auch den „acht Richtigkeiten" – zum Ausdruck komme, der Friedensforschung und Friedenserziehung wertvolle Anregungen geben. Für Buddha nämlich komme es darauf an:

- die Realitäten einzuschätzen und nicht verzerrt wahrzunehmen (richtige Wahrnehmung);
- sich dazu zu entschließen, anderen Menschen und Lebewesen sensibel, mitfühlend und solidarisch zu begegnen (richtiger Entschluss);
- vorurteilsfrei und achtungsvoll mit „Gegnern" und Fremden umzugehen (richtige Rede);

- die eigenen Handlungen nach der „goldenen Regel" auszurichten, die empfiehlt, dem anderen das entgegenzubringen, von dem man wünscht, dass es auch einem selbst geschehen möge (richtiges Verhalten);
- in der Wahl des eigenen Berufes glaubwürdig zu bleiben, also etwa nicht als Waffen- oder Drogenhändler aufzutreten (richtige Lebensführung);
- selbstkritisch der eigenen Person und den eigenen Affekten gegenüber zu sein (richtige Anstrengung);
- aufmerksam und ehrfurchtsvoll alles auf- und wahrzunehmen, was einem im Alltag begegnet (richtige Achtsamkeit);
- sich in der Stille der Meditation auf den Kern der Existenz zu besinnen und dabei von sich selbst abzusehen (richtiges Sich-Versenken).

In ähnlicher Weise könne man auch im Islam und im Christentum Impulse einer friedensethischen Spiritualität finden, etwa die Bergpredigt Jesu oder Weisungen des Propheten Mohammed. Die interreligiöse Erziehung als wichtiger Baustein der Friedenserziehung steht in einer grundlegenden Spannung. Sie geschieht zwischen den Polen *Beheimatung und Begegnung*, wie es der evangelische Religionspädagoge Karl-Heinz Nipkow ausdrückt. Meinungsverschiedenheiten zwischen katholischer und evangelischer Kirche in Deutschland über die Gestaltung des Religionsunterrichts machen diese Spannung deutlich – bei aller grundsätzlichen Übereinstimmung, dass der Religionsunterricht an die öffentliche Schule gehört. Soll der Religionsunterricht an den öffentlichen Schulen auch ein Ort interreligiösen Lernens sein? Durchaus, sagen die meisten evangelischen Religionspädagogen. Dahinter steht laut Nipkow ein Konzept von Bildungsarbeit, das auf Kritik, Selbstkritik, Reflexion und Begegnung setze und nicht, wie von offizieller katholischer Seite vertreten, auf prinzipienfeste Prägung in der eigenen konfessionellen Identität, die damit sogar den Status einer Lebensform erhalte. Während die evangelische Seite mehrheitlich einen für alle offenen Religionsunterricht befürworte und sich einer interreligiösen Kooperation im Religionsunterricht durchaus nicht verschließe, bremse die katholische Kirche an diesem Punkt. „Wie aber können wir glaubwürdig für einen Dialog mit Muslimen, Juden und Buddhisten eintreten, wenn wir selbst keine Kooperation zu Stande bekommen", klagt Nipkow.

Plädiert der renommierte Pädagoge damit zugleich für das brandenburgische Modell „Lebensgestaltung – Ethik – Religionskunde" (LER), das ja ausdrücklich einen interreligiösen Unterricht propagiert? Nein. Einen solchen Unterricht „von dritter Warte aus", in dem von Staats wegen über alle Religionen informiert und geurteilt werde, hält Karl-Heinz Nipkow für den Ausdruck eines „Vernunftdogmatismus". Da ein solcher Unterricht die authentische, persönliche Begegnung der Schüler mit Vertretern verschiedener Religionen kaum oder gar nicht ermögliche, gehe er an den Grunderfordernissen einer interreligiösen Begegnung und Erziehung vorbei. Dann zu diesen Grunderfordernissen gehöre unverzichtbar die persönliche Begegnung konkreter Menschen, auch in der Schule.

Breite evangelische Zustimmung dürfte wohl die Position von Pfarrer Christoph Scheikle finden, der die Evangelische Arbeitsstätte für Erziehungswissenschaft Comenius-Institut in Münster leitet. Scheikle plädiert für einen integrativen Religionsunterricht, der je nach Lebensalter der Schüler und je nach Schulform mal getrennt-konfessionell, mal gemeinsam interreligiös gestaltet und praktiziert werden sollte. Scheikle: Die Frage ist, ob man nicht überhaupt pädagogisch einfallsreicher auf regional unterschiedliche Situationen eingehen müsste. Identität und Abgrenzung, Recht auf eigene Entfaltung und Notwendigkeit der Verständigung – zwischen diesen Polen bewegen sich interreligiöser Dialog und interreligiöse Erziehung, innerhalb wie außerhalb der Schule.

Hinzu kommt als inhaltliche Herausforderung: Wie gehen die Religionen damit um, dass sie alle ihren jeweils eigenen Anspruch auf die Wahrheit vertreten und festhalten – manche sogar dadurch, dass sie andere Religionen, etwa den Islam, als eine Art Negativfolie nehmen, vor deren Hintergrund die eigene Religion nur umso mehr glänzt? Können alle die These unterschreiben, dass die Wahrheit für mich nicht auch die Wahrheit für alle anderen sein muss? Oder wie es der Vorsitzende der Deutschen Buddhistischen Union, Alfred Weil, formuliert: Wir haben einen hohen Wahrheitsanspruch ohne Monopolanspruch.

Wer also verzichtet wann und bis zu welchem Grad auf das Eigene? Können Christen anerkennen, dass die Offenbarung Gottes nicht mit der Person Jesu von Nazareth abgeschlossen ist- wie es zum Beispiel offizielle Lehre der katholischen Kirche ist -, sondern im Propheten Mohammed weitergegangen ist? Können Muslime anerkennen, dass die Offenbarung Gottes in der Person Jesu durch das Auftreten ihres Propheten Mohammed nicht inhaltlich überholt ist, wie es viele Muslime glauben?

Erschwert wird der Dialog der Religionen noch dadurch, dass inzwischen weltweit eine innere *Pluralisierung* fast aller Religionen zu beobachten ist. Es gibt das orthodoxe, das liberale, das fortschrittliche Judentum – gerade in Deutschland stehen diese Strömungen derzeit in zum Teil heftigen Auseinandersetzungen. Es gibt den fundamentalistischen und den liberalen Islam. Es gibt das traditionalistische, das konservative, das liberale und das progressive Christentum. Es gibt den japanischen, den tibetischen, den thailändischen, den europäischen Buddhismus. Wer spricht für den wahren Buddhismus, den wahren Islam, das wahre Judentum, das wahre Christentum?

Gott will, dass sich die Menschen aller Religionen verstehen, gewiss. Doch wenn sie sich schon untereinander nicht verstehen, ja einander immer wieder sogar bis aufs Messer bekämpfen? Hat, wer den Dialog nicht führt und lebt, ihn gar bekämpft, seinen Anspruch auf Wahrheit nicht bereits verwirkt?

(Text gekürzt aus: Hartmut Meesmann in Publik-Forum 20/1997 S. 36f)

Das Eigene im Fremden erkennen

In Mannheim wurde interreligiöses Gebetbuch vorgestellt

Im Ökumenischen Bildungszentrum „sanctclara" in Mannheim wurde mit „Gott in vielen Stimmen" ein Buch vorgestellt, das christliche, jüdische und islamische Gebete „von heute" versammelt.

„Nähe und Distanz sind nicht zwingend an (...) Religionsgrenzen entlang festzustellen." In diesen Tagen mag das in manchen Ohren fremd klingen. Aber gerade deshalb ist der schmale Band mit Gebeten umso wichtiger. Michael Lipps, Leiter der evangelischen Erwachsenenbildung im ökumenischen Bildungszentrum „sanctclara" ist der Herausgeber dieses Bandes, dessen Untertitel schlicht „Beten in Mannheim" lautet. Denn der Leser erlebt die Autoren weniger als Angehörige unterschiedlicher Kulturen" als vielmehr als Menschen, die sich bittend, hoffend, verzweifelnd aber auch lachend an ihren Gott wenden.

Das Entscheidende dabei ist das Verbindende der jüdischen, der muslimischen und der christlichen Religion. „Amin" sagen die Muslime. Das ist ebenso nah am „Amen" der Christen wie der Wunsch nach Nähe und Verständigung, der in vielen Gebeten aufblitzt. Talil Kamran, Leiter des Instituts für deutsch-türkische Integrationsstudien, drückt es so aus: Jede der abrahimistischen Religionen glaubt: „unser Gott ist einzig", aber: „Wenn wir etwas Schönes sehen, verbindet es uns und hinter dem Schönen verbirgt sich immer Gott". So kann man in diesen Gebeten auch das Schöne der anderen Religion entdecken und so im Fremden „das eigene erkennen", wie es Michael Lipps in seiner Rede über die Entstehung des Buches formuliert. Etwas, das immer wichtiger wird angesichts von Extremisten, die unter Berufung auf ihr Glaubensverständnis Häuser zerbomben.

Dieses Buch kann ein Beitrag zu einer Verständigung zwischen den Kulturen und Religionen sein, denn es „ist in der Tat eine andere Art des Verstehens, wenn ich den andern von seiner Herzseite aus betrachte", betont Michael Lipps. Und von ihrer „Herzseite" zeigen sich die Menschen, die ihre persönlichen Gebete in diesem Band veröffentlichen, ganz bestimmt. Denn Gebete sind zuallererst etwas Persönliches. Die Schreiber sprechen nicht in erster Linie als „Evangelischer" oder als „Jude", sondern als Mensch, der mit seinen ureigensten Problemen, Wünschen und Hoffnungen vor Gott tritt. ...

„Dieses Buch ist ein Zeichen das Miteinander der Religionen dieser Stadt", sagt Oberbürgermeister Widder am Schluss der Veranstaltung. Ein gutes Zeichen gerade in diesen Tagen.

(Text gekürzt aus: Markus Vollstedt in Konradsblatt 40/01)

Religionsgeographie als Beitrag zu einer interkulturellen Religionspädagogik

Olivier Mentz

> *Nicht da ist man daheim,*
> *wo man seinen Wohnsitz hat,*
> *sondern wo man verstanden wird.*
> Christian Morgenstern

Mehr als je zuvor ist für angehende Religionspädagoginnen und -pädagogen die Beschäftigung mit Aspekten der Religionsgeographie wichtig. Mehr als je zuvor erscheinen auf der politischen Weltkarte Krisengebiete, deren Ursache(n) zumindest teilweise religiös bedingt sind. Und dabei ist es nicht nötig, den Blickwinkel zu sehr aus Deutschland zu entfernen. Denn auch wir sind von ähnlichen Faktoren betroffen.

Die Situation in heutigen Klassenzimmern an deutschen Schulen ist geprägt von einer multikulturellen Herkunft der Lernenden. Die Multikulturalität zeigt sich unter anderem in der Anwesenheit völlig unterschiedlicher religiöser Zugehörigkeit. Vor allem aus dieser Praxisrelevanz heraus sollten sich angehende Religionspädagoginnen und -pädagogen mit dem Feld der Religionsgeographie beschäftigen.

Der vorliegende Beitrag soll in der gebotenen Kürze auf einzelne Aspekte der Religionsgeographie eingehen mit dem Ziel, Studierenden der Religionspädagogik erste Anreize zur Beschäftigung mit dem ungewohnten und vielleicht auch unbekannten Wissenschaftsbereich zu geben.

1 Womit beschäftigt sich die Religionsgeographie?[1]

Die Religionsgeographie ist ein Wissenschaftsbereich, den man je nach Auffassung drei verschiedenen Disziplinen zuordnen kann.

a. Religionsgeographie ist eine Disziplin der Religionswissenschaft. Dabei geht es um die Frage, inwieweit geographische Raumfaktoren Einfluss auf die

---

[1] Die Kapitel 1 bis 3 sind mit Hilfe der sehr empfehlenswerten Einführung in die Religionspädagogik von Rinschede (1999) entstanden. Sinngemäß sind alle genannten Aspekte dort auch enthalten. Es wird daher im laufenden Text – außer bei wörtlichen Zitaten – auf gesonderte Kennzeichnung verzichtet.

Entwicklung, Entstehung oder Verbreitung von Religionen hatten bzw. haben.

b. Religionsgeographie ist ein Teilbereich der Kultur- bzw. Sozialgeographie. In dem Wissenschaftsbereich beschäftigt sie sich in erster Linie mit der Frage nach den Einflüssen von Religionen und Religionsgemeinschaften auf den geographischen Raum. Es geht hierbei um die Zusammenhänge sozialer Raumstrukturen mit religiösen Aspekten. Hier werden auch Beziehungen zur politischen Geographie erkennbar, denn religiöse Einflüsse auf geographische Raumstrukturen können zu Religionenkonflikten führen.

c. Schließlich kann Religionsgeographie als ein interdisziplinäres Arbeitsgebiet angesehen werden, das zwischen Religionswissenschaft und Geographie angesiedelt ist. Sie ist dann gekennzeichnet durch dynamische Wechselwirkungen zwischen Religion und Raum.

Rinschede schließt sich der dritten Auffassung an und definiert in seiner Einführung in die Religionsgeographie den Wissenschaftsbereich folgendermaßen:

„Die Religionsgeographie beschäftigt sich mit den wechselseitigen Religion/Raum-Beziehungen, d.h. mit den Einflüssen der Religion auf die geographische Umwelt und umgekehrt den Einflüssen der natürlichen, kulturellen, sozialen und technischen Umwelt auf die religiöse Vorstellungsbildung. Dieser Forschungsansatz, der die wechselseitigen Beziehungen zwischen Religion und Umwelt untersucht, ist interdisziplinär angelegt." (1999: 19)

2 Zur Entstehung und Entwicklung der Religionsgeographie

Aspekte der Beschäftigung mit Religionsgeographie lassen sich bis weit in die Antike zurückverfolgen:

Tabelle 1: Entwicklung der religionsgeographischen Forschung und des Religion/Umwelt-Systems (nach *Rinschede* 1999:24)

Zeitperiode	Religion / Umwelt-Beziehung	Forschungsrichtung / -schule	Vertreter
Antike		•Religiöse Geographie	
Mittelalter, frühe Neuzeit 16./17. Jahrhundert 18./19. Jahrhundert	Religiöse bzw. „Christliche" Geographie	•Kirchlich-theologische Ausrichtung •Biblische Geographie •Physiotheologische Schule	

19./20. Jahrhundert	Umwelt prägt Religion	•Geodeterministische Schule (Religionsprägungslehre)	Semple, Huntington
1966		•Religionsökologische Schule	Hultkrantz
seit den 20er Jahren in Deutschland ab 1950	Religion prägt Umwelt	•Umweltprägungslehre •Sozialgeographische Schule	Fickeler, Troll, Deffontaines u.a.
ab 1960	Religion und Umwelt beeinflussen sich gegenseitig	•Interdisziplinäre Religionsgeographie	Fickeler, Sopher, Büttner, Levine
ab 1980	Umwelt und Geisteshaltungen prägen sich gegenseitig	•Geographie der Geisteshaltung	Büttner, Galluser, Leitner, Holzner

Entwurf: O. Mentz 2000

2.1 Die religiöse oder christliche Geographie

Die Forschungsrichtung der Antike war die „*religiöse Geographie*". In ihren Dogmen beschäftigte sie sich mit der Beziehung zwischen himmlischen Ereignissen und Strukturen und denen der irdischen Welt. Außerdem wurden auch Aussagen zur Verbreitung religiöser Erscheinungen gemacht. Dabei wurde Wert gelegt auf eine Reflexion bezüglich der Lage der Andachtsstätten, Begräbnisplätzen und Pilgerstätten.

Im Mittelalter und der beginnenden Neuzeit beschäftigte man sich – wohl auch angeregt durch die Entdeckungen der „Neuen Welt" – mit den Fragen der Ausbreitung des Christentums. Missionarische und koloniale Interessen lagen dieser *kirchlich-theologischen Ausrichtung* zu Grunde. In der Missionsliteratur der Neuzeit sind viele Zusammenhänge zwischen einheimischen Götter- und Geistesvorstellungen und dem Klima dargestellt. Stets wurde Wert darauf gelegt, (nur) die positiven Auswirkungen der Ausbreitung des Christentums auf die Gesellschaften hervorzuheben.

Etwa zur gleichen Zeit (16./17. Jahrhundert) entstand die sog. „*biblische Geographie*", eine Frühform der historischen Geographie. Sie beschäftigte sich mit der Geographie des biblischen Raumes und der Zeit der Bibel. Das Forschungsgebiet gehört heute zur Archäologie.

Die *physikotheologische Schule* des 18. und 19. Jahrhunderts suchte auf der ganzen Erde Beweise für die göttliche Weisheit. Für sämtliche Raumerscheinungen der Erde wurden theologische Erklärungen herangezogen – Gott wurde stets als der Lenker der Welt, als allmächtiger Schöpfer dargestellt. Gott ist die lenkende Hand, die der vordergründig feststellbaren Kausalkette Sinn gibt.

2.2 Die Umwelt prägt die Religion

Es folgte dann im 19. und beginnenden 20. Jahrhundert unter dem Einfluss französischer Philosophen (*Montesquieu* und *Voltaire*) eine neue Schule, die mit Hilfe des Geodeterminismus die Einflüsse der Umwelt auf die Religion(en) erklärte. Es handelte sich hier um die Feststellung, dass Religion(en) bzw. ihre wesentlichen Elemente von der geographischen Umwelt abhängen. Der Mensch wird dabei als „Produkt der Erdoberfläche" dargestellt. Wichtigste Vertreter dieser *Religionsprägungslehre* waren *Semple* und *Huntington*.

Später entstand die Forschungsrichtung der *Religionsökologie* (wichtigster Vertreter: *Hultkrantz*), die den geodeterministischen Ansatz abschwächte. Die Umwelt *prägt* nicht die Religion; sie *beeinflusst* sie vielmehr in ihrer Entwicklung, da die natürlichen Gegebenheiten genutzt werden, z.B. für religiöse Riten u.a.

2.3 Die Religion prägt die Umwelt

Ein bedeutender Wandel vollzog sich in den zwanziger Jahren, als – unter dem Einfluss von *Weber* – eine der geodeterministischen Sichtweise völlig gegensätzliche Richtung eingeschlagen wurde: nicht die Umwelt prägt die Religion, sondern die Religion ist Motivation für die Veränderung des geographischen Raumes durch den Menschen. Bedeutendste Vertreter dieser *Umweltprägungslehre* in Deutschland waren *Fickeler*, *Troll* und *Schwind*.

Die *Sozialgeographie* erweiterte (ab 1930 in Frankreich, etwa zwanzig Jahre später auch in Deutschland) den Forschungsbereich, indem sie die Verhaltensweisen religiöser Gruppen für die Gestaltung der sozialen und kulturellen Umwelt verantwortlich machte.

2.4 Die Interdependenz von Religion und Umwelt

In den sechziger Jahren zeigten sich erstmals Tendenzen, die Religionsgeographie als eine interdisziplinäre Wissenschaft zu betreiben. Es ging ab jetzt nicht mehr um eine einseitige Beeinflussung; vielmehr ging man nun davon aus, dass sowohl die Umwelt die Entwicklung von Religion beeinflusste als auch umgekehrt Religion die Veränderungen der Umwelt. Die Anhänger dieser Richtung gingen davon aus, dass eine einseitige Behandlung immer nur lückenhaft bleiben könne. Unter den bedeutendsten Vertretern der *interdisziplinären Religionsgeographie* finden sich einige, die bereits der Religionsprägungslehre oder der sozialgeographischen Schule angehörten (*Fickeler, Sopher, Büttner*) sowie auch *Levine*.

3   Der gegenwärtige Forschungsstand der Religionsgeographie

Heute geht es in der Religionsgeographie zunächst um den Ursprung, die Verbreitung und die Entwicklung von Religionen, ausgehend von Stammesreligionen über die großen Weltreligionen bis hin zu neureligiösen Bewegungen. In allen Religionen übernimmt die Gemeinschaft eine besondere Rolle. Sie kann innerhalb von Institutionen auftreten oder „nur" eine religiöse Gruppe sein. Die globale Verbreitung der Religionen ist – unter Berücksichtigung von Ideologien – die Grundlage für eine Gliederung der Erde in Kulturregionen und -erdteile ebenso wie sie es erlaubt, Weltordnungen zu bestimmen. Es wird dadurch möglich, vergangene, gegenwärtige und zukünftige Konflikte (auch kriegerischer Art) besser zu verstehen oder auch u.U. zu vermeiden.

Seit Beginn der achtziger Jahre lässt sich die Religionsgeographie auch in eine Geographie der Geisteshaltungen einordnen: Religionen wie auch Ideologien beeinflussen ihre Umwelt ebenso wie sie von ihr beeinflusst werden. Dabei wird in der heutigen Religionsgeographie unter dem Begriff der Umwelt Folgendes mit einbezogen:

a. Bereits seit dem Ende des 18. Jahrhunderts beschäftigt man sich mit der Beziehung zwischen natürlicher Umwelt und Religion. Dabei lassen sich einige Elemente der Natur als besonders „anfällig" für religiöse Riten und Phänomene herausstellen, die dadurch die verschiedensten Arten von Religion prägten: Höhlen, Felsen und Steine, Wasser, Pflanzen und Bäume, schließlich auch Tiere. Daneben gibt es auch Elemente der Religion(en), die eine prägende Wirkung auf ihre Umwelt haben, so in erster Linie Weltbilder und Umweltethik.

b. In erster Linie geht man immer davon aus, Religion sei unpolitisch, weil sie reine Privatangelegenheit ist. Wenn dies zwar auch weitestgehend stimmt, so lässt sich doch aussagen, dass Religion zumindest die Politik beeinflusst wie auch umgekehrt. Es handelt sich hierbei um ein sehr spannungsreiches Beziehungsgefüge, das in vielen Fällen – dann, wenn die Spannung zu stark wird – immer wieder in Konflikten ausartet. Besonders problematisch wird es, wenn fundamentalistische Gruppierungen zu fanatischen Bewegungen werden und dann versuchen, politische Macht zu ergreifen.

c. Auch mit der Bevölkerung finden sich wechselseitige Beziehungen. Religion kann Einfluss auf die Bevölkerungsentwicklung haben, wenn in den religiösen Strukturen demographische Elemente enthalten sind (z.B. Verbot jeglicher Art von Geburtenkontrolle). Ein weiterer wichtiger Aspekt in der Interdependenz zwischen Religion und Bevölkerung sind Migrationsbewegungen, die entweder religiös bedingt sein (z.B. Flucht wegen anderer religiöser Ansichten) oder die auf Grund der Ansiedlung in einem anderen Gebiet Einfluss auf die eigene Religiosität haben können.

d. Religion kann auch Einfluss auf Siedlungsstrukuren haben. Zunächst haben Kultstätten aller Art (Haus- und Wegeheiligtümer, Tempel, Kirchen, Synagogen, Schreine, Moscheen ...) raumprägenden Einfluss. Darüber hinaus können religiöse Leitbilder zu einer bestimmten Art der Entwicklung ländlicher (z.B. christliche Klostersiedlungen; hutterische, pietistische oder amische Siedlungen) oder städtischer Siedlungen (z.B. „hinduistische", „christliche" oder „islamische" Stadt) beitragen.

e. Die Religion hat Einfluss auf die Wirtschaft; zunächst auf den primären Wirtschaftssektor (Ackerbau/Viehhaltung/Fischerei). Es gibt Religionsgemeinschaften, die bestimmten Produkten, Pflanzen und/oder Tieren eine besondere Aufmerksamkeit schenken und andere bewusst ignorieren bzw. mit einem Tabu belegen. Religiöse Vorstellungen und Ethik haben aber auch einen entscheidenden Einfluss auf den Prozess der wirtschaftlichen Entwicklung. Es kann sich hierbei einerseits um personalen Einfluss oder andererseits um institutionellen Einfluss (Religionsgemeinschaften) handeln.

f. Der Religionstourismus stellt heute vor allem in den so genannten Entwicklungsländern vielerorts die vorherrschende Art des Tourismus dar. Auch in den Industrieländern verbreitet sich diese Art des Tourismus immer mehr. Religiös motiviertes Reisen ist für die Religionsgeographie am einfachsten nachzuvollziehen und zu beobachten. „Der Religionstourismus ist jene Form des Tourismus, bei der die Teilnehmer auf ihrer Reise und während ihres Aufenthaltes am Zielort ausschließlich oder stark religiös motiviert sind. Er schließt den Besuch religiöser Feste und Tagungen, vor allem aber den Besuch lokaler, regionaler, nationaler und internationaler religiöser Zentren (Pilgerzentren) ein." (Rinschede 1999:197) Die Betrachtung dieses Teilbereiches schließt Elemente der Verkehrsgeographie, der Soziologie und anderer Teilbereiche mit ein. Der Religionstourismus hat in seinen Auswirkungen wiederum Einfluss auf die Entwicklung räumlicher und sozialer Strukturen.

g. Die modernen Massenmedien Rundfunk und Fernsehen, vor allem aber die neuen Kommunikationstechnologien wie das Internet bieten den religiösen

Gemeinschaften wesentlich einfachere Möglichkeiten als früher, miteinander zu kommunizieren und ihre Ansichten und Auffassungen zu verbreiten. Sicher ist die Nutzung der medialen Möglichkeiten regional sehr unterschiedlich.

Die Berücksichtigung all dieser Aspekte der „Umwelt" macht die Religionsgeographie zu einer Geographie der Geisteshaltungen.

4 Auf dem Wege zu einer interkulturellen Religionspädagogik

Die Religionsgeographie beschäftigt sich also mit all den Aspekten, die eine (wechselseitige) Beziehung zwischen der Umwelt im weiteren (und sogar weitesten) Sinne und der Religion bzw. den Religionen vermuten lassen. Auch die Religionspädagogik wird davon berührt, denn der Religionsunterricht in allen Schularten sollte in erster Linie zu einer toleranten Geisteshaltung der Lernenden erziehen. Und die Schülerinnen und Schüler werden tagtäglich mit anderen – und manchmal nicht nur schwer nachvollziehbaren, sondern auch unverständlichen – Ansichten konfrontiert.

In den Religionsklassen sind zwar nicht die vielen, durch unterschiedliche Religionen bestimmten Geisteshaltungen vertreten (obwohl auch innerhalb der christlichen Glaubensrichtungen teilweise völlig verschiedene Ansätze und Sichtweisen bestehen); trotzdem ist es Aufgabe der Religionspädagogik, auf eine – friedliche und tolerierende – Konfrontation vorzubereiten, die Glaubensgrenzen überwindet und gemeinsame Wege beschreitet.

Diejenigen Schülerinnen und Schüler, die einen anderen kulturellen Hintergrund besitzen, sollen auch in Deutschland eine Heimat finden – und zwar im Sinne Morgensterns nicht nur, weil sie hier ihren Wohnsitz haben, sondern weil sie gerade mit (und wegen) ihrer anderen Kultur hier bei uns verstanden werden. Hierbei kann die Religionsgeographie ihren Beitrag leisten.

Literatur

Interdisziplinäre Schriftenreihe zur Religionsgeographie: **Geographia Religionum**
Reihe Abhandlungen zur Geschichte der Geowissenschaften und Religion/ Umwelt-Forschung. Bochum, Brockmeyer, (hrsg. von **M. Büttner**) seit 1988

Altner, G. (Hg): Ökologische Theologie. Perspektiven zur Orientierung. Stuttgart, Kreuz 1989

Brucker, A. (Mod.) (1982): Religionsgeographie. Praxis Geographie 12/8

Clarke, P. B. (Hg): Atlas der Weltreligionen. Entstehung, Entwicklung, Glaubensinhalte. München, Frederking und Thaler 1998

Deffontaines, P.: Géographie et Religions. Paris, Gallimard 2.Aufl. 1948

Finn, J. (Hg): Global Economics and Religion. New Brunswick / London, Transaction Books 1983

Hoheisel, K. / Rinschede, G.: Raumwirksamkeit von Religionen und Ideologien. In: Praxis Geographie 19 (1989) H.9, S.6-11. 1989

Kessler, H. (Hg): Ökologisches Weltethos im Dialog der Kulturen und Religionen. Darmstadt, Wissenschaftliche Buchgesellschaft 1996

Knippenberg, H. (Hg): The changing religious landscape of Europe. Amsterdam, Het Spinhuis 2005

Küng, H.: Projekt Weltethos. München, Piper 1990

Küng, H. / Kuschel, K.-J. (Hg): Weltfrieden durch Religionsfrieden. München / Zürich, Piper 1993

Metz, W. (Hg): Handbuch Weltreligionen. Wuppertal, Brockhaus

Park, Ch. C. (1994): Sacred Worlds. An Introduction to Geography and Religi-on. London / New York, Routledge 1996

Rinschede, G. :Religionsgeographie. Braunschweig, Westermann (Reihe Das geographische Seminar) 1999

Schwind, M. (Hg): Religionsgeographie. Darmstadt, Wissenschaftliche Buchgesellschaft 1975

Sopher, D.E.: Geography of Religions. Prentice-Hall, Englewood Cliffs 1967

Stoddard, H. / Morinis, A. (Hg): Sacred Places, Sacred Spaces. The Geography of Pilgrimage. Geoscience and Man, Vol. 34. Baton Rouge, Louisiane State University 1997

Tworuschka, U. (Hg): Heilige Stätten. Darmstadt, Wissenschaftliche Buchgesellschaft 1994

Vincent, J.-F. / Dory, D. / Verdier, R. (Hg): La Construction Religieuse du Territoire. Paris, L'Harmattan 1995

Wunder, E.: Religion in der postkonfessionellen Gesellschaft. Ein Beitrag zur sozialwissenschaftlichen Theorieentwicklung in der Religionsgeographie. (= Sozialwissenschaftliche Bibliothek, 5) Stuttgart, Franz Steiner 2005

Zur (Theo)Logik des islamistischen Terrorismus
Wolfgang Ludwig Schneider

Konflikte und ihre Definition

Konflikte sind ein selbstverständliches Element unseres Alltags. Meinungsverschiedenheiten kommen bekanntlich in den besten Familien vor und werden meist rasch wieder beigelegt. Nur selten münden sie in dramatische Szenen und Ausbrüche von Gewalt. Zentrale Institutionen und Organisationen unserer Gesellschaft erscheinen geradezu auf Konflikte hin angelegt. Konflikte zwischen Staatsregierungen, zwischen Arbeitgeberverbänden und Gewerkschaften, zwischen Regierung und Opposition oder zwischen den verschiedenen Flügeln derselben Partei sind routinemäßig abgehandelte Gegenstände der Berichterstattung und Kommentierung in den Massenmedien. Meist werden sie in ritualisierter Form ausgetragen. Typisch sind dabei gegensätzliche Interessen im Spiel. Es geht um politische und ökonomische Interessen auf internationaler Ebene, um das Verhältnis von Löhnen und Gewinnen, um die Verteidigung bzw. den Gewinn politischer Macht durch die Bindung von Wählerstimmen oder um die Schärfung des politischen Profils verschiedener Kandidaten in der innerparteilichen Konkurrenz um Ämter. Derartige Auseinandersetzungen werden häufig durch Verfahren der Verhandlung und Kompromissbildung oder Abstimmung entschieden. Viele verschwinden auch einfach vom Bildschirm der Öffentlichkeit, weil neue Themen in den Vordergrund drängen und das Interesse der Kontrahenten an ihrer Fortsetzung erlahmt.

Bemerkenswert ist dieser routineförmige Umgang mit Konflikten im Vergleich zu anderen Fällen, in denen es zum massiven Einsatz von kriegerischer oder terroristischer Gewalt kommt. Ein wichtiges Element vieler gewaltsam ausgetragener Konflikte besteht darin, dass hier nicht nur gegensätzliche materielle *Interessen*, sondern auch - wenn nicht in erster Linie - unvereinbare *Glaubens*überzeugungen und *Identitäts*definitionen aufeinanderprallen, die für die Beteiligten von hoher Bedeutung sind und die für Kompromisse keinen Raum bieten. Bei ihrer Analyse muss deshalb mit besonderer Sorgfalt geklärt werden, welche Identität die Beteiligten sich selbst und ihrem Kontrahenten zuweisen, von welchen Überzeugungen und Zielsetzungen sie sich leiten lassen und wie sie ihren Konflikt vor diesem Hintergrund definieren. Im Folgenden möchte ich den islamistischen Terrorismus unter diesen Gesichtspunkten untersuchen.[1]

---

[1] Aus Raumgründen kann die ebenso erforderliche Analyse der komplementären Konfliktperspektive der amerikanischen Regierung hier leider nicht vorgenommen werden.

Osama Bin Ladens „Erklärung des Heiligen Krieges gegen die Amerikaner"

Am 23.August 1996 wurde die „Erklärung des Heiligen Krieges gegen die Amerikaner, die das Land der beiden heiligen Stätten besetzten", publiziert. Sie trug die Unterschrift: „Botschaft von Osama Bin Laden an seine muslimischen Brüder in aller Welt und ganz besonders auf der Arabischen Halbinsel". Darin heißt es u.a.:

„Jeder von euch weiß, welche Ungerechtigkeit, welche Unterdrückung, welche Aggression die Muslime von seiten des Bündnisses der Juden und Kreuzfahrer und seiner Lakaien erleben! Das geht so weit, dass das Blut der Muslime nichts mehr wert ist, dass ihr Besitz und ihr Geld ihren Feinden zur Plünderung überlassen werden. Ihr Blut fließt in Palästina, im Irak und im Libanon ..., ganz zu schweigen von den Massakern in Tadschikistan, Birma, Kaschmir, Assam, auf den Philippinen, in Pattani, Ogaden, Somalia, Eritrea, Tschetschenien und Bosnien-Herzegowina, wo Muslime Opfer der schlimmsten Schlächtereien wurden. Und das unter den Augen und mit Wissen der ganzen Welt, um nicht zu sagen wegen des Komplotts der Amerikaner und ihrer Alliierten, hinter der Nebelwand der Vereinten Ungerechten Nationen. Aber den Muslimen ist bewusst geworden, dass sie die Hauptzielscheibe der Koalition der Juden und Kreuzfahrer sind und dass trotz der Lügenpropaganda von Menschenrechten überall auf dem Antlitz der Erde Schläge gegen Muslime und Massaker an Muslimen möglich waren. ... Das jüngste Unglück, das die Muslime getroffen hat, ist die Besetzung des Landes der beiden Heiligtümer, des Hauses des Islam ... wo sich die Kaaba befindet, zu der alle Muslime beten, und zwar durch die Armeen der amerikanischen Christen und ihrer Verbündeten. (...) Wenn sich die Aufgaben häufen, muss man mit dem wichtigsten beginnen: Den amerikanischen Feind zu vertreiben, der unser Land besetzt hält, das ist, neben dem Glauben, die erste Pflicht, nichts ist wichtiger, wie es die Ulema gesagt haben. So hat der Scheich des Islam Ibn Taimija geschrieben. 'Was den Verteidigungskampf angeht, heißt es verteidigen um jeden Preis, was an der Religion das Heiligste ist. Das ist eine gemeinsame Pflicht. Denn nichts neben dem Glauben ist dringender, als den angreifenden Feind, der die Religion verdirbt und das Leben, zurückzuschlagen, ohne Bedingung, mit allen Mitteln' ('Ausgewählte Stücke', Anhang zu Große Fatwas, 4/608). Man kann den Angreifer nur zurückschlagen mit der Gesamtheit der Muslime. Darum müssen sie vorübergehend beiseite lassen, was sie trennt, denn die Augen vor ihren Spaltungen zu verschließen kann nicht schwerer wiegen, als die große Gottlosigkeit zu übersehen, die den Muslimen droht ...".[2]

---

[2] Zitiert nach: Kepel, G., Milelli, J.-P. (Hg): Al-Qaida. Texte des Terrors. München 2006, S.67-70.

Die Überschrift der Erklärung, ihr Text und seine Unterschrift umreißen die für Al-Qaida charakteristische *Freund/Feind-Definition*. Muslime versus Amerikaner und deren Alliierte, - dies ist die weltpolitische Konfliktkonstellation, die der Text konstruiert. Unter diese Konstellation werden die unterschiedlichsten lokalen Konflikte subsumiert, in denen Muslime involviert sind und durchgängig als *Opfer* feindlicher Aggression erscheinen. Die Freund/Feind-Distinktion ist dabei *religiös* codiert: Den Muslimen in aller Welt steht das von den Amerikanern angeführte Bündnis von „Juden und Kreuzfahrern" gegenüber. Die Subsumption der unterschiedlichen Konfliktherde unter diese Freund/Feind-Definition erzeugt offensichtliche Plausibilitätsprobleme. Im Tschetschenienkonflikt ist Russland die feindliche Macht, die hier kaum als Teil einer „jüdisch-christlichen Koalition" betrachtet werden kann. Das von bosnischen Serben an bosnischen Muslimen in Srebrenica verübte Massaker als primär religiös motivierten Massenmord zu deuten, fällt ebenfalls schwer; noch weniger einsichtig ist, inwiefern Amerika auf Seiten der Täter hier involviert sein soll. Überhaupt ist auffällig, dass Bin Laden nicht zwischen *ethnischen* bzw. *ethnonationalistisch* motivierten Konflikten einerseits und Angriffen gegen *islamische* Bewegungen andererseits unterscheidet.[3] Wo immer Muslime in Konflikte verwickelt sind, wird unterstellt, dass sie in ihrer Eigenschaft *als gläubige Muslime* angegriffen und zu Opfern eines *jüdisch-christlichen* Komplotts werden. Weil sie als Muslime verfolgt werden, richten sich die Angriffe gegen sie letztlich gegen ihren *Glauben*, zu dessen Verteidigung mit allen Mitteln sie damit aufgerufen sind. Die Zurückschlagung des Feindes *zur Verteidigung des Islam* rückt so ins Zentrum. Sie wird mit einem Zitat aus einer Fatwa (d.h. einem religiösen Rechtsgutachten) von Ibn Taimija (1263-1328; einer der wichtigsten und von Islamisten häufig zitierten Theologen des sunnitischen Islam), als „gemeinsame Pflicht" definiert, die als erste religiöse Pflicht neben dem Glauben zu gelten habe. Für die Erfüllung der Pflicht zur Verteidigung des Islam sollen die Muslime ihre Konflikte untereinander (d.h. also auch: ihre religiös-dogmatischen Differenzen untereinander, wie sie insbesondere zwischen Sunniten und Schiiten bestehen!), zurückstellen und sich zu vereinigen.[4] Im Brennpunkt dieses *transna-*

---

[3] Vgl. dazu die entsprechende Kommentierung bei Kepel, G./Milelli, J.-P. (Hg): Al-Qaida. Texte des Terrors. München 2006, S.74, Anmerk.13.

[4] Vgl. dazu auch Kepel, G./Milelli, J.-P. (Hg): Al-Qaida. Texte des Terrors. München 2006, S.77, Anmerk.28 mit dem Kommentar: „Hier zeigt sich Bin Ladens ökumenische Haltung in ihrem vollen Sinne und Umfang: Es geht nicht darum, die dogmatischen Unterschiede zu leugnen, die die Umma spalten, ... sondern diese Spaltung muss der anderen, viel wichtigeren untergeordnet, mit anderen Worten vertagt werden, nämlich der zwischen Muslimen und den westlichen Aggressoren." - Weiter unten werden wir die

tionalen Religionskonflikts steht die angebliche *Besetzung* des Landes der beiden heiligen Stätten, d.h. die Präsenz amerikanischer Truppen in Saudi-Arabien, deren Vertreibung als vordringlich gilt.

Es ist eine besondere Konstruktionsleistung der skizzierten Konfliktdefinition, dass sie eine Fülle unterschiedlicher, regionalspezifischer Konflikte zu einem einheitlichen *interreligiösen Großkonflikt* synthetisiert und die so definierte Konfliktkonstellation zur transnationalen Mobilisierung der Muslime für den Dschihad zu nutzen sucht. Die *verschiedenen* „nahen" Feinde, mit denen sich die einzelnen regionalen Bewegungen konfrontiert sehen, werden dazu transformiert in die Figur des *einen* „fernen Feindes", der - als Koalition unter amerikanischer Führung - global agiert und die vielen lokalen Konflikte direkt oder indirekt steuert. Diese *Transformation der Feinddefinition* ist einer der wichtigsten ideologischen Leistungen des jüngeren Islamismus und hier insbesondere von Al-Qaida. Durch diese Innovation wurde die ideologische Grundlage für die Globalisierung des islamistischen Terrorismus geschaffen. Um die Genese dieser Innovation zu verstehen, müssen wir einen kurzen Blick auf die religio-politischen Vorstellungen der ägyptischen Muslimbruderschaft werfen. Deren Ideen bilden den Hintergrund für die Entstehung des islamistischen Terrorismus.

Zielsetzungen und Feinddefinition in der ägyptischen Muslimbruderschaft als Hintergrund für die Entstehung des islamischen Terrorismus

1928 von Hassan al Banna in Ägypten gegründet, breitete sich die sunnitische Bewegung der Muslimbrüder rasch auch in anderen islamischen Ländern aus. Die Bewegung kritisierte jeden Versuch, auf muslimischem Boden einen säkular verfassten Staat nach dem Muster der europäischen Demokratien zu errichten mit einem ihrer bekanntesten Leitsprüche: „Der Koran ist unsere Verfassung".[5] In diesem Sinne wurde der Staatsstreich der „Freien Offiziere" von 1952, der die ägyptische Monarchie beseitigte, von den Muslimbrüdern als vermeintlicher Schritt auf dem Wege zu einem islamischen Staat begrüßt. Dies war freilich ein gravierender Irrtum. Zwei Jahre darauf sahen sich die Muslimbrüder unter der Präsidentschaft Gamal Abd al-Nassers (nach einem gescheiterten Attentatsversuch mit unklarer Urheberschaft, für den Nasser die Muslimbrüder verantwortlich machte) einer massiven Verfolgung ausgesetzt. Viele Aktivisten wurden

---

gleiche Haltung bei Ayman al-Zawahiri, dem Stellvertreter Bin Ladens, in expliziterer Fassung (vorgetragen anlässlich eines Konflikts über diese Frage mit Abu Mus'ab al-Zarqawi, dem Führer des irakischen Zweiges von Al-Qaida) kennen lernen.

[5] Zitiert nach: Kepel, G.: Der Prophet und der Pharao. Das Beispiel Ägypten: Die Entwicklung des muslimischen Extremismus. München 1995, S.10.

hingerichtet, interniert oder ins Exil getrieben. Diese Verfolgung begründete einen „kompromisslosen Antagonismus zwischen den Muslimbrüdern und den sozialistischen Regimen der arabischen Welt".[6]

Die theoretischen Grundlagen für den Kampf der Muslimbrüder gegen das ägyptische Regime wurden von Saiyid Qutb (1906-1966) sowie in Anschluss an Qutb von Muhammad 'Abdassalam Faraj (1952-1982) formuliert. Quelle aller sozialen Übel ist für Qutb

„... *die Verletzung der Autorität Gottes auf Erden, die Verletzung der vorrangigen Eigenschaft des Göttlichen, nämlich seiner Herrschaftsgewalt (Hakimiyya). Denn sie überträgt die Herrschaftsgewalt auf die Menschen und macht aus bestimmten Menschen Götter für andere Menschen. Dies vollzieht sich ..., ... indem sich der Mensch das Recht anmaßt, Vorstellungen, Werte, Gesetze, Regeln und Gebräuche selbst zu bestimmen, unabhängig von der göttlichen Ethik (Minhaj Allah li Hayat) und ohne Berücksichtigung der göttlichen Verbote. ... Die allgemeine Erniedrigung des Menschen in den kollektivistischen Staatsordnungen und das Unrecht, das die Individuen und Völker unter der Herrschaft des Kapitals und des Kolonialismus zu erleiden haben, sind nur eine Auswirkung dieses Angriffes gegen die Herrschaftsgewalt Gottes, und zugleich eine Verneinung der Würde, die Gott den Menschen verliehen hat".*[7]

Aus diesen Prämissen folgt: Jede - auch eine demokratisch gewählte - Regierung, die beansprucht, Recht zu setzen, das *nicht* im Einklang mit der *Scharia* steht, usurpiert die Herrschaftsgewalt, die allein Gott zusteht. Sie setzt sich damit an Gottes Stelle. Diejenigen, die diese Gesetze anerkennen und widerspruchslos befolgen, akzeptieren die weltlichen Herrscher an Gottes statt und machen sich deshalb der Abgötterei und des Götzendienstes schuldig.[8]

---

[6] Kepel, G.: Der Prophet und der Pharao. München 1995, S.11.
[7] Qutb, S.: Ma'alim fi-l Tariq (Wegzeichen), Wahba 1964, hier zitiert nach: Kepel, G.: Der Prophet und der Pharao. München 1995, S.44.
[8] Diese Argumentation steht auch im Hintergrund der Kritik, die Ayman al-Zawahiri (als Stellvertreter Bin Ladens und Sprecher für Al-Qaida) in einer Videobotschaft vom 20.12.2006 an der palästinensischen Hamas übte, hat sich die Hamas doch an demokratischen Wahlen auf der Basis einer *säkularen Verfassung* beteiligt, per Implikation also deren Geltung und so auch die damit verknüpfte Verletzung der allein Gott zustehenden Herrschaftsgewalt anerkannt. Al-Zawahiri warf deshalb die Frage auf: „Wie kommt es, dass sie nicht eine islamische Verfassung für Palästina verlangten, bevor sie sich an irgendwelchen Wahlen beteiligten? Sind sie keine islamische Bewegung?", zitiert nach: Zawahiri slams Hamas, Palestinian Elections, in: Middle East Times, 20.12.2006, Web-

Abdessalam Faraj, radikaler Muslimbruder wie Qutb und Ideologe der Gruppe, die 1981 Nassers Nachfolger, den ägyptischen Präsidenten Sadat, ermordete, knüpft zur Rechtfertigung des bewaffneten Kampfes an die mittelalterliche islamische Tradition an. In seiner Schrift „Die vergessene Pflicht" deklariert er den bewaffneten Kampf gegen Regierungen, die von den Grundsätzen des Islam abweichen, als religiöses Gebot, das er in eine Reihe mit den *fünf Säulen des Islam* (Glaube, Gebet, Almosen, Fasten im Monat Ramadan, Pilgerfahrt nach Mekka) stellt. Er stützt seine Argumentation auf die berühmte „Mongolen-Fatwa" des Syrers Ibn Taimija (1263-1328; von Bin Laden im Zusammenhang mit seiner o.g. „Erklärung des Heiligen Krieges gegen die Amerikaner" von 1996 ebenfalls zitiert), eines islamischen Gelehrten, der insbesondere im wahhabitischen Islam als zentrale religiöse Autorität gilt und im Diskurs der radikalen Islamisten immer wieder als Legitimationsinstanz in Anspruch genommen wird, kann doch die religiöse Korrektheit des propagierten Weges letztlich nur durch seine autorisierte Ableitung aus Koran und Sunna (=Überlieferung der Aussprüche und Handlungen des Propheten) belegt werden. *Historische Präzedenzfälle zu gegenwärtigen Handlungssituationen, die durch autorisierte Fatwas (=religiöse Rechtsgutachten) bereits in passender Weise gedeutet worden sind, gewinnen dabei eine zentrale Bedeutung als Begründungsressource.* Anlässlich des Angriffs der damals bereits muslimischen Mongolen auf Syrien begründete Ibn Taimija die Ausrufung des Dschihad gegen die Angreifer damit, dass ein muslimischer Herrscher vom Glauben abfalle, wenn er nicht die *Scharia* anwende. Weil die Mongolen noch ihrem aus Zentralasien mitgebrachten Gewohnheitsrecht folgten, waren sie demnach als Ungläubige zu betrachten und deshalb im Heiligen Krieg zu bekämpfen. Faraj überträgt diese Argumentation auf die zeitgenössische politische Situation und leitete daraus die Notwendigkeit des Dschihad gegen alle Regime ab, die nicht in Übereinstimmung mit der Scharia regieren.[9]

Der Islamismus begreift sowohl den säkularen arabischen Nationalismus wie auch den Zionismus und den westlichen Kolonialismus bzw. Imperialismus als feindliche Mächte. Faraj muss deshalb auch die Frage beantworten, welcher Gegner vorrangig zu bekämpfen sei: Der „nahe Feind", also die als „ungläubig" zu betrachtenden arabischen Regierungen, oder der „ferne Feind", d.h. die „kolonialistischen" bzw. „imperialistischen" Staaten einschließlich des Staates Israel. Farajs Antwort ist eindeutig:

---

site: http://www.metimes.com/print.php?StoryID=20061220-073309-7142r (Übersetzung aus dem Englischen von mir; W.L.S.).
[9] Vgl. Steinberg, G.: Der nahe und der ferne Feind. Die Netzwerke des islamistischen Terrorismus. München 2005, S.45f.

"Der Kampf gegen den nahen Feind ist sinnvoller als der Kampf gegen den fernen Feind. ... Die Grundlage der kolonialen Präsenz in den Ländern des Islam sind diese Herrscher. Deshalb ist es nicht lobenswert und nicht sinnvoll, ja geradezu Zeitverschwendung, zu Beginn gegen den Imperialismus vorzugehen. Wir müssen uns zuerst auf unsere eigene islamische Sache konzentrieren, und die besteht in der Einführung des Gesetzes Gottes in unserem Land und darin, Gottes Wort voranzustellen. Es gibt keinen Zweifel, dass das Schlachtfeld des Dschihad die Ausrottung dieser ungläubigen Führungen und ihr Ersatz durch das allumfassende politische System des Islam ist".[10]

Aus Farajs Analyse ergab sich für die radikalen ägyptischen Muslimbrüder eine am Avantgardekonzept orientierte putschistische Politik. Die muslimischen Massen sollten durch erfolgreiche Attentate auf die Regierungsspitze zu Aufständen ermutigt und die Regierungsgewalt dann durch die Muslimbrüder übernommen werden. Mit dem Mord an dem ägyptischen Staatspräsidenten Anwar as-Sadat im Jahre 1981 scheiterte dieser putschistische Ansatz.[11] Zwar gelang das Attentat; der erhoffte Aufstand der Massen blieb jedoch aus. Die Muslimbrüder sahen sich heftiger staatlicher Verfolgung ausgesetzt. Ihre Führer, sofern sie nicht - wie auch Ayman al-Zawahiri, die zweite Führungsfigur Al-Qaidas - gefangen wurden, suchten ihr Heil in der Flucht ins Exil, das viele von ihnen in Saudi Arabien fanden.

Vom „nahen" zum „fernen Feind": Die veränderte Feinddefinition als zentrale Koordinationseinrichtung für den globalen Dschihad

Als „'Wiederbeleber des Dschihad im 20. Jahrhundert'„ gilt nicht Faraj, sondern der palästinensische Religionsgelehrte Abdullah Azzam (1941-1989), der als bedeutendster Ideologe und Organisator des afghanischen Dschihad zugleich zum ersten Theoretiker des *internationalen* Dschihad geworden ist.[12] Azzam betrachtete insbesondere jeden Angriff auf islamische Gebiete durch ungläubige Aggressoren als Anlass für den Heiligen Krieg. Sich an diesem Kampf zu beteiligen, begreift er als *persönliche* Pflicht für *jeden* Muslim. Azzams Ziel ist die Freihaltung bzw. Befreiung muslimischen Bodens von *fremder Herrschaft*. Aus diesem Grunde tritt der Kampf gegen den ungläubigen *„fernen Feind"* als primäre Aufgabe in den

---

[10] Faraj, A.: Die vergessene Pflicht, hier zitiert nach Steinberg, G.: Der nahe und der ferne Feind. München 2005, S.46.
[11] Faraj gilt als Ideologe der Gruppe, die diesen Mord durchführte; vgl. dazu Kepel, G.: Die neuen Kreuzzüge. Die arabische Welt und die Zukunft des Westens. München 2005, S.197.
[12] Vgl. Hegghammer, Th.: Einführung: Abdullah Azzam, der Imam des Dschihads, in: Kepel, G./Milelli, J.-P. (Hg): Al-Qaida. Texte des Terrors. München 2006, S.167 und S.165.

Vordergrund. Mit der Deklaration des Dschihad als persönliche Pflicht und der Substitution des „nahen" durch den „fernen Feind" waren die semantischen Grundlagen einer *internationalen dschihadistischen Bewegung* formuliert. Bereits in Osama Bin Ladens „Erklärung des Heiligen Krieges gegen die Amerikaner" von 1996 fanden diese Prämissen ihren Niederschlag. In der „Erklärung der Internationalen Islamischen Front für den Heiligen Krieg gegen die Juden und Kreuzfahrer" von 1998, einem der zentralen Gründungsdokumente des transnationalen islamistischen Terrorismus (unterzeichnet von Usama Bin Laden, Ayman al-Zawahiri u.a.),[13] wird die geforderte Form des Kampfes weiter radikalisiert:

„Folglich und entsprechend dem Befehl Gottes teilen wir allen Muslimen das folgende Urteil mit: Die Amerikaner und ihre Verbündeten zu töten, ob Zivilisten oder Soldaten, ist eine Pflicht für jeden Muslim, der es tun kann, in jedem Land, wo er sich befindet, bis die al-Aqsa-Moschee und die große Moschee in Mekka von ihnen befreit sind, bis ihre Armeen alle muslimischen Gebiete verlassen ... . (...). Wir rufen, wenn Gott es gestattet, jeden Muslim, der an Gott glaubt und von Ihm belohnt werden möchte, auf, dem Befehl Gottes Folge zu leisten und die Amerikaner zu töten und ihre Habe zu plündern an jedem Ort, wo er sie findet, und zu jeder Zeit, wenn er es kann. Wir rufen die muslimischen Ulema, ihre Anführer, ihre jungen Leute und ihre Soldaten auf, die amerikanischen Soldaten des Satans und ihre Verbündeten, Ausgeburten des Satans, anzugreifen und zu verjagen; dann vielleicht werden sie sich besinnen".[14]

Amerika und Israel werden hier als miteinander verbündete Besatzer muslimischen Territoriums definiert, die es aus den Ländern der Al-Aqsa-Moschee und der großen Moschee zu Mekka, d.h. aus Palästina und Saudi-Arabien zu vertreiben gelte. Die „Internationale Islamische Front" präsentiert sich so als *Befreiungsbewegung*. Sich an der Befreiung muslimischen Bodens durch unterschiedslose Angriffe auf Soldaten wie Zivilisten des deklarierten Feindes zu beteiligen, wird als Pflicht jedes Muslims gedeutet. Der Aufruf vollzieht den Übergang vom defensiven, sich auf Verteidigungsaktionen im eigenen Land beschränkenden, zum *offensiven und globalen* Dschihad gegen den fernen Feind,

---

[13] Interessanterweise hat al-Zawahiri diese Erklärung noch als „Anführer der ägyptischen Organisation Al-Dschihad" unterzeichnet (vgl. Kepel, G./Milelli, J.-P. (Hg): Al-Qaida. Texte des Terrors. München 2006, S.89). Als „ideologische(r) Leitfaden der ägyptischen Organisation Al-Dschihad" wird (a.a.O., S.213. Anmerk.6) das 1981 veröffentlichte Werk „Der verdeckte Imperativ" von *Abdessalam Faraj* genannt, das den Anschlag auf Anwar as-Sadat rechtfertigte.

[14] Zitiert nach: Kepel, G./Milelli, J.-P. (Hg): Al-Qaida. Texte des Terrors. München 2006, S.87; Hervorhebungen von mir, W.L.S.

der die gegnerische Zivilbevölkerung ebenfalls attackiert, den Kampf in das Land des Feindes trägt und ihn überall dort führt, wo Soldaten oder Zivilisten des gegnerischen Landes anzutreffen sind.

Die Durchführung des globalen Dschihad verlangt, dass es gelingt, die Aktivitäten einer Vielzahl von Gruppen zu koordinieren. Hierarchische Steuerung durch eine zentralisierte Organisation kann dazu, angesichts der räumlichen Zerstreuung und der durch den hohen Verfolgungsdruck stark eingeschränkten Kontaktmöglichkeiten zwischen den einzelnen Gruppen, nur in geringem Maße genutzt werden. Die globale Expansion islamistischen Terrors unter dem Namen Al-Qaida wird deshalb von prominenten Beobachtern auf die Substitution organisatorisch-hierarchischer Koordination durch ideologische Steuerung zurückgeführt.[15] Damit ist das Problem der Koordination freilich noch nicht gelöst. Ideologien können von ihren Anhängern in unterschiedlicher Weise interpretiert und befolgt werden. Fungieren religiöse oder säkulare Ideologien als Basis für die Bildung von Vereinigungen, werden diese daher anfällig für Spaltungen als Folge von Deutungsdifferenzen. Die Neutralisierung von Deutungsdissens gelang historisch annähernd erfolgreich gerade durch strikt hierarchische Organisationen, wie die Beispiele der katholischen Kirche und der kommunistischen Parteien gleichermaßen belegen. Wenn aber Ideologien selbst auf die Stabilisierung gegen abweichende Interpretation durch hierarchische Kontrolle angewiesen sind, dann kann ideologische Steuerung nicht ohne weiteres als Substitut für hierarchische Organisation einspringen; - es sei denn, das steuerungsrelevante Ideologem ist so einfach und robust, dass es kaum Anlass für Kontroversen bietet.

Die benötigte Robustheit ist unter günstigen Umständen durch die Nutzung einer bereits *sozial bewährten Feind-Definition* zu erreichen, an der sich organisatorisch autonome Terrorgruppen bei der Auswahl ihrer Anschlagsziele weltweit orientieren können. Weil die Koordination von Konfliktengagements kaum mehr als einen Konsens darüber voraussetzt, wer der Gegner ist, den es - wo und auf welche Weise im einzelnen auch immer - durch terroristische Anschläge zu schädigen gilt, ist eine weitergehende Übereinstimmung nicht erforderlich.

---

[15] Vgl. dazu Hoffman, B.: Terrorismus:. Der unerklärte Krieg. Neue Gefahren politischer Gewalt. Frankfurt am Main 2006, S.427, mit der These: „Nach dem 11. September jedoch sorgten Bin Laden und seine Stellvertreter für eine erstaunliche Veränderung und verwandelten die einheitliche Organisation Al-Qaida gewissermaßen in ein *ideologisches Zentrum* (Hervorhebung von mir, W.L.S.). Aus einem bürokratischen Gebilde, das zerstört werden, und einer irregulären Armee, die auf dem Schlachtfeld besiegt werden konnte, wurde so das gewiss weniger mächtige, aber widerstandsfähigere amorphe Gebilde, das Al-Qaida heute darstellt."

Schon die Gründe dafür, warum der gemeinsame Feind bekämpft werden muss, können erheblich divergieren, ohne die Einheit des terroristischen Kampfes zu gefährden. Einer darüber hinaus detailliert ausgearbeiteten Ideologie bedarf es demnach kaum. Genau dies, die Konstruktion einer unter Muslimen international konsensfähigen Feind-Definition und deren charismatische Beglaubigung auf dem Wege der Demonstration der Verwundbarkeit des definierten Gegners durch spektakuläre Attentate, scheint mir die spezifische Leistung von Al-Qaida. Mit ihr steht und fällt der primäre Ausbreitungs- und Koordinationsmechanismus von Al-Qaida als besonders prominenter Adresse im Kontext einer internationalen terroristischen Bewegung.[16]

Vor diesem Hintergrund ist festzuhalten: Die *Freund/Feind-Definition*, die in den beiden zitierten Erklärungen des Heiligen Krieges formuliert wird, reicht bereits aus, um als Grundlage für die Konstitution einer internationalen terroristischen Bewegung zu dienen. Alle, die sich selbst als Dschihadisten im Kampf gegen „Juden und Kreuzfahrer" verstehen, können sich der „Islamischen Front für den Heiligen Krieg" zurechnen. Attentate, die in unterschiedlichsten Ländern, unter verschiedenen Bedingungen und aus lokalspezifischen Motiven ausgeführt werden und nur darin übereinstimmen, dass sie gegen amerikanische bzw. israelische Bürger oder Einrichtungen gerichtet sind (bzw. gegen Einrichtungen oder Bürger von Staaten, die enge Beziehungen zu Amerika oder Israel unterhalten), können in Bekennerschreiben mit Referenz auf diese Freund/Feind-Differenz ausgeflaggt und so *in den globalen Dschihad eingeklinkt* werden. Die besondere Stärke eines derartig *lose gekoppelten* Netzwerkes liegt in den geringen Anforderungen an die Koordination der unterschiedlichen terroristischen Gruppen und Operationen. Einer ständigen Verbindung einzelner Terrorzellen mit einer irgendwie gearteten Zentrale bedarf es nicht; ebenso wenig besonderer Aufnahmeprozeduren zur Erlangung der Mitgliedschaft. Wie weit die Übereinstimmung im religiösen Glauben und im Hinblick auf angestrebte Fernziele reichen, ist ebenfalls zweitrangig. Das Netzwerk gewinnt vielmehr in dem Maße an Robustheit und Expansionsfähigkeit, in dem eine solche Übereinstimmung in den De-

---

[16] Vgl. dazu auch Münkler, H.: Der Wandel des Krieges. Von der Symmetrie zur Asymmetrie. Weilerswist 2006, S.245, mit der Feststellung: „Flache Hierarchiestrukturen und politisch-ideologische Konturlosigkeit sind gewissermaßen zwei Seiten ein und derselben Medaille. Beides wird dadurch ermöglicht, dass sich die Organisation vor allem durch die *Benennung des Feindes* und so gut wie nicht durch die *Konturierung des Freundes* politisch definiert. Dass dies offenbar hinreicht, um den Zusammenhalt und die Handlungsfähigkeit der Organisation sicherzustellen, hat vor allem mit dem Feind zu tun: den USA, deren globale politische, ökonomische und kulturelle Dominanz die Reihen ansonsten völlig heterogener Bündnispartner schließt" (Hervorhebungen im Original).

tails der akzeptierten religiösen Semantik *gerade nicht* erforderlich ist. Seine Reichweite hängt in erster Linie davon ab, inwiefern es gelingt, eine für viele akzeptable Freund/Feind-Definition bereitzustellen und als gemeinsame Handlungsprämisse zu stabilisieren.

Die immer wieder beobachtete Inhaltsarmut der dschihadistischen Semantik hat hier, in der systematisch betriebenen Minimierung der Koordinationsanforderungen und der gleichzeitigen Maximierung von Zustimmungsfähigkeit, ihren Ursprung. Bedroht ist der Fortbestand des terroristischen Netzwerkes freilich dann, wenn Dissens über die Interpretation und operative Anwendung der Freund/Feind-Distinktion besteht. Um die Einheit der terroristischen Bewegung zu wahren, muss ein derartiger Dissens möglichst vermieden werden. Wie wir im Folgenden sehen werden, ist die Definition des Feindes in der internen Diskussion von Al-Qaida von besonderer Bedeutung. Dabei wird der genaue Zuschnitt dieser Definition vor dem Hintergrund der spezifischen Konfliktkonstellation im Irak kontrovers. Es droht ihre Depolitisierung und religiös begründete Aufsplitterung. Wenn der Versuch misslingt, den religio-politischen Terrorismus gegen diese Tendenz zu stabilisieren, entsteht ein von jeder *politischen* Rücksichtnahme entbundener *religiöser* Terrorismus. Ein Terrorismus dieses Typs fusioniert die Unterscheidung von Freund und Feind mit der Differenz von *Orthodoxie und Häresie*. Die unkoordinierte Handhabung dieser Differenz hat dann zur Folge, dass der beabsichtigte *Dschihad*, der heilige Krieg gegen die Ungläubigen, in die *Fitna*, den innerislamischen Kampf der Gläubigen gegeneinander, umschlägt.[17]

Um diese Gefahr aufzufangen, können *semantische Kompromissformeln* entwickelt werden, die es ermöglichen, Dissens in einem gewissen Umfang zu akzeptieren und so dessen potentielle Sprengkraft zu neutralisieren. Dazu ist es erforderlich, zumindest befristet Einschränkungen im Blick auf die Einheit und Reinheit der religiösen Lehre im Interesse der Sicherung ihrer politischen Mobilisierungsfunktion in Kauf zu nehmen. Der zentrale Ansatzpunkt für die Formulierung solcher Kompromissformeln ist wiederum die *Freund/Feind-Differenz*. Soll eine in dogmatischen Differenzen begründete Spaltung einer Bewegung vermieden werden, dann müssen im Blick auf die Verbündeten Argumente und Kriterien implantiert werden, die eine *legitime Zone der Indifferenz* gegenüber dogmatischen Meinungsverschiedenheiten markieren.

---

[17] Zur Unterscheidung von „Dschihad" und „Fitna" als gegensätzlichen Polen in der Entwicklung des Islam bzw. als Kategorien der innerislamischen Reflexion der eigenen konfliktreichen historischen Entwicklung vgl. Kepel, G.: Die neuen Kreuzzüge. München 2005, S.351ff.

Der al-Qaida-interne Dissens über die Definition des primären Feindes und die Zersplitterung der dschihadistischen Bewegung

In der internen Debatte von Al-Qaida über das Verhältnis zwischen dem „nahen" und dem „fernen Feind" gewinnt das eben skizzierte Strukturproblem des religio-politischen Terrorismus eine wesentliche Bedeutung. Betrachten wir dabei zunächst die Position von Ayman al-Zawahiri, dem „Chefideologen" Al-Qaidas und zweiten Mann neben Bin Laden. In dem Text „Ritter unter dem Banner des Propheten", der vom 2. Dezember 2001 an in einer Serie von Artikeln in der panarabischen und mit saudischem Geld finanzierten Tageszeitung Shary al-Awsat erschien, finden sich die folgenden Aussagen zum Problem der Sicherung einer möglichst großen Massenbasis für den Dschihad:[18]

„Die Umma mobilisieren, um sie am Kampf teilhaben zu lassen, und sich davor hüten, einen elitären Kampf gegen die Macht zu eröffnen: die Dschihad-Bewegung muss sich auf die Massen zubewegen, ihre Ehre verteidigen, sie beschützen, sie leiten und sie zum Sieg führen, ihr im Opfer vorangehen und ihr die Dinge in einem Stil begreiflich machen, der die Wahrheit allen, die nach ihr suchen, zugänglich macht. (...) Unsere Dschihad-Bewegung muss auf die Arbeit an den Massen, das heißt auf die Predigt in der Umma, ihr Augenmerk legen, am muslimischen Volk Dienst tun und die Menschen über alle möglichen mildtätigen und erzieherischen Werke in ihr Anliegen einbinden. Kein Platz darf ungenutzt bleiben. (...) Die Parole, welche die Umma gut verstanden hat und der sie seit 50 Jahren folgt, ist der Aufruf zum Dschihad gegen Israel. Darüber hinaus hat sich die Umma seit einem Jahrzehnt gegen die amerikanische Präsenz [...] begeistert mobilisieren lassen und hat auf den Aufruf zum Dschihad gegen die Amerikaner positiv reagiert. Ein einziger Blick auf die Geschichte der Mudschaheddin in Afghanistan, Palästina und Tschetschenien zeigt, dass die Dschihad-Bewegung in jenem Moment eine zentrale Stellung im Zentrum der Umma erlangt hat, als sie die nationale Befreiung von ihren ausländischen Feinden zur Parole gemacht und dieser Befreiung das Profil eines Kampfs des Islam gegen die Gottlosigkeit und die Ungläubigen gegeben hat".[19]

Leninistische Rhetorik („Massen" vs. „Eliten"), die entsprechende Mobilisierungsstrategie („die Arbeit an den Massen") und religiöser Inhalt („die Arbeit and den Massen, d.h. ... die Predigt in der Umma ...") werden hier übergangslos miteinander verknüpft. Als wiederholt beschworene politische Todsünde der

---

[18] Zu diesen Angaben vgl. Kepel, G./Milelli, J.-P. (Hg): Al-Qaida. Texte des Terrors. München 2006, S.352.

[19] Kepel, G. / Milelli, J.-P. (Hg): Al-Qaida. Texte des Terrors. München 2006, S.356-358.

Elite gilt die Selbstisolierung gegenüber den Massen. Bei der Wahl der „Parole", unter der die „Massen" gesammelt werden sollen, ist deshalb sorgsam auf deren Reaktionen gegenüber dem bisherigen Kampf zu achten und daran anzuknüpfen. Die „Parole", um die es dabei geht, betrifft vor allem die Definition des Feindes. Diese Definition wird von al-Zawahiri *nicht* primär aus religiösen Prämissen abgeleitet, sondern durch ihre Tauglichkeit zur Mobilisierung der muslimischen Massen begründet. Der Erfolg der dschihadistischen Avantgarde erscheint daran gebunden, dass sie den Weg wählt, der den Vorstellungen der Massen entspricht und bei dem sie deshalb davon ausgehen kann, dass die Massen ihr auf diesem Wege folgen werden. Deren Unterstützung gilt als notwendige Bedingung für die Erringung politischer Macht. Weil die adäquate Feinddefinition sich durch ihre soziale Resonanzfähigkeit zu bewähren hat, wird sie den Massen gleichsam abgeschaut. Nicht der einheimische *„nahe Feind"* (d.h. die vom muslimischen Glauben „abgefallenen" arabischen Regime), sondern der fremde *„ferne Feind"*, d.h. die Amerikaner und ihre Verbündeten, muss deshalb zuerst bekämpft werden. Diese Definition des primären Feindes, die sich als Resultat der Reflexion auf die Bedingungen erfolgreicher Massenmobilisierung präsentiert, weicht zugleich von der Auffassung der klassischen islamischen Theologie (vgl. die oben erwähnte „Mongolen-Fatwa" von Ibn Taimija) und der sich darauf berufenden Position Farajs ab (dem 'Chefideologen' der radikalen ägyptischen Muslimbrüder, der die Ermordung Sadats verteidigte), für die die Bekämpfung des „nahen Feindes" in Gestalt tyrannischer, vom rechten Glauben abgefallener Regierungen im Dschihad Vorrang hatte. Ausdrücklich orientiert an dem Gesichtspunkt des Gewinns von Unterstützung, ist sie *genuin politischer* Natur.

In scharfem Kontrast zur eben skizzierten Position stehen die Ausführungen von Abu Mus'ab al-Zarqawi, dem (im Juni 2006 von den Amerikanern getöteten) Führer des irakischen Zweiges von Al-Qaida, enthalten in einem Brief, der an Bin Laden und al-Zawahiri gerichtet ist.[20] Rasch kommt Zarqawi darin zu der Feststellung, die Verhältnisse im Irak hätten die Amerikaner gezwungen, „sich ... mit den Häretikern, dem Abschaum der Menschheit [zu] arrangieren: Als Belohnung für ihren Kampf auf seiten der Kreuzfahrer gegen die Dschihad-Kämpfer bekommen die Häretiker zwei Drittel der Beute".[21]

---

[20] Der (mit hoher Wahrscheinlichkeit von Zarqawi stammende) Brief wurde am 22.1.2004 bei einem festgenommenen kurdischen Kämpfer gefunden wurde; vgl. im Folgenden dazu erneut die Übersetzung in: Kepel, G./Milelli, J.-P. (Hrsg.): Al-Qaida. Texte des Terrors. München 2006, S.458ff.
[21] Vgl. Kepel, G./Milelli, J.-P. (Hg): Al-Qaida. Texte des Terrors. München 2006, S.459.

Die *„Häretiker"*, damit sind die Schiiten im Irak gemeint, die hier als Kollaborateure der Amerikaner gebrandmarkt werden. Unter den Bedingungen im Irak erscheinen der „ferne" und der „nahe Feind" kaum noch klar unterscheidbar. Zawahiris Prioritätenordnung verliert deshalb an Plausibilität. Der „ferne Feind" hat das Land erobert und hat selbst die Regierung des von ihm besetzten Landes übernommen. Er ist insofern in die Position des „nahen Feindes" eingerückt und wird dabei von den Kollaborateuren unterstützt, die schließlich Regierungsverantwortung übernehmen und ihn dadurch entlasten sollen. In dieser neuen Situation schlägt al-Zarqawi eine Änderung der Prioritätenfolge vor, die faktisch der *Rückkehr zum klassisch-theologischen Vorrang des Kampfes gegen den „nahen Feind"* gleichkommt. Zwar werden die USA noch in nomineller Übereinstimmung mit der von al-Zawahiri markierten Priorität als *„Hauptfeind"* deklariert; der Kampf gegen die Schiiten, die dem amerikanischen „Hauptfeind" in einer überraschenden Steigerung als „Todfeind" gegenüber gestellt werden, wird dem jedoch übergeordnet. So in der folgenden Begründung, die al-Zarqawi für die Priorität des Kampfes gegen die Schiiten nennt:

> *„1. Es sind die Häretiker, die den Muslimen insgeheim den Krieg erklärt haben; sie sind der unmittelbare Todfeind, auch wenn die Amerikaner nach wie vor der Hauptfeind sind. Doch die Gefahr, die von den Häretikern ausgeht, ist größer, und der Schaden, den sie innerhalb der über die ganze Welt verbreiteten muslimischen Gemeinschaft anrichten können, ist schlimmer als der der Amerikaner, gegen die ja als Aggressor auch quasi Einmütigkeit herrscht".*[22]

Was hier vor allem auffällt, ist die zentrale Position des *Häresievorwurfes* gegenüber den Schiiten. Er rangiert *noch vor* dem Vorwurf der Kollaboration mit den Amerikanern, der dann als Punkt 2 der Begründung für die Dringlichkeit des Kampfes gegen die Schiiten genannt wird. Der Verrat der Schiiten durch die Kollaboration mit den amerikanischen Besatzern wird an anderen Stellen des Textes primär durch ihren *Charakter als Häretiker* begründet und durch Rekurs auf die Geschichte des Islam zu belegen versucht. Die Unterscheidung von *Freund und Feind* wird dadurch mit der Differenz von *Orthodoxie und Häresie* kurzgeschlossen und so *rein religiös* spezifiziert. Vor dem Hintergrund der Position al-Zawahiris, die auch als die bis dahin gültige Position Al-Qaidas gelten kann, fällt schließlich die Begründung für die hohe Bedeutung des Kampfes gegen die Häretiker in besonderem Maße auf. Der von den Häretikern drohende Schaden sei größer, als der von den Amerikanern angerichtete, weil über den Kampf gegen die Amerikaner nahezu Einmütigkeit herrsche. Mit dem Argument der Einmütigkeit gegenüber dem „fernen Feind" hatte al-Zawahiri gerade dessen

---

[22] Vgl. Kepel, G. / Milelli, J.-P. (Hg): Al-Qaida. Texte des Terrors. München 2006, S.476.

Priorität im Dschihad begründet, weil nur so die Isolierung des Kampfes der Dschihad-Elite von den Massen verhindert werden könne. Al-Zarqawi kehrt dieses Argumentationsmuster geradezu um. Unbedingt bekämpft werden müssten die „Häretiker" demnach, weil über die Notwendigkeit des Kampfes gegen sie *gerade keine* Einmütigkeit besteht. Nicht um die Mobilisierung maximaler politischer Unterstützung durch die Massen für den Kampf geht es ihm, sondern um die Unterwerfung der Häretiker. Als Weg dazu sieht er nur den innerislamischen Bürger- und Konfessionskrieg:

> *„3. Gegen die Häretiker zu Felde zu ziehen, ist das beste Mittel, um die über die ganze Welt verbreitete muslimische Gemeinschaft in den Kampf zu verwickeln. (...) Die einzige Lösung ist der unerbittliche Kampf gegen die Häretiker, ganz gleich, ob es sich dabei um religiöse, militärische oder sonstige Personen handelt. Man muss ihnen einen Schlag nach dem anderen versetzen, bis sie sich unterwerfen. Man kann mir natürlich entgegenhalten, dass es zu früh und ungerechtfertigt wäre, die über die ganze Welt verbreitete muslimische Gemeinde in einen Kampf zu stürzen, auf den sie nicht vorbereitet ist und der erhebliche Verluste und viel Blut fordern wird, aber genau das ist es ja, was wir wollen. Denn in der augenblicklichen Situation gibt es weder Gutes noch Schlechtes. Die Häretiker haben das gesamte Gleichgewicht zerstört, und der Glaube an Gott ist kostbarer als die Menschen und die Seelen. Seit wann steht denn die Mehrheit der Menschen auf der rechten Seite? Man muss sich für den Glauben opfern, ganz egal, ob Blut fließen wird. ... Der Glaube an Gott ist kostbarer als alles: er kommt vor den Menschen, vor den materiellen Gütern und vor den Kindern".*[23]

---

[23] Vgl. Kepel, G./Milelli, J.-P. (Hg): Al-Qaida. Texte des Terrors. München 2006, S.476-478. Siehe dazu auch die folgende Aussage Zarqawis: „Das islamische Recht stellt fest, dass der islamische Glaube wichtiger ist als Leben, Ehre und Eigentum. ... Allah sagt [im Koran], dass Häresie und Abgötterei, nach Seinem Recht und Seinem Glauben, schlimmer sind, als zu töten. Dies ist die koranische Grundlage dafür, um dem Schutz des islamischen Glaubens den Vorzug gegenüber den vier anderen unveräußerlichen Rechten zu geben [diese sind: das Recht auf Leben, Ehre, Eigentum und das Recht auf Zeugung; W.L.S.], von denen Leben das erste ist. Die anderen vier unveräußerlichen Rechte zu schützen, indem man dafür den Islam verliert... - dies ist die wirkliche Versuchung, vor der uns Allah warnt". Zitiert nach: MEMRI (The Middle East Media Research Institute), Inquiry and Analysis Series - No.239, S.5f., September 11, 2005: Dispute in Islamist Circles over the Legitimacy of Attacking Muslims, Shiites, and Noncombatant Non-Muslims in Jihad Operations in Iraq: Al-Maqdisi vs. His Disciple Al-Zarqawi, by Y. Yehoshua, Website: http://memri.org/bin/opener_latest.cgi?Page=archives&ID=IA23905; Übersetzung aus dem Englischen von mir, W.L.S.

Al-Zarqawi vertritt hier die Reinform eines *religiösen* Terrorismus. Die Verpflichtung zum Dschihad gegen die Häretiker gilt *absolut*, unabhängig von den realen Erfolgsaussichten. Politische *Erfolgskalküle* nach dem Muster al-Zawahiris mit dem Ziel der Maximierung politischer Unterstützung erscheinen prinzipiell bereits dadurch entwertet, dass die Mehrheit der Menschen ohnehin nicht auf der rechten Seite zu finden sei. Darauf kann es also gar nicht ankommen. Zweckrationale Berechnung ist für al-Zarqawi als *wertrationalen Virtuosen* des allein religiös zu begründenden Dschihad sekundär. Der Tod von Menschen zählt nicht. Der Sieg kann nur durch Gott gegeben werden, aber auch im Falle von Niederlage und Tod der Rechtgläubigen behält das Martyrium seine Verbindlichkeit und seinen Sinn.

Demgegenüber insistiert al-Zawahiri gegenüber al-Zarqawi darauf, dass selbst Häretiker Bündnispartner im Dschihad gegen Amerikaner und Juden sein können und müssen, *„weil in dieser Welt eine Häresie oder Unangemessenheit auf einer Seite möglich ist, die dem Dschihad Kampf und Opfer für Gott geben kann. ... Ebenso müssen wir Mittel finden, um die aktiven Mudschahedin Ulema [d.h. die sich am Heiligen Krieg beteiligten Religionsgelehrten; W.L.S.] einzubinden und von ihrer Energie zu profitieren, selbst wenn bei ihnen einige häretische Überzeugungen oder Fehler vorliegen, die nicht gotteslästerlich sind. (...) Das Problem der Korrektur von ideologischen Fehlern ist ein Problem, das Generationen des Rufs zum Islam und die Veränderung der erzieherischen Curricula erfordern wird, und ... die Mudschhedin sind nicht in der Lage, diese Last zu übernehmen".*[24]

Die Bereitschaft, selbst häretische ulema (also Religionsgelehrte, die sich nicht ohne weiteres auf einen Irrtum aus Unwissenheit berufen können!) in die Dschihad-Bewegung zu integrieren, steht in krassem Gegensatz zur Position al-Zarqawis, der Schiiten nicht nur durchgängig als „Häretiker" bezeichnet, sondern daraus auch seine primäre Rechtfertigung für den Kampf gegen sie bezieht. Für al-Zawahiri ist es nicht die Funktion des Dschihad, Häresien zu bekämpfen. Die Schiiten sind aus seiner Perspektive dann und insoweit zu bekämpfen, wie sie mit den Amerikanern kollaborieren, nicht aber schon deshalb, weil ihr Glaube

---

[24] Vgl. „Letter from al-Zawahiri to al-Zarqawi", S.7, datiert auf den 9. Juli 2005, freigegeben am 11. Oktober 2005 durch das amerikanische „Office of the Director of National Intelligence", hier zitiert nach: Federation of American Scientists (FAS); Intelligence Resource Program. Website:
http://www.fas.org/irp/news/2005/10/dni/101105.html; Übersetzung aus dem Englischen von mir, W.L.S. - In diesem Schreiben kritisiert al-Zawahiri u.a. ausdrücklich al-Zarqawis Anschläge auf Schiitische Moscheen als kontraproduktive Aktionen.

aus sunnitischer Perspektive als häretisch gilt. Abweichende Spielarten des muslimischen Glaubens erscheinen auch ihm als gewichtiges Problem, das aber *nur langfristig und pädagogisch* zu lösen ist und das die Bewältigung der aktuell vorrangigen Aufgabe, die konfessionsübergreifende *Mobilisierung zur Beteiligung am Dschihad* gegen die Amerikaner und ihre Verbündeten, nicht beeinträchtigen darf. Kompromisse hinsichtlich der Reinheit des Glaubens im Interesse seiner möglichst effektiven Verteidigung durch ein breites Bündnis nach dem Muster einer islamischen „Volksfront", welche „Juden und Kreuzfahrer" von muslimischem Boden vertreiben soll, erscheinen ihm daher als Gebot der Stunde.

Verbunden mit den Namen al-Zawahiri und al-Zarqawi treffen im Lager von Al-Qaida demnach zwei nicht auf einen gemeinsamen Nenner zu bringende Versionen des Terrorismus aufeinander: der *zweckrational* argumentierende religio-*politische* Terrorismus Zawahiris bzw. al-Qaidas prallt auf einen depolitisierten, *religiös-wertrational* konzipierten Terrorismus, wie er aus dem Zarqawi zugeschriebenen Text spricht. - Die Spannung zwischen einer *primär politischen* und einer *primär religiös* angelegten Programmierung des islamistisch motivierten Terrors, welche die Freund/Feind-Differenz kurzschließt mit der Differenz von Orthodoxie und Häresie, ist weder nur für die Personen Zarqawi und Zawahiri spezifisch, noch geht es dabei um einen Konflikt mit nur al-Qaida-interner Bedeutung. Vielmehr markiert diese Differenz die *vorgezeichnete Bruchstelle der gesamten dschihadistischen Bewegung*. Wie die gegenwärtige Situation im Irak zeigt, ist es dort nicht gelungen, die verschiedenen konfessionellen Lager unter einer gemeinsamen Feinddefinition zu sammeln. Sunniten und Schiiten bekämpfen einander so heftig, dass der Kampf gegen die amerikanischen „Kreuzfahrer" nahezu in den Hintergrund getreten ist. Die terroristische Internationale ist, zumindest auf diesem Kampfplatz, zerbrochen. Fragmentiert in eine Vielzahl einander wechselseitig befehdender Gruppen, kämpfen nicht nur Sunniten gegen Schiiten, sondern auch Gruppen gleicher Konfession gegeneinander. Gefangen in einer zunehmend heftigen Oszillation zwischen Terror und Gegenterror ist die dschihadistische Bewegung im Irak damit in die Phase der Autoaggression eingetreten, die zu einem offenen Bürgerkrieg zu eskalieren droht.

Literatur

Hoffman, B.: Terrorismus. Der unerklärte Krieg. Neue Gefahren politischer Gewalt. Erweiterte und aktualisierte Ausgabe. Frankfurt am Main 2006

Kepel, G.: Der Prophet und der Pharao. Das Beispiel Ägypten: Die Entwicklung des muslimischen Extremismus. München und Zürich 1995

Kepel, G.: Das Schwarzbuch des Dschihad. Aufstieg und Niedergang des Islamismus. München und Zürich 2004

Kepel, G.: Die neuen Kreuzzüge. Die arabische Welt und die Zukunft des Westens. München und Zürich 2005

Kepel, G./Milelli, J.-P. (Hg): Al-Qaida. Texte des Terrors. München und Zürich 2006.

Musharbash, Y.: Die neue Al-Qaida. Innenansichten eines lernenden Terrornetzwerks. Köln und Hamburg 2006

Sageman, M.: Understanding Terror Networks. Philadelphia, Pennsylvania 2004

Schneckener, U.: Transnationaler Terrorismus. Frankfurt am Main 2006

Schneider, W.L.: Religio-politischer Terrorismus als Parasit, in: **Kron, Th. / Reddig, M.** (Hg): Soziologische Analysen des transnationalen Terrorismus. Wiesbaden 2007

Steinberg, G.: Der nahe und der ferne Feind. Die Netzwerke des islamistischen Terrorismus. München 2005

Waldmann, P. (Hg): Determinanten des Terrorismus. Weilerswist 2005

Die Macht des Glaubens

Wolfgang Schäuble

Religion ist eine wichtige Ressource, aus der in unserer Gesellschaft fundamentale Wertorientierungen entspringen. Eine Zeit lang schien es freilich so manchem, als habe die Religion jedenfalls für uns aufgehört, eine Herausforderung für die Politik zu sein. Auch die große Mehrheit derjenigen, die noch einer Kirche angehörten, war anscheinend der Ansicht, Religion sei vor allem eine Sache des persönlichen Glaubens, den man aus der politischen Auseinandersetzung weitgehend heraushalten sollte. Das große Zauberwort war Säkularisierung. Es galt als mehr oder weniger ausgemacht, dass sich der Entwicklungsstand einer Gesellschaft nicht zuletzt daran zeigen sollte, wie säkular sie war.

Die große Ausnahme, die in dieses Weltbild nie passte, waren die Vereinigten Staaten von Amerika. Dort spielte die Religion in der Öffentlichkeit eine fundamentale Rolle. Sicherlich in einem ganz besonderen Sinn - immerhin existiert auf der verfassungsrechtlichen Ebene in den USA eine der strengsten Trennungen von Kirche und Staat. Dennoch scheint immer noch zu gelten, was Alexis de Tocqueville vor über 150 Jahren beobachtete: dass Religion die erste der republikanischen Institutionen in den USA darstellt.

Inzwischen gilt es als anerkannt, dass die Annahme, dass Religion im Wesentlichen ihren herausfordernden Charakter für die Politik verloren hat, schlicht gesagt falsch war. Angesichts der großen Aufgaben, vor denen unsere Gesellschaft zweifellos steht, ist vielen Menschen die Bedeutung von das Leben orientierenden Werten wieder stärker bewusst geworden. Gibt es eine letzte Instanz, vor der individuelle Entscheidungen verantwortet werden müssen? Wie setzen wir uns Grenzen, angesichts der Bedrohung, die unserer Welt und uns selbst von den anscheinend „unbegrenzten" Möglichkeiten drohen? Die Diskussion über den Gottesbezug in der EU-Verfassung, über Stammzellenforschung am Beginn und über Sterbehilfe am Ende menschlichen Lebens, aber auch - in ganz anderer Weise – die öffentliche Anteilnahme an der Person des letzten Papstes während seiner letzten Tage deuten daraufhin, dass eine neue Sensibilisierung einsetzt.

Dennoch wäre es falsch, hier eine Art Rückkehr zu einem Status quo ante zu sehen. Denn wie auch immer man die künftige Rolle von Religion in Deutschland einschätzt, sie ist jetzt und in Zukunft auf jeden Fall viel pluraler verfasst als jemals zuvor. Religion bedeutet in Deutschland tatsächlich Religionen, wobei dem Islam eine herausgehobene Bedeutung zukommt. Das zeigt sogleich ein weiteres Problem. Die Wahrnehmung großer Teile der Öffentlichkeit ist für verschiedene Religionen sehr unterschiedlich: In welcher Weise stellen Islam, Christentum und Buddhismus eine Herausforderung für die Politik dar? Wir müssen die Frage nur stellen, um zu sehen, dass sie intuitiv von den meisten für jede dieser Religionen verschieden beantwortet wird. Gleichzeitig verpflichtet uns unsere grundgesetzliche Ordnung zu Recht zu einer prinzipiellen Gleichbehandlung der verschiedenen Religionen. Auch das ist gewissermaßen eine „Herausforderung" für die Politik und für den konkreten Politiker.

Religion gehört zu den wichtigsten Kräften, die Menschen verbinden, und auch das ist etwas, was wir gerade heute, in unserer immer individualistischer werdenden Gesellschaft brauchen. Politische Institutionen, so wichtig sie sind, reichen dafür nicht aus, sie bedürfen selbst anderer Fundamente, damit sie von den Bürgern mit Leben erfüllt werden. Das ist auch die Grenze des Konzepts vom „Verfassungspatriotismus". Es ist kein Zufall, dass selbst ein so eifriger Verfechter dieses Konzepts wie Jürgen Habermas in seinem 2003 gemeinsam mit Jacques Derrida verfassten Aufruf über die „Wiedergeburt Europas" davon spricht, es sei die „Macht der Gefühle", die Europas Bürger miteinander verbinde und ihnen eine gemeinsame Identität geben könne. Verfassungspatriotismus als eine Sache der Vernunft reicht eben nicht, es braucht ebenso die „Macht der Gefühle".

Anders als Habermas hat Karl Otto Hondrich Identitätswerte seit langem mit Bezug auf Gefühle definiert. Auf die Frage, was eine Gesellschaft zusammenhält, antwortet Hondrich: „geteilte Gefühle". In einem im April in der „FAZ" veröffentlichten Artikel, „Die Divisionen des Papstes", geht er - im Zusammenhang mit dem Tod des Papstes - ausdrücklich auf diesen Punkt ein und formuliert treffend: „Vom Einklang der Gefühle geht ein eigener Zauber aus: der Zauber der Einheit." Und tatsächlich - wenn wir uns einem Gemeinwesen zugehörig fühlen wollen, dann muss es etwas geben, was uns auf einer tieferen menschlichen Ebene miteinander verbindet. Auf genau der Ebene, auf der auch Religion und Glaube angesiedelt sind. In diesem Sinn können wir auch in einem modernen, pluralen und säkularen Gemeinwesen nicht auf den Beitrag der Religion verzichten.

Wir haben lange, zu lange, vom Staat die Lösungskompetenz für fast alle Probleme erwartet, die es in unserer Gesellschaft gibt. Wir können - und müssen - heute einsehen, dass wir eine Kurskorrektur brauchen. Wir müssen wieder lernen, uns mehr selbst zuzutrauen. Nicht alles kann vom Staat übernommen werden, sondern nur das soll von ihm übernommen werden, was er mit seinen Möglichkeiten besser machen kann.

Wenn wir heute bei uns die Rolle von bürgerschaftlichem Engagement stärken wollen, dann ergibt sich schon daraus, dass die politische Relevanz von Religion, gerade auch in ihrer Fähigkeit zur Gemeinschaftsbildung, von bleibender, eher steigender Bedeutung in unserer Gesellschaft ist.

Aber - das ist an dieser Stelle ein nähe liegender Einwand - übersieht eine solche Argumentation nicht, dass diese einigende Rolle der Religion ein Ding der Vergangenheit war, dass sie in einer Zeit zunehmend pluraler Religiosität zum Anachronismus geworden ist? Übersieht sie nicht zudem, dass Religion - gerade in ihrer pluralen Realität - zumindest ebenso viel Trennendes wie Verbindendes enthält? Wie können wir es erreichen, dass wir Menschen durch Religion miteinander verbinden? Und gleichzeitig vermeiden, dass auf der Grundlage unterschiedlicher religiöser Bekenntnisse neue Gräben aufgerissen werden?

Dafür ist es notwendig, dass wir auf das sehen, was uns in unserer religiösen und konfessionellen Verschiedenheit miteinander verbindet, nicht auf das, was uns trennt. Nehmen wir den zumindest für die monotheistischen Religionen zentralen Bezug auf Gott. Bei allen im Einzelnen großen Unterschieden kommt es im Grundsatz darauf an, dass Menschen wissen, dass sie mit ihrem eigenen Leben und Tun in der Verantwortung vor einer Autorität stehen, die sie nicht selbst eingesetzt haben.

Genau darum geht es in der Präambel des deutschen Grundgesetzes. Bevor die eigentliche Verfassung beginnt, wird dort gesagt, dass das deutsche Volk sich dieses Grundgesetz im Bewusstsein seiner Verantwortung vor Gott gegeben hat. In diesem Sinn wünschte ich mir auch einen Gottesbezug in der Europäischen Verfassung. Ich kann nicht einsehen, warum ein solcher Gottesbezug sich gegen die schon heute in der EU lebenden Muslime richten sollte.

Der Bezug auf Gott erweist seine Bedeutung für das Zusammenleben der Menschen nicht zuletzt dadurch, dass er unmittelbare und direkte Folgen für das Menschenbild hat. Die Verantwortung der Menschen vor Gott ist nie losgelöst von der Verantwortung für den Mitmenschen.

In unsere Verfassungswirklichkeit hat dieser Gedanke Eingang gefunden in der Formulierung des Artikels 1 Grundgesetz, dass die Würde des Menschen unantastbar ist. Dieser Grundsatz gilt unumstößlich; auch keine verfassungsändernde Mehrheit könnte ihn ändern. Und das zu Recht.

Die Menschwürde, die dem Glauben entspricht, dass der Mensch nach dem Ebenbild Gottes geschaffen ist, bedeutet, dass jeder Mensch seine eigene, unveräußerliche und unverwechselbare Würde hat. Das bedeutet notwendig auch den Respekt vor der Verschiedenheit und damit Toleranz. Deshalb ist zwischen geistlichem und weltlichem Regiment zu trennen. Wenn Glaubensgewissheit in irdische Ordnung übersetzt wird, ist für Toleranz wenig Platz. Deshalb entspricht die Absage an jeden Fundamentalismus in der politischen Ordnung unserer christlichen Überlieferung.

Der Bezug auf Gott führt jedoch nicht nur zum Gedanken der Menschenwürde und dem Toleranzprinzip. Er kann den Menschen auch davor bewahren, sich selbst zum Maß aller Dinge zu machen. Der Mensch braucht Grenzen. Diese Einsicht ist für unsere heutige Welt überlebenswichtig. Die Menschen lernen in ungeheurer Geschwindigkeit hinzu. Wissenschaft und Technik ermöglichen ihnen Dinge, von denen noch vor wenigen Jahrzehnten kaum zu träumen war: Biotechnologie, Nanotechnik und Astrophysik. Die globalisierte Wirtschaft produziert eine sich permanent wandelnde Welt und gibt dem Menschen erstaunliche Instrumente an die Hand, um sein eigenes Geschick und das der Erde in die Hand zu nehmen.

Bei all dem bleibt der Mensch jedoch ambivalent. Seine Größe ist gleichzeitig sein Verhängnis. Sein Streben führt ihn zu neuen und höheren Einsichten, aber auch zu Neid, Habgier und Streit. Im Krieg sehen wir diese „Wolfsnatur" des Menschen in ihrer zerstörerischen Wirklichkeit. Wir hatten in den letzten Jahren mehr als genug Gelegenheit, Zeugen davon zu werden.

Dabei ist die militärische Auseinandersetzung nicht die einzige Gelegenheit, bei der sich das Fragwürdige, ja Gefährliche am Menschen ohne Maß zeigt. Für uns ist mindestens genau so wichtig die Bedrohung, die für Mensch und Welt von einer ungezügelten Erwerbswirtschaft ausgeht. Auch da zeigt sich der Mensch als Wolf. Es kommt für unsere Zukunft darauf an, dass wir uns selbst hier Zügel anlegen. Marktwirtschaft ist unverzichtbar, ein ungezügelter Markt jedoch ist unmenschlich.

So ist Religion tatsächlich eine zentrale Herausforderung für heutiges politisches Handeln. Wir finden uns mit großen Aufgaben konfrontiert, auf nationaler wie globaler Ebene - zwischen beiden lässt sich oft gar nicht mehr richtig unterscheiden. Es muss uns gelingen, die motivierenden und persönlichkeits- sowie gemeinschaftsbildenden Kräfte der Religion für die Lösung dieser Aufgaben zu mobilisieren. Dies wird eine entscheidende Bedingung für unseren Erfolg im Bereich der Politik sein.

Der Artikel basiert auf der ersten Berliner religionspolitischen Rede, die Wolfgang Schäuble am Dienstag (25.10.05) in der Humboldt-Universität zu Berlin gehalten hat.
© Rheinischer Merkur Nr. 43, 27.10.2005

„Wahrheit, die mich angeht, kommt auf zwei Beinen"[1]

Zur Spiritualität der Religionslehrerinnen und Religionslehrer

Katja Boehme

> „Spiritualität bedeutet in erster Linie Offenheit für Gott, verbunden mit einer großen Offenheit des Herzens für die Menschen. Es geht um jene doppelte Liebe, die nach einem Wort des Paulus der Heilige Geist in unsere Herzen ausgießen will.
>
> Dementsprechend darf man sagen: Das Geheimnis jeder Erziehung, besonders aber der religiösen, bleibt die Liebe zum jungen Menschen, ständig gespeist von der Liebe Gottes. So wichtig auch die fachliche Ausbildung und Weiterbildung ist, diese innere Einstellung kann durch nichts ersetzt werden."
>
> (Adolf Exeler)

Sucht man nach einer Kurzdefinition, die den Wortgehalt *Spiritualität* knapp umreißen könnte, findet man im katholischen Standardwerk *Praktisches Lexikon der Spiritualität* folgende Hinweise: „Spiritualität, christliche", „Spiritualität, Geschichte der", „Spiritualität, afrikanische", „Spiritualität, biblische", „Spiritualität, evangelische", „Spiritualität, fernöstliche", „Spiritualität, indische", „Spiritualität, jüdische", „Spiritualität, monastische", „Spiritualität, ökumenische" und schließlich – der alphabetischen Reihenfolge getreu –: „Spiritualität, orthodoxe".[2]

Diese Fülle von Angeboten der verschiedensten Spiritualitäten lässt an ein Delikatessengeschäft denken, in dem die verschiedensten „Spiritualitäten" als Spezialitäten zum Verkosten angeboten werden. Und tatsächlich hat Spiritualität etwas mit „Verkosten", mit „Schmecken" und „Nachkosten" zu tun. *Ignatius von Loyola (1491-1556)* – der Altmeister der geistlichen Exerzitien – drückte diese Erfahrung einmal so aus: „Nicht das Vielwissen sättigt die Seele, sondern das

---

[1] Ein Zitat aus dem berühmt gewordenen Aufsatz des katholischen Religionspädagogen A. Exeler: Der Religionslehrer als Zeuge, KatBl 106 (1981) Heft 1, 3-14 gab vorliegendem Beitrag den Titel. Auch das folgende Zitat ist seinem Aufsatz (S. 14) entnommen.
[2] Schütz, Chr. (Hg): Praktisches Lexikon der Spiritualität. Freiburg 1992, 1170-1216.

Verkosten der Dinge von innen."³ Das klingt fast wie ein Plädoyer gegen das Vielwissen (und alle Leserinnen und Leser, die sich von der Stoff-Fülle vorzubereitender Examina erdrückt fühlen, könnten hier erleichtert aufatmen). Und das in gewisser Weise zu recht, denn das „Verkosten der Dinge von innen" bezeichnet eben nicht das kurzlebige Wissen, sondern das innere Durchdringen der Dinge und ihrer Wirklichkeit. Tatsächlich aber will *Ignatius von Loyola* Wissenschaft und Bildung keinesfalls herabsetzen, wie allein schon die zehn Jahre seines gründlichen Studiums oder die unzähligen Schulen und Hochschulen belegen, die durch den Jesuitenorden weltweit ins Leben gerufen wurden. Bei diesem Ausspruch geht es dem Begründer dieses Ordens um etwas, das über das unerlässliche intellektuelle Wissen und Studium hinaus von existentiellem Belang ist. Von diesem existentiellem Belang als „plus" in der Kompetenz von Religionslehrerinnen und Religionslehrer soll hier die Rede sein – und damit von der Spiritualität der Religionslehrerinnen und Religionslehrer.

Was aber ist „Spiritualität"? Klären wir zunächst, was dieser Begriff bedeutet.

1 Zur Begriffsdefinition von Spiritualität

Das Wort Spiritualität ist in unserem Sprachraum noch nicht seit langem verbreitet. Noch 1964 konnte man in dem *Lexikon für Theologie und Kirche* unter dem Stichwort „Spiritualität" nichts anderes als den Verweis finden: siehe „Frömmigkeit",[4] und das evangelische Pendant zu diesem Lexikon, *Die Religion in Geschichte und Gegenwart (³1962)*, kannte nicht einmal einen solchen Verweis. Der Ursprung unseres heutigen Gebrauchs reicht zwar bis ins 5./6. Jahrhundert auf das lateinische „spiritualitas" zurück, ist uns aber erst seit wenigen Jahren über den französischen Begriff „Spiritualité" vermittelt,[5] und ist eindeutig ausschließlich christlicher Herkunft. Spiritualität ist daher kein Oberbegriff, den sich eingangs erwähnte Bezeichnungen als Unterbegriffe zuordnen ließen, sondern hat sich erst in den letzten Jahren sowohl geographisch – so z.B. auf das deutsche Sprachgebiet –, als auch semantisch ausgeweitet und dazu geführt, dass in den Buchhandlungen ganze Regale mit Büchern aus der Rubrik „Spiritualität" zu finden sind. Dass in diesen Büchern meist nicht (im Sinne des LThK) Frömmigkeit gemeint ist, liegt auf der Hand; vielmehr ist hier

---

[3] Ignatius von Loyola, Geistliche Übungen. Nach der Übertragung von Adolf Haas: Freiburg 1966⁸, S. 15.
[4] Vgl. ²LThK (1964) Bd. 9, 975, während in der 3. Auflage des ³LThK (2000) Bd. 9 auf den Seiten 852-860 das Stichwort Spiritualität ausführlich unter verschiedenen Aspekten von mehreren Autoren behandelt wird.
[5] Vgl. Greshake, G.: Spiritualität. In: U. Ruh u.a. (Hg): Handbuch religiöser Gegenwartsfragen, Freiburg 1986, 443-448.

„ein Lieblingswort der Esoterik gemeint, um die Basis des Lebens und der Erfahrung"[6] zu umschreiben. Aber Spiritualität darf ferner „auch nicht verwechselt werden mit *Religiosität*, womit das Bedürfnis und die Fähigkeit des Menschen, sich in irgendeiner Weise zu einer höheren Instanz in Beziehung zu setzen, charakterisiert werden."[7]

Um dem Gehalt des Wortes „Spiritualität" näher zu kommen, ist es hilfreich, seine Etymologie näher zu untersuchen: In dem Wort „Spiritualität" steckt das lat. Wort für Geist „spiritus", das wiederum die Übersetzung des älteren biblischen Wortes für „pneuma" (gr.), bzw. des noch älteren hebr. Wortes „ruach" ist. Dem Ursprung wie dem Inhalt nach geht der Begriff Spiritualität „auf das ntl. ‚pneumatikós' zurück, das im Lateinischen mit ‚spiritualis' wiedergegeben wird und die christliche Existenz bezeichnet."[8] Diejenigen, die den Geist haben, nennt das Neue Testament folglich „pneumatikoí" (Gal 6,1). Die „pneumatikoí" sind die „Geist-reichen", die „Geist-vollen". Geist-reich ist der, der Liebe verbreitet, der Freude ausstrahlt und den Frieden kennt (vgl. Gal 5,22). Wer von uns würde nicht gerne in diesem Sinn „geistreich" sein? Wer hätte nicht gerne Weisheit (Kol 1,9), Kraft (2 Tim 1,7), Erkenntnis (Jes 11,2), Erleuchtung (Hebr 6,4), Leben (2 Kor 3,6) und Gemeinschaft (2 Kor 13,13) zum Geschenk? Den Aussagen der ersten Christen zufolge bis zu den Erfahrungen heutiger Christen sind das genau die Kennzeichen des Heiligen Geistes, des Spiritus Sanctus (vgl. Gal 5,22f.). Die im Auftrag der Evangelischen Kirche in Deutschland herausgegebene Schrift zur Evangelischen Spiritualität definiert daher Spiritualität als *„das wahrnehmbare geistgewirkte Verhalten des Christen vor Gott."*[9]

Drei Kriterien sollen uns bei der Bestimmung christlicher Spiritualität hilfreich sein, um sie von anderen Formen heutiger Spiritualität zu unterscheiden: Christliche Spiritualität ist personal, sie ist communial und inkarnatorisch. Was bedeuten diese Begriffe?

1.1 Der personale Aspekt christlicher Spiritualität

„Der Geist Gottes kommt nicht von außen, supranatural, persönlichkeitsfremd über uns oder in uns. (...) Gottes Geist 'wohnt' in uns, in unserem Personenzentrum (dem ‚Herzen') und wirkt in und mit unseren Kräften, unserer Individuali-

---

[6] Sudbrack, J.: Esoterik als Religion. Eine Herausforderung. In: GuL 70 (1997) Heft 5, 323-336, hier: 323.
[7] Schütz, Spiritualität a.a.O. 1171.
[8] Schütz, Spiritualität a.a.O. 1171.
[9] Kirchenkanzlei im Auftrag des Rates der EKD (Hg): Evangelische Spiritualität. Überlegungen und Anstöße zur Neuorientierung. Gütersloh 1979, 12. Hervorhebung im Original.

tät."[10] Christliche Spiritualität nimmt daher die Person des einzelnen Menschen ernst. Person hat - so schon sagt die mittelalterliche Tradition - Subsistenz, d.h. Stand in sich selbst, ihr Wert leitet sich weder von äußeren noch inneren Kriterien oder Fähigkeiten ab, sondern ist unwiederholbare Einmaligkeit. Die Personendefinition des *Boethius (um 480-524)*, der die Person als individuelle Substanz einer vernünftigen Natur versteht, hat die Einmaligkeit jedes Menschen und seinen unantastbaren Selbststand philosophisch auf den Punkt gebracht. Für das christliche, ontologische Verständnis von Person, das jedem Menschen unabhängig von seinen Fähigkeiten qua seines Menschseins die Würde der Person zuspricht, ist die Definition des Boethius noch heute grundlegend. In diesem Sinne zielt Spiritualität auf die Verwirklichung dessen, was jeder Mensch an Einzigartigkeit seiner Person mitbringt. Biblisch ist die unveräußerliche Würde der Person, die jedem Menschen zu Eigen ist, durch die Gottebenbildlichkeit (Gen 1,26) ausgedrückt. Weil jeder Mensch von Gott gewollt und geschaffen ist, hat jeder Mensch, unabhängig von seiner Herkunft und seinem Geschlecht eine zu schützende Würde – das wusste schon der sog. Jahwist (Gen 2,4b ff.) und die Autoren der alttestamentlichen Priesterschrift (Gen 1-2,4a). Christlich gesehen begründet sich die Würde des Menschen zudem darin, dass jeder Mensch Adressat des Erlösungsangebots ist, das Gott in seinem Sohn Jesus Christus allen Menschen schenken möchte (vgl. Joh 1,9).

Spiritualität zu leben, heißt für den Christen, die eigene und die Würde der ihn umgebenden Menschen wahrzunehmen und zu fördern. Eine Spiritualität, welche den Menschen nur als „Funke" des göttlichen Lichterglanzes oder als „Tropfen" im göttlichen Weltmeer sehen will, aus dem er hervortritt, um wieder in unterschiedsloser Verschmelzung in einem allgemeinen Alleins vereint zu werden ohne seine Einmaligkeit bewahren zu können,[11] muss die unaufhebbare Einzigartigkeit der Person jedes Menschen verleugnen.[12] Das Christentum hingegen weiß, dass Gott immer der Andere und der Verborgene sein wird, den der Mensch nur tastend suchen kann, der sich aber in seinem Sohn Jesus Christus

---

[10] W. Janzen, Spiritualität suchen und erleben mit Kindern und Jugendlichen. In: Religion heute o.J. (1997) 29, 12-19, hier: 13.

[11] Diese Elemente aus der Gnosis (Blütezeit im 2. Jahrhundert n.Chr.) finden sich heute in esoterischen Angeboten wieder.

[12] So z.B. W. Jäger, Suche nach dem Sinn des Lebens. Bewußtseinswandel durch den Weg nach innen. Petersberg 1991, 63 und 65: „Der Mensch muß zurückfinden in die Ganzheit. Ganzheit umschließt alles. Es gibt nichts, was außerhalb wäre. In der Ganzheit gibt es weder Zeit noch Raum. Raum und Zeit sind nur innerhalb der Polarität möglich. (...) Der Mensch muß die dominierende Macht des Ich brechen und seine Identifikation mit ihm auflösen. Er kann sonst nicht das Ganze erfahren."

den Menschen zeigen wollte. Daher bedeutet der personale Aspekt der christlichen Spiritualität, dass „wir im Kern der Katechese wesentlich eine Person vorfinden, nämlich Jesus von Nazareth ..." (Catechesi tradendae 5).[13] Nicht zuletzt durch ihre Herkunft und Ausrichtung von und auf Jesus Christus ist Spiritualität christlicher Prägung ohne die Wertschätzung der Person nicht zu denken.

1.2 Der communiale Aspekt christlicher Spiritualität

Nur zwischen selbstständigen Größen, wie es Personen sind, ist Austausch und Kommunikation möglich. Damit ist der communiale Aspekt christlicher Spiritualität angesprochen. Schon der mittelalterliche Theologe *Richard von St. Victor (+1173)* hat über Gott den Dreieinen als von einer Einheit in drei Personen gesprochen, die jeder von dem anderen her in sich selber sind. So wurde mit *Richard von St. Viktor* neben dem Selbststand auch die Du-Bezogenheit zum wesentlichen Bestandteil der Definition von Person.[14]

Wenn die Begegnungs-Gemeinschaft, die „Communio", zum Wesen Gottes gehört, dann ist sie das wesentlich auch für sein Ebenbild, den Menschen. Schon „gattungsgeschichtlich ist der Mensch ein ‚Tragling'. Durch die natürliche Abhängigkeit seiner frühen Kindheit ist er mit Notwendigkeit auf eine Beziehung angelegt. Dieser Beziehung verdankt er sich."[15] Weil er aber nicht nur auf der zwischenmenschlichen Ebene auf Beziehung angewiesen ist, sondern auch nach einem ihn transzendierenden Urgrund seines Lebens sucht, „gibt es eine Art intuitiver, ‚natürlicher' Spiritualität. Dazu gehört etwa das Staunen, die Freude über die eigene Lebendigkeit und die anderer Wesen, das Gefühl der Verbundenheit mit allen Geschöpfen, die Ehrfurcht vor dem Leben, die Bereitschaft, das eigene und fremde Leben zu fördern, Dankbarkeit für die Gaben des Lebens, Vertrauen und Mut zum Leben."[16] Was hier der evangelische Theologe Wolfram Janzen „Ursprungssituationen der Spiritualität" nennt, wurde von der religionspädagogischen Konzeption, welche an der Religiosität des Kindes anknüpft, aufgegriffen. Dennoch muss festgehalten werden, dass eigentliche Spiritualität erst mit der bewussten und verbindlichen Rückbindung an den Urgrund des Lebens beginnt und von ständiger dialogischer Dynamik geprägt ist. „Sie empfängt ihre Gestalt aus der intentionalen Wahrnehmung dessen, was ein Mensch von diesem Grund her vernimmt und aus der kontinuierlichen Bemühung, dem zu

---

[13] Johannes Paulus II: Zur Freude des Glaubens hinführen. Apostolisches Schreiben „Über die Katechese heute", mit einem Kommentar von A. Exeler. Freiburg 1980, 14 Nr.5.
[14] Vgl. das empfehlenswerte Buch von Greshake, G.: An den drei-einen Gott glauben. Ein Schlüssel zum Verstehen, Freiburg ²1999.
[15] Evangelische Spiritualität (1979) 27.
[16] vgl. Janzen a.a.O. 13.

entsprechen. Zur Spiritualität gehört wenigstens tastender Glaube, beginnendes Vertrauen und die ahnende Erfahrung Gottes. Formen der Spiritualität, die nicht auf diese Weise innerlich erfüllt sind, sind nicht ‚spirituell'. Man ist nicht ‚automatisch' ein ‚spiritueller' Mensch, wenn man zu Ehepartnern und Nachbarn nett ist, vegetarisch isst und orientalische Übungen macht, die Rechte von Tieren achtet, zu Channeling-Sitzungen geht, Naturmedizin bevorzugt und für den Weltfrieden demonstriert."[17] Grundlegend für authentische Spiritualität ist hingegen, die Du-Bezogenheit des Menschen auf Gott hin im eigenen konkreten Leben lebendig zu halten. Dann wird die gesuchte Begegnung mit Gott, der er immer schon voraus ist, auch die zwischenmenschlichen Begegnungen prägen. Dann kann Spiritualität zudem „gleichzeitig Leben aus und Kommunikation mit unserer eigenen Tiefe" sein.[18] Umgekehrt zeigt sich der communiale Charakter christlicher Spiritualität darin, dass Glaube und die eigene Spiritualität durch die Begegnung mit Menschen bereichert wird, die an Gott glauben. Für die französische Sozialarbeiterin *Madeleine Delbrêl (1904-1964),* war die Begegnung mit Menschen, für die Christus so „unentbehrlich zu sein schien wie die Luft", einer der entscheidenden Impulse, sich auf die Suche nach Gott zu machen: „Hätten sie für Christus einen Stuhl hingeschoben, er wäre nicht lebendiger gegenwärtig gewesen."[19]

Die Gemeinschaft derer, die an Christus glauben, ist die Kirche (vgl. LG 2). Die Mitte ihrer communio ist die Kommunikation mit Gott in der Feier der Liturgie und Eucharistie.[20] Christliche Spiritualität ist daher eine Spiritualität der Gemeinschaft der Glaubenden untereinander in Gott. Eine solche Gemeinschaft kann dann „Zeichen und Werkzeug für die innigste Vereinigung mit Gott wie für die Einheit der ganzen Menschheit sein" (LG 1).

1.3 Der inkarnatorische Aspekt christlicher Spiritualität

„Und das Wort ist Fleisch geworden und hat unter uns gewohnt" – diese Botschaft, die wir alljährlich in der Weihnachtsliturgie feiern, zeugt von der Dialogbereitschaft Gottes, der die Gemeinschaft – die communio – mit den Menschen nicht nur mit Worten, sondern existentiell mit seinem Sein sucht. Damit sind wir beim inkarnatorischen Kriterium christlicher Spiritualität als

---

[17] Carroll, D.: Laßt die Kinderseele wachsen. Ein Elternbuch der spirituellen Erziehung, Freiburg 1993, 14. Zitiert nach Janzen a.a.O. 13.

[18] Janzen a.a.O. 13.

[19] Delbrêl, M.: Auftrag des Christen in einer Welt ohne Gott. Übertragen von Hermann J. Bormann, R. Disse u.a. und mit einen Vorwort versehen von K. Boehme, Einsiedeln 2000, 193.

[20] Vgl. Wunderlich, R.: Übergänge. Einführung in die Religionspädagogik in vorliegendem Band.

Begegnungsbewegung, die vor aller menschlichen Gottsuche von Gott selber ausgeht. Denn christliche Spiritualität ist „geprägt von der Selbstmitteilung des dreieinen Gottes. Die Fleischwerdung des Logos ist Norm und Kriterium für alle Formen von Spiritualität."[21] Wenn aber Gott in seinem Sohn Jesus Christus leibhaftig Mensch wurde, können weder der menschliche Leib, noch die übrigen menschlichen Bedingungen zweitrangig sein. Noch weniger kann der Leib als bloße Hülle des eigentlich menschlichen Wesenskerns abgetan werden. Einen Dualismus von Leib und Seele oder eine Leibfeindlichkeit kennt echte Spiritualität nicht, wohl aber eine Würde und Aufwertung des Leibes zum „Tempel des Hl. Geistes" (1 Kor 6,19). Die Liebe zwischen Mann und Frau hat einen so hohen Stellenwert, dass Paulus sie als Vergleich zur Liebe zwischen Christus und seiner Kirche heranzieht (vgl. Eph 5, 28f.). Authentische Spiritualität ist nicht dualistisch, indem sie etwa zwischen Körper und Seele trennt, sondern psycho-somatisch, sie „bezieht sich auf unser ganzes ‚Selbst', das Körper, Seele (Emotionen), Geist (Denken) und Handeln umfasst und bringt es in die Gottesbeziehung mit ein."[22] Die Psalmen geben ein wunderbares Zeugnis dafür ab, dass keine menschliche Regung außerhalb dieses Dialoges mit Gott zu sein braucht. Der Mensch darf vor Gott hüpfen und jubeln, aber auch klagen und weinen, sich über sein Los beschweren, ja, Gott sogar zürnen (vgl. Ps 102 u.a.).

So besagt der inkarnatorische Aspekt christlicher Spiritualität auch, dass keine menschliche Grenzerfahrung für eine tiefe Begegnung mit Gott hinderlich sein kann. Christliche Spiritualität lebt nicht von Höhenflügen, sondern weiß, dass auch Grenzsituationen und Leiderfahrungen intensive Gottesbegegnung ermöglichen können. Daher kann die subjektiv noch so leidvoll erfahrene Gottverlassenheit „eine Form höchster Einigung mit dem Herrn"[23] sein, dessen irdisches Leben ja mit der Erfahrung tiefster Gottverlassenheit auf Golgotha endet. Selbst „die oft leise rinnende Traurigkeit über uns selbst und das geheime Leiden an den eigenen Defiziten könnten einen offene Flanke werden, an der wir Fühlung mit dem ‚Ganz-Anderen' bekommen und eine neue Geborgenheit im Aufbruch (...) erleben."[24]

Wenn Gott sich selber der Welt zuwendet, in dem er in Christus Mensch wird, kann der Mensch sich nicht von der Welt abwenden. Christliche Spirituali-

---

[21] Scheuer, M.: Aufmerksamkeit und Hoffnung. Koordinaten christlicher Spiritualität. In: ThPQ 148 (2000) 114-121, hier: 116.
[22] Vgl. Janzen a.a.O. 13.
[23] von Balthasar, H. U.: Das betrachtende Gebet. Einsiedeln ⁴1977, 242.
[24] Silberberg, H.-J.: Zur praktischen Spiritualität des Religionslehrers. In: KatBl 105 (1980) 10, 801-805, hier: 805.

tät ist daher immer weltoffen und weltzugewandt.[25] Der inkarnatorische Aspekt der Spiritualität bedeutet daher auch, die Bewegung Gottes auf den Menschen zu mitzumachen. *Madeleine Delbrêl* formuliert den inkarnatorischen Anspruch christlicher Spiritualität unter dem Vorzeichen eines „Lebensbündnisses mit Christus" folgendermaßen: „Wenn wir unser Evangelium in den Händen halten, sollten wir bedenken, dass das Wort darin wohnt, das in uns Fleisch werden will, uns ergreifen möchte, damit wir (...) an einem neuen Ort zu einer neuen Zeit, in einer neuen menschlichen Umgebung sein Leben aufs Neue beginnen."[26]

Die Ausrichtung auf Gott schließt die Ausrichtung auf den Mitmenschen ein. Gottes- und Nächsten- und Selbstliebe dürfen einander nicht ausschließen, sondern bedingen einander. Sie stehen nur dann in einem glaubwürdigen Verhältnis zueinander, wenn sich dies im Verhalten und Handeln der Christen zeigt. Daher können Spiritualität und Praxis, Glaube und Leben nicht getrennt betrachtet werden. Das bedeutet, dass Spiritualität auch unter dem Anspruch einer christlichen *Ethik* steht. *Ignatius von Loyola* führt daher geistliche Trostlosigkeit und eine verringerte Spürbarkeit spiritueller Freuden zuallererst auf einen falschen Lebensstil zurück.[27] Spiritualität ist daher eine „Lebensform",[28] die sich an Christus und an den Menschen, die ihm nachgefolgt sind, zu orientieren versucht.

Die inkarnatorische Dimension christlicher Spiritualität besagt zudem, dass christliches Leben keine Lebensverneinung ist, sondern „ein Weg in jene Freude, die durch Leben und Botschaft Jesu in die Welt kam und die sich durch seine Auferstehung als unbesiegbar erwies."[29]

2 Zur Spiritualität der Religionslehrerinnen und Religionslehrer

Was aber können die drei Aspekte der personalen, communialen und inkarnatorischen Kriterien christlicher Spiritualität für das Leben und die Aufgabe von Religionslehrerinnen und Religionslehrern leisten? Sind diese Aspekte nicht zu abstrakt und weltfremd? Beinhalten sie nicht einen zu hohen Anspruch, der kaum in einem normalen Schulalltag zu verwirklichen ist?

---

[25] Dieser Anspruch gilt selbst hinter Klostermauern. Ordensfrauen und Ordensmänner, die sich der Kontemplation verpflichten, tun dies auch stellvertretend für alle, von deren Nöten (in vielen Klöstern mittels des Radios) sie erfahren.
[26] Delbrêl, M.: Gebet in einem weltlichen Leben. Übersetzt und mit einem Vorwort versehen von H. U. von Balthasar. Einsiedeln ⁵1993, 18.
[27] Vgl. Ignatius von Loyola a.a.O. 106. Die 9. Regel zur Unterscheidung der Geister.
[28] Die Deutschen Bischöfe, Zur Spiritualität des Religionslehrers, hrsg. vom Sekretariat der Deutschen Bischofskonferenz, Heft 6, 1.9.1987, 16.
[29] Unsere Hoffnung. In: Gemeinsame Synode a.a.O. 106f.

Theoretische Überlegungen wie diese hier laufen immer Gefahr, hinter der Realität zurückzubleiben. Daher dürfen sie nicht als Forderung oder gar als Überforderung missverstanden werden. Sie wollen eine Orientierungshilfe auf dem immer währenden Weg einer Spiritualität anbieten, die für den eigenen, oft unübersichtlichen Schulalltag zu einer Stütze werden kann. Zudem darf bei aller Bemühung um eine Systematisierung der christlichen Spiritualität nicht vergessen werden, dass Spiritualität sich nicht auf einen univoken Begriff bringen lässt.[30] Ebenso wenig kann und darf das Nachdenken über Spiritualität die Festlegung auf bestimmte Formen bedeuten. Wer hier nach Anleitungen sucht, um feste Spiritualitätsformen einzuüben, wird enttäuscht sein. Denn die konkrete Umsetzung von Spiritualität ist so vielfältig wie es die Menschen sind, die sie leben. Gerade hierin drückt sich ihr *personaler* Charakter aus. Daher kann sich Spiritualität christlicher Prägung in den je eigenen unterschiedlichen Lebensbedingungen auf je einmalige Weise verwirklichen und wirkt sich ebenso individuell im Beziehungsgeschehen – der *communio* - des einzelnen zu Gott, zu seinem Mitmenschen und zu seiner Mitwelt aus, was zugleich Rückwirkung auf sein individuelles Selbstverhältnis haben wird. Daher kann christliche Spiritualität sich verleiblichen und sich das Wort Gottes auf die unterschiedlichste Weise *inkarnieren* – auch und gerade in und durch Religionslehrerinnen und Religionslehrer verschiedenster Prägungen und Biographien.

2.1 Religionslehrerinnen und Religionslehrer und der personale Aspekt christlicher Spiritualität

Fragen wir uns also zunächst, was die *personale* Dimension der Spiritualität für die einzelne Religionslehrerin oder den einzelnen Religionslehrer bedeuten kann. Anders als in allen anderen Schulfächern prägt der Stoff die Religionslehrerinnen und Religionslehrer auf existentielle Weise. Religion und christlicher Glaube sind für sie „nicht nur ein Gegenstand, sondern auch ein Standort"[31] den sie nicht anders als durch ihre Person einnehmen und verwirklichen können. Religionspädagogin oder Religionspädagoge zu sein, heißt daher bewusst die Verantwortung für die eigene personale Entfaltung zu übernehmen und ist ein Prozess im Sinne des „life-long-learning". „Religionslehrer *werden* heißt primär an der eigenen Person arbeiten, sekundär an der Sache und der Methode."[32] Das bedeutet, nicht nur Fachkenntnisse zu vertiefen, sondern auch identitätsstiftenden Interessen - wie z.B. der Ausübung von Kunst, Musik oder Sport – nach einem an-

---

[30] Vgl. Scheuer a.a.O. 121.
[31] Beschluss zum Religionsunterricht a.a.O. 2.8.2.
[32] Silberberg, H. J. zit. nach Frisch, H.-J.: Leitfaden Fachdidaktik Religion. Düsseldorf 1992,101. Hervorhebung von der Verfasserin.

strengenden Schulalltag nachzugehen. Ebenso gehört zur Arbeit an der eigenen Person das Bemühen, angesichts der in unserer Gesellschaft möglichen (Medien-) angebote nach psycho-hygienischen Gesichtspunkten eine Auswahl zu treffen und eine regelmäßige Selbstreflexion zu pflegen. Der erfahrene Exerzi-tienleiter *Willi Lambert SJ* empfiehlt, sich täglich eine Viertelstunde Zeit für die persönliche „Tagesschau" mit einem Blick auf die „Wetterkarte der Seele" zu nehmen.[33]

Ein solches Unternehmen schließt Phasen der Zurückgezogenheit und Einkehr ein, die - gerade auch in einem hektischen Schulalltag - bewusst gesucht werden müssen. Besonders für die Religionslehrerin und den Religionslehrer gilt, dass es in ihrem Denken und Tun „der Kontemplation bedarf, die ein ‚Templum' als Bezirk der Aufmerksamkeit ausgrenzt."[34] Denn „erst durch Muße, Kontemplation, Meditation wird die Arbeit entgiftet und substanzvoll."[35] Wüstenerfahrungen, wie sie als kontemplative Momente den ganz normalen Alltag eines Christen rhythmisch prägen, können aber ebenso auch unfreiwillig in das Leben eines Christen einbrechen. Gerade der Standpunkt von Religionslehrerinnen und Religionslehrern lässt diese häufig ihrer Non-konformität in weltanschaulichen Fragen im Verhältnis zu den Schülern oder Kollegen als Einsamkeit verspüren. Es zeichnet den personalen Charakter christlicher Spiritualität aus, dass die Einzigartigkeit und der Selbststand jedes Menschen ernst genommen wird. Eine solche Spiritualität stützt sich daher nicht auf oberflächliche, gar symbiotische Gemeinschaftserfahrungen, die über notwendige Phasen der Einsamkeit vorschnell hinwegtäuschen könnten. Gemeinschaft – auch die mit Schülern oder mit Kollegen – muss sich hingegen „immer neu in einer Vertrautheit mit einsamen Glaubensvollzügen aus einem persönlichen Stehen vor Gott speisen."[36]

Allein sieht sich die Religionslehrerin oder der Religionslehrer oft auch gegenüber den pluralen Weltanschauungen gegenüber, zu denen sie oder er im Unterricht Stellung beziehen müssen. Aber „erschwerend macht sich im Religionsunterricht auch der Pluralismus innerhalb der heutigen Theologie bemerkbar. (...) Für den Einzelnen ist es keineswegs immer einfach zu unterscheiden, wo es sich um kontinuierliche und legitime Weiterentfaltung der Theologie handelt und wo um eine interessante, jedoch nicht abgeklärte, neue Hypothese."[37] Diese

---

[33] Dazu gibt er in seinem sehr empfehlenswerten Büchlein „Gebet der liebenden Aufmerksamkeit". Leutesdorf 1995[6] wertvolle Hinweise. Auch telephonisch zu beziehen unter Tel.: 02631/976-192.
[34] Scheuer a.a.O. 119.
[35] Scheuer a.a.O. 120.
[36] Wenzelmann, G.: Nachfolge und Gemeinschaft. Eine theologische Grundlegung des kommunitären Lebens. Stuttgart 1994, 133.
[37] Zur Spiritualität des Religionslehrers a.a.O. 11

Schwierigkeit, auf welche die deutschen Bischöfe aufmerksam machen, ist nur personal zu beantworten, d.h. mit der Orientierung an der Person Jesus Christus. Denn er ist „in seiner Person selbst, in seinem Tun, das konsequente Beispiel und die konkrete Ausführung dessen, was er lehrt."[38] Die Wahl der eigenen Lebensform bis hin zur Gestaltung des Alltags muss sich immer wieder der lebendigen Auseinandersetzung mit der Person Jesus Christus stellen. Wie in jeder Beziehung der Standpunkt des anderen eine Herausforderung ist, so ist auch das Lebenszeugnis von Jesus Christus eine Herausforderung an die eigene Person. Damit bewahrt der personale Aspekt christlicher Spiritualität vor der selbst gemachten Beliebigkeit einer Patchwork-Religiosität. Der Religionspädagoge *Adolf Exeler* empfiehlt daher: „Ein Religionslehrer muss auf Grund eigener Erfahrung mindestens eine Ahnung davon haben, was es heißt, in Verbindung mit Jesus Christus zu leben."[39] Damit ist neben dem personalen auch der communiale Aspekt christlicher Spiritualität angesprochen, deren konkreter Bezug für Religionslehrerinnen und Religionslehrer sich in der Beziehung zu Gott, zur Kirche und zu den Schülerinnen und Schülern im Besonderen ausfaltet.

2.2 Religionslehrerinnen und Religionslehrer und der communiale Aspekt christlicher Spiritualität

„Ein Zeuge des Glaubens ist zunächst jemand, der nicht nur von einem Wissen redet, das er von anderen übernommen hat, sondern von einer Wirklichkeit, mit der er selbst seine persönlichen Erfahrungen gemacht hat. Dies bedeutet: Ein Religionslehrer ohne persönliche Betroffenheit durch das, was Gott in Jesus Christus den Menschen und damit auch ihn geschenkt hat, ist ein Unding. Er gleicht einem Musiklehrer, der zwar über Musik liest und lehrt, sie aber selbst weder praktiziert noch gerne hört."[40] Christliche Spiritualität setzt jedoch nicht auf Erfolg versprechende Meditationstechniken, die man wie ein Instrument lernen könnte. Wie aber können dann Aussagen darüber gemacht werden, wie man zu persönlichen Erfahrungen mit der Person Jesus Christus kommt?

Grundlegend für die Begegnung mit Gott ist das *Gebet* und der ständige und beharrliche Rekurs auf das *Evangelium*, um mit Jesus Christus als der Person in Berührung zu kommen, in der sich Gott zu erkennen gibt.

2.2.1 Leben in Gemeinschaft mit Gott

Communio mit dem dreieinen Gott geschieht im Gespräch, im Gebet. Weil Gebet ein Begegnungsgeschehen ist, kann christliche Kontemplation nicht nur die

---

[38] Zur Spiritualität des Religionslehrers a.a.O. 23
[39] Exeler a.a.O. 14
[40] Exeler a.a.O. 7

Einübung in die meditative Versenkung sein. Christliche Kontemplation ist „weniger eine Technik als vielmehr eine Lebensweise und –haltung. Kontemplation ist einfaches Dasein vor Gott. Kontemplative Grundhaltungen sind die Liebe zur Wirklichkeit, das Zulassen der Dinge und Menschen, ohne sie gleich gewaltsam verändern und abschaffen zu wollen."[41] Wie in einer lebendigen Beziehung zwischen Menschen gehört auch in das persönliche Gespräch mit Gott alles hinein, was mich persönlich berührt - Lob, Klage, Dankbarkeit oder Bitte. Wie in einer guten Partnerschaft können und müssen selbst Beziehungskrisen ausgesprochen werden. Selbst die Entfremdung von Gott kann und muss vor ihm ausgesprochen werden (vgl. Mk 15,34). Fraglos ist auch das wortlose Stehen, das einfache Da-Sein vor Gott Gebet. „Siehe, da bin ich" (1 Sam 3,4ff.) kann zum rückhaltlos betenden Vertrauen werden, dass ich vor Gott so sein darf, wie ich bin – mit allen meinen Grenzen, Fehlern und Schwächen. Die Hinwendung zu Gott hat die Abwendung von allem zur Folge, was für die Communio mit Gott, mit dem Nächsten und mir selbst hinderlich sein könnte. „Beten ist Berichtigung unseres Verhältnisses zu Gott durch Anrufung seines Namens," sagt der evangelische Theologe Manfred Seitz.[42] Dann kann für Lehrerinnen und Lehrer ein solch lebendiges Beziehungsverhältnis zu Gott auch für schwierige Schultage tragend werden.

2.2.2 Leben in Gemeinschaft mit dem Evangelium

„Ein Religionslehrer soll bereit sein, die Sache des Evangeliums zu seiner eigenen zu machen und sie - soviel an ihm liegt - glaubwürdig zu bezeugen. So hilft er dem Schüler, im Evangelium eine Herausforderung zu erkennen."[43] Wie ist dieses von den katholischen Bischöfen formulierte Anliegen in den Alltag umzusetzen? Die Denkschrift der EKD zur *Evangelischen Spiritualität* gibt dazu einen grundlegenden Hinweis: „Die Bibel ist das von Gott gegebene Instrument, das eigene Leben vor dem Angesicht Gottes und die Welt unter dem Blickwinkel der Ewigkeit zu betrachten und zu gestalten. Christliche Spiritualität ohne Bibel wäre ein Widerspruch in sich selbst."[44]

Für Religionslehrerinnen und Religionslehrer heißt dies, auch in einem anstrengenden Schulalltag nach Möglichkeiten zu suchen, regelmäßig die Begegnung mit Jesus Christus im Evangelium zu suchen und das Evangelium in Bezug zu den

---

[41] Scheuer a.a.O. 120.
[42] Seitz, M.: Praxis des Glaubens. Gottesdienst, Seelsorge und Spiritualität. Göttingen 1985², 209.
[43] Beschluss zum Religionsunterricht. In: *Gemeinsame Synode der Bistümer* in der Bundesrepublik Deutschland, hrsg. Synode der Bistümer in der BRD u. Dt. Bischofskonf., Freiburg ²1976, 2.8.3.
[44] Evangelische Spiritualität a.a.O. 39.

eigenen Lebensvollzügen zu setzen. Das setzt allerdings die Bereitschaft voraus, mit „dem Herzen zu sehen". Damit ist eine Betrachtungsweise umschrieben, die eine andere Form des Lesens bedeutet, als die notwendig wissenschaftliche textkritische Lektüre während des Theologiestudiums fordert. Denn „biblische Texte wollen nicht primär Sachverhalte objektiv beschreiben und Begriffe definieren, sondern dazu einladen, sich in bestimmten Hoffnungen und Erwartungen in eine bestimmte Richtung, d.h. auf Gott zu lenken, um von ihm Heil und Hilfe, Zuversicht und Kraft zu erwarten und zu erfahren."[45] Aber es ist für Religionslehrerinnen und Religionslehrer durchaus „nicht leicht, in den vielfältigen Anforderungen des Alltags die Ruhe zu finden, um in der Bibel auch 'zweckfrei' zu lesen."[46] Damit das Wort des Evangeliums als Wort Gottes als Zuspruch und Anspruch an mich persönlich aufgenommen werden kann, muss die Begegnung mit Jesus Christus wie in jeder wahren menschlichen Freundschaft mit zeitlichem Einsatz und zweckfrei erfolgen. Damit unterscheidet sich eine solche Lektüre auch von dem zielorientierten Einsatz der Schrift in der Vorbereitung von Religionsstunden.

2.2.3 Leben in Gemeinschaft in und mit der Kirche

Es bleibt eine ständige Herausforderung für jede Religionslehrerin und jeden Religionslehrer, „in der Kirche nicht nur die Institution [zu] sehen, von der er seine Beauftragung („Missio") erhält, sondern auch die Glaubensgemeinschaft, mit der man sich in kritischer Solidarität verbunden weiß."[47]

Ohne die horizontale Ebene der Glaubensgemeinschaft bleibt auch die Communio mit Gott kraftlos und authentisches Christentum dauerhaft nicht lebendig. Daher ist es gerade für Religionslehrerinnen und Religionslehrer von existentieller Bedeutung, sich mit anderen Christen über Glauben und Leben austauschen zu können. In der gemeinsamen Suche nach Gott, dem gemeinsamen Gespräch, Gebet oder dem Bibelteilen erfahren Religions-lehrerinnen und Religionslehrer in ihrer persönlichen Beziehung zu Gott Unterstützung. Hier können sie an der Glaubenserfahrung anderer Christen teilhaben und ihre eigenen Impulse einbringen.[48] Für den Alltag von Religionslehrerinnen und Religionslehrer kann eine solche Glaubens-gemeinschaft supervisorische Bedeutung gewinnen,

---

[45] Evangelische Spiritualität a.a.O. 41. Hier findet man weitere Hinweise zum geistlichen Betrachten der Hl. Schrift.
[46] Zur Spiritualität des Religionslehrers a.a.O. 40
[47] Beschluss zum Religionsunterricht a.a.O. 3.6.
[48] Vgl. Beschluss zum Religionsunterricht a.a.O. 2.8.4. und: Zur Spiritualität des Religionslehrers a.a.O. 41, „Besonders fruchtbar kann es sein, die Bibel in einer Gemeinschaft zu lesen, mit dem Ehepartner, in Familiengruppen der Gemeinde, im Kollegen- oder Freundeskreis."

wenn es gelingt, auch Ängste und Schwächen voreinander zur Sprache und gemeinsam vor Gott zu bringen. Freilich wird hierbei ganz die eigene Initiative der Religionslehrerinnen und Religionslehrer herausgefordert, solche lebendigen Glaubenskreise zu finden oder zu bilden. Denn „die Verantwortlichen einer Gemeinde wissen in der Regel nur wenig von den Schwierigkeiten des Religionsunterrichts in der Schule und damit auch von den Problemen des Religionslehrers. Sie machen sich nur selten klar, dass hier unter schwierigsten Umständen ein Dienst verrichtet wird, der im Interesse der Gemeinde liegt und den sie selbst nicht leisten können."[49] Es wäre die Aufgabe aller Gemeindeverantwortlichen und am Religionsunterricht Beteiligten, für eine echte Beheimatung der Religionslehrerinnen und Religionslehrer in ihrer Gemeinde Sorge zu tragen. Und Religionslehrerinnen und Religionslehrer sind gefragt, die Quelle des Glaubens in der Feier der Liturgie des Wortes und der Eucharistie gemeinsam mit anderen Gläubigen zu erschließen, auch dann, wenn sie bemängeln sollten, dass „für die Breite der Volkskirche (...) noch nicht von einem spirituellen Aufbruch gesprochen werden"[50] kann. Denn „die Eucharistie ist die Feier unserer Erlösung und daher nicht nur Höhepunkt und Mitte des kirchlichen, sondern auch des spirituellen Lebens der Christen."[51]

Die Solidarität mit der Kirche macht keinesfalls blind für ihre Schwächen, jedoch fällt Kritik anders aus, wenn Religionslehrerinnen und Religionslehrer sich selbst als Teil der Glaubensgemeinschaft Kirche verstehen. „Die Spannung zwischen Anspruch und Realität, zwischen der Botschaft Jesu Christi und der tatsächlichen Erscheinungsweise seiner Kirche, zwischen Ursprung und Gegenwart, darf nicht verharmlost und schon gar nicht ausgeklammert werden. Liebe und kritische Distanz müssen einander nicht ausschließen."[52] Dieser viel zitierte Satz der Würzburger Synode (1974) gehört zur Spannungsdynamik communialer Spiritualität – er ist Trost und Anspruch zugleich.

2.2.4 Leben in Gemeinschaft mit den Schülerinnen und Schülern

„Für andere Berufe mag Spiritualität anders umschrieben werden, für Religionslehrerinnen und Religionslehrer ist dieses *Leben aus der Mitte des Glaubens in wacher Zeitgenossenschaft mit den begegnenden, anvertrauten Menschen* orientierender Horizont."[53] Religionslehrerinnen und Religionslehrer

---

[49] Die Deutschen Bischöfe ... 14.
[50] Evangelische Spiritualität a.a.O. 13.
[51] Zur Spiritualität des Religionslehrers a.a.O. 42.
[52] Beschluss zum Religionsunterricht a.a.O. 2.8.5.
[53] Zwergel, H.: Auf der Suche nach einer Spiritualität von Religionslehrerinnen- und lehrern. In: rabs 30 (1998) 1, 4.

sollten sich bewusst sein, dass die Spiritualität ihrer Schülerinnen und Schüler sich durch „Vorbilder, durch das Kennenlernen von Formen und Ritualen, durch Mittun, durch Anleitung"[54] entwickelt. Dennoch sind „vor dem Anspruch Gottes (...) Lehrer und Schüler - trotz der größeren Sachkompetenz des Lehrers - gleichermaßen Befragte und Lernende. Ein Religionslehrer, der sich mit der befreienden Botschaft des Evangeliums identifiziert, wird nicht nur die personale Freiheit der Schüler vollauf respektieren, sondern auch bereit sein, sich von ihren Erfahrungen in Frage stellen zu lassen."[55] Wenn daher Lehrer und Schüler miteinander ein Teil des Volkes Gottes sind, das auf dem Weg durch das Leben zu Gott hin unterwegs ist, impliziert das „eine Lerngemeinschaft im Glauben, die von einer wechselseitigen Bereicherung und Ergänzung geprägt ist."[56] So zeichnet sich die Glaubwürdigkeit von Religionslehrerinnen und Religionslehrer auch darin aus, inwieweit sie sich als Mitlernende im Glauben und zusammen mit den Schülern und Schülerinnen auf dem Weg des Glaubens verstehen.[57] Dennoch darf diese Weggenossenschaft keinesfalls idealisiert werden. Auch darf gegenseitige Bereicherung nicht darüber hinwegtäuschen, dass die Lehrerin oder der Lehrer für die Vermittlung der Inhalte verantwortlich ist, dass zwischen den Schülern und ihren Religionslehrerinnen und Religionslehrern eine entwicklungspsychologische, intellektuelle und spirituelle Differenz liegt und dass nicht selten auch der Wunsch der Schüler nach Abgrenzung akzeptiert werden muss. So sollten spirituelle Elemente im Religionsunterricht ein diakonisches Angebot sein, sie sollten dem Entwicklungsstand der Schülerinnen und Schülern entsprechen und ihre Distanzierung ermöglichen.

2.3 Religionslehrerinnen und Religionslehrer und der inkarnatorische Aspekt christlicher Spiritualität

„*Mensch werden*, um so den Schülern bei ihrem Prozess der *Menschwerdung* zur Seite zu stehen",[58] beschreibt den inkarnatorischen Aspekt der Spiritualität von Religionslehrerinnen und Religionslehrern. Mit diesem Anspruch ist nicht nur die Arbeit an der eigenen Person, sondern auch die inkarnatorische „Spannungsdynamik" zwischen der Verankerung in Gott und der Verwurzelung in der konkreten Alltagssituation des Religionsunterrichts gemeint. Beide Pole gleichermaßen ernst zu nehmen, macht die Spiritualität von Religionslehrerinnen und Religionslehrern aus. Dabei wäre es unrealistisch und eine Überforderung zu

---

[54] Janzen a.a.O. 15
[55] Beschluß zum Religionsunterricht a.a.O. 2.8.6.
[56] Frisch a.a.O. 220
[57] vgl. Frisch a.a.O. 101
[58] Frisch a.a.O. 221.

erwarten, dass die Spiritualität von Religionslehrerinnen und Religionslehrern ein harmonisches Schwingen zwischen diesen beiden Polen der Gottesbeziehung und der Nähe zu den Schülerinnen und Schülern wäre. Zur christlichen Spiritualität gehört auch der Realismus, alle Dramatik, Krisen und Schwierigkeiten, die den (Schul-)alltag kennzeichnen können, nicht oberflächlich harmonisierend zu übergehen, sondern sich ihnen zu stellen. So bleibt Spiritualität lebendig und durch die tägliche Herausforderung im Umgang mit Jugendlichen ein Weg und eine lebenslange – wenn auch spannende und erfüllende – Aufgabe. Denn „so viel wie möglich bei Gott und den Menschen zugleich zu sein, Zeuge und Informant in einer Person, ganz Theologe und ganz Pädagoge, der Kirche und der Schule gleichermaßen verpflichtet, und das alles in Treue zu sich selbst, das ist in der Tat nicht einfach."[59]

Für Religionslehrerinnen und Religionslehrer bedeutet somit der eine Pol der Spannungsdynamik christlicher Spiritualität, „sich mit seiner ganzen Person, d.h. auch mit seiner Glaubensexistenz 'ins Spiel [zu] bringen'".[60] Aber Gottes- und Glaubenserfahrungen geschehen eben nicht neben oder hinter den allgemeinen menschlichen Erfahrungen, sondern in ihnen als ihr innerster Kern. „Es wäre eine Versuchung, sich herauszuhalten, sich die Hände nicht schmutzig zu machen, sich nicht hineinzubegeben in die Sehnsüchte und Ängste, die Konflikte und Nöte der real existierenden Menschen."[61] Wer deshalb von Gott sprechen will, muss vom Menschen sprechen. Daher bedeutet der andere Pol der Spiritualität von Religionslehrerinnen und Religionslehrern, „dass die Inhalte ihres Faches unlösbar verbunden sein müssen mit den Erfahrung heutigen Lebens, mit der eigenen Lebenswirklichkeit und dem Leben der Schüler. Der Religionslehrer braucht somit ein waches Auge, um heutiges Leben in seiner Vielfältigkeit, in seinen Hoffnungzeichen und Behinderungen umfassend wahrzunehmen."[62] Zur Verleiblichung christlicher Spiritualität von Religionslehrerinnen und Religionslehrern gehört daher, dass zu ihrer Fortbildung nicht nur theologische Fachliteratur zählen muss, „sondern ebenso das Kinderbuch, Comics und Kindersendungen des Fernsehens gehören."[63] Religionslehrerinnen und Religionslehrer müssen von der Lebenswirklichkeit von Schülerinnen und Schülern ausgehen und gemeinsam mit ihnen nach Antworten suchen. „Das impliziert eine entsprechende Sprache des Lehrers, eine Offenheit in der

---

[59] Zur Spiritualität des Religionslehrers a.a.O. 26.
[60] Zur Spiritualität des Religionslehrers a.a.O. 8.
[61] Scheuer a.a.O. 116.
[62] Frisch a.a.O. 221
[63] Frisch a.a.O. 222

Unterrichtsplanung, ein Wahrnehmen der Lebenswelt der Schüler und zugleich eine fachliche Kompetenz in der Sache."[64]

Verstehen sich Religionslehrerinnen und Religionslehrer in diesem Sinn in ihrer Beziehung zu Gott und zu ihren Schülern gleichermaßen als authentische Menschen und authentische Christen, kann ihre spirituelle Erfahrung, die sie mit Jesus Christus verbindet, zu einem lebendigen Zeugnis für ihre Schülerinnen und Schülern werden: „Wahrheit, die mich angeht, kommt auf zwei Beinen."

Literatur

Arbeitsgemeinschaft Theologie der Spiritualität (AGTS) (Hg): „Lasst euch vom Geist erfüllen!" (Eph 5,18) – Beiträge zur Theologie der Spiritualität. Münster 2001 (Katholisch-theologische Orientierung)

Baier, K. (Hg): Handbuch Spiritualität. Zugänge, Traditionen, interreligiöse Prozesse. Darmstadt 2006

Coakley, S.: Macht und Unterwerfung. Spiritualität von Frauen zwischen Hingabe und Unterdrückung. Gütersloh 2007

Die Deutschen Bischöfe: Zur Spiritualität des Religionslehrers, hrsg. vom Sekretariat der Deutschen Bischofskonferenz, Heft 6, 1.9.1987 (Katholisch-spirituelle Impulse)

Ernst, S.: Grundkurs christliche Spiritualität. Werkbuch für Schule, Gemeinde und Erwachsenenbildung. Kevelaer 2004 (Katholisch-spirituelle Impulse)

Esser, W. G. / Kothen, S.: Die Seele befreien. Kinder spirituell erziehen. München 2005

Grundkurs Spiritualität. Öffne deine Augen neige dein Ohr löse deine Zunge und erschließe den Herz. hrg. vom Institut für Spiritualität Münster (Elisabeth Hense u.a.). Stuttgart 2000 (Katholisch-spirituelle Impulse)

Haberer, T.: Kirchenfrust und Gotteslust. München 2005

Hark, H.: Unser tiefstes Lebensgeheimnis. Die Spiritualität des Johannes-Evangeliums. München 2004

Evangelische Spiritualität. Überlegungen und Anstöße zur Neuorientierung, hrsg. von der Kirchenkanzlei im Auftrag des Rates der EKD: Gütersloh 1979 (Evangelisch-spirituelle Impulse)

Kees, W.: Einführung in die Theologie der Spiritualität. Münster 2001(Katholisch-theologische Orientierung)

Münsterschwarzacher Kleinschriften. (Hier werden in über hundert einzelnen Schriften alle wichtigen Themen zur Praxis der Spiritualität, wie z.B. Gebet und Selbsterkenntnis, Geistliche Begleitung, Dimensionen des Glaubens, Träume auf dem geistlichen Weg etc. behandelt.) (Katholisch-spirituelle Impulse)

---

[64] Frisch a.a.O. 100f

Oberthür, R.: Die Seele ist eine Sonne. München ³2003

Pannenberg, W.: Christliche Spiritualität. Theologische Aspekte. Göttingen 1986 (Evangelisch-theologische Orientierung)

Painadath, S.: Der Geist reißt Mauern nieder. München ²2004

Ruhbach, G.: Theologie und Spiritualität. Göttingen 1987 (Evangelisch-theologische Orientierung)

Sautter, J. M.: Spiritualität lernen. Glaubenskurse als Einführung in die Gestalt christlichen Glaubens. Neukirchen-Vluyn 2005 (Evangelisch-theologische Orientierung)

Scheuer, M.: Christlicher Lebensstil heute. Innsbruck ²2004 (Katholisch-spirituelle Impulse)

Schütz, C. (Hg): Praktisches Lexikon der Spiritualität. Freiburg im Breisgau 1992. (Katholisch-theologische Orientierung) (leider vergriffen)

Stutz, P.: Verwundet bin ich und aufgehoben. Für eine Spiritualität der Unvollkommenheit. München ⁴2003

Waaijman, K.: Einführung in die Theologie der Spiritualität. Münster 2001 (Katholisch-theologische Orientierung)

Waaijman, K.: Handbuch der Spiritualität. Bd. 1-3. Mainz 2004

Wehr, G.: Lexikon der Spiritualität. Köln 2006

Zimmerling, P.: Evangelische Spiritualität. Wurzeln und Zugänge. Göttingen 2003 (Evangelisch-theologische Orientierung)

Literatur zur Liturgiewissenschaft

Einführungen, Handbücher, Lexika

Adam, A.: Grundriss Liturgie. Freiburg ⁸2005

Berger, R.: Pastoralliturgisches Handlexikon. Sonderausg. Freiburg 2005

Husmann, B. / Klie, Th.: Gestalteter Glaube. Liturgisches Lernen in Schule und Gemeinde. Göttingen 2005

Läpple, A.: Leben mit den Sakramenten. Aschaffenburg 1984

Metzger, M.: Geschichte der Liturgie. Paderborn 1998

Schmidt-Lauber, H.-Chr. u.a. (Hg): Handbuch der Liturgik. Göttingen ²2003 (evgl.)

Liederbücher

Ateliers et Presses de Taizé (Hg): Die Gesänge aus Taizé. Neuausgabe Freiburg 2005

Becker, H. u.a. (Hg): Geistliches Wunderhorn. Große deutsche Kirchenlieder. München ²2003

Diözese Rottenburg-Stuttgart (Hg): Erdentöne - Himmelsklang. Neue geistliche Lieder Ostfildern 2001

Erzbischöfliches Generalvikariat Köln (Hg): Kommt und singt. Ein Kinderliederbuch – nicht nur für Kinder Köln 2001

Frisch, H.: Wenn du singst, sing nicht allein. 250 Lieder für Familie, Gemeinde und Schule. Düsseldorf 2002

Hartenstein, M. / Mohr, G. (Hg): Liederbuch für die Jugend. Gütersloh ^{21}2001

Kolping Bildungswerk Diözesanverband Würzburg (Hg): Troubadour für Gott. Würzburg ^{6}1999

Gottesdienstvorbereitung

Claussen, J. H., Gundlach, T. und Stolt, P.: Den Himmel auf die Erde holen. Literatur-Gottesdienste. Stuttgart 2001

Dinzinger, A. / Ehlen, H.: Wir feiern ein Fest. Familiengottesdienste für alle Sonntage im Kirchenjahr. Lesejahr A. Regensburg 2004 (Reihe: Konkrete Liturgie)

Dinzinger, A. / Ehlen, H.: Weil Gott uns liebt. Familiengottesdienste für alle Sonntage im Kirchenjahr. Lesejahr B. Regensburg 2005 (Reihe: Konkrete Liturgie)

Dinzinger, A. / Ehlen, H.: Freut euch alle. Familiengottesdienste für alle Sonntage im Kirchenjahr. Lesejahr C. Regensburg 2006 (Reihe: Konkrete Liturgie)

Frisch, H. J.: In Gemeinschaft feiern. Wortgottesdienste für Familien mit Kindern. Lesejahr A. Düsseldorf 1998

Frisch, H. J.: Zum Geheimnis finden. Wortgottesdienste für Familien mit Kindern. Lesejahr B. Düsseldorf 1999

Frisch, H. J.: Vom Leben erzählen. Wortgottesdienste für Familien mit Kindern. Lesejahr C. Düsseldorf 1997

Hoffsümmer, W.: 3 x 11 Ideen für Familiengottesdienste durch das Kirchenjahr. Mainz 2004

Huber, M.: Freut euch, wir sind Gottes Volk. Neue Wortgottesdienste zum Verständnis der Eucharistiefeier. Freiburg 2000

Verzeichnis der Mitarbeiter

Dr. Katja Boehme	Akademische Oberrätin am Fach Katholische Theologie/Religionspädagogik an der Pädagogischen Hochschule Freiburg
Dr. Günter Burkart	Professor für Soziologie an der Universität Lüneburg
Dr. Bernd Feininger	Professor für Katholische Theologie/ Religionspädagogik an der Pädagogischen Hochschule Freiburg
Dr. Peter Fiedler	Professor für Katholische Theologie/Religionspädagogik an der Pädagogischen Hochschule Freiburg
Dr. Joachim Maier	Professor für Katholische Theologie/Religionspädagogik an der Pädagogischen Hochschule Heidelberg
Prof. Dr. Bernhard Maurer	Professor für Evangelische Theologie/Religionspädagogik an der Pädagogischen Hochschule Freiburg, em.
Dr. Olivier Mentz	Professor für Französisch an der Pädagogischen Hochschule Freiburg
Dr. Dr. Adly Rausch	Professorin für Pädagogische Psychologie an der Pädagogischen Hochschule Ludwigsburg
Dr. Wolfgang Schäuble	Jurist, MdB, CDU-Politiker, Bundesinnenminister (2007)
Dr. Dorothee Schlenke	Professorin für Evangelische Theologie/Religionspädagogik an der Pädagogischen Hochschule Freiburg
Dr. Wolfgang Ludwig Schneider	Professor für Soziologie an der Universität Osnabrück
Gabriele Schramm	Akademische Oberrätin im Fach Evangelische Theologie/Religionspädagogik an der Pädagogischen Hochschule Freiburg

Dr. Reinhard Wunderlich	Professor für Evangelische Theologie/Religionspädagogik an der Pädagogischen Hochschule Freiburg
Dr. Josef Zöhrer	Akademischer Oberrat im Fach Katholische Theologie/Religionspädagogik an der Pädagogischen Hochschule Freiburg
Anschrift:	*Institut für Evangelische/Katholische Theologie an der Pädagogischen Hochschule Freiburg, Kunzenweg 21, 79117 Freiburg*

ÜBERGÄNGE

Studien zur Ev. und Kath. Theologie / Religionspädagogik

Herausgegeben von Reinhard Wunderlich und Bernd Feininger

Band 1   Reinhard Wunderlich / Bernd Feininger (Hrsg.): Zugänge zu Martin Luther. Ringvorlesung an der Pädagogischen Hochschule Freiburg zum Lutherjahr 1996. Gesammelt als Festschrift für Dietrich von Heymann. 1997.

Band 2   Reinhard Wunderlich / Bernd Feininger (Hrsg.): Übergänge in das Studium der Theologie / Religionspädagogik. 2., überarbeitete und ergänzte Auflage. 2008.

Band 3   Gabriel Stängle: Mission und interreligiöser Dialog. Historische und religionstheologische Perspektiven für den schulischen Kontext. 2003.

Band 4   Birgitt Kokemüller: Jüdische Identität nach der Shoah als Thema in ausgewählten Kinder- und Jugendbüchern. Inhaltliche Analyse und didaktische Untersuchungen auf deren Verwendbarkeit im Katholischen Religionsunterricht der Sekundarstufe I. 2003.

Band 5   Bernd Feininger / Daniela Weißmann (Hrsg.): Wozu brauchen wir das Alte Testament? Zwölf Antworten von Alfons Deissler. 2., korrigierte und ergänzte Auflage. 2006.

Band 6   Sandra Gehnke: Sinnerfahrung und Todesbewusstsein. Der Mensch in der Auseinandersetzung mit Leiden, Sterben und Tod. Die not-wendige Kompetenz der Leidensfähigkeit auf der Grundlage der Logotherapie sowie Chancen und Perspektiven für die Hospizbewegung. 2004.

Band 7   Reinhard Wunderlich / Bernd Feininger (Hrsg.): Variationen des Christseins – Wege durch die Kirchengeschichte. 2006.

Band 8   Margarete Ney: Orte gesellschaftlichen Lernens. Frauenhäuser in Luxemburg als Aufgabenfeld der katholischen Kirche. 2008.

Band 9   Claudia Rogall: Das Heimvolkshochschulwerk – Theorie und Praxis eines pädagogischen Konzepts. Eine Bildungsinitiative Wilfried Schlaus. 2007.

Band 10   Bernhard Maurer: Lehrer des Glaubens. Theologisch-biographische Vorträge und Studien. 2008.

www.peterlang.de

Reinhard Wunderlich / Bernd Feininger (Hrsg.)

Variationen des Christseins – Wege durch die Kirchengeschichte

Frankfurt am Main, Berlin, Bern, Bruxelles, New York, Oxford, Wien, 2006.
427 S., zahlr. Abb.
Übergänge. Herausgegeben von Reinhard Wunderlich und Bernd Feininger.
Bd. 7
ISBN 978-3-631-54911-7 · br. € 71.70*

Der Band enthält achtzehn Beiträge zu wichtigen Epochen der Kirchengeschichte, die neben ihrer wissenschaftlichen Zielsetzung als Studienliteratur für Religionspädagogen und Religionspädagoginnen dienen können. Sie verweisen auf die große Bedeutung geschichtlichen Denkens in der Theologie und zeigen, wie die Religionspädagogik selber unterwegs ist, um *Variationen des Christseins* nachzuspüren, die die christliche Kultur bis heute prägen. Dabei wird der Wert der Kirchengeschichte auch in ihrer fächerverbindenden Vernetzungsqualität sichtbar, wenn über sie Bibel, wichtige geschichtliche Wegstrecken und Gestalten, Ideengeschichte und interreligiöses Gespräch zusammen kommen. Als beispielgebende Persönlichkeit im Dienst theologischer Ausbildung ist dieses Buch dem Neutestamentler Peter Fiedler zum 65. Geburtstag gewidmet, der historisch-kritische Bibelwissenschaft mit dem christlich-jüdischen Gespräch und der Frage nach Ort und Darstellung des Judentums im Religionsunterricht verband.

„Es ist nicht die Frage, ob Religion und Christentum in der modernen Kultur überleben, sondern in welchen Formen und Wandlungen Religion und Christentum lebendig bleiben." (Hubertus Halbfas)

Aus dem Inhalt: Vom Wert der Kirchengeschichte · Gemeindeleben der frühen Christen · Aspekte des Mönchtums · Kirchlicher Alltag im Mittelalter · Übergänge in der christlichen Mystik · Fromme Subjektivität in der Theologie Luthers · Aufklärung als Prozess · Evangelische Kirche im 19. Jahrhundert · M. Bubers Ansichten über Judentum und Christentum · Holocaust Education · Joseph Kardinal Ratzingers Regensburger Jahre · u.v.m.

Frankfurt am Main · Berlin · Bern · Bruxelles · New York · Oxford · Wien
Auslieferung: Verlag Peter Lang AG
Moosstr. 1, CH-2542 Pieterlen
Telefax 00 41 (0) 32 / 376 17 27

*inklusive der in Deutschland gültigen Mehrwertsteuer
Preisänderungen vorbehalten

Homepage http://www.peterlang.de

www.ingramcontent.com/pod-product-compliance
Lightning Source LLC
Chambersburg PA
CBHW051626230426
43669CB00013B/2199